虎变

晋国大族的兴衰

刘勋 著

中华书局

图书在版编目(CIP)数据

虎变:晋国大族的兴衰/刘勋著. —北京:中华书局,2024.8.—
ISBN 978-7-101-16743-6

Ⅰ.K225.07

中国国家版本馆 CIP 数据核字第 2024108SY1 号

书 名	虎变:晋国大族的兴衰	
著 者	刘 勋	
责任编辑	董洪波	
封面设计	王铭基	
责任印制	陈丽娜	
出版发行	中华书局	
	(北京市丰台区太平桥西里 38 号 100073)	
	http://www.zhbc.com.cn	
	E-mail:zhbc@zhbc.com.cn	
印 刷	天津裕同印刷有限公司	
版 次	2024 年 8 月第 1 版	
	2024 年 8 月第 1 次印刷	
规 格	开本/920×1250 毫米 1/32	
	印张 24⅝ 插页 4 字数 500 千字	
印 数	1-5000 册	
国际书号	ISBN 978-7-101-16743-6	
定 价	98.00 元	

刘勋　牛津大学生物化学博士，上海科技大学综合办文书规划高级主管，上海国学新知传统文化学习中心创始理事，曾任上海科技大学人文科学研究院教学助理教授、教学副教授。2009 年回国后长期从事《左传》研究和普及工作，编著有《〈左传〉全文通识读本》，著有《称霸：春秋国际新秩序的建立》《救世：子产的为政之道》《春秋十日谈》。

目　录

引言：

卿族政治与晋国兴亡

可扫码阅读
地理示意图

大人虎变，其文炳也。

——《易传·革》

作为春秋时期的主要诸侯国之一，晋国[1]可以说是"生得辉煌，死得壮烈"：它既是春秋中期和后期全天下最强大的诸侯国，也是春秋时期唯一一个以国家分裂收场的主要诸侯国。这里要强调的是，晋国的分裂和强大是并行不悖的，因为晋国在曲沃[2]代晋之后，国土疆域一直在扩大，经济总量一直在增长，从曲沃代晋之前占据山西南部临汾盆地的一部分，到最终分裂前占据山西全境、河北西部、河南北部及陕西东南部（见图六，可扫《引言》辑封页二维码阅读，下同）。也就是说，晋国从整体来看是越来越强大，然后在其最为强大的时候分裂成为三个新国家；甚至可以这样说，晋国不是因为衰弱而分裂，而是因为强大而分裂。

晋国的持续强大，以及最终分裂，都与其内政模式逐步发展为卿族政治有关，而本书的主题，就是从卿族政治视角来书写春秋晋国政治史。

按照周礼的制度规定，各诸侯国的中高级官员叫作"大夫"，大夫中职级最高的几位叫作"卿"。诸卿位于职官体系的顶端，集文武职权于一身，平时负责决策日常政务、谋议重大政务，战时作为将帅率军征战。国君位于诸卿之上，也是集文武职权于一身，平时是重大政务的最高决策者，战时是最高军事统帅。

族长担任卿官的家族就叫作"卿族"。卿官的俸禄来自国君

---

1 晋见图一、二、三、五，春秋初年晋国都城位于绛（晋1），前585年都城迁至新田（晋2）。
2 曲沃见图二。

封赏的采邑收入，由于春秋时期卿官职位一般是由卿族族长世袭，所以采邑也就成了卿族的私有财产，可以称为"私邑"。本书中所说的"卿族"，就是以在朝担任卿官的族长及其直系近亲（儿子、孙子）为核心，包含妻妾、直属家臣、直属奴隶、府库财产、直辖私邑、直辖军队在内的政治经济共同体。

在诸侯国内部，与"卿族"对应的是"公室"。"公室"是诸侯国内的最高统治实体，所以在周代文献中也常常用"公室"来指代诸侯国政权。所谓"公室"，是指以国君和他未分封的直系近亲为核心，包含妻妾、直属官吏、直属百工、直属奴隶、府库财产、直辖公邑、直辖军队在内的政治经济共同体。

本书所说的"卿族政治"，不是泛指"有卿族的政治"，因为卿族是当时各主要诸侯国（除秦国）的标配；而是专指春秋中后期在晋、鲁、郑[1]这三个主要诸侯国出现的政治现象，其核心特征是国家治权由公室下移至以卿族为领导者的卿大夫族集团，朝政被几个固定的卿族长期共同把持：这些卿族的族长（或族人）世袭卿官，组成一个诸卿领导班子共治朝政；国君的权力受到很大的限制，在实质上沦为礼仪性的傀儡君主[2]。

在晋、鲁、郑三国之中，又以晋国的卿族政治发展得彻底，最终赵、魏、韩三大卿族实现了从卿大夫"家"到诸侯"国"的跨越。相比之下，鲁、郑两国的卿族政治发展到"诸卿把持朝政、君主沦为傀儡"的阶段就停滞了。造成这种差异的原因当然很复杂，笔者认为其中一个决定性的原因是：鲁、郑两国

1　鲁见图一、三、四、五。郑见图一、二、三、五。
2　参见屈会涛（2014年）。

本身国土总面积和经济军事体量不大，而且受到周边大国的威逼，如果分裂成三国、七国，每一个新国家会更加弱小，更容易被周边大国攻灭，因此这两国的卿族仍然有"抱团图存"的现实需求。相比之下，当晋国分裂为赵、魏、韩三国时，晋国的国土总面积和经济军事体量已经相当庞大，赵、魏、韩三家都已经具备了独立生存发展的实力基础，因此迫不及待地要捅破晋国这层"羊膜"，获得与其独立国家之实相匹配的名分。

如果我们把周、秦、汉等得了天下的王朝比喻成"龙"，把齐、楚、秦、燕、赵、魏、韩等割据一方的国家比喻成"虎"，而将诸侯国里拥有私邑、掌握大权的卿族比喻成"豹"的话，那么这本书接下来要讲的其实就是一个"虎变"的故事：晋国在其卿族政治发展过程中先后培育出了二十多只"豹子"，其中有六只成功地走上了"化豹为虎"的道路，而最后有三只成功地实现了"虎变"。这也就是本书主标题"虎变"的寓意。

晋国卿族政治发展简史可以用五个关键节点来描述：

第一，前633年晋文公改革完成，标志着卿族政治在晋国启动。

第二，前607年赵宣子弑君成功及"重构公族"改革完成，标志着卿族政治在晋国初步成形。

第三，前573年栾武子弑君成功，标志着卿族政治在晋国正式确立。

第四，前546年晋楚弭兵达成，标志着卿族政治进入"化家为国"阶段。

第五，前403年赵、魏、韩三家分晋，标志着卿族政治在晋国彻底终结。

由于晋国卿族政治在晋文公改革完成后启动，因此本书对卿族政治发展的详细叙述是从晋文公即位开始。晋文公归国夺权成功之后，推行了三项重大改革措施，都可以被视为促成和维护卿族政治的基础性制度。其中：

第一，"三选人才担任卿大夫"改革，明确了晋国卿族集团的最初来源——国中旧族、诸姬之良、异姓之能。

第二，"封赏土地给有功卿大夫"改革，确定了晋国卿族壮大的机制——担任卿大夫的卿族成员可以用军功政绩换取职位升迁和土地封赏。

第三，被庐阅兵、清原[1]阅兵，打造了晋国卿族政治的舞台——以固定的三军六卿为核心、以可增减的新军诸卿为补充的军卿体系。

然而，如果想要深入理解本书将详细讲述的晋文公改革，我们还要再往前追溯，从再造晋国的"曲沃代晋"革命说起。

1　清原见图二。

一、序幕：

曲沃革命再造晋国
献惠改革筑基霸业

吾闻唐叔之封也，箕子曰「其后必大」。

——秦穆公

曲沃代晋：奠定"尊贤尚功"特色，树立"化家为国"榜样

晋国是一个西周初年就分封在今山西南部临汾盆地的诸侯国，从始封君唐叔虞时期到西周晚期的晋穆侯时期，基本上没有留下什么详细记载，是一个"拜服周边戎狄以求生存"[1]的国家。直至西周末年周幽王被杀之后，晋穆侯的儿子晋文侯抓住历史机遇，拥立周平王立下大功，被周平王任命为拥有征伐周边诸侯和戎狄权力的"方伯"，晋国才开启了开疆拓土的征程。

就在晋文侯长年在外，为平定周邦[2]内乱、扩大晋国疆域而操劳的同时，他的弟弟公子成师在晋都绛城之内积累资历、培植党羽、打造形象，势力不断壮大。前746年晋文侯去世时，公子成师已经58岁，以爱好德义著称，国都内的民众都愿意亲附他。

前745年，晋文侯的儿子太子伯即位，就是晋昭侯。晋昭侯一上位，就把自己这位"德高望重"的叔叔公子成师分封在国都绛城西南方向不远的曲沃，建立了一个特殊的"国中国"，

1　《左传·昭公十五年》："文伯揖籍谈，对曰：'诸侯之封也，皆受明器于王室，以镇抚其社稷，故能荐彝器于王。晋居深山，戎狄之与邻，而远于王室。王灵不及，拜戎不暇，其何以献器？'"

2　周邦是周朝邦国体系内被奉为共主的最高政治实体，由周王室加王廷卿大夫家族构成。就西周情况而言，周邦的直辖疆域就是以西都宗周和东都成周为中心的周王畿，其面积是"方千里"，大概相当于山东、江苏两省面积之和；就东周情况而言，周邦的直辖疆域只剩东都王畿的一部分。参见雷鹄宇（2014年）。

而公子成师也就成了曲沃国首任国君，接下来我们就按照去世后的谥号称其为"曲沃桓叔"。值得注意的是，曲沃是晋国在定都绛之前很长一段时间内的都城，规模比绛城还要大，而且曲沃所在的运城盆地同时拥有运城盐湖和中条山铜矿，是中原地区仅有的兼具盐、铜两种战略物资的"风水宝地"。

接下来发生的大事就是曲沃代晋。从前745年开始，曲沃桓叔、曲沃庄伯、曲沃武公比附"英明周国承受天命讨伐昏乱商朝"的革命叙事，先后杀晋昭侯、杀晋孝侯、驱逐晋侯郤、杀晋哀侯、杀晋小子侯、杀晋侯缗。最终，曲沃晋国小宗在前679年彻底攻灭绛城晋国大宗，得到周王室册封成为晋国公室，建立了军队规模仅为一军（小国）的新晋国，曲沃武公也因此变成了晋武公。

三代曲沃国君不懈努力、跨越66年的曲沃代晋，与春秋时期在各诸侯国时常发生的弑君篡权政变在性质上是完全不同的，它的历史参照是周国三代君主不懈努力、最终改朝换代的"灭商"革命。"曲沃代晋"革命对于整个封国体系来说只是一个局部节点的爆炸，但是对于晋国来说却是其开国以来最为剧烈的一场大爆炸，它对于晋国接下来的发展至少有如下几点深远影响：

第一，曲沃代晋使得垂垂老矣的晋国重新焕发出西周创业期的青春活力，开拓欲望和创新胆量远远超过其他中原诸侯国。

如前所述，位于中条山—太行山以西以北（参见图六）的晋国以66年"二君并立""内乱不止"为代价，在周初分封三百多年后奇迹般地进行了自我革命，从自己内部孕育出了一个志向远大（野心勃勃）、思路开阔（离经叛道）、敢作敢为（手段残忍）、任人唯贤（不恤宗亲）的新公族，重新焕发了西周创业期的开拓欲望和创新胆量。在国家活力方面能够与前679年"重新激活"的晋国匹敌的，恐怕只有在南方长期艰苦奋斗，并在前704年僭越称王、与周王公然"二王并立"的楚国[1]，这就为后来的晋楚百年斗争埋下了伏笔。

与此同时，位于中条山—太行山以南以东中原地区的各主要诸侯国——齐、鲁、宋、卫、郑、曹、陈、蔡[2]等——都已经是三百多年历史的"老者"，它们的统治集团长期遵守周邦制定的周礼，认同周邦倡导的"亲亲""尊尊""和为贵"的政治原则，开拓欲望和创新胆量远逊于晋国。

有读者可能会提出，这里不应该包括齐国，因为齐桓公时期的管仲改革一直被看作春秋时期制度创新的典范。实际上，管仲改革虽然看起来理念先进、设计精巧，但却并没有触动周礼的基本原则，它所支撑的齐国霸业也只持续了齐桓公一世；晋国改革虽然看起来东拼西凑、歪打正着，但它却严重动摇了周礼的基本原则，最终支撑了将近一百年的晋国霸业，因此晋国改革的深度和成效都是远远超过齐国的。[3]

---

1 楚见图一、五。楚国在春秋时期曾多次迁都，绝大多数时候都位于荆山以东、汉水以西的核心区，因此将都城标记于此地。
2 齐见图一、三、四。宋见图一、二、三、四、五。卫见图一、二、三、五，春秋初年卫国都城在沬（卫1，新是商末陪都朝歌），前660年卫国都城迁至曹（卫2）。前658年卫国都城迁至楚丘（卫3）。前629年卫国都城迁至帝丘（卫4）。曹见图一、二、三、四、五。陈见图一、三、五。蔡见图一、三、五。春秋初年蔡国都城在上蔡（蔡1），前529年迁至新蔡（蔡2），前493年迁至下蔡（蔡3）。
3 关于齐国改革和晋国改革的对比，参见刘勋（2019）。

第二，曲沃代晋时期曲沃国"不拘礼法用贤才"的创新实践，为接下来晋国建立"尊贤尚功"的用人传统奠定了基调，进而为大量"外人"卿族的产生准备了条件。

革命时期曲沃国的用人实践在传世文献中少有记载，但是我们可以根据常理来揣测，无论曲沃国政权自身如何用天命叙事、革命叙事来为自己正名，在出身高贵（公子公孙等）、依据宗法制就可获得高级职位、秉持正统政治立场的贵族人才看来，曲沃国政权杀逐历任晋君的作为都是直接违背"亲亲""尊尊""和为贵"周礼大义的叛逆行为。也就是说，那种出身好、官位高、"三观正"的贵族人才是不会去曲沃国谋求发展的。

因此，我们可以推测，愿意为曲沃国的革命/叛乱事业而奋斗的贵族人才，其主体应该是自身德才水平相当高，但是家世背景不好，因而无法在传统体制中获得心仪高级官职的贤能之士。在理想抱负和现实待遇之间巨大差距的撕扯下，这些不得志的贤能之士很容易认同曲沃国的天命叙事、革命叙事，他们把曲沃国看作当年周国的翻版，把自己想象成当年投奔周国的太颠、闳夭、散宜生、鬻熊、辛甲大夫之徒，希望在这样一个"不拘出身用贤才"的革命政权里建功立业，随着曲沃小宗入继大统而实现阶层跃迁，一举成为新晋国的开国功臣和治国重臣。

曲沃代晋之后的晋献公时期，晋国政坛上涌现出士蒍[1]、荀

1　士蒍，祁姓，士氏，名蒍。隰叔之子。参见图20"范氏世系图"。

息[1]、里克、丕郑、郭偃、狐突[2]等一大批彪炳史册的重臣，他们有两个特点：第一，不仅智谋才干水平非常高，而且还具备忠诚、信义等美德，可以说是德才兼备的贤良之臣；第二，都不是可以依靠宗法血缘获得高官的公子、公孙，而是靠自己的德才和功绩做到高位的。笔者认为，这些人里面，有些就是为曲沃国革命胜利而作出了杰出贡献的开国功臣。

因为新晋国公室在革命时期就已经在试行"尊贤尚功"的用人新理念，重用了不少与国君亲缘关系很远（远支公族）甚至没有亲缘关系（非公族）的"外人"，而且无论从治国理政成效，还是从政治忠诚度而言，这些"外人"的表现都非常优秀，这就为晋献公时期正式实行"无蓄公族"的政策，完全按照德才和功绩任用人才奠定了基础，进而为后来叱咤晋国政坛的众多"外人"卿族的产生和发展创造了条件。

第三，曲沃代晋树立了"凭自身努力化家为国"的正当性，为春秋战国之际赵、魏、韩三大卿族的"化家为国"埋下了伏笔。

根据周代宗法制和分封制的规定，公子成师作为国君晋文侯的弟弟，应得的待遇是成为拥有私邑的卿大夫，建立卿大夫之家。然而，在晋文侯去世后，公子成师逼迫他的侄子晋昭侯将他分封在曲沃成立"国中国"；接下来，曲沃国三代国君不懈

---

1 荀息，姬姓，荀氏，出自原氏，名黯，字息，排行叔。原叔之后。参见图21"中行氏知氏世系图"。
2 狐突，姬姓，狐氏，名突，字行，排行伯。太伯之子。参见图24"狐氏世系图"。

努力，最终得到周邦册命，取代晋文侯一系成为新的晋国公族。从家国关系角度来看，曲沃代晋是一个"凭自身努力化家为国"的故事。

因此，对于新晋国的卿族而言，他们至少在一个方面比其他诸侯国的卿族要幸运，那就是，其他诸侯国卿族能够正当追求的最高理想也就是"家大业大"，而新晋国的卿大夫可以理直气壮地追求"化家为国"的政治理想，道理很简单：公室的事迹是卿族的榜样，如果新晋国公室就是靠自身努力实现了从"卿大夫之家"到"诸侯之国"的跨越，那么卿族为什么不能"学习公族好榜样"？因此，晋国在春秋晚期成为六大卿族"化家为国"的竞技场，最终赵、魏、韩三家修成正果，这一切在新晋国刚建立时就已经埋下了伏笔。

晋献公改革：无蓄公族重用外人，开疆拓土封赏功臣

曲沃武公转正成为晋武公一年后就去世了，他的儿子公子诡诸于前676年正式即位，就是晋献公。

在国内层面，晋献公时期最重要的改革举措，就是颁布了"无蓄（近支）公族"的禁令，使得晋国从此与"亲亲"的周代大传统脱离，正式确立了"无亲""尊贤尚功"的晋国小传统，促成晋国在中原诸侯国之中独树一帜，全面重用"外人"担任卿大夫。

前676年晋献公刚即位时，晋国仍然沿用各中原诸侯国通行的传统人事制度。在这种人事制度下，国君的嫡长子继承君

位，而他的其他儿子（国君之子）、兄弟（国君父亲之子）、叔伯（国君祖父之子）则担任高级卿大夫辅弼国君，这些与现任国君宗法血缘关系最近的群公子构成了所谓的近支公族成员。虽然在安排具体官职时会考虑每位公子的德行才能，还不能说是"任人唯亲"，但这种制度的第一位原则无疑是周礼的"亲亲"原则。据此，当时晋献公朝堂上的高级卿大夫中有不少就是晋献公的近支公族成员，包括曲沃桓叔和曲沃庄伯所生的长辈群公子，他们是晋献公的祖父辈和父辈亲人。

然而，新晋国不是周邦按照周礼"亲亲"原则正常分封的诸侯国政权，而是晋昭侯的叔叔公子成师开始"闹革命"，最终由公子成师的孙子曲沃武公取代了晋昭侯的曾孙晋侯缗而建立的"革命政权"，其革命的本质正是"无亲"。因此，新晋国面临的最严重挑战，就是意识形态领域的混乱：一方面，根据周礼的"亲亲""尊君主"原则，晋献公的近支公族成员应该亲近、尊崇晋献公，绝不应该有造反的念头；然而另一方面，根据革命的"无亲""尊天命"原则，如果晋昭侯的近支公族公子成师"顺天承运"发动革命杀亲建国是正当的，那么晋献公的近支公族成员再次发动"顺天承运"革命也是正当的。最终，晋献公选择了一条通过采用"无亲"革命手段保住"尊君主"周礼原则的险路，他支持"外人"能臣士蒍打入长辈群公子中挑拨离间，诱导他们自相残杀削弱实力，最终自己亲自上阵，屠灭了全部长辈群公子。

晋献公原本以为，杀掉长辈群公子已经足以消除再次革命的风险，自己的亲儿子们还是可以信任和重用的。然而，晋献公宠夫人骊姬为报杀父之仇，挑拨离间、步步为营，最终让晋献公逼死了太子申生，驱逐了公子重耳和公子夷吾。太子申生、公子重耳、公子夷吾的自杀或逃亡，让晋献公确信"亲儿子也不能信任"；而士蒍、荀息等"外人"重臣的才干和忠诚，又让晋献公对在官僚体系中彻底清除"亲人"有了信心。

于是，在前654年公子夷吾出逃之后，晋献公采纳了骊姬的建议，正式与群臣发毒誓"无蓄（近支）公族"，也就是禁止先君和现任国君所生的、非君位继承人的其他公子留在国内。具体说来，因为这些公子在宗法上有顺位继承权，有可能被谋逆势力推举为君位继承人。为了从源头杜绝"担任卿大夫的公子化家为国"的革命故事再重演，晋献公毅然宣布，这些公子和他们所率领的族人不能在晋国担任卿大夫，而且必须离开晋国，去其他国家客居。除了国内因为严重内乱丧失了太子、不得不从客居公子及其后代中选嗣君的极端情况（比如说晋成公、晋悼公），这些客居公子和他们的后代不会被召回晋国，从而永远失去成为晋国君主的可能性。

有意思的是，这条在"妖女"（骊姬）蛊惑下颁布的、完全违背周礼"亲亲"基本原则的禁令竟然得到了晋惠公、晋文公及此后历代晋国君主的遵守，成为"晋国政治特色"的核心组成部分。不过，需要指出的是，在晋文公改革中，为了缓和这条禁令对于晋文公国际形象的不良影响，晋国宣布任用姬姓卿大夫中的贤良之士担任中官，用以彰显晋文公对周礼"亲亲"基本原则的偏向。当然，这些姬姓卿大夫都不是近支公族，"无蓄（近支）公族"禁令仍然得到了遵守（参见第56—59页）。

"无蓄（近支）公族"禁令对于晋国接下来的发展路径产生了决定性影响，其中最重要的是，它催生了以"尊贤尚功"为特色的晋国卿大夫任用制度。

在经典宗法制的框架下，留在国内的太子之外的群公子和他们的族人是高级卿大夫的当然人选。如今他们都被赶走了，整个卿大夫体系的候选人，只可能来自两类家族：

一类是不在禁令驱逐范围内的姬姓晋国公族，也就是说，这类公族是晋国某位先君的后代，但是到晋献公时，宗主已经排到了先君的孙子、重孙子等辈分，不可能像在世的群公子那样对晋献公的君位造成威胁，所以自然不在晋献公的诛杀和驱逐之列。这类公族立族时间已经比较长，与现任国君的亲缘关系比较远，我们可以笼统地用远支公族来称呼他们。在下面我们将要详细论述的晋国十大卿族中，韩、栾、郤、狐、先这五族就是远支公族。

另一类是始祖根本不是晋国公族成员、不受此禁令影响的非公族。在晋国十大卿族中，赵、魏、范、中行、知这五族就是非公族。

远支公族与现任晋君的宗法血缘关系已经很疏远，而非公族则与现任晋君完全没有宗法血缘关系，他们都可以被认为是"外人"。这些"外人"家族的族长和族人只有依靠个人出众的德行、能力、功绩，才能得到国君赏识，被任用为高级卿大夫。由于这些"外人"在自己的职位上干得有声有色，为晋国的强大和称霸作出了不可替代的贡献，并且逐渐形成众多世袭卿族掌控晋国朝政，这也反过来使得晋国公室再没有动力、也没有能力恢复以宗法血缘为依据任用卿大夫的旧模式，这就是"无蓄（近支）公族"这条看似不合情理的禁令能够得到历代晋君遵守的主要原因。

在国际层面，晋献公时期最重要的改革举措，就是大规模开疆拓土、封赏功臣。在曲沃代晋后的晋武公——晋献公时期（前678年至前651年），晋国和其他中原诸侯国采取了迥然不同的发展战略：

一方面，其他中原主要诸侯国也抓住"管控真空期"进行了不同程度的开疆拓土，但是它们整体上非常怀念西周时期"周王治下的和平"，把主要精力花在重建一套能让中原地区继续保持和平共处的国际新秩序。这套新秩序基本上沿用周邦管控的国际旧秩序的设定，只不过顶层管控者不再是周邦，而是诸侯国中的负责任大国，也就是霸主。在霸主管控的国际新秩序下，各主要诸侯国攻灭周边小国以开疆拓土的行为受到严格限制，它们之间的相互侵略更是被明令禁止。在此期间，晋国也曾经偶尔尝试过参与中原国际新秩序的创建，但是并无决心与诚意，因此晋国在这一时期基本上是游离于中原国际舞台的。

另一方面，与周邦一样通过革命建国的新晋国，采取的发展战略与西周初年周邦在中原地区的发展战略相似，那就是集中精力开疆拓土。实际上，新晋国的手段比周邦更加决绝，因为周邦的做法是"攻灭现有国家"和"迫使现有国家臣服"相结合，以后者为主；而晋国的做法则是纯粹用武力攻灭周边其他诸侯国，驱逐周边戎狄，从而占领临汾盆地和运城盆地，并且向河水以西、以南地区拓展。

　　晋国在晋献公时期的疆域参见图六。从图中可以看出，从晋穆侯到晋献公时期，晋国的疆域有了非常显著的扩张，而且绝大部分是在晋献公时期完成的。随着对外扩张战略的顺利实施，晋献公面临着与当年周王占据关东商朝旧地后同样性质的问题（当然规模要小得多），那就是：应该如何迅速控制并长期开发治理这些新占领土？

　　晋献公采取的方法可以分为两类：

　　第一类是主要方法，就是将新占领土转变为卿大夫私邑，封赏给在开拓战争中立有军功的卿大夫。比如说，前661年晋献公率军攻灭耿、霍、魏[1]三国之后，就将耿国旧地封赏给了自己的战车御者赵夙，将魏国旧地封赏给了自己的战车车右毕万。因为周朝分封制中本来就有分封私邑给功臣的规定，因此晋献公封赏功臣应该是先代晋君正常操作的延续，只不过他封赏土地的规模是前所未有的，而且他的封赏对象中是没有近支公族成员的。

　　第二类是次要方法，就是将新占领土转变为直属于公室的公邑，然后派遣自己仍然信任的亲儿子担任守主。比如说，晋献公派公子重耳出镇蒲邑，派公子夷吾出镇屈邑[2]。后来由于晋献公对亲儿子也不再信任，驱逐了公子重耳和公子夷吾，并且颁布了"无蓄（近支）公族"的禁令，这第二类方法在晋献公晚

1　耿、霍、魏见图二。
2　蒲、屈见图二。

期就已经终止了。

总而言之，晋献公在开疆拓土的过程中第一次大规模实施以"封赏新占领土给有功卿大夫"为基本原则的土地分配制度，其目的一方面是守卫和开发新占领土，另一方面是激励卿大夫继续投身于晋国的开疆拓土事业。如下节详细叙述的那样，晋文公上台后，为了激励卿大夫投身于争霸事业，继承和发扬了晋献公的新占领土封赏制度 (参见第61-63页)。

晋惠公改革："作爰田"笼络人心，"作州兵"创立军国

为了讲述晋惠公改革的具体内容，我们必须先简单梳理一下从晋献公晚年到晋惠公时期的晋国历史。

如前所述，前666年，晋献公接受骊姬建议，将公子重耳和公子夷吾分别外派到蒲邑和屈邑，当时公子重耳六岁[1]，而公子夷吾更幼小。显而易见的是，两位公子在成年之前，是不可能自主治理蒲邑、屈邑的。在这期间，实际治理城邑的是他们的辅臣团队，而实际的决策者是公子重耳团队的领袖狐偃[2]，以及公子夷吾团队的领袖郤芮[3]。

在接下来的十多年里，公子重耳和公子夷吾分别在蒲邑和

1　关于公子重耳出居蒲邑时的年龄，参见刘勋（2019年）。
2　狐偃，姬姓，狐氏，名偃，字犯。狐突之子，狐毛之弟。参见图24。
3　郤芮，姬姓，郤氏，又为冀氏，名芮，字公。郤文子之子。参见图23"郤氏世系图"。

屈邑长大。在两公子人格和价值观形成的关键时期，施加决定性影响的不是一年到头根本见不到面的父亲晋献公，而是一直在他们身边的首辅狐偃和郤芮。从传世文献记载来看，在流亡期间，公子重耳对狐偃、公子夷吾对郤芮都是言听计从，《国语·晋语四》更是明确记载说，"(公子重耳)父事狐偃"。笔者推测，公子夷吾与郤芮的关系，应该和公子重耳与狐偃的关系类似。

后来晋献公听信骊姬谗言，派兵攻打蒲、屈，导致前655年公子重耳 (十七岁) 出逃到白狄居地[1]，前654年公子夷吾出逃到梁国[2]，两人的辅臣团队也从此转变成为从亡团队。对狐偃、郤芮等从亡诸臣来说，他们已经抛弃了在晋国立功升迁这条常规途径，转而踏上了一条风险和回报都更高的途径，那就是像当年"押宝"曲沃政权的人才那样，"押宝"自己长期辅佐的这位公子、认其为自己的主公，搭上身家性命"追随"主公 (有时候其实是"推动"甚至"胁迫")，想方设法将主公推上君主宝座。如果主公成了国君，那么自己也就能够凭借从亡拥立大功，实现阶层跃升，一举成为高级卿大夫。

前651年晋献公去世后，公子夷吾听取了首辅郤芮"不择手段抓住机会"的建议，承诺给原本支持公子重耳的国内重臣里克、丕郑大量土地，换取他们的支持或者至少中立，并承诺

1　白狄见图二。春秋初年白狄在晋国都城西北（白狄1），前565年至前559年期间迁至晋国都城东北（鲜虞、肥、鼓）。
2　梁见图二。

给秦穆公大量土地来换取秦国[1]的拥立，最终在秦穆公的武装护送和吕甥等国内党羽的接应下回国夺权成功，成为晋惠公。

晋惠公即位之后，又听取了首辅郤芮"不惜代价重塑形象"的建议，背弃承诺，不割让土地给秦国，又先后杀掉里克、丕郑，从而迅速洗刷了先前因为承诺割地而塑造的"卖国求立"的负面形象，得到了国内强硬派卿大夫的支持。然而，晋惠公在杀掉里克后又感到后悔，曾经抱怨郤芮给自己出了个馊主意。笔者认为，晋惠公对郤芮的尊崇在此之后逐渐转淡。

晋惠公的做法导致了他与秦穆公关系的恶化，秦穆公在积累了足够多正当理由之后，在前645年出兵讨伐晋国，秦晋两军最终在晋国韩地[2]决战。在战前和战中，晋惠公表现出的状态都是一个自主决策的强势君主，而昔日首辅郤芮则全程缺席，没有发挥任何作用。不过，晋惠公的决策最终被事实证明是错误的：晋军在韩之战中大败，晋惠公本人被秦穆公俘虏，带回秦国。

后来，秦穆公听从了贤臣公孙枝的意见，表示愿意和晋国讲和，如果能达成协议，就可以释放晋惠公。晋惠公派郤乞回到晋国，将情况告知在国内的心腹谋臣吕甥，而且召吕甥到秦国主持和谈。在这个危急时刻，吕甥决定做一件非常冒险的事，那就是用"假传君命"的方式实施一套自己策划的应急改革举措，来彻底扭转晋惠公在晋国卿大夫心目中的形象，并且为自己即将前往秦国进行的谈判储备与秦国讨价还价的筹码。

1　秦见图一、二。
2　韩见图二。

吕甥假传君命推行的第一项改革举措是"作爰田",就是将大量原来直属于公室的公邑赏赐给卿大夫们[1]，以换取卿大夫们对晋惠公回国的支持，进而作为与秦国谈判时的筹码。由于此次封赏的目的是为了笼络整个卿大夫群体的人心，而且封赏的时机是在韩之战晋国大败之后，因此这应该是一次普惠式的封赏。即使有标准，这个标准也应该是卿大夫的职级高低和家族势力大小，而不是卿大夫们各自的功劳（大败情势下卿大夫都没有什么功劳可言）。

如上文所述，晋献公时期封赏给有功卿大夫的土地是这些卿大夫率军占领的新领土，并不涉及公室原先拥有的存量直辖公邑，公室仍然是全国最大的地主，拥有的土地仍然比任何一个卿大夫家族都要多很多。然而，吕甥"作爰田"是将公室存量直辖公邑封赏给卿大夫们，这就从根本上背离了周礼规定的诸侯国"君大臣小"土地分配结构，进而从根本上改变了公室与卿大夫家族的实力对比，是违背周礼和晋国先君旧制的反常操作。

正如我们在下一章会详细讲述的那样，晋文公上台之后，不仅没有收回晋惠公时期由于实施"作爰田"新政而流失的公室存量直辖公邑，反而将这种政策进行到底，与"封赏新占领土给卿大夫"结合起来，激励卿大夫群体为难度极大的争霸事业全力奋斗。

---

1 此次土地赏赐应该也惠及了都城中比卿大夫群体数量更大的国人群体，本书为了将叙述重点聚焦于掌握政治权力的卿大夫群体，不在正文中再生枝节。参见周鑫（2020）。

吕甥假传君命推行的第二项改革举措是"作州兵",也就是改革军赋制度（征收军需物资和征发兵役的制度），紧急扩军备战，以迅速弥补韩之战大败造成的军力亏空，震慑秦国和其他想要趁机进攻晋国的邻国及戎狄部落，进而作为与秦国谈判时的筹码。

在改革之前，和其他诸侯国一样，晋国军队的士兵来自国都地区最低级的贵族"士"，而军需物资由国都地区的卿大夫家族提供，最终由卿大夫家族所控制的"野人"，也就是郊野地区的农民生产出来。由于国都地区士人的规模难以快速扩大，晋国军队规模的扩大一直受到限制。

"州"是国都外郊野地区的行政区划单位。"作州兵"改革的关键在于：

第一，扩大征发兵役的范围，不仅征召国都地区的士人当兵，还征召郊野地区"州"内的野人当兵。

第二，改变征收军赋的方式，跳过卿大夫家族，直接要求军需物资的实际生产者——州内的野人以"州"为单位缴纳军需物资。

因此，"作州兵"改革的实质就是破除周礼旧制对军队规模的限制，充分挖掘野人提供兵员和军需物资的潜力，从而迅速扩军备战。

由于很大一部分野人原本是依附于卿大夫家族的臣隶，所以，国家直接向野人征物资，必然会损害野人的主子——卿大夫的经济利益；征召野人当兵，则必然会损害低级贵族"士"的政治特权。因此，吕甥先提出"作爰田"，再提出"作州兵"，很可能是为了用"作爰田"的物质利益来换取卿大夫对于"作州兵"的认可。

晋惠公时期的"作州兵"新政，是传世文献记载中春秋时期中原诸侯国改革军队制度、扩军备战的里程碑事件，晋国因此一跃成为中原诸侯国中第一个大规模扩军备战、"全民皆兵"的军国主义国家。晋文公前636年即位，前633年就将上下两军扩编为上中下三军，一年后在三军之外又新增左中右三行，达到晋国军队规模的第一个高峰，与周邦的军队规模——"天子六军"平起平坐。这种在当时绝无仅有的扩军速度表明，晋文公不仅沿袭了晋惠公时期的"作州兵"政策，并且通过全力实施这项政策，将晋国野人地区提供军需物资和兵员的能力提升到了极限。

吕甥"作州兵"55年后的前590年，鲁国"作丘甲"以扩军备战。又52年后的前538年，郑国"作丘赋"以扩军备战。"丘"和"州"类似，都是国都外郊野地区的行政区划单位，因此"作丘甲""作丘赋"就是以"丘"为单位向野人征收军需物资，并征发野人服兵役。由此可见，与其他中原诸侯国相比，晋国的军赋保障体系在相当长的一段时间里具有明显的制度优越性（比如领先鲁国50多年、郑国100多年），它是晋国在"内乱不止"的表象下军事实力不断强大、最终在晋文公执政期间一举击败楚国成就中原霸业的重要保障之一。

二、文公时期：

改革架空公室
卿族政治启动

所不与舅氏同心者，有如白水！

——公子重耳

重耳蜕变：义父狐偃强势引领，称霸志向逐步明确

从第一章的论述我们可以知道，曲沃代晋奠定了新晋国的基本特色和长期运势，并预示了这个国家被卿族瓜分的最终结局；晋献公改革中的"无蓄（近支）公族"、"封赏新占领土给有功卿大夫"政策，以及晋惠公改革中的"作爰田"政策，都成了晋文公改革的重要政策来源，进而固化为导致和维护卿族政治的基础性制度。

为了深入理解晋文公改革，除了要探究这场改革的政策来源，还需要了解晋文公夺权成功前的成长蜕变经历。笔者无意重新讲述一遍在《称霸：春秋国际新秩序的建立》中已经详细写过的公子重耳故事，而将重点分析两个问题：

第一，狐偃、赵衰在重耳成长蜕变过程中起到的决定性作用。

第二，重耳从"要我做英主"到"我要做英主"再到"我要做霸主"的心路历程。

讲清楚第一个问题，要从了解重耳的辅臣/从亡团队开始。有内外两个层次：

一、位于内圈的心腹谋臣是狐偃、赵成子[1]、贾佗、魏武子[2]、

1　赵成子，嬴姓，赵氏，名衰，字余，谥成，排行季。赵夙之弟。参见图17"赵氏世系图"。
2　魏武子，姬姓，魏氏，名犫，谥武。芒季之子，毕万之孙。参见图18"魏氏世系图"。

胥臣[1]五人，即所谓"五贤士"。其中又以狐偃、赵成子、贾佗最为重要，即所谓"三材"。宋国卿官公孙固在劝说宋襄公善待重耳时说："晋公子重耳……像对父亲一样对待狐偃，像对师长一样对待赵衰（赵成子），像对兄长一样对待贾佗。狐偃是他的舅舅，仁惠而又足智多谋。赵衰是为先君驾驭战车的赵夙[2]的弟弟，文雅而又忠贞。贾佗是公族成员，见多识广而又恭敬。"[3]

二、五贤士之外，从亡诸臣见于文献记载的还有狐毛[4]、颠颉、介之推、舟之侨、壶叔。这些人从事的可能是相对外围的工作，比如著名的介之推，他负责的主要工作应该是供应重耳的膳食。根据《韩诗外传》的说法，介之推曾经在重耳流亡途中食物断绝的时候，偷偷割下自己大腿上的肉做成肉羹给重耳充饥。

作为整个辅臣/从亡团队的领袖，狐偃一直掌控着重耳政治人生的航向，在几乎所有重大时刻都扮演着至关重要的角色。

前666年狐偃作为辅臣队伍领袖陪同亲外甥重耳（6岁）出镇蒲邑后，一方面领导辅臣队伍治理蒲邑，一方面像父亲教子那样教育重耳，重点培养重耳的仁爱之德和英主之志，与重耳建

---

1 胥臣，姬姓，胥氏，又为臼氏，名臣，字犯，排行季。
2 赵夙，嬴姓，赵氏，名夙。参见图17。
3 《国语·晋语四》：公孙固言于襄公曰："晋公子亡，长幼矣，而好善不厌，父事狐偃，师事赵衰，而长事贾佗。狐偃，其舅也，而惠以有谋。赵衰，其先君之戎御赵夙之弟也，而文以忠贞。贾佗，公族也，而多识以恭敬。"
4 狐毛，姬姓，狐氏，名毛。狐突之子。参见图24。

立起一种"亦臣亦父"的特殊关系。

前655年晋献公派兵攻打蒲邑时，狐偃说服重耳（17岁）高调宣示决不与父亲晋献公对抗，然后又说服重耳不去远离晋国、实力雄厚的齐国和楚国，而是前往靠近晋国、条件艰苦的白狄地区蛰伏。

前651年晋献公去世后，狐偃说服重耳（24岁）克制住想要抓住"君位空窗期"归国夺权的冲动，拒绝秦穆公主动提出的邀约，选择继续在狄地流亡。

前644年晋惠公派人刺杀重耳未遂后，狐偃说服重耳（28岁）放下对狄地妻儿的依恋，重新上路投奔齐国。

前638年晋惠公病重，此时齐国霸业也已经衰落，狐偃与重耳的贤妻姜氏合谋，迫使沉溺于齐国安乐生活不能自拔的重耳（34岁）重新上路投奔楚国，最终到达秦国。

前637年在秦国等待机会期间，狐偃说服重耳（35岁）克服心理障碍迎娶晋怀公前妻、秦穆公爱女怀嬴为妻，博得秦穆公的欢心，从而确保了秦穆公对重耳归国夺权的支持。

在这29年中，狐偃一以贯之的志存高远、坚定强势，与重耳时不时表现出的急功近利、脆弱迷茫形成了鲜明的对比。很明显，在这整个过程中，与其说是狐偃在辅佐重耳实现重耳的政治抱负，还不如说是狐偃在挟持重耳实现狐偃自己的政治抱负。

然而，狐偃严父般的威压也会促使重耳在亲信中寻找其他类型的人来求得平衡，这个人就是在"五贤士"中排第二的赵成子。

赵成子的贤能是得到狐偃的高度认可的。比如说，前637年的一天，秦穆公通知重耳参加享礼，重耳请狐偃随从。狐偃却说："我不如赵衰（赵成子）那样善于文辞，请让赵衰跟随您吧。"又比如说，当胥臣、狐偃、赵成子劝说重耳迎娶被晋怀公抛弃的怀嬴以讨好秦穆公时，狐偃说："您将要夺取他（晋怀公）的国家，娶他的妻子又有什么呢？只管听从秦君的命令吧！"而赵成子则说："《礼志》上说：'将要请求他人，必定要有所接纳。想要他人爱自己，一定要先爱他人。想要他人顺从自己，必定要先顺从他人。对他人没有恩德，却想有求于人，这是罪过。'[1]现在您将要通过联姻以服从秦国，接受他们的好意以与他们相亲爱，听从他们以使他们认为您有德。只怕不能这样，又怀疑什么呢？"狐偃和赵成子给出的实质性意见是一样的，然而风格却迥然不同：狐偃的话一针见血，却显得有些粗鄙，只适合在私下进言时说；赵成子的话则引经据典、文雅宽和，即使原文转述给秦穆公听也没有什么问题。由此可见，狐偃对赵成子的评价是很有知人之明和自知之明的。

赵成子能够得到重耳的格外亲近，很重要的因素就是他那文雅宽和的性情。前620年，出奔到赤狄潞氏[2]的狐偃之子狐射姑[3]曾经向狄相酆舒这样描述赵成子和他的儿子赵宣子[4]："赵衰

---

1 《国语·晋语四》："将有请于人，必先有入焉。欲人之爱己也，必先爱人。欲人之从己也，必先从人。无德于人，而求用于人，罪也。"
2 赤狄潞氏见图二。
3 狐射姑，姬姓，狐氏，又为贾氏，名射姑，排行季。狐偃之子。参见图12。
4 赵宣子，嬴姓，赵氏，名盾，谥宣，排行孟。赵成子之子。参见图6。

（赵成子）给人的感觉，就像冬天的暖阳；赵盾（赵宣子）给人的感觉，就像夏天的烈日。"[1]用今天的话来说，赵成子就是最有亲和力的"暖男"。

重耳和赵成子的关系亲密到什么程度呢？重耳在白狄寄居期间，白狄攻打赤狄部落廧咎如[2]，抓获了部落首领的两个女儿叔隗、季隗，都送给了重耳做妻妾。重耳自己要了年纪小的季隗，后来生了伯儵、叔刘两个儿子；把叔隗送给赵成子，后来生了赵宣子。因此，重耳和赵成子在流亡之时已经是连襟的关系。

总而言之，在重耳从幼稚贵公子成长为成熟政治家的过程中，"父亲"狐偃的强势引领和"老师"赵成子的温和辅佐起了至关重要的作用，这就是后来先克所说的"狐赵之勋"。当然，狐偃、赵成子在重耳出居和流亡时期建立的功勋只是"狐赵之勋"的第一部分，因为他们两人在重耳成为晋文公之后，还继续左右夹辅，为晋文公成就霸业也作出了不可替代的贡献。

要讲清楚第二个问题，可以从孔子对重耳的一个著名论断开始说起。孔子在被困陈蔡之间时，曾经对子路说，"晋重耳真正确立称霸的雄心壮志，正是在曹国、卫国遭受羞辱之后"[3]。所谓"在曹国、卫国遭受羞辱"，是指前638年重耳被迫离开齐

1　《左传·文公七年》："赵衰，冬日之日也；赵盾，夏日之日也。"
2　廧咎如见图二。
3　《孔子家语·在厄》："晋重耳之有霸心，生于曹、卫。"

国重新上路之后，先后途经卫国、曹国，在卫国不被卫文公以礼相待，在曹国甚至被曹共公偷看洗澡。笔者认为，从6岁出镇蒲邑，到34岁确立称霸志向，重耳大概走过了这样一条心路历程：

第一阶段，从前666年（6岁）出镇蒲邑后到前655年（17岁）出奔白狄前。这一阶段，狐偃为首的辅臣团队的打算是"尽心培养重耳品行，日后重耳归国做英主，辅臣因功劳升任高级卿大夫"，而重耳的打算是"义父要我做英主，我听话照做"。

第二阶段，从前655年（17岁）出奔白狄后到前644年（28岁）前往齐国前。这一阶段，在狐偃等人持续激励及狄地艰苦生活磨炼的共同作用下，重耳已经树立起"我要归国做英主"的志向。正因为如此，所以前651年晋献公去世后，当国内外势力来联络重耳，提出要支持他回国时，重耳非常兴奋，但最后又能听从狐偃的建议毅然放弃这次机会，因为这样回国虽然能够迅速夺权，但不利于成就英主伟业。后来重耳一行前往齐国，也是希望霸主齐国能够帮助自己归国夺权，成就伟业。

第三阶段，从前644年（28岁）到达齐国后到前638年（34岁）离开齐国。这一阶段，在霸主齐国的见闻让重耳大开眼界，然而齐桓公提供的优厚待遇逐渐击垮了重耳"我要归国做英主"的志向，取而代之的是"人活着就是图个安乐"的自暴自弃。狐偃为首的从亡诸臣当然不能眼看着自己前面20多年的全情投入打水漂，"通过拥立新君而实现阶层跃升"的梦想成为泡影，因此与重耳的妻子姜氏合作，迫使重耳重新踏上谋求归国夺权的正道。

第四阶段，从前638年（34岁）离开齐国到同年途经卫国、曹国之后。自从来到霸主齐国，重耳与狐偃等人一直在观察、比较、反思，在这个过程中，他们逐渐认识到：称霸成功的齐国有它自己的诸多问题和短板，远没有从外部看起来那么高不可攀；霸主管控的国际新秩序已经确立，称霸是天下强国君主渴望夺取的"圣杯"。如果说上述这些见识是从正面激发了重耳和狐偃等辅臣的自信心和事业心，那么卫国君主的冷待和曹国君主的猥亵则从负面激发了重耳和狐偃等辅臣的自尊心和报复心。所有这些鲜活的刺激和念头混杂在一起不断发酵，最终促使重耳将最高奋斗目标从"成为晋国英主"升级为"成为中原霸主"。从此之后，"归国夺权做英主"就不再是奋斗的终点，而成为"逐鹿中原做霸主"最高目标的准备活动。

从亡诸臣：晋文公信赖而又敬畏的"自己人"

前636年春正月，在秦穆公率领的秦国军队护送下，重耳和他的从亡诸臣即将结束长达19年的流亡生活，重新踏上晋国的土地。队伍向东行进到河水（即黄河）岸边，即将渡河之时，狐偃突然拿出了他一直负责保存的名贵玉璧交给重耳，说："臣下手执马笼头、马缰绳跟随您在天下流亡，我也知道自己在事奉您的过程中积累了很多罪过。连臣下自己都知道，何况是您呢？我请求就此别过，离开您去流亡！"重耳接过玉璧，马上对河神发誓说："如果今后我不跟舅舅一条心的话，必遭天谴，有此大河为证！"说完就把玉璧作为献给河神的信物抛入河中。

狐偃事奉重耳，是不是真有"罪过"呢？从表面上看还真有。时间回到前644年，当时重耳一行到达齐国，试图寻求中原霸主齐桓公的帮助，伺机回到晋国夺取政权。齐桓公当时已是风烛残年，而且身边已经没有奇才管仲辅佐[1]。不过，曾经也在国外流亡过的齐桓公还是敏感地嗅出了重耳的潜力，于是，他把自己一位非常贤淑的女儿（姜氏）嫁给了重耳，并且给他20辆马车的高级待遇，大概是准备把重耳作为一枚可以立为晋国新君的战略性棋子握在手里，留到日后齐国为了霸业全局需要干预晋国内政时使用。

然而，一年以后，齐桓公被囚禁在公宫中饥渴而死，齐国随后爆发夺权内乱，宋襄公率领诸侯联军攻入齐国都城平定叛乱，拥立太子昭即位，就是齐孝公。虽然齐孝公仍然以中原霸主自居，但是齐国已经不再具有管控整个中原国际秩序的威望和实力，就连实力更弱的宋襄公都开始做起了接替齐桓公称霸中原、恢复商王室旧日荣光的春秋大梦[2]。因此，在齐孝公时期，重耳成了一枚被齐人遵照先君之命尊养着却又无用的"闲棋冷子"。

狐偃为首的从亡诸臣认为，齐国已经不可能帮助重耳回国夺权，应该重新上路去寻求其他有实力的大国作为新的靠山。

1　齐桓公在前644年一年后，也就是前643年去世。管仲在前644年一年前，也就是前645年去世。

2　宋国公室是商王室后裔，经周天子特许用商王礼乐，所以宋襄公有此狂想。关于宋襄公称霸过程和实质的分析参见刘勋（2019年）。

然而，6年优渥而茫然的生活已经严重消磨了重耳的斗志，无论狐偃和妻子姜氏如何劝说，重耳就是听不进去，他说："人活着就是图个安乐，谁还去管别的呢？"

于是，狐偃和姜氏联合起来设了一个酒局灌醉重耳，然后把他装到马车里，一行人赶紧上路前往当时另外一个有实力的大国——楚国。重耳酒醒后大怒，抄起一把戈就追砍狐偃，一边追一边骂："假如事业不成功，我要吃了舅舅的肉，恐怕才能满足吧！"狐偃一边跑一边略带调侃地解释说："假如事业不成功，我都不知道死在哪里，谁又能和豺狼争着吃我的肉呢？假如事业成功的话，那么公子不也就有了晋国最柔滑鲜美的食物，能美美地吃个够。我狐偃的肉腥臊[1]，有什么好吃的呢？"

因此，狐偃在河水边提到自己有"许多罪过"，应该就是指为了推进夺权事业而冒犯重耳的这类果断行动。很明显，正是这些行动鞭策甚至逼迫重耳逐渐克服了他自身性情的弱点，坚定了他归国夺权、成就霸业的志向，终于在19年的"艰难困苦"[2]之后，迎来了当下这个"玉汝于成"的时刻。所以，这些行动不仅不能算作狐偃的罪过，实际上还应算作他的功劳，这一点重耳应该是非常清楚的，从后面重耳发重誓挽留狐偃的行动就可以看出来。

1　狐偃是在拿自己的氏"狐"来开玩笑，因为狐肉腥臊。
2　所谓"艰难困苦"，既包括12年白狄居地生活的击打锤炼，也包括6年被齐国优厚"圈养"的迷茫沉沦，还有在几乎整个周朝天下流亡寻找靠山的颠沛流离。

如果说，狐偃突然向重耳告别并不是因为他真有什么不可饶恕的罪过，那么他在河水边突然来这么一出的目的是什么呢？笔者认为，狐偃的真实目的，是在重耳马上要进入晋国夺权、最需要狐偃和以他为首的从亡诸臣鼎力支持的时候，用"决战前撂挑子"的方式，逼迫重耳立刻当着全体从亡诸臣和第三方见证人秦穆公的面表明立场，说清楚今后到底会如何对待自己这位劳苦功高的核心人物。如果重耳不极力挽留，那后果不仅是狐偃掉头就走，还会引发从亡团队的解体，这样一来，即使重耳被秦军送入国都成为新君，他身边也没有了久经考验的"自己人"，很可能会被国都内以吕甥、郤芮为首的敌对势力消灭掉。

如果重耳想要留住狐偃，最好的方式就是立刻以毫不犹豫的姿态发重誓，而根据《左传》记载，春秋时期人们发重誓最常见的方式就是向河神发誓，同时将美玉沉入河中作为感谢河神见证盟誓的礼物。这也就是为什么狐偃没有在半路上告别，而偏偏是到了最适合发誓的河水边才上演"谢罪辞别"这么一出戏。

也就是说，当时在河水边发生的这一切绝不是狐偃心血来潮的行为，而是精心策划的结果：现场晋人、秦人众目睽睽的情势会迫使重耳立刻公开表示夺权之后要厚待狐偃；发重誓的对象（河神）、礼物（玉璧）、见证人（秦穆公、其他从亡诸臣）都给重耳准备好了。总而言之，狐偃是通过一场自我贬损、急流勇退的高姿态行动来迫使重耳作出承诺，由此不仅可以达到目的，而且"吃相"非常好看。当然，政治上已经相当成熟的重耳立刻明白了狐偃的真实意图，他马上按照狐偃给他规定的戏路往下走，发重誓、沉玉璧，使得自己的夺权事业没有在最后关头功亏一篑。

重耳的誓言在字面上保障的只是狐偃，然而在场见证了整个过程的从亡诸臣日后都可以援引这份誓言来要求重耳善待自己，因为他们和狐偃的身份在本质上是一样的，只不过功劳大小有所区别。实际上，考虑到狐偃在从亡诸臣中的领袖

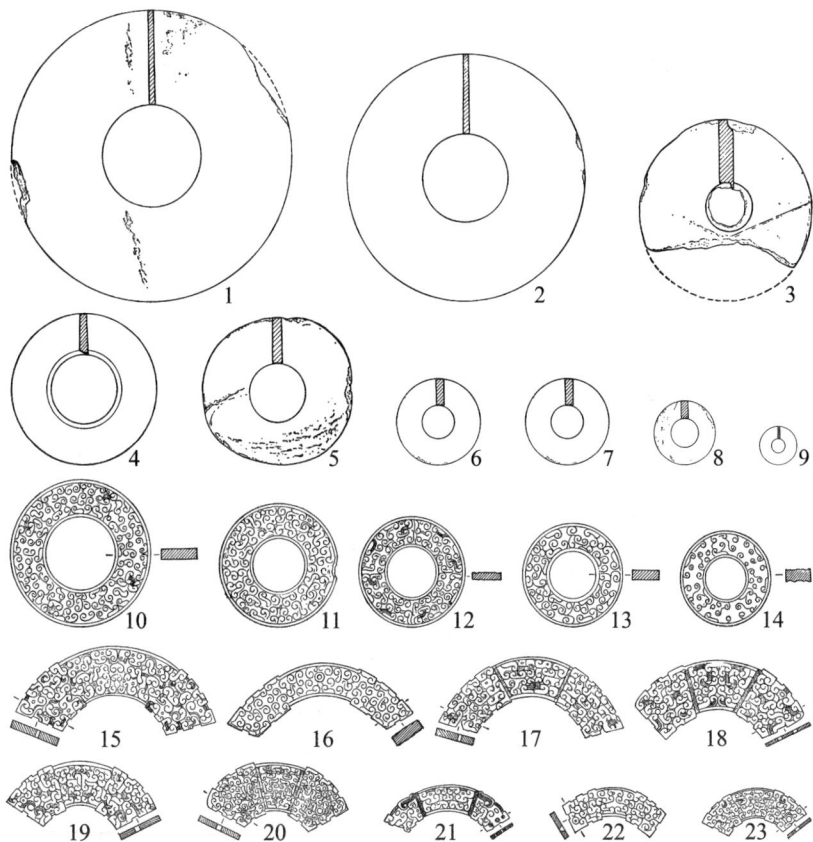

图1　山西太原金胜村晋国赵卿墓出土玉器（1—14，璧环类；15—23，璜），春秋晚期（《太原晋国赵卿墓》，1996年）

地位，以及他在整个政治生涯中表现出来的高尚品德，笔者认为他这次举动的主要目的就是为了确认整个从亡团队在新政权里的地位和名分。

狐偃之所以要在第三方见证下迫使重耳发誓善待从亡团队，实在是因为重耳祖先和亲人的所作所为让人无法对他足够信任。我们在这里可以简要回顾一下重耳所属新晋国公族的"黑历史"：

> 重耳家族的始祖公子成师原本是晋文侯的弟弟，但在晋文侯在位时已经表现出很强的政治野心。晋文侯之子晋昭侯一即位，他就迫使晋昭侯将自己分封在曲沃，成立了一个"国中国"。曲沃国建立之后，曲沃桓叔杀了晋昭侯，他的儿子曲沃庄伯杀了晋孝侯、驱逐了晋鄂侯，他的孙子曲沃武公杀了晋哀侯、晋小子侯、晋侯缗，最终实现了曲沃代晋。
>
> 公子重耳的父亲就是晋献公。晋献公即位后，在朝堂上经常受到长辈群公子的威逼，于是他重用大夫士䓊，设局杀了几乎所有的长辈群公子，只放过了一位叫作韩武子[1]的公子（此人就是韩氏的始祖）。在此之后，晋献公又在宠夫人骊姬的怂恿下逼死了自己最为孝顺贤良的儿子——太子申生，驱逐了另外两个儿子——公子重耳（晋文公）和公子夷吾（晋惠

1　韩武子，姬姓，韩氏，名万，谥武。曲沃桓叔之子。参见图19"韩氏世系图"。

_公），另立骊姬的儿子为太子。

晋献公去世之后，公子重耳的弟弟公子夷吾为了谋求归国即位，承诺用大量土地来贿赂秦国君主秦穆公及晋国权臣里克、丕郑，以换取他们对自己的支持。在秦穆公的护送和里克、丕郑的接应下，公子夷吾归国即位，就是晋惠公。然而晋惠公即位之后，做的第一件事就是在秦晋边境筑墙防备秦国；第二件事就是派使者告知秦穆公，由于国内大臣的反对，自己无法交付先前承诺的割地；第三件事就是杀了里克、丕郑。当然，晋惠公也因此激怒了秦穆公，双方在晋国韩地交战，晋军大败，晋惠公被秦穆公抓获带回了秦国。后来，秦晋和谈达成协议，秦人释放了晋惠公，不过晋惠公的儿子太子圉随后被送到秦国充当人质。

晋惠公去世之前，太子圉抛下他的秦国妻子、秦穆公之女怀嬴回到国内，最终顺利即位，就是晋怀公。晋怀公即位之后，立刻下令要求在国外流亡的重耳团队成员迅速回国自首，如果不回国，就要杀掉他们在国内的亲人作为惩罚。狐偃的父亲狐突就是因为坚决拒绝召回自己的儿子，因此被晋怀公下令杀死。

曲沃桓叔、曲沃庄伯、曲沃武公/晋武公、晋献公、晋惠公、晋怀公的这些冷血无亲、忘恩负义的事迹，是狐偃和其他从亡诸臣都非常清楚的。虽然在流亡过程中，重耳是一个有情有义、对狐偃等人言听计从的好主子，但他毕竟是晋献公的儿子、晋惠公的哥哥，一旦坐稳君位之后，他有没有可能像晋惠公除掉里克、丕郑那样，将功劳太高、权势太大、赏无可赏的狐偃杀掉？有没有可能为了稳定政局而全面重用晋国都城里的卿大夫，而冷落这些当年出逃时官职地位并不高的从亡诸臣？很可能是为了防止这种可能性，狐偃才与其他从亡诸臣一起，在河水岸边上演了这样一场逼迫重耳发誓善待他们的好戏。

国中旧族：晋文公必须妥善对待的"实权派"

在河水西边的秦国边境，从亡诸臣设局要求重耳为他们在晋国的未来作出保证；在河水东边的晋国境内，一直在通过通风报信、舆论造势等方式支持重耳的四个卿大夫家族也各显神通，加紧实施颠覆现政权、迎接重耳的行动，他们就是被春秋晚期晋国贤大夫羊舌肸称为晋文公"内主"的栾氏、郤氏、狐氏、先氏[1]，因此下文称他们为"内主旧族"。他们很清楚，在这个关键时刻为重耳夺权所作出的贡献，将直接影响各个家族在新政权功劳榜上的排位，而这个功劳榜上的排位无疑将成为影响各家族族长在新政权卿大夫体系中排位的重要因素。

"内主旧族"之中，率先向现政权发难的是狐氏。正如上一节已经提到的，前637年（重耳归国前一年）晋怀公即位后，严禁国内的卿大夫帮助流亡在外的重耳。他向重耳从亡诸臣在国内的

---

1 《左传·昭公二十三年》："我先君文公……有齐、宋、秦、楚以为外主，有栾、郤、狐、先以为内主。"

家族发出通知，要求他们督促流亡者归国投诚，超过期限不回的，就不再赦免。平心而论，晋怀公政权在重耳团队即将依靠秦国实施暴力夺权行动的危局下，实施一次先行明令告知、限期投案自首、自首就能获得赦免的整肃行动，不能算是无道暴虐之举。收到通知的人中就有狐氏老族长狐突，他的两个儿子狐毛、狐偃都在重耳团队中效力，其中狐偃还是从亡诸臣的领袖。冬天，晋怀公决定"杀鸡儆猴"，于是逮捕了狐突，对他说："你的儿子回来，你就能免于刑罚。"

对于想要通过贬斥晋怀公来为重耳回国造势的狐突来说，这是发动攻击的绝佳机会。他正义凛然地对答说："儿子到了能够入仕的年纪，父亲要教他'忠'的道理，这是自古以来的制度。名字写在了主公简策上、向主公进献见面礼之后，再有二心就是有罪的。如今臣下的儿子，名字登记在重耳的简策上已经好几年了。如果又召他们回来，那就是教他们事奉主公有二心。父亲教儿子有二心，那还怎么事奉君主？刑罚不滥用，从而彰显君主的英明，这是臣下的愿望。如果君主滥用刑罚以图快意，谁会没有罪？臣下明白君主的命令了。"话说到这份上，晋怀公为了维护君命的严肃性，只能下令杀了"死硬分子"狐突。

狐突这段只提"忠主公"不提"忠君"、从道义角度激烈批判晋怀公"通缉亡人"举措、并进而抹黑晋怀公君德的话，也是他为重耳夺权事业所作的最后一份贡献。不过，这件事还有另外一个维度的意义，那就是狐突"舍身兴族"。狐突很清楚，自己的两个儿子不可能在夺权大业马上就要胜利的当口脱离重耳团队回国，因此自己本来就必死无疑；夺权胜利后，有两个功臣儿子继承家业，狐氏未来也一定会昌盛。自己横竖是死，还不如拼上老命再对晋怀公作一次"自杀式抹黑"，一方面有助于颠覆晋怀公政权，另一方面也毫无疑问地将"满门忠烈"的匾额挂上了狐氏家门，这将进一步巩固狐氏在新政权中的崇高地位。

从现有文献记载来看，栾氏、郤氏两家并没有人在流亡团队中效力(至少没有人在核心团队中效力)，他们在未来新政权据以论功行赏的功绩排行榜上已经居于下风。因此，狐突拼死抹黑晋怀公给狐氏"再加一分"的行为，很可能刺激了栾氏、郤氏迎头赶上。此时狐氏刚丧失族长狐突，不能再有所作为，于是栾氏、郤氏开始积极活动起来。

前637年冬十二月，栾氏、郤氏听闻重耳已经身在秦国，于是暗地派使者到秦国与重耳团队接头，提出将作为内应协助重耳回国夺权。秦穆公发兵护送重耳归国，派人告诉栾、郤内应团队起事，栾、郤团队随后在高梁[1]杀了晋怀公，等于帮重耳干了他不方便亲自干的"脏活"。栾氏、郤氏在重耳归国最后时刻作出的这些关键贡献，使得这两家在新政权中也获得了很高的地位。

特别需要指出的是，此时的郤氏实际上分为两派，一派是支持重耳的"造反派"，其成员至少包括郤縠、郤溱[2]，还可

---

1 高梁见图二。
2 郤縠、郤溱在晋文公时期先后成为卿官，所以他们两人当然是支持重耳的郤氏成员。

能包括郤称[1]；另一派则是支持晋怀公的"当权派"，其领袖是先后辅佐过晋惠公、晋怀公的"两朝元老"郤芮。郤氏内部出现这样的现象，到底是因为政见不同而引起的分裂，还是家族为了对冲风险而有意为之的"两边下注"，如今已不可确知。

栾、郤、狐、先四家之中，只有先氏在重耳归国最后阶段的功绩难以确定。根据《史记·晋世家》的说法，先氏族长先轸[2]是跟随重耳流亡的"五贤士"之一，然而除此之外，其他文献中都没有先轸从亡的任何记载。另一方面，根据《水经注》引《古本竹书纪年》的说法，重耳进入晋国后，先轸是在抵御秦军的晋国军队中担任内应。无论如何，与狐、栾、郤三家相比，先氏在关键时刻所作的贡献是比较小的，这将影响到先氏在新政权卿大夫体系中的最初地位，也为后来先轸急于崭露头角建功立业的行为埋下了伏笔。

除了栾、郤、狐、先这四个已经明确"起义"的"内主旧族"，以及贡献了"五贤士"之一胥臣的胥氏，当时的晋国都城里还有韩、籍、箕、羊舌、伯、董这六个实力较为雄厚的家族。一方面，传世文献没有记载他们支持重耳的重要功绩；另一方面，他们也不像郤氏（郤芮分支）和吕氏那样死

---

1 在晋文公即位之前，郤称与郤芮、吕甥是同党。前636年晋文公即位之后，郤芮、吕甥被杀，而郤称不但没有被杀，反而得到了温邑作为封地，而温邑是在前635年才被晋文公领导的晋国吞并的。因此，笔者认为，郤称很有可能是在重耳夺权之前审时度势加入了郤氏"反对派"，在重耳夺权过程中火线立功，从而转危为安。
2 先轸，姬姓，先氏，又为原氏，名轸。先丹木之子。参见图25"先氏世系图"。

硬抵抗重耳。也就是说，这些家族在重耳夺权成功之前是持一种"骑墙"态度，所以下面把他们称为"骑墙旧族"。如何妥善对待这些骑墙旧族，也是重耳团队需要认真考虑的问题。

除了这十一家之外，国都内还有一位家族并不兴盛的重量级大夫，一直在用炮制舆论的方式帮助重耳的夺权事业，那就是负责占卜事宜的太卜郭偃。与狐突不同，郭偃没有亲属跟随重耳流亡，因此本来就不在此次"严打"范围内。在狐突拼死抹黑晋怀公被杀之后，郭偃一面称病不出，一面又放出话来"补刀"，他说："《周书》有云：'君主伟大贤明，臣民自然顺服。'自己并不贤明，而只知道杀人以求痛快，不也很难了吗？民众看不到君主的美德，而只听说杀人的消息，这样的君主会有后代吗？"[1]

郭偃在重耳依靠外国势力武力夺权的威胁迫在眉睫的时候，抛出"以德服人"的高调来批判晋怀公完全正当的肃反行动，不只是为了伸张正义，而是在为重耳团队摇旗呐喊。郭偃的目的，其实是在逼迫晋怀公做一个两难的选择：

其一，如果晋怀公被郭偃的这番话激怒，把并不在"严打"范围内的郭偃从家里揪出来杀掉，那他就用实际行动证明自己真的就是郭偃所说的"只知道杀人以求痛快"的暴君。实际上，如果晋怀公杀了太卜郭偃，这件事对他自己声望造成的

1　郭偃炮制舆论帮助重耳的情况，参见刘勋（2019年）。

损害会比杀一个普通大臣还要严重，因为太卜被认为是具有与上天沟通能力的特殊官员，他的职责就是毫不避讳地预言大事吉凶、劝谏君主失德行为，享有很高的舆论话语权和言论豁免权。

其二，如果晋怀公戒急用忍，没有对郭偃采取行动，那么他就默认了自己真的是郭偃所说的"只知道杀人以求痛快"的暴君，出于忌惮郭偃的太卜身份和崇高声望而不敢下手。

最终，晋怀公并没有因为郭偃的"反动"言论就把他揪出来杀掉，使得郭偃既在关键时刻声援了重耳，又保住了自己的性命。后面我们会看到，这位"险中求胜"的高手为晋文公改革事业作出了不可替代的贡献。

晋文公改革（一）：封赏功臣拉开序幕，明确目标剑指争霸

前636年建立的晋文公新政权在人事方面烧的"第一把火"，就是立即通知从亡诸臣申报自己的功劳，然后论功行赏。这样做一方面是兑现他在河水边的庄严承诺，稳住这些必须依靠的"自己人"；另一方面也希望通过此次封赏行动树立一系列正面和反面的典型案例，通过它们来向都城地区的国人[1]（特别是持观望态度的国中旧族）宣传新政权的选人任官理念。

一个见于《史记·晋世家》的反面典型案例，是晋文公通

1　国人，广义来说指居住在"国"（诸侯国都城＋近郊）内的非农人口，主要包括高级贵族卿、大夫，低级贵族士人，以及手工业者、商人。

过公开回应壶叔求赏，来阐述新政权"尊德""崇贤""尚功"的用人理念。从亡贱臣壶叔在申报了功劳之后，在政府公布的前三轮封赏名单里都没有发现自己的名字。他按捺不住心中的焦急，于是在朝堂上找到个机会，试探晋文公说："君主三次论功行赏，都没有惠及臣下，胆敢前来请罪。"晋文公当然知道他为何而来，抓住这个机会向群臣宣告说："用仁义来引导我行善，用德惠来防范我作恶，这类人接受上等的赏赐。用正确行为来辅佐我，最终取得成功，这类人接受次一等的赏赐。承担流矢飞石的危难，立下汗马功劳，这类人接受再次一等的赏赐。如果以苦力事奉我而不能补救我的缺陷，这类人授予更次一等的赏赐。[1]前三次赏赐之后，本来就将轮到您了。"

另一个见于《左传·僖公二十四年》的正面典型案例，是晋文公通过高调悼念介之推逃赏，来纠正从亡诸臣急功近利的歪风。与急于"变现"功劳的壶叔截然相反，从亡贱臣介之推不仅在整个流亡过程中没有向他人透露他割股奉主的卓绝功劳[2]，即使在新政权要求从亡诸臣申报功劳时也是一声不吭，因此自然被埋没在争先恐后追求封赏的其他从亡贱臣之下，没有得到任何封赏。介之推后来和母亲一起隐居山林，最终穷困而死。晋文公派人寻找介之推没有找到，听说他最后进入了绵上[3]

---

1 《史记·晋世家》："夫导我以仁义，防我以德惠，此受上赏。辅我以行，卒以成立，此受次赏。矢石之难，汗马之劳，此复受次赏。若以力事我而无补吾缺者，此复受次赏。"
2 参见《庄子·盗跖》。
3 绵上（霍太山以北）见图二。

的山中，于是把附近的土田封为介之推的享田，说："用此来标识我的过失，而且褒扬像介之推这样的善人。"

奖赏从亡诸臣拉开了晋文公改革的序幕。此次改革的总设计师和总负责人，就是前文提到过的太卜郭偃。《韩非子·南面》里这样称颂郭偃的成就和勇气，把他与辅佐齐桓公成就霸业的管仲相提并论：

> 伊尹如果不改变殷商的古制常规，齐太公如果不改变周国的古制常规，那么商汤、周武王就不能称王了。管仲如果不改变齐国的古制常规，郭偃如果不改变晋国的古制常规，那么齐桓公、晋文公就不能称霸了。……所以郭偃刚开始治理晋国的时候，晋文公为他配备了国家的军队；管仲刚开始治理齐国的时候，齐桓公为他配备了全副武装的战车——这些都是防备民众的措施啊。

不过，郭偃虽然辅佐晋文公成功推行改革，为晋国在短短4年内成为中原霸主立下大功，但他的家族郭氏和管仲的家族管氏一样，都没有成为各自国家的大族：管氏后人逃到了楚国，而郭氏则完全消失在了历史的烟尘之中。

回到前636年，当郭偃设计改革总体方案时，他首先要搞清楚的路线问题是，这场改革是为什么政治目标服务的？幸运的是，晋文公及其心腹谋臣狐偃、赵成子等人在这个问题上的态度是非常明确的：改革就是为了争霸。说得具体一点，晋文公改革的政治目标，就是要促使晋国卿大夫迅速树立起争霸的斗志，促使晋国迅速增强争霸的实力。

为什么要强调"迅速"二字？这是因为，就参与中原争霸而言，留给晋文公的时间已经不多了。

重耳前638年在曹国、卫国受辱期间明确了称霸的志向，从此之后，成为中原霸主就成了重耳毕生追求的政治理想。然而，当前636年重耳夺权成功成为晋文公，准备正式加入争霸赛道时，已经有三位大国英主跑在了他的前面，其中遥遥领先跑在第一的是楚国君主楚成王，跑在第二、但在不断落后的是齐国君主齐孝公，跑在第三、但在加速追赶的是秦国君主秦穆公。

先说第一名楚成王。楚成王自前666年从令尹王子善手中夺回权力以来，就一直积极投身于称霸中原的事业，到前643年时等到了首位霸主齐桓公的去世和齐国霸业的衰落；到前641年时派使者在齐国都城追悼齐桓公，成功摘掉了"齐桓公生前致力于讨伐的蛮夷国家君主"的帽子，被大多数中原主要诸侯国接纳为平起平坐的"正常国家"；到前638年时已经击败了唯一一位与自己正面争霸的中原诸侯国君主宋襄公，并且获得了郑国的归顺。在当时的各主要中原诸侯国看来，如果楚成王乘着当前的势头继续努力下去的话，战胜现任霸主国齐国、进而成为周王任命的中原霸主只是时间问题。如果用长跑来作比喻的话，那么楚成王已经进入最后的直道，终点线在视野之内了。

再说第二名齐孝公。前643年齐桓公去世后，齐国遭遇严重内乱，最终宋襄公出兵拥立公子昭归国夺权成功，就是齐孝公。齐孝公在位期间，齐国实际上已经丧失了霸主国的权威。在此背景之下，争当下一任中原霸主的斗争拉开了序幕，参赛选手有楚成王、宋襄公、秦穆公，而重耳当时还没有"报名资格"。然而，在周邦重新任命新霸主之前，齐孝公仍然以现任中原霸主自居，齐国也仍然是中原地区最强大的国家。到前637年时，宋襄公已死，在当时中原各诸侯国高层看来，齐国是唯一能够与楚国抗衡的中原大国，楚成王一旦在某次决定性的战役中战胜齐国，就将登上中原霸主的大位。继续用长跑来作比喻的话，那么齐孝公大概在第二的位置跌跌撞撞地跑着，一方面与前头气势如虹的楚成王的距离越拉越大，一方面与后头拼命追赶的秦穆公的距离越来越近。

再说第三名秦穆公。秦穆公自前659年即位以来就一直试图参与中原争霸，前651年干预晋政拥立公子夷吾为君，第一次表明秦国在秦晋关系中占主导地位；前645年韩之战大败晋惠公，第二次表明秦国在秦晋关系中占主导地位；前637年干预晋政拥立重耳，第三次表明秦国在秦晋关系中占主导地位。不过，到前636年时，秦穆公还没有在中原腹地建立任何功业，和深耕中原腹地将近30年的楚成王存在着显著差距，甚至还比不上仍然以中原霸主自居的齐孝公。仍然用长跑来作比喻的话，那么秦穆公比楚成王落后好几圈，比齐孝公也要落后一段距离，但同时也比还没上场的公子重耳/晋文公要领先得多。

相比之下，前636年时的晋文公就是一位刚进更衣室换衣服鞋子、根本还没有起跑的末位选手。从理性角度推测的话，无论楚成王、秦穆公知不知道重耳的称霸志向，他们都有理由认为，重耳在可预见的未来，在中原争霸这个问题上根本没可能超过秦穆公，更不用说超过楚成王。

由于本书的主题是晋国的卿族政治，接下来我们会聚焦于与卿族政治启动直接相关的人事制度改革。在如此紧迫的国际形势下，当郭偃设计人事制度改革举措时，所要应对的挑战总体来说是"迅速见效"，分开说有三个方面：

第一个挑战是"迅速融合"，即如何强力促进从亡诸臣卿大夫、内主旧族卿大夫、骑墙旧族卿大夫、其他大夫等四股政治势力的融合，从而迅速构建一支团结一心的卿大夫团队？

第二个挑战是"迅速选贤"，即如何全面选拔任用贤能之士，从而迅速提高卿大夫团队的整体水平？

第三个挑战是"迅速激励"，即如何最大限度地激励所有卿大夫迅速行动起来，为实现难度极高的晋文公称霸理想而努力奋斗？

下文就带着这些问题意识，来细致讨论晋文公改革中的人事制度改革。

晋文公改革（二）：三选人才构建团队，封赏土地激励群臣

《国语·晋语四》记载了晋文公改革的总体情况，其中与人事制度改革相关的文句以着重号标出：

晋文公会集百官，授予官职，任用有功的人。

废除旧债，减免赋税，布施恩惠，分财给寡少的人。

救济贫困的人，起用埋没的人，匡正困顿的人，资助无财的人。

减轻关税，修治道路，便利通商，宽待农民。

劝勉农耕，提倡互助，节省费用，充盈资财。

改良器物，昭明德教，使民心更加淳厚。

推举善人，任用贤人，制定常法来确定事物，辨正名分来培育善德。

昭显旧族，惠爱亲戚，光大贤能，尊崇贵胄，奖赏功劳，敬事老者，礼待宾客，友爱故旧。

胥、籍、狐、箕、栾、郤、伯、先、羊舌、董、韩等十一族，担任近官；姬姓家族中的贤良之人，担任中官；异姓家族中的才能之人，担任远官。[1]

公室的收入来自卿大夫的进贡，卿大夫的收入来自他们的私邑，士人的收入来自他们的禄田，庶民的收入来自他们的劳动，工商业者的收入来自他们的职官，奴仆的收入来自他们的职务，卿大夫家臣的收入来自卿大夫的加赐。[2]

上述政策施行之后，晋国政治平顺，民生丰足，财用不匮乏。

---

1 《国语·晋语四》："胥、籍、狐、箕、栾、郤、柏（伯）、先、羊舌、董、韩，实掌近官。诸姬之良，掌其中官。异姓之能，掌其远官。"
2 《国语·晋语四》："公食贡，大夫食邑，士食田，庶人食力，工商食官，皂隶食职，官宰食加。"

总结起来，晋文公新政权在人事制度方面主要推行了两项改革举措，其中第一项是选人任官制度改革，第二项是收入分配制度改革。下面先来看第一项可以被称为"三选"的选人任官制度改革举措，这项举措又可以具体分为三项政策。

"三选"举措的第一项政策，是"旧族之长，实掌近官"。

《国语》原文作"胥、籍、狐、箕、栾、郤、柏、先、羊舌、董、韩，实掌近官"。所谓"近官"，是指最接近国君的卿大夫，既包括有资格进入寝宫内朝与国君直接议政的卿官和高级大夫，也包括太史、太祝这样为国君提供咨询、占卜、祷告服务的专业官员，一般是由卿大夫家族的族长来担任。

笔者认为，由于《国语》接下来说"诸姬之良，掌其中官""异姓之能，掌其远官"，因此选择上面这十一族的关键标准既不是族姓，也不是贤能，而只可能是他们在晋国原有的政治地位；也就是说，这十一族是晋献公、惠公、怀公时期卿大夫体系的基础，是尊贵的"国中旧族"。如前所述，其中栾、郤、狐、先四族是支持重耳归国夺权的"内主旧族"，我们把贡献了"五贤士"之一胥臣的胥氏也算在这一类；而韩、籍、箕、羊舌、伯、董六族是持观望态度的"骑墙旧族"。

这十一个国中旧族的基本情况如下表所示[1]。

1　栾、郤、狐、先、韩氏的春秋时期世系分别见图22、图23、图24、图25、图19。

氏	姓	性 质	最高地位	族 源
栾	姬	远支公族	卿族[1]	始祖为晋靖侯之孙栾宾[2]，曲沃桓叔之臣
郤	姬	远支公族	卿族	始祖为郤文子[3]，某位晋侯之后，晋献公之臣
狐	姬	远支公族	卿族	见于《左传》最早者为狐突，某位晋侯之后，晋献公、惠公、怀公之臣
先	姬	远支公族	卿族	见于《左传》最早者为先丹木[4]，某位晋侯之后，晋献公之臣
胥	姬	远支公族	卿族	见于《左传》最早者为胥臣，某位晋侯之后，晋文公、襄公之臣
韩	姬	远支公族	卿族	始祖为曲沃桓叔之子韩武子，曲沃武子/晋武公之臣
籍	姬	远支公族	卿族	始祖为晋穆侯之孙麛，晋穆侯之臣
箕	/	/	卿族	见于《左传》最早者为箕郑，晋襄公之臣
羊舌	姬	远支公族	大夫族[5]	始祖为晋武公后代羊舌突，晋献公之臣
柏	姬	远支公族	大夫族	见于《左传》者唯有伯宗一人，某位晋侯之后，晋厉公之臣
董	姒	非公族	大夫族	见于《左传》最早者为董狐，周平王之臣辛有之后，晋灵公之臣

---

1 卿族，指家族成员最高职级达到了卿的家族。
2 栾宾，姬姓，栾氏，字宾。晋靖侯之孙。参见图22 "栾氏世系图"。
3 郤文子，姬姓，郤氏，名豹，字虎，谥文，排行叔。某位晋侯之后。参见图23。
4 先丹木，姬姓，先氏，名丹木。某位晋侯之后。参见图25。
5 大夫族，指家族成员最高职级达到了大夫的家族。

这个列表中，郤氏的问题需要多说几句。此时晋文公重用的只是支持他的"造反派"郤氏族人（比如下文提到的郤縠、郤溱），而曾想要烧死晋文公的"当权派"郤氏族人郤芮先前已被秦穆公杀死，郤芮的儿子郤成子[1]被外放到曾是郤氏采邑的冀邑[2]，成了一个农夫。

晋文公——郭偃重用这十一个旧族，让他们的族长担任近官，主要有两层考虑：

第一层考虑，是通过无差别地重用所有旧族来传达出新政权充分信任和倚重国都内原有政治势力的态度，从而迅速打消"骑墙旧族"认为新政权只信任从亡诸臣和内主旧族的疑虑，笼络这些家族的人心，从而为政权的长治久安奠定基础。

第二层考虑，是在对从亡诸臣个人论功行赏的基础上，进一步通过重用内主旧族（栾、郤、狐、先、胥）的族长，来奖赏这些家族支持重耳归国夺权的功劳。

总而言之，"国中旧族，实掌近官"政策对应的，其实就是"昭显旧族，惠爱亲戚，光大贤能，尊崇贵胄，奖赏功劳"中的"昭显旧族""尊崇贵胄""奖赏功劳"。如果对标"迅速融合"和"迅速选贤"这两个改革目标的话，那么这第一项政策是以"迅速融合"为主，以"迅速选贤"为辅。

"三选"举措的第二项政策，是"诸姬之良，掌其中官"。

所谓"中官"，是指与国君的距离不近不远的大夫，主要包括在都城内中央官府各机构任职的官员，他们是直接服务国君

1　郤成子，姬姓，郤氏，又为冀氏，名缺，谥成。郤芮之子。参见图23。
2　冀见图二。

和"近官"的官员。

晋国始封君唐叔虞是周文王的儿子，因此晋国公族与周王室一样是姬姓。第二条政策强调"诸姬之良"，说明这条政策的大前提是族姓。所谓"姬姓家族"，既包括与国君有宗亲关系的远支公族，也包括与国君没有直接宗亲关系、但同为周王室之后的姬姓非公族。无论是远支公族，还是姬姓非公族，在最宽泛的意义上说都是晋国君主的亲人。

晋国卿大夫家族群体中有哪些姬姓家族？

首先，十一个国中旧族中，有九个与国君同为姬姓的远支公族，即栾、郤、狐、先、胥、韩、籍、羊舌、柏。

其次，晋国此时至少有两个日后非常重要的姬姓非公族，即荀、魏[1]两家。荀氏始祖荀息曾经是晋献公托孤大臣，但后来被权臣里克逼死，很可能因此家道中落，在晋文公即位时不在国中旧族之列。魏氏族长魏犨是"五贤士"之一，立有从亡之功，但其家族本身并不兴盛，在晋文公即位时也不在国中旧族之列。

氏	姓	性质	地位	族　　源
荀	姬	非公族	卿族	始祖荀息，周文王之子原叔[1]之后，晋献公之臣。荀氏从逝遨[2]之后，分为三支，一支为中行氏，以逝遨之子中行桓子（荀林父）[3]为祖；一支为知氏，以逝遨之子知庄子首[4]为祖；还有一支仍为荀氏

1　荀氏（含中行氏、知氏）、魏氏的春秋时期世系分别参见图21、图18。
2　原叔，姬姓，原氏。周文王之子。参见图21。
3　逝遨，姬姓。荀息之子。参见图21。
4　中行桓子，姬姓，中行氏，出自荀氏，名林父，谥桓，排行伯。逝遨之子。参见图21。
5　知庄子首，姬姓，知氏，出自荀氏，名首，谥庄，排行季。逝遨之子。参见图21。

氏	姓	性质	地位	族　　源
魏	姬	非公族	卿族	始祖毕万[1]，周文王之子毕公高[2]之后，晋献公之臣，受封于魏，遂以为氏

晋文公—郭偃任用姬姓家族的贤良之人担任中官，主要有如下四层考虑：

第一层考虑，强调"姬姓"，是为了根据中原诸侯国仍然普遍认同的周礼"亲亲"大传统，修正晋献公以来晋国政治中的"无亲"小传统，宣示新政权"惠爱亲戚"的新理念。这样做不仅是为了笼络国内人心，也是向国际社会宣示，新上台的晋文公政权有志于遵守中原诸侯国普遍信奉的周礼"亲亲"原则，这是在为晋文公的争霸事业提供德望方面的支持。

第二层考虑，强调"之良"，当然是弘扬晋献公以来晋国政治中的"尊贤""尚功"小传统，将更多的贤良之人吸收进中官团队，提升整个团队的水平和能力，这是为晋文公的中原争霸事业提供人才方面的支持。

第三层考虑，就是利用绝大多数国中旧族都是姬姓家族的情况，在任命这些家族的族长担任执掌大权之"近官"的基础上，进一步任命这些家族的优秀族人担任地位仅次于"近官"的"中官"，从而向国中旧族（特别是那些"骑墙旧族"）表达善意，赢得他们的支持。

第四层考虑，就是跳出国中旧族的范围，给予荀氏、魏氏

1　毕万，姬姓，毕氏，名万。毕公高之后。参见图18。
2　毕公高，姬姓，毕氏。西周毕国始封君。参见图18。

这样原有地位不高的姬姓家族成员建功立业的机会，如果这些家族能够把握住机会，就有可能跃升成为和国中旧族平起平坐的高级卿大夫家族，相当于是给高级卿大夫家族群体"扩容"。

总而言之，"诸姬之良，掌其中官"政策对应的，其实就是"昭显旧族，惠爱亲戚，光大贤能，尊崇贵胄，奖赏功劳"中的"惠爱亲戚""光大贤能"。如果对标"迅速融合"和"迅速选贤"这两个改革目标的话，那么这第二项政策是以"迅速选贤"为主，以"迅速融合"为辅。

"三选"举措的第三项政策，是"异姓之能，掌其远官"。

所谓"远官"，是指与国君的距离较远的大夫，主要指国都之外的地方官员，比如边境重要城邑的大夫。

所谓"异姓"，是与"姬姓"相对而言，指所有与国君不同姓、没有任何宗亲关系的家族。除了"国中旧族"中的董氏，晋国此时至少有三个日后非常重要的异姓非公族，即士、赵、梁三家[1]。虽然赵氏族人赵成子是"五贤士"之一，但是这三个家族在晋文公政权建立之初实力并不强，因此没有被算作"国中旧族"。

氏	姓	性质	地位	族　源
士	祁	非公族	卿族	始祖士芳，晋献公之臣。士氏从士会开始分为三支：一支为范氏，以范武子（士会）[2]为祖；一支为彘氏，以士会庶子魴为祖；一支仍为士氏

1　士氏（含范氏、彘氏）、赵氏的春秋时期世系分别见图20、图17。
2　范武子，祁姓，范氏，又为随氏，出自士氏，名会，谥武，排行季。成伯之子。参见图20。

氏	姓	性质	地位	族　　源
赵	嬴	非公族	卿族	始祖造父[1]，为周穆王之臣。见于《左传》最早者为赵夙，晋献公驾车人
梁	嬴	非公族	卿族	见于《左传》最早者为梁弘，梁国公室之后，曲沃武公/晋武公之臣

晋文公—郭偃任用异姓家族的贤能之人担任远官，主要有如下三层考虑：

第一层考虑，当然是弘扬晋献公以来晋国政治中的"尊贤""尚功"传统，将更多的贤良之人吸收进远官团队，提升整个团队的水平和能力，从而为晋文公的争霸事业提供人才方面的支持。由于贤能之士要么来自姬姓家族，要么来自异姓家族，因此这第三条"异姓之能"和第二条"诸姬之良"加在一起，在理论上已经覆盖了整个贵族群体。

第二层考虑，就是跳出国中旧族的范围，给予士氏、赵氏、梁氏这些原有地位不高的异姓家族建功立业的机会，也相当于是给高级卿大夫家族群体"扩容"。

第三层考虑，就是鉴于国中旧族董氏是异姓家族，在任命董氏族长担任执掌大权的"近官"的基础上，进一步任命董氏的优秀族人担任"远官"，从而进一步向"骑墙旧族"董氏表达善意，赢得他们的支持。

"诸姬之良"担任中官，"异姓之能"担任远官，两者之间的差别是什么用意？一方面，从名义角度看，中官的地位

1　造父，嬴姓，字造。周穆王御者。参见图17。

当然比远官要高，因此这种差别进一步体现了晋文公政权对于亲戚的惠爱，也就是对周礼"亲亲"价值观的尊崇。然而，另一方面，从实际角度看，当时晋国正在积极开疆拓土、争霸中原，担任边境地区城邑守主这种"远官"有更多机会建立功业（特别是占领土地的军功），从而有更多机会得到土地封赏（将某人率军占领的土地封赏给他），因此异姓家族的贤能之士也乐意担任这些官职。

总而言之，这项政策对应的，其实就是"昭显旧族，惠爱亲戚，光大贤能，尊崇贵胄，奖赏功劳"中的"光大贤能"。如果对标"迅速融合"和"迅速选贤"这两个改革目标的话，那么这第三项政策是以"迅速选贤"为主，以"迅速融合"为辅。

如上所述，晋文公政权针对"迅速融合""迅速选贤"的改革目标，通过推行"三选"改革举措，迅速组建了一支融合四股政治势力、贤能人士占比很高的卿大夫队伍。接下来的问题就是，如何迅速地、最大程度地激励这支卿大夫队伍，促使他们为晋文公"短期内超越秦楚，成为中原霸主"这一看似不可能实现的目标而拼尽全力？这就引出了晋文公改革的第二项内容"公食贡，大夫食邑，士食田"，也就是"公室收入来自卿大夫的进贡，卿大夫收入来自他们的私邑，士人收入来自他们的禄田"的收入分配制度。

这项举措乍看起来并没有什么特别的地方，似乎就是我们通常理解的春秋时期诸侯国内贵族土地分配制度。可是，如果真是如此，《国语》完全没有必要把这句话详细陈述出来作为晋文公改革的关键政策。更加重要的是，如果不是在收入分配这样的根本问题上有大刀阔斧的改革，《国语》所提到的其他举措似乎都不足以引发《韩非子·南面》里所描述的国内紧张局势（参见第49页），以至于促使晋文公动用军队来保护郭偃的人身安全。

笔者认为，晋文公此项改革举措的具体内容，是对晋献公、惠公的政策导向的进一步深化：

第一，公室将晋惠公时期"封赏公室直辖公邑给卿大夫"（作爰田）的政策进一步制度化，同时纠正"作爰田"封赏土地过程中存在的"雨露均沾"问题，强调"建立功劳"和"封赏土地"之间的因果关联，也就是把公室目前拥有的存量直辖公邑全部（或至少是绝大部分）正式封赏给有功劳（特别是军功）的卿大夫和士人，其中大部分土地以私邑的形式封赏给卿大夫，少部分土地以禄田的方式赏赐给士人。禄田在所有权性质上与私邑有所不同，在士人去世后要归还给公室。

第二，公室将晋献公"封赏新占领土给有功卿大夫"的政策进一步制度化，不谋求将新占领土划归公室直辖，而是将其分封给有功劳的卿大夫作为私邑。这里要指出的是，前635年晋文公占领南阳地区之后，曾经试点用设立直辖县的方式来直接治理新占领土。不过"设县直辖"改革试点随后被废止，春秋中晚期见于传世文献记载的晋县都是卿大夫家族的私邑。

总而言之，无论是存量公邑，还是新占领土，公室都将其封赏给有功劳的卿大夫。也就是说，这项改革举措的实质就是

"根据功劳大力度封赏土地"。不过，也有学者认为晋文公一开始只是将这些土地委托给卿大夫代管，到后来公室不断衰弱，代管土地收不回来了，才真正成为卿大夫的私家土地[1]。

与之形成鲜明对比的是，其他"正常"中原诸侯国在很长一段时间仍然维持着"公室直辖大量公邑，国君是国内最大地主"的"君大臣小"土地分配格局。比如说，在前537年"四分公室"改革之后，鲁国的公室直辖公邑才正式转变为季氏、孟氏、叔孙氏三大卿族的私邑，也就是说，鲁国的公室土地私有化改革比晋国晚了将近一百年。

当公室直辖公邑绝大部分转变为卿大夫私邑之后，晋国公室的主要收入不再是"公室直辖公邑税收＋卿大夫进贡"，而是卿大夫进贡[2]，这是改革的关键所在。这次改革之后，大量居住在公室直辖公邑上的民众从直属公室的"公民"转变为贵族的私家臣隶，这很可能是晋文公改革举措里最引起争议和社会动荡的地方。《韩非子》里所叙述的晋文公派军队保护郭偃，可能就是为了防备这一批地位下降、利益受损的民众造反闹事。

如果只从长治久安的角度考虑，晋文公政权其实应该"悬崖勒马"，废止晋惠公时期将公室直辖公邑封赏给卿大夫的临

1　关于晋文公将公室土地交由卿大夫代管的分析，参见邹昌林（1986年）、张宁（2014年）。
2　实际上，公室全部收入中还有一块次要收入在改革前后并没有受到影响，就是公室直辖山林川泽的收入，为了行文简便在此从略，后文讨论晋悼公改革时将专门讨论此事。

时政策，回到符合周礼规定的"君强臣弱"土地分配结构。在这种传统结构中，公室占有大量国土，主要分布在国都周围和内地；卿大夫家族每族占据一小块私邑，作为一个整体占据少量国土，主要分布在边境地区，从而形成"君大臣小""君内臣外""君为腹心，臣为藩屏"的局面，从经济军事实力基础上保证"君臣分权，君强臣弱"权力结构的长期稳定。那么，晋文公为什么不"悬崖勒马"，而是在晋献公、晋惠公封赏土地政策的基础上走得更远，采取上述那种将全部存量公邑和新占领土都封赏给卿大夫的激进政策呢？

上文已经说过，晋文公这样做的首要目的，当然是为了表明最大的诚意，将封赏土地的激励作用发挥到极限，从而迅速地、最大限度地调动卿大夫为了争霸事业而奋斗的积极性，特别是那些国中旧族卿大夫的积极性，因为他们并没有跟随晋文公长期流亡、磨炼成长，因此无法高度认同晋文公的称霸理想。晋文公之所以采取如此极端的做法，正是因为他的志向绝不仅仅是做一个能让晋国恢复稳定、温和发展的明君，而是要迅速赶超秦穆公、齐孝公、楚成王，成为齐桓公之后的第二位中原霸主。

除此之外，晋文公选择这样做，在很大程度上也是为了顺应从亡诸臣卿大夫和国中旧族卿大夫的利益诉求。实际上，"从亡诸臣"核心人物狐偃和"国中旧族"核心人物栾贞子[1]都明确地向晋文公提出了这种诉求。据《说苑·政理》记载：

1　栾贞子，姬姓，栾氏，名枝，谥贞，栾共叔之子。参见图22。

晋文公向狐偃询问如何治国理政，狐偃回答说："分熟肉不如分生肉，分生肉不如分土地。割地分给民众，并增加他们的爵禄。因此君上获得新土地，民众就知道他们也能富足；君上丧失土地，民众就知道他们会因此贫困。[1]古人所谓'冒死攻入敌阵挑战'，说的就是实行分地政策后达到的效果。"

晋文公时，狄人有进献大狐皮和文豹皮的，文公长叹说："大狐、文豹有什么罪过，因为它们身上的毛皮而有了罪过啊！"大夫栾枝（栾贞子）说："土地宽广而不平坦，财物聚集而不分散，难道不是大狐、文豹的罪过吗？"文公说："好啊，说下去！"栾枝说："土地宽广而不平坦，人们就要平整它；财物聚集而不分散，人们就要争夺它。"[2]晋文公于是割地分给民众，散发财物以赈济贫穷。

如果说狐偃的政策建议还算是从正面鼓吹"分地有什么好处"，那么栾贞子的借题发挥已经有了威胁恐吓的意思，实际上他没敢直接说出来的结论是："如果您不把聚集在手上的公室直辖公邑和新占领土分出去，您就会像大狐、文豹那样被人杀掉，而土地也终究会被夺走，而且这并不是杀您的人的罪过，而是您自己活该！"

晋武公开启、晋献公和晋惠公发展、晋文公确立的"封赏

---

1 《说苑·政理》："分熟不如分腥，分腥不如分地。割以分民而益其爵禄，是以上得地而民知富，上失地而民知贫。"

2 《说苑·政理》："地广而不平，人将平之。财聚而不散，人将争之。"

全部土地给有功卿大夫"制度，深刻塑造了晋国卿大夫家族的鲜明特色。以日后掌控国家的六大卿族——赵、魏、韩、范、中行、知为例，除了中行氏是以其始祖官职"中行"为氏名之外，其他五家都是以家族祖先获得的最初私邑名为氏名，也就是说，对于晋国卿大夫家族来说，通过立功获得土地封赏是家族最为荣耀之事。这种对于土地封赏的崇尚在春秋时期诸侯国间是罕见的，齐、秦、鲁、卫、郑、宋等有较详细记载的诸侯国的卿大夫家族都不用家族私邑作为家族名称。

晋文公改革的意义可以从正面和负面两个角度来看。

第一，从正面效应来看，晋文公改革在短期促成了晋文霸业，在长期支撑了晋国百年中原霸业。

从短期来看，晋文公政权一方面通过推行"三选"制度，构建了一支融合各股政治势力、主要由贤良人士组成的高水平官员队伍；并且通过推行"根据功劳大力度封赏土地"的收入分配制度，激励有才干的贵族人士积极投身于晋文公的称霸事业。总而言之，这场改革在当时释放出巨大的短期红利，在四年后就将晋文公推上了中原霸主的宝座。

从长期来看，晋文公改革奠定的"选贤举能"原则确保了晋国官僚队伍的主体一直是由贤良人士组成；晋文公改革奠定的"论功行赏"原则激励着卿大夫们率领军队在各个战略方向上开疆拓土，在客观上不断壮大晋国的总体实力。总而言之，这场改革在后来释放出绵延的长期红利，支撑了晋国的百年霸业。

第二，从负面效应来看，晋文公改革导致了晋国卿族政治的形成，以及晋国的最终分裂。

晋文公改革的负面效应也是显而易见的。提拔重用美德、才干、功劳出众的贵族本没有错，但是，土地是农业国家的根本，公室在给予贵族官职的同时，将绝大多数国内土地也分配给了他们，这就是主动放弃了制衡、管控贵族的战略资源，从根本上架空了自己的统治基础。

一方面，国君将绝大多数直辖公邑分配给卿大夫，使得公室不再是国内最大的地主，这就从根本上改变了君臣的经济军事实力对比，削弱了公室管控卿大夫的底气和能力。另一方面，靠真本事上位的"外人"卿大夫都具有出众的才能和野心，又都有机会合法地获得大量私有土地，因此，他们的确积极进取、为晋国霸业作出重大贡献，但同时也壮大了家族实力，其中最优秀的几家逐渐发展成为世袭卿族[1]。因此，从卿族政治发展史角度来看，晋文公改革的完成，标志着卿族政治模式在晋国的启动。

春秋中期时，晋国已经形成了公室傀儡化、世袭卿族把持军政实权的卿族政治局面。到了春秋后期，赵、魏、韩、知、

---

1 所谓"世袭卿族"，就是族长世袭卿官资格的家族。对于这个"世袭卿官资格"的确切含义，笔者要多解释说明几句。一般说来，某个卿族老族长去世之后，新族长并不会直接"顶班"继承老族长生前占据的最高职位，而是先由其他现任卿官向上递补老族长退出后形成的空缺，然后新族长从卿官体系里一个比较低的位次做起，按照年资和功绩通过递补向上逐步升迁，或者因为特殊原因而向上跃迁。

范、中行六大卿族启动"化家为国"的事业，全力扩张自家地盘、增强自家实力，相互争斗也不断升级，使得晋国表面上的经济军事体量不断增大，而内部的政治统一度不断降低，逐渐变成了一个"多胞胎孕妇"，六个"国中国"在其体内逐渐成形、互相踢斗。最终，赵、魏、韩三家胜出，撑破母体成为战国三雄，而晋国公室则气绝身亡[1]。

新政权前三年：重臣辅佐下的霸业启动

《墨子·所染》用给蚕丝染色打比方，来讲述股肱之臣对于春秋五霸的影响，明确提出辅佐晋文公称霸最重要的两位股肱之臣是狐偃和郭偃：

> 齐桓公受到管仲、鲍叔的熏染，晋文公受到舅犯（即狐偃）、高偃（即郭偃）的熏染，楚庄王受到孙叔、沈尹的熏染，吴王阖庐受到伍员、文义的熏染，越王勾践受到范蠡、大夫种的熏染。这五位君主受到了恰当的熏染，所以能够称霸诸侯，功名传于后世。

与管仲在齐桓公称霸过程中站在高光之下总领内政外交、权势仅次于国君不同，晋献公、惠公、怀公时期经常站出来发表尖锐言论的郭偃，在晋文公时期突然变得"沉默"了：他的

---

1 关于晋国大规模封赏土地弊端的分析，参见景红艳（2013年）。

职权似乎被清楚地限定为内政改革的总管，而且在绝大多数情况下，他似乎是在以"幕后推手"的方式开展工作，没有在传世文献中留下一个像管仲那样打着高光的"改革大师"形象。然而，从零星的记载中我们可以知道，郭偃一直在深度参与晋文公的称霸事业，直到前628年晋文公灵柩运出都城时，我们还得以最后一次领略这位改革大师的风采。

在晋文公政权中，像管仲那样站在高光下、策划和把握晋国称霸战略的仍然是狐偃，这位晋文公当作父亲一样事奉的老臣[1]。前面我们已经说过，在成为晋文公之前，公子重耳政治人生的几乎每一次重大转折都是狐偃拿的主意。如今公子重耳虽然已经由一个流亡公子升级为晋侯，但他与狐偃之间的关系似乎并没有发生相应的实质性改变：狐偃仍然扮演着一个"舵手"的角色，继续掌控着晋文公政治人生的航向。据《左传·僖公二十七年》记载，从晋文公即位到城濮[2]大战之前，晋文公在政治方略层面一直遵循着"狐偃路线"：

> 晋文公刚进入国都时就教导民众，一年后就想用他们作战。狐偃说："民众还不知道大义，还没有安居乐业。"[3]晋文公于是在外交层面率军南下稳定周襄王的君位，在内政层面务求让民众获得利益，民众安于生计了。
>
> 此时晋文公准备要征用民众出战。狐偃说："民众还不

---

1 无独有偶，齐桓公也将管仲奉为"仲父"。
2 城濮见图三。
3 《左传·僖公二十七年》："民未知义，未安其居。"

知道诚信，不明白它的作用。"**1**晋文公于是讨伐原邑**2**来示范诚信。在此之后，即使是做买卖的商人，也不谋求丰厚的利润，都明码实价。

晋文公问："现在可以征用民众出战了吗？"狐偃说："民众还不知道礼制，社会上没有生成恭敬的氛围。"**3**晋文公于是在被庐举行阅兵来演示礼制，建立执秩来端正官制。民众听从君主命令，行事不迷惑，然后才用他们作战。

公子重耳成为晋文公之后，他与另一位股肱辅臣——"老师"赵成子之间的关系也进一步深化：晋文公把自己一位最贤淑的女儿嫁给了赵成子作为他的嫡妻，两人在连襟关系基础上又加了一层翁婿关系，可谓是"亲上加亲"。

让整个故事更加和谐美好的是，晋文公女儿赵姬和赵成子婚后生下赵同**4**、赵括**5**、赵婴齐**6**三个嫡子之后，主动请求赵成子把叔隗和少年赵宣子从狄地迎回来一起生活。赵成子可能是认为赵姬这个"自找麻烦"的提议不合常理，或许是来自岳父兼君上晋文公的试探，所以连忙推辞说自己绝没有这个想法。没想到这完全就是赵姬自己的主意，她意识到丈夫的推辞是捉摸

1　《左传·僖公二十七年》："民未知信，未宣其用。"
2　原见图二、图三。
3　《左传·僖公二十七年》："民未知礼，未生其共。"
4　赵同，嬴姓，赵氏，又为原氏，名同。赵成子之子。参见图17。
5　赵括，嬴姓，赵氏，又为屏氏，名括。赵成子之子，赵同之同母弟。参见图17。
6　赵婴齐，嬴姓，赵氏，又为楼氏，名婴齐。赵成子之子，赵同、赵括之同母弟。参见图17。

不透自己这样提议的动机，于是解释说："如果得到尊宠就忘记旧人，这种德行的人凭什么成为高官使唤他人？[1]一定要把叔隗接回来！"赵姬的意思是，她是从丈夫的事业发展角度考虑问题，认为将首任妻子接回来有利于帮助丈夫塑造一个"有情有义不忘本"的德义形象，是完全合情合理的提议。

在赵姬诚恳的请求下，赵成子才放下戒备，接回了叔隗和赵宣子。在和叔隗、赵宣子生活了一段时间之后，赵姬接下来的举动更加令人感佩：她认为赵宣子比自己生的三个嫡子更加贤能，是继承赵氏家业最合适的人选，于是坚决请求父亲晋文公同意，将赵宣子立为赵成子的嫡子，让自己三个本是嫡子的儿子排在他下面做庶子；又把叔隗立为赵成子的嫡妻，自己放弃嫡妻身份，排在叔隗下面做妾。

狐偃把握称霸战略，郭偃主抓内政改革，还有赵成子等众多贤大夫的共同努力，使得晋文公的称霸事业得以快速推进。就在晋文公即位的同一年，前636年，周襄王的弟弟王子带发动叛乱，盘踞在"南阳"地区的温邑，而周襄王则被迫从王城出奔，逃到了郑国[2]。一直想要称霸中原的秦穆公收到周邦的告急文书后，马上率领军队向东抵达秦晋交界处的河水岸边，准

1　《左传·僖公二十四年》："得宠而忘旧，何以使人？"
2　周见图一、二、三、五，春秋初年周王室都城在王城（周1），前509年迁至成周（周2）。温见图三。南阳见图二、三。这里的"南阳"不是指河南南阳，而是指中条山-太行山以南、河水以北（水北为阳）的区域，对应今天河南济源、孟州、沁阳、焦作所在的区域。

备经由崤函道[1]快速东进中原平定叛乱，建立"尊王"之功，为自己的争霸事业添砖加瓦。当时秦穆公是晋文公夺得君位的大恩人，两国表面上处于"蜜月期"，而崤函道又在晋国境内，因此秦穆公邀请晋文公率领军队与他会合，然后跟随他东进勤王。

晋文公的谋主狐偃却有了一个非常大胆的想法。按照《国语·晋语四》的记载，他对晋文公说："民众已经开始亲近您，但还不知道大义，君主何不派兵护送周王回国，以此来教导民众懂得大义呢？如果君主不护送，秦国就会护送他回国，那就会失去尊奉周王室的机会，又凭什么来求得诸侯成就霸业？不能修养自身的品德，又不能尊奉他人，他人怎么会依附呢？继承晋文侯的事业，建立晋武公的功绩，开拓国土安定疆界，就在于这次机会了，请君主为此而努力。"

据《史记·晋世家》的记载，赵成子完全赞同狐偃的观点，他对晋文公说："成就霸业最好的方法就是送回周王、尊崇周王室。周王室和晋国是同姓宗亲，如果同姓的晋国不抢先送回周王，而让异姓的秦国做成此事，以后就没办法号令天下了。如今尊王就是晋国称霸最大的资本。"

---

1 崤函道连接关中盆地（秦国核心区）和华北平原（中原），在春秋时期是秦国战车部队快速东进中原的唯一通道。这条古道从陕西潼关到河南三门峡的区段由于古代通称"函谷"，后又有秦函谷关，可称为"函谷道"；从河南三门峡到新安或洛宁的区段穿越崤山山区，可称"崤山道"。（1）函谷道：东出潼关之后，古道沿黄河南岸而行，途经河南灵宝阌乡村、秦函谷关遗址，到达河南三门峡。（2）崤山道：到达三门峡以后，古道在三门峡交口乡分为两支穿过崤山山区：一条为崤山北道，经三门峡市的张茅乡、硖石乡、石壕村、渑池县、义马市，到达洛阳新安，最终到达洛阳；另一条为崤山南道，经三门峡菜园乡、雁翎关村、宫前乡，洛阳洛宁刀环村、三乡镇，洛阳宜阳，最终到达洛阳市。秦穆公等待的地点应该就在潼关县附近。参见图七。

在两位重臣的鼓励下，晋文公决定独吞勤王之功：他一方面用财礼买通晋东南太行山区的草中戎和丽土狄[1]，从轵关陉道[2]抄近路直下南阳平定叛乱；另一方面派使者不紧不慢地前往秦穆公在河水岸边的营地，告诉秦穆公说，他为了火速解救周王室的危难，已经在接到告急文书后第一时间独自率军前去勤王。

叛乱平定后，周襄王将长期不服从王室直接管辖的南阳地区赏赐给晋国。晋文公亲自率军进入南阳，花了一年时间，终于实现了对它的实质性控制，将其转变为晋国南下称霸中原的"前进基地"。

接下来，晋文公决定要借鉴楚国、秦国的成功经验，在南阳地区试点用"设县直辖"的方式来治理新占领土，也就是不将新占领土分封给有功卿大夫，而是设立直属于晋国公室的县，由公室任命非世袭的县大夫来直接治理。这次改革试点中设立的公室直辖县至少有温、原、攒茅三个[3]。

作为改革试点工作的一部分，晋文公任命他最信赖的赵成子担任原大夫，这是具体落实"异姓之能，掌其远官"政策，因为赵成子的确是异姓从亡诸臣卿大夫中的佼佼者；同时，晋文公又任命狐溱[4]担任温大夫，这主要是为了尊崇狐氏及平衡

1　太行山、草中戎、丽土狄见图二。
2　轵关陉道是翻越太行山、沟通晋国南部和"南阳"地区的重要古道。这条古道在史前时期就已经存在，因途经战国时设置的轵关而得名，大体从西向东有山西运城绛县横水镇、运城垣曲、河南济源邵原镇、济源四个重要控制点。参见图七。
3　关于在此次改革试点时南阳地区设立的县，参见吕文郁（1992年）。
4　狐溱，姬姓，狐氏，名溱。狐毛之子。参见图24。

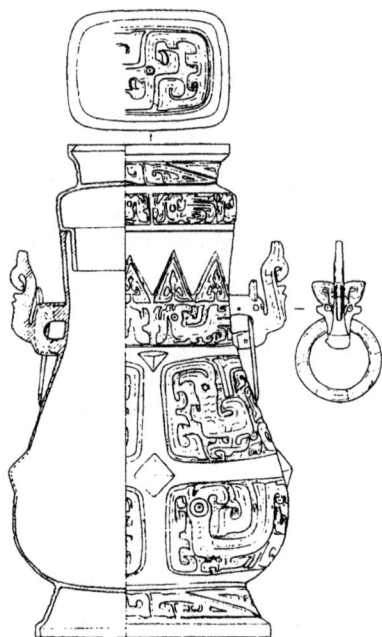

▶ 图2 河南三门峡上村岭虢国墓地M2001 出土椭方壶，春秋早期偏早（《三门峡虢国墓（第一卷）》，1999年）

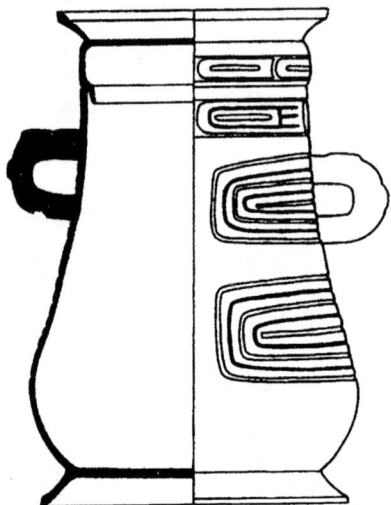

▶ 图3 河南登封告城郑国墓地M3出土方壶，春秋早期偏晚至中期初（《河南登封告成东周墓地三号墓》，2006年）

狐、赵两家势力。狐溱在传世文献中仅此一见，应属于才干平庸之辈。

在任命原大夫之前，晋文公曾向他很器重的宦官勃鞮询问合适的人选。勃鞮回答说："我听说先前在国外流亡时，赵衰（赵成子）带着水壶和团队饭食在后面跟随，一个人走在没有旁人的小道上，虽然很饿却一口都没有偷吃。"从勃鞮的巧妙推荐语中，我们既可以感受到赵成子的高尚品德，也可以感受到他在晋国官员（包括宦官）圈子中的好人缘、好口碑。

不过，"设县直辖"改革试点与晋文公政权主推的"分封私邑"改革相悖，不久之后就被废止。在此之后，传世文献中提到的晋县，都是卿大夫家族直辖的县，也就是成为卿大夫家族私邑的一种。比如说，晋文公任命的原大夫赵成子去世后，他的儿子赵同继续统治原县，原县也从公室直辖县转变为赵氏直辖县，或者说是赵氏私邑。

首届班子任命：赵、狐精心设计的高层团结

到前633年时，楚成王领导的楚国已经收服了郑、鲁、陈、蔡、许[1]、曹等中原主要诸侯国，并与卫国联姻，河水以南的中原地区还没有倒向楚国的，就只剩下仍然以霸主自居的齐国，以及大胆"押宝"晋国而叛楚的宋国。

这年冬天，楚成王及陈、蔡、郑、许诸国君主率军包围宋国都城。曾与公子重耳有旧交情的宋国司马公孙固来到晋国求援。元老狐偃还没说话，来自先氏的先轸抢先发言，第一个提出要与楚国正面对抗："报答当年宋国对我们的施恩，拯救宋国被楚联盟围攻的祸患，取得战胜楚国的威名，奠定称霸中原的大业，就在此时了！"[2]

1　许见图五，春秋初年许国都城在许（许1），前576年迁至叶（许2），前533年迁至夷（许3），前529年迁至叶（许4），前524年迁至析（许5），前506年迁至容城（许6）。

2　《左传·僖公二十七年》："报施、救患、取威、定霸，于是乎在矣！"

狐偃没有抢到"首倡大计"的机会,接着献计说:"楚国刚刚得到曹国的投诚,而且新近与卫国联姻,也就是说,曹、卫是楚国维护其称霸事业大好局面必然要力保的国家。如果讨伐曹国、卫国,楚国一定会转而救援它们,那么齐国、宋国就能免于兵祸了。"

如前所述,先氏在内主旧族中是功绩最小的,先轸抢在元老狐偃前面发言,应该是为了夺取"首倡与楚决战"的大功,从而提高先氏在晋国卿大夫家族群体中的地位。

为了与楚国强大的军事力量相抗衡,晋国决定在被庐进行阅兵,同时召开军事工作会议,在原有上、下两军的基础上增设中军以建立三军,并商议中军帅(排第一)、中军佐(排第二)、上军帅(排第三)、上军佐(排第四)、下军帅(排第五)、下军佐(排第六)的人选。这三军将佐同时也就是晋国六卿,他们在战时作为领率军作战,在平时作为行政官各管一块政务。

此次工作会议,首先商议中军帅、中军佐人选。晋文公问赵成子对中军帅人选有什么建议。赵成子说:"郤縠可以。他已经五十岁了,还坚持学习先王典籍,而且更加敦厚。先王的礼法记录,是德、义的宝库。德、义,是生养民众的根本。敦厚笃定的人,是不会忘记百姓的。[1]请让郤縠当元帅。"晋文公同意赵成子的意见,于是任命郤氏族长郤縠为中军帅,排第一;又任命郤氏族人郤溱为中军佐,排第二。

---

1 《国语·晋语四》:"夫先王之法志,德、义之府也。夫德、义,生民之本也。能惇笃者,不忘百姓也。"

《左传》的记载有所不同，但其主要内容与《国语》记载不矛盾：

> 赵成子说："郤縠可以。臣下几次听他讲话，这个人喜好礼、乐而厚爱《诗》《书》。《诗》《书》，是道义的府库；礼、乐，是美德的准则。美德、道义，是利益的根本。《夏书》说：'有益的话全部采纳，根据功效加以试验，如果成功，则用车马服饰作为酬劳。'君主试用一下他吧！"

然后商议上军帅、上军佐人选。晋文公在这时提出要任命赵成子为上军的卿官，赵成子谦让不接受，他说："那三项德政[1]，都是出自狐偃的谋划。他辅佐您用美德来治理百姓，成效显著，不可以废弃他。"晋文公于是任命狐偃为上军的卿官。狐偃说："我哥哥狐毛的才智超过我，论年龄又比我大。狐毛如果不在卿位，我不敢听从您的命令。"晋文公于是任命狐氏族人狐毛为上军帅，排第三；又任命狐氏族长狐偃为上军佐，排第四。

然后商议下军帅、下军佐人选。晋文公再次提出要任命赵成子为下军的卿官，赵成子谦让不接受，他说："栾枝（栾贞子）忠贞谨慎，先轸有谋略，胥臣见多识广，都可以作为您的辅佐，臣下不如他们。"晋文公于是任命栾氏族长栾贞子为下军帅，排第五；先氏族长先轸为下军佐，排第六。

1　指前文提到的狐偃指导晋文公示民以信、示民以义、示民以礼。

此外，晋文公还任命中行桓子为中军帅的御者（即驾车人），"五贤士"之一的魏武子担任中军帅战车的车右[1]。

被庐阅兵之后，晋国建立起首届六卿领导班子，各位卿官的官职、任命和族属情况如下[2]：

晋 六 卿 表[3]
（前633年被庐阅兵后）

位 次	官 职	人 名	族 属
一	中军帅	郤縠	郤
二	中军佐	郤溱	郤
三	上军帅	狐毛	狐
四	上军佐	狐偃	狐
五	下军帅	栾贞子	栾
六	下军佐	先轸	先

这次任命之后，栾、郤、狐、先四族成为晋文公时期形成的第一批卿族，我们可以称他们为"文公卿族"。这四个卿族后来命运如下：

一、栾氏族长中有一位（栾武子[4]）曾经担任中军帅。前552年，

1　战车上职位，位于车厢右侧，负责执戈盾近战以及推车等事务。
2　本书中所有诸卿领导班子数据的主要依据是黄圣松（2012年）。在黄文基础上，笔者有所调整和增补，为了行文流畅，不再一一注出。
3　本书叙述范围内的全部诸卿变迁情况参见附赠"晋国诸卿职级变迁表"。
4　栾武子，姬姓，栾氏，名书，谥武，排行伯。栾盾之子。参见图22。

栾氏族长、卿官栾怀子[1]出奔，栾氏从此退出卿族序列，留在晋国的残余族人沦为庶人。前550年栾怀子在齐国支持下曾攻入晋国都城作乱，最终事败被杀，未能扭转栾氏衰微的命运。

二、郤氏族长中有两位（郤成子、郤献子[2]）曾经担任中军帅。前574年，郤氏三卿郤锜（族长）[3]、郤犨[4]、郤昭子[5]被晋厉公的嬖大夫[6]所杀，郤氏退出卿族序列，残余族人一部分逃到楚国（参见第310页），一部分留在晋国最终沦为庶人。

三、狐氏族长中无人稳定担任中军帅。前621年，狐氏族长、卿官狐射姑出奔，狐氏退出卿族序列，留在晋国的残余族人最终沦为庶人。

四、先氏族长中有两位（先轸、先且居[7]）曾经担任中军帅。前596年，先氏族长、卿官先縠[8]被杀，先氏退出卿族序列，留在晋国的残余族人最终沦为庶人。

此次被庐人事任命有如下四个蹊跷之处：

---

1 栾怀子，姬姓，栾氏，名盈，谥怀。栾桓子之子。参见图22。
2 郤献子，姬姓，郤氏，名克，谥献，排行伯。郤成子之子。参见图23。
3 郤锜，姬姓，郤氏，名锜，排行伯。郤献子之子。参见图23。
4 郤犨，姬姓，郤氏，又为苦成氏，名犨，字家，排行叔。步扬之子。参见图23。
5 郤昭子，姬姓，郤氏，又为温氏，名至，谥昭，排行季。蒲城鹊居之子。参见图23。
6 "嬖"是宠信的意思，"嬖大夫"是指完全依靠国君宠信而不是家族地位获得官职的大夫，其位次在依靠家族地位获得官职的大夫之下。他们出身背景不好，但很有上进心，也具备一定才能，是卿大夫群体中忠于国君的一支。嬖大夫又称"外嬖"，"外"指公宫之外的朝堂，与之对应的是"内嬖"，也就是公宫内得宠的妻妾。
7 先且居，姬姓，先氏，名且居，排行伯。先轸之子。参见图25。
8 先縠，姬姓，先氏，又为彘氏，又为原氏，名縠，排行季。先克之子。参见图25。

第一，自曲沃代晋以来，晋国选人任官的基本理念是"尊贤""尚功"，也就是以候选人的才干、功劳为标准；在晋楚即将展开决战的政治背景下，六卿／三军帅佐的任命更加应该是以才干功劳为标准。如果按照这个正常的政治规矩来任命卿官并安排位次的话，那么担任首卿的必然是晋文公事之如父、立有拥立晋文公头功、才干和功绩也最为出众的狐偃；而担任次卿的应该是晋文公事之如师、与狐偃长期密切配合、才干和功劳仅次于狐偃的赵成子。因此，在卿班任命会上应该发生的情形是：晋文公向老师赵成子询问中军帅、佐人选，赵成子推荐狐偃担任中军帅，然后晋文公任命赵成子担任中军佐，继续与狐偃搭档。

然而，实际上发生的是，赵成子在推荐中军帅人选的时候好像得了失忆症一样，完全忘了狐偃这位德才兼备、劳苦功高的老搭档，直接推荐了一个除了年纪大、爱学习、尊德义之外再没有其他可以公开言说的功绩的郤縠，而狐偃在被赵成子遗漏之后也没有表达任何反对意见。

第二，赵成子不仅没有按照常理推荐狐偃担任中军帅，自己也没有接受晋文公的任命担任卿官，而是两次拒绝晋文公的任命一让到底，在现场目睹这一切的狐偃也没有提出任何反对意见。

第三，最终任命的六卿来自郤、狐、栾、先四个家族，而这四个家族正好就是当年支持公子重耳回国的四大内主旧族。有意思的是，贡献了首卿的郤氏是一个"香中带臭"、从常理看来并不那么可靠的家族，它的造反派分支自然是有拥立之功，但是它的当权派分支也曾谋划烧死晋文公。

第四，自曲沃代晋以来，晋国政治的一个基本特色就是"无亲"，这与其他遵守周礼"亲亲"原则的中原诸侯国是很不一样的。然而，在这次六卿领导班子任命中，中军帅、佐由近亲郤縠、郤溱包揽，上军帅、佐由近亲狐毛、狐偃包揽，很明显是在宣示新政权对于"亲亲"原则的认同。

要试图解释上面提到的这些蹊跷之处，我们就一定要跳出这次人事任命本身，来审视它的政治背景。此时晋国最大的政治背景是：决定晋文公霸业成败的晋楚大战即将开打，而新建立的晋政权并没有多大把握战胜已经基本上控制中原的强敌楚国。笔者认为，作为一直引领公子重耳/晋文公追求称霸理想的两位老臣，狐偃和赵成子为了确保已经为之奋斗了二十多年的称霸事业能修成正果，很可能已经通过事先协商达成了这样一个基本共识：要通过妥善引导首届六卿领导班子的酝酿组建工作，化解当时卿大夫体系中存在的内部矛盾，加强卿大夫团队的和睦与团结，以最好的状态迎接晋楚决战。

由于骑墙旧族卿大夫没有任何拥立之功，因此也没有什么筹码与内主旧族卿大夫争权夺利，更别说与从亡诸臣卿大夫争权夺利。因此，当时晋国卿大夫体系内部的主要矛盾，就是"新贵"从亡诸臣卿大夫和"旧贵"内主旧族卿大夫之间的矛盾：

一方面，从亡诸臣在公子重耳流亡期间一直辅佐服侍公子重耳，拥立之功无可置疑，而且深得信任，在晋文公掌权之后成为卿大夫体系里的"新贵"。新贵中最为耀眼的两位当然就是狐偃和赵成子，他们虽然没有上卿之名，却有上卿之实，是晋文公倚仗的左膀右臂。

另一方面，栾、郤（造反派）、狐、先四大内主旧族拥立功劳也不可小觑，而且他们原本就是实力雄厚的卿大夫家族，在晋文公掌权之后也是晋文公要重点团结的对象，可以说是卿大夫体系里的"旧贵"。然而，由于从亡诸臣卿大夫强势上位，并且得到晋文公信任重用，这些内主旧族卿大夫在新政权里的地位很可能不如从前，两股政治势力产生矛盾也就是情理之中的事了。

在组建六卿领导班子时，如果仅按照个人才干、功劳及国君信任程度来排位次的话，狐偃、赵成子是毫无悬念的第一、第二。如果狐偃、赵成子成为首卿、次卿，那么"从亡五贤士"中的其他三位——贾佗、魏犨、胥臣如果积极争取的话，按照他们的才干和功劳也应该进入卿班。这样一来，整个卿班就会成为从亡诸臣的天下，留给内主旧族栾氏、郤氏、先氏、胥氏的位置最多只有一个了，这样必然会激化从亡诸臣卿大夫和内主旧族卿大夫之间的固有矛盾，而这对于维护晋国卿大夫群体的团结稳定将是极为不利的。

细致分析起来，狐偃和赵成子的情况还很不一样。狐偃既是"新贵"从亡诸臣的领袖，又是"旧贵"内主旧族狐氏的族长，就好像一个人两条腿都很强壮，可以说是两个阵营都可以接受的六卿人选。赵成子在"新贵"从亡诸臣群体中的地位仅次于狐偃，而且与晋文公私人关系特别亲近（连襟+翁婿），但是他所率领的赵氏实力单薄，不是内主旧族，就好像一个人是个瘸子。如果晋文公任命他为卿官的话，很容易引发内主旧族卿大夫的不满，认为他主要是倚仗着与晋文公的裙带关系上位。

在上述初步分析的基础上，笔者尝试重构狐偃、赵成子事先谋划及现场引导首届六卿领导班子任命的一种可能过程：

在被庐工作会议召开之前，赵成子主动去找狐偃商议，两人一致认为，应该抓住这次任命首届六卿领导班子的机会，来化解从亡诸臣卿大夫和内主旧族卿大夫之间的矛盾，组建一个团结、和谐、一致对楚的六卿领导班子。在这个基本共识的基础上，狐偃、赵成子两人达成下列三点具体共识：

第一点，狐偃不谋求原本非他莫属的中军帅职位。在此基础上，赵成子将通过推荐的方式，将中军帅位送给一位内主旧族的族长。这样一来，内主旧族卿大夫对从亡诸臣卿大夫将会仗恃拥立之功霸占六卿前几位的猜疑就不攻自破，从亡诸臣和内主旧族之间的矛盾也就消解了大半。

那么，这个最高官职让给哪个家族最好呢？首先，大范围应该是有拥立之功的栾、郤、狐、先四大内主旧族。除去已经想好要谦让的狐氏，以及拥立功劳最小的先氏，范围就缩小到栾、郤二氏。栾、郤二氏之中，郤氏是最好的人选。这是因为，郤氏的造反派分支（以郤縠和郤溱为骨干）在公子重耳归国夺权过程中杀晋怀公立了大功；另一方面，郤氏的当权派分支又出了试图谋杀晋文公的郤芮，这使得郤氏在新政权的名声"香中带臭"。可以想见，如果任命郤氏族人郤縠为中军帅，就能充分体现新政权不计前嫌、宽宏大量的用人格局，让其他没有污点的内主旧族乃至于骑墙旧族对于自己在新政权中的前途更有信心。

由于狐偃的才干、功劳是郤縠不可能企及的，而郤氏干"脏活"杀晋怀公的功劳又不能明说，因此赵成子只能拿郤縠的其他优点来说事，比如说年纪大、爱学习、尊德义等，虽然这些对于中军帅职位来说都不是核心素质。实际上，第二年春二月，晋军刚获得夺取五鹿的胜利，年老体弱的郤縠就因为受不了军旅劳顿而去世，充分证明年纪大还真不是担任中军帅的"加分项"。而郤縠去世之后，接替郤縠的也不是什么爱学习、尊德义的君子，而是运用诈谋引导晋军获得军事胜利的下军佐先轸，足见才干、功劳才是晋国任命上卿的正常标准。

第二点，狐偃不仅让出中军帅，还让郤氏包揽中军帅、佐。郤縠要是做了中军帅，不可能给他配备狐偃做中军佐，因为郤縠不可能镇得住狐偃这样一位资历老、功劳高的"下级"。所以最好的方案就是，在会议现场由赵成子提出建议，让郤縠的一位族人来担任中军佐，这样郤縠依靠自己在家族里的地位保持中军帅、佐和睦，而且这样还充分体现了新政权"惠爱亲戚"的理念，有助于改善晋国在中原地区的国际形象，为晋文公争当中原霸主提供国际舆论支持。

第三点，赵成子不谋求上军的职位，而与狐偃互相配合，确保狐氏像郤氏那样包揽上军帅、佐。这样安排的道理是非常明显的：如果没有从亡功劳的郤縠、郤溱都能包揽中军职务，兄弟二人都是从亡功臣、父亲还是烈士的狐毛、狐偃当然更有理由包揽上军职务。那么赵成子和狐偃两人如何配合呢？首先，在会议现场，由赵成子推荐狐偃出任上军职务。这个提议一出，没有人敢反对，这是因为，要是狐偃连上军帅、佐都当不上，那就有点不合情理了，其他国中旧族谁也不敢占据上军职务，而把狐偃挤到下军去。接下来，狐偃以才智、年龄为理由把上军帅让给狐毛，而他自然担任上军佐，一方面确保狐氏二兄弟把上军帅、佐全部占住，另一方面还能显示出狐偃谦让兄长，进一步烘托"惠爱亲戚"的和谐氛围。

这三点共识之外，赵成子可能对狐偃有所隐瞒，没有清楚地表明自己将"一让到底"，谢绝所有卿位，而是让狐偃以为自己会接受下军帅、佐职位。从狐偃的角度来说，他以为最后的结果会是自己当上军佐（第四），赵成子当下军帅（第五），狐偃在前、赵成子在后，两人相差一位，这倒也算是合理。从赵成子的角度来说，这次应该是一开始就想好了要"一让到底"，连下军帅、佐也不做，把最后两个卿位让给了栾贞子和先轸，于是栾、郤、狐、先四大内主旧族剩下的栾氏、先氏都能有人出任卿职。

这样商量好以后，赵成子和狐偃就像当年在流亡期间经常做的那样，娴熟地引导着晋文公按着他们事先确定的人事布局去任命六卿。

总而言之，此次六卿任命中，狐偃、赵成子顾全争霸大局，成功地引导晋文公任命了一个"从亡诸臣卿大夫主动谦退、内主旧族卿大夫占主导地位"的六卿领导班子，有力地促进了这两股政治势力的和解和团结。此外，这次任命过程中展现出的"重德义""重谦让""重亲情"原则也非常有利于提升晋国在中原诸侯高层人士心目中的形象，为晋文公谋求霸业铺路。

表面上看，这次卿班任命最大的受益者是"被中军帅"的郤縠，但实际上，这次卿班任命最大的受益者恰恰是一让到底什么都没得到的赵成子。赵成子高风亮节的行为使得自己成为具备"既有拥立大功，又有谦让大德"正面形象的模范大臣，也成为郤縠、郤溱、栾枝、先轸等人感恩的对象，为赵成子最终升格为卿官、赵氏升格为卿族做了德望方面的积累。

从被庐阅兵任命了首届三军六卿领导班子开始，晋国建立起了一个具有鲜明特色的卿官体制。如前所述，在春秋时期，各诸侯国采取的都是"军政合一"的卿官体制，也就是说，各国的卿官平时在朝廷担任行政官，战时就担任军队帅、佐，而不像后世那样，文官与武将分工，军权与行政权分离。但值得注意的是，《左传》列举其他国家的卿官时，都是称呼他们的行政官职，比如《左传·文公七年》这样列举宋成公去世后的宋国六卿领导班子："夏，四月，宋成公去世。当时公子成担任右师，公孙友担任左师，乐豫担任司马，鳞矔（guàn）担任司徒，公子荡担任司城，华御事担任司寇。"

然而，从此次被庐阅兵首次列举晋国诸卿起，《左传》每次列举晋国诸卿时，一直以军职（上军帅、下军佐等）称呼他们，而不再称呼其行政职务，以至于后人无从知晓晋国诸卿平时担任的是什么行政官。这表明晋国在此前后已经建立了一种具有"先军政治"特色的卿官体制，也就是说，晋国卿官首先是军队帅、佐，军职名称就是他们的官名，平时则各自分管一块行政工作：比如说，中军帅在战时是晋军的主帅，而在平时就是晋国的执政卿，全面主持各项行政工作。建立"先军"卿官体制与大力推进军队规模扩张和装备水平升级相呼应，反映出晋文公政权极度重视军队建设的战略思路，为推动晋国成为春秋时期头等强国起到了非常重要的作用。

不过，除了这种新设置的"军卿"之外，当时的晋国还有两类跟卿相关的职务：

一类是职级为卿、但没有三军帅、佐职务的"散位卿"，相当于今天的"候补委员"。下面会提到的郤成子就是这样的散位卿。

一类是职级与卿相当的"卿级官"，虽然职务并不是三军帅、佐，但却可以像三军帅、佐那样率军作战。就现有史料来看，能够坐实的"卿级官"就是下文将会提到的、阳处父担任的太傅。不过，后来随着军卿体制的固化，太傅逐渐变成了大夫级别的官职。

被庐阅兵期间，晋国不仅建立起了"先军"卿官体制，还专门新设立了一个叫做"执秩"的新机构来管理卿大夫的职级、爵禄等事务，它所执行的制度被后世称为"执秩之法"。"执秩之官"可以说是先秦版的"中央组织部"，而"执秩之法"可以说是先秦版的"高级干部管理条例"[1]。如前所述，晋献公不蓄群公子的"无亲"政策严重打击了根据宗法血缘关系任用"亲人"为卿大夫的旧制度，而晋献公及之后历任晋侯重用远支公族、非公族等"外人"的做法，使得才能、功绩成为确定卿大夫职级爵禄的最主要因素。既然要根据才能功绩来任用官员，那就必然需要出台一套把才能功绩和职级爵禄精准对应起来的制度，并且成立相应的政府机构来具体操办此事，这就是晋国率先建立"执秩之官"、推行"执秩之法"的原因。

前593年，晋执政卿范武子励精图治，其中一项重要措施就是在修治之后重新颁布实行晋文公制定的"执秩之法"；前513年，孔子批评晋卿赵简子[2]、中行文子[3]在铁鼎上所铸的刑书是"乱制"，他的建议就是要恢复晋文公时期的"执秩之官""被庐之法"，可见此次阅兵期间进行的制度建设在后人心目中具有多么崇高的地位。

1　关于执秩之法的分析，参见彭邦本（1992年）。
2　赵简子，嬴姓，赵氏，名鞅，字志，谥简。赵景子之子。参见图17。
3　中行文子，姬姓，中行氏，出自荀氏，名寅，谥文。中行穆子之子。参见图21。

晋楚城濮之战：先轸一战成名，狐偃尊贵依旧

前632年春，晋文公及三军六卿率晋军南下中原，按照狐偃去年提出的策略，首先攻打刚刚成为楚国盟国的曹国、卫国。春正月九日，晋军根据下军佐先轸提出的计谋取得了出征以来的第一场胜利，攻占了位于卫国境内的交通枢纽五鹿[1]。

春二月，中军帅郤縠在军中去世。六卿领导班子进行了重大调整：下军佐先轸连升五级成为中军帅，从亡"五贤士"之一的胥臣进入班子担任下军佐。调整后的六卿领导班子情况如下表所示：

晋 六 卿 表
（前632年中军帅郤縠去世后）

位　次	官　职	人　名	族　属
一	中军帅	先轸	先
二	中军佐	郤溱	郤
三	上军帅	狐毛	狐
四	上军佐	狐偃	狐
五	下军帅	栾贞子	栾
六	下军佐	胥臣*	胥

说明："*"表示新加入领导班子的成员，下同。

1　五鹿见图三。

这一次的领导班子调整有如下五个看点：

第一，先轸的破格提拔，是奖赏他的谋划之功。因为去年是他率先提出要抓住楚国包围宋国的机会南下与楚国正面争霸，在今年晋军又根据他的谋划取得了出征后的第一场胜利——攻占五鹿。这里要指出的是，攻占五鹿除了有军事方面的意义，还有很重要的象征意义。据《国语·晋语四》记载，前644年公子重耳从白狄地前往齐国时曾途经卫国，没有得到卫文公的礼遇。流亡团队经过五鹿时食物供应不上，被迫向路边农田里的农民讨吃的，农民却送上了一个土块。公子重耳很愤怒，举起鞭子要抽那农夫，狐偃却拦住了他，说"这是上天的恩赐啊！民众用献土表示顺服，我们还能有什么别的要求呢！"于是对农民行稽首[1]礼两次，然后接受了土块装在车上。所以，本年晋军攻占五鹿之后，晋人就可以向外宣称，当年上天赐中原土地给晋文公的祥瑞开始应验了。在天命信仰仍然非常普遍的春秋时期，这无疑会起到鼓舞晋军士气、为晋文公称霸中原造势的效果。

第二，按照依次向上递补的常理，郤縠去世后，接替中军帅位置的应该是中军佐郤溱。这一合乎常理的任命没有发生，进一步说明一年前任命郤縠、郤溱（特别是郤溱），完全就是战前为了构建和谐领导班子而实施的权宜之计。

第三，依照当时晋国卿大夫的实际"辈分"，郤縠去世后接替中军帅位置的应该是上军佐狐偃。这一合乎实际"辈分"的

1　稽首是吉礼中最重的拜礼。臣向君行礼，一般需行稽首礼两次，这里公子重耳是将操纵着农民做出赐土行为的天帝视为大君，因此对农民行稽首礼两次。

任命没有发生，应该是狐偃在晋楚大战在即的关键时刻，继续做出高风亮节的姿态，建议晋文公破格擢升没有从亡旧功、但有谋划新功的先轸，从而进一步宣示新政权"尚功"的用人理念及对从亡人士、国内人士一视同仁的用人态度，激励军中的整个卿大夫群体踊跃立功，确保晋国赢得这场对于成就霸业至关重要的战役。然而，狐偃有首卿之尊却没有首卿之位，先轸有首卿之位却没有首卿之尊，这就为他们在城濮之战期间的竞争埋下了伏笔。

第四，根据《国语·晋语四》的记载，在下军佐位置空出来之后，晋文公第二次想要任命赵成子为卿官，接替先轸担任下军佐。然而赵成子第二次谦让推辞，并且推荐"五贤士"之一的胥臣担任这个职务。胥臣既是立有拥立大功的从亡诸臣，又是国中旧族胥氏的成员，可以想见，赵成子第二次让位之举使他无论在从亡诸臣那里还是在国中旧族那里都赢得了美誉，也使得他成为胥臣感恩的对象。

第五，胥氏成为第五个文公卿族。胥氏之所以能够进入到卿族行列，除了赵成子推荐之外，一是因为胥氏本来就是十一个国中旧族之一，二是因为族长胥臣有从亡之功。胥氏后来命运如下：前601年，胥氏族长、卿官胥克[1]被废，胥氏从此退出卿族序列，留在晋国的胥氏族人最终沦为庶人。前574年底，胥克之子胥童[2]在晋厉公杀郤氏三卿之后一度成为卿官，然而同年闰月就被杀，未能扭转胥氏衰微的命运。

---

1 胥克，姬姓，胥氏，名克。胥甲之子。
2 胥童，姬姓，胥氏，名童，字昧。胥克之子。

在夺取五鹿之后，晋军先是对卫国施加压力，促使卫国内部发生分裂：仍然亲楚的卫成公被迫出逃，而卫国都城则被亲晋的卿大夫所控制。接下来，晋军包围曹国都城，最终在春三月八日将其攻下。至此，晋国已经完全控制了曹国、卫国。

晋军进入曹都之后，晋文公为了回报曹大夫僖负羁当年对公子重耳的恩情[1]，在朝堂上斥责曹共公不重用僖负羁，并且严禁入城的晋军士兵闯入僖负羁家的住宅。这下可激怒了从亡诸臣中一直自认为没有得到重用的魏武子和颠颉，他们抱怨说："从亡的功劳没人盘算着奖赏，这对外人的报答又算什么！"这两人随后跑到僖负羁家放火烧房子，在打斗过程中，魏武子胸部受了重伤。

晋文公想要杀了魏武子和颠颉立威，但又爱惜魏武子的才能，于是派人去探视他，真实目的是查看他的伤情，如果伤势太重已成废人，就论罪杀了他。魏武子敏锐地感觉到晋文公准备放他一条生路，于是用布捆扎好伤口，穿好衣服面见使者说："托国君的福，哪会有什么大碍！"于是用力跳远三次，跳高三次，显示自己仍然可以为国征战。晋文公于是赦免了魏武子，后来瓜分晋国的魏氏先祖就这样逃过了一劫。

但是，在晋楚大战关键时期，君威必须得树立起来，因此晋文公论罪杀了才能不是那么出众的颠颉，还派人拖着他的尸首在军中巡行示众。魏武子虽然免于死罪，但是中军帅战车车右一职已被革除，由从亡诸臣之一的舟之侨接任车右。

1　僖负羁曾苦劝曹共公善待公子重耳，在曹共公拒绝之后又曾主动向公子重耳送礼以示友好。

被楚军包围的宋人派门尹般到晋君营垒告急。晋文公问群臣说:"宋人告急,如果舍弃宋国不救,宋国就将与晋国断绝关系而转投楚国;如果派使者要求楚国放过宋国,楚国又不会答应。我想要与楚国交战,但齐国、秦国还没有答应出兵支持,怎么办?"

中军帅先轸说:"让宋人放开我国,而去给齐国、秦国送财礼,请这两个大国求楚国放过宋国。与此同时,我国逮捕曹国君主,而把一部分曹国、卫国的土地赐给宋人,以稳固宋人跟从我国的志向。楚国重视曹国、卫国,绝不能容忍背叛自己的宋国得到土地,而新归附自己的曹国、卫国却丧失土地,因此一定不会答应齐国、秦国的请求。齐国、秦国一方面为宋国送的财礼感到欣喜,一方面对楚国的顽固感到愤怒,还能不出兵支持我国与楚国交战吗?"

先轸精巧的诈谋让晋文公悦服,于是晋人依计行事,一面促请宋人去游说齐国、秦国,一面把曹国、卫国的土地赏赐给宋人。

楚国令尹¹成得臣派大夫宛春到晋军营中和谈,提出条件说:"请晋国让卫侯复位²,并且让曹国复国,臣下也会放弃对宋国都城的包围。"

上军佐狐偃这回抢先发话定调子:"子玉（成得臣）无礼啊!我国君主只要求楚国放过宋国这一项成果,而子玉作为臣子,却

1　令尹,楚国级别最高的官员,相当于晋国的中军帅/首卿。
2　当时卫国君主卫成公被国内亲晋势力驱逐,寄居在国都外的卫国城邑襄牛。

要求卫侯复位、曹国复国这两项成果，不能失去这次与楚国交战的机会！"狐偃的意思是，晋文公应该严词拒绝子玉的要求，并且以成得臣无礼为理由主动与楚国开战。

中军帅先轸不认同狐偃的谋划，他进言说："君主应该先答应楚国使者。安定他人符合礼的要求。楚人一句话就可能安定宋、曹、卫三个国家[1]，我们一句话就使它们失去这种安定。这么说来是我们无礼，又能凭什么与楚国开战呢？不答应楚国的请求，这是抛弃宋国；本来是为了救援宋国却又抛弃他，对诸侯怎么交代呢？楚国提出这个要求就相当于有三项施恩，我们如果拒绝这个要求就相当于有三项怨仇，怨仇已经太多了，将要凭什么作战？不如在表面上答应子玉之后，再私底下答应恢复曹国和卫国来使他们与楚国离心，逮捕使者宛春来激怒楚国，等仗打起来再说。"

晋文公再次采纳了先轸的建议，于是违背外交惯例扣留了宛春，并且私下答应恢复曹国、卫国的国家地位。

如先轸所料，曹国、卫国宣布与楚国断交，而成得臣被激怒了。他解除了对宋国都城的包围，率领全部军队跟随晋军，寻求决战。晋军向后撤退。

晋国军吏说："君主躲避臣子，这是屈辱的行为。而且楚军已经疲敝了，为什么要后退？"

狐偃这回再次抢在先轸前面发言，他说："军队有理就勇

1　指让宋国解围、让曹国复国、让卫成公复位。

壮，理亏就疲敝，哪里在于时间久呢？如果没有楚国当年给予的恩惠我们到不了这里，依照君主当年对楚王的承诺连续后退三舍避让楚军，就是对楚国的报答[1]。我们如果背弃恩惠不兑现诺言，来捍卫楚国的仇家宋国，那就是我们理亏，楚国有理。他们的兵众向来士气饱满，不能说是已经疲敝。如果我军退避后楚国也班师回国，我们还有什么别的要求呢？如果楚军还不回国，君主一直后退、臣子一直冒犯，那就是他们理亏了。"

于是晋军连续后退了三舍。楚国兵众想要停下不再进逼，成得臣不答应。

夏四月初一，晋、宋、齐、秦、群戎联军与楚、郑、卫（卫成公党羽）、陈、蔡、群蛮夷联军在卫地城濮[2]对峙。

楚军背靠着险峻的丘陵扎营，占据着地形优势，这让晋文公很担心；但他又听到晋军士兵在传唱一首顺口溜，说"肥沃的休耕地上青草茂盛，舍弃旧的而谋划新的"，劝他抓住机会建功立业[3]，这让他又想要放手一搏，两种矛盾的想法在晋文公脑子里打架，让他有些拿不定主意。幸运的是，从小培养辅佐晋文公的狐偃对晋文公的心理特质有精准的掌握，对于如何开导晋文公有丰富的经验，他说："开战吧！交战胜利了，必定能得

---

1 公子重耳在流亡期间曾经到达楚国寻求支持，得到楚成王善待。公子重耳承诺，将来如果在中原与楚国交战时，晋军将后退三舍以报答楚成王的恩惠。
2 城濮见图三。
3 古时不用化肥，土地肥力有限，需要轮流休耕。休耕时田地上青草茂盛，来年使用时翻入地中作为肥料。去年已耕种过的旧地今年不再使用，而使用去年已经休耕好的新田，所以说"舍弃旧的而谋划新的"。舆人这句顺口溜的寓意是劝晋文公丢掉对楚国旧恩的顾虑，建立新功业。

到诸侯拥护成就霸业。如果不胜，晋国外有河水作为护城河，内有太行山作为城墙，必定不会有大祸害。"[1]

晋文公问："先前楚国对我们的恩惠怎么办？"下军帅栾贞子说："汉水以北那些姬姓国家，都是楚国攻灭的。想着小恩惠而忘记大耻辱是错误的，不如开战。"

晋文公又告诉群臣，自己睡觉时梦到与楚成王搏斗，楚王趴在自己身上并咀嚼自己的脑子，因此对开战感到害怕。狐偃赶紧开导说："这个梦是好兆头！我们得到天，楚趴着认罪，我们还柔服了它。"[2]狐偃和栾贞子的这些开导劝说终于让晋文公打消了疑虑，下定决心与楚国决战。

第二天，晋军在城濮摆开军阵。两军阵型如下：

斗宜申	**楚左师**	**晋上军**	狐 毛 (帅)	狐偃 (佐)
若敖六卒 成得臣	**楚中军**	**晋中军**	先 轸 (帅)	郤溱 (佐)
陈蔡之师 斗 勃	**楚右师**	**晋下军**	栾贞子 (帅)	胥臣 (佐)

成得臣在战前放话说："今天一定要灭了晋军！"

战斗开始，晋下军佐胥臣给战马蒙上虎皮，先攻击对面楚右师阵营里的战斗力较弱的陈、蔡军队。陈、蔡军队奔逃，楚右师随之溃败。

---

1 《左传·僖公二十八年》："战而捷，必得诸侯。若其不捷，表里山河，必无害也。"

2 晋文公仰卧，面向上，所以说"得到天"。楚成王面朝下趴着，所以说"趴着认罪"。古人认为脑是阴柔之物，楚成王咀嚼晋文公的脑，所以说"我们还柔服了它"。

这时，晋上军帅狐毛让两辆前驱兵车插上大旗故意让楚军看到，然后率领并未受到攻击的晋上军向后撤退；晋下军帅栾贞子命令战车托着树枝制造扬尘，使得其他楚军看不清晋下军—楚右师战场的真实状况，然后率领晋下军不但不乘胜追击楚右师，反而也向后撤退。

楚左师看到远处晋下军—楚右师阵地上尘土飞扬、晋人似乎在向后撤退，而且自己面前的晋上军也往后撤退，以为晋军正在整体后撤，于是决定抓住战机，冲出阵地追击晋上军。

等楚左师大部分冲入晋上军所在区域之后，晋中军帅先轸、中军佐郤溱率领中军精锐部队拦腰截断楚左师，然后与上军帅狐毛、上军佐狐偃一起前后夹击楚左师，楚左师溃败。

至此，楚右师、楚左师均已溃败，胜负已定。成得臣及时收束住中军士卒不让他们进攻，所以楚中军没有溃败，撤出战场。

从交战的情形来看，晋军应该是在有条不紊地实施中军帅先轸事先精心策划好的"诱敌深入"作战方略，而楚军主帅成得臣则毫无预谋，作战时也没有发挥中军主帅统御全局的作用，导致楚右师、左师各自为战，先后落入了晋军的圈套，被晋军各个击破。

夏四月十二日，周襄王设享礼[1]款待取得城濮之战胜利的晋文公，又派王室官员正式策命晋文公为"侯伯"（诸侯之长，也就是霸主），赐给他大路车、戎路车，一把红弓、百支红箭，十把黑弓、

1　享礼，春秋时期君主招待贵宾的一种隆重仪式，重在行礼。享礼之后常举行宴礼，重在饮宴。

千支黑箭，铖钺，一卣香酒、一套圭瓒，三百位虎贲勇士[1]。

此次接受赏赐的不仅有晋文公，还有狐偃（子犯），此事记录在狐偃的一套编钟（"子犯编钟"）铭文里。这套编钟有十六枚流传到了今天，其铭文如下[2]：

> 唯王五月初吉丁未，子犯佑晋公左右，来复其邦。诸楚荆不听命于王所，子犯及晋公率西之六师，搏伐楚荆，孔休大功，楚荆丧厥师，灭厥渠。子犯佑晋公左右，燮诸侯，俾朝王，克奠王位。王赐子犯辂车、四马、衣、裳、带、市、佩。诸侯羞元金于子犯之所，用为和钟九堵，孔淑且硕，乃和且鸣，用燕用宁，用享用孝，用祈眉寿，万年无疆，子子孙孙，永宝用乐。

从编钟铭文可以看出，虽然晋国此时的六卿之首是先轸，狐偃屈居第四，但是狐偃在晋国和国际上的实际地位仍然很高，是"佑晋公左右"的股肱之臣，因此得到周王赏赐"辂车、四马、衣、裳、带、市、佩"，还得到诸侯"羞元金"，也就是贡献铜锭，狐偃用这些铜料铸造了这套编钟以记功劳。

晋军班师回国，夏六月十六日渡过河水。中军帅战车车右舟之侨无视军纪，先行回国，范武子摄行车右之职。秋七月，

1　据《礼记·王制》，赐予弓箭，象征授予征伐权；赐予铖钺，象征授予刑杀权；赐予香酒、圭瓒，象征授予祭祀权。

2　关于子犯编钟钟铭的释读，参见王泽文（2002年）、赵晓龙（2009年）。

晋军整顿军旅，奏凯歌进入国都，在太庙向祖先进献俘虏，举行酒会，重赏功臣。晋文公杀了违反军纪的舟之侨，将尸首在国都中巡行示众。

范武子是晋献公重臣士蒍的孙子，而士蒍就是晋献公杀尽群公子行动的策划者和执行者。士氏在士蒍时期自然是非常强盛，然而到了范武子父亲成伯时期就迅速衰微了，完全不见于历史记载。所以当范武子第一次出现在《左传》中时，他的起家职位只是中军帅战车车右而已。

狐偃的地位在晋军凯旋回国之后得到进一步确认。据《史记·晋世家》记载，晋文公颁行赏赐时，定狐偃为头功。有人说："城濮之役取得胜利，是靠先轸的谋略。"晋文公说："城濮之战前，狐偃劝我不要失信。先轸说'军事以胜利为重'，我采用他的谋略而获胜。然而，先轸所说的只是适用于一时的权宜之计，而狐偃所说的却关系着晋国千秋万世的功业，怎能把一时的利益凌驾于千秋万世的功业之上呢？[1]因此狐偃的功劳排在前面。"狐偃在城濮之战结束后得到周王赏赐和诸侯贡献，在回国之后又被定为头功，这显然是晋文公在积极地补偿这位实有首卿之尊、却为了大局让出了首卿之位的老臣。

城濮之战后的领导班子人事变动

城濮之战时，上军帅狐毛仍然健在。大概在前629年之前，

---

1 《史记·晋世家》："然此一时之说，偃言万世之功，奈何以一时之利而加万世功乎？"

狐毛去世，上军帅职位空缺。不过，此时仍然健在的狐偃并没有递补成为上军帅，而是仍然待在上军佐的位置上，其原因可能是狐偃已经老迈，承担不了上军帅的工作；也可能是狐偃谦让，想要继续维持六卿领导班子的和谐氛围。

晋文公于是第三次提出要任命赵成子为卿，接替狐毛担任上军帅。赵成子可不打算成为老上级狐偃的领导，他第三次谦让推辞，说："在城濮之战中，先且居辅佐军务有成效。立军功应该奖赏，辅佐君主做正确的事应该奖赏，胜任职务应该奖赏。[1]先且居有这三种应当受到的奖赏，不可不重用他。况且像我这样同等才能的，还有箕郑、胥婴、先都他们在呢。"于是晋文公任命先且居担任上军帅。先且居是先轸的儿子，可以想见，赵成子这第三次让位之举进一步巩固了自己的德望，也使得他成为先轸、先且居、箕郑、胥婴、先都等人感恩的对象。

这样一来，先氏在六卿中占据中军帅、上军帅两席，成为卿族中最强盛的一家。此时六卿领导班子情况如下：

晋 六 卿 表
（前629年上军帅狐毛去世后）

位 次	官 职	人 名	族 属
一	中军帅	先轸	先
二	中军佐	郤溱（？[2]）	郤

---

1 《国语·晋语四》："军伐有赏，善君有赏，能其官有赏。"
2 "？"表示该位次不是来自明确的文献记载或者唯一的逻辑推理结果，而是尚有不确定性的暂定位次，下同。

位　次	官　职	人　名	族　属
三	上军帅	先且居*	先
四	上军佐	狐偃（？）	狐
五	下军帅	栾贞子（？）	栾
六	下军佐	胥臣（？）	胥

赵成子三次谦让不任卿职，为他积累了极高的德望：现任六卿之中，狐偃是他的老搭档，其他五位——先轸、郤溱、先且居、栾枝、胥臣——都对他抱有感恩之情，这么高的德望已经足以填平赵成子与现任六卿之间因为家族地位而造成的政治势差。虽然这六位卿官从各自的家族利益出发，没有人会主动让出自己的位置给他，但是当晋文公下决心想用别的办法任命赵成子为卿官时，大家自然都乐观其成。

晋文公说："赵衰（赵成子）已经三次谦让卿职了。他三次谦让时推荐的人才，都成为国家的栋梁之臣。废弃谦让的人，就是废弃大德。"当时晋国正准备扩大军队规模以抵御戎狄的侵害，晋文公于是在前629年在清原举行阅兵，在中、上、下三军基础上增加新上军、新下军，这两军的帅、佐也是卿职。晋文公任命赵成子为新上军帅，箕氏族长箕郑为新上军佐，胥氏族人胥婴为新下军帅，先氏族人先都为新下军佐，终于在不损害现任六卿利益的前提下通过"扩容"这个办法让赵成子成为卿官。

清原阅兵后，晋国十卿领导班子情况如下：

晋 十 卿 表

（前629年清原阅兵后）

位 次	官 职	人 名	族 属
一	中军帅	先轸	先
二	中军佐	郤溱（？）	郤
三	上军帅	先且居（？）	先
四	上军佐	狐偃（？）	狐
五	下军帅	栾贞子（？）	栾
六	下军佐	胥臣（？）	胥
七	新上军帅	赵成子*	赵
八	新上军佐	箕郑*	箕
九	新下军帅	胥婴*	胥
十	新下军佐	先都*	先

　　清原阅兵后，从国家层面看，晋军规模达到了晋文公时期的顶峰，与周礼规定的天子六军规模只有一军之遥。从卿族政治层面看，这次任命有如下三个看点：

　　第一，赵氏、箕氏成为两个新的文公卿族。其中，箕氏本来就是十一个国中旧族之一，而赵氏之所以能够进入卿族行列，主要是因为赵成子的从亡大功和谦让大德。这两个卿族后来的命运如下：

　　（一）赵氏族长中有三位（赵宣子、赵文子[1]、赵简子）曾经担任中军帅。赵氏在前五八三年曾一度被灭族，不过在前五八一年又得

────────────────

1　赵文子，嬴姓，赵氏，名武，谥献、文。赵庄子之子。参见图17。

以恢复，最终与魏氏、韩氏三分晋国，成为战国七雄之一。

（二）箕氏族长中无人曾经担任中军帅。前六一八年，箕氏族长、卿官箕郑被杀，箕氏从此退出卿族序列。

第二，先氏势力达到了第一个高峰，在十卿中占据中军帅、上军帅、新下军佐三席，占十分之三。

第三，胥氏也达到本家族势力的最高峰，在十卿中占据下军佐、新下军帅两席。

这里再多说一句，笔者认为，赵成子这种"以谦让换德望，以德望促升迁"的策略，应该不是他的自创，而是来自他的贤妻赵姬。如前所述，赵姬先是主动谦让，要求赵成子把抛弃在白狄的叔隗和赵宣子迎了回来；然后又主动谦让，让叔隗做嫡妻，赵宣子做嫡子。赵姬的这两次让渡正妻核心利益、绝对情真意切的谦让，不仅在道德层面给赵成子带来了巨大的心灵震撼，而且在功利层面也给赵氏带来了巨大的实际利益。具体说来，赵姬的第一次谦让，帮助赵成子树立了有利于他在官场发展的德义形象；赵姬的第二次谦让，帮助赵成子选择了最为贤能的赵宣子作为赵氏继承人。

总而言之，赵姬用自己"知行合一"的谦让举动深刻启迪了丈夫赵成子，促使赵成子后来不是通过争名夺利，而是通过"真诚谦让积累德望"的方式来实现家族地位跃升，从而既占据了道德层面的高地，又实现了功利层面的目标，可以说是成功践行中庸之道的绝佳案例。

清原阅兵将三军扩为五军，从而使得原本是大夫的赵成子、箕郑、胥婴、先都升级成为卿官，但同时也使另一位军功卓著的大夫——荀林父（即中行桓子）遭遇重大挫折。其中缘由要从晋国自晋献公以来的对戎狄战争说起。

自西周建国时起，分封在夏朝旧核心区的晋国就是被戎狄环绕的国家，以至于其初创期"沿用夏朝制度来处理政事，沿用戎狄制度来规制疆土"。[1]曲沃代晋之后，晋献公开始向外侵略扩张，一方面攻灭周边华夏诸侯国，另一方面驱逐戎狄占领其居地。由于华夏诸侯国用战车作战，而戎狄用步兵作战，因此晋献公相应建立了战车部队——上下二军来攻打诸侯国，同时建立步兵部队——右行和左行来攻打戎狄。

前632年晋文公在城濮之战中大败楚国成为中原霸主之后，立即决定要打着"攘夷"的正当旗号，进一步加强对周边戎狄的攻势，于是在二行基础上建立了三行——中行、右行、左行，任命中军帅驾车官荀林父担任首任中行帅（三行主帅），声称要用这三行来"抵御戎狄的侵害"。

然而，到了前629年清原阅兵时，晋文公撤销了刚成立三年的三行，而建立了新上军、新下军，声称要用这五军来"抵御戎狄的侵害"。这次军队编制大调整有两点怪异之处：

第一，五军是战车部队，主要用于在平原地区与华夏诸侯国军队作战，并不适合清剿戎狄。

第二，既然三行和五军都是用来抵御戎狄的侵害，可以推

---

1 《左传·定公四年》："分唐叔以大路、密须之鼓、阙巩、沽洗、怀姓九宗、职官五正，命以《唐诰》，而封于夏虚，启以夏政，疆以戎索。"

知新二军将士的主要来源应该就是被撤销的三行。然而奇怪的是，新二军的帅佐里并没有前三行主帅荀林父。

此外，虽然荀林父只担任了最多三年的中行帅，但以他为始祖的卿大夫家族却不像其他家族那样以私邑为氏名（比如赵、魏、韩、范、知等），而是以官职"中行"为氏名。一般说来，用始祖官职为氏名，应该是始祖在此官职任上做出了非常出众的政绩，后代因而以此官职为氏名，以表示对祖先功绩的纪念和宣扬。

笔者认为，最有可能的情况是：

荀林父在前632年担任中行帅后，统领三行攻打戎狄，取得了很大战果，不仅不再有戎狄入侵的祸患，恐怕还攻占了不少戎狄居地。到前629年时，晋文公想要进一步扩张可以用来在中原地区作战的战车部队"军"，于是他打算把已经完成使命的三行解散，迅速整编成两军。然而，前632年城濮之战楚国战败退回南方后，中原并无战事，在这个时候扩大战车部队没有正当理由，会给晋文公带来"穷兵黩武"的坏名声，与齐桓公"九合诸侯，不以兵车"的功业形成鲜明对比。于是，晋国宣称自己北方的戎狄问题还很严重，建立五军是为了"抵御戎狄的侵害"。既然戎狄问题还很严重，那就意味着荀林父攻打戎狄不力，所以荀林父虽然实际上立了不小的军功，却没能进入卿官行列担任新军帅、佐。

从荀林父开始，他所领导的荀氏支族就成为晋国专业对付戎狄的家族。到这个家族决定要另立氏族的时候，荀林父的后代决定不用始祖荀林父得到的私邑之名"潞"作为氏名，而用荀林父在任上实际做出了很大功绩、而且决定了家族"治戎"属性的官职"中行"来作为氏名。笔者甚至认为，荀林父后人用"中行"作为族名，不仅是对始祖功绩的庄重宣扬，也是对晋文公埋没始祖功绩做法的无声抗议。

前628年时，狐偃很可能已经去世，上军佐出缺，上军帅先且居向晋文公请示上军佐人选。晋文公说："赵衰（赵成子）的三次谦让都不违背道义。谦让，是为了推举贤才。道义，是为了推广美德。美德推广开来贤才就会来了，国家还有什么忧患呢？[1]我想让赵衰跟您在一起。"于是赵成子从新上军帅连升三级，成为上军佐。晋文公两次以"三让卿职"为理由提拔赵成子，也可以看出赵成子前期的"抑"为后期的"扬"积蓄了多大的势能！

赵成子升任上军佐之后，新上军帅的位置就空了出来。晋文公不大可能让劳苦功高的狐氏在十卿中一个席位也没有，很可能就在本年任命狐偃之子狐射姑为新军的卿官。由于没有文献记载可以依据，笔者姑且假设资历老的箕郑、胥婴、先都向上晋升一位，而新人狐射姑则担任新下军佐。此时晋十卿领导班子情况如下表所示：

---

1 《国语·晋语四》："让，推贤也。义，广德也。德广贤至，又何患矣？"

晋 十 卿 表

（前628年狐偃去世后）

位 次	官 职	人 名	族 属
一	中军帅	先轸	先
二	中军佐	郤溱（？）	郤
三	上军帅	先且居（？）	先
四	上军佐	赵成子	赵
五	下军帅	栾贞子（？）	栾
六	下军佐	胥臣（？）	胥
七	新上军帅	箕郑（？）	箕
八	新上军佐	胥婴（？）	胥
九	新下军帅	先都（？）	先
十	新下军佐	狐射姑（？）*	狐

　　同年，楚国大夫斗章出访晋国，请求与晋国讲和，晋国派出一位叫阳处父的大夫到楚国回访。阳处父此时还只是上军佐赵成子的下属大夫，不过在七年后他将在晋国政坛掀起惊涛骇浪。

　　晋献公、晋惠公和晋文公是新晋国前三位长期执政的国君，他们在位期间的确立的各项重要制度成为新晋国"先君之制"的主体。如果我们总结一下三位先君的执政风格，大概是这样：

　　晋献公在其整个在位期间都大权在握，驾驭群臣，杀伐果断，对内杀尽长辈群公子，逼死/驱逐亲生儿子，颁布"无蓄公族"禁令；对外侵略扩张、攻灭邻国、驱逐戎狄，其执政风格可以概括为"全程君强势、臣服从"。

晋惠公在流亡期间对以郤芮为首的从亡诸臣言听计从；在即位之后逐渐摆脱郤芮控制，试图像父亲晋献公那样做一个强势君主，对内背弃承诺杀里克、丕郑及其党羽，对外背弃承诺与恩人秦穆公对抗，其执政风格可以概括为"前半程君弱势、臣引领，后半程君强势、臣服从"。

晋文公在流亡期间对以狐偃为首的从亡诸臣言听计从，在他们的调教下逐渐树立起称霸理想；即位后晋文公虽然全力追求实现称霸理想，然而他采取的路线是继续尊崇信任狐偃等贤臣，继续接受他们的引领，其执政风格可以概括为"全程君弱势、臣引领"。

也就是说，从晋献公到晋文公，出现了一个非常明显的"国君逐渐弱势，大臣逐渐强势"的变化趋势，而三位先君中功业最盛、最为后世称道的晋文公竟然是一位自身并不强势英明、主要靠贤臣引领取得成功的弱势君主。可以想见，到了春秋中晚期，当"君弱臣强"的卿族政治模式在晋国确立之后，当时的晋国卿大夫在回顾"先君功业"时，必然推崇称颂晋文公这位弱势先君，并要求时任君主效仿这位先君，因为这样做对于卿大夫群体最为有利。

三、襄灵时期：

赵宣专权弑君
卿族政治成形

子为正卿，亡不越竟，反不讨贼，非子而谁？

——董狐

殽之战先轸威逼君主，箕之战先轸舍命改过

前628年夏四月十五日，郑文公去世。冬十二月九日，晋文公去世。冬十二月十日，晋文公灵柩将要从晋国都城运到宗邑曲沃停棺待葬。灵柩车出城时，里面突然发出像牛鸣一样的叫声。一直在幕后主导内政改革的郭偃罕见地出现在历史的前台，他马上要求惊恐的大夫们下拜，然后开始发挥他作为太卜沟通人鬼的特异功能，开始这样解读灵柩里的叫声："国君这是在命令大事：将会有来自西方的军队穿过我国领土，如果我们攻击他们，一定能大获全胜。"

郭偃所提到的"来自西方的军队"，就是指位于晋国以西的秦国军队。晋文公去世前，秦晋关系就已经貌合神离，前630年一同讨伐郑国期间差点发生内斗。秦穆公不甘心放弃他一直为之努力的"称霸中原梦"，于是抓住郑文公、晋文公相继去世的绝佳机会，不顾老臣蹇叔、百里奚的劝阻，派遣孟明视、西乞术、白乙丙率秦军东进中原，试图与前630年留在郑国都城里的秦国戍守人员杞子、逢孙、杨孙里应外合，一举攻占郑国都城。

郭偃当然没有什么特异功能能预知秦军的异动，实际情况应该是：在秦国都城的晋国间谍侦知了秦军将要东进中原的动向，并且快速回报给了包括郭偃在内的晋国高层。笔者进一步推测，此次灵异事件完全是郭偃搞的鬼，他想办法让晋文公灵柩发出奇异声响，然后抛出一套事先早就想好的政治解读，其

实是想把他自己的一个大胆设想包装成"晋文公遗命"来推销给晋国卿大夫群体。这个大胆设想就是：秦军东进中原必须通过晋国境内的崤函道，而秦军为了保密，一定不会遵照礼制向晋国借道，这样晋国就可以用"秦人非法入侵"为理由，在秦军经过崤函道时痛击他们。然而郭偃此次"挟先君以令群臣"的行动并没有成功，晋国高层没有下决心采纳郭偃的建议，秦军顺利地通过了崤函道前往中原。

笔者之所以敢于做出这样的推测是因为，这不是郭偃第一次利用丧葬事故来进行政治炒作。前650年晋惠公归国夺权成功后，决定要举行一场"改葬太子申生"的公关活动，通过给这位品德高洁、感动晋国的冤死太子平反，塑造新政权的正义形象，占据道德制高点，营造有利于稳定政局的正能量舆论氛围。然而，由于不明原因，活动当天现场出了严重事故，棺材打开后，尸臭弥漫全场。身为公子重耳党羽的郭偃马上发表了这样一番煽风点火的言论：

"很难啊，好事真难做！君主改葬太子申生是想引以为荣，却使自己的恶名更加昭彰。一个人内心美好，必定会表现于外并且传扬于民间，民众会爱戴他。反过来一个人内心丑恶也一样。所以行动不可不慎重啊，必定有人会知道。十四年后，君主的继承人将被废弃，这个运数上天已经告知民众了。公子重耳（晋文公）会进入国都即位，这迹象已经在民间显现了。他如果进入国都即位，一定会成为诸侯之长而朝见周王，这光辉已经照耀民众了。数字，是预言的记录。迹象，是民意的先导。光辉，是明德的闪耀。用记录预言来表述，用阐发民意来引导，用闪耀光辉来昭示，重耳不到来还等待什么？想要为他做先导的人可以行动了，他将要到了！"

如同笔者在《称霸：春秋国际新秩序的建立（晋文篇）》一书中所分析的那样，晋惠公改葬太子申生活动中发生的这场事故本身很可能就是混迹在工作人员中的公子重耳党羽所为，为的是毁掉这场利用申生美名来"加持"新政权的公关秀，把它转变为一场利用申生尸臭来彰显新政权"污秽本质"的反公关秀，而郭偃在卿大夫圈子里散布的言论正是这次反公关秀的后续舆论攻击行动。如果将前650年这次"棺材开启散尸臭"事件与前628年"棺材发出神秘鸣叫"事件进行比对的话，很容易让我们产生这样的推测：这两次事件都是负责沟通人神的太卜郭偃策划的，都是"灵异搭台，政治唱戏"的经典案例。

前627年，秦军到达中原后，消息提前泄露，刚即位的郑穆公马上驱逐了秦人杞子、逢孙、杨孙，并且动员国都里的郑人为抵御秦军做好准备。秦军将帅知道率领已是强弩之末的军队奇袭郑国没有胜算，于是象征性地灭了一个滑国[1]之后就掉头向西，准备再一次不遵循礼制向晋国借道，而是直接通过崤函道回国。机会再次到来，这次是否要抓住？得到消息的晋国高层紧急开会商议对策。

中军帅先轸说："秦国违背贤臣蹇叔的劝告，因为贪婪而折

---

1 滑见图二。

腾民众，这是上天把绝好的机会奉送给我国。上天的奉送不可错失，敌人不可放纵。放纵敌人将产生后患，违背上天则是不祥的做法。[1]一定要讨伐秦军！"

下军帅栾贞子反对说："还没报答秦国的施恩，却讨伐它的军队，这是蔑视死去的先君吗？"

先轸说："秦国不哀悼我国的丧事，而讨伐我国的同姓宗亲郑国，秦国已经无礼，还管什么当年的施恩？我听说，'一天放走了敌人，就会带来好几代的祸患'。谋划而惠及子孙，这能说是蔑视死去的先君吗？"

晋国最终决定采纳先轸的意见，于是立刻征召散居在崤函道附近山区的姜戎，准备袭击秦军。当时晋国用的公开理由，应该是秦军两次穿过崤函道都没有依照礼制向地主晋国借道。服丧中的晋襄公穿着染黑的丧服出征[2]。夏四月十三日，晋人与姜戎联军在殽山地区大败秦军，俘虏孟明视、西乞术、白乙丙回国。

晋文公嫡夫人、晋襄公嫡母、秦女文嬴为被抓获的秦国三帅请命，对晋襄公说："就是他们这几个人挑拨离间我们两国君主、怂恿秦穆公出兵偷袭郑国。秦国君主如果能得到他们，吃他们的肉还嫌不满足，君主何必要屈尊去处罚他们呢？让他们回到秦国接受诛戮，使秦国君主快意，如何？"晋襄公答应了。

次日早朝，先轸向晋襄公询问秦国囚犯的情况。晋襄公说："先君夫人为他们请命，我已经把他们放了。"先轸大怒，说："武夫费尽力气在战场上抓住了他们，妇人花言巧语就让他

---

1 《左传·僖公三十三年》："奉不可失，敌不可纵。纵敌患生，违天不祥。"
2 戎服为黑色，晋襄公此时居丧，服白色丧服，不适合出征，因此将其染黑。

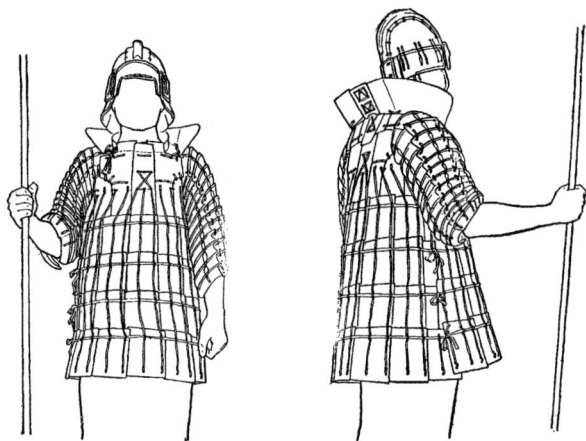

▶ 图4 湖北随县曾
侯乙墓出土皮甲胄复
原图，战国早期（《曾
侯乙墓》，1989年）

们在国都内得到赦免。[1]丢掉了战利品而助长了敌
人的仇恨，灭亡没有几天了！"不转头就当着晋襄
公的面往地上吐了一口唾沫。晋襄公赶紧派阳处
父去追赶，在河水岸边追上了，可是这时三人已
经上船离开岸边了。

同年秋八月，位于晋国以西的白狄攻打晋国，
到了箕邑[2]。二十二日，晋襄公率军在箕邑打败了
白狄。在这次战斗中，主帅先轸宣言说："我这样
一个匹夫在国君面前撒野，就算国君不惩罚，怎
么敢不自我惩罚呢！"于是摘下头盔冲入敌阵，血
战而死。狄人也被晋国中军帅异乎寻常的英勇给

1 《左传·僖公三十三年》："武夫力而拘诸原，妇人暂而免诸国。"
2 箕见图二。

震撼了，在杀死先轸后马上把他的头颅还给了晋人。

就这样，先轸用"公开悔过＋战死谢罪"的方式洗刷了先前公开顶撞晋襄公之后围绕着他的"恃功逼主"谣言，把自己最终定格为一个尽忠国事、有血性但绝无谋逆之心的正面形象，也使得先氏能够在他去世后仍然保持住在晋国的地位。先轸没有选择对个人名誉和家族利益都毫无帮助的"寿终正寝"，而是用"壮烈牺牲"这种凡人不敢为的方式来换取个人名誉的清白和家族利益的巩固，可以说是最极致的"过则勿惮改"，是先轸有大智慧、大勇气的明证。司马迁说"人固有一死，或重于泰山，或轻于鸿毛，用之所趋异也"（《报任安书》），他所说的"或重于泰山"，就是指这种有分量、有意义的死法。

晋军回国后，晋襄公将先轸之子、当时担任下军帅的先且居提拔为中军帅，与狐射姑继承狐偃卿位类似。不过，与后面大量的世袭卿位操作相比，这个例子在两方面显得不那么"标准"：首先，先且居在父亲先轸还活着的时候已经由于赵成子的推荐而担任了上军帅，这与儿子一般要等到父亲去世之后才世袭卿位不符合；第二，先轸去世后，先且居直接接任父亲生前最高职位中军帅，这也与世袭卿位一般要论资排辈逐渐向上递补不符合。也就是说，在卿官体系建立的早期，还没有形成稳定的世袭卿位规矩，国君还有比较大的发挥空间。

郤成子困极获拯救，阳处父盛极显败兆

前627年箕之战中最为勇猛的晋人自然非先轸莫属，不过

得到头等军功的却是此时担任下军大夫的郤成子，因为他在战斗中俘虏了白狄首领。如前文所述，前636年父亲郤芮作乱失败被杀后，郤成子就被放逐到冀邑，成了一个普通农民。那么他是如何回到晋国都城的呢？

原来，在前636年后的某一天，下军佐胥臣出使他国经过冀邑，在路过农田时看到一个农夫在田里除草，这时他的妻子来到田里给他送饭。虽然是非常简陋的饭食，两人却彬彬有礼，相敬如宾，完全不像普通农民的做派。胥臣被眼前这一幕深深打动，派人去询问，原来那农夫就是郤芮的儿子郤成子。

胥臣于是带上郤成子一起回到晋国都城，向晋文公强烈推荐说："恭敬，是美德的集中表现。能够恭敬就必定有美德。[1]美德用来治理民众，请君主任用他！下臣听说：'每次出门都非常恭敬好像要去会见贵客，每次承担事情都非常恭敬好像参加祭祀，这是施行仁德的准则。'[2]"

晋文公问："他的父亲有罪，可以任用他吗？"

胥臣回答说："虞舜惩处罪人诛杀了鲧，举拔人才却任用了鲧的儿子禹。管敬仲曾是试图杀害齐桓公的人，齐桓公却任命他为国相而取得成功。《康诰》上说：'父亲不慈爱，儿子不诚敬，哥哥不友爱，弟弟不恭顺，刑罚只加于本人，而不互相株连。'《诗》上说：'采芜菁，采萝卜，不用它们的根部。'[3]您节取

---

1 《左传·僖公三十三年》："敬，德之聚也，能敬必有德。"
2 《左传·僖公三十三年》："出门如宾，承事如祭，仁之则也。"
3 胥臣引此诗，是以地上茎叶比喻善，以地下根比喻恶，劝晋文公节取郤成子自身品德之善而忽略其家族背景之恶。

他的长处就可以了。”

晋文公于是任命郤成子担任下军大夫。这也就是为什么郤成子会出现在箕之战战场上。

因为有这些前情，所以晋襄公在箕之战后把先茅县赏给胥臣，说"推举郤缺（郤成子），是您的功劳"，然后将下军大夫郤成子擢升为散位卿，并且把他父亲的私邑冀又重新封给了他，但是暂时没有任命他担任五军帅、佐。

既然先且居从上军帅升任中军帅，而郤成子又没有进入十卿领导班子，那么上军帅的空缺由谁来填补呢？笔者猜测，根据前621年狐射姑短暂担任中军帅的情况倒推，最有可能的安排是德高望重的赵成子提升一级成为上军帅，而代表狐氏的狐射姑则连升六级为上军佐，让赵、狐二氏以"老带新"的方式重新搭档。

根据以上的叙述和分析，箕之战后晋国十卿领导班子情况（附散位卿）如下：

晋 十 卿 表（附散位卿）
（前627年箕之战后）

位　次	官　职	人　名	族　属
一	中军帅	先且居	先
二	中军佐	郤溱（？）	郤
三	上军帅	赵成子（？）	赵
四	上军佐	狐射姑（？）	狐

位　次	官　职	人　名	族　属
五	下军帅	栾贞子（？）	栾
六	下军佐	胥臣（？）	胥
七	新上军帅	箕郑（？）	箕
八	新上军佐	胥婴（？）	胥
九	新下军帅	先都（？）	先
十	新下军佐	？	？
/	散位卿	郤成子*	郤

除了上述十位军卿、一位散位卿之外，当时晋国政坛还有一颗冉冉升起的新星，那就是担任太傅的阳处父。前627年，楚令尹斗勃率军攻打晋联盟成员国陈国、蔡国，在陈、蔡求和之后转而攻打郑国。阳处父率晋军攻打叛晋服楚的蔡国，斗勃于是从郑国撤军，回师救援蔡国，晋楚两军在泜水[1]两岸驻扎展开对峙。

泜水流域距离晋国最南端的南阳地区远，而距离楚国北方防御体系"方城"[2]很近，阳处父知道晋军在此与楚军决战凶多吉少，于是决定设一个局来蒙骗楚人，一方面使得双方能迅速撤军避免决战，另一方面又让自己在回国后有"逼退楚军"的功绩可以上报。

阳处父派使者到楚军营垒中提出："我听说，'文斗不能触

1　泜水见图五。
2　方城见图五。

犯顺理之人，武斗不能躲避仇敌之人'。你们这边如果想要主动来战，那么我方就后退三十里，你们渡河过来摆开阵势，早打晚打都听你们的。不这样的话，那就你们后撤三十里，我们渡河过去跟你们交战。像现在这样折腾军队、浪费钱财，实在没有什么意义。"

然后，晋军就套好战车，做出等待交战的样子。斗勃准备要率军渡过泜水，这时楚大夫成大心劝谏说："不可以渡河。晋人是不讲诚信的，如果我们渡到一半时晋人袭击我们，到时候我们战败，后悔都来不及？不如让他们过来。"于是楚军大概花费了一天时间，主动后退三十里，等待晋军渡河过来交战。

阳处父看到楚人完全进入了自己的圈套，于是在楚军从视线中消失之后，就在晋军中广为宣扬说："楚国军队已经逃走了！"既然楚军已经"逃走"了，晋军不动刀兵已经取得了胜利，于是阳处父马上宣布撤军回国。楚军后退到位之后，左等右等也没有等来晋军，后来得知晋军已经撤走，也只能撤军回国。

通过这件事，我们可以清楚地看到，阳处父是一位足智多谋的卿大夫。此外，我们也可以看到，此时的太傅职级与诸位有军职的卿官相当，可以像卿官一样率军作战。根据学者的总结，太傅的主要职责，是担任国君老师和顾问、制定和施行法令礼典、制定官员职级俸禄、总领外交接待事务等[1]。实际上，笔者推测，前636年晋文公即位之后，太卜郭偃可能就是兼任

---

1 关于晋国太傅的职责，参见赵晓斌（2009年）。

了太傅，这样他才可能摆脱太卜职责的限制，参与到推行改革的工作中。而且，郭偃很可能就是在前627年退休或去世，而接替他担任太傅的就是阳处父。

从前627年后，到前621年夷地阅兵前，晋国政坛上最为亮眼的人物仍然是阳处父。比如说，前625年（鲁文公二年）晋人派出使者到鲁国，责问鲁文公为何即位一年了还不到霸主晋国来朝见晋襄公。在霸主的强大压力下，鲁文公马上前往晋国。但是，鲁文公到达晋国都城之后，晋襄公并没有与他相见盟誓，而是派出阳处父与他盟誓。对鲁人而言，晋人派一个卿大夫与自己的国君盟誓，这当然是在羞辱鲁国；对阳处父而言，晋国高层派自己与鲁国君主盟誓，这当然是在抬举自己。

前625年春天，殽之战的败军之将孟明视率领军队讨伐晋国。春二月，晋襄公率军抵御，当时中军帅是先且居，而中军佐是赵成子。这说明原中军佐郤溱在前625年前已经告老或者去世，而上军帅赵成子向上晋升递补。笔者认为，赵成子之缺应该是由狐射姑递补，但狐射姑以下如何调整则已无法确知。当时十卿领导班子情况如下：

晋 十 卿 表（附散位卿）
（前625年孟明视伐晋之时）

位 次	官 职	人 名	族 属
一	中军帅	先且居	先
二	中军佐	赵成子	赵

位　次	官　职	人　名	族　属
三	上军帅	狐射姑（？）	狐
四	上军佐	栾贞子（？）	
五	下军帅	胥臣（？）	
六	下军佐	箕郑（？）	
七	新上军帅	胥婴（？）	
八	新上军佐	先都（？）	
九	新下军帅	？	
十	新下军佐	？	
／	散位卿	郤成子*	郤

前624年冬，阳处父又率军会同周邦卿士王叔文公攻打楚国，以救援被楚军围困的江国[1]。

到前622年时，阳处父在晋人心目中的地位很可能相当于"先轸再世"，不仅在晋国都城里人气很旺，即使是在边境城邑里也有他的"粉丝"。阳处父到卫国访问，回国途中在晋卫边境地区的宁邑[2]住宿。宁邑宾馆的负责人宁嬴对阳处父仰慕已久，于是丢下了自己的本职工作，加入了阳处父的使团，想跟着阳处父一起去晋国都城发展。

然而，使团刚到温邑，宁嬴就折返回来了。他老婆感到奇怪，问他为什么"脱粉"，宁嬴说："阳处父他太刚强了。《商

1　江见图五。
2　宁见图三。

书》上说：'深沉潜隐的性格要用刚强来调和，高亢明耀的性格要用柔顺来调和。'[1]他却一味刚强而不调和，恐怕会不得善终吧！即使是德性最为刚健、至高无上的上天，尚且会辅以柔德，不扰乱春（柔）、夏（刚）、秋（柔）、冬（刚）四时刚柔相济的运行次序，何况是凡人呢？而且他爱说大话而落实不力，就好像草木开花而不结果实，这会导致怨恨聚集到他身上。[2]过于刚强就会冒犯他人，华而不实就会聚集怨恨，是不可以安身立命的。我担心还没有得到跟随他的好处就先要遭受祸难，所以离开了他。"

襄灵内乱（一）：赵狐相争，阳处父被杀，狐射姑出奔

从前621年（晋襄公末年）至前618年（晋灵公三年），晋国政局持续动荡，国君暴毙，幼主上位，首卿专权，高官恶斗，本书将这段时期的多起前后关联的内乱统称为"襄灵内乱"。

前625至前621年期间，晋国的十卿领导班子空缺越来越多。前625年时，郤溱已经告老或者去世，中军帅仍然是先且居，而中军佐则是赵成子。到了前622年时，前627年箕之战后十卿中的先且居、赵成子、栾贞子、胥臣都已经去世，胥婴和那位身份不明的新下军佐也已告老或去世，十卿中还在

---

1 《左传·文公五年》："《商书》曰：'沈渐刚克，高明柔克。'"
2 《左传·文公五年》："且华而不实，怨之所聚也。"

任的只剩四人：一、前629年作新军后成为卿官的箕郑、先都，二、前628年狐偃去世之后接替他的狐氏新族长狐射姑，三、前625年至前622年间赵成子去世之后接替他的赵氏新族长赵宣子。这样一算，不仅十卿不可能填满，就连六卿也要再添两位新人。

在这种情形下，前621年春，晋人在夷地举行阅兵，同时举行军卿领导班子调整会议，作出如下决定：一、撤销新上军、新下军，恢复中、上、下三军六卿的旧制。二、任命狐氏族长狐射姑为中军帅。三、任命赵氏族长赵宣子为中军佐。

从《左传·文公八年》的记载我们可以知道，晋襄公本来打算提拔他宠信的嬖大夫士縠[1]、梁益耳担任中军帅、佐，后来听取了先克[2]的劝谏，最终决定选择狐射姑、赵宣子，因为他们的父亲狐偃、赵成子是头等功臣，而在生前又没有得到他们应得的中军帅、佐之位。之所以任命狐射姑为排第一的中军帅，而赵宣子为排第二的中军佐，应该是因为狐射姑进入卿官体系比赵宣子早（狐射姑在前628年左右，赵宣子在前625年后），现任职务比赵宣子排位高（狐射姑任上军帅，赵宣子职务不明，但一定低于狐射姑），而他的父亲狐偃的功劳也比赵宣子父亲赵成子大。

文献记载没有告诉我们第三到第六的四卿人选，笔者暂且将前620年确定的相应人选填入，则此时六卿领导班子情况（附散位卿）如下：

1　士縠，祁姓，士氏，名芳。士蒍之子。参见图20。
2　先克，姬姓，先氏，名克。先且居之子。参见图25。

晋 六 卿 表（附散位卿）

（前621年夷地阅兵后、董地阅兵之前）

位 次	官 职	人 名	族 属
一	中军帅	狐射姑	狐
二	中军佐	赵宣子*	赵
三	上军帅	箕郑（？）	箕
四	上军佐	中行桓子（？）*	中行
五	下军帅	先蔑（？）*	先
六	下军佐	先都（？）	先
/	散位卿	郤成子	郤

这里要特别说明的是，根据《国语·周语中》的记载，中行桓子的起家官是下军佐，所以在本表之前一定有一个中行桓子排第六的六卿排位，这里不再探讨。中行桓子进入六卿领导班子之后，作为荀氏分支的中行氏从大夫族升为卿族，成为唯一一个襄公卿族。中行氏之所以能够进入到卿族行列，主要是因为族长中行桓子在攻打戎狄的战争中所立的军功。中行氏后来的命运如下：中行氏族长中有两位（中行桓子、中行献子[1]）曾经担任中军帅。前497年，范氏、中行氏被知氏、韩氏、魏氏击败，中行文子出奔，中行氏从此退出卿族序列。

然而，夷地阅兵后，高调强势的太傅阳处父从温邑回到了

---

1 中行献子，姬姓，中行氏，出自荀氏，名偃，字游，谥献，排行伯。中行宣子之子。参见图21。

晋国都城。阳处父宣称他缺席的这次领导班子调整会议无效[1]，在他的强势主导下，晋国在董地又举行了一次阅兵，在董地阅兵期间重新举行了一次班子调整会议，这次会议最重要的成果就是调换了中军帅、佐：资历较浅、父亲功劳较小的赵宣子成了中军帅，而狐射姑被拉下来成了中军佐。从旁观者的角度看，这无疑是对狐射姑和他的家族狐氏的公开羞辱，而狐射姑也的确是这么认为的。

董地阅兵之后，六卿领导班子（附散位卿）情况如下：

晋 六 卿 表（附散位卿）
（前621年董地阅兵后）

位　次	官　职	人　名	族　属
一	中军帅	赵宣子	赵
二	中军佐	狐射姑	狐
三	上军帅	箕郑（？）	箕
四	上军佐	中行桓子（？）	中行
五	下军帅	先蔑（？）	先
六	下军佐	先都（？）	先
/	散位卿	郤成子	郤

阳处父为什么要这样做？据《左传》记载，这是因为阳处父曾经是赵成子的下属，非常敬仰他的这位劳苦功高又一直谦退的领导，而且非常看好年轻有为的赵宣子。他说，"任用真正有能力的人，是有利于国家的"，就咬住赵宣子更有才干能力这

1　如前所述，太傅职责之一就是确定官员的级别俸禄。

一条，力排众议把赵宣子推了上去。

有学者认为，阳处父将狐射姑从中军帅位置硬拉下来，可能还与他跟狐射姑、赵宣子两人父亲的一段旧恩怨有关**1**。据《说苑》记载：

> 晋平公问乐师旷说："狐偃和赵衰（赵成子）谁更贤能？"乐师旷回答说："阳处父想要成为晋文公的臣下，起初试图通过狐偃引荐，三年都没成功；后来通过赵衰引荐，三天就成功了。"

如果阳处父在前622年尚且被宁嬴评价为"一味刚强而不调和"，可以想见，他在刚进入晋国政坛之时一定是更加年少轻狂、自视甚高。因此，狐射姑之父狐偃让阳处父苦等了三年而没有任何结果，必然会让阳处父对狐偃产生刻骨铭心的仇恨；而赵成子将阳处父从愤懑绝望的深渊里搭救上来，也必然会让阳处父对赵成子产生没齿难忘的感恩之情。因此，阳处父此次悍然调换狐射姑和赵宣子的位次，不仅是在报答赵成子的恩情，也很可能是在发泄对狐偃的怨恨。

阳处父强势推动此事的另外一面是，赵宣子本来就想得到中军帅这个职位。赵宣子上任之后，立刻显露出"大干一场"的志向，开始制订一个雄心勃勃的综合改革方案，归纳起来包括以下九个方面的内容：

1　参见李沁芬（2012年）。

一、"制事典"：制定政事典章。

二、"正法罪"：端正法令罪名。

三、"辟狱刑"：依法清理积案。

四、"董逋逃"：督查追捕逃犯。

五、"由质要"：推广契约账簿。

六、"治旧污"：整治陈年污垢[1]。

七、"本秩礼"：重视官阶制度。

八、"续常职"：重建常设官职[2]。

九、"出滞淹"：起用在野贤人。

方案制定之后，赵宣子把定稿交给太傅阳处父和太师贾佗，命令他们在晋国推行，作为国家的常法。通过推进这样一场高调的内政改革，赵宣子迅速坐稳了中军帅/执政卿的位子，而这无疑也让"翻盘"无望的狐射姑更加郁闷。

就在晋国中军帅、佐之间的矛盾不断累积的时候，秋八月十四日，即位仅七年的晋襄公去世，留下了一个尚在襁褓之中的、嫡夫人穆嬴（秦国女子）所生的太子夷皋。当时晋国正在应付来自楚国、白狄的挑战，与秦国的关系也非常微妙，诸卿都认为需要废黜太子夷皋，另外从目前寄居国外的几位年长公子之中选择一位能谋议政事、发号施令的正常国君。但是，中军帅赵宣子和中军佐狐射姑就年长公子的人选问题发生了严重分歧。

赵宣子说："应该立公子雍。他喜好良善又年长，先君宠爱

1　指清理废除不利于国家的旧法规政令。
2　指已被废弃但实际上很有价值的先代常设官职。

他，而且客居秦国做官。秦国，是我国旧日的友邦。能拥立良善的人就会邦国巩固，事奉年长的人就会顺乎礼义，立先君所爱的人就会合于孝道，重新交好旧日友邦就会获得安定。[1] 由于国家多难的缘故，所以要立年长的国君。拥立有这四项美德的人，祸难必定可以得到缓解。"

狐射姑说："不如立公子乐。他的母亲辰嬴先后受到两位国君（指晋怀公、晋文公）的宠幸，立他的儿子，民众必然安定。"

赵宣子说："辰嬴低贱，位次在第九，她的儿子能有什么威严呢？而且先后得到两位国君的宠幸，这是淫荡；公子乐作为先君的儿子，不能求得大国的客卿位置而出居小国（陈国），这是鄙陋。母亲淫荡、儿子鄙陋，就没有威严；陈国弱小而遥远，有事不能出力救援，怎么能安定呢？

"杜祁（公子雍生母）由于晋襄公的缘故，让位给偪姞（晋襄公生母）而使她在自己之上；又由于要跟狄人改善关系的缘故，让位给季隗（晋文公在狄时之妻）而自己居她之下，所以位次排第四。先君因此喜欢杜祁的儿子公子雍，让他出居秦国做官，做到亚卿。秦国大而且近，有事足以出力救援；母亲遵行正义、儿子受到喜爱，足以威临民众。立他，不是非常可以的吗？"

双方不欢而散后，各自行动起来：赵宣子派下军帅先蔑、大夫范武子到秦国迎接公子雍，狐射姑也派人到陈国迎接公子乐。公子乐先进入晋国，本来狐射姑胜利在望，没想到赵宣子果断出手，派人在边境郫邑[2] 杀了公子乐。

1　《左传·文公六年》："置善则固，事长则顺，立爱则孝，结旧则安。"
2　郫见图三。

赵宣子派人杀公子乐的举动突破了政治博弈的非暴力底线，促使狐射姑下决心用同样手段进行反击。如果要杀人反击，该杀谁？即使在这个时刻，狐射姑也并没有丧失理智，他从嗣君人选之争的失利已经知道自己不是赵宣子的对手，也知道高调跋扈的阳处父在晋国非常孤立，于是，在秋九月的一天，狐射姑指使族人续简伯[1]杀了阳处父。

不幸的是，凶手续简伯被赵宣子抓获。冬十一月，赵宣子依法刑杀了续简伯。狐射姑从赵宣子处决续简伯的铁腕行动判断，赵宣子将彻查到底，早晚会查到自己身上，并将用国法惩处自己和狐氏，于是出奔到赤狄潞氏。

狐射姑的盘算应该是，先出奔到狄地避祸，然后等待机会回国复位。之所以会这么说，是因为狐射姑到了狄地之后，直到前620年还在为晋国传达信息，可见他一直没有放弃回国的希望（参见第141页）。前614年时，中行桓子也的确为狐射姑争取过机会，但是没有得到首卿赵宣子的支持（参见第152页）。狐射姑的盘算最终落了空，他至死也没能再回到晋国。

赵宣子派下属臾骈把狐射姑的妻儿财产送到赤狄去。夷地阅兵的时候，狐射姑曾经当众惩处过臾骈，因此臾骈下属或许认为赵宣子这样安排的用意是默许臾骈报仇，于是想借此机会杀光狐氏家人来报复。臾骈却说："不可以！我听说《前志》上有这样的话：'对人有恩惠，或与人有怨仇，都与他的后代无

1　续简伯，姬姓，续氏，出自狐氏，名鞠居，谥简，排行伯。狐饶之孙。参见图24。

关,这符合忠道。'¹赵夫子让我护送狐氏妻儿是要对狐射姑表示
礼敬,我因为受到他的宠信就利用这个机会报自己的私仇,恐
怕不可以吧!凭借他人的宠信而去报私仇,这不是勇敢之为;
消减自己的怨气而增长他人对自己的仇恨,这不是聪明之举;
由于私怨而损害公利,这不是忠诚之道。²舍弃了这三条,我还
能用什么去事奉赵夫子?"为了保证万无一失,臾骈亲自护送
狐氏的妻儿、财产出晋国,交给赤狄。

　　赵宣子的真正用意到底是像臾骈下属猜测的那样是默许臾
骈报仇,还是像臾骈声称的那样是想向狐射姑表示礼敬,我们
已无法确知。臾骈以良善的角度解读赵宣子的意图,按照护送
出奔卿大夫妻儿财产的既定规矩行事,这种看似平淡无奇的方
式却是最妥当的选择:这样一来,臾骈既成了狐氏的恩人,又
避免了续简伯干脏活后被杀的悲惨下场,还为自己日后进入六
卿领导班子奠定了基础。《中庸》说"君子居易以俟命,小人行
险以徼幸",臾骈此次的做法就是"君子居易以俟命",而臾骈
下属一开始想做的就是"小人行险以徼幸"。

　　从赵宣子上任之后毫无畏惧、大展拳脚的强势表现来看,
阳处父应该是先与赵宣子商议,确认了赵宣子的确渴望成为中
军帅大显身手,然后才公开发难,调换中军帅、佐。也就是说,
这次强行调换中军帅、佐,不是阳处父的一厢情愿,而是阳处

---

1 《左传·文公六年》:"'敌惠敌怨,不在后嗣,忠之道也。'"
2 《左传·文公六年》:"介人之宠,非勇也;损怨益仇,非知也;以私害公,非
　忠也。"

父和赵宣子的合谋。最终，阳处父自诩聪明，却错误地判断了狐射姑的底线，被狐射姑指使族人续简伯所杀；狐射姑认为赵宣子不至于对父辈时曾与赵氏同心协力的狐氏下狠手，却错误地判断了赵宣子的底线，最终被赵宣子逼得出奔狄地。这件事发展至此，阳氏、狐氏都已出局，赵宣子是唯一的赢家。

狐射姑出奔后，中军佐就空了出来。根据前620年确定的六卿排序倒推，最有可能的情况是来自先氏的先克直接"空降"担任中军佐，这是因为当初就是先克建议晋襄公不要任命嬖大夫为中军帅、佐，而应该依据狐氏、赵氏的功绩而任命狐射姑、赵宣子为中军帅佐，从而将刚进入卿官体系的赵宣子直接拉升到中军佐，为赵宣子最终成为中军帅奠定了基础。因此，如今已坐稳中军帅位的赵宣子用中军佐的高位来回报先克。从赵宣子先强势驱逐中军佐狐射姑、后强势提拔先克为中军佐的操作，我们可以很清楚地感受到赵宣子"顺我者昌，逆我者亡"的行事风格。

此时的六卿领导班子（附散位卿）情况如下：

晋 六 卿 表（附散位卿）
（前621年狐射姑出奔后）

位　次	官　职	人　名	族　属
一	中军帅	赵宣子	赵
二	中军佐	先克（？）*	先
三	上军帅	箕郑（？）	箕
四	上军佐	中行桓子（？）	中行

位 次	官 职	人 名	族 属
五	下军帅	先蔑（？）	先
六	下军佐	先都（？）	先
/	散位卿	郤成子	郤

从表中可以清楚地看出，"狐赵相争，先氏得利"，此时先氏占据了六卿领导班子的三个席位，也就是一半，达到了其势力的第二个高峰。

襄灵内乱（二）：赵宣专政，先蔑、范武子出奔

前621年阳处父和狐射姑一个身死、一个出逃之后，晋国政局本可以就此安定下来，没想到一年后，晋国在君位继承问题上又发生了重大变故。

在接到赵宣子派先蔑、范武子等人传达的请求之后，秦康公高度重视，在前620年初亲自率领一支由步兵组成的军队护送公子雍回国，希望借此修复殽之战后一直处于紧张状态的秦晋关系。秦康公的诚意是无可置疑的：第一，秦康公这样做，等于是放弃了秦女穆嬴所生的太子夷皋；第二，秦康公为了表明此次仅是护送公子雍，而没有趁机入侵晋国之意，特意没有配备正式交战所需的战车部队。

然而，与此同时，已经被母国抛弃的穆嬴却不打算听天由命，她每天先抱着太子夷皋冲到朝堂大哭大闹，痛骂在场的

卿大夫说："先君有什么罪！他确定的后嗣又有什么罪！扔下嫡嗣不立，却到国外去求取国君，你们到底想把这孩子放在哪里！"骂完出来，穆赢就抱着太子夷皋冲到赵氏家中，向赵宣子磕响头，然后说："当年先君托孤时对您说：'这孩子日后如果能成才，我感谢您对他的栽培；这孩子日后如果没能成才，我怨恨的也是您！'如今先君虽然已经去世了，他当年对您说的这番话还在耳边回响着呢，您就这样背弃了承诺，到底是想干什么！"

按照《左传》的说法，"赵宣子和其他诸卿都很忧虑，而且害怕穆赢的逼迫"，于是就推翻先前的方案，立了太子夷皋为君主，并且将应邀护送公子雍进入晋国的秦国军队定性为试图干涉晋国内政的"侵略军"，决定出兵抵抗秦军的"入侵"。

然而，《左传》的说法是经不起推敲的：此时穆赢母国秦国支持的是公子雍，穆赢只是一个身居内宫的先君夫人，又得不到母国的支持，怎么可能在晋国都城里聚集起足以"逼迫诸卿"的势力？因此，笔者认为《左传》说法只是作者的个人推测，或者是晋国高层发布的官方说法，而事情的真相可能是这样的：

去年（前621年）秋八月晋襄公去世后，晋国君位空缺，以赵宣子为首的六卿领导班子把持政权，而执政卿赵宣子其实承担了摄政卿的角色，是实际上的国家最高领导人。

在晋襄公刚去世这段时间，以赵宣子为首的六卿领导班子主张立年长、有声望的公子为君，说明他们达成的共识是继续维护一个正常的君臣体系，继续像先前晋文公、晋襄公时期一样，在一位能商议政务、能做决策的正常国君领导下应对国内外各种挑战。从赵宣子的角度来说，这一方面当然是出于对君臣常道的信仰，另一方面恐怕是因为他在当时刚成为中军帅，其主要短期目标之一是要坐稳执政卿的位置，所以在立新君的问题上倾向于"立长君"这个比较稳妥的方案。

然而，在此之后，赵宣子的大恩人、同时也是潜在"债主"阳处父被杀，杀阳处父的狐射姑被赵宣子驱逐出境，而赵宣子上台后启动的内政改革也在顺利推进。到公子雍从秦国启程前往晋国、穆嬴抱着太子夷皋在朝堂上哭闹的时候，赵宣子的执政卿地位已经稳固，而且在几个月的实践之后，他恐怕已经习惯了在没有正常国君的情况下担任晋国实际上的最高领导人。

因此，穆嬴义正辞严的哭闹很可能起到了"催化剂"的作用，促使本来就雄心勃勃的赵宣子开始认真考虑另外一个可能性：如果真的立一个婴儿为国君，自己作为六卿之首，在很长一段时间就会继续担任实际上的国家最高领导人，就像西周初年的周公一样。虽然自古以来的历史教训告诉自己，长期摄政风险极高，圣哲如周公者当年尚且差一点就失败了，但是，既然穆嬴已经把立年幼嫡嗣的正当性宣传得如此透彻，等于是为首卿摄政做好了"清场"，那么自己为什么不能顺势而为，勇敢地挑起这副担子，试一试长期摄政到底是什么滋味，试一试当周公到底是什么滋味？。

　　于是，就在这种一方面对君臣常道仍有信仰、一方面对未知风险心存畏惧、一方面对权力和成就充满渴望的复杂心理驱使下，赵宣子声称自己实在不能对穆嬴的"正论"坐视不管，而且害怕这个疯女人会做出更可怕的事情来，暂时说服了其他五卿（包括此时已经先于公子雍回国的先蔑），放弃长期在秦国生活和工作、政治倾向难以预料的公子雍，改立宗法上根正苗红、政治上任人摆布的太子夷皋为君，并且整军备战抵抗秦国"干涉军"。

　　当时六卿的工作安排是：上军帅箕郑留守国都，中军帅、佐赵宣子、先克率领中军，上军佐中行桓子率领上军，下军帅、佐先蔑、先都率领下军，三军全部出动，向西进发阻击秦军。如前所述，先蔑是迎回公子雍的首席使者，应该先于公子雍回到了晋国，所以在晋军行列之中。此时六卿领导班子情况如下：

晋 六 卿 表（附散位卿）
（前620年晋军离开国都时）

位　次	官　职	人　名	族　属
一	中军帅	赵宣子	赵
二	中军佐	先克	先
三	上军帅	箕郑	箕
四	上军佐	中行桓子	中行

位 次	官 职	人 名	族 属
五	下军帅	先蔑	先
六	下军佐	先都	先
/	散位卿	郤成子	郤

然而，晋军从国都出发后，军中总有人提出，晋国这样做，是背弃先前请求秦人帮助时许下的承诺，然后又用诈谋坑害应邀前来的秦人，是道德上非常错误、政治上非常危险的行为，因此军队一直走走停停，人心浮动不安。可以想见，其中埋怨和异议最多的，无疑是先前出使秦国的下军帅先蔑：本来他以为自己会成为拥立新君的功臣，没想到现在却要被迫去攻打自己请过来的秦人，从而背负"言而无信"的骂名。

为了统一思想、防止生变，军队在董阴驻扎[1]期间，赵宣子在一次会议上强调："我们如果接受秦国送来的公子为国君，秦国就是我们的客人；如果不接受，秦国就是我们的敌人。既然我们先前已经决定不接受公子雍了，如果再像现在这样拖拖拉拉，那秦人就会生出异心。'抢先于敌人行动而有从敌人那里夺取胜利的决心'，这才是军事上的正确谋划；'追击敌人像追击逃犯一样坚决'，这才是军事上的正确做法！"[2]

在赵宣子的强势命令下，晋军整训士卒、磨快兵器、让战马吃饱草料、让士卒吃饱饭食，夜里从董阴起兵。夏四月一日，

1　董阴见图二小图。
2　《左传·文公七年》："'先人有夺人之心'，军之善谋也；'逐寇如追逃'，军之善政也。"

晋军在令狐大败秦军，一直追击到刳首[1]。因为赵宣子已经把先蔑请来的公子雍和护送他的秦人定性为外敌，先蔑害怕回到国都之后赵宣子会以"引入外敌"为罪名栽赃陷害他，于是第二天他就出奔到秦国，跟他一起出逃的还有先前陪他一同出使的下属大夫范武子。

根据前618年河曲之战时的情况倒推，下军帅先蔑出奔之后，很可能是下军佐先都向上升一位成为下军帅，散位卿郤成子进入六卿行列担任下军佐，而嬖大夫士縠[2]成为散位卿。由此推测当时六卿领导班子（附散位卿）情况如下：

晋 六 卿 表（附散位卿）
（前620年先蔑出奔后）

位 次	官 职	人 名	族 属
一	中军帅	赵宣子	赵
二	中军佐	先克	先
三	上军帅	箕郑	箕
四	上军佐	中行桓子	中行
五	下军帅	先都（？）	先
六	下军佐	郤成子（？）	郤
/	散位卿	士縠（？）	士

实际上，先蔑并不是没有机会规避这次最终导致自己出奔的祸难。先前，当下军帅先蔑接到赵宣子要他出使秦国的命令

1　令狐、刳首见图二小图。
2　士縠参见图20。

时，上军佐中行桓子试图劝他不要去蹚这趟浑水，对他说："先君夫人、太子都还在，在这种情况下出使秦国求取国君，这一定会行不通。您托词生病推掉这份差事，怎么样？不然的话，您很可能会遭遇祸难。派个临时挂卿衔的大夫去就行了，为什么一定要您自己去？曾经一起为官做事就是同僚。我跟您曾经是关系很好的同僚[1]，怎么敢不对您尽心劝谏？"

中行桓子的意思是，如果赵宣子真是铁了心要另立长君，就应该果断除掉穆嬴和太子夷皋。然而这两人一直都还活着，就意味着赵宣子没有下定决心，因此事情很可能会起变化。然而，下军帅先蔑可能是认为，身为上军佐中行桓子这样做不是出于什么好心，而是担心自己出使立了拥君大功之后反超中行桓子，因此拒绝了中行桓子的建议。

对形势看得很清楚的中行桓子非常着急，又对先蔑念了《板》这首诗的第三章[2]以表明心志：

你我各有职守，却是官府同僚。

我来为你谋划，你却刚愎傲娇。

我的话有道理，不要当作玩笑。

先人这样比方，"要向樵夫请教"。

1　晋国先前曾组建过专门与山地戎人作战的步兵部队"行"（参见第104页），当时中行桓子任左行帅，先蔑任右行帅，中行桓子说的应该主要是这段讨伐戎狄时共甘共苦的经历。

2　《毛诗·大雅·板》："我虽异事，及尔同僚。我即尔谋，听我嚣嚣。我言维服，勿以为笑。先民有言，询于刍荛。"

中行桓子如此热心，恐怕反而更加重了先蔑的怀疑，因此先蔑坚决不听劝告。然而，等到先蔑出奔时，中行桓子不计前嫌，又亲自把先蔑的妻儿、财产送到秦国，说："我这么做没别的，就因为我们曾是好同事啊。"

从整件事我们可以看出，中行桓子是一位非常有情有义的君子。就像赵成子一样，中行桓子的这种品德恐怕为他赢得了很好的人缘，这也为前597年邲之战大败之后，士贞伯[1]力谏君主、救下主帅中行桓子埋下了伏笔。

按理说，卿大夫出奔他国之后，他在本国的政治生命也就结束了。然而，遭受连带打击、被迫跟随自己的领导先蔑一起出奔的范武子却不信这个邪。在秦国的整个期间，范武子坚决不跟先蔑见面。范武子的下属不理解他，说："您能和他一起从晋国逃到这里来，却不在这里见一面，您这是为什么呀？"范武子说："我因为跟他犯了同样的罪才被迫和他一起逃到这里，并不是因为认为他做得对而主动和他一起逃到这里，见他做什么呢？"通过与先蔑坚决划清界限，范武子希望向以赵宣子为首的晋国高层传达这样的信息：他完全认同晋国高层对先蔑的"罪人"定性，对自己并不严重的下属连带之罪深刻反省，并且与罪人先蔑坚决划清界限，因此仍然是可用之才。

然而，范武子在坚持了至少三年之后发现，他发出的信号

1　士贞伯，祁姓，士氏，名渥浊，谥贞，排行伯。士穆子之子。参见图20。

并没有引起晋国高层的积极回应。这使得范武子意识到，如果想要引起晋国高层的注意，恐怕不能只是宣示自己在政治上是清白可靠的，还要证明自己如果回国对晋国有利、留在秦国对晋国有害。在这样的思路驱使下，范武子开始积极地为秦国出谋划策以损害晋国利益，而这种让晋国高层真切感受到疼痛的信号最终在前614年促成了范武子成功回国。

不光是罪过不大的范武子在持续地向晋国高层发信号，即使是杀人后出奔的狐射姑也与晋国高层"藕断丝连"。前620年夏天，赤狄潞氏入侵鲁国西部边境，鲁文公派人到盟主晋国控诉赤狄暴行。狐射姑当时正在赤狄，于是赵宣子派人联系上狐射姑，通过他质问狄相酆舒为何要侵袭鲁国，并且表达晋国对此事的强烈谴责。酆舒问狐射姑："赵衰（赵成子）、赵盾（赵宣子）谁更厉害？"然后，就像前面提到过的那样，狐射姑巧妙地回答说："赵衰给人的感觉，就像冬天的暖阳；赵盾给人的感觉，就像夏天的烈日。"

前620年秋八月，赵宣子召集齐、宋、鲁、卫、陈、郑、许、曹诸国君主在郑国扈地[1]举行会盟，宣告晋国新君即位，就是晋灵公。此时晋灵公的年龄大概在一岁，赵宣子是晋国实际上的最高领导人，自然由他出面与其他各国君主会面。这是春秋时期第一次"由卿大夫主持会盟并与各国君主会面"的国际外交活动，是春秋时期君权旁落卿大夫的标志性事件。

1　扈见图三。

在晋襄公早期，晋、卫两国一度交恶，晋国攻占了卫国的土地。前620年底时，下军佐郤成子向赵宣子进言说：

"昔日卫国与我国不和睦，所以攻占它的土地。如今卫国已经顺服了，可以把土地归还给它了。背叛了不加讨伐，用什么来展示霸主的威严？顺服了不加柔抚，用什么来展示霸主的关怀？没有威严和关怀，用什么来展示美德？没有美德，凭什么来主持会盟？ [1] 您是正卿，因此主持诸侯会盟之事，而不致力于展示美德，打算做什么呢？

"《夏书》说：'把喜事告诉他，用威严督察他，用九歌勉励他，不要让他学坏。'九功的美德都可以歌颂，叫作'九歌'。六府、三事，叫作'九功'。水、火、金、木、土、谷，叫作'六府'；端正品德、便利器用、富裕民生，叫作'三事'；合于道义而推行这些，叫作以行礼为美德。没有礼就不会安乐，这就是叛变的缘由。[2] 如果您的品德，没有值得歌颂的，有谁肯来归服？为何不使和睦的人歌颂您呢？"

赵宣子悦服，到前619年春，派大夫解扬把占领的匡、戚[3]两邑归还给卫国。郤成子通过进谏表现出的言辞文采和政治智慧自然得到了赵宣子的赏识，他通过进谏表现出的"建言献策协助赵宣子经营好中原霸业"的积极正能量态度自然也得到赵宣子的喜爱，而这两方面都为郤成子日后成为中军帅打下

1 《左传·文公七年》："叛而不讨，何以示威？服而不柔，何以示怀？非威非怀，何以示德？无德，何以主盟？"
2 《左传·文公七年》："水、火、金、木、土、谷，谓之'六府'；正德、利用、厚生，谓之'三事'；义而行之，谓之德礼。无礼不乐，所由叛也。"
3 匡、戚见图三。

了基础。

襄灵内乱（三）：高层恶斗，四卿二大夫被杀，箕氏退场

前618年的春天，是晋国高官人头一个接一个落地的季节：先是中军佐先克被其他卿大夫所杀，然后是下军帅先都、嬖大夫梁益耳被国家依法治罪刑杀，最后是上军帅箕郑、下军佐士縠、嬖大夫蒯得被国家依法治罪刑杀。晋国高层到底发生了什么？

要说清楚这次"高层大清洗"的来龙去脉，我们还得回到前621年春的夷地阅兵事件。当时晋襄公正在酝酿新的六卿人选，而不少卿大夫也在琢磨君主的意图。

如前所述，在夷地阅兵之前，十卿里面只剩下箕郑、先都、狐射姑、赵宣子四位卿官。按照论资排辈、先来后到的常理，升任卿官最早的箕郑、先都两人应该是中军帅、佐最可能的候选人。这时，箕郑、先都也听闻晋襄公有意要提拔自己，却又不知道具体要升任什么官职，于是很自然地以为自己可能要升任中军帅、佐了。

不幸的是，箕郑、先都打听到的消息是不完整的：身体状况已经很不好的晋襄公在他去世前真正想做的是一件非常大胆的事，那就是绕过入职最早的箕郑、先都，也绕过身份是功臣之后的狐射姑、赵宣子，而是把两位自己宠信的、根本不在"十一个旧族＋赵氏"范围内的嬖大夫士縠、梁益耳直接提拔为中军帅、佐，从而制造出两个政治上跟公室亲近的新卿族士

氏、梁氏。晋襄公也的确准备要提拔箕郑、先都，但应该只是向上递补，而不是成为中军帅、佐，提拔的目的恐怕只是为了安慰这两位"老人"，让他们不至于当场翻脸。士縠、梁益耳得知了晋襄公的这层盘算，于是也很自然地认为自己马上就要升任中军帅、佐了。

先克得知了晋襄公这个大胆的计划，他劝说晋襄公悬崖勒马，因为"狐偃、赵成子的功勋，是不能废弃的"。如前所述，狐偃、赵成子是晋文公时期的头号功臣，而且，他们为了顾全大局，没有在首届六卿领导班子里面担任应该属于他们的中军帅、佐职务。后来狐偃告老/去世前的最高官职只是下军佐，而赵成子也是在他告老/去世之前不久才升迁至中军佐。晋国公室一贯宣扬以"尊贤""尚功"为核心的用人理念，而才能功绩最高的狐偃、赵成子只得到如此待遇，的确是说不过去的，应该在他们的下一代有所补偿。

晋襄公最终听从了先克的劝告，转而任命进入卿官体系较早、父亲功劳也较大的狐射姑为中军帅，父亲功劳次之的赵宣子为中军佐。当然我们知道，后来阳处父宣布该任命无效，在董地阅兵期间调换了狐射姑和赵宣子的位置。无论如何，中军帅、佐位置被狐氏、赵氏族长占据，这就使得箕郑、先都、士縠、梁益耳四人升任中军帅、佐的期望全部落空，而这四人又得知了晋襄公改变主意是因为先克的主意，所以从这时起四人就已经对先克心怀怨恨。在这中间，先克与先都之间的仇怨最让人唏嘘不已，二人同属先氏，却成了你死我活的仇敌，这说明当时先氏内部非常不团结，正是这种"窝里斗"使得先氏迅速衰落下去。

　　真正要命的是，同年秋九月狐射姑杀阳处父出奔后，中军帅赵宣子又投桃报李，直接"空降"先克担任中军佐，位居上军帅箕郑、下军帅先都、大夫士縠（先蔑出奔后升任散位卿）、大夫梁益耳四人之上。这个任命对于四人来说无异于在还没有愈合的伤口上再撒一把盐，很有可能在此之后四人就已经开始串联，组成了以先克为共同敌人的朋党。在这个过程中他们又找到了一位"同志"，那就是被先克夺取了堇阴田地的大夫蒯得。

　　箕郑、先都、士縠、梁益耳、蒯得这五人的怨恨酝酿累积，最终达到爆点，在前618年春正月二日合谋杀了先克。然而，这五个人恐怕没有料到的是，在执政风格被形容为像"夏日之日"的赵宣子这里，"罚不责众"的常理是完全失效的。一上台就力推严刑峻法的赵宣子以春秋时期罕见的"零容忍"态度彻查此案，查实一批杀一批，在春正月十八日杀了先都、梁益耳，在春三月二十八日杀了箕郑、士縠、蒯得。

　　从卿族政治的角度看，这场晋国高层动乱造成了两个后果，那就是先氏和箕氏从卿族政治舞台退场。对于箕氏来说，这个退场是永久性的；对于先氏来说，经过近二十年的"潜行"，最早到前601年时，先氏成员先縠又重新出现在了六卿领导班子中，实现了短暂的"回光返照"。

　　此时晋国六卿领导班子情况如下：

晋 六 卿 表
（前618年三卿被杀后）

位　次	官　职	人　名	族　属
一	中军帅	赵宣子	赵
二	中军佐	？	
三	上军帅	？	
四	上军佐	中行桓子	中行
五	下军帅	？	
六	下军佐	郤成子（？）	郤

襄灵内乱（四）：秦康公报复，范武子归国，狐氏退场

前618年赵宣子刑杀作乱卿大夫之后，襄灵内乱基本平息，但它的余波仍在荡漾。前615年冬，秦康公为了报复五年前应晋人请求护送公子雍反被晋人偷袭的奇耻大辱，亲自率军讨伐晋国，东渡河水进入晋国境内，夺取了河曲地区的羁马[1]。大敌当前，晋国六卿全部出动，率三军在河曲地区抵御秦军。当时六卿领导班子情况如下：

晋 六 卿 表（附散位卿）
（前615年河曲之战时）

位　次	官　职	人　名	族　属
一	中军帅	赵宣子	赵
二	中军佐	中行桓子	中行

1　羁马、河曲见图二。

位 次	官 职	人 名	族 属
三	上军帅	郤成子	郤
四	上军佐	臾骈*	臾
五	下军帅	栾盾[1]*	栾
六	下军佐	胥甲[2]*	胥
/	散位卿（带兵）	赵穿[3]*	赵

与前618年三卿被杀时相比，中行桓子和郤成子这两位"老人"都已经得到了提拔，上军佐中行桓子连升两级任中军佐，下军佐郤成子连升三级任上军帅。从升迁情况可以看出，一方面，此时的赵宣子并没有把中行桓子维护罪臣先蔑的行为定性为与自己对抗，对中行桓子的看法还比较正面；另一方面，德才出众、尽心辅佐的郤成子已经得到了赵宣子的高度肯定。

四位"新人"则有如下特点：

第一，并非出身旧族、在内乱期间崭露头角的臾骈得到赵宣子重用担任上军佐。

第二，栾贞子去世之后，栾氏一度无人担任卿官，到此时栾氏新族长栾盾年龄、资历已经达到标准，于是世袭父亲卿位，代表栾氏进入六卿行列担任下军帅。

第三，胥臣去世之后，胥氏一度无人担任卿官，到此时胥

---

1 栾盾，姬姓，栾氏，名盾。栾贞子之子。参见图22。
2 胥甲，姬姓，胥氏，名甲。胥臣之子。
3 赵穿，嬴姓，赵氏，名穿。共孟之子。参见图17。

氏新族长胥甲年龄、资历已经达到标准，世袭父亲卿位，代表胥氏进入六卿行列担任下军佐。

第四，赵宣子族人赵穿成为散位卿，赵氏出现"一氏二卿"的盛况。赵穿之所以能够当上散位卿，主要与他的身份有关：他既是赵宣子的族人，又是晋襄公的女婿。

秦晋军队在晋国的河曲地区开始对峙之后，上军佐臾骈对他的老领导、中军帅赵宣子建议："秦国不可能在此久留，建议我军高筑壁垒、巩固军营而不出战，等待他们自行退去。"赵宣子命令全军照此行事，打算就这样熬走秦军。

秦康公当然不愿意在这个前有晋军、后有河水的晋国险地就这样耗下去，于是他询问当时就在身边的晋人范武子说："怎样才能刺激晋人出战？"范武子回答说："赵盾最近提拔他的老下属臾骈担任卿职，一定是臾骈出了这个主意，想要让我军长时间驻扎在外而疲惫不堪。赵氏有一个侧室子弟叫赵穿，是晋襄公的女婿，受到宠信而且年少，不懂军事，好勇而狂妄，而且厌恶臾骈担任上军佐而自己排在他下面。如果派出一些勇敢而不刚强的士兵[1]袭击赵穿所在的上军，也许可以得手。"

如前所述，范武子通过给秦军出谋划策，并不是要恶意祸害自己的祖国，而是想向晋国高层传达这样的信息：我如果被秦国所用，是会给晋国带来很大麻烦的，所以赶紧赦免我，派人来救我回去！

1　勇敢所以能冲入敌阵突袭，不刚强所以不会以撤退为耻，这样就不用把计谋的内幕告诉这些士兵，因为他们"本色出演"就自然能够完成计谋的规划。

冬十二月四日，秦军袭击晋国上军，赵穿率军追赶，没有追上。赵穿回来以后愤怒地叫骂："背着干粮、穿着甲胄坐在这里，就是为了寻求与敌人作战。敌人来了不打，你们到底在等什么！"

军吏说："总是在等着什么的吧！"军吏的意思是，军队要等三军六卿谋划达成共识发布命令后才能行动。

赵穿说："我不知道什么计谋，我要独自出战！"于是带着自己属下的士兵就冲了出去。

赵宣子说："秦人如果抓获了赵穿，那就是抓获了一位卿官啊。秦国如果凭借这个宣称得胜然后回国，我怎么向国君交代？"赵宣子不仅不谴责赵穿目无主帅擅自出兵，反而以防止赵穿战败被俘为出发点决定接下来的策略，他祖护赵穿的程度可见一斑。

于是晋军和秦军全都出动交战，但是由于双方其实都没有做好决战的准备，所以刚打了一会儿就退兵了。

当天晚上，秦军派使者来晋军营垒挑衅说："我们两国君主的士兵都不愿意就此罢手，明天请再相见比试！"

臾骈说："这个使者眼睛乱瞟、说话又放肆，这是怕我们了，看来秦军准备逃走了。如果我们在河边压着他们打，一定能打败他们！"

正当晋军要出动时，赵穿拉上了胥甲，冲到营垒门口大喊大叫："自己人的尸首和伤兵没收回而抛弃他们，这是没爱心！不等到约定的时间就在险要地方逼迫对手，这是没勇气！"

于是晋军没有出动，而秦军果然趁着夜色渡河撤走了。

下军佐胥甲是内主旧族胥氏之后，散位卿赵穿是赵宣子亲戚、晋襄公女婿，他们两人一方面看到臾骈出身卑微却成了他们的上级，对臾骈心存怨恨；另一方面又都不懂军事，真心认为他们的思路才是对的，所以跟臾骈对着干、贻误战机也就成了情理之中的事。然而，两人后来为自己的错误所付出的代价却完全不一样。到前608年时，晋人清算河曲之战的旧账，责罚不听军令的人，罪责较轻的下军佐胥甲被放逐到卫国，他的职位由他的儿子胥克接任；而罪责更重的赵穿因为后台太硬，所以没有受到任何重罚。接下来，逃过一劫的赵穿为了报答族长赵宣子多次袒护他的大恩大德，主动成为赵宣子弑晋灵公时干"脏活"的那个人。

　　河曲之战也是韩氏崛起的起点。韩氏在子舆[1]担任族长时由于不明原因一度衰微，子舆的儿子韩献子[2]早年寄居在赵氏。到河曲之战时的前615年，韩献子已经成年，赵氏族长赵宣子向晋灵公"推荐"韩献子，让他担任执掌军政的司马。[3]

　　河曲之战期间，赵宣子故意让自己的驾车人驾驭战车去干扰军队行列，韩献子履行司马的职责，逮捕了驾车人，并且按照军纪惩处了他。

　　众人都说："韩厥（韩献子）一定不会有好下场了。他的主子早

1　子舆，姬姓，韩氏，字舆。韩定伯之子。参见图19。
2　韩献子，姬姓，韩氏，名厥，谥献。子舆之子。参见图19。
3　晋灵公时年六岁，所以与其说是赵宣子向晋灵公推荐韩献子，不如说是赵宣子运用手中权力直接将韩献子拉进了卿大夫体系。

上提拔他，他傍晚就惩处了主子的驾车人，这种行为有谁能受得了呢？"

赵宣子召见了韩献子并且对他以礼相待，说："我听说事奉君主的人应该以道义相亲近，而不结党营私。秉持着忠信之心推举正义的人，这是以道义相亲近；推举自己的私人亲信，这是结党营私。[1]军事行动不容冒犯，发生了冒犯的行为而不隐瞒，这是道义。我向国君推荐你，当时还担心你不能胜任。推举的人不能胜任本职工作，这是最大的结党营私！事奉君主却去结党营私，我还怎么主持政事？我因此故意派人干扰军队行列，以此来观察你。你好好努力吧！如果能一直按照今天这种方式做事，以后执掌晋国政事大权的，不是你还会是谁呢？"

然后赵宣子又告诉诸位大夫说："你们可以祝贺我了！我推举韩厥算是做对了，我今天算是知道自己可以免于罪过了。"

如果单独看赵宣子赞扬韩献子这个故事，我们会对韩献子秉公执法的勇气心生敬佩，也会对赵宣子重视秉公执法、反对结党营私的态度心生敬佩。然而，如果考虑到赵宣子在同一场战役中如何袒护自己的族人赵穿，再考虑到韩献子在邲之战前劝说主帅中行桓子为了个人利益继续进军最终导致晋军惨败 (参见第210–211页)，以及在鞌之战时为"博出位"在没有调查清楚的情况下就草率处决军官，笔者倾向于认为，赵宣子这次正是出于结党营私的目的，通过上演一个自己和韩献子都按照剧本表演的"秉公执法秀"，将自己一手养育成人、对自己感恩戴德的

---

1 《国语·晋语五》："吾闻事君者比而不党。夫周以举义，比也；举以其私，党也。"

韩献子推进卿大夫队伍，从而在卿大夫队伍中再增加一位可靠的亲信。

河曲之战后，秦军又入侵晋国，一度攻入了扼守崤函道西端的瑕邑[1]。前614年春，晋人派大夫詹嘉驻守瑕邑，严防秦军再次入侵。晋六卿认为秦军的频繁袭扰都是在范武子的指导下进行的，而且意识到在国内有人给范武子通风报信，为此感到非常忧虑，于是专门找了一个叫诸浮的郊外僻静地方召开会议研究对策。

中军帅赵宣子说："如今士会（范武子）在秦国，狐射姑在狄地，祸难每天不断，怎么办？"

中军佐中行桓子说："我建议把狐射姑召回来：一是因为他擅长外交，二是因为狐氏旧日功勋卓著。"所谓狐射姑"擅长外交"，一个例证就是狐射姑在赤狄时为晋人传话之事（参见第141页）。

上军帅郤成子说："狐射姑是主动作乱，而且罪过大，不如召士会回来：他能甘居贱位而且有知耻之心，柔和而不冒犯他人，才智足以担任官职，而且并没有什么罪。"所谓狐射姑是"主动作乱，而且罪过大"，是与范武子因受上司先蔑牵连被迫出奔、罪过小相对比。所谓范武子"甘居贱位"，是与狐射姑身居中军佐还心怀怨恨相对比。所谓范武子"有知耻之心"，就是指范武子在秦三年而不与罪臣先蔑来往之事（参见第140页）。所谓范武子"柔和而不冒犯他人"，是与狐射姑因为怨恨就采取最极端的方式冒犯他人（杀人）相对比。郤成子这番话，明显要比中

1　瑕（瑕1）见图二。

行桓子的话听起来更有分量。

就这样，中行桓子和郤成子把赵宣子的开放性问题转化为范武子和狐射姑二选一的选择题，而最终赵宣子决定听从郤成子的建议，只召回范武子，而不召回狐射姑。实际上，赵宣子在范武子和狐射姑之间想选谁是不难判断的，因为狐射姑如果回来，依照狐射姑的性格及他与赵宣子之间的仇怨，他肯定会对赵宣子专权形成挑战；而范武子与赵宣子并无仇怨，对赵宣子的威胁要小得多。这么明显的道理，中行桓子和郤成子应该都明白，但是中行桓子在先前关怀帮助先蔑的基础上，再次选择跟赵宣子对着干；而郤成子在先前积极辅佐赵宣子的基础上，再次选择顺着赵宣子的意愿立论，这就为他们两人日后官场前程的差异埋下了伏笔。

由于范武子已经是秦康公的重要谋臣，晋人认为，如果秦人知道晋国要召回他加以重用的话，是绝不会放人的。所以，晋人精心设计了一个局来骗过秦人，把范武子营救回国。

这年的某一天，晋国刑狱部门突然抓捕了魏邑[1]大夫魏寿余。某夜，魏寿余砍断了身上的桎梏，从牢里逃脱，他的家属都被晋人抓捕。魏寿余渡过河水进入秦国，请求为秦国效力，秦康公答应了他。

此后的某天，魏寿余在秦国上朝，经过范武子身边时，不动声色地踩了一下范武子的脚。两人这就接上了头，之后应该

1　魏见图二，位于河水东岸，秦晋边境地区。

进行了秘密会面，商定了一同返回晋国的行动方案。

然后，魏寿余就向秦康公提议，自己将先回到河水东岸，率领先前已经联络好的魏邑民众投降秦国，从而将魏邑划入秦国版图。秦康公于是率领军队开赴河水西岸，对岸就是前来迎接魏寿余的魏邑官吏和民众。

这时，魏寿余向秦康公提出："请选一位能和魏邑官吏说得上话的晋人，和我一同先渡河去魏邑。"魏寿余的提议非常合理，因为在秦国寄居已久的晋人对于加入秦国以后将会得到的优厚待遇有切身体会，让这样的人去劝谕魏邑官吏会比较有说服力。

秦康公于是很自然地派范武子去，因为范武子在秦国已经居住了六年。范武子赶紧推辞说："晋人，是像虎狼一样凶残不讲信义的人。如果晋人背弃诺言将我逮捕治罪，我会死在晋国，我留在秦国的妻子、儿女也会被杀，对国君没有任何益处，到时候就追悔莫及了。"范武子知道立刻答应去晋国会引起秦康公怀疑，而且范武子又不愿自己脱身后妻儿被秦康公杀死，因此在准确把握秦康公性情的基础上走了一着"欲擒故纵"的险棋。范武子意思是，晋人先前背弃承诺，出兵截杀先蔑和自己请来的公子雍及护卫秦军，足以证明晋人"是像虎狼一样凶残不讲信义的人"。所以这次完全可能是一个骗局，对岸的魏邑民众未必是真的等魏寿余带他们一同叛离晋国，而很有可能会"反水"抓捕叛臣魏寿余，自己如果一起前去，很有可能会被当作叛臣同党一起被逮捕并最终被杀死。而秦康公看到这样的景象，会认为自己是与魏寿余合谋逃回晋国，所以会杀掉自己留在秦国的妻儿家人。自己不愿意冒这个家破人亡的风险，而且秦康公也得不到任何好处，所以推辞不想去。

秦康公说："如果晋人背弃承诺，我一定不会杀了你的妻儿，而会把他们送回晋国，有河神作证！"秦康公至此完全落入圈套：他见范武子一直不与晋人先蔑来往（在秦康公看来这说明范武子一心投靠秦国），河曲之战时又为秦国积极出谋划策，现在又以畏惧晋人杀死自己为由而拒绝去晋国，相信范武子是真的厌恶晋人，没有借机逃回晋国的意图。秦康公非常想要不动刀兵就夺取魏邑，为了让范武子安心前去，公开发誓说，如果对岸的晋人真的逮捕了范武子，自己不会怀疑这是范武子要逃脱，一定将他的妻儿送回晋国陪伴他。

范武子在得到秦康公发誓保证之后，就和魏寿余一起过了河水。一到对岸，等在那里的魏邑官民立刻翻脸，大声痛骂魏、范二人叛国投敌，将两人逮捕之后押走了。

在河水这边，秦康公已经失去了范武子，如果又杀掉范武子妻儿泄愤，就会落下违背誓言、不讲信义的恶名，这样对秦国未来继续吸引晋国高层次人才将会非常不利，所以他只能通知范武子的家人说，范武子已经被晋人抓走，生死未卜，自己准备履行对范武子的诺言，送他的家人回晋国陪伴范武子。

范武子为了确保密谋成功，很可能没有将密谋内容告诉家人，所以当时范武子的家人分裂成了两派，一派决定冒着风险回到晋国与范武子生死相守，另一派决定留在秦国好好活下去。后来，留在秦国的范氏后代为了避免秦人怀疑而改换了族氏，重新采用范氏祖先刘累的族氏，成为刘氏。汉高祖刘邦就是这支刘氏的后代。

范武子不但让自己和部分忠于他的家人都安全回到了晋国，让留在秦国的家人也没有遭到诛杀，还顺便害死了秦国朝堂上唯一一个智计水平可以与他抗衡的大夫绕朝。综合《左传》和马王堆汉墓帛书《春秋事语》的说法，绕朝在魏寿余来到秦国时就已经识破了晋人的计谋，他向秦康公进言说："魏寿余这次来，恐怕是为了救回随会[1]（范武子）。"秦康公没有听从绕朝的警示。当范武子和魏寿余马上要动身过河水到晋地时，绕朝按捺不住内心的愤恨，赠给范武子一根马鞭，说："您不要认为秦国没有聪明人了，我的谋划恰好没有被国君采用而已。"绕朝这一意气用事的举动暴露了自己，成功地引起了范武子的注意。范武子后来派人到秦国进谗言说，绕朝先前曾经想要依靠范武子和魏寿余叛变投靠晋国。秦大夫相信了范武子的谗言，说服秦康公杀了绕朝。晋人进谗言时，很可能就献上了先前绕朝送给范武子的马鞭，把它作为绕朝勾结晋人的证据。

至此，范武子凭借着过人演技和与魏寿余的默契配合回到晋国，开始了向权力巅峰攀登的征程，而被六卿领导班子放弃的狐射姑则永远失去了回到晋国、重振旗鼓的机会。狐氏自从狐射姑出奔之后，就再也没有成员进入六卿领导班子，这个曾经诞生了晋文公霸业头号功臣狐偃的家族从晋国卿族政治的舞台上黯然退场。

值得一提的是，在《左传》叙事的末尾，狐氏退场150年

---

[1] 范武子名会，采邑在随，又以采邑为随氏，故称"随会"。

后的前464年，专横跋扈的知氏族长知襄子[1]嘲讽赵氏族长赵襄子[2]，说："你长得丑又没有勇力，你父亲当初为什么舍弃了长子而立了你呢？"赵襄子回答说："恐怕是因为我能够忍受耻辱，不会使赵氏宗庙断了祭祀吧！"笔者认为，狐射姑不能忍耻导致狐氏退场的故事很可能一直被赵氏用作反面教材来教育后代，这可能是赵氏能够历经波折成为晋国卿族"长青树"的奥秘之一。

赵宣弑灵公（一）：少主—强卿关系的恶化过程

前607年赵宣子弑晋灵公是春秋时期最为出名的臣弑君案件，也是晋国政治从"君臣分权"转变为"卿族专权"的转折点。《周易·文言》说："臣子杀他的国君，儿子杀他的父亲，这样的恶果不是一朝一夕形成的，而是经历了一个双方关系逐渐恶化的过程。"[3]在分析弑君案正事之前，为了深入剖析赵宣子与晋灵公交恶的历程，并与当时晋国经营中原霸业的状况进行匹配，笔者将先梳理一下从前620年太子夷皋被立为国君后，到前607年弑君案发生前，《左传》记载的主要国际政治事件，并对有明确晋方主事者的事件进行初步分析（觉得此节材料罗列和分析过于繁琐的读者，可以直接跳转阅读笔者对赵宣子弑晋灵公事件可能真相的重构）。

1　知襄子，姬姓，知氏，出自荀氏，名瑶，谥襄，排行伯。知宣子之子。参见图21。

2　赵襄子，嬴姓，赵氏，名无恤，谥襄。赵简子之子。参见图17。

3　《周易·文言》："臣弑其君，子弑其父，非一朝一夕之故，其所由来者渐矣。"

一、前619年春，晋灵公派人将先前占领的匡邑、戚邑等土地归还给卫国，与卫国改善关系。

【分析】晋国主动改善与卫国关系，是为了防止卫国叛离晋联盟，这是晋国霸业出现危机的表现。

前620年春天穆嬴大闹朝堂和赵宣子家时，太子夷皋还需要被抱在母亲怀里，说明孩子还不能熟练地站立，按照婴幼儿发育的一般规律，可以认为前620年时太子夷皋大约是一岁。由此可以推断出，前619年时晋灵公年龄大约是两岁。因此，虽然《左传》写的是"晋灵公派人"，但是归还卫国土地只可能是执政卿赵宣子听取了邰成子进言之后做的决定，只不过最后发出命令用的是晋灵公的名义。

二、前619年夏，秦人讨伐晋国，夺取了武城[1]。

【分析】秦人夺取晋国城邑，秦晋斗争中晋国失利，秦国得一分。此外，秦国是楚国的盟国，本年秦国讨伐晋国的军事行动，从客观上起到了在晋楚斗争主战场中侧应楚国的效果。

三、前618年春，楚大夫范山向楚穆王进言说："晋国君主年少，心志能力不可能落在赢得诸侯、振兴霸业上，我们可以

1　武城见图二。

图谋北上争霸的事业了。"楚穆王接受了范山的建议，于是率军讨伐郑国，囚禁了郑公子坚、公子龙和大夫乐耳，迫使郑国向楚国求和。赵宣子召集宋、鲁、卫、许卿大夫率军救援郑国，由于反应过于迟缓，晋军到郑国时，楚军已经达成目的，班师回国。

【分析】楚国审时度势，积极北上与晋国竞争，本年讨伐郑国取得成功，迫使郑国叛晋服楚。晋楚斗争中晋国失利，楚国得一分。

四、前618年夏，楚军入侵陈国，攻克了壶丘**1**。同年秋，楚军在攻打东夷之后再次讨伐陈国，被陈国击败，然而陈国害怕楚国全力兴师报复，赶紧趁着战胜的有利形势与楚国讲和。

【分析】楚国讨伐陈国，虽然军事上遭遇挫折，但仍然迫使陈国叛晋服楚。晋楚斗争中晋国失利，楚国得一分。

五、前618年冬，楚穆王派斗椒到鲁国访问。

【分析】鲁国本是较为稳定的晋联盟成员，楚穆王派使者前往鲁国访问，说明鲁国已有二心。晋楚斗争中晋国失利，楚国得一分。

1　壶丘见图五。

六、前617年春，晋国讨伐秦国，夺取了少梁。同年夏，秦康公率军讨伐晋国，夺取了北征**1**。

【分析】晋国与秦国相互攻伐，各有胜负，可以算作平局。

此次晋国讨伐秦国，决策者应该是赵宣子。晋灵公当时大约四岁，无法决策。

七、前617年秋，陈共公、郑穆公、蔡庄公先后与楚穆王会合。同年冬，四国君主率军在厥貉驻扎，准备讨伐还没有叛晋服楚的宋国。宋人知道等不及晋国救援，决定主动示弱，于是出城迎接楚穆王，慰劳楚军，并带领楚人到孟渚泽**2**打猎。在打猎过程中，宋昭公不听命令，楚大夫申无畏还鞭打了宋昭公的驾车人以示惩罚。

【分析】宋国本是较为稳定的晋联盟成员，本年被迫叛晋服楚。晋楚斗争中晋国失利，楚国得一分。

八、前616年春，楚穆王以麋国君主没有参加厥貉之会为由，率军讨伐麋国**3**。

---

1 少梁、北征见图二。
2 厥貉、孟渚泽见图五。
3 麋见图五。

【分析】楚国抓住在晋楚斗争中连连得胜的良好势头，向西北方向开疆拓土取得胜利，增强自身实力。

九、前616年夏，晋卿郤成子与鲁卿叔仲惠伯在承匡[1]会面，商议如何应对郑、宋、陈、蔡纷纷倒向楚国的局面。

【分析】面对楚国步步紧逼的攻霸行动，晋国终于下决心要发起反击，于是派出卿官郤成子与鲁卿叔仲惠伯会面，首先稳定已有二心的鲁国，并通过鲁国向晋联盟其他成员喊话。

此次会面，主事者是赵宣子亲信郤成子，决策者应该是赵宣子。晋灵公当时大约五岁，无法决策。

十、前615年夏，楚令尹成嘉率军攻打反叛的舒国、宗国、巢国[2]。

【分析】楚国抓住北上攻霸接连得胜的良好势头，在东南方向开疆拓土取得胜利，进一步增强了自身实力。

十一、前615年冬，秦康公率军讨伐晋国，赵宣子率军抵御，未能取得战功。后来，秦国又再次入侵晋国，攻入崤函道要塞瑕邑。

1　承匡见图五。
2　舒、宗、巢见图五。

【分析】秦国入侵晋国最终取得晋国城邑，秦晋斗争中晋国失利，秦国得一分。

此次抵御秦国，领兵者和决策者都是赵宣子。晋灵公当时大约六岁，无法决策。

十二、前614年，楚穆王去世。前613年夏六月，赵宣子与宋、鲁、陈、卫、郑、许、曹国君在新城盟誓，促使先前倒向楚国的陈、郑、宋三国转而服从晋国，同时谋划如何平定邾文公去世后的邾国[1]内乱。之后，赵宣子率领诸侯军队，想要把内乱中出奔的公子捷菑送回邾国立为国君，没有成功。

【分析】晋国抓住楚穆王去世的时机，成功地将陈、郑、宋三国拉回到晋联盟。晋楚争霸中晋国得三分，楚国失利。然而，随后晋国行使霸主职责干预邾国内乱，却没有成功，霸主威望受挫。

本年会盟及率军干预邾国内乱，晋方主事者是赵宣子，决策者也应该是他。晋灵公当时大约七岁，无法决策。

十三、前613年秋，周邦发生内乱，赵宣子出面平乱。

【分析】晋国行使霸主职责平定周邦内乱，霸主威望回升。

此次调停周邦内乱，晋方主事者和决策者都是赵宣子。

1　新城、邾见图五。

晋灵公当时大约八岁，无法决策。

十四、前613年秋，楚国发生内乱，刚即位的楚庄王一度被叛臣挟持离开国都，但最终叛臣被杀，内乱平定。

【分析】楚国发生内乱，虽然最终有惊无险，但无疑打击了楚国与晋国斗争的积极性。

十五、前612年六月，郤成子率领军队攻入蔡国都城，惩罚蔡国没有参与新城之盟。

【分析】晋国抓住楚国内政不稳的时机，出兵讨伐楚联盟成员蔡国取得成功。晋楚斗争中晋国得一分，楚国失利。

此次伐蔡，主事者是赵宣子亲信郤成子，决策者应该是赵宣子。晋灵公当时大约九岁，无法决策。

十六、前612年冬十一月，晋灵公与宋、卫、蔡、陈、郑、许、曹国君在扈地会盟，重温新城之盟，并且谋划讨伐近来一直在侵犯鲁国的齐国。鲁国正在应对齐国的进攻，所以鲁文公没有参会。然而，齐人向晋人送了很重的财礼以求脱罪，最终此次会盟没有达成任何实质性成果。

【分析】晋国举行扈之盟巩固晋联盟，并着手应对齐国对晋国霸主地位的挑战。然而，最终扈之盟在讨伐齐国问题上没能取得实质性成果，导致晋国霸主威望受到损害。

此次会盟，主盟者是晋灵公，当时他大约九岁。作出接受财礼、放过齐国决策的到底是晋灵公还是赵宣子不能明确，笔者倾向于认为仍然是赵宣子，详见下文分析。

十七、前611年春，得不到晋国救援的鲁文公被迫向齐懿公交纳财礼求和。

【分析】鲁国被迫倒向与晋国竞争的齐国，晋齐斗争中晋国失利，齐国得一分。

十八、前611年秋，楚庄王会合秦人、巴人攻灭庸国[1]，群蛮与楚庄王结盟。这是楚庄王即位后取得的第一场重大胜利。

【分析】楚庄王在西北方向开疆拓土取得胜利，增强了自身实力。

十九、前611年冬十一月，宋襄公夫人派人攻杀了宋昭公，扶植她的情人公子鲍即位，就是宋文公。前610年春，晋卿中行桓子率卫、陈、郑卿大夫讨伐宋国，声称要惩处杀宋昭公的乱党，然而最终收取了宋人财礼，并没有惩办乱党，还确立了新君宋文公的君位。

---

1 庸见图五。

【分析】晋国行使霸主职责，武装干预宋国内乱，但是没能取得实质性成果，霸主威望受到损害。

此次讨伐宋国，领兵者是与赵宣子不和睦的中行桓子。晋灵公当时大约十一岁，无法决策。按照《左传·襄公九年》的记载，晋悼公曾对鲁卿季武子说，诸侯国君到了十二岁就可以举行冠礼，标志成年，成年后就可以像正常国君那样处理政事。晋灵公的年龄距离十二岁加冠的底线已经很近，笔者认为，次年就要获得亲政资格的晋灵公在这一年已经迫不及待地想要像正常国君一样处理政事，但赵宣子仍然是掌握决策权的摄政卿。

据《国语·晋语五》的记载，宋昭公被弑之后，赵宣子请晋灵公发令出兵讨伐宋国，晋灵公不同意，认为这件事不是晋国的当务之急。赵宣子强调弑君罪大、一定要惩罚，晋灵公最终同意出兵。从《国语》的记载可以看出，即将亲政的晋灵公与赵宣子之间已经有了政见上的冲突，只不过这一次最后还是赵宣子说了算。不过，晋灵公可能在领兵者人选问题上发挥了作用，最终晋人派出的主帅是与赵宣子不和睦的中行桓子，最终也没有达成赵宣子设定的惩处弑君之人的目标。

二十、前610年夏，晋灵公在黄父[1]阅兵，并在扈地会合诸侯，想要清算宋国内乱，然而最终没有取得任何实质性成果。

1　黄父见图三。

鲁史《春秋》将此次会议记载为"诸侯会于扈",没有像记载正常诸侯大会那样列出与会诸侯的国别和爵位,足以反映出在诸侯心目中,此次会议是非常失败的。

在扈之会期间,还发生了另外一件事:晋灵公拒绝会见郑穆公,其理由是怀疑郑穆公在与楚国联络,对霸主晋国有二心。郑卿公子归生随即写信给赵宣子表示抗议,并威胁要叛离晋国。晋国随后派大夫巩朔到郑国求和,并且将赵氏族人赵穿、大夫公婿池两人送到郑国作为人质,郑国随后将太子夷、石楚送到晋国作为人质。

【分析】晋国会合诸侯,再次试图履行霸主职责,清算宋国内乱,然而还是没有成功。后来晋国又试图惩罚郑国以立威,不料又遭到郑人强势抗议,最终向郑国求和示好了事。这两次行动都使得晋国的霸主威望受到损害。

大约十一岁的晋灵公主持了黄父阅兵,又在扈地会合诸侯,而且还曾拒绝会见郑穆公以惩罚后者有二心,这都非常符合一个即将获得亲政资格、意气风发、想要有所作为重振晋国霸业的少年君主的人设。然而,郑卿公子归生完全知道谁才是晋国的实权人物,所以他马上写信向赵宣子抗议。晋国随后就放低身段向郑国求和,还送上两位人质,其中之一就是赵氏族人赵穿,也就是后来杀晋灵公的人。笔者认为,晋国后来笼络郑国的这些做法,应该都是赵宣子在接受了公子归生抗议之后所作的决定,而它们也在实际上否定了晋灵公的决策。

二十一、前608年，郑穆公见晋国先前会合诸侯讨伐齐国、宋国，最终都无功而返，认为"晋国不值得跟从"，于是决定叛晋服楚。同年秋，楚庄王会合郑人入侵陈国、宋国，赵宣子率军救援。随后，赵宣子在棐林与宋、陈、卫、曹国君会合，共同讨伐郑国。

【分析】郑国敏锐地察觉到晋国霸业又在走下坡路，果断决定叛晋服楚。晋楚斗争中晋国失利，楚国得一分。同年秋，晋、楚各自率领仆从国讨伐对方，都没有取得实质性成果。

此次出兵和会盟，主事者是赵宣子，决策者也应该是赵宣子。晋灵公当时大约十三岁，无法决策。

二十二、前608年时，晋国为了避免与楚、秦同时交战，想要与秦国讲和。已经回到晋国的赵穿想要立功，提议说："我率军入侵崇国，秦国重视崇国，一定会救援它，然后我们依靠这种有利形势与秦国讲和。"同年冬，赵穿率军入侵崇国，然而秦国并没有如赵穿所愿同意讲和。

【分析】晋国试图通过入侵崇国来与秦国讲和却没有如愿，霸主威望受到损害。

此次伐崇，主事者为赵氏族人赵穿，决策者应该是赵宣子。晋灵公当时大约十三岁，无法决策。

二十三、前608年冬，晋人又讨伐郑国。

【分析】晋国再一次试图迫使郑国归服而未能如愿，霸主威望受到损害。

此次伐郑，决策者应该是赵宣子。晋灵公当时大约十三岁，无法决策。

二十四、前607年春，秦人讨伐晋国，随后包围晋国焦邑[1]。同年夏，赵宣子率军救援焦邑，然后会合诸侯军队入侵郑国。楚大夫斗椒率军救援郑国，在郑国都城郊外驻扎，准备要与晋军决战。赵宣子说："这人的宗族在楚国很强横跋扈，恐怕马上要失败了。我们姑且示弱，以加重他的狂妄吧。"于是率领军队撤回晋国。

【分析】晋国遭到秦国报复，被动救援焦邑，而随后讨伐郑国时又临阵退缩、不敢与楚国决战，这都使其霸主威望受到损害。

此次救焦、伐郑，领兵者皆为赵宣子，决策者也应该是赵宣子。晋灵公当时大约十四岁，没有参加。赵宣子此处宣称的对付斗椒的策略，与《老子》"将欲弱之，必固强之"正相合。然而，这可能只是赵宣子避战的一个借口，晋国此时不敌楚国、而且晋国内乱即将爆发才是真正原因。

1　焦见图二。

在上述分析的基础上，笔者推测，晋灵公和执政卿赵宣子之间的关系交恶可能经历了这样一个分为两期的演变过程：

一、潜伏发酵期（前620年—前611年）

这一期对应晋灵公从一岁到十岁这段时间，可以概括为"晋灵公幼弱，赵宣子摄政，臣执君柄，霸业颠簸"。在这一阶段，国内层面，晋灵公还没有加冠成年，由执政卿赵宣子实际领导国家，其地位与国君无异；国际层面，晋国的霸主地位受到楚国、秦国、齐国的严峻挑战，前620年至前614年一直屈居下风，前613年至前612年有所回升，然而前612年至前611年讨伐齐国、干涉宋国又都没有成功。在这一时期，赵宣子维持晋国霸业的政绩可以说是乏善可陈，振兴霸业就更谈不上了。

当晋国臣民一天天习惯于国君虚设、执政卿专权的同时，晋灵公在赵宣子身影的遮蔽下一天天地长大。随着年龄的增长，他从母亲穆嬴和其他知情者那里得知，赵宣子为首的六卿最初准备废掉自己另立长君，自己的母亲不顾一切地奔走呼号才保住了自己的性命和君位。他也越来越清楚地意识到，自己在名义上是晋国君主，而实际上不过是一个傀儡，对赵宣子为首的六卿领导班子做出的决定只有点头称是的份。

前612年，九岁的晋灵公作为名义上的主盟者参加了新城之盟，目睹了实际掌控晋方政事的赵宣子如何大费周折地会合诸侯，号称要主持正义讨伐齐国，而在接受了齐国财礼之后又如何敷衍塞责、不了了之。从第二阶段的情况倒推，接近成年的晋灵公对赵宣子的执政业绩很不满意，他期盼着在成年后能够按自己的设想领导晋国政事，振兴晋国霸业。

二、公开交恶期（前610年—前607年）

这一期对应晋灵公十一岁到十四岁这段时间，可以概括为"晋灵公折腾，赵宣子应对，君臣交恶，霸业不振"。在这一阶段，在国内层面，晋灵公在十一岁左右的时候迫不及待地试图亲政，与赵宣子发生多次冲突，在遭遇失败后很可能开始有泄愤性质的暴虐行为，并一再试图杀死赵宣子；在国际层面，晋国在处理诸侯事务时屡次失误，郑国再次叛晋服楚，秦国也拒绝讲和，霸业也再现颓势。

前610年，也就是晋灵公十一岁时，晋灵公马上就要加冠成年，成为具有完全君权的正常国君。按照青少年生长发育的一般规律，晋灵公可能也进入了我们今天常说的"青少年叛逆期"（一般是十岁到十二岁），开始寻求建立独立人格。接下来，就在这一年内，晋灵公和赵宣子之间至少发生了三轮政见冲突：

第一轮冲突由赵宣子发起。赵宣子向晋灵公请求讨伐宋国、惩治弑君罪人，晋灵公认为这不是晋国霸业当务之急，想要行使君权予以拒绝，但赵宣子高举君臣大义旗帜，坚决要求出兵，最终胳膊拧不过大腿，晋灵公同意按照赵宣子的意见出兵讨伐。不过，中行桓子率领的晋军最终接受了宋人的解释和财礼，承认了篡弑后上台的新君主宋文公，并没有达到赵宣子事先宣扬的"惩办弑君罪人"的崇高目标。我们在前文已经分析过，中行桓子与赵宣子之间关系并不融洽，而这次出征偏偏就由中行桓子率军，最终无功而返，可以说是打了赵宣子的脸，而证明了晋灵公决策的英明。因此，任命中行桓子为伐宋主帅，到底是赵宣子自己的意思，还是晋灵公在阻止出兵无效之后的"后手"，非常值得琢磨，笔者倾向于后者。

第二轮冲突由晋灵公发起。在本年早先赵宣子主张讨伐宋国却无功而返的基础上，晋灵公先是在黄父组织阅兵，然后在扈地会合诸侯，声称事情没完，还是要清算宋国弑君内乱责任，很有种"赵盾你不行，让我来试试"的干劲。然而，此次扈之会最终没有取得任何实质性成果，对宋国内乱的处理结果与赵宣子主张伐宋后达成的结果没有变化。这场让各国君主和卿大夫白忙活一场的大会对晋国的霸主威名造成了很坏的影响，而郑穆公也因此更加看不起晋国。笔者认为，这次扈之会之所以有始无终，恐怕是赵宣子阻挠破坏晋灵公主政努力的结果。

第三轮冲突也由晋灵公发起。晋灵公不甘心被赵宣子搅黄了扈之会，于是在大会期间又找了一个事端继续抗争，那就是当着与会各国君主的面，故意冷落郑穆公，从而向长期在晋楚之间摇摆不定的郑国施加压力，迫使郑国服从晋国。如果晋灵公的第二招能成功的话，那么扈之会上他虽然没能取得"平宋乱"的预期成果，却能够取得"服郑"

的意外收获，这也足以证明晋灵公的政治才能。然而，郑人非常清楚晋灵公和赵宣子的实力对比，于是公子归生根本不理睬晋灵公，直接向赵宣子写抗议信。赵宣子为了把"服郑"从晋灵公手中抢过来作为自己的成果，不惜让霸主晋国在春秋历史上第一次主动向小国求和，还先行送上了包括自己族人赵穿在内的两位人质以表示诚意。

然而，赵宣子对郑国的刻意奉迎并没有收到预期效果。前610年后，郑穆公见晋国处理国际事务屡次失误、内部君臣相争，远不及楚庄王领导下的楚国，于是决定叛晋服楚。赵宣子之所以在随后几年一直率军讨伐郑国，就是为了报复郑国在晋国已经主动示好的情况下仍然叛离晋国，其实也就是在为自己当年为了和晋灵公争斗而做出的错误决策"擦屁股"。此外，秦国也抓住了晋国霸业不振的机会，拒绝与晋国讲和。郑国叛晋服楚，秦国与晋对抗，导致赵宣子在前607年不得不先南下救焦邑与秦国抗衡，再东进伐郑与楚国相争，可以说是疲于奔命、焦头烂额。

这一时期，赵宣子一方面在国际政治方面陷入困境，另一方面在国内政治方面也陷入险境。前610年三场冲突落败之后，晋灵公很可能从此转入了另外一种形式的对抗，那就是如下节描述的那样，先是做出各种"无道暴虐"的行为来让国内不得安宁，在遭到赵宣子、范武子等卿官带有威胁性的"劝谏"后，最终走上尝试肉体消灭赵宣子的绝路。赵宣子在躲过了两次来自晋灵公的刺杀之后，最终于前607年秋九月二十六日反杀晋灵公。

要全面理解赵宣子弑晋灵公的历史背景，还有一个值得关注的异常现象，那就是，在前614年范武子归国之后到前607年赵宣子弑晋灵公这7年间，中原各诸侯国至少发生了如下五起篡弑血案：

前613年夏五月，齐昭公去世，太子舍即位，可称为"齐君舍"。秋七月，齐公子商人弑齐君舍而即君位，就是齐懿公。

前611年冬十一月二十二日，宋襄夫人弑宋昭公而立公子鲍，就是宋文公。

前609年夏五月十五日，齐君近臣邴歜、阎职弑齐懿公而立公子元，就是齐惠公。

前609年春二月二十三日，鲁文公去世。冬十月，鲁卿东门襄仲杀太子恶而立庶子公子俀为君，就是鲁宣公。

前609年冬，莒国[1]太子仆依靠国人弑莒纪公，随后出奔鲁国。

如果说晋灵公与赵宣子之间公开交恶是导致赵宣子弑君的内因，那么当时在中原各国密集爆发的篡弑血案无疑就是诱发赵宣子弑君的外因。

赵宣弑灵公（二）:《左传》和《公羊传》的记载

由于赵宣子弑晋灵公发生在前607年，所以我们在这里先列举一下前608年晋人放逐胥甲之后的晋国六卿领导班子情况。

1　莒见图五。

其中，赵宣子、中行桓子、郤成子的位置和前615年时没有变化，臾骈、栾盾在前608年之前应该已经告老或去世，空出的三个位置分别由范武子、赵穿、胥克占据，其中胥克接替他的父亲胥甲担任下军佐，范武子的位置是从赵宣子之后中军帅的担任者次序（中行桓子—郤成子—范武子）推断出来，赵穿的位置则是根据他在前615年已经是散位卿、而前607年他仍健在而且杀了晋灵公推断出来。

晋 六 卿 表

（前608年胥克顶替胥甲之后）

位 次	官 职	人 名	族 属
一	中军帅	赵宣子	赵
二	中军佐	中行桓子	中行
三	上军帅	郤成子	郤
四	上军佐	范武子（？）*	范
五	下军帅	赵穿（？）	赵
六	下军佐	胥克*	胥

如果笔者的推断没错的话，那么从此之后，范氏从大夫族升级至卿族，成为唯一一个灵公卿族。范氏之所以能够进入卿族行列，主要是因为族长范武子的过人表现：前620年出奔秦国后，范武子通过巧妙的政治运作迫使晋国高层将其作为"战略人才"迎回晋国；回国后，范武子又能在卿大夫体系中稳扎稳打积累政绩和人望，同时与中军帅赵宣子搞好关系。比如说，范武子与赵宣子密切配合劝谏晋灵公，就既有助于树立自己的

声望，又有助于得到赵宣子的赏识。

范氏后来的命运如下：范氏族长中有三位（范武子、范宣子[1]、范献子[2]）曾经担任中军帅。前497年，范氏、中行氏被知氏、韩氏、魏氏击败，族长范昭子[3]出奔，而族人范皋夷在国都继任范氏族长，并且当上了卿官。前492年，赵简子杀了范皋夷以绝后患，范氏正式退出晋国卿族行列。

《左传》记载的赵宣子弑晋灵公事件本末如下：

> 晋灵公不像个国君：他大肆搜刮财富，用于在宫墙上绘制精美壁画；他站在高台上用弹弓弹人，然后以看着人们奔跑躲避弹丸为乐；宰夫烹饪熊掌没煮熟，晋灵公就杀了他，把尸体扔在大筐里，让身边伺候的妇人抬着大筐经过朝堂到外面去倒掉。
>
> 当妇人抬着筐经过朝堂时，正在朝堂上的中军帅赵宣子、上军佐范武子看到大筐边缘搭着人手，于是向抬筐妇人询问情况。问清楚后，两人感到非常担忧，想要进谏。范武子说："您如果进谏不被采纳，那就没有人可以接着进谏了。请让我先去，如果没有被采纳，然后您再接着上。"
>
> 范武子于是往公宫里走，第一次进到门口，第二次

1　范宣子，祁姓，范氏，出自士氏，名丐，谥宣。范文子之子。参见图20。
2　范献子，祁姓，范氏，出自士氏，名鞅，谥献，排行叔。范宣子之子。参见图20。
3　范昭子，祁姓，范氏，出自士氏，名吉射，谥昭。范献子之子。参见图20。

进到庭中，晋灵公都没有搭理他，直到第三次进到屋檐下时，晋灵公抬眼看他，说："我知道自己哪里做错了，会改正的。"范武子行稽首礼然后对答说："人谁不会犯错？犯了错能改正，没有比这更大的良善了。《诗》上说：'事情都能有个好的开始，却很少能有个好的结束。'这样说来，能够弥补过错的人是很少的。君主您如果能善终，那是巩固国家政权的大好事，难道仅仅是我们群臣会得到依靠？[1]《诗》又说'周王礼服偶然破了个洞，贤臣仲山甫就来修补'，这说的是能够弥补过错。君主能够弥补过错，那么礼服就不会被废弃了。"

然而晋灵公仍然我行我素。赵宣子屡次进谏，晋灵公把他当做心腹大患，派武士锄麑去刺杀他。锄麑清晨前往赵宣子家，寝室的门已经开了，赵宣子已经穿好了全套朝服准备上朝。当时还很早，于是赵宣子正坐着闭目养神。锄麑看到之后，退到了庭院中，感叹地说："位高权重还不忘记恭敬，这是民众的好主子啊。杀害民众的好主子，是不忠。抛弃了国君的命令，是不信。两件事中只要犯一件，那就不如自己去死。"于是他一头撞在庭中槐树上自杀身亡。

前607年九月，晋灵公请赵宣子饮酒，在侧室埋伏了甲士，准备在酒席上攻杀他。赵宣子的车右提弥明发觉情

---

1 《左传·宣公二年》："人谁无过？过而能改，善莫大焉。《诗》曰：'靡不有初，鲜克有终。'夫如是，则能补过者鲜矣。君能有终，则社稷之固也，岂唯群臣赖之？"

况不对，于是小步跑上台阶，说："臣子事奉国君饮宴，喝酒超过三爵，就是违礼了。"于是扶着赵宣子快速下台阶逃走。晋灵公唆使恶狗来扑咬赵宣子，提弥明跟恶狗搏斗把它杀了。赵宣子一边跑一边说："抛弃人而用狗，再凶猛又能怎么样？"赵宣子的兵士一边打斗一边掩护赵宣子冲出了公宫，提弥明断后，力战而死。

当初，赵宣子在首山[1]驾车打猎，在翳桑休息，正好看到倒在路边的灵辄，于是问他出了什么事。灵辄说："我已经三天没吃东西了。"赵宣子给他食物，他只吃了一半，还留下一半。赵宣子问他为什么不都吃掉，灵辄说："我在外做臣隶三年了，不知道母亲是否还在世。如今快到家了，请求拿这些给我母亲吃。"赵宣子让灵辄把给他的那份都吃完，然后又专门准备了一筐食物和肉，放在布袋里给了他。后来灵辄当上了晋灵公的甲士。当晋灵公甲士围攻赵宣子时，灵辄调转戟柄来击打其他甲士，和赵宣子一起冲杀出来。在突围的过程中，赵宣子问灵辄为什么要这样做，灵辄说："我就是那个翳桑的饿人。"赵宣子问他叫什么名字、住在哪里，灵辄没有告诉他就退了下去，然后自己逃走了。

秋九月二十六日，赵穿在桃园杀了晋灵公。当时赵宣子正在出奔的路上，还没到晋国边境山区，就折返回到了国都。

晋国太史董狐根据史官笔法把这件事写成"赵盾杀了

---

1 首山见图二小图。

他的国君"，在朝堂上展示给群臣。赵宣子说："不是这样的呀！"董狐说："您是执政卿，逃亡没出国境，回来以后又不抓捕杀人凶手，不是您又是谁？"赵宣子说："哎呀！《诗》上说'正因为我的怀恋，给自己带来了忧伤'，说的就是我吧！"[1]

《公羊传》记载的弑君事件本末与《左传》多有不同，而且由于《公羊传》是长期由儒家经师口传、到西汉时才写定的作品，所以故事更加绘声绘色，课堂教学现场感更足：

> 晋灵公无道，他让大夫们都到内朝来，然后他自己站在台上用弹弓射击上朝的大夫，大夫们奔走躲避弹丸，他以此取乐。
>
> 有一次赵宣子上朝出来，和大夫们站在外朝。这时有人抬着大筐，从宫中小门出来。赵宣子问："那是什么，大筐为什么会从宫中小门出来？"他喊那个抬筐的人，那人不过来，却说："您是大夫。您想看，就过来看看吧。"赵宣子走近一看，竟是一个死人。赵宣子问："这是谁？"那人回答说："这是膳宰。因为熊掌没煮熟，国君发怒，用斗打他的头，把他打死了，肢解了他的尸体，叫我扔出去。"赵宣子惊叫一声"啊！"快步跑进宫去。晋灵公看见赵宣子跑来，就惊慌地向他拜了两拜。赵宣子迟疑不前，向北

---

1 赵宣子的意思是，他是因为舍不得离开祖国，所以还没出国境就折返回来，从而背上了弑君的骂名。

面对着晋灵公行稽首礼两次，然后快步退了出去。

晋灵公心中羞恼，想杀了赵宣子，于是派勇士某人前去杀他。勇士在某天傍晚潜入赵宣子家大门，发现没人守门；进了内院小门，也没人守门；走上厅堂，也没有人；低头从窗户偷看，发现赵宣子正在吃只有鱼的晚饭。勇士说："唉！您确实是个仁人！我进入您家大门，没人；进了内院小门，也没人；上了厅堂，也没人；这是您的简易。您是晋国重臣正卿，却吃只有鱼的晚饭，这是您的俭朴。国君派我来杀您，我不忍心杀您。虽然这样，我也不能再见我的国君了。"就拔剑自刎而死。

晋灵公听闻之后大怒，想杀赵宣子的念头更加强烈。手下没有一个可以派去的得力之人，于是就在宫中埋伏了甲士，召赵宣子来吃饭。赵宣子的车右武士叫祁弥明，是晋国的大力士，勇敢地跟着赵宣子走进宫中，站立在堂下等候。赵宣子吃好后，晋灵公对赵宣子说："我听说您的剑，是一把锋利的剑。您拿出来展示给我，我想观赏一下。"赵宣子站起来，准备进献剑，祁弥明在堂下大喊："赵盾（赵宣子）！吃饱就出来，为什么要在国君面前拔剑？"赵宣子一听就明白过来，连阶越级地跑下。晋灵公有一条训练有素的恶狗，叫做"獒"。晋灵公喊来獒，让它去追赵宣子，獒也连阶越级地跑下。祁弥明迎上去踢獒，踢断了獒的下巴。赵宣子回头说："君主的獒不如我的獒啊！"

这时宫中甲士击鼓而起，站起的甲士中，有一个人抱起赵宣子，把他送上车。赵宣子回头说："我凭什么能得到您的搭救呢？"那人说："我就是您有一次在桑给食物救活的那个人。"赵宣子说："您叫什么名字？"那人说："我们国君为谁埋伏了这些武士，您还不明白吗？您赶快上车吧，何必问我的名字？"赵宣子驱车冲出，众甲士没有拦截他的。

赵穿依靠着民众的不满，起兵杀了晋灵公，然后迎接赵宣子进入国都，和赵宣子一起站在朝堂上，最终迎立了晋成公。

赵宣弑灵公（三）：文本分析和真相重构

关于赵宣子弑晋灵公一事，《左传》和《公羊传》的叙述在本质上是一致的，要点是：

第一，晋灵公性情暴虐，行为乖张，不知悔改。

第二，晋灵公因为赵宣子反复进谏（《左传》），甚至仅仅因为赵宣子跑来想要进谏（《公羊传》），就想要杀了赵宣子。

第三，赵宣子尽心国事的强大气场（《左传》），或者是简易朴素的强大气场（《公羊传》），使得晋灵公派去杀赵宣子的刺客羞愧自尽。

第四，赵宣子身边有英勇无畏的提弥明/祁弥明，在晋灵公甲士中还有拼死报恩的潜伏者，所以能够安全脱险。

第五，杀晋灵公的直接凶手是赵穿，而不是赵宣子。

如果我们跳出这个主流叙事框架，以质疑的眼光去看待和分析史料，会发现这个故事有许多可以进一步分析的地方。我们寻找真相的突破口是：《左传》版本的"锄麑清晨刺杀赵宣子"故事有不少漏洞，很可能是为了吹捧赵宣子而编造的；《公羊传》版本的"勇士夜晚刺杀赵宣子"故事修补了《左传》版本的漏洞，但又制造出新的漏洞。

具体说来，《左传》锄麑故事有如下几个漏洞：

第一，锄麑为何要挑选清晨这个天色会越来越亮的时刻去刺杀赵宣子，难道因为锄麑认为晚上刺杀不是君子所为？

第二，锄麑为何能像一个"透明人"一样进入赵宣子府第，守卫的亲兵和伺候赵宣子的侍者都去哪里了，如果赵宣子是一个正常的大国执政卿的话？

第三，锄麑临死前说的那段话是怎么被记录下来的，如果他只是自言自语、说完就一头撞死了、身边又没有别人的话？

笔者认为，《左传》版本很可能是一个早期版本，是赵宣子弑君之后，他的党羽为了树立赵宣子的高大形象而编造出来的。作者的本意是要讲这样一个感人的故事：一个有良知的刺客被赵宣子全身朝服、端坐寝室闭目养神所表现出来的敬业精神和庄严仪态所震撼，在没有他人逼迫的情况下，留下一段独白后就毅然自杀。然而，这个故事为了达到感人的效果，却造成了上述三个难以回避的破绽。

笔者进一步认为，《公羊传》版本是儒家经师在长期教学过程中为了回应学生对上述破绽的质疑，逐渐修改《左传》早期版本破绽而成的晚期版本，虽然这个版本也并不是那么合乎情理。具体说来：

第一，锄麑变成了没有名字的勇士，因为刺客一般不会先报上大名再行刺，而且派出刺客的组织一般也不会张扬刺客的姓名。但刺客名字事后被史官记录下来其实并不是那么不合情理（因为可以调查晋灵公党羽获得刺客身份信息），然而改称无名氏肯定会更加流畅。

第二，勇士刺杀的时间变成了光线会越来越暗的傍晚，更加符合人们对于刺杀行动发生时间的一般常识。这正是针对《左传》版本第一条破绽进行的改编。

第三，让勇士感动的"点"从敬业精神变成了简易俭朴，而简易俭朴是通过府第里没有人守卫和服侍、赵宣子晚饭吃的是中原肉食体系中最低贱的鱼来体现的。这正是针对《左传》版本第二条破绽进行的改编：改编者试图保留《左传》版本没有明言、但是在教学过程中经过师生讨论早已经推断出来的"府第内空荡无人"场景，把它转变为打动刺客的关键场景。实际上，改编者为了让故事合理，不惜换掉《左传》版本里最核心、最有心灵冲击力的"寝门大开、赵宣子端坐假寐"镜头，从剧本改编的角度来说是有点"捡了芝麻，丢了西瓜"了。

然而，《公羊传》版本里最不合情理的也是这一条。如果赵宣子府第真的如此空荡，难道堂堂晋国执政卿下班后的生活就是一个孤老头子自己做饭自己吃？不过我们也要理解改编者的难处，如果这个"府第内空荡无人"的场景也要改掉，那整个原版故事就垮了，就得完全重编一个，这难度恐怕是太大了。

第四，勇士的自言自语变成了自杀前站在窗外对屋内正在吃晚饭的赵宣子的一段深情告白，这就解释了为什么这段话会被记录下来，因为赵宣子亲耳听到了。这正是针对《左传》版本中第三条破绽进行的改编。

然而，为了让理解力参差不齐的学生能明白勇士为什么感动得要自杀，改编者还得让勇士对着赵宣子（实际上是对着学生）说了一段比《左传》版本要啰唆得多的话，把他到底是怎么被感动的原因一五一十地描述清楚。

在分析锄麑/勇士刺杀赵宣子故事各种破绽的基础上，我们可以进一步全面还原"赵宣子弑晋灵公"事件的可能真相，以及《左传》版本的形成过程：

> 如同前文分析的那样，晋灵公与赵宣子在前610年后就已经公开交恶。当时，即将获得亲政资格的晋灵公与赵宣子发生了三场政见冲突。三场全败之后，晋灵公对于赵宣子树大根深、自己孤立无援的形势已经有了清醒的认识，知道依靠正常手段已经无法夺回君权。在接下来一段时间，晋灵公做出一系列的无道暴虐行为，比如说用弹弓射击上朝的卿大夫（应该主要就是为了吓唬赵宣子），又比如说杀死膳宰并且故意让人抬着从朝堂经过（当时赵宣子就在场）。这些暴虐行为看起来像是一个叛逆少年的"无道"之举，但仔细想来其实都是想要向赵宣子传达这样的信息："虽然我在政事上斗不过你，但你在我的朝堂上也别想有安生日子过！"

促使晋灵公从恐吓袭扰赵宣子升级到刺杀赵宣子的主要原因之一，恐怕就是赵宣子和他的党羽持续性、威胁性的"劝谏"。我们如果仔细琢磨《左传》版本中范武子所说的"君主您如果能善终""君主能够弥补过错，那么礼服就不会被废弃了"，并且从一个本来就满心猜忌的叛逆少年角度去解读的话，是很容易解读出"如果你不老老实实当傀儡，我们恐怕要让你不得好死"的威胁来。在《公羊传》版本中，赵盾并没有说什么威胁的话，但是他急匆匆地向晋灵公跑来的阵势，已经足以让晋灵公心生恐惧了。

由于朝中卿大夫基本上已经选择站在赵宣子一边，晋灵公无法利用刑狱系统将赵宣子治罪刑杀，也不能像晋景公那样找到合适的机会挑动卿族斗卿族（参见第259-262页），因此只能用自己还能够使唤得动的低级士人来实施刺杀行动。晋灵公作为堂堂国君，竟然被逼到要自己暗中寻找刺客、自己组织"鸿门宴"去刺杀卿大夫，其中的辛酸和悲凉，恐怕只有三十四年后组织嬖大夫杀三郤的晋厉公能够真切体会（参见第301-302页）。

"晋灵公派刺客刺杀赵宣子失败"事件的真相可能非常无趣：晋灵公派了他认为最忠勇可靠的一个武士去刺杀赵宣子，这个刺客在试图闯入赵宣子府第的过程中，被府内亲兵堵截并杀死。正如上节分析的那样，《左传》或《公羊传》所记载的"被赵宣子的德义气场震撼而自杀"的各种感人桥段纯属事后编造，而辨析刺杀到底是发生在清晨还是傍晚也没有任何意义。这次刺杀使得晋灵公与赵宣子之间的关系正式转化为你死我活的敌对关系，也促使晋灵公下决心在自己地盘上设"鸿门宴"再次谋求杀死赵宣子：既然一个刺客杀不死，那我就用一群甲士吧！

随后发生的"晋灵公设宴伏兵刺杀赵宣子失败"事件也可能并没有《左传》或《公羊传》中描述的那样惊险。实际情况很可能是，在晋灵公甲士一拥而上围攻赵宣子时，晋灵公甲士中可能确实有人"反水"救助赵宣子，但是这人/这些人应该是赵宣子安插在甲士中的己方死士，而并不是靠运气碰上的报恩者。如果真像《公羊传》说的那样，"赵宣子驱车冲出，众甲士没有拦截他的"，那么甲士中到底有几个真正忠于晋灵公的就更难说了。

赵宣子有惊无险地逃出"鸿门宴"后，已经积累了足够的"君不君"罪证，最终下决心"臣不臣"反杀晋灵公。他的策略是：一方面自己假装出奔，提供无可辩驳的不在场证据，另一方面派出一个得力的亲信去杀晋灵公。赵宣子选择了族人赵穿，大概有两方面的原因：一是赵穿本来就胸无城府、胆大妄为；二是因为赵宣子在河曲之战后力保赵穿，使他没有受到处罚，而罪责比赵穿轻的胥甲却被放逐，这样一来赵穿就欠了赵宣子很大的人情，这也会促使他愿意为赵宣子卖命。杀害晋灵公的地点是桃园，这暗示着晋灵公很可能是在公宫外的桃园游玩、警备松懈时被杀害的。无独有偶，后来晋厉公也是在匠丽氏家中游玩时被卿官栾武子、中行献子的党羽抓捕，随后杀害（参见第303页）。

太史董狐坚持按照史官笔法书写此事，之所以能够成功，跟他采取的方式方法有关，那就是：在朝堂上当着赵宣子和其他卿大夫的面公示自己所写的"赵盾弑其君"简策。这样一来，"在正史上到底如何书写晋灵公被杀事件"就成了包括当事人赵宣子在内的卿大夫们在朝堂上议论的公事，而朝堂议论的结果就会成为众人皆知的定论。这样一来，赵宣子就没有了私下操作的机会，董狐自然也不会像前548年书写"崔杼弑其君"的齐太史那样，由于没有谋略地坚持原则而被崔武子杀害。

赵宣子说"不是这样的"，意思是他当时根本不在晋国都城，不可能犯狭义的弑君之罪。然而董狐紧追不舍，说出"您是执政卿，逃亡没出国境，回来以后又不抓捕杀人凶手，不是您又是谁"，开始追究宽泛的弑君之罪。针对董狐第一条比较轻的证据——"逃亡没出国境"，赵宣子用"我因为怀恋祖国，所以没出国境就回来了"进行应对；对于董狐说的第二条比较重的证据——"回来以后又不抓捕杀人凶手"，赵宣子在朝堂上实在无法正面回答，因为赵宣子必须力保赵穿，不然的话不仅赵穿必死，而且赵宣子自己的弑君谋划也有可能会被赵穿泄露，所以赵宣子被迫暂时将宽泛的弑君之罪背负了下来。

鲁史《春秋》记载此事为"晋赵盾弑其君夷皋"。根据当时的史官书法，《春秋》记载中明确写出弑君者的名氏，这说明晋国在发给鲁国和其他盟国的情况通报里，是将此事定性为"晋国卿大夫赵宣子犯了不臣之罪"。如果发给外国的通报都是如此定性，在晋国内部，对此事的官方公开定性也一定是这样。也就是说，正如董狐所设计的那样，赵宣子最终没有能够篡改正史。

接下来，赵宣子的善后工作大概包括这样两项：第一就是组织一次官方调查，在做足表面功夫之后，宣布查不出凶手，从而让宽泛的弑君之罪永远无法收敛为狭义的弑君之罪，保护了赵穿，也保护了自己；第二就是赶紧编造"洗地"故事来博得人们对赵宣子的同情，从而让宽泛弑君之罪的面目进一步变得模糊不清，丧失其落实为针对赵宣子的具体刑罚的效力。第一项工作没有留下文献记载，只能作为一种假说；但是，从我们上面针对"刺客刺杀赵宣子"故事所做的详细分析来看，第二项工作应该是得到了贯彻落实。

正因为"赵盾不臣"已经被董狐先下手为强确定了下来，无法再改变，所以赵宣子党羽随后编写"洗地"故事时的中心思想自然就落在"晋灵公首先主动不君、赵宣子后来被动不臣"上面：晋灵公无道暴虐，不听劝谏还要接连两次杀忠臣，所以本就该死；赵宣子品行高尚，一再忍让，弑君实在是被逼无奈。这个"洗地"故事的原版应该是由赵宣子党羽炮制出来之后投放到晋国贵族圈子里面，后来流传到鲁国，被《左传》作者当做晋国史料收入。《左传》记载了这个故事的一个早期版本，而《公羊传》记载了一个经过了进一步改编的晚期版本。

由于赵氏在春秋时期一直保持住了晋国卿族的高尚地

位，虽然在前583年险些被灭族，但仅仅两年后又得以恢复，因此，更充分地揭示赵宣子罪恶的"黑材料"一直没有得到广泛传播的机会。如果赵氏后来被彻底灭族了的话，揭露赵宣子罪恶的负面故事很可能会在灭族后作为晋国灭赵氏的理由得到传播，并载入史册，就像我们将在后面灭郤氏、灭栾氏记载中看到的那样。

巩固弑君成果：赵宣子构建环伺国君的"新公族"

前607年晋灵公被杀后，赵宣子没有彻查凶手，也没有定任何人的罪，就这样顶住压力把事情"冷处理"了。与此同时，赵宣子马上派赵穿出使周邦，迎回了在那里客居做官的公子黑臀，立为君，就是晋成公。晋成公是晋文公的儿子，晋襄公的弟弟，晋灵公的叔叔。

就这样，在赵宣子的安排下，杀人凶手赵穿不但没有像当年杀阳处父的续简伯那样被依法治罪，还成就了当年迎接公子雍的先蔑渴望得到的荣誉，成为拥立晋成公的功臣之一。这样一来，赵穿就更加不可能被治罪刑杀了。

当初，晋献公在"外人"（出自远支公族和非公族的卿大夫）干得很不错而"亲人"（近支公族的群公子）又被证明是祸害的情况下，颁布了"无蓄群公子"的禁令。晋献公去世之后，晋惠公、晋文公、晋襄公也都严格遵守这个禁令，将除了太子之外的其他群公子都送到周邦或者其他诸侯国去做客居卿大夫，所以晋国从晋献公晚期开始就没有了"公族"，说得准确点是没有了近支公族，也就是没有了非太子的国君之子。

晋成公即位之后，以赵宣子为首的卿官集团决定趁热打铁，用制度建设的方式来"固化"卿族群体在赵宣子弑君之后所取得的强势政治地位，于是就有了下面要详细讲述"重构公族"改革。这次改革的主要内容如下：

第一，重构"公族"。

具体做法是：任命卿官的嫡长子（卿官嫡妻所生的大儿子）到朝廷做以前群公子（国君生的儿子）同等待遇的官，并且像以前封赏群公子一样封赏私邑给他。这样一来，不论之前某个卿族是远支公族还是非公族，从今往后，卿官的嫡长子就相当于以前的群公子，这些嫡长子集合起来就组成了新体制下的公族，简称"新公族"。在其他正常诸侯国，公族首先是指近支公族，是由在世的群公子（国君之子）组成的；就算放宽标准包括远支公族，公族成员也必须是某位国君的后代。而在改革后的晋国，"新公族"竟然可以包括与历代晋君毫无血缘关系的人，比如嬴姓赵氏的族人。

特别要指出的是，从下面所举的赵氏案例来看，"卿官的嫡长子"不仅可以是现任卿官的嫡长子，还可以是前任卿官的嫡长子，因为赵氏就是先把前任卿官赵成子的儿子、现任卿官赵宣子的弟弟赵括认定为嫡长子，然后将其认定为新公族成员（详见下）。

第二，重构"公族余子"。

具体做法是：任命卿官的余子（卿官嫡长子的同母弟）到朝廷做以

前公族余子（群公子嫡长子的同母弟）同等待遇的官。也就是说，从今往后，卿官的余子就相当于以前群公子的余子，也就是新体制下的公族余子，简称"新公族余子"。

第三，重构"公行"。

具体做法是：任命卿官的庶子（卿官庶妾所生的儿子）担任以前公族庶子（群公子的庶子）的"公行"职务。"公行"是国君的直属亲兵，过去由群公子的庶子组成，而"新公行"则由卿官的庶子组成。

总而言之，这轮改革的目的，就是把本来跟国君没有亲缘关系的非公族卿族或者只有很远亲缘关系的远支公族卿族直接认定为"有晋国特色的新公族"。由于六卿的嫡长子等同于群公子，所以在宗法上讲他们就是国君嫡长子的兄弟，那么六卿在宗法上讲就是国君的兄弟，和国君不仅在实际的政治地位上已经平起平坐，而且在名义的宗法地位上也是平起平坐的了。

如果说赵宣子弑君是为卿族争得了政治地位的"里子"，那么这次"重构公族"改革就是使卿族获得了宗法地位的"面子"。从此之后，国君成了名副其实的傀儡，而在他和他的嫡长子（太子）身边环侍的就是诸卿和诸卿的儿子们，就连他身边执戈侍卫的公行亲兵也是诸卿的族人。在中原列国之中，恐怕也只有晋国这种靠"小宗篡夺大宗"起家、靠"赶尽杀绝近亲而重用外人"崛起、靠"把公室直辖公邑和新占领土全部封赏出去"称霸的改革创新型/离经叛道型国家，才能够想得出、做得出这样一种既要获得周代正统宗法体系的好处、又完全不符合周代正统宗法体系规定的"奇葩"制度安排。

往更深一层说，既然卿族就是公族，诸卿就是国君的兄弟，那么从宗法上来说，与国君完全没有血缘关系的诸卿也是有资格成为晋国政权的继承人的。这颗"合礼合规夺取晋国政权"的种子在本年种下，最终在战国前期瓜熟蒂落，以周王正式任命赵、魏、韩三大卿族族长为诸侯得以实现。

如前所述，晋文公改革将全部公室直辖公邑和新占领土封赏给有功卿大夫，建立起"公室小、卿族大"的土地分配结构，可以说是从经济基础层面架空了公室和国君。如今，赵宣子弑君确立了卿族相对于公室的政治强势地位，而配套的"重构公族"改革将与国君没有血缘关系的卿族直接认定为公族，建立起"新公族（卿族）环伺公室"的贵族组织结构。两者叠加起来，可以说是从上层建筑层面架空了公室和国君。对比本书开篇提出的"卿族政治"的定义，我们可以很清楚地看出，赵宣子弑君和"重构公族"改革的完成，标志着卿族政治模式在晋国初步成形。

降低灭族风险：赵宣子实现赵氏卿权、族权分离

在"重建公族"政策公布后的具体实施过程中，赵氏的做法很耐人寻味。前面已经说过，赵成子回国之后，娶了晋文公的女儿赵姬作为嫡妻，生了嫡子赵同、赵括、赵婴齐。然而，在赵姬的强烈要求下，赵成子初妻叔隗和叔隗所生的赵宣子被

请回晋国，叔隗被认定为赵成子的嫡妻，赵宣子被认定为嫡长子，而赵姬降格成为庶妾，赵姬所生的赵同、赵括、赵婴齐降格成为庶子。因此，按照政策规定的话，赵宣子或者他的嫡长子可以成为新公族成员。

然而，在落实政策时，赵宣子却执意请求让赵姬生的次子赵括成为新公族成员，也就是说，他要放弃自己的嫡长子身份，降为庶子；而要让曾经是嫡次子、后来被废为庶子的赵括做嫡长子。赵宣子为什么要这样做？他宣称，这样做的目的是为了回报当年赵姬的恩情，因为"如果没有赵姬，我到今天还是狄人呢"。那么，赵宣子为什么不选择赵姬长子赵同，而是选择赵姬次子赵括作为嫡长子？他宣称，这样做的理由是，"赵括是赵姬最爱的儿子"。晋成公答应了赵宣子的请求。

于是，到了本年冬天，赵括成为新公族成员，担任管理新公族事务的公族大夫，而赵宣子则以庶子身份加入新公行，担任旄车[1]的战士。当然，谁都知道赵宣子不可能站在旄车上去冲锋陷阵，这只不过是名分上的一个安排而已，他的真实职务仍然是执政卿。

赵宣子这一番操作的真正意图是什么？要探讨这个问题，我们要从赵氏内部的宗族结构说起。

在正常情况下，晋国卿族的族长由上任族长的嫡长子担任，这位族长同时掌握着"族权"和"卿权"：所谓"族权"，是指

1　旄车，即插有旄旗的战车。

他作为卿族之长，有全权管理卿族内部事务的权力；所谓"卿权"，是指他作为朝廷卿官，有与其他卿官组成领导班子治国理政的权力。在卿族内部的各支族之中，世袭卿族族长的某个支族，就是这个卿族的"大宗"；不世袭卿族族长的其他支族，就是这个卿族的"小宗"。

从整体上说，赵氏从赵成子担任族长时分为两个支族，一个是赵成子支族，一个是赵凤支族[1]。从这时开始到春秋时期结束，赵氏族长一直由赵成子的后代担任，所以赵成子支族是大宗，赵凤支族是小宗。接下来，我们把赵凤一支先摆在一边，集中探讨赵成子一支。

在前607年赵宣子"让嫡"给赵括之前，赵成子支族是这种情况：由于叔隗之子赵宣子被认定为族长赵成子的嫡长子，因此在赵成子去世之后，赵宣子既是赵氏族长，也代表赵氏在朝廷担任卿官，同时掌握族权和卿权，赵宣子往下的这个支族是大宗；晋文公之女赵姬的三个儿子赵同、赵括、赵婴齐被认定为庶子，他们往下的三个支族是小宗。

然而，前607年赵宣子"让嫡"给赵括之后，赵宣子虽然已经不是赵氏族长，但仍然掌握卿权，在朝中仍然担任执政卿；赵括则成为赵氏族长掌握族权，但在朝中仅担任公族大夫，后来最高也只是担任新军卿官（新中军佐），从未进入到晋国权力核心——六卿领导班子中。从此赵氏进入到一种"卿权和族权分离、由两个支族宗主分别掌握"的奇特状态。

1　参见图17。

自前607年赵宣子"让嫡"给赵括起，到前583年赵同、赵括被杀为止，对于赵氏来说，"卿权和族权分离"成为常态：

赵宣子去世后，他的儿子赵庄子[1]继续掌握卿权，代表赵氏在六卿领导班子中担任卿官；而赵庄子的叔叔赵括继续掌握族权，同时与赵同、赵婴齐一起在朝廷中担任大夫，可以说卿权掌握在赵宣子支族手中，族权掌握在赵姬三子支族手中。

赵庄子去世后，由于他的儿子赵文子年纪太小无法掌握卿权，所以由赵姬三子中年龄最长的赵同掌握卿权，进入六卿领导班子担任卿官；而赵括继续掌握族权，并且与赵婴齐一起担任大夫。卿权和族权虽然都落入赵姬三子支族中，但它们仍然没有被同一个人所掌握。

后来晋国从六卿扩大到十二卿，赵括终于也当上了卿官（新中军佐），然而仍然位居赵同（下军佐）之下，赵同仍然以执掌卿权为主，赵括仍然以执掌族权为主，这种卿权和族权分离的态势仍然存在[2]。

在梳理了赵氏"卿权和族权分离"特殊现象的基础上，笔者认为，在"报答赵姬之恩"的公开目的背后，赵宣子"让嫡"给赵括可能还有两个更加现实和功利的目的：

第一层目的，是为将来可能会发生的政治清算早做安排。

春秋时期的卿族族长以护家庇族为己任，在重大变故发生之前或之后会为家族的生存做出特别安排，甚至付出自己的生

1　赵庄子，嬴姓，赵氏，名朔，谥庄。赵宣子之子。参见图17。
2　参见李世佳（2019年）。

命。例如，晋国的范文子[1]预感到内乱将起，为保全宗族，使家臣祈祷自己快死（参见第295页）；鲁国的公子牙在乱谋暴露之后，为了保全宗族，喝下鸩毒自杀。

赵宣子在弑君之后马上做出上述"让嫡"行动，很可能是为赵氏早作安排：万一日后卿族政治斗争中，势力更强的其他卿族联合晋国公室追究赵宣子弑君之罪，诛杀赵宣子或其后代，晋文公之女赵姬所生的赵括可以保护宗族不被全灭。后面我们会看到，赵宣子的担忧果然应验了，然而，赵括并没有因为自己母亲的尊贵出身而幸免于难（参见第259页）。

第二层目的，是为了调和赵氏内部赵宣子支族和赵姬三子支族之间的矛盾。

如前所述，赵宣子的母亲是狄女叔隗，是赵成子跟随公子重耳在狄地流亡时娶的妻子；赵同、赵括、赵婴齐的母亲是晋文公之女赵姬，是晋文公归国即位之后嫁给功臣赵成子的嫡妻。赵姬原本是嫡妻，赵同、赵括、赵婴齐原本是嫡子，赵氏的族长继承本来跟赵宣子毫无关系。然而，赵姬执意迎回叔隗和赵宣子，并且主动放弃嫡妻之位，而奉叔隗为嫡妻；并替三个儿子做主，让他们放弃嫡子之位，而奉赵宣子为嫡长子。

赵姬自己这样做固然是高风亮节、心甘情愿，但是她那三个儿子内心是否像母亲那样心甘情愿就不好说了。让事情更糟糕的是，赵宣子行事风格十分强硬刚猛，而赵同、赵括行事风格十分鲁莽冲动（参见第213页），在赵宣子担任族长的这些年，如

1　范文子，祁姓，范氏，出自士氏，名燮，谥文，排行叔。范武子之子。参见图20。

果说跟赵姬三子之间不产生矛盾几乎是不可能的。

赵宣子弑君之后，意识到赵氏未来必将面临更大风险，因此将本来都由自己掌握的卿权和族权进行分割，自己掌握卿权，而将族权让渡给赵姬三子支族，希望能够调和两大派系之间的矛盾，降低家族内斗的可能性。然而，赵宣子不是将族权给予最年长的赵同，而是给予所谓"赵姬最喜爱"的赵括，这明显又是在三子之间挑起矛盾，其政治谋算之深可见一斑。

四、成景时期：
卿族兴衰殊途
国君伺机反制

郤子其或者欲已乱于齐乎？不然，余惧其益之也。

——范武子

晋成公时期：霸业受到严峻挑战，卿班实现平稳交接

从晋国内政的角度来看，晋成公时期（前606到前600年）实际上是赵宣子弑君之后的一个息事宁人、巩固已有成果的时期，内政比较平稳，没有发生什么重大变故。然而，楚国、赤狄[1]等敌对势力抓住了晋国战略重心偏重"安内"的机遇期大肆发展，陈国、郑国先后倒向楚国，晋国霸业受到更为严峻的挑战：

前606年春，晋成公率军讨伐郑国，郑国叛楚服晋。

前606年春，楚庄王率军讨伐盘踞在周王畿南部的陆浑戎[2]，在周王畿边境举行阅兵耀武扬威，并且向周邦使者王孙满询问九鼎[3]的大小、轻重，为将其搬迁至楚国做准备。楚庄王问鼎说明，楚国长期以来争夺的并不是晋国拥有的霸主地位，因为霸主是周王之下的诸侯之长，霸政的基本理念是"尊王攘夷"，其中"王"指周王。楚庄王所追求的是打败代表周王管控天下的霸主晋国，从而彻底推翻周朝，迁移九鼎至南方，建立"楚朝"，成为天下的新王。这也就是为什么本书坚持不把晋楚之间的斗争称为"晋楚争霸"。

前606年夏，楚人入侵郑国，惩罚郑国倒向晋国。

前605年冬，楚庄王率军讨伐郑国，进一步向郑国施加压力。

1　赤狄分为潞氏、留吁、铎辰等部，见图二。
2　陆浑戎见图五。
3　九鼎相传在夏朝兴盛期铸造，是夏王室统治天下权力的象征。商灭夏后，商人将九鼎迁到商朝都城。周灭商后，周人将九鼎迁到周朝东都雒邑。春秋时期，九鼎在周王室都城王城内。

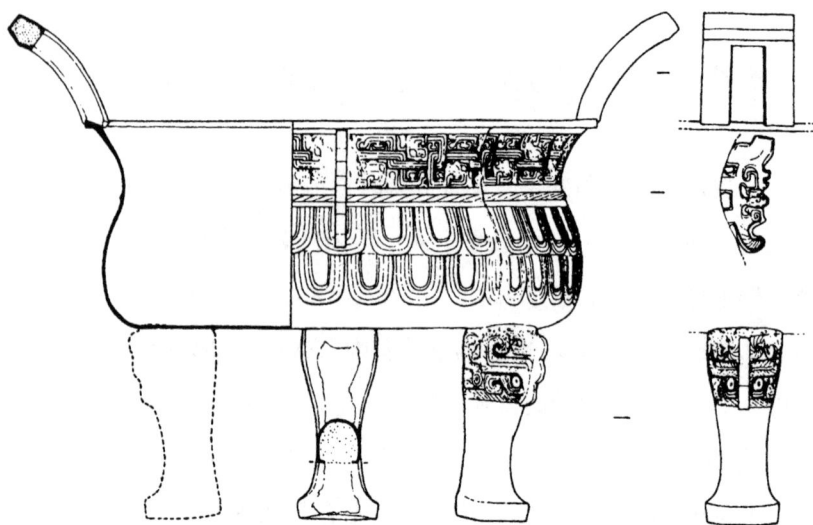

前604年冬，楚庄王率军讨伐郑国，陈国受到楚国威慑，叛晋服楚。晋中军佐中行桓子率军救援郑国，讨伐陈国。

前603年春，晋中军帅赵宣子联合卫国入侵陈国，惩罚陈国倒向楚国。这是赵宣子生前最后一次率军出征。

前603年秋，赤狄讨伐晋国，包围了南阳地区的怀邑、邢丘邑[1]。晋成公想要率军讨伐赤狄。中军佐中行桓子劝阻说："更好的策略是故意示弱，使得赤狄得胜而骄傲，从而穷兵黩武摧残它自己的民众。等到赤狄恶贯满盈的时候，就可以

1　怀、邢丘见图三。

将其一举歼灭。《周书》上说'一举歼灭大国殷商',说的就是这类情况。"从前602年赵宣子去世倒推,此时的中军帅赵宣子应该已经时日无多,晋国六卿领导班子随时面临调整。因此,中军佐中行桓子所说的话在表面上与前607年赵宣子弑晋灵公前回避与楚军决战时所说的话大同小异(参见第168页),而实际上的功用也差不多,都是为了遮掩"诸卿当下关注重点是国内政治、不愿在此时离开都城主动出击"的政治盘算。

前603年冬,楚人再次讨伐郑国,终于迫使郑国叛晋服楚。至此楚庄王已经成功制服陈国、郑国,北上攻霸事业取得阶段性胜利。

前602年夏,赤狄入侵晋国,抢夺了向邑[1]以南农田里的庄稼。

前602年至前601年,晋国分几步完成了六卿领导班子的调整:

第一步,前602年,中军帅赵宣子去世,上军帅郤成子跨过中军佐中行桓子成为中军帅,上军佐范武子很可能向上递补一位任上军帅。

第二步,前601年秋,中军帅郤成子上位之后,以下军佐胥克罹患精神分裂症、丧失工作能力为由罢免了他,但却并没有让胥克的儿子胥童顶替,而是让赵宣子的儿子赵庄子代表赵氏进入六卿行列担任下军佐。

上军佐、下军帅由谁担任不可知,从前597年情况倒推的话,其中一位可能是代表先氏重新进入六卿行列的先縠。

1　向见图三。

总而言之，在前601年赵庄子任下军佐之后，调整完毕的晋六卿领导班子情况如下：

晋 六 卿 表

（前601年赵庄子任下军佐之后）

位　次	官　职	人　名	族　属
一	中军帅	郤成子	郤
二	中军佐	中行桓子	中行
三	上军帅	范武子（？）	范
四	上军佐	先縠（？）*/？	先/？
五	下军帅		
六	下军佐	赵庄子*	赵

这轮领导班子调整中最让人感到奇怪的是，继赵宣子任中军帅的为什么不是中军佐中行桓子，而是上军帅郤成子？这可能与郤成子和中行桓子先前与赵宣子的关系有关[1]。

一方面，郤成子在担任散位卿时起就积极向赵宣子建言献策，后来在赵宣子主政期间无论外交还是军事行动都能出色地完成，得到赵宣子的赏识。

另一方面，本来应该递补成为中军帅的中行桓子则经常做出拂逆赵宣子的行为，比如说：

前620年时，赵宣子派先蔑出使秦国迎接公子雍，后来赵宣子反悔，最终逼迫先蔑出奔，将先蔑定性为罪人。想要回国

1　参见李沁芬（2012年）。

的范武子之所以会一直跟先蔑划清界限，其实主要就是在向赵宣子示好，从而为重回晋国铺路。然而，中行桓子却坚持要依照"关心老同事"的本心行事，在先蔑出奔前就苦劝先蔑不要接受这个使命，在先蔑出奔时又不顾风险护送其妻儿出境，这种坚持不与"罪人"划清界限的行为与范武子形成了鲜明对比。当然，赵宣子当时应该是从正面的角度看待此事，认为中行桓子这样做是对同僚有情有义，而并不是与自己作对，所以仍旧让中行桓子连升两级成为中军佐 (参见第147页)。

前614年时，六卿商议如何应对范武子、狐射姑在敌国效力给晋国带来的祸难，先发言的中行桓子没有顺着赵宣子的意思来，他建议召回狐射姑，而且陈述的理由比较单薄；后发言的郤成子则顺着赵宣子的意思来，他建议召回范武子，而且说得头头是道，最终赵宣子采纳了郤成子的建议 (参见第152-153页)。笔者认为，到这时，赵宣子与中行桓子之间已经有了嫌隙：赵宣子认为中行桓子这次明知自己偏向范武子却仍然力挺狐射姑，应该是故意跟自己对着干；如果回想起来的话，先前中行桓子善待先蔑恐怕也不只是出于顾念同僚情分那么简单。

从上面两个事例来看，中行桓子并不是没有权谋头脑 (从他为先蔑做的那番形势分析就可以看出来)，但他似乎有一种"中立而不倚"的品格特质，坚持按照自己的价值观和判断行事，一直不向大权在握、"顺我者昌，逆我者亡"的赵宣子献媚，而这样的行事方式恐怕是遭到了赵宣子的猜疑和厌恶。

然而，赵宣子没有让中行桓子接任中军帅，除了有出于私人恩怨的原因，也可能还有另一个更加能摆上台面公开说的原因，也就是中行桓子的确缺乏担任中军帅的核心能力。正如我们接下来会看到的那样，前597年中行桓子升任中军帅几个月后，率领军队南下在邲地[1]与楚军决战，晋军大败而归。从邲之战中行桓子的表现看，中行桓子在担当精神、控制能力、危机应对能力上的确存在重大缺陷，对于晋军的失败负有不可推卸的责任。作为一位担当精神、控制能力、危机应对能力很强的政治家，中军帅赵宣子在与中军佐中行桓子共事的过程中，恐怕早已感受到中行桓子的这些欠缺之处，觉得中行桓子的核心能力不行，达不到自己对于中军帅接班人的期望；而另一方面，由于郤成子经常会提出让赵宣子悦服的建议，或者能进一步向其他诸卿阐明赵宣子赞同的想法，而且在处理外交事务和领兵打仗方面都有出色表现，这自然会使得赵宣子对郤成子的能力更加肯定，认为就算纯粹从能力论，郤成子也更能胜任中军帅这个岗位。

总而言之，郤成子越过中行桓子成为中军帅，很可能是赵宣子去世前所做的刻意安排，而赵庄子担任下军佐，使得赵宣子支族在卿权问题上实现无缝衔接，也很可能是郤成子担任中军帅后"投桃报李"回报赵氏的举动。

郤成子对待权势喧天的赵氏的态度，与他对待旧恩主胥氏的态度形成了鲜明的对比。当年，胥克的祖父胥臣在冀邑外的田野里一眼看中了已被贬为农夫的郤成子，将其带回国都，并且说服晋文公任用郤成子为大夫（参见第117-118页）。而如今，位极

1　邲见图五。

人臣的郤成子却将胥克赶出了六卿行列。可以想见，郤氏从此成为胥克之子胥童仇恨的对象，而这股仇恨最终在前574年还报在郤锜、郤犨、郤昭子身上。

随着六卿领导班子换届逐步完成，晋国开始更加积极地处理国际事务，重振霸业：

前602年冬，晋成公召集宋、鲁、卫、郑、曹国君主在黑壤（即黄父）会盟，其间郑国叛楚服晋。

前601年春，晋国与其西方的白狄讲和。同年夏，晋国会合白狄讨伐秦国。

前601年冬，陈国也叛楚服晋。不过，楚人讨伐陈国，陈国又叛晋服楚。

前600年，楚庄王在厉地会合诸侯。郑成公不愿服从楚国，从会场逃脱回国，楚庄王于是出兵讨伐郑国。九月，晋成公召集宋、卫、郑、曹国君在扈地会面，商讨如何应对楚国的挑战。陈国接到通知却没有前来参会，中军佐中行桓子于是率军讨伐陈国。不幸的是，晋成公在大会期间去世，此次扈之会因此无果而终。

晋楚邲之战（一）：晋军高层争论不休，楚人挑拨火上浇油

前599年晋景公正式即位后，中军帅仍然是郤成子。前598年，郤成子为了集中力量对抗正积极北上争斗的楚庄王，罕见

地主动联系长期敌对的晋东众狄，希望跟他们讲和。当时众狄都想要摆脱最强大的赤狄对他们的奴役，因此接受了晋国的和解请求。秋天，即位刚一年多的晋景公主动前往狄地欑函，与众狄首领会盟，众狄宣誓服从晋国，不再骚扰边境。

实际上，在商量这次会盟地点时，众位大夫根据霸主国的惯常思维提出，应该派使者召请众狄首领前来晋国都城参加会盟。郤成子却说："我听说，'既然没有美德，那就没有比勤劳更好的选择了。'自己不勤劳，怎么求得他人？能够勤劳，就能持续立功。[1]还是主动到狄人那里去吧！《诗》说：'文王已经很勤劳了。'文王尚且勤劳，更何况美德寡少的人呢？"由此可见，决定是由执政卿郤成子来做的，而晋景公只需配合表演即可。

前597年，晋楚在郑国邲地发生了一次大战。当时郑国在晋楚之间首鼠两端，而楚庄王希望迫使郑国稳定地服从楚国，于是在前597年春亲自率军包围郑国都城。围城三个月之后，楚军攻入郑国都城，郑襄公赤裸上身、牵着羊迎接楚庄王[2]。楚军后退三十里，答应与郑国讲和。楚大夫潘尪进入郑国都城参加盟誓，郑国人望颇高的公子去疾出城到楚国营垒中作为人质。

---

1 《左传·宣公十一年》："吾闻之，'非德，莫如勤'。非勤，何以求人？能勤，有继。"
2 当年周武王克商之后，商纣庶兄微子启赤裸上身、左手牵羊、右手握着茅草到周武王营垒门前投降。郑襄公如今仿照微子启装束向楚庄王投降，其实是把楚庄王比附为当代的周武王。

夏六月，就在楚军已经完成"服郑"的战略目标准备班师回国时，晋军出动救援郑国。当时担任三军将帅的六卿领导班子情况如下：

晋 六 卿 表
（前597年夏，晋三军出动时）

位 次	官 职	人 名	族 属
一	中军帅	中行桓子	中行
二	中军佐	先縠	先
三	上军帅	范武子	范
四	上军佐	郤献子*	郤
五	下军帅	赵庄子	赵
六	下军佐	栾武子*	栾

其中，由于中军帅郤成子在几个月前已经告老或去世，中军佐中行桓子终于向上升一位任中军帅，而郤成子之子郤献子代表郤氏进入六卿行列任上军佐。奇怪的是，上军帅范武子留在原位不动，而先縠竟然越过范武子占据了中军佐的高位，其中必有蹊跷，限于没有更多材料无法进行深入探讨。下军方面，下军佐赵庄子升任下军帅，而栾盾的儿子栾武子代表栾氏进入六卿行列任下军佐。

六卿之外，赵括、赵婴齐担任中军大夫，巩朔、韩穿担任上军大夫，知庄子首、赵同担任下军大夫，韩献子担任司马。如前所述，赵氏内部赵姬三子支族的族长赵同、赵括（赵氏族长）、赵婴齐都只是担任大夫，只有赵宣子支族的族长赵庄子进入了六卿行列。

晋军南下抵达河水边时，听闻郑国已经与楚国讲和了，于是卿大夫集合开会商议下一步对策。

主帅中行桓子想要避战回国，他说："已经无法实现原定的救郑目标，却还要劳累民众，有什么意义呢？等楚师回国之后再发兵讨伐郑国，惩罚它投降楚国，也不晚。"

上军帅范武子表示赞同，并且根据自己掌握的楚方情况进一步阐述了避战的理由：

"有道理！我听说用兵之道，要观察敌人内部有了嫌隙再出动。如果敌人的美德、刑罚、政令、事务、典章、礼制都不违背常道，那就是不可以与之为敌的，不宜发动这样的征伐。[1]

"楚国的君主讨伐郑国，为郑国的二心感到愤怒，为郑国的卑微感到哀怜，对郑国背叛了就讨伐，顺服了就赦免，这说明楚国的美德、刑罚都完成了：讨伐背叛，这是有刑罚；安抚顺服，这是有美德，这两者都树立起来了。

"楚军去年攻入陈国，今年又攻入郑国，民众却并不抱怨疲劳，君主也没有被怨言围攻，这说明楚国的政令已经合于常道了。

"楚人操练军阵之后起兵，商贩、农民、工匠、店主都没有荒废事业，步兵和车兵关系和睦，这说明楚国的内部事务已经理顺，没有互相之间的冒犯了。

---

1 《左传·宣公十二年》："会闻用师，观衅而动。德、刑、政、事、典、礼不易，不可敌也，不为是征。"

"艻艾猎担任令尹，选择楚国好的军政法典，军队出动时，右军跟随主将的车辕，左军打草作为歇息时的准备，前军竖起旌旗开路以防意外，中军斟酌谋划，后军以精兵压阵。各级军官根据旌旗指示行动，军政不必等待上级敕令就自然整备，这说明楚国的军政真能根据典章展开而不是临时凑合了。

"他们的国君举拔人才，同姓中选择亲近的族人，异姓中选择旧臣的后代。举拔不会遗漏有德的人，奖赏不会遗漏有功的人。老人享受额外的恩惠，旅客享受贴心的赠予。君子和小人，所用物品各有规定的车服文采；对尊贵的人有常态化的尊重，对低贱的人有常态化的威严，这说明楚国遵行礼制没有不顺畅了。

"楚国美德树立，刑罚实行，政令成就，事务合时，典章服从，礼制顺遂，我们凭什么和它为敌呢？[1]

"见到可行就前进，知道困难就后退，这是动用军队的正确政策。兼并衰弱的国家，攻击昏昧的国家，这是筹划武事的正确原则。[2]您姑且用正确政策整顿军队，并依据正确原则筹划武事吧！还有很多衰弱和昏昧的国家可以攻取，为什么一定要正面挑战楚国？仲虺曾经说过'夺取本来就混乱的，欺侮本来就要灭亡的'，说的正是兼并衰弱的国家；《汋》这首诗说'壮美的周王军队，率领他们攻取这昏昧的国家'，说的正是攻击昏昧的国家。《武》这首诗说：'不竞争才能成就功业。'不要与楚

---

1 《左传·宣公十二年》："德立，刑行，政成，事时，典从，礼顺，若之何敌之？"
2 《左传·宣公十二年》："见可而进，知难而退，军之善政也。兼弱、攻昧，武之善经也。"

国决战，而是在同盟诸侯中镇抚衰弱的国家、攻讨昏昧的国家，以致力于周武王功业所在，也就可以了。"

然而，中行桓子的副手、位居范武子之上的中军佐先縠表示坚决反对，他说："不可以退兵。晋国之所以成为霸主，是因为军队勇武、大臣尽力。如今由于不敢和楚国交战而失去诸侯，不能说是尽力；有敌人在眼前却不去迎战，不能说是勇武。与其不战而在我们这一届领导班子任上丢掉霸主的地位，还不如力战而死。而且整顿好军队出动，听说敌人强大就退却，这不是大丈夫所为。被任命为军队的统帅，却以做不成大丈夫而告终，这种事情只有诸位才做得出，我是做不出的！"先縠说完，就当着他的上级、中军帅中行桓子的面，率领着中军佐所属的军队径直渡过了河水。

先縠擅自出兵打破了晋人"谋定而后动"的既定安排，迫使晋人必须马上决策，于是诸卿之下的大夫们也开始纷纷发表意见。

下军大夫知庄子首第一个发言，他以详细分析《周易》的《师》之《临》筮例作为托词，指出晋军的状况是三军全部出动却"不占理""停滞不前""人心离散""军纪废竭""主帅命令不被听从"，预言此次如果晋军与楚军交战，晋军必败，而且预言先縠最终要为这次失败承担责任。知庄子首的这番言论体现出他既精通贵族文化中最高深的《周易》占筮之学，又具有对政治实务的敏锐观察力和预见力，恐怕给在场的诸卿都留下了深刻印象。

司马韩献子第二个发言，不过他不是公开发言，而是单独对中行桓子说："彘子（先榖）¹擅自率领着一部分中军陷了进去，您的罪过已经很大了。您是元帅，军队不听命令，这是谁的罪过？如果失去郑国²、丧亡军队³，您的罪过就太重了，不如干脆进军。事情如果不成功，罪恶可以有人分担：与其由您一人独担罪责，六个人共同担当，不还好一点吗？"这段紧紧围绕中行桓子个人利益进行的分析一下子就点醒了中行桓子，于是他命令晋军主力全部渡过河水。

实际上，楚人通过间谍得知了晋国六卿领导班子此次会议的内情，而这也坚定了他们与晋国交战的决心。楚大夫伍参是这样给楚庄王分析的："晋国的执政者（指中行桓子）刚上任不久，还不能推行自己的政令。他的辅佐先榖刚愎不仁，不肯听从命令。中军帅、上军帅、下军帅三人，想要专权行事却做不到。兵众想要听从命令却没有发出明确命令的上级，到底该听谁的？如果交战，晋军一定会失败。"

晋军南渡河水之后，郑国派大夫皇戌前来怂恿中行桓子出战，说："郑国顺从楚国，是为了社稷不被毁灭的缘故，并不是对晋国有二心。楚军先前屡次取得胜利非常骄傲，眼下又长期在外，已经疲敝，而且没有戒备。您率晋军攻击楚军，我们郑国跟在后面，楚军必败。"

1　先榖封邑在彘，因以为氏，所以这里称他为彘子。
2　晋军主力如果不战撤兵，放任郑国投向楚国，则必然失去郑国。
3　晋军主力如果撤兵，任由先榖和楚军决战，必然造成先榖偏师全军覆没的后果。

中行桓子随即召集中高级将领开会商议皇戍的提议。主战派、中军佐先縠马上说："击败楚国、收服郑国，就在这一举了。一定要答应他！"

这时，六卿里面排末位的下军佐栾武子亮明了自己的避战立场，阐述了自己支持避战的理由：

"楚国自从攻克庸国以来（前611年），它的君主没有一天不整顿国都里的贵族，向他们强调民众生活很不容易、祸难不知道哪天就会到来、要一直保持警戒和恐惧不可懈怠；在军事方面，它的君主没有一天不整顿军队中的将士，再三告诫他们胜利没法长久保持、商纣王打了一百次胜仗最后还是灭国绝后，还用楚国先君若敖、蚡冒坐着柴车、穿着破旧衣服在山林间创业的故事训导他们。他常说的警句是：'民众的生计全靠勤劳，勤劳就不会匮乏。'[1] 这样的政治风气，不能说是'骄傲'。

"先大夫狐偃曾经说过：'军队有理就勇壮，理亏就疲敝。'明明是我们没有美德使郑国归服，却攻打没有过错的楚军求取怨恨，我们理亏而楚国有理，不可以说是'疲敝'。

"他们君主的近卫兵车部队分为左右二广，每广有三十辆兵车，又分成左右两个分队。右广先执行任务，数漏刻计时直到中午；左广接班，直到黄昏；帐内近臣按次序值班守夜，以防备意外发生。这样严密的安排，不能说是'没有戒备'。

---

1 《左传·宣公十二年》："楚自克庸以来，其君无日不讨国人而训之于民生之不易、祸至之无日、戒惧之不可以怠；在军，无日不讨军实而申儆之于胜之不可保、纣之百克而卒无后，训之以若敖、蚡冒筚路蓝缕以启山林。箴之曰：'民生在勤，勤则不匮。'"

"公子去疾，是郑国的贤良大臣；潘尪，是楚国地位崇高的人物。潘尪进入郑国都城参加盟誓，公子去疾留在楚国营中作为人质，可见楚国、郑国关系是很亲近的。郑国这次派人来劝我们出战，我们要是胜利了郑国就来服从我们，我们要是失败了郑国就去服从楚国，这是在把我们当成蓍草在算卦，帮助郑国决定它下一步该投靠谁。总而言之，郑国的话不可以听从。"

　　栾武子这番依据大量楚方情报而进行的透彻分析让避战派一下子占了上风。然而主战派又冲出来两个人，他们就是赵庄子的叔叔赵括、赵同，这两位大夫齐声反对说："率领军队到这儿来，就是为了寻求与敌人交战。现在有机会打败敌人、收服郑国，还等什么？一定要听先縠的！"

　　避战派、下军大夫知庄子首没有参与争论，而是在一旁点评说："赵同、赵括，是自取灾祸的人。"

　　下军帅赵庄子说："栾伯（栾武子）[1]说得对啊！如果能践行他的话，一定能让晋国霸业长久。"由此可见，虽然都是赵氏成员，但是赵庄子和赵同、赵括的意见并不一致，他不方便直接批评自己的这两位叔叔，于是就通过赞扬栾武子来委婉地表达自己的观点。然而，赵庄子在当时不可能料到的是，就是这位他所赞扬的栾武子，日后与赵同、赵括的怨恨越结越深，最终导致赵氏陷入灭族大难之中。

　　为了进一步探查晋国高层两派斗争的状况，楚人派少宰到

1　栾武子排行伯，所以这里尊称他为"栾伯"。

晋军营垒中，传达楚庄王的话："我国君主在年轻的时候曾遭受忧患凶险，因此不善文辞、说话直率：'听闻我国两位先君曾经往来在这条道路上，是为了训导和安定郑国[1]，岂敢得罪晋国？各位晋国大夫们不要在此久留！'"

晋国外交代表、主张避战的上军帅范武子回答说："昔日周平王命令我国先君晋文侯说：'你要跟郑伯一同辅佐周室，不要废弃王命！'如今郑国不遵行周王之命，不与晋国亲善，所以我国君主派群臣来郑国询问缘由，怎敢劳烦您奔波这么一趟？谨敢拜谢贵国君主屈尊派人传达命令。"这段话不卑不亢，对抗性不强，实际上是在暗示，晋国愿意与楚国开展谈判，和平解决此次争端。

少宰出去之后，中军佐先縠担心避战派和楚国达成和议，于是派赵括跟出去，对少宰说："我方外交官先前说错了。我国君主命令群臣把大国（指楚国）的足迹从郑国挪出去，说：'不要躲避强敌！'我方群臣无处逃避我国君主的命令。"

通过这次"火力侦察"，楚国更加准确地了解了晋国高层内部主战派和避战派的分歧，于是再次派使者向晋国请求讲和，然而在已经定下和谈盟誓日期后，又派三位勇士到晋军营垒前挑战。楚人这样做，是为了让避战派和主战派各有说辞：避战派可以说"楚王是要跟我们讲和的，盟誓日子都定了，所以这次挑战肯定不代表楚国的正式立场"；主战派可以说"既然是楚人派来挑战的，那代表的就是楚人最新的正式立场，就是要跟

1　指前666年楚成王讨伐郑国，以及前618年楚穆王讨伐郑国。

我们交战"，这样晋国高层内部的斗争就更加激烈了。

晋楚邲之战（二）：楚人阴错阳差抓住战机，晋人各行其是迅速溃败

上一节详细讲述了邲之战前晋军高层的激烈争论，这一节我们来看晋人内部的不团结如何导致晋军的惨败，以及晋军惨败之后中军帅中行桓子和中军佐先縠截然不同的命运。

按照《左传》的记载，晋楚邲之战的直接点火者，是两位想要通过挑起战争来立功的主战派晋大夫。魏武子之子厨武子[1]先前想要入选新公族没有成功，非常郁闷，想要把晋军拖进战争以发泄自己的私愤。厨武子先是请求去楚军营垒前挑战作为对楚人前来挑战的报复，这个明显是要挑起战争的请求被否决了，应该是由于晋国高层内避战派的坚决反对。厨武子于是请求担任传达和解信息的使者，这个请求被批准了，应该是主战派以"应该给魏锜（厨武子）锻炼的机会"为理由支持此事，实际上是希望厨武子前去挑起事端。厨武子在白天去了之后，果然私自向楚方挑战，被楚大夫潘党驱逐，但是他并没有回到晋军营垒。

晋军中想要挑起战端的人不止厨武子一个。赵氏内部赵凤支族的族长赵旃[2]先前由于寻求进入六卿领导班子没有成功，而

---

1 厨武子，姬姓，厨氏，又为吕氏，出自魏氏，名锜，谥武。魏武子之子。参见图18。
2 赵旃，嬴姓，赵氏，名旃。赵穿之子。参见图17。

且对晋人没有抓获楚国的挑战者感到很愤怒，于是也请求到楚军营垒挑战[1]，同样被否决。赵旃于是又请求前去召楚人前来会盟，得到了批准，于是在魏武子之后也去了楚军营垒。

避战派、上军佐郤献子说："两个心怀不满的人去了，我们如果不早做防备，必定会失败。"

主战派、中军佐先縠带着讥讽的口吻说："郑人劝我们出战，我们不敢听从。楚人请求讲和，我们又不能结好。我军没有能成事的命令，做再多准备又有什么意义？"

避战派、上军帅范武子说："我们还是多做准备才对。如果那两位真的激怒了楚国，楚人前来是为了压着我们打的话，我军恐怕会很快失败。不如做好战备。楚人如果不带着恶意前来，我方就去掉战备与他们会盟，对于两国友好有什么损害？如果楚人怀着恶意前来，我方做好了战备，就不会失败。而且即使诸侯友好相见，也不会撤除军队护卫，这是为了保持警戒的缘故。"

中军佐先縠坚决不同意加强战备。上军帅范武子不再争辩，而是直接派与他意见一致的上军大夫巩朔、韩穿在敖山[2]前设了七处伏兵，后来晋国上军就是因为有这七处伏兵所以没有大败。中军大夫赵婴齐并不认同中军佐先縠和自己两个哥哥赵同、赵括，但也并没有公开提反对意见，而是暗地里派他所管辖的中军士兵先在河水边准备舟船，所以后来晋国中军失败后赵婴齐

1　从这一点看，赵旃很好地继承了他父亲赵穿的冲动和鲁莽。参见第148-150页河曲之战。
2　敖山见图五。

部先渡过了河水。赵婴齐这种带着邪性的聪明在后面会表现得更为鲜明。

在第一位来到楚军营垒前挑战的晋大夫厨武子已经被潘党驱逐走之后，第二位来挑战的赵旃在夜晚到达了楚军营垒前，他铺开席子端坐在营垒军门外以表现出一种无所畏惧的态度，并且派他的部下冲进楚军营垒进行袭扰。

第二天，楚庄王率领他的直属兵车部队冲出楚军营垒追逐赵旃。就在楚庄王追逐赵旃时，晋人担心厨武子、赵旃这样一直闹下去会真的激怒楚军出战，于是派出了部署在晋军营垒外的屯守战车，准备冲到靠近楚军营垒的地方去把厨武子和赵旃接回来。楚大夫潘党望见了冲过来的晋军战车扬起的浮尘，不知道是真的看走眼了还是故意夸张，马上驱车奔回楚军营垒报告说："晋军到了！"楚人以为晋军已经全军出动冲过来了，害怕此时仍在军营外的楚庄王会冲入晋军中被俘虏，于是楚军全部从营垒里开出来列阵。

到此时，一方面，双方并没有下决心交战；另一方面，晋军由于恐惧派出的战车正向楚军冲来，而楚军也由于恐惧全部出来列阵，战斗已经一触即发。如果从战备角度来看，楚军实际上是占据上风的：楚军经过厨武子、赵旃反复挑战早已群情激昂，在楚庄王出营追逐赵旃时估计已经全军作好战备，在得到潘党报信之后又已经全军出营垒列阵，马上可以投入战斗；晋军由于内部分歧严重，全军没有作好战备，此时也没有出营垒列阵，而营门前用来防守的屯守战车又已经派出，营垒防守薄弱。

楚军主帅、令尹蒍艾猎这时恐怕已经搞清楚晋军并没有全军冲过来,潘党的报信是夸大其词,他敏锐地抓住了这个阴差阳错而出现的战机,决定将错就错展开决战,于是果断下令说:"进军!宁可我们压着敌人打,也不能让敌人压着我们打。《诗》上说'大战车十辆,在前面开道',说的就是要占据先机!《军志》上说'抢先于敌人行动要有从敌人那里夺取胜利的决心',说的就是压着敌人打!"[1]楚军于是向晋军发起冲锋,战车飞驰、步卒狂奔,朝晋军冲杀过去。

中军帅中行桓子完全没有料到楚军会突然发起总攻,完全不知道该怎么办,于是在军中击鼓大喊:"先渡河的有赏!"此令一出,本来就没有做好战斗准备的晋中军、下军马上开始溃退。到了河水边,中军赵婴齐部的士兵先上了船,而其他士兵也冲到水中手扒船舷想要上船,船上的士兵为了自己赶紧渡河,于是挥剑狂砍扒在船舷上的手,船舱里被砍断的手指多得可以捧起来。

晋中军、下军溃败之后,晋上军由于在敖山前设有伏兵挡住了楚军的第一轮冲击,还坚守在阵地上,而楚军也集中兵力攻打晋上军。上军佐郤献子问:"我们要抵抗下去吗?"上军帅范武子说:"楚军气势正盛,如果集中力量攻击我们,我们一定会全军覆没。不如收束军队有序撤退。和中军、下军一同撤退

---

1 《左传·宣公十二年》:"进之!宁我薄人,无人薄我。《诗》云'元戎十乘,以先启行',先人也。《军志》曰'先人有夺人之心',薄之也。"

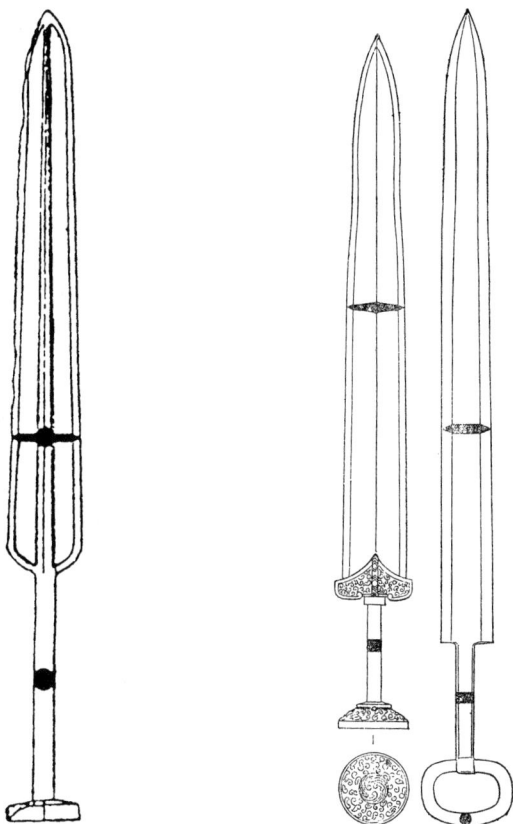

▶ 图6 河南三门峡上村岭虢国墓地M1052
出土剑，春秋早期（《上村岭虢国墓地》，
1959年）

▶ 图7 山西太原金胜村晋国赵卿墓出土剑，
春秋晚期（《太原晋国赵卿墓》，1996年）

来分担国内对这次失败的指责，不继续作战来保全当兵民众的生命，不也可以吗？"于是范武子亲自率军殿后掩护上军撤退，上军没有溃败。

在战斗中，楚大夫熊负羁俘虏了知庄子首的儿子知武子[1]。

1　知武子，姬姓，知氏，出自荀氏，名罃，字羽，谥武，排行伯。知庄子首之子。参见图21。

知庄子首带着自己的族人杀回战场找儿子，从楚方营地逃回来的厨武子给他驾车。知庄子首每次射箭，从自己的箭囊抽出一支箭，如果是好箭，就放到厨武子的箭囊中。厨武子不理解，发怒说："您不急着找儿子，却花时间挑拣好的蒲柳箭杆，董泽的蒲柳枝条，您可以采得完吗？"知庄子首说："不抓住几个别人的儿子，我的儿子能够回得来吗？我留着好箭是因为遇到有价值的目标不能随便射啊！"知庄子首后来射死了楚大夫连尹襄老，又射伤了楚大夫王子谷臣，带着这一个活人和一具尸体回国了。

晋楚邲之战（三）：主帅主动担责终获赦免，先氏垂死挣扎终遭灭族

邲之战晋军为什么会失败？从表面上看最明显的理由当然是晋军高层内部的严重意见分歧。根据各卿大夫在战前通过言论和行为所表达出的观点倾向，我们可以给他们贴上"主战派"或"避战派"的标签来方便进行分析：

中军帅—中行桓子 中军佐—先縠	避战派 主战派	中军大夫—赵括 中军大夫—赵婴齐	主战派 避战派
上军帅—范武子 上军佐—郤献子	避战派 避战派	上军大夫—巩朔 上军大夫—韩穿	避战派 避战派
下军帅—赵庄子 下军佐—栾武子	避战派 避战派	下军大夫—知庄子首 下军大夫—赵同	避战派 主战派
		司马—韩献子	主战派
		厨武子	主战派
		赵旃	主战派

可见，避战派在总体人数上占据明显优势 (9 : 6)，特别是六卿中，避战派在人数上占据绝对优势 (5 : 1)。那么为什么晋军竟然"多数服从少数"，全军跟着冒进的先縠过了河水，在过了河水以后也没有下决心避免一战，而开战后又遭遇惨败呢？问题说到底出在中军帅中行桓子身上，分析起来有如下几条：

第一，此时的中行桓子缺乏晋国首卿所应该具有的战略定力和担当精神。

中行桓子最开始提出避战策略绝不是出于怯懦，而是出于为国谋划的忠诚公心：攻楚救郑的最佳时机已经过去，因此没有必要冒险寻求与楚国决战，而应该在楚国撤军之后惩罚郑国。从国家利益角度考虑，这样才是最为稳妥的策略。但是，对于一位刚上任的中军帅，第一次率领三军开出都城之后，要在毫无战功的情况下顶着"惧怕楚国，临阵退缩"的恶名直接率军撤回，是需要非常强大的定力和担当的，而中行桓子正缺乏这种定力和担当。因此，当韩献子从个人政治利益角度给中行桓子详细分析了避战回国的多重危害之后，中行桓子放弃了最初的公心，而选择了私心：如果战胜，无论对国家还是对自己都是最好不过的；如果战败，对国家虽然不利，但对自己来说可以拉上其他人分担罪责；综合起来，这肯定比还没过河水就"闻风而逃"、最后注定由自己承担所有质疑和罪责要好。

第二，此时的中行桓子缺乏六卿领导班子"一把手"所应该具有的控制能力。

楚大夫伍参的分析一针见血："晋国的执政者刚上任不久，还不能推行自己的政令"。然而需要指出的是，上任时间短并不必然导致不能推行自己的政令，最有说服力的例子就是在夷地阅兵后上任的中军帅赵宣子。赵宣子被自己父亲的老部下阳处父拥立之后毫无愧色，一上任就开始强力推行新政；同年他就与心怀怨恨的中军佐狐射姑因为立新君问题吵翻，并果断杀掉了狐射姑支持的候选人公子乐；他在狐射姑指使续简伯杀阳处父之后又以铁腕手段依法杀了续简伯，并且逼迫狐射姑出奔。所以，说到底还是中行桓子自己的问题：此人有"中立而不倚"的高洁品质，而且对待同僚热心厚道（参见第138-140页），但是严重缺乏主帅所必须具有的威慑力和决断力。

实际上，一心想要重振先氏的中军佐先縠虽然没有继承祖先先轸的聪明才智，却完美地继承了先轸的血性果敢。先縠虽然名义上是中行桓子的下级，却运用鼓吹晋国"勇武尽力"传统的政治正确话术及直接率军渡河的决绝手段"劫持"了中行桓子，而中行桓子"不能推行自己的政令"的表现让其他卿大夫看清了这位避战派领袖的软弱。所以，在后来的政争中，人数上占优势的避战派虽然纷纷发表自己的缜密言论，却不能形成强大的合力；人数上占劣势的主战派却先后出了厨武子、赵旃这两个妄人，他们像主战派领袖先縠那样，用政治正确的言论和鲁莽挑衅的行动强行推进事态发展，最终将晋军拖入到一场完全没有准备好的战斗中。

第三，此时的中行桓子缺乏三军主帅应该具有现场指挥能力和危机应对能力。

此点在楚军向晋军营垒冲来时中行桓子表现出的手足无措已经可以看得很清楚，这里不再赘述。

晋军败退到国都后，主帅中行桓子面见晋景公，请求以死谢罪。结合中行桓子一贯的品行，笔者认为他的思路如下：邲之战惨败之后，中行桓子非常悔恨，他深刻反省了自己的错误，认为这次之所以会惨败，就是因为自己起初听信了韩献子的劝说，为了个人私利而放弃了正确的避战策略。本性中正不倚的中行桓子真心认为自己应该对此次战败负主要责任，做不出韩献子建议的"拉上其他诸卿分担罪责"的怯懦行为，于是决定不再延续先前徇私误国的错误做法，而是勇敢地承担责任，以死谢罪。

晋景公一方面认为中行桓子的确罪不可赦，一方面恐怕也认为这种白白送上门的削弱卿族的机会不能错过，于是准备同意他的请求。这时大夫士贞伯劝谏说：

"不可以。

"城濮之战时，晋国大胜，吃了三天楚军没带走的军粮，然而先君文公仍然面带忧色。他的左右近臣说：'有了喜事却忧愁，如果有了忧愁反而喜悦吗？'[1]文公说：'得臣仍然活着，我们的忧患还没有停歇。被围困的野兽尚且会拼死一搏，何况是被围困的国相呢？'等到楚人杀了楚国令尹成得臣之后，文公才在人前表露出喜悦，说：'没人能害我了！'这是晋国双重胜利而楚国双重失败，楚国因此经历两任国君都不能与晋争强。

"如今上天也许是要用战败来严重警告晋国，如果又杀了林父（中行桓子）来使得楚国获得双重胜利，晋国恐怕会因此很久

1　左右近臣以为晋文公喜忧异于常人，所以有此议论。

不能与楚国争强了吧？林父事奉国君，上朝时想着如何尽心国事，退朝后想着如何弥补过错，是国家的捍卫者，怎么能杀了他呢？他的战败，如同日食月食，哪里会损害日月的光明？"[1]

晋景公被士贞伯的劝谏和中行桓子的诚意所打动，最终没有杀中行桓子，还让他继续担任中军帅。

然而，在晋楚斗争的大背景下，晋军在邲之战中的惨败是重大的政治事故，一定要有人为此承担责任。中军帅中行桓子逃过了一劫，主战派领袖、中军佐先縠却开始坐不住了。

应该说，先縠的求生欲还是很强的。首先，在前597年底，先縠就拉上宋国、卫国执政卿在清丘[2]盟誓，宣称要继续坚持以晋国为首的中原联盟体系，周济有困难的国家，讨伐有二心的国家。然而，此时晋军刚在邲之战中大败，楚庄王气势如虹，所以此后不久，宋国依照盟誓讨伐亲附楚国的陈国，卫国马上违背盟誓救援陈国，而晋国自己也违背盟誓没有帮助宋国，曹国也有违盟行为，四国中只有宋国遵守盟誓。清丘之盟不仅没有使得晋国霸业"触底反弹"，反而更加彰显了晋国霸业的岌岌可危。

想要将功补过却没有成功的先縠丧失了理智，他在前596年秋天秘密招来赤狄攻打晋国，想要发动政变。同年冬天，晋人清算邲之战失败和赤狄伐晋的责任，将罪过全部归于先縠，

1 《左传·宣公十二年》："林父之事君也，进思尽忠，退思补过，社稷之卫也，若之何杀之？夫其败也，如日月之食焉，何损于明？"
2 清丘见图三。

不仅杀了他，还灭了先氏本族。至此，在前632年城濮之战后崛起的先氏经历了强盛、中衰、回光返照之后最终退场。

先縠被杀后，从后来相继上任的中军佐（范武子、郤献子、知庄子首）人选倒推，应该是范武子向上晋升一位担任中军佐，郤献子向上晋升一位担任上军帅，而知庄子首进入六卿领导班子担任上军佐。由于赵庄子在前592年至前590年间去世[1]，所以此时第五、六位应该没有变化，仍然分别是赵庄子、栾武子。晋国六卿领导班子情况如下：

晋 六 卿 表
(前596年先縠被杀后)

位 次	官 职	人 名	族 属
一	中军帅	中行桓子	中行
二	中军佐	范武子（？）	范
三	上军帅	郤献子（？）	郤
四	上军佐	知庄子首（？）*	知
五	下军帅	赵庄子	赵
六	下军佐	栾武子	栾

如果笔者的推测是正确的话，那么知氏从此由大夫族升级至卿族，成为第一个景公卿族。知氏之所以能进入卿族行列，一个重要因素可能就是知庄子首在邲之战期间的出色表现。知氏后来的命运如下：知氏族长中至少有两位（知武子、知文子[2]）担任

1　具体论证参见李世佳（2019年）。
2　知文子，姬姓，知氏，出自荀氏，名跞，谥文。知悼子之子。参见图21。

中军帅。前453年，知氏族长知襄子被赵、魏、韩三家联手杀死，知氏随后被灭族。

剿灭赤狄开疆拓土，中行桓子、范武子暮年立功

前597年邲之战惨败之后，晋国的中原霸业跌落到了低谷，然而也从此触底企稳，并开始了复兴的历程。

在得到晋景公特赦之后，中行桓子知耻而后勇，开始向一个沉勇有谋的成熟中军帅蜕变。没有了先縠的掣肘，中行桓子开始实施自己在邲之战前提出的正确策略，那就是等楚国回国之后，再讨伐郑国以示惩罚。前595年夏，晋景公率军讨伐郑国，然后向诸侯发布通告宣示晋国继续经营霸业的决心，举行阅兵以展示晋国的武力。中行桓子解释说："这样做是为了向诸侯显示我们的严整，使他们自行谋划而前来归附。"果然，在晋国讨伐和威吓之后，郑人一方面把贤良的公子去疾从楚国召了回来，用声望较低的公孙黑肱代替，以向晋国示好；另一方面郑襄公又前往楚国与楚庄王会晤，表面上说是为了和楚王谋划如何对付晋国，实际上可能还为了观察晚年楚庄王的健康状况，以决定是否要转投晋国。

前595年秋九月，楚庄王率军包围宋国都城。宋人派人到晋国告急，晋景公想要出兵救援。大夫伯宗劝谏说："不可以。古人有俗话说：'马鞭虽然长，却还是打不到马肚子。'[1]上天正

---

1 《左传·宣公十五年》："古人有言曰：'虽鞭之长，不及马腹。'"

将福佑授予楚国，我们不可以与它正面相争。晋国虽然强大，难道能违背上天吗？谚语又说：'是高还是低，都是心态问题。'河湖容纳污垢，山泽暗藏毒害，美玉隐匿瑕疵，国君忍受耻辱，这是上天的常道。[1]您还是等等吧。"

然而，这只是伯宗建议的第一部分，接下来伯宗又建议晋景公，要派使者到宋国去，设法穿过包围圈进入宋国都城，告诉宋人说"晋国军队都动员起来了，马上就会到来"，要求宋人不要投降楚国。晋景公同意了伯宗的建议，派大夫解扬把话带到了被围困的宋人那里。宋人相信了晋人的话，一直坚守到前594年夏五月，都城里已经开始交换孩子杀了吃，劈开人的骸骨当柴烧，仍然没有等到晋军到来，这才最后向楚国投降。

"失之华夏，收之戎狄。"在楚庄王所领导的全盛期楚国压制下，晋国的中原霸业遭遇挫折，于是它将军事行动的重点转移到在远离中原的地区开疆拓土，目标就是晋国东部长治盆地一带的赤狄，其中最强大的一支就是潞氏。在晋景公的父亲晋成公时期，晋国与赤狄潞氏仍然保持着"和亲"关系，赤狄潞氏君长潞子婴儿[2]的夫人是晋成公的女儿、晋景公的姐姐。然而，此时的赤狄潞氏已经被才能过人的权臣酆舒所控制，他不仅杀了潞子婴儿的夫人，还刺伤了潞子婴儿的眼睛。

晋景公想要以惩处酆舒暴行的名义出兵讨伐赤狄潞氏。诸

---

1 《左传·宣公十五年》："谚曰：'高下在心。'川泽纳污，山薮藏疾，瑾瑜匿瑕，国君含垢，天之道也。"
2 潞子婴儿，赤狄潞氏首领，名婴儿。

位大夫都说："不可以。酆舒有三项特别出众的才能，不如等酆舒的继任者上台后再攻打它。"伯宗却建议说：

"一定要讨伐它。酆舒有五大罪过，即使有再多的过人才能，又有什么用处呢？不祭祀神灵，这是其一。酗酒，这是其二。抛弃了贤人仲章而且夺取了黎国[1]的土地，这是其三。杀了我们晋国嫁过去的女子，这是其四。刺伤了自己君主的眼睛，这是其五。酆舒仗恃着自己的过人才能，而废弃美德，这就更增加了罪过。

"酆舒的继任者恐怕会敬奉德义来事奉神灵和民众，从而巩固赤狄的命运，这样我们就没有事端可以讨伐了，为什么要等到以后？

"仗恃才能和人多，这是导致灭亡的路线。[2]商纣王走的就是这条路线，所以灭亡了。

"上天违反时节就是天灾，大地违反物性就是妖孽，民众违反美德就是祸乱。祸乱兴起则妖异灾难产生。[3]所以在文字中，'正'字反过来写就是'乏'，意味着违反正道而行必然导致困乏，而各种违反正道的乱象都在狄人那里存在。"

晋景公又同意了伯宗的建议。于是，前594年夏六月十八日，中军帅中行桓子率晋军在曲梁[4]击败了赤狄。二十八日，晋军攻灭了赤狄潞氏。酆舒逃到卫国，卫人将他移交给晋国，晋

1　黎见图二。
2　《左传·宣公十五年》："夫恃才与众，亡之道也。"
3　《左传·宣公十五年》："天反时为灾，地反物为妖，民反德为乱。乱则妖灾生。"
4　曲梁见图二。

人杀了他。

在后来召开的庆功会上，晋景公将一千家赤狄奴隶赏给了中行桓子，又把瓜衍县赏给了当年力保中行桓子的士贞伯，说："我能夺取赤狄的土地，说到底是您的功劳。如果没有您，我现在已经失去伯氏[1]（中行桓子）了。"

晋景公派赵同到周邦去进献赤狄俘虏，赵同内心蔑视周邦，因此在行礼时敷衍了事，缺乏敬意。出席了献俘仪式的周邦卿士刘康公预言说："不到十年，原叔[2]（赵同）一定会有大灾祸，因为上天已经把他的魄[3]给夺走了。"

前593年春正月，当时中行桓子已经告老或去世，同样处于暮年的中军佐范武子率军攻灭了赤狄的甲氏、留吁、铎辰[4]诸部，取得了对赤狄战争的全面胜利，长治盆地也从此正式并入到晋国疆域中。春三月，晋景公亲自到周邦进献赤狄俘虏。

从晋国角度来说，晋人攻打赤狄，表面上是履行霸道政治中的"攘夷"义务，实际上是为了消除北部边患，并且开疆拓土增强国家实力；晋人两次向周王进献狄俘，表面上是履行霸道政治中的"尊王"义务，而实际上是向中原各国宣告自己的正牌中原霸主地位，并且炫耀自己的强大军事实力。晋人这种"一狄四吃"的做法，为稳定和重振晋国的中原霸业起到了非常

---

1 中行桓子排行伯，这里尊称他为"伯氏"。

2 赵同封邑在原，也以原为氏，排行叔，所以称他为"原叔"。

3 古人认为人的肉体和肉体内的阳气都有神灵，肉体之灵为"魄"，阳气之神为"魂"。古人似乎认为在魂魄之中，魄和人的生死关系更加紧密，因此常以"天夺之魄"作为人将横死的先兆。

4 留吁、铎辰见图二。

重要的作用。

从家族角度来说，攻灭赤狄之后，中行氏获得了赤狄居地的一部分作为私邑，赤狄潞氏的都城潞邑后来成为中行氏的核心城邑。此外，范武子在邲之战时支持中行桓子的避战设想、在暮年又与中行桓子"接力"完成攻灭赤狄任务，这些合作经历也成为中行氏、范氏后来友好甚至结盟的基础。

前593年晋景公前往周邦，除了向周定王进献赤狄俘虏，还向周定王请命，用周王室命卿的规格任命范武子担任中军帅，并且兼任掌管法典刑罚的太傅。范武子任中军帅后，上军帅郤献子、上军佐知庄子首最有可能分别向上晋升一位任中军佐、上军帅。根据前589年情况倒推，后三位最可能的情况是：中行桓子之子中行宣子[1]代表中行氏进入六卿行列任上军佐、赵庄子、栾武子仍然分别任下军帅、下军佐。此时六卿领导班子情况如下：

晋 六 卿 表
(前593年范武子任中军帅后)

位　次	官　职	人　名	族　属
一	中军帅	范武子	范
二	中军佐	郤献子（？）	郤
三	上军帅	知庄子首（？）	知
四	上军佐	中行宣子（？）*	中行

1　中行宣子，姬姓，中行氏，出自荀氏，名庚，谥宣，排行伯。中行桓子之子。参见图21。

位　次	官　职	人　名	族　属
五	下军帅	赵庄子	赵
六	下军佐	栾武子	栾

范武子担任太傅之后，执法严明、风清气正，许多晋国盗贼都逃到法纪相对松懈的西邻秦国藏身。晋大夫羊舌职盛赞说："我听说，'夏禹举拔善人，不善之人就逃到了远方'，说的就是这个吧！《诗》说：'恐惧警戒过日子，好像站在深潭边，好像踩在薄冰上'，说的就是善人居于上位时民众谨守礼法、不敢妄为的情态。善人居于上位，国都里就没有行险以徼幸的民众。谚语说'民众中很多人徼幸获利，这是国家的不幸'，说的就是没有善人居于上位的情态。"[1]

同年冬天，晋景公派范武子到周邦调停内乱。周定王举行享礼款待范武子，周王卿士原襄公辅相礼仪。官人进献肉食时用的礼数是"殽烝"，也就把带骨肉斩成块放在肉案上端上来。范武子认为王室享礼不应该用"殽烝"，而应该用"房烝"，也就是用半只不斩碎的牲体，于是私下询问身旁的王室大夫原襄公，王室这样做用的是什么礼数。

周定王听到范武子与原襄公说话，向原襄公询问了情况，于是对范武子说："季氏[2]，你没有听说过吗？周王设享礼时用房

1　《左传·宣公十六年》："善人在上，则国无幸民。谚曰'民之多幸，国之不幸也'，是无善人之谓也。"

2　晋国是周王室宗亲，范武子排行季，周定王用排行来称呼晋国卿大夫，是一种表示亲近的称呼。

粢，设宴礼时用殽粢。诸侯国君应该接受享礼，诸侯的卿大夫应该接受宴礼，这是王室的礼制。"范武子这才理解了此次享礼安排的精细考虑：如果严格按照周王室的礼制，那作为诸侯卿大夫的范武子应该是接受宴礼，用殽粢。此次周王款待范武子，用的是比范武子应受待遇更高的享礼，而在享礼中又不用房粢，而用符合范武子应受待遇的殽粢，这是综合考虑周王室礼制和晋国霸主地位之后所采取的折中安排。

在周邦出了洋相之后，范武子意识到晋国的礼法制度还很不完备，于是一回国就组织相关部门梳理晋国的典章，修治晋国的礼法制度，后人将范武子修治的晋国礼法制度称为"范武子之法"。孔子认为"入太庙，每事问"符合礼的精神（《论语·八佾》），强调"不知为不知，是知也"（《论语·为政》），鼓励"过则勿惮改"（《论语·子罕》），这些关于君子修德的说法与范武子的行为完全吻合，足见范武子的君子之德。

郤献子出使齐国受辱，不依不饶刻意激化矛盾

前592年，晋景公派中军佐郤献子访问齐国，要求齐顷公率领卿大夫代表团参加将于本年夏六月举行的中原诸侯会盟。由于郤献子是一个瘸子，齐顷公突发奇想，要逗自己的母亲萧同叔子开心，于是在堂上设了一个帘子，让自己的母亲在帘子后面观看。郤献子没有让齐顷公失望，当他一瘸一拐地登上台阶时，萧同叔子在帘子后面笑开了花。听到了笑声的郤献子非常愤怒，他走出宫殿时发誓说："如果我不能报复这

次羞辱，就绝不再渡过河水！"他马上启程回国，同时要求他的副手栾京庐说："如果不能让齐人参加会盟，你就不用回国了！"郤献子回到晋国后，请求国家出兵讨伐齐国，晋景公拒绝了他。郤献子又请求带着自己的私家军队讨伐齐国，晋景公又拒绝了他。

齐顷公最终派出由上卿高宣子及大夫晏桓子、蔡朝、南郭偃组成的代表团参与会盟。根据清华简二《系年》记载，高宣子是晋人点名要求出席的齐国卿官。然而，当齐国使团行进到敛盂[1]时，首席代表高宣子突然离开队伍逃回了齐国。从后来齐晋鞍之战时高宣子的英勇表现来看，他这次逃归恐怕并不是因为胆怯，而可能是在预测到这次会盟形势非常凶险之后，为了不让晋人有机会扣押齐国上卿而采取的"止损"行动。

然而，仍然前往的三位齐大夫可就倒霉了。夏天，晋国主持的中原诸侯大会在断道举行，会议的主题是"声讨有二心的国家"，这个主题应该是郤献子设定的，其目的就是要批判齐国这个"有二心的国家"，而三位齐大夫自然就成了众矢之的。大会结束之后，诸侯在断道附近的卷楚歃血盟誓，晋人又拒绝齐方代表参与盟誓，拒绝的理由很可能是齐方代表级别不够，因为其他国家参与盟誓的都是国君。

接下来，郤献子直接下令逮捕了三人，这很可能是"会开完了算总账"，用的理由应该是"齐国代表团的级别和人选都不符合霸主晋国的要求"，因为晋国要求的齐国代表团级别是国君

1　敛盂见图三。

级，必到代表是高宣子。在晋大夫苗贲皇的极力劝谏下，晋国才释放了三人中的晏桓子。

这次会盟，晋国按照惯例派出了军队参与，军队主帅是中军帅范武子。范武子在会盟期间目睹了自己的副手中军佐郤献子如何高调强势地批判、惩罚、逮捕齐国三大夫，深受震动，于是在回国之后随即请求告老退休。他把儿子范文子叫来说："燮（范文子）啊！我听说：'喜怒合于礼法的人很少，违背礼法的人却很多。'《诗》上说：'君子如果发怒，祸乱差不多可以马上止住。君子如果喜悦，祸乱差不多可以马上停歇。'君子喜悦或者发怒，是为了终止祸乱。[1]如果不是终止祸乱的话，那就一定会增加它。郤子也许是想要终止齐国挑起的祸乱呢？如果不是的话，我担心他这样做会增加祸乱。我将要告老退休，让郤子得以实现他的志向，祸乱差不多可以解除吧！你好好地跟从诸位前辈，严肃认真地做好本职工作就对了。"于是范武子告老退休，让郤献子当上了中军帅。

范武子的话提醒我们，看待政治人物的强烈情绪表达时不要流于简单片面。站在普通人的角度来看，郤献子这一系列行为的动机很简单，就是一个自尊心受到极大伤害的残疾人在不停地发泄私愤、不停地寻求报复。然而，齐顷公之所以敢在外交场合用这样"无厘头"的方式羞辱晋国正卿，其实是"冰冻三尺非一日之寒"。

---

1 《左传·宣公十七年》："《诗》曰：'君子如怒，乱庶遄沮。君子如祉，乱庶遄已。'君子之喜怒，以已乱也。"

原来，前609年齐惠公即位后，就一直在谋求摆脱中原霸主晋国的管控、实现再度崛起，至少成为东土的区域性霸主。即位当年，齐惠公就果断出手支持鲁卿东门襄仲杀太子恶、立鲁宣公，从而成为鲁宣公政权的"恩主"，而鲁国也叛离了霸主晋国，转而服从齐国。前599年齐惠公去世时，鲁宣公亲自赶往齐国奔丧，齐鲁关系的亲密程度可见一斑。

齐顷公即位两年后（前597年），晋国又在邲之战中被楚国大败，楚庄王一时间成为中原新霸主的热门人选。邲之战后一年（前596年），齐顷公出兵讨伐莒国，因为莒国仗恃晋国支持而不事奉齐国。齐国的这一举动说明，在楚强晋弱的国际形势下，齐国一方面不再忌惮晋国的管控，而另一方面也并不担心楚国在短时间内接替晋国，于是更加积极地推进自己的区域性霸业。也就是说，齐顷公在前592年之所以敢于羞辱郤献子，是基于这样一个被后来事实证明是错误的战略判断：晋国霸业衰颓将会被楚国取代，此次召集诸侯会盟只是虚张声势而已。

在这样的国际政治背景下，郤献子在齐国受辱之后，之所以会这样不停地"泄愤报复"，有两种可能性：

一种比较正面的可能性，就是如同范武子所揣测的那样，"郤子也许是想要终止齐国挑起的祸乱呢"？也就是说，郤献子其实并不是在泄愤报复，而是在借题发挥，他死死抓住"齐国君主侮辱晋国卿官"这件事不放，穷追不舍、激化矛盾、扩大事端，最终导致齐、晋进行一次决战。由于齐国是由一位德才浅薄的君主领导，所以晋国很可能会取得这场战役的胜利，这样就能制服长期以来一直在推进叛晋图强事业的齐国，"终止齐国的祸乱"，无疑将标志着晋国霸业的复兴。

一种比较负面的可能性，还是如同范武子所揣测的那样，"如果不是终止祸乱的话，那就一定会增加它"。也就是说，郤献子就是自尊心受到了难以愈合的巨大创伤，不停地泄愤，不断地报复，直到有一天让齐顷公因为这次侮辱自己的事件受到严厉惩罚。范武子认为，如果郤献子是这个非理性思路的话，那么他的作为会"增加祸乱"。

实际上，政治人物的内心世界是复杂的。笔者倾向于认为，在郤献子心中，这两种想法都是存在的：他一方面的确是想要发泄私愤、报复齐顷公；另一方面他也能够认识到，自己泄愤复仇与晋国想要制服齐国、复兴霸业的国家战略是同向而行的。范武子很可能正是考虑到郤献子具有这种其他卿官不具备的、"一定要制服齐国"的强烈欲望，能够强力推动晋国霸业复兴的事业，所以决定要"让郤子得以实现他的志向"，期盼着最后的结局是"祸乱差不多可以解除吧"。

范武子告老之后，郤献子向上晋升一位任中军帅。上军帅知庄子首、上军佐中行宣子最有可能是各晋升一位任中军佐、上军帅。从前589年情况倒推，并且考虑赵庄子在前592年左右去世，应该是范文子代表范氏进入六卿行列任上军佐，而第五、六位一个是赵庄子或赵同，一个是栾武子。此时六卿领导班子情况如下：

晋 六 卿 表

位　次	官　职	人　名	族　属
一	中军帅	郤献子	郤
二	中军佐	知庄子荀首（？）	知
三	上军帅	中行宣子（？）	中行
四	上军佐	范文子（？）*	范
五	下军帅	赵庄子/赵同（？）、栾武子	赵、栾
六	下军佐		

前591年，晋景公、卫太子臧联军讨伐齐国，一直打到阳谷[1]，这次伐齐的幕后推动者自然是郤献子。齐顷公和晋景公在缯地盟誓，齐国派出公子强到晋国作为人质。晋军没有继续深入齐地，就此回国。齐、晋之间的关系得到暂时性的缓和，三位齐大夫中的蔡朝、南郭偃也随后被晋人释放。

晋齐鞌之战：晋军大胜，主帅得志，韩氏崛起

前589年，齐顷公单方面破坏缯之盟的约定，进攻晋国的盟国鲁国，而且又在新筑[2]打败了前来救援鲁国的卫国。鲁国、卫国都派出卿官到霸主晋国，向此时已经是中军帅的郤献子请求出兵救助。郤献子再次向晋景公请战，这次晋景公没有拒绝

1　阳谷见图四。
2　新筑见图四。

他，同意由他率领一支七百辆战车的军队去讨伐齐国，救助鲁国和卫国。郤献子说："这是城濮之战的晋军规模。当时由于先君英明、先大夫有能力，所以取得了胜利。我的能力没法跟先大夫相比，只配做他们的跟班，所以我请求八百辆战车。"晋景公又答应了他。

为什么晋景公在前592年坚决不同意郤献子讨伐齐国，而到了前589年又答应得这么爽快？笔者认为，晋景公先前不同意，不是因为晋景公不知道齐国一直在挑战晋国的霸主权威，也不是因为晋景公不想利用郤献子的复仇欲望去讨伐齐国，而是因为郤献子上台阶时帘子后面传出点女人笑声，这虽然可以说是让晋国卿官受到了侮辱，但是这侮辱情形不够严重，不足以成为晋国讨伐齐国的正当理由。如今情况完全不同了：晋国应鲁、卫等盟国的正式请求，出兵讨伐欺凌它们的齐国，这完全符合霸道政治的原则，是一个非常正当的理由。在"师出有名"的前提下，郤献子自然是主帅的不二选择，不仅因为他本来就是中军帅，更重要的是因为他的复仇欲望会推动他全力做成此事。孔子说"君子对于天下的事，没有什么僵化不变的态度，而是怎样合乎道义就怎么做"[1]，晋景公在处理是否讨伐齐国问题上就非常好地践行了这句话中体现的中庸之道。

此次率军出征的三军帅、佐是中军帅郤献子、上军佐范文子、下军帅栾武子，而另外三卿则留守都城。赵庄子已于前592年前后去世，而前585年时赵同确定为下军佐，所以可以推

---

1 《论语·里仁》："君子之于天下也，无适也，无莫也，义之与比。"

出前589年时赵同已经代表赵氏进入六卿行列担任下军佐。当时完整的六卿领导班子情况如下：

晋 六 卿 表
（前589年讨伐齐国时）

位 次	官 职	人 名	族 属
一	中军帅	郤献子	郤
二	中军佐	知庄子首	知
三	上军帅	中行宣子	中行
四	上军佐	范文子	范
五	下军帅	栾武子	栾
六	下军佐	赵同（？）*	赵

晋军在卫国境内行军期间，执掌军法的司马韩献子将要把一个违反军法的人斩首示众。郤献子知道这人有冤情，于是驾着车冲到行刑现场，想要把人救下来。等到郤献子赶到时，韩献子已经把人处决了。郤献子见状，赶紧派人以自己的名义用车装着这人的尸首巡行军中示众，以表示自己对韩献子决定的支持。郤献子对驾车人说："我这样做是为了分担司马错杀无辜而引起的负面舆论。"从这件事情我们就可以得知，郤献子绝对不是那种意气用事、有勇无谋的人。

夏六月十七日，齐、晋两军在齐国鞍地[1]决战。这次战斗中，邴夏为齐顷公驾车，逢丑父担任车右；解侯为郤献子驾车，

1　鞍见图四。

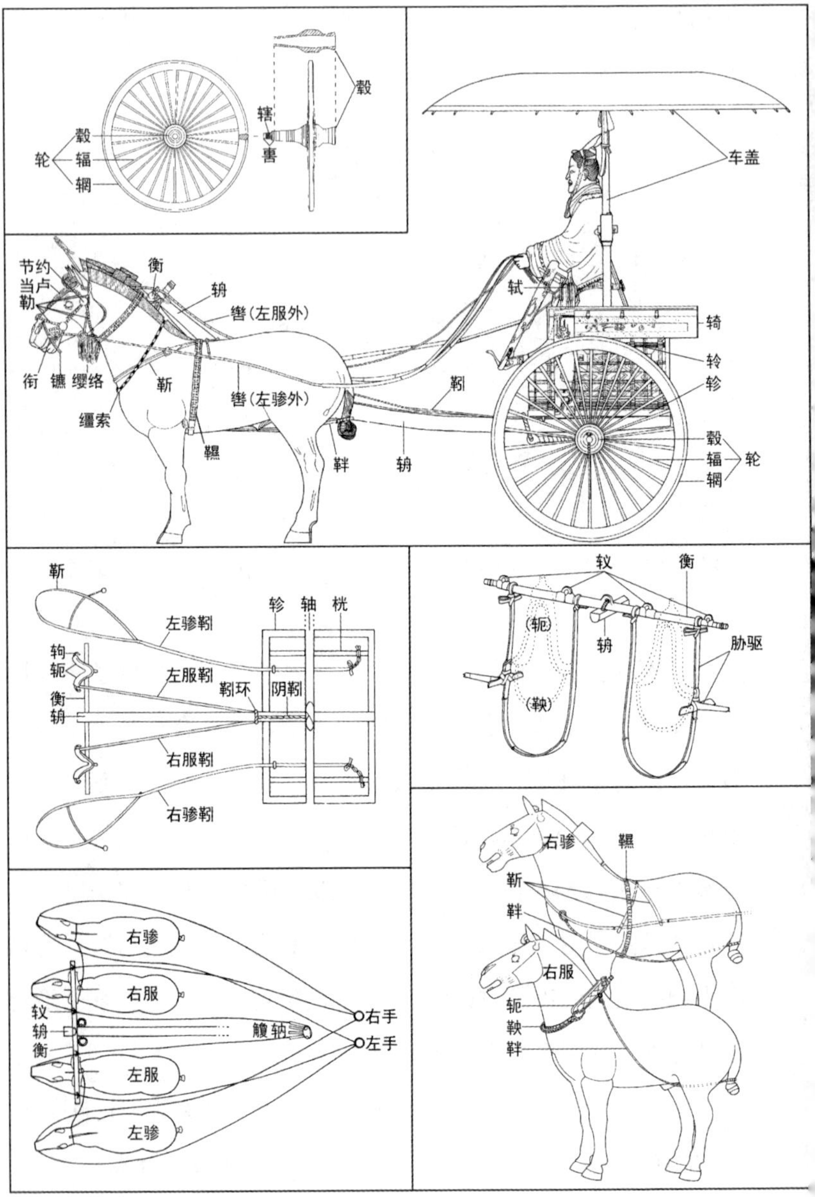

▼ 图8 陕西西安秦始皇陵出土1号车复原图

郑丘缓担任车右。

战斗进行到胶着状态时，郤献子中箭受伤，血流到鞋子上。他虽然在坚持击鼓，但也感到坚持不住了，于是喊道："我不行了！"

站在车左边的解侯知道如果这个时候主帅呼喊自己不行了，会导致士气崩溃的严重后果，于是也管不了尊卑等级，斥责郤献子说："开战以后，有箭射穿了我的手和肘，我用健全的手折断箭杆继续驾车，左轮都已经被血染红了。我哪里敢喊自己不行了呢？您一定要忍住！"

站在车右边的郑丘缓也说："开战以后，只要战车遇到障碍，我一定下去推车，您都没注意到吧！但是您现在却不行了！"

解侯接着说："全军的眼睛和耳朵，都关注着我们这辆车的旗鼓，进攻撤退都听从旗鼓的命令。这辆车，只要有一个人镇住，保证鼓声不停，就可以成事，为什么因为受伤就败坏我们国君的大事？兵士穿上甲胄拿起兵器，本来就是打算赴死的。伤势还没要命，您要挺住！"

当时郤献子已经没有力气击鼓，于是解侯就把两手握持的缰绳全部交到左手，腾出右手来拿起鼓槌继续击鼓。由于解侯分出一只手来击鼓，因此战车无法精细控制方向和速度，只能一路向前狂奔。晋军将士见主帅这么不要命，于是也都紧跟着向前冲杀，将齐军打得大败。晋军对逃跑的齐军穷追不舍，绕着华不注山[1]转了三圈。

1　华不注山见图四。

在战场的另一处，韩献子驾车紧紧追赶齐顷公。齐顷公车左邴夏回头射韩献子左边的车左，车左摔出了车外；又射韩献子右边的车右，车右倒在车里，车辆有失去平衡倾覆的危险。驾车的韩献子于是俯下身稳定车右，而就在此时，穿着同样军服的逢丑父和齐顷公换了位置，逢丑父假扮齐顷公，而齐顷公成了车右。

追击到华不注山下一处泉水旁的时候，齐顷公的战车被树木挂住停了下来。韩献子依照礼制，手拿绊马索走到齐顷公马前，行稽首礼两次，然后捧着一杯酒和玉璧进献给他以为的齐顷公（其实是逢丑父），说："我国君主派群臣来到贵国为鲁国、卫国请命，说：'不要让晋国的战车部队陷入齐国君主的土地里不走。'[1] 下臣不幸，恰好处在军队行列中，没有地方逃避，而且担心如果奔走逃避，会给两国君主都带来侮辱。下臣勉强充当战士，向您报告我的无能，代行射礼中的职责，承担在'乏'后收获箭矢的任务[2]。"逢丑父沉着冷静地假扮齐顷公，命令车右（其实是齐顷公）下车到华泉取水来喝，齐顷公因此而逃走。

韩献子把逢丑父献给主帅郤献子。郤献子见过齐顷公，知道韩献子抓错人了，盛怒之下要杀了逢丑父。这时逢丑父高喊道："从今以后不会有代替国君受难的人了！因为很难得有一个在这里，就要被杀掉了！"郤献子赶紧说："这人敢于用自己的死来使他的国君免于祸难，我要是把这样的人杀了，会遭到神

1　这句话的实际意思是，晋景公要求晋军与齐军速战速决。

2　乏，射礼中用来保护收矢人的掩体。韩献子这句话的实际意思是要履行职责收获战果，也就是要俘虏齐顷公。

灵的惩罚。不如赦免他，来劝勉尽心尽力事奉国君的人。"于是就赦免了逢丑父。

晋军取得了鞍之战胜利之后凯旋回国，进入晋国都城时，按照常规应该是上军在前面，中军在中间，下军在后面。此次军事行动，上军帅中行宣子留守，实际率领上军的最高阶将领是上军佐范文子，因此范文子应该是走在队伍最前面的人。然而，在城门口等待的父亲范武子在队伍最前面却没有发现范文子，这让他非常焦虑。在队伍完全进城之后，范武子终于在队伍最末尾发现了自己的儿子。范武子悬着的心总算是放了下来，他又高兴又生气地责备范文子说："你不知道我在城门口望着你吗！"范文子回答说："这次军队出征立了大功，国人都很高兴，出来迎接军队凯旋。我如果按照常规排在队伍最前面进入国都，一定会让众人都注意我、都想听我说话，这就是在代替'帅'¹接受美名了，所以我不敢先进城。"范武子看到自己的儿子能够谦退避让大领导郤献子及直接领导中行宣子，内心感到非常欣慰，高兴地说："我知道自己能免于祸难啦！"

范文子之所以如此老成谨慎，是因为他的父亲范武子一以贯之的家教。《国语·晋语五》里面就记载了这么一个故事：

---

1 这里所说的"帅"，可能是指范文子的直接领导、留守都城的上军帅中行宣子，也可能是指范文子的大领导、在上军之后进城的中军帅郤献子。考虑到范武子先前告诫范文子要避让郤献子，又考虑到下文中范文子首先归功于中行宣子，笔者认为这里的"帅"兼指这两人。

有一天，还是年轻大夫的范文子很晚才退朝回来。范武子问道："为什么这么晚？"范文子回答说："有位秦国来的客人在朝廷上说话打哑谜，大夫中没有一个能对答的，我却解答了三个。"范武子发怒说："和你同级别的其他大夫们不是不能回答，而是谦让同在朝中为官的长辈。你一个毛头小子，却在朝中三次掩盖他人的光芒。我如果不在晋国，我们范氏败亡要不了几天了！"说着武子就用手杖痛打儿子，把儿子礼帽上的簪子都打断了。

得胜归来的三军帅佐随后觐见晋景公。首先觐见的是中军帅郤献子。晋景公说："都是您的功劳啊！"郤献子回答说："都是因为国君训导有方，诸位大夫作战尽力，臣下有什么功劳呢！"如果我们回想先前晋景公如何践行中庸之道准确把握伐齐时机、战斗过程中解侯在危机时刻如何果断顶替郤献子击鼓指挥全军，我们就可以感受到，郤献子这番"获奖感言"是有真情实感在里面的，并非只是故作谦虚。

郤献子的回答为整个觐见仪式定下了"谦逊"的基调。接下来觐见的是上军佐范文子。晋景公又说："都是您的功劳啊！"范文子回答说："都是因为庚（中行宣子）在战前命令得当，克（郤献子）[1]在作战时指挥有方，我有什么功劳呢！"上军帅中行宣子是范文子的直接领导，而中军帅郤献子是范文子的大领导，范文子的这番谦辞，将没有参战无法立功、因此比郤献子更加容易

1　依据周礼，臣下在国君面前互相称呼都直呼其名。中行宣子名庚，所以范文子称其为"庚"；郤献子名克，所以范文子称其为"克"。

心生怨念的中行宣子摆在郤献子前面，表现出自己对中行宣子的尊敬不因为他是否参加了战斗而改变，是非常聪明的回答。

接下来觐见的是下军帅栾武子。晋景公又说："都是您的功劳啊！"栾武子回答说："都是因为燮（范文子）的指导有方，士兵们听命死战，我有什么功劳呢！"上军佐范文子是下军帅栾武子的上级领导，栾武子的这番谦辞也是非常得体的。

鞍之战的胜利，标志着晋国霸业的复兴。前588年冬十二月二十六日，晋国建立六军，与周礼规定的周邦军队规模完全相当。除了原有的三军六卿之外，韩献子、赵括、巩朔、韩穿、荀文子[1]、赵旃成为新三军的帅、佐，这是为了奖赏他们在鞍之战中的功劳。此时晋国卿官规模达到最高峰，十二卿领导班子情况如下表所示：

晋十二卿表

（前588年晋国建立六军之时）

位　次	官　职	人　名	族　属
一	中军帅	郤献子	郤
二	中军佐	知庄子首	知
三	上军帅	中行宣子	中行
四	上军佐	范文子	范
五	下军帅	栾武子	栾
六	下军佐	赵同（？）	赵

1　荀文子，姬姓，荀氏，名骓，谥文。逝遨之子。参见图21。

位 次	官 职	人 名	族 属
七	新中军帅	韩献子*	韩
八	新中军佐	赵括*	赵
九	新上军帅	巩朔*	巩
十	新上军佐	韩穿*	韩
十一	新下军帅	荀文子*	荀
十二	新下军佐	赵旃*	赵

这一次领导班子调整有如下三个看点：

第一，韩献子和韩穿成为卿官，韩氏从大夫族升级至卿族，成为第二个景公卿族。韩氏后来命运如下：韩氏族长中有两位（韩献子、韩宣子[1]）曾经担任中军帅。最终韩氏与赵氏、魏氏三分晋国，成为战国七雄之一。

第二，此时赵氏在十二卿中占据三位，在人数上达到一个高峰，然而三卿中职位最高的也只是排第六的下军佐赵同。这一方面反映出赵氏仍然是重要卿族，另一方面表明赵氏此时没有具备过人德才可以担当高阶卿官的人物，而这就为赵氏的衰落埋下了伏笔。

第三，巩朔、荀文子成为新军卿官，得到了跟韩献子一样将家族升级为卿族的机会。不过，在他们退休/过世之后，巩氏、荀氏再无族长进入卿官体系，可以说是昙花一现。

---

1 韩宣子，姬姓，韩氏，名起，谥宣。韩献子之子。参见图19。

就在晋六军建立后不久，齐顷公来到晋国朝见晋景公。《左传》《国语》和清华简二《系年》篇都记载了担任首席相礼官的郤献子在辅相行礼时的出格行为：

> 双方举行授玉仪式，齐顷公正要把玉璧交给晋景公时，郤献子快步走到近前，对齐顷公说："这一趟，您是因为女人的取笑而屈尊前来谢罪，我国君主不敢当。"（《左传·成公三年》）
>
> 齐顷公来晋国朝见，郤献子用作战时韩献子对待被俘齐顷公（逢丑父假扮）的礼仪进献酒食给他[1]，说："我们国君派我郤克，用我国并不丰厚的礼物，为了您所受到的羞辱，请赠送给您手下的各位办事人员，用来报答那个妇人。"（《国语·晋语五》）
>
> 齐顷公到晋国朝见晋景公，郤克（郤献子）跑过去拉下齐顷公的大带，献给晋景公，说："齐侯这次来，是老夫的功劳。"（清华简二《系年》）

根据《国语·晋语五》的记载，目睹郤献子在外事接待中各种泄私愤行为的晋大夫苗贲皇评论说："郤子勇敢而不懂礼，居功自傲而羞辱国君，郤氏像这样能维持多久呢？"其实从上文所述郤献子分担韩献子错误、赦免守礼忠臣逢丑父等事迹可以知道，郤献子并非真的不懂礼，因此笔者倾向于认为，他在接待齐顷公时表现出的傲慢无礼，一方面是报复先前所受屈辱

1　郤献子这样做，是对逢丑父假扮齐顷公的报复，相当于正式俘虏了一次齐顷公。

的真情流露，另一方面也是打压齐顷公以彰显晋国霸主威严的政治表演。

晋景公设享礼款待齐顷公时，韩献子也在场，坐在堂下。齐顷公发现了韩献子，盯着他看。韩献子问："君主认出我来了吗？"齐顷公说："穿的衣服不一样啦[1]。"韩献子马上起身登上台阶，举起酒杯进言说："下臣当初在作战时之所以不惜一死，就是为了让两位国君现在在这堂上饮宴和好啊。"郤献子和韩献子在这次外事接待活动中一倨一恭的表现，与郤氏权势大盛然而最终灭族、韩氏稳步发展最终建国的后续发展倒是非常契合。

知氏迎回宗子，赵氏兄弟阋墙，韩献子促成迁都

一方面，晋国通过剿灭赤狄巩固后方、战胜齐国威震中原，实现了霸业复兴；另一方面，将楚国争霸事业推向高峰的楚庄王已在前591年去世，到前588年时，在位的是年仅十二岁的楚共王。当时已经担任中军佐的知庄子首抓住了晋楚想要缓和关系的时机，在前588年将先前邲之战时俘获的王子谷臣（活人）和连尹襄老（尸体）归还给楚人，楚人也答应归还他的儿子知武子。

楚共王送知武子返国时问："您恐怕会怨恨我吧？"知武子回答说："两国兴兵，下臣没有才能，不能胜任，所以做了俘虏。君王的左右没有用我的血来祭奠军鼓，而让我回国去接受诛戮，这是君王的恩惠啊。下臣实在没有才能，又敢怨恨谁？"

1　韩献子在鞍之战中试图捉拿齐顷公时穿的是戎服，如今穿的是朝服，所以齐顷公这样说。

楚共王问："那么您感激我吗？"知武子回答说："两国为了自己的国家打算，希望让民众得到平安，各自抑止自己的愤怒，互相原谅；两边都释放被俘的囚犯，以结成友好。两国之间寻求友好才导致我被释放，我本身到不了被两国君主或卿大夫专门出手营救的地步，又敢感激谁？"

楚共王问："您回去，用什么回报我？"知武子回答说："下臣承担不起他人说臣下心存怨恨，君主也承担不起他人说君主施予恩德。没有怨恨也没有恩德，下臣不知道该回报什么。"

楚共王说："尽管这样，您还是一定要告诉我，回去之后会用什么回报我。"知武子回答说：

"如果托君王的福，被囚的下臣能带着这把骨头回到晋国，我国君主即便依法诛杀我，我的鬼魂仍能得到后代祭祀而不会朽坏。

"如果由于君王的恩惠而赦免下臣，把下臣赐给您的外臣首（知庄子首），首向我国君主请求，把下臣带回宗庙中诛杀，我的鬼魂仍能得到后代祭祀而不会朽坏。

"如果没有得到我国君主要求或同意诛杀我的命令，而让我继承父亲的职位担任卿大夫，按照次序轮到我来承担率军征战的政事，率领一支非主力部队去修治我国和贵国的疆界，即使遇到了君王的执政大臣，我也不敢避开。我会竭尽全力拼死作战，没有二心，来践行我做臣下的礼义。这就是我回报君王的方式。"

楚共王本来是想要抓住知武子急于归国的软肋，逼迫他说出一些向楚国示好的话，作为今后晋楚再起争端时的话柄；没想到知武子准确地踩住了楚共王释放他是为了国家利益、因此不会因为送别宴上的言论而翻脸的底线，坚决不说会被抓住把柄的话，用温和而坚定的言辞表现了自己不怕死、不卖国的高风亮节。楚共王感佩地说："不能跟晋国争强啊！"于是加重了赐给知武子的礼物，送他回国。

知武子之所以能够准确把握此次对话的分寸，很可能跟他熟悉晋楚外交史有关。因为在49年前，楚成王和流亡到楚国寻求支持的公子重耳（晋文公）之间发生过非常相似的对话：

楚成王问："公子如果返回晋国成为君主，将如何报答我？"公子重耳回答说："男臣隶、女臣隶、美玉、丝帛，君王已经拥有了；鸟羽、皮毛、象牙、犀革，是君王土地上出产的。那些波及晋国的，已经是君王的剩余了，能用什么来报答君王呢？"

楚成王问："尽管这样，公子究竟用什么报答我？"公子重耳回答说："如果托君王的福，我得以回到晋国，一旦晋、楚两国演习军事，在中原相遇，我将率军连退三舍回避君王。如果还无法获得君王宽大的命令，我就左手执鞭执弓，右边挂着箭袋弓袋，跟君王周旋一番。"

实际上，自从前597年到楚国之后，知武子并不是被动地等待父亲的救援，而是主动地想办法脱身。就在知庄子首准备用交换人质的办法救回儿子之前不久，知武子也抓住了晋楚关系缓和、楚人对他放松看守的时机，和一位郑国商人取得了联系，准备躲在商人运货的大口袋里逃出楚国。知武子和商人商量好之后，还没来得及实施，楚人就把他放回了晋国。后来，这位商人到晋国经商，知武子对他特别厚待，就好像这位商人真是自己的救命恩人一样。知武子的厚道感动了这位商人，他说"我并没有功劳，怎么敢享有成功的果实呢？我是小人[1]，不可以这样来占君子的便宜"，于是拒绝厚待离开了晋国。

从知武子临行前与楚共王的对话，以及他对待郑国商人的态度，我们已经可以感受到，知武子无论是在品德还是才能方面都非常出众，而9年的楚国软禁生涯使他又得到了一般卿族嗣子所没有受过的磨炼，以及对晋国竞争对手楚国的实地深入了解，这都预示着他在未来的晋国政坛将有远大的前程。

到前587年时，郤献子已经告老或去世，下军帅栾武子连升四级担任中军帅。从前585年的情况倒推，可以知道栾武子升迁后空出的下军帅位由郤献子长子郤锜接任，而下军佐赵同仍任原职。此时十二卿领导班子情况如下：

晋 十 二 卿 表
（前587年栾武子任中军帅之时）

位　次	官　职	人　名	族　属
一	中军帅	栾武子	栾
二	中军佐	知庄子首	知

1　这里所说的小人，主要是指社会地位。

位 次	官 职	人 名	族 属
三	上军帅	中行宣子	中行
四	上军佐	范文子	范
五	下军帅	郤锜（？）	郤
六	下军佐	赵同（？）	赵
七	新中军帅	韩献子	韩
八	新中军佐	赵括	赵
九	新上军帅	巩朔	巩
十	新上军佐	韩穿	韩
十一	新下军帅	荀文子	荀
十二	新下军佐	赵旃	赵

　　有学者认为[1]，下军帅栾武子得到"火箭提拔"接替郤献子任中军帅，应该是郤献子在退位之前所作的安排；郤锜接替栾武子任下军帅而不让下军佐赵同递补，应该是栾武子担任中军帅之后向郤氏"投桃报李"的举动。这场政治交易与前601年郤氏与赵氏之间的那场交易惊人地相似 (参见第204页)，只不过当年权势熏天的赵氏如今已经被郤氏、栾氏踩在脚下了。这场政治交易奠定了一段时间内栾、郤合作的基础，也为接下来栾氏、郤氏共同构陷赵氏埋下了伏笔。栾氏、郤氏合作的基础可以追溯到前597年邲之战时：在主战—避战大争论中，上军佐郤献子和下军佐栾武子都是避战派。

1　参见李沁芬（2012年）。

这一边，同属于优秀人物的知庄子首和知武子在分别9年之后终于父子团聚；而那一边，缺乏优秀人物的赵氏却开始滑向灾难。赵姬三子中最小的赵婴齐好色，他看上了自己侄子赵庄子的遗孀赵庄姬，叔父和侄媳通奸。这件事情逐渐传扬开来，成为赵氏的家丑。两个哥哥赵同、赵括不能忍受，于是在前586年春天下狠手将亲弟弟赵婴齐驱逐到齐国。赵婴齐求情说："因为有我在，所以栾氏没有发难。我一旦离开，两位哥哥恐怕要忧愁了吧！而且每个人都有他擅长和不擅长的方面，放过我，有什么害处？"然而，赵同、赵括认为赵婴齐只是在狡辩，还是把他给赶走了。

从赵婴齐的话来推断，栾氏和赵氏已经结怨多年。这两家的怨仇是从什么时候开始的？从现有的文献记载看，两家最早的矛盾发生在前597年邲之战前，当时担任下军佐的栾武子慷慨陈词主张避战，而担任中军大夫的赵同和担任下军大夫的赵括则一起跳出来反对栾武子，极力主张出战。又从前面的六卿领导班子组成分析可知，前593年时栾武子和赵同就搭档担任下军帅、佐，他们在共事期间很可能又有了新的政见冲突，仇怨进一步加深。

从邲之战时的表现来看，当时赵婴齐在主战—避战大争论中并没有明确表态，但在战前却不动声色地在河水边准备撤退舟船，可见他实际上是认同栾武子的避战观点的。笔者认为，赵婴齐在赵氏三兄弟中最有智计，而且可能跟栾武子关系不错，这可能就是为什么他会说"因为有我在，所以栾氏没有发难"。春秋早期，晋大夫士蒍为晋献公设计除掉长辈群公子时，采取的方法就是先用挑拨离间的方法促使群公子自己赶走／杀掉了他们中间最有智计的富子和游氏二子，然后晋献公再亲自出马将剩下的平庸群公子一举杀尽。如今才能平庸的赵同、赵括在并没有外界挑拨的情况下赶走了有才又好色的赵婴齐，自认为是做了一件"清理门户"的好事，实际上是将赵氏带上了与当年群公子类似的覆灭之路。

到前585年时，晋国都城绛的人口承载能力已经接近极限，晋人谋划着迁都。许多卿大夫都建议说："一定要迁到郇、瑕地区去，因为那里土地肥沃、物产丰饶而且靠近盐湖（鹽）[1]。国家得利、君主安乐，肯定错不了！"

晋景公听完群臣的意见，向群臣作揖之后回到寝宫，跟在他身边的是新中军帅兼仆大夫[2]韩献子。晋景公站在寝宫庭院中，突然问韩献子说："你觉得他们的意见怎么样？"韩献子对答说：

"他们的意见不可以听从。

"郇、瑕地区土层薄、河流浅，污秽肮脏的东西容易淤积。容易淤积民众就会愁苦，民众愁苦就会羸弱，容易患上风湿脚肿的疾病。

"不如迁到新田[3]：那里土层厚、河流深，住在那里不会生病，有汾水、浍水带走各种污物，而且那里的民众老实听话，

1　郇、瑕（瑕2）、鹽见图二。鹽，就是今天的运城盐湖，中原重要产盐区。
2　官职，总管国君驾车、开道的仆御，也掌管上下朝的傧相工作。
3　绛（晋1）、新田（晋2）见图二。

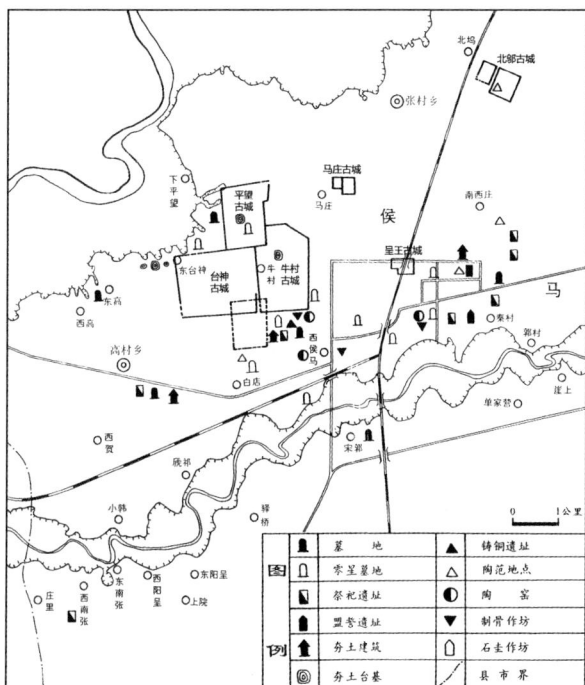

▶ 图9 晋都新田遗
址平面图，山西省考
古研究所侯马工作站
(1996年)。

这是能惠及十代的有利条件。

"山峦、湖泽、森林、盐湖，这些都是国家的
宝藏。国都地区富饶，民众就容易骄横而贪图安
逸；靠近宝藏，公室反而会因为民众舍本逐末而
贫困，这样的结局不能说是安乐。"

晋景公觉得韩献子说得很有道理，于是按照
韩献子的意见再开会商议，最终做出了迁都新田
的重大决策。同年夏四月十三日，晋国从绛迁都
到新田，也就是今天位于山西侯马的晋都新田遗
址 (平面图见图9)。考古发掘结果表明，晋都内城遗

址由三座排列成"品"字形的古城址组成，位于汾河东岸、浍河北岸的台地上，占据着新田地势最高、土层最厚的地方，这与韩献子方案里面的描述完全一致。遗址年代从春秋中期一直延续到战国早期，这与晋国迁都新田后一直沿用至灭亡的历史记载相吻合，充分说明这次迁都决策是正确的。韩献子不随大流、提出最终被采纳而且事后证明是正确的迁都方案，是韩献子见于文献记载的第一项重大功绩，使得韩氏在卿族中的地位得到进一步提高。

栾武子从善不从众，赵氏遭难留独苗

前585年秋天，楚令尹王子婴齐率军讨伐郑国，晋中军帅栾武子率六军救援郑国。根据《左传正义》孔颖达疏引服虔说，此时担任六军帅、佐的晋十二卿领导班子情况如下：

晋十二卿表
（前585年晋军救郑之时）

位　次	官　职	人　名	族　属
一	中军帅	栾武子	栾
二	中军佐	知庄子首	知
三	上军帅	中行宣子	中行
四	上军佐	范文子	范
五	下军帅	郤锜	郤
六	下军佐	赵同	赵

位　次	官　职	人　名	族　属
七	新中军帅	韩献子	韩
八	新中军佐	赵括	赵
九	新上军帅	巩朔	巩
十	新上军佐	韩穿	韩
十一	新下军帅	荀文子	荀
十二	新下军佐	赵旃	赵

　　晋楚两军首先在绕角相遇，晋军采纳了叛逃至晋国的楚大夫析公的谋略，夜晚偷袭楚军营垒，楚军溃散，撤退回国。晋军成功救援郑国之后，乘胜南下攻打臣服楚国的蔡国。而楚大夫王子申、王子成率领申县、息县的军队救援蔡国，在桑隧[1]抵御晋军。

　　这时，赵同、赵括又像当年邲之战时那样跳出来，向栾武子请求与楚军决战。实际上，当时栾武子以下的十一卿中，中行宣子、郤锜、赵同、赵括、巩朔、韩穿、荀文子、赵旃八人都主张乘胜出战，在人数上占绝对优势，栾武子准备要答应他们。

　　这时，中军佐知庄子首、上军佐范文子、新中军帅韩献子进谏说："不可以出战。我们这次出兵本来是为了救援郑国。楚军撤离，我们才到了蔡国这里，这已经是把杀戮迁移到并没有直接罪过的国家。如果我们杀戮不停，又激怒了楚军的话，决

1　绕角、申、息、桑隧见图五。

战一定不会胜利；即使侥幸取得了胜利，也不是好事。我们六军倾巢出动，即使打败了楚国两个县的军队，有什么荣耀可言呢？如果连申、息二县的军队都没有打败的话，那造成的屈辱就太大了。我们不如回国。”

栾武子认为知、范、韩三人的意见更有道理，于是力排众议，决定见好就收，撤军回国。当时有人劝栾武子说："圣明的人和多数人保持同样的欲望，因此能够成事。您为什么不听从多数人的？您作为执政卿，要斟酌人心来做决策。您手下的十一卿，不愿意出战的，只有三位而已。这样看来，想要出战的人可以说是多数人了。《商书》说'三人占卜同一件事，如果结果不一致，采纳相同两人的结果'，就是以多数人为准。"栾武子说："如果双方的谋划各有道理，难分伯仲，那么就听从人数多的一方。如果一方面观点明显更有道理，那么'有道理'是凌驾于'人数多'之上的，是'人数多'的主子。这三位卿同时提出有道理的主张，因此都是上述意义的主子，而三位主子当然可以算'人数多'了。听从这三人，不也可以吗？"[1]

到了前583年，栾武子再次率军入侵蔡国，随后入侵楚国，与楚交战取得胜利，抓获了楚大夫申骊。楚军后撤之后，晋军又入侵臣服楚国的沈国[2]，再次取胜，抓获了沈国君主。这次接连取得胜利，又是因为听从了知庄子首、范文子、韩献子三卿的意见。

1　《左传·成公六年》："善钧，从众。夫善，众之主也。三卿为主，可谓众矣。从之，不亦可乎？"
2　沈见图五。

前583年六月，赵氏家族史上最大的一场劫难降临了[1]。赵庄姬由于自己的姘头赵婴齐被驱逐，想要报复，于是向她的兄弟晋景公进言，说赵同、赵括将要作乱。中军帅栾武子是赵同、赵括的大领导，下军帅郤锜是下军佐赵同的直接领导，栾武子和郤锜都为赵庄姬作证，说他们都察觉到赵同、赵括有谋反的迹象。不过，赵括的直接领导、新中军帅韩献子没有出来作证。

晋景公依据赵庄姬、栾武子和郤锜的证言，下令以谋反罪逮捕赵同、赵括。栾氏、郤氏根据晋景公命令派出私家军攻打赵氏官邸，捉拿了赵同、赵括，最终由国家处以灭族极刑。不过，韩献子顶住了来自晋景公、栾武子、郤锜的压力，没有派出私家军参与灭赵氏的军事行动。

由于赵宣子在前607年已经将赵氏族长之位让给了赵括，所以杀赵括是灭赵氏的首要标志。赵氏被灭之后，晋景公将赵氏原来拥有的土田赐给了以贤明忠君著称的大夫祁奚。不过，前578年时赵旃又出现在《左传》记载中，还担任新军帅，可见作为赵氏小宗的赵旃支族并没有被波及。这也充分说明，赵氏内部赵成子支族和赵夙支族之间的关系已经和"形同陌路"没有多大区别。

赵同、赵括被杀后，十二卿领导班子自然需要有所调整，根据前578年情况倒推，就三军六卿而言，最有可能是新中军帅韩献子升任下军佐，填补赵同被杀后的空缺。就新三军六

1　此次劫难，《史记·赵世家》版本就是"赵氏孤儿"故事原型，与《左传·成公八年》版本大不相同。据白国红（2007年）分析，《左传》版本更可靠，因此本书叙述以《左传》版本为准。

卿而言，韩献子升迁，赵括被杀，空出的两个位置最有可能是被来自郤氏小宗的郤昭子和郤犨所占据。又根据前578年的情况倒推，郤昭子应该位居郤犨之上。也就是说，从这时起，郤氏就已是一门三卿（郤锜、郤昭子、郤犨），他们三人被晋人称为"三郤"，这种情况一直延续到前574年晋国内乱、三郤被杀之时。

如果我们假设新三军原有四位帅、佐各向上升迁两位，而郤昭子、郤犨填补新下军帅、新下军佐卿位的话，此时晋十二卿领导班子情况如下：

晋十二卿表
（前583年赵同被杀后）

位 次	官 职	人 名	族 属
一	中军帅	栾武子	栾
二	中军佐	知庄子首	知
三	上军帅	中行宣子	中行
四	上军佐	范文子	范
五	下军帅	郤锜	郤
六	下军佐	韩献子（？）	韩
七	新中军帅	巩朔（？）	巩
八	新中军佐	韩穿（？）	韩
九	新上军帅	荀文子（？）	荀
十	新上军佐	赵旃（？）	赵
十一	新下军帅	郤昭子（？）*	郤
十二	新下军佐	郤犨（？）*	郤

赵氏被灭，"红颜祸水"赵庄姬的告发只是起到了一个导火线的作用。分析起来，赵氏被灭的实质性原因有如下几层：

第一，晋景公想要借刀杀人。

如下文所述，祭祀断绝、无处求食的赵氏先祖厉鬼并没有去骚扰栾氏、郤氏，而是直接扑向晋景公，因为厉鬼"知道"晋景公才是灭赵氏行动真正的幕后主使。如果用无神论的话语体系来描述的话就是：因为晋景公心里清楚自己是真正的幕后主使，担心赵氏余党复仇弑君，日有所思夜有所梦，才会做出"赵氏先祖厉鬼前来索命"的噩梦。

从前面的叙述我们已经可以看出，晋景公是一位颇有谋略和智计的君主，他不仅在卿族环伺的境况下努力做一位得到诸卿敬重、具有一定权势的英主，而且想要找机会清算赵宣子的弑君罪行、削弱卿族集团势力，从而进一步扩大君权。要想消灭赵氏而又不危及自身，当然不能像晋灵公那样采取硬碰硬的办法，而是应该借力打力，借刀杀人。此次罗织谋反罪名灭赵氏，就是晋景公一次非常成功的借刀杀人行动。他借的刀，主要是仇视赵同、赵括的栾武子、郤锜，所以他在两人站出来为赵庄姬作证之后才发布命令抓人。实际上，正因为晋景公的目的是要削弱卿族集团势力，所以在灭赵氏之后，他并没有将赵氏土田分给举证有功的栾氏、郤氏，而是分给了忠于公室、家族不在卿族行列的贤大夫祁奚。

第二，赵氏与其他卿族结怨。

赵宣子在世之时，他的弑君行为和"顺我者昌，逆我者亡"的执政风格将赵氏带到了权势的高峰，但也已经为赵氏招致了很多怨恨。赵宣子去世后，赵同、赵括主要依靠赵宣子的旧勋当上卿官，然而其他诸卿栾武子、知庄子首、范文子等人德才远高于赵氏族人，又经常与赵氏族人发生政见冲突，双方互相的嫌恶和仇视不断加深。赵氏唯一有智计的赵婴齐被驱逐之后，栾武子和郤锜就已经在寻找机会除掉赵氏，因此栾、郤才会与诬告赵氏谋反的赵庄姬一拍即合，成为晋景公借来砍向赵氏的刀。

第三，赵氏族内无英才担纲。

赵宣子去世后，掌握卿权的赵庄子虽然头脑还算清楚但才干不出众，而掌握族权的赵括和他的哥哥赵同见识浅薄、鲁莽冲动，赵婴齐虽然智计过人但私德败坏，整个家族中没有一人达到甚至接近赵成子、赵宣子的水平，因此不仅无法支撑赵氏继续享有显赫地位，而且使得赵氏成为其他卿族眼中可以下手的"软柿子"。

第四，赵氏内部不团结。

当时赵氏内部有三个层面的不团结：

（一）赵成子支族与赵夙支族不团结，这从赵同、赵括被灭之后，赵旃不受影响反而晋升新上军佐可以推知。

（二）赵成子支族内部的赵宣子支族与赵姬三子支族不合，这从赵同、赵括被灭而赵文子终被复立可以推知。

（三）赵姬三子支族内部爆发内讧，最有智计的赵婴齐被赶走，剩下了较为平庸的赵同、赵括。

不过，就是这位充当了赵氏家难导火索的赵庄姬，也同时为赵氏复兴保存了一棵幼苗。赵氏被灭之后，赵庄姬已经无家可归，于是她带着自己和赵庄子的亲生儿子赵文子回到了自己的母家，也就是国君公宫居住。由于前542年时赵文子还不到五十岁，因此前583年赵氏家难发生时赵文子还只是一个不到九岁的儿童。

笔者认为，这时的赵庄姬可能已经意识到，自己在仇恨驱使下诬告赵同、赵括，虽然获得了一时的痛快，却最终导致夫家被灭、自己成为无依无靠的寡妇，并没有任何好处。于是她开始盘算弥补过失，而当时她唯一能做的就是保护好还是少年的儿子赵文子。然而，要想恢复赵氏，还得要等待一位愿意施以援手的高层人士，以及一个能够说动晋景公的合适机会。

范文子促成晋楚议和，韩献子促成赵氏重生

从前632年晋楚城濮之战算起的话，到前582年时，晋楚之间已经武力争斗半个世纪了。双方都意识到无法决定性地击败对方，夹在中间的各诸侯国也苦不堪言。

就在前582年秋天，晋人决定迈出议和的第一步。有一天，晋景公视察军府，在那里见到了前584年郑人俘虏后献给晋国的楚大夫钟仪。

晋景公问道："这位带着南方式样的冠而被拘押的人，是谁啊？"有关部门官吏回答说："是郑人先前献上的楚国囚徒。"

晋景公命令解除对钟仪的拘禁，召见他并表示慰问。钟仪行两次稽首礼表示感谢。

晋景公问他的家族渊源。钟仪回答说："我们家族世代担任

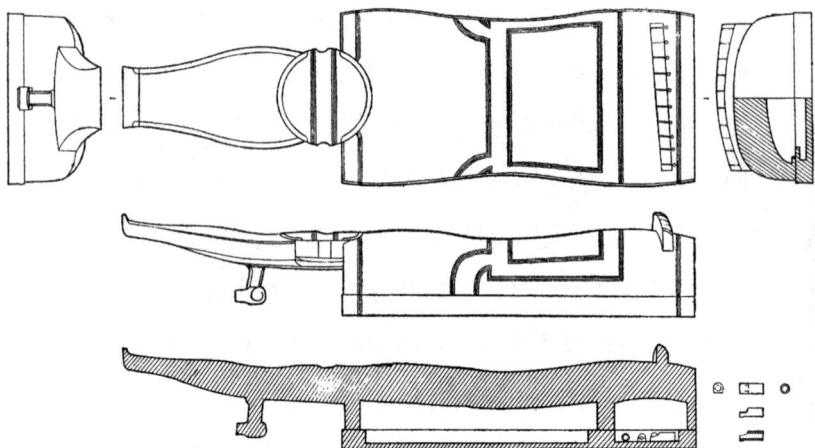

伶人。"

晋景公问："那你能演奏音乐吗？"钟仪对答说："这是我的先人世代相传的职守，怎敢从事别的呢？"

晋景公给了他一张琴让他即兴演奏。钟仪弹奏了一首南方的曲子。

晋景公问："贵国君王是怎样的人？"钟仪对答说："不是我这样的小人能够知道的。"

晋景公坚持询问。钟仪对答说："他当年还是太子的时候，太师、太保尊奉着他，早上谒见婴齐[1]，晚上谒见侧[2]。臣下不知道其他的了。"

晋景公把他与钟仪交谈的情况告诉了上军佐

1　王子婴齐，楚令尹，楚官中位次排第一。
2　王子侧，楚司马，楚官中位次排第二。

范文子。范文子说："这位楚国囚徒，是位君子。他强调先人的职守，说明他不背弃根本。他奏乐用的是本土的曲子，说明他不忘记故旧。他称述楚王为太子时的事，说明他没有私心[1]。他对您说话时直呼楚国两位卿官的名，说明他尊崇国君[2]。不背弃根本，这是仁；不忘记故旧，这是信；没有私心，这是忠；尊崇国君，这是敏。依据仁来处理事情，用信来守住它，用忠来成就它，用敏来推行它，事情即使再大也必然会成功[3]。君主为何不放他回去，让他来结成晋楚的交好？"

晋景公听从了范文子的意见，对钟仪厚加礼遇，让他回国去传递晋国希望与楚国讲和的信息。冬十二月，楚共王派太宰王子辰来到晋国，回报钟仪的归国，请求修治与晋国友好关系、缔结和约。前581年春，晋景公又派大夫籴茷前往楚国，回报王子辰的来访。

到前581年时，挽救赵氏的机会终于到来。就在这一年五月前的一天，晋景公做了一个噩梦，梦见一只大厉鬼，头发披散到地上，捶胸顿足地在公宫外呼号说："你谋杀了我的子孙，不合道义！我已经请示过上天了，要杀你报仇！"厉鬼说完，就往公宫里闯，撞破了大门和寝宫的门。梦中的晋景公非常害

1　钟仪用楚共王为太子时的事迹回答，意思是楚共王自幼贤德，本性使然，表明自己并非出于私心而虚词奉承在位君主。

2　依礼，臣子在君主面前称呼其他臣子，即使被称呼的是自己的父亲，也应直呼其名。钟仪在晋景公面前直呼楚令尹、司马之名，是表明对晋景公的尊重。

3　《左传·成公九年》："不背本，仁也；不忘旧，信也；无私，忠也；尊君，敏也。仁以接事，信以守之，忠以成之，敏以行之，事虽大必济。"

怕，于是躲进一间屋子，而厉鬼又撞开了屋子的门。就在马上就要被厉鬼杀死的时刻，晋景公惊醒，才发现是做梦，然而已经吓得魂飞魄散。

这只大厉鬼应该就是赵氏祖先之鬼。按照当时人的说法，这是因为赵氏被灭族，祭祀断绝，祖先之鬼无处求食，于是化身为厉鬼，前来找寻灭族的真正幕后主使晋景公报仇。如前所述，按照科学的解释，这是因为晋景公借刀杀人灭了赵氏之后内心不安，日有所思夜有所梦。

这次噩梦之后，晋景公一蹶不振，卧病不起。韩献子作为仆大夫经常在晋景公身边陪侍，而且深得晋景公倚重信任，他得知了晋景公因厉鬼折磨而得重病的内情，推测此时晋景公内心想要恢复赵氏以禳除厉鬼凶邪，于是顺势进言说："成季（赵成子）对晋国有大功，宣孟（赵宣子）[1]对国事尽心尽力，这样的有德之臣如果绝了后代，那么想要做善事的人就会畏惧了。夏、商、周三代都有善王，在他们去世后的数百年里，他们的后代都得以保住上天赐予的福禄。这其中难道没有恶王？这是仰赖着先前善王的美德而得以幸免。《周书》说'不要欺侮鳏夫寡妇'，说的就是要昭明美德。"晋景公听从了韩献子的建议，于是立赵武（赵文子）为赵氏族长，并且恢复了赵氏的封地。不过，赦免赵氏并没能给晋景公续命，他于当年夏六月六日上厕所的时候掉到粪坑里不幸去世。

韩献子为什么要这样挺身而出帮助赵氏？根据他自己在前

1　赵成子谥"成"，排行季，因此称为"成季"；赵宣子谥"宣"，排行孟，因此称为"宣孟"。

574年的公开说法，这是因为他年少时曾经寄居在赵氏，也就是说，他这样做是为了报答赵氏的养育之恩。这条理由非常有助于塑造韩献子"知恩图报"的德义形象，所以他希望他人将其接受为"标准答案"。

然而，考虑到韩献子过人的才智，笔者认为还有另一条重要理由，即这样做对韩氏有利。分析起来大概是这样：

一、韩献子由于和赵氏的特殊关系，能经常见到赵氏家难之前的赵文子；又因为担任仆大夫出入公宫，能经常见到赵氏家难之后寄居公宫的赵文子。在长期接触和交往的基础上，韩献子已经看出赵文子禀赋非凡，又经历了家难的磨炼，很有可能成为一位杰出的卿大夫。

二、赵氏家难之后，才能平庸的赵姬三子支族已经被消灭或驱逐，赵凤支族又是从来没有掌握过族权的旁支，因此赵氏内部没有其他人可以与身为赵宣子系嫡嗣的赵文子争夺族长之位。

因此，韩献子认为，如果将赵文子拥立为族长，他将能够终结赵氏自前607年以后一直存在的"族权和卿权分离"结构性问题 _(参见第191页)，带领"被清理门户"之后的赵氏恢复实力甚至再度兴盛。韩氏由于对赵氏有再造之恩，可以与赵氏结成互信互助的攻守联盟，共同面对其他卿族的挑战，获得长远的利益。

韩氏族长韩献子不按照惯常思维把赵氏看成竞争对手，在赵氏落难时袖手旁观甚至落井下石，而是把赵氏看成"潜力股"，在赵氏落难时以报答恩情为名伸出援手、存亡继绝，而且他的谋划最终取得了预期的效果，那就是韩、赵长期合作，不断壮大，最终都取得了"化家为国"的伟大成就。这种既有德义"面子"又有利益"里子"、两者兼顾恰到好处的政治智慧，其实就是孔子所说的中庸之道。

五、厉公时期：

国君抗争惨败
卿族政治确立

君实有臣而杀之，其谓君何？

——郤昭子

郤氏小宗高调进取，大国弭兵虎头蛇尾

赵氏遭遇沉重打击之后，在郤成子、郤献子时期得到了长足发展的郤氏开始发力，准确地说，是郤氏小宗成员郤犨和郤昭子开始发力，他们两人的言行频繁出现在《左传》的记载中。

前580年三月，晋厉公派郤犨前往鲁国访问。鲁史《春秋》记载了这件事，而且直书郤犨的氏和名，这说明当时郤犨已经是卿官，可能就是笔者所推断的新下军佐。郤犨这次到鲁国，除了国家公事，还有自己的私事，那就是主动要求从鲁大夫子叔声伯的姐妹中娶妻。子叔声伯为了应对郤犨的请求，做了一件看似特别离谱的事，那就是把自己已经嫁人的同母异父的外妹从她家中抢走，强迫她嫁给了郤犨。

前580年冬天，新下军帅郤昭子和周邦争夺晋、周交界处的䢵邑[1]土地。䢵邑原本是温邑的一部分，前635年已经从温邑分出，从那以后温邑属于晋国，䢵邑属于周邦。郤氏先前得到温邑作为私邑。到了本年，郤昭子仗着晋国强盛、周邦衰弱，认为应该把曾经从属于温邑的䢵邑也收归自己所有，因此与周邦发生冲突。

周简王命令卿士刘康公、单襄公到晋国告状。郤昭子在朝

1　䢵见图三。

堂上理直气壮地说："温邑一直就是我们郤家的封邑，所以我不敢丢失从属于温邑的郗邑。"刘康公、单襄公反驳说："昔日周王战胜商王，使得诸侯各自拥有封地，其中苏忿生得到温邑作为苏国都城，同时担任周邦的司寇。……后来苏氏逃到了狄地，又待不下去逃到了卫国。周襄王当年为了慰劳晋文公的勤王之功，将温邑赐给了晋国，那时郗邑已经从温邑分出。温邑先是晋国狐氏、阳氏的封邑，而后才到了郤氏手上。如果真要追根溯源的话，那么不仅郗邑，就连温邑原来也是周邦的城邑，您哪里还能得到它？"晋厉公不希望郤昭子破坏霸主晋国的"尊王"名声，于是命令郤昭子不要再纠缠此事，但也没有对郤昭子进行任何处罚。

前580年底，长期敌对的秦国、晋国试图讲和，约好两国君主在河水以东的晋国地点令狐结盟。晋厉公先到了令狐。然而，秦桓公到了河水边突然变卦不肯过河，于是留在河水以西的王城[1]，而派大夫史颗过河，在令狐与晋厉公结盟；晋国随后派出郤犨过河，在王城与秦桓公结盟。上军帅范文子评论说："这样的盟誓有什么用处？斋戒盟誓，是为了落实诚信。不临时变更会盟场所，是建立诚信的开始。一开始都不能按照诚信的原则行事，这样的盟誓能有什么实质呢？"[2]如范文子所料，秦桓公回国之后，就背弃了盟誓，与白狄合谋袭

1　王城见图二。
2　《左传·成公十一年》："齐盟，所以质信也。会所，信之始也。始之不从，其何质乎？"

击晋国。

前579年，在使者前期沟通和宋国执政卿华元的斡旋下，长期争霸的晋国、楚国缔结和约，史称"第一次弭兵之盟"。作为缔结和约仪式的一部分，郤昭子作为晋方代表访问楚国，并与楚方结盟。

楚共王设享礼款待郤昭子，司马王子侧辅相楚共王行礼。楚人为了让郤昭子出丑从而彰显楚国威风，在享礼现场下方挖了一个地下室，在里面架好了演奏迎宾乐曲的钟鼓。郤昭子正准备登上台阶时，从地下传来钟镈敲击的乐声。郤昭子以为地下有异动，吃了一惊，赶忙往外跑，跑到了门外。

王子侧见计谋奏效，于是略带嘲讽地催促说："时间已经不早了，我国君王已经在等了，您赶紧进来吧！"

郤昭子这时已经回过神来，意识到自己和当年访问齐国的叔伯郤献子一样落入了圈套。他赶紧整理仪态，迅速想好了一个得体的理由，站在门外回答说："贵国君主不忘记两国先君的友好，恩惠延伸到了下臣，赐给下臣大礼，还用诸侯国君相见时才演奏的隆重音乐来加重它的分量。如果托上天的福，将来两国君主相见时，将用什么更隆重的礼乐来取代今天的礼乐？下臣不敢接受，所以跑了出来。"郤昭子这样的巧妙回答，不仅解释了自己刚才的失态、挽回了晋国的颜面，还反过来指出楚人不懂礼乐制度，可以说是一个非常漂亮的反击。

王子侧没有料到郤昭子会如此机智，一时没有找到合适的话来继续嘲笑晋国，匆忙间说出了一段暴露楚人真实想法、蛮横意味很重的话："如果托上天的福，两国君主相见，他们能做的也只能是用一支箭互相馈赠[1]，哪里还用得着奏乐？我国君王等着呢，您最好赶紧进来！"

这时郤昭子已经完全掌握了主动权，他站在门外开始慷慨陈词：

"如果两国君主只能用一支箭来相互馈赠，这是祸中的大祸，还有什么福可言？

"世道清明的时候，诸侯在完成天子使命的间隙，互相朝见以增进友好，在这时就会用上享、宴的礼仪。享礼用来训导恭敬节俭[2]，宴礼用来表示慈爱恩惠[3]。恭敬节俭用来施行礼制，而慈爱恩惠用来展布政事。政事依据礼制的要求来完成，民众因此得到休息。[4]百官承办政事，白天朝见君主就把事情都办妥了，晚上不用再朝见，这就是公侯用来捍卫民众的做法。所以《诗》说：'雄赳赳的武士，是公侯的捍卫。'

"等到世道动乱的时候，诸侯贪婪，侵占的欲望无所顾忌，连很小的一块土地都要争夺[5]，从而耗尽民力；收罗武士，作为自己的心腹、股肱、爪牙。所以《诗》说：'雄赳赳的武士，是公侯的心腹。'天下有道的时候，公侯能捍卫民众的利益，而控

1　这是晋楚交战的委婉说法。

2　享礼虽设有酒食，但重在行礼，并不吃喝，所以叫"训共俭"。

3　宴礼则宾主一起饮酒吃食，所以叫"示慈惠"。

4　《左传·成公十二年》："享以训共俭，宴以示慈惠。共俭以行礼，而慈惠以布政。政以礼成，民是以息。"

5　原文是"争寻常"，寻是八尺，常是一丈六尺。

制他的心腹。动乱的时候就会反过来[1]。

"现在您的话，是动乱之道，不能用来作为准则。然而您是主人，我怎敢不听从？"

郤昭子站在道义制高点把王子侧批判得体无完肤之后，才重新进入享礼现场，完成享礼的仪式流程。

郤昭子回国之后，把事情经过告诉了启动此次和议的范文子。范文子忧虑地说："楚人如此无礼，一定会违背盟誓的诺言，我们恐怕是没有几天好日子过了！"不出范文子所料，三年后的前576年，楚共王率军讨伐郑国，晋楚第一次弭兵之盟由于楚国的毁约而宣告破裂。

同样不出范文子所料，前578年春天，晋、秦之间缺乏诚意的和约破裂，晋厉公派郤锜到鲁国，请求鲁国出兵一同讨伐秦国。所谓"请求鲁国出兵"，实际上是晋国给鲁国下命令，所以郤锜认为那些谦恭的礼节都是走过场，执行使命时态度很不恭敬。鲁卿孟献子说："郤氏恐怕要灭亡吧！礼制，是身体的主干。恭敬，是身体的根基[2]。郤子没有根基。而且郤子，本是先君执政卿郤献子的嗣卿，这次接受国君的命令到我国请求出兵，是为了捍卫晋国的社稷，却表现得如此懒散，这是抛弃了国君的命令。不灭亡，还能怎样呢？"

---

1 《左传·成公十二年》："天下有道，则公侯能为民干城，而制其腹心。乱则反之。"
2 《左传·成公十三年》："礼，身之干也。敬，身之基也。"

郤氏小宗招怨树敌，晋国卿班貌合神离

前578年四月出兵讨伐秦国之前，晋国已经将新三军编制压缩为一军，整体规模下降到四军。当时知庄子首、巩朔、韩穿、荀文子都已告老或者去世，中行宣子、范文子、郤锜、韩献子分别向上晋升一位担任中军佐、上军帅、上军佐、下军帅，知武子代表知氏进入六卿序列担任下军佐，赵旃、郤昭子成为缩编后的新军帅、佐，而郤犨则应该是由新下军佐暂时变成了有待遇而无军职的散位卿。晋军出发讨伐秦国之时，四军八卿情况如下：

晋 八 卿 表（附散位卿）
（前578年伐秦之时）

位　次	官　职	人　名	族　属
一	中军帅	栾武子	栾
二	中军佐	中行宣子	中行
三	上军帅	范文子	范
四	上军佐	郤锜	郤
五	下军帅	韩献子	韩
六	下军佐	知武子*	知
七	新军帅	赵旃	赵
八	新军佐	郤昭子	郤
	散位卿	郤犨（？）	郤

前577年，晋厉公派郤犨率团护送先前出奔到晋国的卫卿孙文子回到卫国，要求卫定公与孙文子和解。事成之后，卫定公设享礼款待郤犨，郤犨在行礼过程中态度非常傲慢。在现场辅相礼仪的卫卿宁惠子说："郤犨恐怕要灭亡吧！古代设置享礼，是为了观察对方的威风仪态，从而省察此人的祸福，所以《诗》说：'角杯弯弯，美酒柔和。不骄不傲，聚集福德。'今天此人如此傲慢，这是走上了求取祸难的路啊！"

前576年，按照《左传》的说法，郤锜、郤犨、郤昭子忌恨喜好直言无忌的伯宗，向晋厉公进谗言罗织罪名杀了他，并且波及另外一位栾氏族人栾弗忌。伯宗的儿子伯州犁出奔到了楚国。韩献子私下评论说："郤氏恐怕不会幸免于难吧！正直良善的人，是天地的纲纪，而郤氏屡次灭绝他们，这样的人不灭亡，还等什么？"

不过，《国语·晋语五》记载的伯宗之死故事却是栾弗忌被杀在前，而伯宗才是被波及的对象，而且并没有明确牵涉三郤：

> 伯宗退朝以后，面带喜色地回到家中。
>
> 他的妻子问道："您今天面露喜色，为什么呀？"
>
> 伯宗说："我在朝廷中发言，大夫们都称赞我像阳子（阳处父）那样机智。"
>
> 妻子说："阳子这个人华而不实，善于谈论而无谋略，因此遭到杀身之祸。您欢喜什么呢？"

伯宗说："我设宴请大夫们一起饮酒，和他们谈话，你试着听一听。"

妻子说："好吧。"

饮宴结束以后，他的妻子说："那些大夫们确实不如您。但是人们不能拥戴他们的上级已经很久了，灾难必然要降到您头上！何不赶快物色一个能干的人来庇护我们的儿子伯州犁呀。"伯宗找到了毕阳。

等到栾弗忌被害，那些大夫们妒恨伯宗，准备合谋杀死他。毕阳把伯州犁护送到了楚国。

前578到前575年之间，赵氏族长赵文子成年，他在行冠礼之后，依次拜见各卿族的族长。《国语·晋语六》详细记载了这次拜见诸卿的情况，从中也可以看到三郤说话阴阳怪气、招人怨恨的情状：

赵文子举行了加冠典礼后，去拜见中军帅栾武子。武子说："小伙子美啊！昔日我曾事奉你的父亲赵庄子，你的外表很美，内在怎样我还不知道，请你努力实干吧！"[1]

赵文子去见中军佐中行宣子。宣子说："小伙子美啊！可惜呀，我已经老了。"

赵文子去见上军帅范文子。文子说："从今以后你

1　《国语·晋语六》："华则荣矣，实之不知，请务实乎！"

要时时警戒啊，贤明的人因受到宠爱而更加警戒，贤明不足的人因得宠就骄傲起来。[1] 所以创业兴邦的君王奖赏敢于进谏的臣子，贪图逸乐的君王却惩罚他们。我听说古代的君王，在政德已经成就之后，还要听取民众的意见，于是让乐工们在朝堂上朗诵前世箴谏之语，在位的百官献诗讽谏使自己不受蒙蔽，在市场上采听商旅的传言，从民谣中辨别妖异和祥瑞，在朝中考察百官职事，在道路上询问批评和赞誉，有邪曲不正的地方及时纠正，这些都是自我警戒的方法。先王最痛恨的就是骄傲。”

赵文子去见上军佐郤锜。郤锜说：“小伙子帅啊！但是壮年人不如老年人的地方多着哪。”

赵文子去见下军帅韩献子。献子说：“要警戒啊，这就叫做成人。成人的关键在于一开始就要亲近善。一开始就亲近善，善再引进善，不善就没法到来了。一开始就亲近不善，不善又引进不善，善也就没法到来了。[2] 这就好像草木的生长一样，各以其类聚在一起。人戴上冠冕，就如同宫室有了墙屋，接下来就是打扫去除污物罢了，还有什么可增益的呢？”

赵文子去见下军佐知武子。武子说：“你努力吧！作为赵成子、赵宣子的后代，如果到老还只是个大夫，这

1 《国语·晋语六》：“而今可以戒矣，夫贤者宠至而益戒，不足者为宠骄。”
2 《国语·晋语六》：“成人在始。始与善，善进善，不善蔑由至矣；始与不善，不善进不善，善亦蔑由至矣。”

不是耻辱吗！赵成子的文才，赵宣子的忠心，难道可以忘记吗！赵成子引据前代的典章来辅佐先君，宣导法令而最终执政，这能说不是文德吗！赵宣子对襄公、灵公尽心谏诤，由于强谏而被君主厌恶，还是不怕以死进谏，这能说不是忠德吗！你好好努力吧，持有赵宣子的忠心，同时收纳赵成子的文才，事奉君主必定能成功。"

赵文子去见新军帅郤犨。郤犨说："年少而当官的人很多，我怎么包容你呢？"

赵文子去见新军佐郤昭子。郤昭子说："你的水平不如谁，可以求居其次。"

赵文子去见张老并把各位卿大夫的话告诉了他。张老说："好啊！栾伯的话，可以使你滋长；范叔的教诲，可以使你宏大；韩子的告诫，可以使你成就。条件都具备了，立志就看你自己了。三郤的话，是丧亡之人的言论，有什么值得说的呢？知子讲的道理很好，是先人的恩泽在庇护你啊。"

从《国语》的记载还可以得知，在前578年之后、前575年之前，赵旃告老或去世，散位卿郤犨越过新军佐郤昭子直接升任新军帅，并兼任公族大夫。至此，十二卿减为八卿，原来在新军六卿中的巩、韩、荀、赵四家全被挤出，剩下的两个新军职位全被郤氏成员所占据，三郤在卿官体系中的权重进一步加大。此时八卿领导班子情况如下：

晋 八 卿 表

（前578年后，前575年前）

位 次	官 职	人 名	族 属
一	中军帅	栾武子	栾
二	中军佐	中行宣子	中行
三	上军帅	范文子	范
四	上军佐	郤锜	郤
五	下军帅	韩献子	韩
六	下军佐	知武子	知
七	新军帅	郤犨	郤
八	新军佐	郤昭子	郤

晋楚鄢陵之战：范文子坚定反战，郤昭子抢立头功

前575年，叛晋服楚的郑国强势出击，讨伐一直忠于晋国的宋国。年轻气盛的晋厉公提出要讨伐郑国。当时已经升为中军佐的范文子说："如果能满足我的愿望，那么我希望诸侯都背叛晋国，这样晋国反而可以顺畅。如果只有郑国背叛，那么晋国的忧患，站着就能等来。"中军帅栾武子说："不可以在我们这一代失去诸侯的归服，一定要讨伐郑国。"于是决定出动四军出征。

此时中行宣子已经告老或去世，中行献子代表中行氏进入六卿行列，任上军佐。此时晋国四军八卿情况如下，下军佐知武子留守国都，新军帅郤犨仍在国外执行外交任务，其他六位

卿官领兵出征。此外，在伐郑之前，栾武子的儿子栾桓子[1]代表晋国前往鲁国请求出兵，鲁史《春秋》记载了栾桓子的名字，这说明栾桓子此时已是卿官，可能是还没有具体职务的散位卿。

晋 八 卿 表（附散位卿）
（前575年伐郑之时）

位 次	官 职	人 名	族 属
一	中军帅	栾武子	栾
二	中军佐	范文子	范
三	上军帅	郤锜	郤
四	上军佐	中行献子 *	中行
五	下军帅	韩献子	韩
六	下军佐	知武子	知
七	新军帅	郤犨	郤
八	新军佐	郤昭子	郤
	散位卿	栾桓子（？）*	栾

夏五月，晋军渡过河水。听说楚军马上要到达，范文子又提出撤军，他说："我们如果逃离避开楚国，可以缓解晋国内部的忧患。作为霸主会合诸侯，不是我们这些人能够做到的，最好是留给以后更有能力的人。我们如果能保持群臣和睦，共同事奉国君，就很好了。"栾武子说："不行。"

六月，晋军、楚军在鄢陵[2]相遇。范文子还是反对出战。

1　栾桓子，姬姓，栾氏，名黡，谥桓，排行伯。栾武子之子。参见图22。
2　鄢陵见图五。

新军佐郤昭子说："韩之战，晋惠公不能胜利归来；箕之战，先轸不能回国复命；邲之战，中行桓子不能再跟楚军周旋，这些都是晋国的耻辱。您也知道先君是如何奋战雪耻的。今天我们如果避开楚国，那就又会为国家增添新的耻辱了！"

范文子说："我们的先君多次征战是有原因的。当时秦国、戎狄、齐国、楚国都很强，如果不尽力应对，晋国到子孙辈时将会衰弱。如今秦国、戎狄、齐国都已经顺服，剩下的敌人，就是楚国了。只有圣人才能够做到国外国内都没有忧患。如果不是圣人的话，国外安宁必定导致国内忧患。为什么不放过楚国，把它作为值得惧怕的国外势力呢？"[1]

《国语·晋语六》也记载了范文子反对出战的言辞，在这个版本里，范文子具体分析了如果此役晋国战胜，接下来会给晋国带来怎样的祸难：

> 我听说，只有德行丰厚的人能够承受大福，没有德行而归服的人众多，必定会对自己造成伤害。衡量晋国的德行，如果诸侯都背叛了，国内才可以稍微获得安宁。正因为还有些诸侯归服我们，所以搞得纷纷扰扰，这些诸侯正是祸难的根源。况且只有圣人才能做到既无外患又无内忧，如果不是圣人，没有外患必有内忧，我们何不姑且撇开楚国和郑国，把它们作为外患呢？
>
> 有外患的情况下，大臣在国内相处，肯定会和睦。如

---

1 《左传·成公十六年》："惟圣人能外内无患。自非圣人，外宁必有内忧。盍释楚以为外惧乎？"

今我们如果战胜了楚国和郑国，我们的国君就将会夸耀自己的智慧和武功，怠慢教化而加重赋税，扩大他的嬖大夫规模而多赐爱妾田地，那么如果不夺取诸位卿大夫的田地，又能从哪里获取呢？大臣们肯交出田地而白白引退的人，能有几个呢？

这一战如果没打胜，那是晋国的福气；如果打胜了，将会打乱分配土地的秩序，它产生的后果将祸害大臣，何不姑且别打呢？

从后来实际发生的情况来看，范文子的预测在方向上来说是对的，但从具体内容上来说还是过于保守了，因为晋厉公在胜利之后想要做的绝不仅仅是夺取现有卿族的封地，而是要诛灭现有卿族，从而能够建立亲公室的新卿族体系。

夏六月二十九日，楚军在早晨就开到了晋军营垒前列阵，晋军连出营布阵的地方都没有了，而且晋国各盟国的军队都还没有赶到，这让晋军将官都很焦虑。这时，年轻大夫范宣子快步走到前面，献策说："填塞水井，推平灶台，在军营中摆开阵势，把行列间的道路放宽，准备和楚军决战。晋国、楚国实力相当，这次谁会胜利全看老天安排，焦虑什么呢？"他的父亲范文子勃然大怒，抄起一把戈就要砍他，一边追一边骂："国家的存亡，都是天意。你这个毛头小子知道什么呢！"

中军帅栾武子说："楚军轻率不稳重，我方加固营垒和它相持，楚军三天之后一定会后退。楚军撤退时我们再出击，一定会获得胜利。"

新军佐郤昭子说："楚国有六个因素会导致失败，这个决战的机会不能错过！他们的两位卿官互相嫌恶，这是一；楚王的直属部队都从旧族里选拔，这是二；从属楚的郑人虽然结成了战阵却不齐整，这是三；从属于楚的蛮人虽然集合成军却结不成军阵，这是四；布阵不回避月末[1]，这是五；士兵在军阵中喧闹，各军阵相合之后不但没有安静下来反而更加喧闹，士兵都回头张望，没有战斗的意志，这是六。旧族出身的士兵不一定精良，月末出兵犯了上天的忌讳，我们一定能战胜他们！"

最终晋人决定不采用中军帅栾武子的意见，而是采用新军佐郤昭子、大夫范宣子的意见，立即在军营中列阵，与楚军展开决战。

在这里我们可以暂停一下，来考虑这样一个问题：范文子为什么要当着诸卿的面这样激烈地打压自己的儿子？笔者认为，这并不是因为范宣子是个不明事理的毛头小子，也不是因为范宣子提出的建议本身在战术上是错误的，而是因为：

第一，范文子通过反复发表反战言论，已经清楚地表明自己是避战派，而范宣子提的这个建议表明自己是主战派，如果范文子不能马上在诸卿面前用行动表明自己对儿子仍有绝对控制力，那么在其他卿族看来，这就表明范氏族长范文子和他的儿子政见对立，范文子已经不能掌控家政，而这就会为其他卿

1　日为阳，月为阴。军事行动以杀伤为目标，属于阴事，因此作战最好选在月圆阴盛之时。月末是阴尽之时，因此兵家要避免月末布阵作战。

族排挤打击范氏提供可乘之机。

第二，从《左传》后面的记载看，晋军是真的采纳了范宣子的建议在军营中布阵，这说明范宣子的建议在战术上是合理的。也就是说，有权决定战略（现在打不打）和战术（怎么打）的诸卿还没开口，自己这个当大夫的儿子就抢先把话都说完了，而且说得还很有见地。这意味着范宣子是一个高调强势、不知谦退的人。如果范宣子在担任大夫的时候已经这样目中无人，以后接替范文子做了卿官那还得了？其他诸卿如果这样看待范宣子，很可能从现在开始就会厌恶、提防甚至打压他，不让他顺利当上卿官。

所以，范文子抄起戈追着范宣子砍，绝不是真的要杀了自己的儿子，而是在一方面向诸卿显示自己作为族长的绝对控制力，另一方面向诸卿表示自己绝不会纵容范宣子如此高调放肆、冲撞上级。所以，在这些激烈举动的背后，是族长对家族的庄严责任，是父亲对儿子的深沉爱护。

下面我们回到战役本身。晋楚开战之后，在交战过程中，郤昭子三次与楚共王相遇，每次见到楚共王，都会按照周礼的要求下车、脱下头盔、快步避开。楚王派工尹襄带着弓作为礼物慰问郤昭子，说："战事正酣之时，我看到一个身穿浅红色熟牛皮军装的人（指郤昭子），举止像个君子。看到我就快步避开，是不是受伤了？"郤昭子见到工尹襄，脱去头盔接受慰问，说："贵国君主的外臣至（郤昭子）[1]，参与我国君主的战事，托贵国君主

1　郤昭子名至，故自称"外臣至"。

的福，穿着全套盔甲，因此不敢下拜来感谢贵国君主的问候。外臣谨敢报告没有受伤，贵国君主的问候实在不敢当。因为军务在身的缘故不得下拜，谨敢向使者行肃拜礼**1**。"郤昭子向楚国使者肃拜三次然后就退下了。

后来郤昭子又追赶楚仆从国君郑成公的战车。郤昭子的车右建议用前后堵截的办法抓获郑成公，郤昭子说："按照礼制，伤害国君是要受刑的。"于是停下不再追赶。

第一天战斗结束时，双方军队损失大致相当，并没有谁取得明显优势，都准备第二天再战。不过，楚共王在战斗中被厨武子射瞎了一只眼睛，已经不能正常指挥战斗。当天晚上，楚共王召见司马王子侧，想跟他商议第二天继续作战的事。可就在这个关键时刻，王子侧却喝醉了无法觐见。身受重伤、情绪本来就不稳定的楚共王一下子陷入绝望之中，他悲叹说："上天要让楚国失败啊！我不能在这里等着了。"楚军于是半夜撤退，晋军就这样赢得了鄢陵之战的胜利。

据《国语·晋语六》的记载，正当晋君将士庆祝胜利的时候，已经能够预料到接下来晋国内乱的范文子站在晋厉公的战车前告诫说："国君年轻，各位臣子又都没什么才干，我们凭什么福分能得到这场胜利呢？我听说：'天道并不特别亲近哪一个人，只授福给有德的人。'我怎么知道上天不是先假意授福给晋国，而真实目的是来激励楚国奋发图强呢？国君和各位臣子应

1　肃拜，行礼者站立，身略俯折，两手合拢，当心而稍下移。

当警戒啊！美德，是福泽的基础。没有美德却福泽隆盛，就像没有地基却修筑厚墙，坍塌的日子没几天了。"[1]

郤犨干预鲁政遭驳斥，郤昭子夸耀功劳遭诟病

前575年，鲁国叔孙氏（鲁国三大卿族之一）族长叔孙宣伯和国君鲁成公的母亲穆姜决定联手发动政变，想要除掉长期执掌国政的季氏族长季文子、孟氏族长孟献子。在鄢陵之战爆发前，鲁成公根据晋国的命令，率领军队前往助阵。就在军队启程时举行的送别仪式上，穆姜突然发难，要求鲁成公驱逐季文子、孟献子，并威胁说，如果鲁成公不照做，就要废掉鲁成公另立新君。鲁成公于是在都城外的坏隤停了下来，在加强了公宫戒备之后才继续前进，因此没有赶上参与鄢陵之战。

鄢陵之战结束后不久，晋厉公与鲁、齐、卫、宋诸国君主和邾国卿大夫在沙随[2]会面，谋划如何乘胜讨伐郑国。郤犨在这次诸侯大会中负责的是接待东方各诸侯国使团。在此期间，叔孙宣伯派人告诉郤犨说："鄢陵之战期间，鲁侯之所以接到出兵通知后在坏隤驻扎，是想要等晋楚决出胜负之后，再投靠胜利的一方。"郤犨接受了叔孙宣伯的贿赂，然后在晋厉公面前按照叔孙宣伯的说法污蔑鲁成公。晋厉公因此在沙随之会期间拒绝与鲁成公会面。

1　《国语·晋语六》："夫德，福之基也。无德而福隆，犹无基而厚墉也，其坏也无日矣。"
2　沙随见图三。

同年秋七月，鲁成公再次率领军队出国，参与晋厉公组织的伐郑行动。在启程的送别仪式上，穆姜再一次要求鲁成公驱逐季文子、孟献子，而鲁成公又再一次加强公宫守备后才出行。叔孙宣伯见先前第一波行动收到了效果，于是再次派人向郤犨报告说："鲁国有季氏、孟氏，就像晋国有栾氏、范氏一样，政令就是在他们那里制定的。如今季、孟二人谋划说：'晋国政令出自各大卿族之门，没有定准，我们不能再服从了。宁可事奉齐国、楚国，就算是灭亡，也不会服从晋国了！'如果想要让鲁国顺服，请晋国扣押行父（季文子）并且杀了他，我负责杀掉蔑（孟献子）[1]，然后事奉晋国，这样鲁国就不会再有二心了。鲁国没有二心，其他小国一定和睦。不然的话，行父从晋国回到鲁国之后，一定会背叛晋国。"郤犨同意帮助叔孙宣伯。

在郤犨的强力鼓吹下，秋九月，晋人在晋地苕丘逮捕了正陪着鲁成公回国的季文子。鲁成公单独回到鲁国后，派出与郤犨是姻亲的卿官子叔声伯到晋国请求放人。

郤犨对舅舅子叔声伯说："如果能顺利地除掉仲孙蔑（孟献子），并且扣住季孙行父（季文子），我会把鲁国的大政交给您执掌，对待您比对待鲁国公室还亲。"

子叔声伯对答说："侨如（叔孙宣伯）在我国作乱的那些情况，您肯定已经听说了。如果除去蔑和行父，那是严重地抛弃鲁国，而且惩罚我国君主。如果不打算抛弃鲁国，而是怀着恩惠的心向我国始祖周公求福，让我国君主能够继续事奉晋国君主，那

---

[1] 季文子名行父，孟献子名蔑。

么这两个鲁国的社稷之臣，是不可以除掉的。如果早晨除掉他们，鲁国必然晚上就被仇敌灭亡。鲁国本就靠近晋国的仇敌[1]，如果灭亡之后也变成了晋国的仇敌，还来得及补救吗？"

郤犨以为子叔声伯是嫌自己开出的条件不够优厚，于是说："我为您请求封邑——"

还没等郤犨说完，子叔声伯就回答说："——婴齐（子叔声伯）[2]是鲁国的普通官员，怎么敢倚仗大国来求得高官厚禄？我奉了我国君主的命令前来请求晋国放人，如果能得所求，您的恩赐就已经很多了，还能有什么别的请求？"

中军佐范文子对中军帅栾武子说："季孙在鲁国，已经辅相过两任国君。他家里妾不穿丝绸，马不吃粮食，难道还不能算是公忠体国吗？相信谗言而抛弃忠良，还怎么赢得诸侯的拥护？子叔婴齐尊奉国君的命令没有私念，为国家谋划没有二心，虽为自己打算却绝不忘记国君[3]。如果拒绝他的请求，这是抛弃良善的人啊！您还是好好考虑一下。"

栾武子接受了范文子的意见，赦免了季文子。

据《国语·鲁语上》记载，子叔声伯在回国后，对他人讲述了自己拒绝郤犨用赐邑笼络他的另一层原因，并且准确预测了晋厉公回国之后将会试图攻灭郤氏，用腾出的位置来安置他

1　指齐国。
2　子叔声伯名婴齐。
3　子叔声伯与郤犨联姻，是图其身；不因为与郤犨是姻亲关系就废弃君命，是不忘其君。

宠信的嬖大夫：

子叔声伯回国以后，鲁大夫鲍国问："您为什么辞让郤犫为你请封的城邑，是真的要辞让呢，还是知道它接受不得？"

子叔声伯回答说：

"我听说，不用粗大的栋梁，就不能承担房屋的重压。压力没有比国家更重的，栋梁没有比美德更强的。[1]

"郤犫想承担晋、鲁两个国家的重担却又没有很大的美德，他的地位恐怕不会长存，败亡没有几天了。拿疾病作个比方，我生怕被传染上。郤犫有三个败亡的原因：缺少德行却多受晋君宠信，位在下卿却想插手上卿的政事，没有大的功劳却想要大的俸禄，这些都是积怨的府库。

"晋君为人骄横而身边又多私爱嬖大夫，现在他刚刚战胜敌人回来，一定封赏嬖大夫，建立新卿大夫之家。晋君立了新卿大夫之家，若不依照民众的意愿，就不能除去他所厌恶的旧卿大夫；若依照民众的意愿，不是招惹民众怨恨多的旧卿大夫就不好拿来开刀。郤犫在三个府库积累怨恨，可以说是够多了。他自身尚且不能安定，怎么还能给予别人城邑！"

同年冬天，晋厉公派郤昭子到周邦进献鄢陵之战抓获的楚

---

1 《国语·鲁语上》："吾闻之，不厚其栋，不能任重。重莫如国，栋莫如德。"

军俘虏。郤昭子和周邦大夫单襄公交谈，屡次夸耀自己的功劳。单襄公事后对其他周邦大夫说："温季(郤昭子)[1]恐怕要灭亡了吧！他排在七位卿官之下，却谋求盖过上级。怨恨聚集的地方，是祸乱的本源。激起诸多怨恨、以祸乱为阶梯，凭什么能够长久在高位呢？《夏书》上说'怨恨难道会在明处？隐藏在他人心中还看不到的时候就该考虑如何化解'，说的就是要谨慎提防还不明显的、细小的怨恨。[2]如今温季把怨恨都挑明了，这样能行吗？"

《国语·周语中》非常详细地叙述了郤昭子到底如何夸耀自己的功劳、预言自己马上就要担任执政卿(即中军帅)，也记载了以识人著称的单襄公对郤昭子命运的预测：

晋国在鄢陵打败楚国之后，派郤昭子向周王告捷。在行礼之前，周邦大夫王叔简公请郤昭子喝酒，互相赠送的友好礼物都很丰厚，喝酒交谈非常愉悦。第二天，王叔简公在朝堂上称赞郤昭子。郤昭子又会见了另一位周邦大夫邵桓公，与他进行了会谈。

邵桓公把王叔简公称赞郤昭子的话及郤昭子和他交谈的内容都告诉给单襄公听，他说：

"王叔子(王叔简公)称赞郤至(郤昭子)，认为他必定能在晋国掌权(指担任中军帅)；在晋国掌权后，必定能大大地得到诸

1　郤昭子封在温邑，排行季，所以又叫"温季"。
2　《左传·成公十六年》："怨之所聚，乱之本也。多怨而阶乱，何以在位？《夏书》曰'怨岂在明？不见是图'，将慎其细也。"

侯的拥护。因此王叔子劝各位大臣多做先导性的沟通工作，可以树立良好关系。

"这次郤至来见我，认为晋国战胜楚国，实际是由于他自己的谋划，他是这么说的：

"'如果不是我，晋国就不会出战了！楚国有五个导致失败的因素，晋人却不知道利用，是我强迫他们同意开战的。楚国违背在宋国达成的盟约，这是一；楚王德行浅薄却以土地贿赂诸侯，这是二；楚王抛弃强壮优秀的将领而用幼稚懦弱的人，这是三；楚王设置了卿士却不采用他们的意见，这是四；蛮夷、郑国跟从参战，三方面的军阵却又不整肃，这是五。

"'首开战端的罪责不在晋国，晋军得到民众拥护，四军的将帅气盛势强，行伍军纪整饬，诸侯都支持晋国。因此，晋国有五个取胜的因素：占理，这是一；得民心，这是二；将帅强悍，这是三；行列严整，这是四；同盟诸侯关系和睦，这是五。晋国有一个取胜因素就足够用了，以五胜去攻伐五败，却还要躲躲闪闪，那就不是人了。因此不可以不打这一仗。

"'栾书（栾武子）、士燮（范文子）不愿开战，是我强迫他们同意的。开战果然打胜了，这是我的功劳。而且他们在战斗中毫无谋略，我却有三件功劳：勇敢而有礼，并且仁爱。我三次追逐楚军的士卒，这是勇敢；见到他们的君主必定下车快步走过，这是守礼；能俘获郑伯而又放了他，这是仁爱。如果像我这样的人执掌晋国政事的话，楚国、

越国君主一定会前来朝见。'

　　"我说：'您确实贤能。然而晋国举拔官员不违背位次，我担心执政卿（即中军帅）还轮不到您。'

　　"郤至对我说：'哪有什么位次？昔日已经去世的荀伯（中行桓子）从下军佐升任执政卿，赵宣子没有军功而直接担任执政卿，如今栾伯（栾武子）又从下军佐升为执政卿。比起这三个人，我的才能只有超过而没有不及。如果我从新军佐升为执政卿，不也可以吗？我必定要追求它。'

　　"这是他说的话，您以为如何？"

　　单襄公说："有人说'刀架在脖子上'，恐怕说的就是郤至吧！君子不自我吹嘘，并非为了谦让，而是厌恶这样做造成掩盖他人的后果。人的本性，都想凌驾于上位的人，所以是不可以去掩盖的。寻求掩盖他人的人，压抑下人就更厉害，所以圣人崇尚谦让。谚语说：'野兽厌恶罗网，民众厌恶主上。'《尚书》说：'民众可以亲近，而不可以凌驾。'《诗》说：'温文尔雅的君子，不用邪恶的手段求得福禄。'按照礼仪，地位匹敌也应再三谦让，这正因为圣人知道民众是不可凌驾的。所以统治天下的人必须先得民心，然后他自己才能得到庇护，这样就能长保利禄。[1]如今郤至位在七人之下而想凌驾于其上，这是寻求掩盖其他七人，

1　《国语·周语中》："君子不自称也，非以让也，恶其盖人也。夫人性，陵上者也，不可盖也。求盖人，其抑下滋甚，故圣人贵让。且谚曰：'兽恶其网，民恶其上。'《书》曰：'民可近也，而不可上也。'《诗》曰：'恺悌君子，求福不回。'在礼，敌必三让，是则圣人知民之不可加也。故王天下者必先诸民，然后庇焉，则能长利。"

恐怕会招致七份怨恨。与小人结怨，尚且不能承受，更何况是与地位高的卿官结怨呢？他将凭什么来应付随之而来的报复呢？"

范文子祈求速死避祸，单襄公预言晋国内乱

鄢陵之战的胜利给大多数晋人带来的是晋国霸业复兴的振奋和自豪，但给范文子带来的则是内乱风暴将起、家族前途未卜的恐惧和悲哀。与一般老年人祈求健康长寿不同，范文子让家族中的祝者、宗人每天向范氏祖先祈祷，求祖先让自己快死，他说："君主本来就骄横自大，又战胜了强敌，这是上天加重了我的病症。祸难马上就要发作了！爱我的人就应该诅咒我，让我快点死，不要让我活着赶上这场祸难，如果能这样，那就是范氏的福气。"前574年夏六月九日，范文子如愿赶在内乱之前"正常"去世。

范文子为什么认为自己在祸难到来前去世是"范氏的福气"，或者说是对范氏最有利的安排？这是因为，如果祸难到来时范文子还健在，那么作为卿官他将不得不参与内乱之中，一旦选错边站错队，那么不仅范文子会死于非命，范氏也会有灭族的风险。然而，如果那时范文子新死，那么新族长范宣子依照礼制需要为父亲守丧，他就可以凭借这个理由闭门自守、保持中立，从而护佑范氏平安渡过这场劫难。范文子此时已是老年，对他来说，如果提前死亡能够带来保佑范氏的附加值，可以说是死有所值，而这种以族长责任为重、豁达对待死亡的人

生态度也是范文子在晚年进入圣明境界的标志。

另外一个问题是，如果范文子一心求死，为什么不直接自杀了事，而是让祝者、宗人每天祷告"祈求"他速死？这是因为，祝者、宗人的职责是代表家族和祖先在天之灵进行沟通，他们祝祷请求范文子速死，相当于是向祖先提交申请。如果范文子果然速死（实际情况可能是范文子通过故意减损饮食、不治疾病而确保速死），那么这表明祖先认同范文子对于形势的分析，而且顺应范文子心愿，通过帮助他速死来赐福保佑范氏。范文子如果能在祖先的"特别照顾"下寿终正寝，他的丧葬事宜可以按照正常死亡的待遇来组织，继任族长范宣子可以带领族人守灵服丧（这样才能躲过祸乱），遗体也可以安葬在范氏家族墓地。可是，如果范文子是自杀而死，这就属于自暴自弃，是不受祖先认可的非正常死亡，不能按照正常丧礼下葬和悼念。

前574年夏天，晋厉公率领周邦代表及齐、宋、鲁、卫、曹、邾等国君主和卿大夫讨伐在鄢陵之战后仍然坚持归服楚国的郑国。军事行动结束后，各方君臣于夏六月二十六日在柯陵[1]会盟。《国语·周语下》记载了周邦代表单襄公对晋国即将到来的残酷内乱的预测：

> 在柯陵之会上，单襄公见晋厉公，发现他眼望远处，脚步抬得很高；郤锜见单襄公，言语多有冒犯；郤犨见

1　柯陵见图三。

单襄公，言语善绕弯子；郤昭子见单襄公，言语自吹自擂……

鲁成公见单襄公时，谈到晋国对鲁国的责难，以及郤犨在晋厉公面前对自己的诬陷。单襄公说："您有什么可担心的呢？晋国将要发生内乱，它的国君和三郤恐怕要遭难吧！"

鲁成公说："我担心避免不了晋国的问罪，如今您说'晋国将有内乱'，敢问这是根据天道推测的呢，还是根据人事推测的呢？"

单襄公对答说：

"我不是盲乐师和太史，怎么会知道天道呢？我看到晋君的容貌，听到三郤的言语，认为他们恐怕要遭受灾祸。君子用眼睛来确定身体的行止，用脚来跟从，因此观察他的容貌就可以知道他的内心。用眼睛来决定合宜的行动，用双脚来践履。[1]如今晋侯眼望远处而脚抬得很高，眼睛不在乎身体，而脚也不按眼睛的设定行走，他的内心一定有异志。眼睛和身体不相顺从，怎么能长久呢？

"会合诸侯，是民众的大事，在现场可以观察国家的存亡。因此国家如果没有灾祸，它的国君在盟会上走路、说话、看物、听言必定都无可指摘，由此可以知道他有美德。眼望远处意味着断绝正义，脚步抬高意味着抛弃美德，言谈反复意味着违背信用，胡乱听从意味着背离名声。眼

---

1 《国语·周语下》："夫君子目以定体，足以从之，是以观其容而知其心矣。目以处义，足以步目。"

用来决定正义，脚用来践行美德，嘴用来庇护信用，耳用来听取名声，所以不能不慎重啊。这四者丧失了任一部分个人就会有灾祸，全部丧失则国家要跟着遭殃。[1] 晋侯丧失了两样（眼和脚都有异常），所以我那样说他。

"郤氏，是晋国受君主宠信的家族，族中有三人为卿、五人为大夫，应该警惕惧怕了。地位越高垮台越快，味道越美毒性越大。[2] 如今排行伯的（郤锜）说话冒犯，排行叔的（郤犨）说话绕弯子，排行季的（郤昭子）说话自我吹嘘。说话冒犯就会欺凌别人，绕弯子就会诬赖别人，自我吹嘘就会掩盖别人。郤氏有如此的尊宠，再加上这三种怨恨，谁能容忍他们？"

厉公之乱（一）：传世文献《左传》的叙述

前574年冬十二月到前573年春正月的三个月（含闰月）上演了晋国政治史上特别血腥的一场内乱。由于这场内乱的两大标志性事件——晋厉公嬖大夫杀三郤，以及栾武子、中行献子弑晋厉公——都与晋厉公直接相关，所以本书将这场内乱称为"厉公之乱"。

据《左传·成公十七年》的记载，厉公之乱的概况是：晋厉公嬖大夫先下手杀了郤锜、郤犨、郤昭子三卿，并威胁要杀

1　《国语·周语下》："夫目以处义，足以践德，口以庇信，耳以听名者也，故不可不慎也。偏丧有咎，既丧则国从之。"
2　《国语·周语下》："高位实疾颠，厚味实腊毒。"

掉栾武子、中行献子二卿；栾武子、中行献子随后反击，先杀了晋厉公党羽胥童，最终杀了晋厉公本人。

在叙述这场内乱正事之前，《左传》先提供了三组与内乱爆发相关的背景情况。

一、晋厉公嬖大夫与郤锜、郤犨结怨。

晋厉公性情骄傲自大，他即位以后，任用了一批嬖大夫，这些低阶大夫家族出身不好，全靠个人才干得到国君赏识才当上大夫，因此在政治立场上高度忠于国君。从鄢陵得胜归来之后，晋厉公想要除掉现有的卿官，而换上自己信任的嬖大夫[1]。

嬖大夫中有好几位都与郤氏有私仇：

（一）胥童。当年胥克被郤成子废了卿官，胥氏退出卿族行列。他的儿子胥童因此怨恨郤氏，后来胥童投靠晋厉公做了嬖大夫，胥童的妹妹也成了晋厉公的宠姬。

（二）夷阳五。郤锜先前强占了夷阳五的土地。夷阳五后来也投靠晋厉公做了嬖大夫。

（三）长鱼矫。郤犨曾经和长鱼矫争夺土地，郤犨扣押了长鱼矫，并且把他和他的父母妻儿绑在同一辆车的车辕上。后来长鱼矫也投靠晋厉公做了嬖大夫。

二、栾武子挑拨晋厉公与郤昭子的关系，导致两人结怨。

1　此处《左传》所言，正如范文子和子叔声伯预测的那样。

栾武子怨恨郤昭子，想设局骗晋厉公废了郤昭子的卿官，这是因为郤昭子先前在鄢陵之战时不服从自己的计策，而晋厉公采用郤昭子的计策取得了胜利（参见第285页）。

栾武子首先指使鄢陵之战中被晋人俘虏的楚王子茷告诉晋厉公说："这次战役，实际上是郤至（郤昭子）暗地里把我国君主（楚共王）招来的。郤至预料晋盟国的军队都不会及时到来，而且晋国八卿少了两位，他对我国官员说：'这次晋国一定会失败！这样我就可以尊奉孙周[1]为君来事奉贵国君主啦！'"

晋厉公不知道这是栾武子的计谋，因此正常询问执政卿栾武子是否知情。栾武子说："恐怕是有这回事！不然的话，为什么他不担心自己的死活，而接受敌人使者的慰劳？（参见第286页）您为什么不派使者到周邦去察看一下孙周的情况？"

前575年郤昭子到周邦进献战利品时，栾武子另外派人通知孙周，让孙周与郤昭子见面。晋厉公派出的探子在那时也到了周邦，看到孙周与郤昭子私下见面，坐实了郤昭子意图拥立孙周的情报。晋厉公相信郤昭子已经得意忘形、图谋作乱，因此对郤昭子产生怨恨。

三、晋厉公因为一场打猎事故而更加怨恨郤昭子。

前575年某天，晋厉公外出打猎，先让妃嫔猎杀禽兽并一同饮酒，然后才让卿大夫猎杀[2]。郤昭子捧着一头野猪要进献给

1　孙周，就是后来的晋悼公。孙周是晋襄公曾孙，晋公子捷之孙，晋公孙谈之子，名周，此时在周王室担任客卿，有贤名。

2　这是违礼的举动，体现出晋厉公对卿大夫的蔑视。

晋厉公，晋厉公身边的宦官孟张过来抢，郤昭子射杀了孟张。晋厉公对身边人说："季子（郤昭子）**¹**欺负我！"

在陈述了这三方面信息的基础上，《左传》接着叙述内乱的细节。前574年时，晋厉公想要动手除掉现有的八卿。嬖大夫胥童说："一定要先从三郤下手，因为郤氏家族大，招惹的怨恨多。除掉三卿在位的大族，公室就不会再受到逼迫；攻打招惹怨恨多的家族，行动容易成功。"晋厉公说："是这么回事！"

郤氏得到了晋厉公即将攻打自己的消息，族长郤锜想要"先下手为强"攻打晋厉公，他说："就算事情不成我们都死了，国君也一定会危殆。"郤昭子却坚决反对，他说：

"一个人立身于世所倚仗的，是诚信、智慧和勇敢。诚信就不会背叛曾经发誓要事奉的国君，智慧就不会引发内乱祸害民众，勇敢就不会为了怕死而作乱。**²**我们如果失掉了这三样东西，谁还会帮助我们？身死还增加怨恨，有什么用处？**³**

"国君拥有臣下而要杀掉他们，臣下能把国君怎么样？我如果有罪的话，那么现在死已经算晚了。国君如果杀无罪的卿大夫，那他将失去民众的拥护，想安宁，能做得到吗？

"我们就等待命运发落吧！我们领受国君给予的俸禄，因此才聚集起现有的党羽。我们有了党羽就和国君争斗，还有比这

---

1 郤昭子排行季，所以晋厉公称他为"季子"。
2 《左传·成公十七年》："人所以立，信、知、勇也。信不叛君，知不害民，勇不作乱。"
3 郤昭子意谓，不管叛君与否，最后都不免一死。若叛君而死，将积累更多怨恨，对后世没有好处。

更大的罪吗？"

前574年冬十二月二十六日，晋厉公嬖大夫胥童、夷阳五率领八百甲士，想要强攻国都内的郤氏府邸。嬖大夫长鱼矫向晋厉公请缨说他可以不用兵士，晋厉公派清沸魋帮助他。长鱼矫和清沸魋抽戈相对、互相揪着衣襟，做出一副起了争执，要到司法部门诉讼的样子。当时三郤正坐在一处台榭里谋划事情，两人一边扭打一边接近三郤所在的台榭，然后突然开始行凶杀人，郤锜、郤犨还没有来得及起身就被两人用戈杀死，郤昭子喊了一声"不能冤死，快跑"，然后赶紧向自己的马车跑去，长鱼矫在郤昭子即将上车时追上并杀死了他。

三郤被杀后，晋厉公党羽把三郤的尸体全部搬到了朝堂上陈列，胥童率领甲士在朝堂上直接劫持了栾武子和中行献子。

长鱼矫对晋厉公说："如果不杀了这两位（指栾武子、中行献子），忧患一定会降临到国君头上。"

晋厉公说："一次早朝就陈尸三位卿官，我不忍心再增加了。"

长鱼矫说："他人将会忍心把国君给杀了的。我听说，朝廷之外的国人作乱叫作'奸'，朝廷让卿大夫作乱叫作'宄'。抵御'奸'要靠德政，抵御'宄'要靠刑罚。[1]国君不施教化就杀国人，不可以算是德政；卿大夫逼迫国君而国君不讨伐，不可以算是刑罚。德政、刑罚如果不能确立，'奸'和'宄'就会一起到来，臣下请求离开。"长鱼矫于是出奔到狄地。

---

1 《左传·成公十七年》："臣闻，乱在外为奸，在内为宄。御奸以德，御宄以刑。"

晋厉公让近臣告诉栾武子、中行献子说："寡人讨伐郤氏，郤氏已经服罪了。你们不要为被劫持的事感到耻辱，还是恢复职位吧！"两人赶紧行了两次稽首礼，说："国君讨伐罪人，而赦免臣下的死罪，这是国君的恩惠。我们两位臣下就算是死了，也不敢忘记国君的恩德！"于是他们就都被放回了家。晋厉公任命胥童为卿官。

前594年闰月的时候，晋厉公在旧都城[1]的嬖大夫匠丽家游玩，栾武子、中行献子派人劫持了晋厉公。两人想要杀掉晋厉公，但又深知弑君罪大，想要多拉几位卿官入伙来分摊罪责。

两人于是先召范宣子商议如何处置晋厉公，范宣子以守父丧为由推辞不出。两人又召韩献子商议，韩献子也推辞不出，说："赵氏对我有养育之恩，当年孟姬（赵庄姬）谗言发作的时候，我能顶住压力不出兵。古人有话说'耕牛太老要杀掉，这种事情没人愿意起头做主'，何况是国君呢？诸位大夫不能事奉国君，又哪里用得到我呢？"

闰月二十九日，栾武子、中行献子派人杀了卿官胥童，胥氏在短暂的回光返照之后永远退出了卿族行列。不过，胥氏并没有彻底灭族，后面还有胥午[2]、胥梁带[3]见诸史籍，但他们都只做到大夫。

前573年春正月五日，栾武子、中行献子派程滑杀了晋厉

---

1 即绛（晋1），见图二。
2 胥午，姬姓，胥氏，名午。胥甲之子。
3 胥梁带，姬姓，胥氏，名梁带。胥午之子。

公，将其葬在旧都城东门外，只有一辆车陪葬。

范文子去世、三郤和胥童先后被杀之后，栾武子仍是中军帅，从前573年韩献子继任中军帅倒推，此时韩献子应已连升三级成为中军佐。中行献子应升任上军帅，而范宣子则代表范氏进入卿列，应排在中行献子之下任上军佐。由于前573年晋悼公新任命了下军帅、新军帅、新军佐，所以知武子很可能是继续担任下军佐。此时八卿领导班子情况如下：

晋 八 卿 表（附散位卿）
（前574年闰月胥童被杀后）

位 次	官 职	人 名	族 属
一	中军帅	栾武子	栾
二	中军佐	韩献子（？）	韩
三	上军帅	中行献子（？）	中行
四	上军佐	范宣子（？）*	范
五	下军帅	？	
六	下军佐	知武子（？）	知
七	新军帅	？	
八	新军佐	？	
	散位卿	栾桓子（？）	栾

厉公之乱（二）：出土文献《苦成家父》的叙述

长久以来，郤氏灭族故事的唯一版本就是上面几节叙述的样子，主要来自《左传》(以及《国语》)的记载。然而，2012年公布的《上海博物馆藏战国楚竹书(九)》里的《苦成家父[1]》篇记载了一个具体内容和导向性迥然不同的故事：

　　郤犨事奉晋厉公，担任司法官，执政风格迅疾而强硬，因此被晋厉公所厌恶。

　　晋厉公无道，虐待百豫的民众，百豫的民众反对他。郤犨带着郤锜、郤昭子去安抚百豫的民众，不让他们造反。他亲自与士人一起待在官署，起早贪黑地治理民众，使他们认同君臣之间的节操。三郤中正而立，借此纠正上下的过错，为了公家而强势开展各项工作。

　　栾武子想要发动叛乱，担心三郤阻挠，于是对郤犨说："人活这一辈子，做事为什么要这么雷厉风行呢？俗话说：'为什么一直到现在都抑郁不得志，都是因为无道的政治而不得恬适[2]。'您考虑一下是否要和我结盟吧。"

　　郤犨说："我怎敢以抑郁不得志的心态来处事呢？我特立独行，考虑长远，为后代谋划。即使不能在当世得志，只要合乎道义没有过错，即使是立即死了，又有什么可伤怀的呢？"

　　栾武子于是退下，对晋厉公说："三郤实力雄厚，聚集国君的民众来抗拒国君的命令，将造成大的危害。"晋厉公

1　苦成家父即郤犨，郤犨封地在苦成，名犨，字家父。
2　"伐是恬适"四字意义不明，暂且抄录在此。

害怕了，于是命令长鱼矫……[1]。

邵锜听说了这件事，告诉邵犨说："用我们三邵家族与国君……，幸运的话，可以夺得晋国的政权；不幸运的话，也能够全身而退。诸侯谁不会优厚地蓄养我们呢？"

邵犨说："不可以。国君尊宠我而授予我民众，是认为我能够治理好国家。如今我不能治理好国家，而依靠国君授予的权柄来谋害国君，这是不义，没有比这更大的应受刑罚的罪过了。即使能够全身而退，因为在国内不能事奉国君而出奔，天下做国君的，谁会想豢养你我这样的人啊？当初，我勤勉地治理民众，想要长久地维护国君而抵御祸难。如今国君不喜欢我，反而厌恶我。我没有别的，唯有继续正直地处理公事，即使面对死亡，又能往哪里逃呢？我听说做臣子的，一定要先让国君从自己那里得到满足，然后才有所请求。"邵犨于是安抚想要支持邵氏的百豫官员，不让他们跟着自己站在朝廷上。

长鱼矫偷偷地从国君宫室出来，从百豫拘捕了想进入国都的人，把这些人囚禁了起来。邵犨逮捕了长鱼矫和他妻子、母亲，把他们拘禁在朝廷上。晋厉公很生气，没有可以诉说的人，就去找强门大夫诉说。强门大夫说："不如放出内库的囚犯，发给他们兵器。"强门大夫带领着武装起来的囚犯，释放了长鱼矫，杀害了三邵。邵锜、邵昭子、邵犨立刻就死了，没有使用他们的部众抵抗。

---

1 此处简文残缺，下同。

三郤灭亡之后，公家就衰弱了，栾武子杀掉了晋厉公。

《苦成家父》版本的出现，促使我们不得不从比对两个版本开始，重新探寻这次晋国内乱的真相。

首先，《左传》版本和《苦成家父》版本在故事主线和导向性方面很不相同：

一、《左传》版本

《左传》版本主线如下：三郤受宠得势、骄傲专横、与其他卿族不和，他们害死了伯宗，得罪了栾武子、晋厉公、胥童、夷阳五、长鱼矫，并且在外交场合多次表现出傲慢不敬的态度。晋厉公狂妄自大，想要铲除卿族、任用嬖大夫，扭转君弱臣强的现状。他听从胥童建议准备从三郤下手，三郤得知后，郤锜想要作乱，而郤昭子说服族人坚守三德，宁死不叛。晋厉公指使嬖大夫杀掉三郤之后，胥童提出一鼓作气杀死栾武子、中行献子，被晋厉公阻止。栾武子、中行献子反击，杀胥童、弑晋厉公。

在导向性方面，《左传》版本主旨是试图揭露事件真相、总结历史教训供统治阶层借鉴，各主要人物形象较为立体，大致如下：

（一）郤昭子形象有正面（智斗楚人、鄢陵定计、礼敬楚王、守节忠君），有负面（与王室争地、害死伯宗、夸耀功劳），以正面为主。这与三郤中唯有郤昭子死后获得谥号、而且是美谥"昭"的事实相符合。

（二）郤锜形象以负面为主（出使不严肃认真、害死伯宗、欺凌夷阳五、主张叛君），但他能听从郤昭子提议，没有叛君作乱，仍为难能可贵。

（三）郤犨形象以负面为主（出使傲慢、害死伯宗、教唆子叔声伯叛国、欺凌长鱼矫），但他也能听从郤昭子提议，没有叛君作乱，仍为难能可贵。

（四）晋厉公形象以负面为主（宠信嬖大夫、蔑视卿大夫、肆意妄为），但长鱼矫的劝谏也表明，晋厉公自认为杀诸卿是为了抵御朝堂上的卿大夫作乱，具有一定正当性。

（五）栾武子形象偏负面（陷害郤昭子，参与弑君），但他由于受到死亡威胁而反弑"暴君"也算情有可原。

（六）中行献子形象模糊，他的确参与弑君，但也是由于受到死亡威胁而反弑"暴君"，情有可原。

二、《苦成家父》版本

《苦成家父》版本主线如下：郤犨忠于职守，雷厉风行，引领三郤为国操劳。栾武子想要作乱除掉晋厉公，试图拉拢郤犨，不料郤犨宁死不改忠君报国初心，严词拒绝了栾武子。栾武子转而向晋厉公进谗言，被蒙骗的晋厉公指使其党羽长鱼矫、强门大夫杀死三郤。郤氏被灭之后，栾武子弑晋厉公，阴谋得逞。

在导向性方面，《苦成家父》版本主旨明确，那就是歌颂郤犨的高尚品德，同情三郤的惨死遭遇，揭露栾武子和晋厉公恶行，主要人物形象比较脸谱化，大致如下：

（一）郤犨形象纯正面，是公忠体国、至死不渝的忠臣。

（二）郤锜、郤昭子形象以正面为主，能在郤犨带领下为国操劳，虽然郤锜曾有过叛君作乱想法，但最终能认同郤犨提议死守臣节。

（三）栾武子形象纯负面，是图谋作乱、挑拨离间的奸臣。

（四）晋厉公形象纯负面，是忠奸不分、错杀忠臣的昏君。

其次，《左传》版本和《苦成家父》版本至少存在三处重要情节差异。

（一）据《左传》，长鱼矫与郤犨争田，郤犨公报私仇，将长鱼矫与其父母妻儿用桎梏铐在一起。而据《苦成家父》，晋厉公听信谗言，命令长鱼矫拘捕百豫之人，郤犨履行其作为执法官的职责，逮捕了无理抓人的长鱼矫，并将长鱼矫与其妻子、母亲一起拘禁在朝堂上。笔者认为，从这两条史料可以推断出，长鱼矫和郤犨之间必有争斗，而争斗细节究竟为何则需进一步探究。

（二）据《左传》，弑晋厉公是受到死亡威胁的栾武子、中行献子的共同反击措施。而据《苦成家父》，则弑晋厉公是栾武子一手策划、最终实施的，未提及中行献子。《史记·鲁周公世家》记载说"往年冬，晋栾书弑其君厉公"，与《苦成家父》的说法吻合。《国语·晋语八》也记载说，阳毕劝晋平公灭栾氏时，一个重要理由就是"栾书（栾武子）颠覆了晋国公族的大宗，杀害了晋厉公来加厚自家的权势"，也与《苦成家父》的说法吻合。笔者认为，从这些史料可以推断出，栾武子应该是弑君行动的主导者，而中行献子至多是跟随者。

（三）《左传》《苦成家父》都提到郤锜建议先下手发动叛乱。接下来，《左传》版本中，郤昭子反对郤锜建议，提出要坚守三德、宁死不叛；而《苦成家父》版本中，郤犨反对郤锜建议，提出要不忘初心、宁死不叛。无论是哪个版本，三郤都没有叛君作乱，终被屠杀。笔者认为，这两条史料的大方向一致、细节其实也并不矛盾，可以合并处理，推断出当时三郤中的郤犨和郤昭子，其政治立场是一直忠于晋厉公的。可悲的是，晋厉公中了栾武子的离间计，决定要将包括三郤全部杀掉。

一般认为，《左传》是由春秋战国时期鲁国史官或其后学编撰而成，采用的主要是当时中原列国史官体系内部流传的史料。笔者认为，厉公之乱《左传》版本很可能是春秋时期晋国贵族阶层关于此事的主流说法，一方面保留了很多贵族们感兴趣、希望学习借鉴的内幕情况，比如说三郤是由于哪些原因最终导致被"团灭"；另一方面很可能经过了斗争中胜利一方——栾武子/中行献子集团的粉饰和篡改，比如说弱化栾武子在弑君行动中的罪恶。

那么《苦成家父》版本的来源是什么？如前所述，《苦成家父》出自上海博物馆藏战国楚竹书，是战国时期的楚国史料。据《左传·昭公二十七年》的记载，前515年时，楚国有左尹名郤宛。此人所属于的楚国郤氏很可能是晋国郤氏被灭时逃到楚国的一支，祖先应该就是《苦成家父》着力歌颂的郤犨。笔者之所以这样推测，除了其氏为郤之外，还有如下三个原因：

第一，郤宛为人"正直而和善"，其正直颇有郤昭子/郤犨遗风，而其和善又可能是吸取了郤氏高调强势而导致"团灭"的惨痛教训。后来，郤宛由于以善意揣测他人建议，被楚国奸臣费无极、鄢将师设局陷害而死，又与郤犨当年由于坚守臣节而坐等被杀类似。

第二，郤宛被楚国奸臣费无极害死之后，一同罹难的郤宛"党羽"中有晋陈，此人应该本来也是晋人，出奔到楚国之后以其祖国为氏。同为晋人，出奔到楚国之后互相亲近（或是被楚人诬陷互相亲近）是正常现象，当年范武子在秦国三年不见先蔑是刻意为之的反常现象。

第三，郤宛担任的左尹为楚国高官，符合晋楚两国在斗争期间互相重用对方逃来贵族的传统。

在此基础上，笔者大胆揣测，厉公之乱《苦成家父》版本很可能是源于逃亡到楚国的晋国郤犨族人对此事件的叙述，因此这个版本一方面保存了可能已被斗争胜利方"和谐"掉的史料，比如关于三郤治理百豫民众卓有成效的记载；另一方面也很可能存在吹捧郤氏（特别是郤犨）、贬低晋厉公和栾氏的偏颇之处。

厉公之乱（三）：关键人物分析

在上一节初步比对《左传》和《苦成家父》版本的基础上，笔者在本节试图通过分析厉公之乱中的五位关键人物——郤锜、郤犨、郤昭子、栾武子、晋厉公，为探索此次内乱的内幕真相打下基础。

一、郤锜

郤锜是郤氏大宗郤献子之子，排行伯，郤氏族长。郤锜前587年接替郤献子进入六卿行列任下军帅，到前578年已升任上军佐，前575年已升任上军帅。

郤锜的性情急躁粗疏，有出使鲁国不恭敬、欺凌夷阳五（存疑）、主张叛君作乱等史事为证。郤锜的才干应属中人水平，在三郤中排最末，无论《左传》还是《苦成家父》都没有记载他的任何优异政绩。

然而，郤锜很可能有一项不见于文献记载的长处，那就是他一直在尽力履行族长庇护全族的责任。具体说来，他一方面利用自己在三郤之中官位最高的优势，在朝堂上尽可能提携帮助郤犨、郤昭子；另一方面在郤氏内部尽可能地包容郤犨、郤昭子和自己的政见差异，维护族内团结，从而使"三郤"一直作为一个整体活跃在晋国政坛。

郤锜如此珍视族内团结，一方面是由于其父郤献子的教育和嘱托，还有一方面可能是由于深刻反省并吸取了赵氏由于族内分裂而导致败亡的教训，因为郤锜本身就参与了与栾武子一起作伪证诬陷赵氏的行动。实际上，郤锜在三郤中才干垫底，最终官位却最高，不仅因为他是郤献子长子、郤氏族长，还因为他与栾武子长期保持了一种友好合作关系。

郤锜的政治立场应该是"卿族本位"，最强的证据就是，当晋厉公准备灭三郤时，郤锜主张起兵叛君作乱，《左传》和《苦成家父》关于此事的记载完全一致，因此相当可靠。然而，由于三郤中其他两位都是"国君本位"，而三郤之间又一直团结和睦，导致郤锜的思想逐渐被郤犨、郤昭子所影响，也与其他诸卿逐渐产生隔阂，如赵文子团拜诸卿时所显示的那样，不过三郤之中郤锜对赵文子说的话还算是最温和的（参见第280页）。最终，郤锜没有公开反对郤犨、郤昭子宁死不叛君的提议，被晋厉公嬖大夫杀死。

二、郤犨

郤犨是郤氏小宗步扬[1]之子，排行叔，是郤献子同辈、郤锜父辈。郤犨前583年已经进入十二卿行列任新下军佐，前578年任过散位卿，前578年至前575年任新军帅。

郤犨的性情真貌已经很难得知：据《左传》版本，郤犨性情急躁傲慢，做事有时不择手段，有出使卫国态度傲慢、教唆子叔声伯叛国、欺凌长鱼矫及其家人等史事为证；然而据《苦成家父》版本，则郤犨性情高洁正直，忠君敬业，有平息百豫叛乱、拒绝栾武子拉拢等史事为证，而所谓"欺凌长鱼矫"实为捉拿违法杀人分子。

然而，无论如何，郤犨的才干应属于优秀水平，《苦成家父》版本的记载自不必说，即使是《左传》版本，也可以看

---

1 步扬，姬姓，步氏，出自郤氏，名扬。郤义之子。参见图23。

出晋厉公信任重用郤犫，多次派他承担重要外交使命，比如前580年先后派他出使鲁国、秦国，前577年又派他出使卫国。实际上，根据《国语·鲁语上》的记载，鲁国卿官子叔声伯在评价郤犫时就说，郤犫"受到晋君宠信"_(参见第291页)。

郤犫能够进入八卿行列并向上升迁的主要原因，应该是由于晋厉公意图在自己能力范围内重用进取心强、才干出众的郤氏小宗人士，在卿官体系中建立偏向于自己的政治势力，从而制衡其他诸卿；而郤犫最终没有挤进六卿行列，止步于新军帅，恐怕也是因为晋厉公实力不强，无法主导高阶的六卿卿官任命。

郤犫依靠晋景公、晋厉公的提拔才得以上位，因此他的政治立场是"国君本位"。《苦成家父》中记载的他那一段关于深受君恩、宁死不叛君的慷慨陈词，就是他的心志表白。政治立场如此，郤犫与其他"卿族本位"诸卿的关系自然不会和睦，如赵文子拜会诸卿时所显示的那样。最终，郤犫坚守臣节，坐以待毙，被晋厉公嬖大夫杀死。

三、郤昭子

郤昭子是郤氏小宗蒲城鹊居[1]之子，步扬之孙，排行季，与郤锜同辈。郤昭子前583年已经进入十二卿行列任新下军帅，前578年已任新军佐。

1　蒲城鹊居，姬姓，蒲城氏，出自郤氏，名鹊居。步扬之子。参见图23。

郤昭子的性情高调强势，有与王室争地、鄢陵之战后夸耀功劳等史事为证；然而其品德端正，尊崇周礼，有礼敬楚王、忠君守节等史事为证。郤昭子的才干应属于优秀水平，可能比郤犨还要略高一筹，有智斗楚人、鄢陵定计等史事为证。实际上，郤昭子的品德和才能甚至得到了与他关系并不和睦的其他诸卿的认可，因此去世后经诸卿评议得美谥"昭"，是三郤中唯一一位有谥号的卿官。

郤昭子能够进入八卿行列的主要原因，应该也是晋厉公在自己能力范围内重用进取心强、才干出众的郤氏小宗人士，在诸卿中建立偏向自己的政治势力，从而制衡其他诸卿；而他最终也没有挤进六卿行列，止步于新军佐，一方面是由于晋厉公势力不强、无法主导高阶的六卿卿官任命，另一方面也是由于郤昭子在郤氏内部比郤犨还要低一辈。

和郤犨一样，郤昭子是依靠晋景公、晋厉公的提拔才得以上位，因此他的政治立场也是"国君本位"。《左传》中记载的他那一段坚守三德、宁死不叛君的慷慨陈词，就是他的心志表白。《左传》记载郤昭子手捧野猪献给晋厉公，而且一箭射死与他争夺野猪的宦官，以及晋厉公叫他"季子"，正说明他和晋厉公的关系原本是非常亲近的。羊舌肸在著名的"叔向贺贫"言论中说，郤昭子的财富"抵得上晋国公室的一半"，笔者认为这些财富中的大部分应该是晋厉公与郤昭子关系亲近那些年，以奖励郤昭子功劳的方式赏赐的。政治立场如此，郤昭子与其他"卿族本位"诸卿的关系自然也不会和睦，如赵文子团拜诸卿时所显示的那样。最终，郤昭子得到了与郤犨相同的结局。

四、栾武子

栾武子是栾氏族长，前597年已任下军佐，前593年已任下军帅，前587年连升四级接替郤献子担任中军帅。

栾武子出身文公卿族栾氏，性情沉勇，才干杰出，担任中军帅后也的确胜任，是主流卿族势力的领袖。如前所述，栾武子得到"火箭提拔"升任中军帅、郤锜递补栾武子空缺担任下军帅，应该是强势的中军帅郤献子在告老前所做的安排。从此之后，栾氏族长栾武子和郤氏族长郤锜之间长期保持了一种合作关系，这种合作关系在前583年栾武子、郤锜共同作证诬陷赵同、赵括谋反时得到鲜明体现。

栾武子在统领八卿的过程中，逐渐感受到了偏向晋厉公的郤氏小宗成员郤昭子（《左传》）、郤犨（《苦成家父》）对自身造成的严重威胁（详见下节分析），因此运用诈谋，使得原本互相支持的晋厉公—郤昭子（《左传》）及晋厉公—郤犨（《苦成家父》）反目成仇。栾武子如此谋划的本来目的可能只是想借晋厉公之手清除郤昭子、郤犨，顶多带上包庇郤昭子、郤犨的郤锜，还没有打算除掉晋厉公本人。

然而，晋厉公嬖大夫在杀三郤得逞后，突然加码要求杀死包括栾武子和中行献子在内的其他诸卿，从而实现嬖大夫全面抢班夺权。在这种你死我活的斗争形势下，栾武子下决心要将反制措施从"引导国君杀三郤"升级到"消灭国君本人"，他与中行献子结盟，采取断然行动抓捕了晋厉公。然而，弑君是极为凶险的举动，因此栾武子——中行献子随后联络了六卿前四位中的另外两位——韩献子、范宣子，结果韩、范都选择避祸中立，最终栾武子——中行献子自己动手，先杀死晋厉公爪牙胥童，再杀死晋厉公本人，重新掌控住晋国政局。

五、晋厉公

前583年晋景公沉重打击赵氏之后，他的儿子晋厉公继承父亲遗志，一上台就开始做两件事：

第一，重用他父亲晋景公在前583年后已经安排进入新军任卿官的郤氏小宗英才郤犫、郤昭子。这两人一方面出自主流卿族郤氏，另一方面又受制于出身小宗的劣势，主要就是依靠晋景公、晋厉公的重用才得以施展才华、建功立业，所以他们在政治立场上不是"卿族本位"，而是"国君本位"。但是，郤犫、郤昭子只是对晋厉公感恩戴德，却并不是晋厉公的心腹，他们和晋厉公仍然是正常的国君——卿大夫关系。

第二，重用一批仅凭家族出身无法进入卿官行列的才智之士作为自己的心腹宠臣，也就是嬖大夫。这些嬖大夫陪侍在晋厉公左右，知晓他的志向，为他积极谋划和实施逐步削弱主流卿族势力、重振君权的行动。

令人遗憾的是，"国君本位"的郤氏二卿和国君心腹嬖大夫之间并没有形成合作关系，反而互相仇视。比如，长鱼矫和郤犫之间的争斗得到《左传》和《苦成家父》的双重确认，必有其事，只不过真相为何需要进一步探究。

前575年，晋厉公没有听从六卿成员栾武子、范文子的意见，却取得了鄢陵之战的胜利，让他觉得自己的确是天纵英才，想要借此机会逼中军帅栾武子退位，而将偏向自己的功臣郤昭子一举推上中军帅位。然而，晋厉公随后就中了栾武子的诈谋，认为自己苦心培养的郤昭子和郤犨都已经成了叛臣，与一直坚持"卿族本位"的郤锜已经是一丘之貉。

在一边对自己的雄才大略极度自信、一边对郤昭子和郤犨极度失望怨恨的复杂情绪催化下，晋厉公产生了一种"晋献公再世"的幻觉，想要像先君晋献公当年下狠手杀尽父辈群公子那样，实施一场"杀尽诸卿大换血"的疯狂行动。对于本来就对郤氏没有好感的婿大夫而言，郤氏和其他诸卿关系紧张，而且一旦除掉可以空出三个卿位，自然就成了最好的第一批下手对象，于是他们向晋厉公提议先杀"族大""多怨"的三郤。

已经中了栾武子离间计的晋厉公同意了婿大夫的建议，纵容婿大夫杀了三郤。三郤被杀之后，胥童建议一不做二不休，抓住机会把栾武子、中行献子也一同杀掉。在这个关键时刻，晋厉公根本做不到像先君晋献公那样杀伐果断，他被三卿陈尸朝堂、两卿被党羽劫持的场面所震撼，在斗争形势已经是"你死我活"级别的情况下往后退缩，自欺欺人地相信杀三卿已经足以使得其他诸卿畏惧和服从自己，于是放走了栾武子和中行献子，最终被更加老练果决的栾武子—中行献子联盟反杀。

厉公之乱（四）：酝酿过程重构

在上一节初步分析五位主要人物的基础上，笔者试图重构厉公之乱的酝酿经过和具体过程，以及《左传》和《苦成家父》两个版本的形成过程。厉公之乱的酝酿过程大概是这样：

> 前574年厉公之乱的苗头，在前583年赵氏遭受重创之后就种下了。当时晋景公借助栾氏、郤氏力量，以谋反罪杀了下军佐赵同和新中军佐赵括，十二卿体系中空出的两个位置由来自郤氏小宗的郤犫、郤昭子填补，两人分别担任新下军帅、新下军佐。这个安排经历了一个怎样的决策过程？
>
> 一层可能性是，晋景公主动提出要提拔任用郤犫、郤昭子，其目的是在国君具有较大任命话语权的新三军中培养政治立场偏向于国君的卿官，以制衡占据着六卿正位的主流卿族。
>
> 另一层可能性是，栾氏此时推不出合适的卿官人选，而郤氏小宗正好有郤犫、郤昭子两位年龄才干都合适的候选人，因此栾武子和郤锜在联手重创赵氏后达成协议，一方面郤锜继续尊奉支持栾武子担任卿官体系领袖，继续与栾武子保持友好合作关系；另一方面栾武子同意郤犫、郤昭子递补进入新三军卿官体系，但严格限制两人进入由主流卿族族长占据的六卿体系。

从后来晋景公之子晋厉公重用郤犨、郤昭子、两人也一直保持"国君本位"的政治立场倒推，实际情况很可能是：晋景公乘灭赵氏之势，主动提出要任命在大夫职位上表现很出色的郤犨、郤昭子两人填补空缺，而栾武子、郤锜在协商达成协议之后也表示拥护晋景公决定。郤犨、郤昭子从进入卿官体系时起就感念国君选拔任用的恩德，这为他们形成"国君本位"政治立场奠定了基础。

前581年晋厉公即位之后，继承父亲遗志，继续推进制衡卿族、重振君权的事业。一方面，晋厉公继续在能力范围内重用父亲已经开始培养的郤犨、郤昭子，比如说指派他们作为晋国全权代表执行重要外交任务，使得他们能够迅速积累政绩和声望，在卿官体系中站稳脚跟，并为下一步挤入六卿体系打基础。另一方面，晋厉公任用了一批进取心强、却由于家族背景问题无法进入卿官体系的人才作为自己的心腹宠臣，也就是嬖大夫。

到了前578至前575年间，新军三军缩编为一军，新军六卿相应减至二卿，而这两个位置最终被郤犨、郤昭子占据，巩、韩、赵、荀四家都被挤出（参见第276页）。造成这一极不平衡局面的主要因素应该有两点，一是晋厉公在他尚有较大话语权的新军卿官任命问题上全力支持郤犨、郤昭子留任，二是郤犨、郤昭子自身才干出众，而且在晋厉公"定向输送"重要外事任务的大力扶持下政绩斐然，完全超出其他家族能够推出的候选人。

至此，新军二卿完全被秉持"国君本位"立场的卿官郤犨、郤昭子控制，而三军六卿则继续由秉持"卿族本位"立场的卿官（包括郤锜）控制。不过，郤锜虽然持"卿族本位"立场，但同时又忠实履行族长庇护郤氏全族的责任，一直包容和帮衬郤犨和郤昭子。这两个因素综合起来，产生如下三个结果：

第一，"国君本位"的郤犨、郤昭子与"卿族本位"的非郤氏五卿之间的关系逐渐恶化，趋向敌对。

第二，"国君本位"的郤犨、郤昭子与"卿族本位"的郤锜之间也有政见分歧，但三郤能够求同存异、保持团结。

第三，在"卿族本位"六卿中，郤锜由于包庇郤犨、郤昭子，政治立场不明确，所以与非郤氏五卿的关系也逐渐淡漠隔阂。

正是在这样的背景下，才出现了赵文子行冠礼后拜会诸卿时，郤氏三卿和其余五卿对赵文子态度冷热差别明显的状况。实际上，像范文子这样有先见之明的卿大夫，早已感受到内乱将至的阵阵寒意。

前575年，晋厉公提出要讨伐叛晋服楚的郑国，最终晋国四军出动，在鄢陵与楚国决战。晋军决策过程主要参与者的政策主张及后果如下（参见第284-285页）：

第一，卿官中排第一的栾武子是主战派，他的理由"不可以在我们这一代失去诸侯的归服"虽然简单，却是难以辩驳的正论。然而他在夏六月二十九日提出的"敌进我守，敌退我追"作战方略最后没有被采纳。平心而论，栾武子的作战方略非常合理，晋军如果依此方略行事，也完全有可能取得这次战役的胜利。

第二，卿官中排第二的范文子是避战派，他已经睿智地预见到晋国战胜之后会发生的血腥内乱，因此在决策过程中反复疾呼，坚决反对出战。栾武子虽然完全可以听懂他的推理逻辑，而且内心恐怕也认同他的结论，但却无法接受他的避战建议。

第三，卿官中排第八的郤昭子是主战派，他想要抓住机会建功立业，先是坚决支持出战，然后又在夏六月二十九日提出"楚军必败，立即决战"的作战方略，而且得到了采纳。

第四，尚未当上卿官的范宣子是主战派，他想要抓住机会建功立业，在夏六月二十九日提出了具体战术，也得到了采纳。不过，范宣子父亲范文子的思路异常清楚，为了力保范氏不被卷入内乱，他先在诸卿面前上演了一出"挥戈追杀狂悖儿子"的闹剧，强行将范宣子从战前决策过程中驱离；然后又在回国后命令家臣向祖先恳请让自己速死，从而使得范宣子在内乱爆发时可以闭门守丧以避祸。所以接下来我们不再将范氏纳入讨论的范围。

那么，为什么晋国最终没有采纳中军帅栾武子提出的作战方略，而是采纳了新军佐郤昭子提出的作战方略？笔者认为，这并不是因为郤昭子的方略要远远胜过栾武子，而是因为栾、郤两人相持不下、请国君定夺时，晋厉公行使最后决策者的权力，果断拍板支持郤昭子的方略，决定立即与楚军决战。当时楚军已经将晋军堵在营中，晋军将士群情激昂，因此晋厉公的决策很自然地得到了热烈拥护和坚决执行。接下来，上天保佑晋国（正常观点）/降祸晋国（范文子观点），楚司马王子侧竟然在最不应该喝醉的时候大醉不起，而一只眼睛已经被射瞎的楚共王在得知王子侧不能觐见之后斗志崩溃率军撤退，晋国就这样取得了鄢陵之战的胜利。

正如范文子、子叔声伯等人预言的那样，鄢陵之战的胜利激化了晋厉公和以栾武子为领袖的主流卿族之间的矛盾，从而点燃了晋国内乱的导火索。

晋厉公本来就年轻气盛、想要大干一场，而鄢陵之战的胜利使他体验了一把"首倡出战、战前正确决策、最终获得大胜"的成就感，以及压制栾武子、力挺郤昭子的畅快感，让他感觉自己真是得到上天襄助的少年英主。因此，晋厉公在回国之后决定乘胜追击，仿效当年阳处父立赵宣子（参见第126页）、郤献子立栾武子（参见第252页）的旧事，想办法逼迫本来年事已高的中军帅栾武子赶紧告老退休[1]，而将自己长期培养、比郤犨更优秀、一直持"国君本位"政治立场、鄢陵之战又立了大功的郤昭子一举推上中军帅的宝座。除此之外，正如范文子、子叔声伯所预测的那样（分别参见第285、291页），他应该还会试图封赏一批嬖大夫成为新的

1　栾武子实际退休或去世时间在前五七三年，也就是内乱后一年，因此前五七五年时栾武子年事已高。

高阶大夫，建立一批忠于国君的大夫家族。不过，笔者认为，这时候他的计划还没有发展到杀光六卿来给嬖大夫腾出卿位的地步。

新军佐郤昭子一直自诩才干过人，对屈居卿官末位颇为愤懑。回国之后，晋厉公应该已经以某种方式承诺将推举他担任中军帅，而他也真的认为自己在鄢陵之战中取得大功，够资格像当年赵宣子、栾武子那样得到破格提拔升任中军帅。因此，前575年底郤昭子向周王卿士王叔简公和邵桓公宣称自己将谋求接替栾武子成为中军帅，并且征引赵宣子、栾武子破格提拔事例作为论据，并不是在痴人说梦，而是认为此事已经十拿九稳，因此提前放出风声，让周邦为事奉晋国下一任中军帅/执政卿早做准备。如果说郤昭子在他无法控制信息泄露的外交场合尚且敢如此宣扬此事，可以推想他在出使周邦之前一定已经在国都大肆宣扬过此事，而这个消息应该已经被栾武子所知晓。从后面的事态发展可知，这应该是导致栾武子决定用颇为冒险的跨国诈谋离间晋厉公和郤昭子的重要动因。

中军帅栾武子先是在鄢陵之战前受到了晋厉公拒绝自己而支持郤昭子的刺激，然后在鄢陵之战胜利后进一步受到了晋厉公恃恃胜利开始有异动迹象的刺激，以及郤昭子在晋国国都内和在周邦谈论自己将谋求成为中军帅的刺激。也许是他认为自己作为中军帅并无过失，进而不打算马上告老退休；也许是他认为自己作为主流卿族领袖，必须遏制晋厉公扩张君权的危险动向；也许上述两个原因兼而有之，总之栾武子感到形势已经相当危急，必须尽快想办法破解晋厉公推举郤昭子担任中军帅的图谋，而在他看来，最巧妙的破解方法就是用诈谋离间晋厉公和郤昭子。正是在这样的盘算下，老谋深算的栾武子开始抢先作乱，他设计并实施了《左传》中有详细记载的跨国诈谋，成功地使晋厉公对郤昭子的态度发生了一百八十度的大翻转，从赏识、力推翻转为怨恨、敌视。

这一边，晋厉公已经开始猜忌郤昭子；而那一边，郤昭子还浑然不觉。后来一次打猎时，晋厉公先让妃嫔们猎杀野兽并和她们一起喝酒，然后才让卿大夫们猎杀野兽，国君这种放浪骄纵的行为引起了一方面"国君本位"、另一方面崇尚礼制的郤昭子的不满。当郤昭子捧着猎杀的野猪去献给晋厉公时，宦官孟张上前抢夺，郤昭子一下子怒气发作，心想"你这个刑余之人，竟然敢抢我一个堂堂卿官的东西"，于是一箭射死了孟张，认为马上要推举自己担任中军帅的晋厉公肯定不会因为一个放肆的宦官而怨恨自己。然而，在已经中了栾武子离间计的晋厉公看来，郤昭子的这一举动就是他已有叛君之心的证明：今天他敢杀了我身边的宦官，明天他就敢杀了我！从晋厉公对身边人称郤昭子为"季子"这样亲昵的称呼来看，晋厉公和郤昭子的关系曾经是非常亲近的。

因此，从主流卿族角度来看，此次晋国内乱的始作俑者自然是晋厉公，因为是他先试图打破君权和卿权的平衡。然而，从晋国公室角度来看，此次晋国内乱的始作俑者肯定是栾武子，因为晋厉公的行为只不过是想要行使他本来就应该拥有的卿官任免权力，而栾武子离间晋厉公和郤昭子的行为则是不折不扣的"作乱"。

在栾武子看来，要想彻底粉碎晋厉公的阴谋，光斩断晋厉公和郤昭子之间的关系还不够，还要斩断晋厉公和另一位长期培养对象——郤犨的关系。由于晋厉公还没有图谋强推郤犨进入六卿体系，也就是说，晋厉公对郤犨的恩情还没有那么大，所以栾武子准备先尝试"策反"郤犨加入自己这边，但是被郤犨义正辞严地拒绝，如同《苦成家父》所描述的那样。

策反郤犨未能成功的栾武子如何考虑下一步的策略？在他看来，经过他的挑拨离间，郤昭子在晋厉公心目中已经成了叛君之臣，如果他再用诈谋将郤犨也塑造成叛君之臣的话，按常理推想，一直与郤犨、郤昭子和睦的郤氏族长郤锜不可能不知情。于是他决定不再对仇怨并不深的郤锜心慈手软，而是"打包"诬陷郤氏三人。于是，栾武子向晋厉公再进谗言说，不光是先前侦知的郤昭子，一向团结的三郤在叛君这件事情上其实是一伙的。对郤昭子"叛变"已经愤恨不已的晋厉公果然中计，他相信了栾武子的谗言，认为三郤全都已经变成自己的敌人。

至此，晋厉公认为他长期经营的"在新军培养忠君卿官、然后将其推入六卿行列"计划已经彻底失败，这无疑让他感到非常挫败、失望和愤恨。在这些负面情绪的煎熬下，晋厉公逐渐失去理智，他开始从先君晋献公的事迹里找灵感，盘算着像晋献公当年杀尽群公子那样，用最彻底的肉体消灭手段除掉全部现有卿官，换上没有主流卿族背景、前途命运全由自己决定的嬖大夫。晋厉公的思维实际上是非常超前的，他身处卿族控制朝政、君主日益傀儡化的春秋时期，但是他想要建立的是一个君集权、根据才能功绩等标准任免官僚的新体制，其实也就是后来战国时期各强国争相建立的体制。

嬖大夫们也非常清楚，由于家族出身的原因，他们不可能按照正常程序进入卿官体系，因此晋厉公的这个想法在别人看来非常疯狂，但在他们看来却是成为卿官的最现实方式，所以他们坚决支持晋厉公的想法，并且开始为晋厉公谋划具体实施方案。

嬖大夫们提出将三郤作为第一批屠杀对象，除了因为他们明说的"郤氏族大、多怨"之外，还有一个非常重要的原因，那就是他们知道，晋厉公已将三郤中的郤昭子、郤犨视为叛君之臣，对三郤的仇恨甚至超过对其他诸卿的仇恨。不出嬖大夫所料，这个"火上浇油"的建议一提出，马上得到了晋厉公的同意。至此，晋厉公杀三郤之谋已成。

那么，《左传》里记载的嬖大夫与郤氏的私人仇怨该如何看待呢？笔者认为，《左传》中所保存的、描述嬖大夫与郤氏之间私人仇怨的史料，有可能是确有其事，然后被内乱中取胜的栾武子党羽搜集出来写进了历史（比如说胥童怨恨郤氏之事）；也有可能并无其事，而就是栾武子党羽编造的（比如说《左传》版的长鱼矫—郤犨相争之事）。

支持"编造说"最有力的证据就是长鱼矫—郤犨相争之事。关于郤犨将长鱼矫和家人拘禁在一起的原因，《左传》和《苦成家父》给出了完全不同的两种说法：在《左传》版本中，郤犨这样做的目的是利用公权来解决私人仇怨，是过度打击报复过去和他争地的长鱼矫；而在《苦成家父》版本中，郤犨这样做的目的是用在朝堂上公开扣押人质的方法震慑其他嬖大夫、遏制内乱，郤犨和长鱼矫之间并无私人仇怨。这两种完全不同的说法不可能同时为真。笔者认为，《苦成家父》版本更加接近真相，而《左传》版本则是栾武子党羽事后编造的。不过，无论是否真有其事，嬖大夫和三郤之间的私人仇怨都不是促使嬖大夫建议先杀三郤的关键理由。

当年栾武子党羽在事后搜集/编造三郤和嬖大夫私人仇怨材料的目的，应该是要隐藏《苦成家父》中记载的、栾武子"打包"诬陷三郤的真相，从而将整个故事简化成如下这个样子：胥童、长鱼矫、夷阳五等人在成为晋厉公嬖大夫之前就都与郤氏有仇怨，当晋厉公询问他们该先杀谁时，嬖大夫们不约而同地建议杀三郤。他们明里分析说"三郤族大、多怨"，下手容易成功，但实际上是想要报各自的私仇。这样一来，"谋划杀三郤"这个直接引发血腥内乱的事件的始作俑者就被限定为晋厉公+嬖大夫，而实际上起了很大作用的栾武子则被完全隐去了。笔者进一步推测，栾武子—中行献子集团很可能是在杀卿官胥童前就编好了这些关于嬖大夫和郤氏私人仇怨的"黑材料",然后在晋国贵族圈子里传播,这样他们就可以给以胥童为代表的嬖大夫扣上"为报私仇而怂恿国君滥杀国家重臣"的严重罪名,从而名正言顺地将胥童用国法刑杀。

晋厉公决定要杀三郤之后,这个阴谋被三郤所侦知,他们立即开会商议对策。郤锜本来就是"卿族本位",而且作为族长一心要保全郤氏,智计水平又低,想不出什么更好的办法,于是提出,与其坐以待毙,不如先下手为强,发动针对晋厉公的武装叛乱。然而,对于前述栾武子复杂诈谋运作并不知情的郤犨 (据《苦成家父》) 和郤昭子 (据《左传》) 实在无法相信,长期重用培养自己的晋厉公竟然在自己并没有任何背叛计划和行动的情况下会突然下决心要杀了自己,所以都慷慨陈词,表示自己将坚守臣节、死不叛君。郤犨、郤昭子的话之所以都是高风亮节的道德说辞,一方面可能的确反映了他们的道德操守,一方面反映了他们对晋景公、晋厉公的长期栽培感恩戴德,还有一方面可能是期望这些话通过某种方式再传到晋厉公耳中,让晋厉公相信,如果郤犨、郤昭子关起家门来说的都是这些话,那么他们是真的没有叛君之心。

郤犨、郤昭子慷慨陈词之后,郤锜并没有被完全说服,《左传》所说的三郤被杀时"正坐在一处台榭里谋划事情",可能就是在继续争论如何应对此事。无奈嬖大夫生怕夜长梦多耽误了他们当卿官的前程,于是在三郤还没有形成共识之前，就将三人全部杀害。

厉公之乱（五）：事件经过重构

厉公之乱的事件经过，可以用《左传》和《苦成家父》的记载大致拼合如下：

晋厉公嬖大夫长鱼矫最开始的计谋是抓捕一批无辜的百豫民众，用这个办法激发大批百豫民众去求告他们最信任的三郤，然后给三郤扣上"煽动百豫民众作乱"的罪名，用国法将三郤全部刑杀，这样做当然是最为稳妥的。

然而长鱼矫的这个计策在实施过程中被郤犨撞破，郤犨为了震慑其他嬖大夫不要继续作乱，将长鱼矫和他的家人公开拘禁在朝廷上，希望起到"抓鸡儆猴"的效果。晋厉公见到长鱼矫一家被拘禁，认为三郤已经侦知了自己的计划，推测三郤接下来会先下手为强杀掉嬖大夫和自己，情急之中去找强门大夫商议。强门大夫建议武装内库囚徒，并带领着这帮囚徒释放了长鱼矫。

前574年冬十二月二十六日，另外两位嬖大夫胥童、夷阳五率领着八百名武装囚徒，准备要大举攻打郤氏。嬖大夫中最有智计的长鱼矫由于先前计谋失败没能立下头功，还被郤犨拘禁在朝堂公开羞辱，一来内心愤懑想要报仇，二来不愿最终由胥童、夷阳五立下头功，于是夸下海口，声称自己可以不用兵众就杀掉三郤。郤犨的行政官职务是司法官，所以长鱼矫和清沸魋伪装成起了纠纷要去找郤犨打官司，准备借此混进郤犨官署，然后想办法杀了郤犨。让长鱼矫和清沸魋没想到的是，他们运气超好，撞见三郤在室外的台榭争论该如何应对灭族威胁，于是两人抓住机会，冲上前将猝不及防的三郤全部杀害。

胥童本来认为长鱼矫不用刀兵是吹牛，肯定不能成功，没想到长鱼矫真的一口气杀了三郤立了头功。为了抓住机会赶紧立功迎头赶上，胥童临时起意，突破了只杀三郤的原定计划，在朝堂上劫持了当时在场的栾武子和中行献子。长鱼矫已经立了头功，也理解胥童想要抓住机会立功的心理，于是也为胥童帮腔，怂恿晋厉公一不做二不休，抓住宝贵机会，提前实施计划的第二步：杀掉其他高阶卿官。

然而，晋厉公并没有晋献公那样的铁石心肠：他看着三卿横尸朝堂、二卿被捕哀求，感觉事情的惨烈程度已经超出他能够承受的范围，于是紧急叫停。晋厉公自欺欺人地相信，杀三卿已经足够使诸卿臣服自己，于是放跑了栾武子和中行献子。在现场目睹了这一切的长鱼矫意识到晋厉公不可能成就当年晋献公杀尽群公子、独掌大权的伟业，而被放跑的栾武子等人也一定会疯狂反扑，于是赶紧逃走；而才智不如长鱼矫的胥童由于贪恋权势、心存幻想留了下来，被晋厉公任命为卿，短暂地满足了自己复兴胥氏的愿望。

栾武子、中行献子很可能在此后上朝时一直表现出对晋厉公俯首帖耳的恭顺模样，这让晋厉公逐渐真的相信自已通过下狠手杀三郤立威之后，已经成为诸卿畏惧的雄主。在这种错误判断指引下，晋厉公竟然在斗争形势实际上已经是你死我活的时刻放松了警惕，离开都城前往旧都亲信匠丽家游玩。栾武子、中行献子当然不能错过这个机会，马上派人扣押了晋厉公。其中，栾武子是主谋，态度比较坚决；中行献子是从犯，甚至可能受到了栾武子的胁迫，态度比较犹豫，后来一直为此事焦虑，甚至做了被晋厉公化身的厉鬼杀掉的噩梦。

在扣押晋厉公之后，栾武子、中行献子认为事到如今，他们和晋厉公之间已经没有和解的可能，杀掉晋厉公另立新君是唯一的选择。然而，弑君是非常凶险的大事，栾武子、中行献子两人想要拉进更多卿官来分担责任，于是他们先后召请前四卿中的另外两位——范宣子和韩献子入伙，然而范、韩两人下定决心要中立避祸。栾、中行两人只得继续干到底，在前574年闰月初派人在旧都劫持了晋厉公，同月二十九日派人杀了胥童，最终在前573年春正月五日派人杀了晋厉公。

厉公之乱（六）：文本形成过程重构

《苦成家父》版本的形成过程大概是这样：

和前583年灭赵氏一样，这次灭郤氏同样没有完全灭干净，郤犨一族有人逃到了楚国，并在楚国开始传播一个歌颂郤犨及三郤、批判栾武子和晋厉公的"晋国内乱真相大揭秘"文本。这个现在被我们称为《苦成家父》的文本起到了两个作用：

第一，它将本来就很有才干的郤犨进一步塑造成一位品德高尚、公忠体国的贤大夫，这非常有助于抬高郤犨后人的形象，使得他们能在楚国得到重用。

第二，它披露了许多不见于中原主流说法的、揭露晋厉公和执政卿栾武子罪恶的史事，讲述了一个"晋国昏君听信罪恶执政卿谗言，残杀郤氏忠良"的故事。

《苦成家父》这个版本非常符合楚国对外"反晋"舆论战和对内"反晋"宣传教化的需要，因而得以编入楚国贵族的历史读本广泛流传，后来被某位爱好历史的楚国贵族作为心爱之物带入坟墓，并在两千多年后的今天重见天日。

相比之下，《左传》《国语》版本的形成过程可能比较复杂，因为它一方面记载了三郤、晋厉公、晋厉公嬖大夫的罪恶，另一方面也记载了栾武子的罪恶。要探究这个问题，我们要从晋国官方对于三郤、晋厉公、晋厉公嬖大夫及栾氏灭族之时的族长栾怀子的政治定性入手：

第一，鲁史《春秋》将杀三郤之事记载成"晋杀其大夫郤锜、郤犨、郤至"。根据当时的史官书法，《春秋》记载某卿官为其国所杀，又写明被杀卿官的名氏，这说明晋国在发给鲁国和其他盟国的情况通报里，是将此事定性为"三郤身犯重罪，被晋国依法刑杀"。如果发给外国的通报都是如此定性，在晋国国内，对此事的官方公开定性也一定是这样。

第二，鲁史《春秋》将杀胥童之事记载成"晋杀其大夫胥童"。与上一条相似，这说明在晋国国内，此事的官方公开定性应该是"胥童身犯重罪，被晋国依法刑杀"。

第三，鲁史《春秋》将弑晋厉公之事记载成"晋弑其君州蒲"。根据当时的史官书法，《春秋》记载某君为其国所杀，又写明被杀国君的名氏，这说明晋国在发给鲁国和其他盟国的情况通报里，是将此事定性为"晋侯无道，被晋国卿大夫所弑"。如上理，在晋国国内，对此事的官方公开定性也一定是这样。

第四，鲁史《春秋》将前550年晋人杀栾怀子之事记载成"晋人杀栾盈（即栾怀子）"。这说明在晋国国内，此事的官方公开定性应该是"栾怀子身犯重罪，被晋国依法刑杀"。

在上述信息基础上，笔者认为《左传》版本的形成过程大概如下：

在晋国内乱平息后，掌控着晋国政权的栾武子—中行献子集团对这场内乱中被杀的三郤、晋厉公、晋厉公嬖大夫（以胥童为代表）给予了有罪的官方政治定性。为了支撑对这些关键人物的有罪定性，为栾武子—中行献子集团服务的史官必然要搜集一批以揭露三郤、晋厉公、晋厉公嬖大夫各自罪恶为重点的内幕材料并投放到晋国史官资料库和贵族圈子里去，这些材料有些是实录，有些可能就是揣摩上意而凭空编造的。这些材料成为厉公之乱的第一批晋国官方史料，《左传》版本里揭露三郤、晋厉公、晋厉公嬖大夫罪恶的材料有可能就来自这第一批史料。

当然，栾武子—中行献子集团控制的晋国史官根据领导的要求搜集编写揭批三郤的材料，而出逃的郤犨族人则开始在楚国传播歌颂三郤的材料，双方各说各话，同一件史事就开始产生倾向性完全相反的两种说法，以至于出现了我们今天在"郤犨—长鱼矫之争"史料问题上看到的这种南辕北辙的分歧。

然而，"历史不是简单重复，但总会踩着韵脚"。前面我们已经看到，前607年赵宣子弑晋灵公，赵氏权势达到鼎盛，然而随后就逐渐衰落，同时晋国公室一直记着要清算赵氏罪行，最终晋景公于前583年在栾氏、郤氏配合下几乎灭了赵氏。与赵氏这段经历惊人相似的是，前574年栾武子弑晋厉公，栾氏权势达到鼎盛，随后就逐渐衰落，同时晋国公室一直记着要清算栾氏罪行，最终晋平公于前552年在幕后指使范宣子驱逐栾氏族长栾怀子，并于前550年最终杀栾怀子，尽灭栾氏。

灭栾氏之后，晋国统治集团对栾氏也给出了一个"有罪"的官方定性。为了支撑这个官方定性，晋国史官必然要搜集甚至编写一批以揭露栾氏罪恶为重点的内幕材料，并将其投放到晋国史官资料库和贵族圈子里去。这些材料中有一部分就是揭露厉公之乱中栾武子罪恶的，它成为厉公之乱的第二批晋国官方史料，《左传》版本里详细描述栾武子如何构陷郤昭子的材料可能就来自这批史料。然而，到这个时候，有些关于栾武子罪恶的材料（比如栾武子向晋厉公诬陷三郤）已经永久地从晋国史料库中消失，在很长一段时间完全不为人所知，直到最近才由于《苦成家父》的释读而重现于世。

厉公之乱（七）：事件意义分析

栾武子弑晋厉公是曲沃代晋之后，晋国发生的第二次卿大夫弑君事件（第一次是赵宣子弑晋灵公），也是春秋时期的最后一次。从卿族政治发展史角度来看，栾武子弑君成功，标志着卿族政治模式在晋国正式确立，具体表现有如下两个方面：

一方面，已经再次认清自身弱势地位的晋国君主不再谋求通过政治军事斗争重现晋献公时期君权隆盛、卿大夫听命的局面。

卿族集团通过赵宣子弑晋灵公、栾武子弑晋厉公，已经在晋国政治中拉起了这样一条不能触碰的红线，那就是"君不君，则臣将不臣"：如果国君不守君道，悍然采用暴力方式试图消灭卿族、扩张君权，诸卿也将不守臣道，果断采用暴力方式消灭国君、坚决维护卿族集团的整体利益。这条红线之所以能一直有效，其根本原因是卿族集团作为一个整体，已经控制了绝大部分的国家经济资源（土地）、政治资源（国家官僚体系和卿族家臣体系）和军事资源（公室军队和卿族私家军队），国君已经被关在了坚不可摧的制度笼子里，只能在笼内非常有限的空间里活动。

另一方面，已经再次确认自己强势地位的卿族集团也没有再行弑君之事。

正如韩献子所说的那样，"耕牛太老要杀掉，这种事情没人愿意起头做主"，赵宣子弑晋灵公、栾武子弑晋厉公都是执政卿被逼到墙角的无奈反击，而绝不是在暴利诱惑下实施的主动冒险。对主导弑君行动的执政卿和他所领导的卿族来说，弑君成功绝对是弊大于利：

第一，弑君执政卿享不了大福，不可能篡位成为新君。此时的晋国政治格局，卿族既没有发展成一家独大足以篡夺国家政权，如同春秋末期的齐国那样；也没有发展到只剩三家可以瓜分国家政权，如同春秋末期的晋国那样；也不可能像楚国那样，执政卿往往由王子担任，弑君后可以直接篡夺君位，因为晋国卿族都是没有顺位继承权的远支公族和非公族，虽然他们在前607年赵宣子改革之后，在名义上已经被称为"公族"。所以，晋国执政卿在被逼无奈杀了现任国君之后，虽然在一段时间内权势无人可以匹敌，就是实际上的国家最高领导人，但在君位问题上他唯一能做的，就是从寄居于他国的正牌公族里再找一位合适人选，将其立为新君。而且，从一个作威作福的执政卿变成一个诸卿环伺的傀儡国君，这种吃亏的事情有哪个卿官会愿意做呢？

第二，弑君执政卿背负着大罪，自己和家族的政治风险大增。来自正牌公族的新君即位后，弑君执政卿一方面要承受其他诸卿对自己的畏惧和猜忌，另一方面还不能忘了晋国公室早晚要清算自己现在犯下的弑君罪行。正如我们在前面看到的那样，赵氏在前607年弑晋灵公之后迎来的不是繁荣，而是赵宣子退位后的逐渐衰落，以及前583年由晋灵公堂弟晋景公实施的灭族打击；而我们在后面也将看到，栾氏在弑晋厉公之后，迎来的也同样是衰落和灭族。

在这样的利害格局下，没有哪个卿族愿意再挑头弑君，卿族之间的相互博弈／斗争正式取代了卿族与公室间的博弈／斗争，成为晋国内政的主要矛盾。

六、悼公时期：

君权回光返照
卿族分派结盟

二三子用我今日，否亦今日。

——晋悼公

孙周归国：品德备受赞誉，演说安定人心

前573年春正月晋厉公被杀之后，摆在中军帅栾武子面前最紧迫的任务就是物色一位能与卿族和平共处的公族成员担任新君。而栾武子看上的人选，正是在先前诈谋中他诬陷郤昭子要拥立的孙周。孙周是晋襄公曾孙、公子捷之孙、公孙谈之子，从祖父公子捷开始就客居在周邦，此时在周邦卿士单襄公手下做事。根据《国语·周语下》的记载，在前574年准确预言晋厉公即将遭难的单襄公也同时预言了孙周的远大前程：

> 晋公孙谈的儿子周在周邦任职，事奉单襄公。他站立时不一脚歪斜，看时不东张西望，听时不耸起耳朵关注他人隐私，说话时不说不着边际的事情；说到敬必定连及上天，说到忠必定连及心意，说到信必定连及自身，说到仁必定连及他人，说到义必定连及利益，说到智必定连及处事，说到勇必定连及节制，说到教必定连及明辨，说到孝必定连及神灵，说到惠必定连及和睦，说到让必定连及同僚；晋国有忧患他总是为之悲戚，有喜事他总是为之欢怡。

> 后来，单襄公病重，叫来儿子单顷公，告诉他说：
> "你一定要好好对待晋周（即孙周），他将来会入主晋国。他的品德可称得上'文'，能够践行文就会得到天地的保佑。天地赐福的人，福分小的也能成为国君。敬，是文的

恭谦；忠，是文的实质；信，是文的信用；仁，是文的爱护；义，是文的节制；智，是文的载体；勇，是文的遵循；教，是文的施展；孝，是文的本源；惠，是文的慈爱；让，是文的材用。效法上天才能敬，遵循本心才能忠，反思自身才能信，爱护他人才能仁，以遵从制度为利才能义，办事建功才能智，循义而行才能勇，明辨是非才能教，昭明神灵才能孝，慈爱和睦才能惠，谦待同僚才能让。**¹**这十一个方面的优点，他都具备了。

"天六地五，是数中的常数。以天之六数为经，以地之五数为纬，晋周的十一项美德对应经纬毫不相差，这是具备文的表现啊。周文王以文为质，所以上天福佑他得到天下。晋周也拥有文，而且他与晋君的昭穆关系又近，能够得到国家政权。而且他站立时不一脚歪斜，是正；看时不东张西望，是端；听时不耸起耳朵关注他人隐私，是成；说话时不说不着边际的事情，是慎。正，是德的道路；端，是德的凭信；成，是德的归宿；慎，是德的守护。守护归宿纯洁稳固，道路端正行事有信，这可以算是昭明善德了。慎、成、端、正，是德的辅相。**²**为晋国高兴和悲戚，是不背弃根本。

---

1 《国语·周语下》："夫敬，文之恭也；忠，文之实也；信，文之孚也；仁，文之爱也；义，文之制也；智，文之舆也；勇，文之帅也；教，文之施也；孝，文之本也；惠，文之慈也；让，文之材也。象天能敬，帅意能忠，思身能信，爱人能仁，利制能义，事建能智，帅义能勇，施辨能教，昭神能孝，慈和能惠，推敌能让。"

2 《国语·周语下》："夫正，德之道也；端，德之信也；成，德之终也；慎，德之守也。守终纯固，道正事信，明令德矣。慎、成、端、正，德之相也。"

"晋周拥有文，又相德而动，怎么会不得到国家政权呢？"

栾武子派出下军佐知武子、大夫彘共子[1]从周邦迎回孙周，晋国卿大夫们在清原迎接。当时只有十四岁的孙周面对群臣说：

"我本来的愿望没想要达到这个地步。

"现在虽然到了这个地步，难道不是上天的意志吗？

"然而，人们求来国君，就是要让他发号施令，如果立了国君以后又不听他的，哪里还用得着国君？

"诸位下决心用我在今天，反悔不用我也在今天。

"恭敬而顺从国君，这样做会得到神灵的保佑。"

卿大夫们回答说："这正是我们群臣的愿望，怎敢不唯命是听！"

孙周这段话一共五句，一句一层意思，句句意有所指：

第一句，"我本来的愿望没想要达到这个地步"。

孙周本是三代客居周邦的晋国公族后代，他这第一句话是想说明，自己是一个"居易以俟命"的君子，满足于在周邦客居为官的生活，并没有觊觎过晋国君位。自己与已经坐在君位上还不满足的晋厉公是完全两类人，因此也不会像晋厉公那样"行险以徼幸"，也就是不会为了扩大君权而主动攻击卿族、再次挑起内乱。简而言之，这第一句是主动袒露心迹，让卿大夫

1　彘共子，祁姓，彘氏，出自士氏，名鲂，谥共，排行季。范武子之子。参见图20。

安心。

第二句，"现在虽然到了这个地步，难道不是上天的意志吗？"

孙周这句话是要说明，自己无心求取君位，而且是顺位继承权非常靠后的先君曾孙，却得到拥立成为国君，最合理的解释是，这都是上天的安排。这句话的含义是，既然自己当上国君是天意使然，那么谁如果再谋求作乱弑君，就是逆天意而行，必然不得好死。简而言之，这第二句是告诫卿大夫们要敬畏天意，从而让新君安心。

第三句，"然而，人们求来国君，就是要让他发号施令，如果立了国君以后又不听他的，哪里还用得着国君？"

孙周这句话是言简意赅地阐述自己的核心执政理念，希望卿大夫们能够跟自己在这个关键问题上达成共识，这个理念就是：我不会像晋厉公那样想要消灭你们、乾纲独断，但我也不想做一个任由你们摆布的傀儡，我要走的是中道，就是做一个能发号施令但不独断专行，和卿大夫一起把国家治理好的国君。

第四句，"诸位下决心用我在今天，反悔不用我也在今天。"

孙周这句话是在让卿大夫们考虑清楚，是否认同自己刚刚提出的核心执政理念，志同道合则君臣同心励精图治，志不同道不合则不必勉强就此别过。这句话一说出来，在场的卿大夫们恐怕都能感觉到，这是一位讲道理、重共识，同时又坚持中道政治原则的成熟政治家，与他们先前听闻的孙周德行完全吻合，而与先前被他们杀掉的"愤青"晋厉公有天壤之别。

第五句，"恭敬而顺从国君，这样做会得到神灵的保佑。"

孙周在看到卿大夫们脸上纷纷表露出的赞同神情，知道晋国卿大夫群体已经如自己所料接纳了自己，于是马上开始实践自己刚提出的执政理念，向臣下提出了自己作为国君的第一条训令，那就是结束内乱时期的政治乱象，重新回到"君令臣恭"的常道（至少是公开层面上）。"这样做会得到神灵的保佑"是说出来的鼓励，"如果不这样做则会遭到神灵的惩处"是暗含着的警告。

总而言之，通过这一次言简意赅的"就职前演说"，孙周成功地在卿大夫群体心中树立了一个崇尚中道、温和而坚定的成熟政治家形象，证实了先前来自周邦的、关于孙周如何德才兼备的情报，给渴望迎来一位靠谱新君的卿大夫们吃了一颗"定心丸"，从而为接下来的新君即位和综合改革开了个好头。

拨乱反正：实施综合改革，整顿官僚体系

前573年春正月十五日，孙周与卿大夫盟誓之后进入国都，住在伯子同家。二十六日，孙周在晋武公庙拜祭先君，这实质上是宣告孙周已经成为晋国君主、开始行使各项权力，所以之后我们就改称他为"晋悼公"。

晋悼公上任后，做的第一件事就是驱逐了七位在内乱时期不守臣道的大夫。晋悼公这样做，大概有三层目的：

第一，向晋国臣民显示出他的确是一位能发号施令、有所作为的正常君主，为之后即将启动的内政改革和人事任命大调整进行预热。

第二，用温和惩处几个低阶大夫的方式宣告内乱结束，实际上也就是赦免了栾武子、中行献子的罪行，既往不咎，团结一致向前看。

第三，笔者猜测，此次惩处的几位大夫中一定有具体为栾武子、中行献子"干脏活"的人，若果真如此的话，那么此举也是在温和地敲打两位弑君卿官日后要谨守臣道，恭敬而顺从国君。

春二月初一，晋悼公在朝堂上正式行即位礼。行礼完毕后，据《史记·晋世家》的记载，晋悼公发表了他的就职演说："寡人的祖父、父亲都没有立为国君而到周邦避难，客死在那里。寡人自认为与晋公室关系疏远，没有期望过成为国君。如今各位大夫不忘文公、襄公的意愿而惠顾立我这个桓叔 (公子捷) 的后人为国君，仰赖祖宗、先大夫的在天之灵，得以奉承晋国宗祀，哪敢不战战兢兢呢！诸位大夫请辅佐寡人！"

晋悼公通过这段非常简短的就职演说，表达了这样两层意思：

第一，重申自己的政治立场，也就是再次强调自己本心不慕权势，而且非常感恩卿大夫集团的认可和支持，因此绝对不会重蹈晋厉公的覆辙与卿大夫集团为敌，希望卿大夫集团能够安心。

第二，提出自己的执政愿景，也就是怀着一颗"战战兢兢"的敬畏之心，在卿大夫集团的辅佐下，带领晋国拨乱反正、重振霸业。

接下来，晋悼公开始发布政令，启动了以"拨乱反正"为整体特色的综合改革，主要改革举措包括：任命中高级官员（详见下）；施舍财物，勾销债务；照顾弱势的鳏夫寡妇，起用埋没的贤良士人；救助贫困的人，援助受灾的人；禁止淫行，减轻赋税；赦免罪行，节省器用；遵照农时征用民力，不因私欲侵占农时。

在所有这些举措之中，《左传·成公十八年》和《国语·晋语七》详细记载了"任命中高级官员"的具体情况。其中，《左传》记载了晋悼公任命中高级官员的整体情况，而《国语·晋语七》的相关记载补充说明了晋悼公作出每项人事任命的依据：

第一，任命吕宣子[1]、彘共子、令狐文子[2]、赵文子为卿。其中，前三人应该是前573年任命为卿的，而赵文子是在前572年吕宣子去世后任命为卿的，所以记载前573年任命会议情况的《国语·晋语七》只叙述了前三人的任命原因。吕宣子和令狐文子是大夫族魏氏小宗吕氏和令狐氏的宗主，而彘共子是卿族范氏小宗彘氏的宗主。也就是说，他们三人都来自较为弱势的贵族小宗。

根据《国语·晋语七》的记载，晋悼公任命三卿的理由，并不是这三人自己的才德有多高，而是为了报答他们父亲的功德：

---

1 吕宣子，姬姓，吕氏，出自魏氏，名相，谥宣。厨武子之子。参见图18。
2 令狐文子，姬姓，令狐氏，出自魏氏，名颉，谥文。魏颗之子。参见图18。

晋悼公任命吕宣子为下军帅，说："邲之战中，吕锜（厨武子）在下军辅佐知庄子首，俘获了楚国公子谷臣与连尹襄老，才使子羽（知武子）幸免；鄢陵之战中，吕锜亲自射中了楚王的眼睛，打败了楚军，因此安定了晋国。这样的功臣，却没有后代担任高官，因此他的子孙不能不提拔。"

任命赵共子为新军帅，说："他是范武子的小儿子，范文子的同母弟。范武子申明法令以安定晋国，直到今天还在用他制定的法令。范文子躬身勤劳平定了诸侯，直到今天还仰赖他的功劳。这两个人的功德，难道可以忘记吗？"因此任命赵共子为卿官，来庇护他的宗族。

任命令狐文子为新军佐，说："昔日战胜赤狄潞氏的战役中，秦国前来图谋败坏晋国灭潞氏的功劳，魏颗[1]亲自在辅氏[2]击退了秦军，俘虏了杜回，他的功勋铭刻在景钟上。直到今天他的后代还没得到举荐，他的儿子不能不起用。"

第二，任命荀家、荀会、栾桓子[3]、公族穆子[4]为公族大夫，负责教训"公族"，也就是卿族的子弟[5]，培养他们恭敬、俭朴、孝亲、爱兄的品德。

---

1 魏颗，姬姓，魏氏，名颗。魏武子之子。参见图18。
2 辅氏见图二。
3 栾桓子在晋厉公末期曾经是散位卿，现在应该已经撤销。
4 公族穆子，姬姓，公族氏，出自韩氏，名无忌，谥穆。韩献子之子。参见图19。
5 关于将卿族设定为新公族的"重构公族"改革参见第188-191页。

根据《国语·晋语七》的记载，从此处任命公族大夫到最后任命乘马御，晋悼公的理由都是这些候选人具备与官职匹配的才德：

> 栾武子请求任命公族大夫。晋悼公说："荀家敦厚惠爱，荀会文雅机敏，栾黡（栾桓子）果断勇敢，韩无忌（公族穆子）镇定沉静，任命这四人为公族大夫。那些贵族子弟生性骄横难以矫正，所以使敦厚惠爱的人教育他们，使文雅机敏的人引导他们，使果断勇敢的人告诫他们，使镇定沉静的人修正他们。敦厚惠爱的人教育他们，就会让他们变得虑事周全而不懈怠；文雅机敏的人引导他们，就会让他们变得温婉而明事理；果断勇敢的人告诫他们，就会让他们变得知道过失而不隐瞒；镇定沉静的人修正他们，就会让他们变得专一。所以任命这四人为公族大夫。"

第三，任命士贞伯为太傅，让他修治"范武子之法"，也就是前任太傅范武子制定的优良制度；任命右行辛为司空[1]，让他修治"士蔿之法"，也就是前任司空士蔿制定的优良制度。

> 晋悼公知道士贞子（即士贞伯）遵循前志，博学多闻，而且在教化中宣扬惠爱，任命他为太傅；知道右行辛能用数字匡算事物确定土功，任命他为司空。

1　司空，官职，负责土木工程营造。

第四，任命弁纠为戎御[1]，下属是校正，让戎御、校正训练普通御者（驾车人）知晓道义；荀宾担任戎右[2]，下属是司士，让戎右、司士训练有勇力的士人担任普通战车的车右。

晋悼公知道栾纠（即弁纠）善于驾车来配合军政，任命他为戎御；知道荀宾力气大而不暴虐，任命他为戎右。

第五，裁省各卿的专门御者[3]，而在各军设立军尉[4]，军尉在作战时兼任各卿的御者：任命祁奚为中军尉，羊舌职为中军尉佐，魏庄子[5]为中军司马，张老为中军候奄[6]；任命铎遏寇为上军尉，籍偃为上军司马；让各军尉及其属官训导各军的步兵和车兵互相和睦、服从军令。

晋悼公知道祁奚果断而不过度，任命他为元尉（即中军尉）；知道羊舌职聪明敏捷严敬得力，任命他辅佐祁奚；知道魏绛（魏庄子）勇敢而不乱纪律，任命他为元司马（即中军司马）；知道张老智慧而不欺诈，任命他为元候（即中军候奄）；知道铎遏寇恭敬而守信坚强，任命他为舆尉（即上军尉）；知道籍偃敦厚遵循旧职而恭敬得力，任命他为舆司马（即上军司马）。

1　戎御，官职，负责驾驭国君／主帅战车，并统领校正。
2　戎右，官职，担任国君／主帅战车的车右，并统领司士。车右负责持戈盾与敌人近战，以及推车等花费力气的勤务，所以需要勇力之士担任。
3　御者，官职，负责驾驭战车。
4　军尉，官职，负责各军政事，兼任诸卿战车御者。
5　魏庄子，姬姓，魏氏，名绛，谥庄。魏悼子之子。参见图18。
6　候奄，官职，斥候（侦察兵、巡逻兵）之长，负责侦查巡逻。

第六，任命程郑[1]为乘马御[2]，统领国君六个马厩的驺[3]，使乘马御训导各驺懂得礼数。

> 晋悼公知道程郑端正而不过度，而且喜好进谏而不隐瞒，任命他为赞仆（即乘马御）。

按照《左传》的记载，晋悼公的这一轮官僚体系治理整顿行动，具有如下四个鲜明的特色：

第一，"凡六官之长，皆民誉也"。

也就是说，各部门长官，选的都是品德和才能得到民众广泛赞誉的人，简而言之就是"重公认"。

需要强调的是，这里所说的"民众"主要是指居住在国都地区的卿大夫和士人，其中最有话语权的就是朝堂上的卿大夫。因为晋悼公任命的长官是从卿大夫群体本来就认同的人中挑选出来的，所以虽然这些任命涉及的都是重要岗位，但却很容易得到卿大夫群体的遵从。这显然是对内乱时期用人政策的拨乱反正，因为在那一时期，晋厉公集团和主流卿族集团斗争的一个重要战场应该就是官员任命，比如说晋厉公就用了一批绝不可能得到主流卿大夫群体认同的人作为自己的心腹嬖大夫，在杀三郤之后还任命嬖大夫胥童做了卿官。

春秋时期鲁国以"立言不朽"著称的"圣人"臧文仲曾经

1　程郑，姬姓，程氏，出自荀氏，名郑。程季之子。参见图21。
2　乘马御，官职，负责驾驭国君平日乘车，并统领六闲驺官。
3　驺，官职，负责养马、套车、卸车。

说过"调整自己的欲望来顺从多数人，就可以成功；强迫多数人服从自己的欲望，很少能成功"[1]，孔子最为钦佩的郑国贤相子产也曾经说过"寻求通过损害多数人来让自己的欲望得到满足，不可能成功；自己主动调整以与多数人拥有共同的欲望，总能成功"[2]。从这第一个特点我们就可以看出，"调整自己的欲望来顺从多数人""自己主动调整以与多数人拥有共同的欲望"，说的就是晋悼公的做事方式，这是他推行新政能取得成效的基础；"强迫多数人服从自己的欲望""寻求通过损害多数人来让自己的欲望得到满足"，说的就是晋厉公的做事方式，而这导致了他的身败名裂。

第二，"举不失职，爵不逾德"。

也就是说，选拔任用的官员到岗后都能胜任自己的工作，官员的爵位都不超过他的"德"（不能直接翻译为道德，详见下）的水平，简而言之就是"重匹配"。

上文引用的《国语·晋语七》材料就很具体地讲述了晋悼公如何根据候选人的"德"、性格、能力特点来授予合适的官职，这个"合适"有两个层面的意思，一个是职务与候选人才能的匹配，一个是职级爵位与候选人"德"的匹配。关于"爵不逾德"的"德"，要做两点说明：

（一）这里所说的"德"，有两层含义，一种是指本人的才德，也就是通过道德、才干具体内容和水平体现出来的本人的德。一种是指祖先的功德，也就是通过祖先功业具体内容和水

---

1 《左传·僖公二十一年》："以欲从人，则可；以人从欲，鲜济。"
2 《左传·昭公四年》："求逞于人，不可；与人同欲，尽济。"

平体现出来的祖先的德。《国语·晋语七》材料让我们很清楚地看到：

1. 晋悼公在任命各类卿以下官员的时候，依据的是候选人本人的才德，比如说"荀家敦厚惠爱，荀会文雅机敏，栾黡（栾桓子）果断勇敢，韩无忌（公族穆子）镇定沉静，任命这四人为公族大夫"。

2. 晋悼公在任命卿官的时候，依据的是候选人祖先的功德。吕宣子、郤共子、令狐文子都是因为父亲的功德而得到任用，而顾念赵成子、赵宣子的功德应该也是一年后任用赵文子的重要理由，就像先前韩献子建议晋景公恢复赵氏时所说的一样（参见第266页）。

（二）晋悼公任命大夫时依据本人的才德，这符合晋国"尊贤"的用人传统，很好理解。然而，晋悼公在任命更高阶的卿官时，为什么依据的是祖先的功德，而不是本人的才德？分析起来大概有这么三层原因：

1. 从"道理高尚"层面来说，大德名臣的后代应该得到庇护和重用，这在春秋时期是一种受到贤良贵族推崇的用人理念，背后的逻辑是：立下大功德的名臣如果绝了后代，会让当世努力想做善事、立功德的人寒心；反过来说，重用大德名臣的后代，会让这后代感念祖先功德对他的荫庇，从而努力成为"肖子""肖孙"，也就是成为自己有德祖先的贤良子孙。我们从前面韩献子劝晋景公恢复赵氏，以及后面祁奚劝晋平公释放羊舌肸的话语里（参见第423–424页），都可以体会到这种用人理念在当时具有的话语权。

2. 从"政治正确"层面来说，宣示重用大德名臣的后代，是在与残杀名臣后代的晋厉公划清界限，拨乱反正，因为三郤就是大德名臣郤成子、郤献子的后代。由于各大卿族的祖先里总能找到这样几位大德名臣（这也正是某族当年能成功崛起为卿族的最重要原因），所以晋悼公的这一用人理念等于是给刚躲过内乱的各大卿族又吃了一颗"定心丸"，而这些卿族当然也会以"恭敬而顺从国君"来回报晋悼公的善意。

3. 从"博弈精明"层面来说，由于重用大德名臣后代是"道理高尚""政治正确"的做法，现有卿大夫群体很难抗命，这样一来，晋悼公就可以通过这条渠道将祖上有大德名臣的大夫族弱势小宗（吕氏，令狐氏，皆为魏氏小宗）和卿族弱势小宗（比如龏氏，范氏小宗）的成员引入到卿族群体中来，这样一方面可以增加卿族"基因库"的多样性，有利于增强卿族群体的韧性；另一方面可以增加卿族间博弈/竞争关系的复杂性，从而有利于增强国君作为最高仲裁者/调停者的权威。

第三，"师不陵正，旅不逼师"。

当时的大夫官僚体系有三个职级，从高到低分别是"正""师""旅"，有点像现在的"局级""处级""科级"。这句话的意思就是晋悼公要求他所直接任命的各部门长官在开展部门工作时要注意拨乱反正，消除先前内乱时期由于"嬖大夫以下犯上杀三郤""二卿以下犯上杀国君"而造成的思想混乱，重新建立官僚体系各职级间的尊卑等级权威，使得上级重新能够命令下级、下级重新知道服从上级，简而言之就是"正尊卑"。

第四，"官不易方"。

也就是说，各部门废止内乱时期制定的、不合正道的临时规定，全面恢复久经检验的、合理好用的常规旧制，简而言之就是"正典章"。

总而言之，晋悼公的治理整顿行动以"重公认""重匹配""正尊卑""正典章"作为基本原则，收到了很好的效果，贵族们没有怨言、恭敬从命，晋国官僚体系得以拨乱反正、气象一新，为晋国霸业复兴奠定了坚实的基础。

前573年晋悼公任命三位卿官之后，晋国八卿领导班子的情况如下：

晋 八 卿 表
（前573年晋悼公任命三卿之后）

位 次	官 职	人 名	族 属
一	中军帅	栾武子	栾
二	中军佐	韩献子（？）	韩
三	上军帅	中行献子（？）	中行
四	上军佐	范宣子（？）	范
五	下军帅	吕宣子*	吕（魏）
六	下军佐	知武子（？）	知
七	新军帅	彘共子*	彘（范）
八	新军佐	令狐文子*	令狐（魏）

此次任命，晋悼公的本意是想要打造出吕氏、彘氏、令狐

氏三个新的卿族。无奈这三个家族自己不争气，吕宣子、彘共子、令狐文子告老/去世后没有推出有竞争力的继任者，可以说是昙花一现。

同年晚些时候，栾武子告老或去世，韩献子递补成为中军帅，彘共子成为下军佐。根据有明确记载的前566年情况倒推，应该是内乱时期中立避祸的知武子得到晋悼公重用，连升四级担任中军佐；彘共子、令狐文子各向上升一级，分别担任下军佐、新军帅；而栾武子的儿子栾桓子再次成为卿官，这回不再是散位卿，而是代表栾氏进入八卿行列任新军佐。此时晋国八卿领导班子情况如下：

晋 八 卿 表
（前573年韩献子成为中军帅之后）

位　次	官　职	人　名	族　属
一	中军帅	韩献子	韩
二	中军佐	知武子（？）	知
三	上军帅	中行献子（？）	中行
四	上军佐	范宣子（？）	范
五	下军帅	吕宣子	吕（魏）
六	下军佐	彘共子	彘（范）
七	新军帅	令狐文子（？）	令狐（魏）
八	新军佐	栾桓子（？）	栾

从这个稳定的"后栾武子时代"八卿行列来看：一方面，先前拒绝栾武子、中行献子拉拢的韩献子成为中军帅，先前在

内乱中保持中立的知武子成为中军佐；另一方面，内乱期间与栾武子联盟的中行献子仍然是上军帅，没有得到任何升迁。这很可能是晋悼公巧妙周旋的结果，其目的是扶持卿族中的温和派势力，抑制悍然弑君的栾氏、中行氏势力。

重振旗鼓：围彭城平定宋乱，筑虎牢收服郑国

当时国际形势的核心矛盾是晋国与楚国的南北斗争，不过这种斗争的主要形式并不是晋楚之间展开直接战争，而是争夺郑、宋、陈、蔡这些中间地带国家的归属，而两个大国争夺得最激烈的中间地带国家就是郑国。晋国虽然取得了前575年鄢陵之战的胜利，但其实楚军主力并未受损，而晋国随后又陷入血腥内乱，所以在晋楚之间首鼠两端的郑国此时服从的反而是楚国。与此同时，齐国也在蠢蠢欲动，想要挑战晋国的中原霸主地位。

前573年夏六月，大概就在晋悼公"拨乱反正"新政取得初步成效之后，投靠楚国的郑成公率军入侵服从晋国的宋国。郑成公随后会合楚共王大举讨伐宋国，合兵攻打宋邑彭城[1]，把前576年宋国内乱时出逃到楚国的五位叛臣鱼石、向为人、鳞朱、向带、鱼府送入彭城，并留下三百辆战车规模的军队驻守。秋七月，服从晋国的宋人派出军队包围彭城。

前573年冬十一月，大概就在韩献子升任中军帅后不久，

1　彭城见图五。

楚令尹王子婴齐率军攻打宋国以救援彭城内的五位叛臣。宋执政卿华元亲自到晋国告急。韩献子说："如果想要求得他人的拥护，一定要先为他人提供帮助。[1] 成就霸业、压制强国，应该从救援宋国开始。"晋悼公同意韩献子的建议，亲自率军救援宋国，与楚军在靡角之谷相遇，没有交战楚军就主动撤退了。

前573年冬十二月，晋悼公与宋、卫、邾三国君主和鲁、齐两国卿官在虚杅会盟，谋划如何救援宋国。前572年春正月，晋、宋、鲁、卫、曹、莒、邾、滕、薛联军包围彭城。彭城五叛臣投降，晋人将其押送到晋地瓠丘[2]关押。

前572年时，吕宣子去世，晋悼公任命赵文子为卿。根据前566年情况倒推，应该是新军佐栾桓子连升三级、填补吕宣子空缺担任下军帅，而赵文子代表赵氏进入八卿行列担任新军佐。此时晋国八卿领导班子情况如下：

晋 八 卿 表
（前572年吕宣子去世之后）

位　次	官　职	人　名	族　属
一	中军帅	韩献子	韩
二	中军佐	知武子（？）	知
三	上军帅	中行献子（？）	中行
四	上军佐	范宣子（？）	范

1　《左传·成公十八年》："欲求得人，必先勤之。"
2　虚杅、滕、薛、瓠丘见图五。

位 次	官 职	人 名	族 属
五	下军帅	栾桓子（？）	栾
六	下军佐	彘共子	彘（范）
七	新军帅	令狐文子（？）	令狐（魏）
八	新军佐	赵文子（？）*	赵

笔者认为，此次栾桓子连升三级，是晋悼公强力支持的结果，其目的是利用栾桓子性格强横、与其他卿官容易发生冲突的特点，通过超擢他来进一步激化栾氏与其他卿族的矛盾，使得栾桓子更敢于与其他卿官发生冲突，从而将栾桓子培养成一颗并不接受晋君具体指令，却能依靠"本色出演"就达到"制衡其他卿族、从而提高晋君权势"效果的"棋子"。

前571年秋七月，郑成公去世，晋国抓住机会入侵郑国，想要逼迫郑国叛楚服晋，然而郑国首卿公子骓仍然坚持要按照郑成公遗命服从楚国。晋中军佐知武子于是与鲁、宋、卫、曹、邾国卿大夫在卫国戚邑会面，谋划如何能使郑国归服。

鲁卿孟献子献计说："我建议修筑虎牢城[1]并屯兵戍守，以此来逼迫郑国。"

知武子受到孟献子的启发，回答说："好主意！本年早先的鄫之会上，您也听到了齐卿崔子（崔武子）不满晋国的言论了。这

1　虎牢见图三。本是郑国北部要塞，此时被晋国占领。

一次，齐国干脆不派人来了。滕、薛、小邾[1]的卿大夫没来，都是因为齐国的缘故。所以说，我国君主忧虑的不只是郑国。我将向我国君主汇报您的建议，并且请齐人参与会盟和修城行动。如果我国能得到齐国接受请求的承诺，从而告知诸侯会盟并且修筑虎牢城，那这都是您的功劳。如果我国的请求没有得到回应，那么齐国的傲慢将促使诸侯同仇敌忾对付它。您今天的这个建议，实在是诸侯的福气，哪里只是对我国君主有利呢！"

同年冬天，知武子再次在戚邑召集诸侯卿大夫会面，齐卿崔武子和滕、薛、小邾大夫全都到会，知武子的谋划取得了成功。诸侯于是共同修筑虎牢城以威胁郑国，郑人最终屈服，请求与晋人讲和修好。

选贤用能：祁奚荐才秉正道，魏庄子劝谏展才华

前570年，晋景公时就很受国君重视的中军尉祁奚请求告老退休。晋悼公询问祁奚，谁是接替他的合适人选。祁奚提议由他的仇人解狐来接任，可是还没有正式任命，解狐就去世了。于是晋悼公又问祁奚谁来接任，祁奚回答说："午（祁午）可以。"祁午是祁奚的长子。这时中军尉佐羊舌职也去世了，晋悼公问："谁可以接替他呢？"祁奚回答说："赤（羊舌赤）可以。"羊舌赤是羊舌职的长子。于是晋悼公任命祁午为中军尉，羊舌赤为中军尉佐。

1　鄍、小邾见图四。

我们现代人读这个故事，很容易认为这就是一个标准的"任人唯亲"案例：祁奚先是假惺惺地推荐自己快死的仇人虚晃一枪，然后原形毕露，推荐自己的儿子祁午和老同事羊舌职的儿子羊舌赤来顶各自父亲的班。然而，事情的真相可能完全不是这样。据《国语·晋语七》的记载，祁奚推荐儿子接替自己的完整故事如下：

> 祁奚请求辞去军尉之职。
>
> 晋悼公问他："谁可以接替你？"
>
> 祁奚回答说："我的儿子祁午可以。人们说：'选择臣子没有谁比君主更有发言权，选择儿子没有谁比父亲更有发言权。'[1] 祁午小时候，柔婉听从命令，游玩事先禀告去向，在外居处事先禀告场所，好学上进而不贪玩。他长大后，志向坚定而能胜任命令，坚守学业而不好高骛远。举行冠礼成年之后，为人和气安详而喜好恭敬，以柔和惠爱的态度处理小事，以镇定自如的态度应对大事，有质朴耿直的性格而没有放纵流荡的内心，不是正义的要求不能迫使他改变，不是主上的命令不擅自行动。[2] 如果叫他处理国家大事，恐怕可以比臣下做得更好。臣下请求推荐我所能够选择的最优秀人选，由君主比照正义的标准决定是否妥当。"
>
> 晋悼公使祁午担任军尉。一直到晋平公去世，军队中

---

1 《国语·晋语七》："择臣莫若君，择子莫若父。"
2 《国语·晋语七》："其冠也，和安而好敬，柔惠小物，而镇定大事，有质直而无流心，非义不变，非上不举。"

没有出现过失误的政令。

《左传》中的"君子"这样盛赞祁奚的举荐:"祁奚这一回可以说是真能举荐善人了:称赞他的仇人,没人认为他是为了假装高姿态而谄媚,因为解狐的确是善人;建议君主立自己的儿子,没人认为他是偏袒亲人,因为祁午的确是善人;举荐了他的副手的儿子,没人认为他是结党营私,因为羊舌赤的确也是善人。《商书》上说'不偏私不结党,王道浩浩荡荡',说的就是祁奚吧!……正是因为祁奚自己是善人,所以能推举他的同类。《诗》说'正因为自身具有美德,他所推举的人才能和他相似',祁奚是配得上这样的描述的。"[1]

按照《左传》"君子"的逻辑,祁奚故事的正确解读方式是这样的:晋悼公是胸怀坦荡的善君,"同声相应,同气相求",因此会任用与他声气相投的善臣祁奚、羊舌职,并且赋予祁奚以推荐中军尉、中军尉佐人选的权力,因为祁奚对于什么样的人适合担任这两个官职是最有发言权的。祁奚是胸怀坦荡的善臣,他一心想的是给善君举荐自己最熟悉、最有把握的善人。既然自己最有把握推荐的人的确就是自己"不打不相识"的仇人解狐,自己一手培养大的儿子祁午,以及老同事羊舌职的儿子羊舌赤,那么他自然要秉持着对善君的至诚之心推荐这三人,而不去考虑是否会被旁人猜疑是在故作姿态、偏袒至亲、结党

---

1 《左传·襄公三年》:"祁奚于是能举善矣:称其仇,不为谄;立其子,不为比;举其偏,不为党。《商书》曰'无偏无党,王道荡荡',其祁奚之谓矣!……唯善,故能举其类。《诗》云'惟其有之,是以似之',祁奚有焉。"

营私。

虽然我们无法确认《左传》中的"君子"是不是就是孔子，但我们可以确认的是，孔子对于这种至正至诚的用人之道是非常赞同的：

> 季康子向孔子问为政之道。孔子回答说："政的意思，就是端正。您带头端正，谁敢不端正呢？"[1]
>
> 孔子说："君子气象平坦宽广，小人气象局促忧愁。"[2]
>
> 仲弓作了季氏的家宰，向孔子问如何处理政事。孔子说："在下属官员之前做表率，赦免小过错，提拔贤能之人。"仲弓问："怎样识别贤能之人而提拔他们呢？"孔子说："提拔你所知道的，你所不知道的，别人难道会埋没他吗？"[3]

所谓"您带头端正""君子气象平坦宽广"，就是在描述晋悼公、祁奚的德行，所谓"提拔你所知道的"，就是在说祁奚举荐身边善人的做法。

前570年夏六月，晋悼公与周邦代表、宋、鲁、卫、郑、莒君主和齐太子光在鸡泽会盟。这次会盟其实有一个重要目的，就是希望召来南方吴国君主吴王寿梦与会，正式将吴国纳

---

1 《论语·述而》："政者，正也。子帅以正，孰敢不正？"
2 《论语·述而》："君子坦荡荡，小人长戚戚。"
3 《论语·子路》："举尔所知，尔所不知，人其舍诸？"

入晋联盟体系。可是，晋悼公虽然派大夫荀会专程到淮水[1]岸边去迎接，吴王寿梦仍然爽约不至，晋悼公的失望郁闷可想而知。

这时的楚国对他的仆从国压榨得很厉害，不堪其苦的陈国派卿官袁桓子到会盟现场请求叛楚服晋。就在这个诸侯君主齐聚、陈国主动请服的关键时刻，晋悼公的亲弟弟扬干在中军列队时发生了战车乱窜扰乱行列的违纪事故，执掌军法的中军司马魏庄子杀了扬干的驾车人以端正军纪。

晋悼公非常疼爱他这位弟弟，再加上吴王寿梦爽约引起的烦闷，听到消息后顿时失态暴怒，对魏庄子的上级羊舌赤说："会合诸侯，是为了荣耀。如今扬干被当众惩处，还有比这更大的耻辱吗？一定要杀了魏绛（魏庄子），不能放过他！"羊舌赤回答说："绛的为人一心一意，事奉君主从不回避祸难，有罪过从不逃避刑罚，他大概会来有所说明的，何必屈尊君主发布命令呢？"

羊舌赤话刚说完，魏庄子就到了，他把一封文书交给晋悼公的仆人，然后就准备抽剑自杀。栾共子、张老制止了他。晋悼公读那文书，上面写道："昔日君主缺乏供使唤的人，于是让臣下担任司马。臣下听说：'兵众以顺服将帅命令为武，军事以宁死不犯军纪为敬。'[2]君主会合诸侯这样的大事，臣下怎么敢不敬？国君的军队不武[3]，办事的人不敬[4]，那是最大的罪过。臣下

1　鸡泽见图三。吴见图一、五，春秋初年吴国都城在江苏无锡梅里古镇（吴1），前560年后迁至江苏苏州（吴2）。淮水见图五。

2　《左传·襄公三年》："'师众以顺为武，军事有死无犯为敬。'"

3　不武，即不顺服将帅命令，指扬干扰乱军队行列。

4　不敬，即不敢执行军纪，指魏庄子自己如果不处罚扬干。

惧怕触犯不敬的死罪，因此牵连到了扬干。即使如此，臣下仍然是没法逃脱罪责的。臣下没能事先加以训导，以至于动用了斧钺，臣下的罪过很重，哪敢不服从惩处，从而惹怒君主？臣下请求死后尸体归到掌刑狱的司寇那里作为罪人处置。"

晋悼公读到这儿，大为感动，光着脚就跑了出来[1]，对魏庄子说："寡人的话，是出于对亲人的爱。您的惩处，是出于对军法的恪守。寡人有个弟弟，没能教育好，让他冒犯了重大的法令，这是寡人的过错。您不要加重寡人的过错了，谨敢请您起来。"

晋悼公由于这件事，认识到魏庄子真有能力用刑律来治理民众，所以从鸡泽回来之后，就任命他担任了新军佐。这一任命再次说明，虽然六卿体系已经被主流卿族控制，晋国君主在新君帅、佐任命问题上还是有一定权力的。这时令狐文子已经告老或去世，应该是赵文子上升一位任新军帅，而空出新军佐的位置给魏庄子。此时八卿领导班子情况如下：

晋 八 卿 表
（前570年魏庄子任新军佐之后）

位　次	官　职	人　名	族　属
一	中军帅	韩献子	韩
二	中军佐	知武子（？）	知
三	上军帅	中行献子（？）	中行

1　古人进房间脱鞋，出房间穿上。晋悼公担心魏庄子自杀，所以来不及穿鞋就跑了出来。

位 次	官 职	人 名	族 属
四	上军佐	范宣子（？）	范
五	下军帅	栾桓子（？）	栾
六	下军佐	彘共子	彘（范）
七	新军帅	赵文子（？）	赵
八	新军佐	魏庄子*	魏

从此之后，魏氏从大夫族升为卿族，并且长期存在，晋悼公引入新卿族的设想终于得以实现。魏氏之所以能进入卿族行列，主要是因为魏庄子在晋悼公时期的出色表现。魏氏此后命运如下：魏氏族长中有一位 (魏献子[1]) 曾经担任中军帅。最终魏氏与赵氏、韩氏三分晋国，成为战国七雄之一。

至此，决定晋国晚期政治走向的六大卿族——赵、魏、韩、范、中行、知——已经全部登场，而资格最老的四大文公卿族——栾、郤、狐、先——已经只剩下栾氏。

前569年冬天，晋国以西的白狄无终部君长嘉父派遣使者孟乐到晋国，通过魏庄子向晋悼公进献虎豹的毛皮，并且请求晋国与戎狄各部落达成和解。

晋悼公说："戎狄不讲亲情而且贪婪，不如抓住机会讨伐它们。"

魏庄子说："诸侯近来纷纷归服我国，其中陈国最近前来请

---

1 魏献子，姬姓，魏氏，名舒，谥献。魏庄子之子。参见图18。

求讲和，这些诸侯将观察我们的德行。我们有美德，它们就与我们和睦；我们没有美德，它们就会离心离德。[1]如果我们劳师动众讨伐戎狄，而楚国与此同时讨伐陈国，我们必然不能救援陈国，这样就是抛弃新归顺的盟国。如此，中原华夏诸国一定会叛离我们。戎狄，本来就是禽兽。捕获戎狄禽兽而丧失华夏民众，恐怕不可以吧！《夏训》上说：'有穷后羿——'"

魏庄子正准备简单引用有穷国君长后羿沉溺于捕猎野兽而导致灭亡的故事，来告诫晋悼公不应沉溺于讨伐戎狄 (戎狄即禽兽) 而忽视中原华夏诸国的民众，没想到晋悼公打断魏庄子的话头，问："后羿是怎么回事？"

于是魏庄子意识到晋悼公并不熟悉这段史事，而且他知道晋悼公近来开始有沉溺于狩猎的毛病，于是他赶紧调整了策略，开始详细讲述后羿因为沉溺于狩猎而死于非命的故事：

"——昔日夏王室衰弱的时候，有穷氏的君主后羿从锄迁到穷石，依靠夏朝民众取代了夏朝政权，成为夏朝的君主。后羿仗恃着他射箭技艺高超，不注重民事，而沉溺于打猎；抛弃了武罗、伯困、熊髡、龙圉这些贤臣，而重用寒浞。

"寒浞，是寒氏公族伯明氏的子弟中最会谗言蛊惑的一个。寒氏的君主伯明抛弃了他，后羿将他收留，很相信他并差使他做事，让他成为自己的辅相。寒浞一边在宫里用谄媚事奉后羿，一边在宫外用财物收买人心；一方面愚弄民众，一方面让后羿沉溺于狩猎的娱乐中；他扶植奸诈邪恶的人，来夺取后羿的国

---

1 《左传·襄公四年》："我德则睦，否则携贰。"

家，宫外宫内的人都已经归服于他。

"后羿到这时候还不知道悔改。有一天，后羿正要从狩猎场地往回赶，家臣在野外杀了他并把他制成了肉酱，还让他的儿子吃下去。他的儿子不忍心吃，死在了穷门。一个名叫靡的夏朝遗臣出逃到了有鬲氏。

"寒浞霸占了后羿的妻妾，生了浇和豷两个儿子，这一家仗着他们的谎言罪恶诈谋虚伪作威作福，而没有德行惠及民众。寒浞派浇率领军队，灭了斟灌氏和斟寻氏。他让浇住在过，让豷住在戈。

"靡从有鬲氏重振旗鼓，收聚了斟灌氏和斟寻氏的遗民，消灭了寒浞，并立了夏王室后代少康为夏王。少康攻打过杀了浇，攻打戈杀了豷。有穷氏从此灭亡，正是因为丧失了民众支持的缘故。

"昔日辛甲担任周邦太史的时候，向百官宣布命令，要求每位官员都要结合自身工作诚谏周王的过失。其中负责山泽物产、国君狩猎的虞人呈上的《虞人之箴》[1]是这样说的：

> 茫茫夏禹的足迹，将大地划分为九州，
> 经略而开辟九州的通道。
> 民众生有寝室，死有宗庙，野兽有茂盛的草丛，
> 各有居处的地方，本性因此各不扰乱。
> 在帝后羿的时候，贪图狩猎，

---

1 《左传·襄公四年》："芒芒禹迹，画为九州，经启九道。民有寝庙，兽有茂草，各有攸处，德用不扰。在帝夷羿，冒于原兽，忘其国恤，而思其麀牡。武不可重，用不恢于夏家。兽臣司原，敢告仆夫。"

忘记了国家的忧患，一心只想着飞禽走兽。

田猎不能太多，如果太多就不能扩大夏后氏的国家。

我这位兽臣执掌狩猎之事，谨敢把这些话告诉君王的侍者。

《虞箴》就是这么说的，难道能不引以为戒吗？"

晋悼公说："这样说来，没有比与戎狄讲和更好的选择了？"

魏庄子对答说：

"与戎狄讲和有五大好处：

"戎狄逐水草而居，重视财货而轻视土地，戎狄的土地可以用钱财买来而不需要通过战争，这是一。

"边境不用再惧怕戎狄侵扰，民众安心在田野里耕作，农夫能得到好的收成，这是二。

"戎狄主动事奉晋国，四方邻国都会震动，诸侯会畏惧晋国的威势，怀念晋国的美德，这是三。

"用美德来安抚戎狄，军队士兵不用辛劳，盔甲兵器不会损坏，这是四。

"以后羿的教训作为借鉴，而重视遵循德的法则，使得远方的国家前来朝见，近邻的国家安心，这是五。

"请主上好好谋划一下！"

晋悼公完全明白了魏庄子"一箭双雕"的用意，对魏庄子的劝谏心悦诚服，于是派魏庄子作为晋方代表与戎狄盟誓，重视修治民事，同时按时令有节制地狩猎。

春秋时期，周邦虽然在政治上已经边缘化，但仍然是典籍和文化的重地，从《左传》《国语》的众多记载来看，周邦卿大夫仍然是中原贵族中学识最为渊博、对古史最为熟悉的一群人，而晋悼公在即位前就是他们中间的一员，从单襄公对他的盛赞来看，他本人的学识水平肯定是不低的。

从前面的记载可以看出，晋悼公在即位以来国内改革风生水起，一直处在一种"中兴英主"的优越心态中，逐渐放松了对自己的严格要求，出现了以私害公、喜好狩猎的毛病。去年魏庄子舍身护法对于晋悼公可以说是一记当头棒喝，使得晋悼公深感惭愧之余，也对魏庄子刮目相看，认为他"真有能力用刑律来治理民众"，将其擢升为卿官；今年魏庄子又抓住晋悼公的知识漏洞和行为过失，先是大段古史旧闻娓娓道来，然后将和戎益处分析得头头是道，再次让晋悼公心悦诚服，认为他文才政见也非常出色。魏庄子这些足以让已经非常优秀的晋悼公都刮目相看的表现，为晋悼公时期魏氏的崛起奠定了坚实的基础。

形势大好：韩无忌仁厚让位，晋八卿和睦团结

前566年冬十月，中军帅韩献子准备告老退休。他本来准备向国君请命，立已经担任公族大夫的长子韩无忌（就是前文提到的公族穆子）为卿，代表韩氏占据卿官席位。如果此事通过的话，那么韩无忌也自然就成为韩氏的孺子[1]，也就是韩献子去世后的韩氏族长。然而，身患顽疾的韩无忌辞让说：

1　孺子是指诸侯或卿大夫尚未嗣位的继承人。按照礼制，孺子应该是族长的嫡长子，当然实际情况比较复杂。

"《诗》说'难道不想昼夜奔波，无奈路上露水太多**¹**'，又说'政事不亲自出力，民众就不信任你'。我没有承担卿官重任的才干，把这机会让出来，应该可以吧？

"请您立起**²**作为接替您的卿吧。起和贤人田苏交游，田苏说他'喜好仁德'。《诗》说'安心做好你的本职工作，喜爱正直的人。神灵将会听到，赐给你大福'。体恤民众就是'德'，将直者放正就是'正'，将曲者变直就是'直'，这三者和谐共存就是'仁'。**³**如果能做到这样的话，那么神灵就会听到，大福就会降临。您立他为卿，不也可以吗？"

韩献子接受了长子韩无忌的建议，于是在冬十月九日让韩宣子上朝，自己就告老退休了。晋悼公知道了韩无忌让贤的事，认为韩无忌是真有仁德，于是提升他做公族大夫的长官，所以最终韩无忌的称谓是"公族穆子"。

《国语·晋语七》关于此事的记载有所不同：

　　韩献子年老退休，使公族穆子继位为卿官，承担自己在朝堂上的职事。公族穆子推辞说："在厉公被杀时，我作为公族大夫，不能以身殉难。我听说：'没有功劳的人，不敢居于高位。'如今我，论智慧不能匡正君主而使他遭到祸难，论仁爱不能拯救君主，论勇气不能以身殉国，怎敢玷

1　公族穆子取前半句，意谓自己身有顽疾，无法起早贪黑地为公私事务奔波。
2　起，即韩宣子，韩氏，名起，谥宣。韩献子之子，公族穆子之弟。
3　《左传·襄公七年》："《诗》曰：'靖共尔位，好是正直。神之听之，介尔景福。'恤民为德，正直为正，正曲为直，参（叁）和为仁。"

辱君主的朝廷并辱没韩氏宗族呢？请允许我退让。"晋悼公听说后，说："有国难时虽然不能为君而死，但能谦让，不可以不奖赏。"就使他主管公族大夫。

无论哪个版本，公族穆子都仁厚明理，自觉依照中道而行，将卿官/孺子之位让给更合适的韩宣子，于公于私都做到了人尽其才，使得韩氏的良好发展势头得以延续，这恐怕也就是当初韩献子为什么明知这个长子身体不好却还坚持想让他接班的原因。

从前564年的情况倒推可知，韩献子告老之后，中军佐知武子向上递补升为中军帅，上军佐范宣子连升两级、越过中行献子成为中军佐，韩宣子代表韩氏进入六卿行列任上军佐，其他诸卿位置没有变动。此时八卿领导班子情况如下：

晋 八 卿 表
（前566年韩献子告老之后）

位 次	官 职	人 名	族 属
一	中军帅	知武子（？）	知
二	中军佐	范宣子（？）	范
三	上军帅	中行献子（？）	中行
四	上军佐	韩宣子（？）*	韩
五	下军帅	栾桓子（？）	栾
六	下军佐	彘共子	彘（范）
七	新军帅	赵文子（？）	赵
八	新军佐	魏庄子	魏

前564年秋，秦景公派士雅到楚国请求出兵，提议共同讨伐晋国。楚共王答应了秦国的请求。令尹王子贞说：

"不能这么做。现在我们不能跟晋国争斗。晋国的君主根据各人的能力分类任用他们，举拔的人才不错失应该选用的人，各部门办事不违背符合正道的常规旧制。他的卿官把职位让给善人，他的大夫不玩忽职守，他的士人努力教育民众，他的庶人致力于农事，商贾工匠和皂隶安守本业。[1]

"韩厥（韩献子）告老，知䓨（知武子）接替他，尽职尽责地担任晋国执政。范匄（范宣子）的年纪比中行偃（中行献子）小，而中行偃把上位让给范匄，让范匄辅佐中军帅。韩起（韩宣子）的年纪比栾黡（栾桓子）小，而栾黡、士鲂（彘共子）把上位让给韩起，让韩起辅佐上军帅。魏绛（魏庄子）立了很多功劳，但他认为赵武（赵文子）贤能，所以甘愿做赵武的辅佐。

"总而言之，现在的晋国是君主英明，臣子尽心，上级谦让，下级努力。[2]在这种情形下，晋国是不可以当成敌国来攻打的，好好事奉才可以。君王您好好谋划一下吧！"

楚共王说："我已经答应秦国使者了。楚国虽然比不上晋国，但还是要出兵与晋国抗衡。"

王子贞上面这段关于晋国八卿领导班子调整的描述，说的就是上文所述前566年韩献子告老之后的那次调整。能得到头号对手楚国的高度肯定，这当然是晋悼公和他的卿官团队所取

---

1 《左传·襄公九年》："晋君类能而使之，举不失选，官不易方。其卿让于善，其大夫不失守，其士竞于教，其庶人力于农穑，商、工、皂、隶不知迁业。"

2 《左传·襄公九年》："君明，臣忠，上让，下竞。"

得的重大成就。不过后面我们会看到，王子贞对于前566年晋
国八卿领导班子调整过程的描述，应该是他为了赞扬晋悼公致
力于营造的"相互谦让"政治生态，而根据最终调整结果倒推
的一种假设性解读。这种解读既不是对晋国朝廷上发生的真实
调整过程的准确复述，更没有揭示出"相互谦让"背后的深层
政治博弈。

暗流涌动：中行献子鲁莽进取，知武子睿智控盘

前564年冬十月，霸业复兴的晋悼公率领四军八卿，会合
宋、鲁、卫、曹、莒、邾、滕、薛、杞[1]、小邾国君主和齐国太
子，一同讨伐叛晋服楚的郑国。当时晋国八卿领导班子情况与
前566年完全一致：

晋 八 卿 表
(前564年诸侯伐郑时)

位　次	官　职	人　名	族　属
一	中军帅	知武子	知
二	中军佐	范宣子	范
三	上军帅	中行献子	中行
四	上军佐	韩宣子	韩
五	下军帅	栾桓子	栾
六	下军佐	彘共子	彘（范）

1　杞见图四。此时都城在缘陵（杞1）。前544年迁回旧都淳于（杞2）。

位 次	官 职	人 名	族 属
七	新军帅	赵文子	赵
八	新军佐	魏庄子	魏

冬十月十五日，诸侯军队驻扎在氾水¹岸边。晋人传令诸侯："修治器用装备，装好干粮，让老人少年回国，让有病的人住在虎牢，宽恕罪人，包围郑国都城！"此时晋国在晋悼公领导下内政井然有序，与北方戎狄讲和之后已没有后顾之忧。所以，郑人害怕这次晋国真是要"死磕"，于是请求与晋人讲和。

在晋国诸卿研判形势的工作会议上，一直没有什么出色政绩的上军帅中行献子想要"博出位"，他抢先发话，提议说："我们还是按原计划包围郑国，等着楚人前来救援郑国，然后与楚国决战。不然的话，就没法得到郑国真正长久的归服。"

中军帅知武子并不认同中行献子的提议，他说："我们应该答应郑人与他们结盟，然后就班师回国，让楚人白跑一趟折腾他们。我们把四军分为三部分，每次出动一部分，加上诸侯的精锐部队，来迎战前来攻打郑国的楚军。对我们来说，这样每次一部出动、两部休整的安排不算辛苦；而对楚国来说，三军屡次长途跋涉来作战就不能承受了。一心想着发动白骨暴露的惨烈决战以逞一时之快是错误的战略，不能凭借这种战略来与楚国相争，因为大的辛劳还没有完结。君子把辛劳花在谋划上，

1　氾水见图三。

小人把辛劳花在苦力上，这是先王的制度。"[1]

中行献子的计策逻辑非常简单：主动追求与楚军决战，打赢了就能获得郑国的稳定归服，至于与楚军决战胜算有多大、风险有多大，打赢了是不是就能获得郑国的稳定归服，这些进一步的盘算和考虑在中行献子那里都是不存在的。相比之下，知武子的盘算和计策就显得高明很多，他能够正视郑国在晋国取得鄢陵之战大胜之后仍然没有归服晋国的事实，作出晋楚之间还将长期征战的形势判断，然后根据这个大概率的形势判断来提出"三分四军轮流与楚三军作战"的计策。实际上，后来伍员就为吴王阖庐出了一个非常类似的计策，为削弱楚军实力、最终攻破楚国都城作出了重要贡献。就事论事之外，知武子也的确非常看不上中行献子这个人，因此他直接表示自己是劳心的"君子"，而中行献子则只是个劳力的"小人"，这无疑进一步激化了知武子和中行献子的矛盾。

当时诸侯也都不愿意跟楚国决战，于是晋人答应了与郑国讲和。冬十一月十日，诸侯在戏地[2]盟誓，接纳郑国归服晋国。

晋大夫士庄伯[3]宣读盟书："从今天盟誓之后，郑国必须对晋国唯命是从，放弃其他念头，有盟誓为证！"

郑国首卿公子騑突然冲出行列，快步上前抢过话头大声说："上天祸害郑国，让我们居处在两个大国之间。大国没有带

1　《左传·襄公九年》："君子劳心，小人劳力，先王之制也。"
2　即戏童山，见图三。
3　士庄伯，祁姓，士氏，名弱，谥庄，排行伯。士贞伯之子。参见图20。

来什么福音，而是用战乱来要挟我们，使我国的鬼神不能享受洁净的祭祀，民众不能享受土地的利益，夫妇辛苦困顿，无处申诉。从今天盟誓之后，郑国只服从有礼且强大、可以庇护郑国民众的国家，不敢有其他念头，也有盟誓佐证！"

中行献子急了，他对正在盟书上记录公子騑誓词的书记官说："把盟书改回去！"

中行献子的强横让先前主张服从晋国的郑卿公孙舍之 (排第六) 也看不下去了，他也站出来大声说："子驷 (公子騑) 上面这些话已经昭示给天神了。如果盟书可以改的话，那大国也可以背叛！"

这时，晋国执政卿知武子紧急出来灭火，他对中行献子说："是我们无德，而要挟他们盟誓，难道能算有礼吗？自己不守礼制，怎么做盟主？暂且就这样完事，修德、整军之后再来，最终一定会获得郑国诚心归顺，为什么一定要在今天？如果我们一直这样无德，我们自己的民众都将会抛弃我们，哪里只是郑国？如果我们能安定和睦，远方的民众都会前来归顺，又何必执着于一个郑国？"[1]

于是晋郑双方草草走完盟誓流程收场。在这一年内，上军帅中行献子两次想要"博出位"，两次被中军帅知武子驳斥打压，两人之间的紧张关系可见一斑，而中行献子才干水平远不如知武子也昭然若揭。

同年晚些时候，楚共王率军讨伐郑国，郑国马上又转投了

---

1 《左传·襄公九年》："我之不德，民将弃我，岂唯郑？若能休和，远人将至，何恃于郑？"

楚国。晋悼公认识到，晋楚争霸的关键不在于征战，也不在于权谋，而在于让晋国在经济、政治基本面显著超越楚国。在这种战略思想的指导下，晋悼公启动了新一轮的综合改革，主要包括以下两方面的举措：

一、刺激经济发展。根据魏庄子的建议，国家要求各级贵族将囤积的财物拿出来借贷给有需求的民众，支持实体经济发展。此外，国家还将原本由公室垄断的经济利益（比如山林川泽之利）开放给民众开发经营。

二、节省政府开支。国家举行祭祀仪式时，用花费少的财币代替大型牺牲作为祭礼；款待贵宾不再用牛、羊、猪齐全的"太牢"，而改为只用一种牲畜；不再制作新的高档器物，而是充分利用现有器物；车马服饰杜绝超标配置，只求够用。

改革推行一年后，晋国的经济社会发展开始走上良性轨道，整体实力开始明显超过楚国，在争霸中逐渐占据上峰。

不过，从另一个角度来看，在晋文公将公室直辖农耕土地封赏给有功卿大夫之后（参见第61-63页），山林川泽已经是公室手中仅剩下的一块直辖战略资源。如今晋悼公为了刺激经济发展，将这一块资源也开放给"民众"，其实就是开放给卿大夫来开发经营，这等于进一步架空了公室的经济基础。也就是说，晋悼公与当年试图收回被蚕食的山林川泽之利的周厉王走了截然相反的路，因此前者最后能够寿终正寝，而后者被"国人"（也就是贵族）驱逐出了王都。

晋悼公一方面致力于通过综合改革，在经济军事实力上胜过楚国；另一方面致力于通过与吴国联盟，继续培育打击楚国的"第二战场"。这里我们花点篇幅回溯一下此前晋楚双方在对方侧翼开辟第二战场的过程：

自从前632年城濮之战后，晋国与楚国就一直在南北方向上进行武力争斗，没有分出胜负。在正面拉锯的同时，晋楚双方都试图在对方的侧面开辟"第二战场"，从侧肋插对方一刀。

在实施"开辟第二战场"战略方面，楚国动手其实比晋国要早：它在前627年秦晋殽之战秦国战败之后，就与晋国西边的秦国结成了联盟，支持秦国向东进攻晋国。不过，秦、晋之间有河水——华山天险阻挡，而且晋国核心区就在河水以东不远的汾水中下游地区，必然在秦晋边境地区严防死守，这就导致秦国向东开拓的难度很大。因此，秦国的武力开拓战略重点其实是难度小的西方、北方，也就是致力于"霸西戎"。这样一来，秦国虽然长期与晋国保持着敌对关系，但是在进攻晋国方面并不积极，效果也不显著。

晋国则找上了位于楚国东面的吴国。吴国位于远离楚国核心区的太湖平原，向东就是大海，无地可占；向南是多山少田的浙闽丘陵地带，经济价值很有限；剩下两个有价值的开拓方向就是北方和西方。吴国在春秋中晚期开始崛起，到前585年（晋景公十五年）吴王寿梦即位时，已经向北占据了江苏中南部地区，再往北就会遭遇鲁国、宋国这些华夏诸侯国，难度较大。因此，向西夺取淮水流域，也就是楚国防守最薄弱的远东疆土和势力范围，就成了吴国下一步开拓战略的重点。也就是说，即使没有晋国的支持，吴国自己也有进攻楚国的内生动力。晋国看出了吴国在开辟对楚"第二战场"方面的巨大价值，大概从吴王寿梦即位之后就开始着力经营与吴国的战略合作关系。

在沟通晋——吴关系上立了大功的，是先前叛逃到晋国的楚大夫屈巫臣。屈巫臣主动向晋景公请缨出使吴国，得到吴王寿梦的赏识和信任。接下来，他将晋国的先进军事技术引进吴国，教吴人使用战车、排兵布阵，并且鼓动吴人反抗楚国。到前584年时，吴国向西扩张的前锋已经压迫到了楚国的东部边境，在那一年楚人被迫七次长途奔波去抗击吴军。

在吴国展现出了牵制楚国的显著成效之后，晋国希望进一步加强两国的战略合作关系，在中原N个盟国的基础上构建包括吴国的"N+1"联盟。前582年，晋国就邀请吴人参加在位于中原的卫国蒲邑举行的中原诸侯会盟，吴人没有到会。前576年，晋卿范文子率领中原诸侯卿大夫与吴人在位于南方的钟离首次会面[1]。

前面提到的前570年中原诸侯鸡泽之盟，晋悼公的目的是，在钟离之会基础上，率领中原盟国君主与吴王寿梦首次会面。但是当时晋国的态度还比较傲慢，想着让自己

---

1 蒲见图三。钟离见图五。

和其他中原诸侯方便，而让吴王走远路，于是把会面地点定在了位于中原偏北的鸡泽。晋悼公专门派荀会到淮河岸边迎接吴王寿梦，而吴王竟然爽约不至。吴王这样做的实际原因，应该是对晋国安排的会面地点有所不满。

前568年时，吴王寿梦派使者到晋国，解释前570年没能参加鸡泽之会的原因，并且表示仍然想要与中原诸侯会面。晋国也吸取了先前鸡泽之会的教训，先要求鲁国卿官孟献子、卫国卿官孙文子前往位于南方的吴地善道[1]与吴人会面，告知吴人诸侯大会的会期和地点。

到前563年春天，在善道之会的基础上，晋悼公召集宋、鲁、卫、曹、莒、邾、滕、杞、小邾国君和齐太子光前往位于中原和南方"中间地带"的柤地[2]，希望与吴王寿梦会面。这个会面地点选得非常符合中庸之道，一方面显示出中原盟国对于新成员的诚意，与先前鸡泽之会相比有很大改进；另一方面又没有迁就吴国太过分，保持了中原盟国的尊严，这又是晋悼公践行中道政治理念的一个例证。晋悼公的稳妥安排得到了吴王寿梦的认同，夏四月一日，晋、吴君主首次会面成功举行。

柤之会结束后，上军帅中行献子又想要"博出位"，他拉上中军佐范宣子，提出：既然来都来了，不如顺手灭了柤地附

---

1 善道见图五。
2 柤见图五。

近的偪阳国[1]，把它赏赐给一直忠于晋国的宋国执政卿向戌，从而进一步加强宋国和晋国之间的联盟关系。中军帅知武子不同意，他指出："偪阳城小而坚固，我们大军攻打，打下来了胜之不武，打不下来更会被人耻笑。"但是范宣子和中行献子坚决请求出兵，知武子只能很不情愿地让他们去做。这是我们在文献中能看到的范氏、中行氏的第一次公开合作，而这种合作关系一直延续到两家携手退出晋国卿族行列。

夏四月九日，诸侯联军开始围攻偪阳城，果然像知武子所预料的那样，一直打到夏五月都没打下来。中行献子和范宣子感到压力大，又去请示知武子说："雨季马上要到了，我们担心到那时候就回不去了，请求您批准班师回国。"

知武子一听这话便发怒，他抄起手边的一支小弩[2]就朝两人扔过去，从两人中间呼啸而过。知武子厉声斥责说："你们当初自己先拿定了主意要攻打偪阳、赏赐向戌，然后才来告诉我。我怕改变你们已经决定的事情会扰乱军中的政令，所以没有坚持己见违背你们。接下来你们劳烦君主、鼓动诸侯，牵连老夫到了今天这个地步。你们既不能坚持攻城，而又想把脏水泼在我身上，日后会说'是这个人下令班师的，不然的话，早就打下来了'。我已经快退休了，还能够两次承担罪责吗[3]？我再给你们七天，如果打不下来，我一定让你们扛下失败的全部责任！"

夏五月四日，被逼急了的中行献子、范宣子亲自率领晋军，

1　偪阳见图五。

2　一说是倚靠的几案。

3　第一次承担罪责是指前五九七年邲之役知武子被俘。

顶着流矢飞石强攻偪阳城，到夏五月八日终于攻下。晋人把偪阳赏赐给向戌，但向戌的政治头脑可比中行、范两人缜密得多，他坚决推辞不受，晋人只得把偪阳送给宋平公。

宋平公设享礼款待晋悼公，提出为晋悼公表演商王乐舞《桑林》。知武子认为这不合礼制，想要委婉地拒绝，这时中行献子、范宣子又跳出来反对说："宋国**1**、鲁国**2**，是诸侯观摩商、周王室礼乐的地方。鲁国有周王的禘乐，在款待贵宾、举行祭祀的时候使用。宋国用《桑林》来款待我国君主，不也可以吗？"宋人见晋国诸卿意见不一致，于是坚持按他们提出的原计划进行。

宋国乐师表演《桑林》时，举着一杆旌夏旗冲出来，把晋悼公吓了一大跳，直接躲到旁边的屋子去了。宋人也知道闯了祸，赶紧撤下了旌夏旗。晋悼公勉强撑着完成了享礼，到晋地著雍的时候就病倒了。随行的卜人占卜，兆辞里出现了"桑林"两字。知道自己又闯祸了的中行献子、范宣子提出要赶回宋国祈祷消灾，知武子不同意，说："我方一开始就推辞不用《桑林》，而宋国坚持使用他。如果真有鬼神，会把灾祸加在宋人身上。"晋悼公回到国都以后，过了一段时间才逐渐康复。

霸业中兴：郑国最终归服，栾氏显露败兆

前563年秋天，身体刚恢复的晋悼公又会合宋、鲁、卫、

1　宋国公族是商王室之后，得到周王室特许可以使用商王礼乐。
2　鲁国公族是西周开国元勋周公之后，得到周王室特许可以使用周王礼乐。

曹、莒、邾、滕、薛、杞、小邾国君和齐太子光一同讨伐郑国。楚令尹王子贞率军救援郑国。

冬十一月，诸侯的军队转到郑国都城以南，到了阳陵，而楚国军队仍然不撤退。中军帅知武子想要撤退，说："今天我们避开楚国，楚国必然会骄傲轻敌。楚国骄傲轻敌之后，我们就可以跟它决战了。"排第五的下军帅栾桓子坚决反对，他说："逃避与楚国决战，是晋国的耻辱。会合诸侯的结果却是增加耻辱，还不如战死！我将带着本部军队单独前进。"知武子拗不过"先縠附体"的栾桓子，于是也像当年的中行桓子一样，率领四军一同前进。十六日，晋军与楚军隔着颍水[1]对峙。从栾桓子"单挑"知武子的强悍表现来看，晋悼公在前572年将其擢升为下军帅、希望利用他制衡其他卿族的策略已经在发挥效力。

郑卿公孙虿建议说："诸侯已经完成了退兵的准备，是肯定不会和楚国决战的。所以，无论我们是否服从晋国，晋国与诸侯都将退兵。如果我们这时候服从了晋国，那么晋国退兵之后，楚国一定会包围我们。反正晋国是要退兵的，我们不如服从楚国，这样楚国也会退兵了。"郑人认同公孙虿的建议，于是在晚上渡过颍水，和楚人盟誓。

晋人得到了郑国服从楚国的消息，栾桓子更加愤怒，强烈要求攻打郑军。然而，老练的知武子毕竟不是当年的中行桓子，这回他坚决不同意栾桓子的动议，说："我们确实还没法打

1　阳陵、颍水见图三。

败楚国，又不能庇护郑国。郑国有什么罪过呢？不如向郑国展示我们的怨恨之后就回国。现在如果讨伐郑军，楚国一定会救援，那么晋楚就一定会发生大战。如果开战而不能得胜，一定会被诸侯耻笑。既然不能确保发令交战一定能得胜，那还不如撤军！"二十四日，晋国率诸侯军队北撤，入侵了郑国北部边境以表达愤怒之后就各自归国。楚人也撤军回国。

从这次伐郑军事行动中，我们已经可以清晰地感受到，栾桓子一方面没有他父亲栾武子的深沉谋略，另一方面又有与先縠、赵同、赵括、郤犨、郤昭子非常相似的强势作风，已经成为晋悼公制衡其他卿族的一枚"棋子"。先前我们读到的先氏、赵氏、郤氏覆亡故事提醒我们，这样的族长将会把他领导的栾氏带上衰弱和灭亡的绝路。

前562年，郑人已经清楚地意识到晋悼公领导下的晋国在经济军事实力方面已经显著超过楚国，于是下决心抛弃先前"朝晋暮楚"因而两头挨打的被动战略，实施了一个将晋国及其中原盟国、楚国、秦国都耍得团团转的跨国诈谋，促使晋国明确表态将死保郑国，而郑国在得到晋国的安全保证之后就正式抛弃了楚国，一心一意事奉晋国[1]。秋九月二十六日，晋卿赵文子进入郑国都城与郑简公结盟。冬十月九日，郑卿公孙舍之出城与晋悼公盟誓。冬十二月一日，晋悼公率领宋、鲁、卫、曹、莒、邾、滕、薛、杞、小邾国君和齐太子光与郑简公在萧鱼会

1　此次诈谋的细节详见刘勋（2021年）。

面，正式接纳郑国重回晋联盟体系。

郑国为表示诚意，送给晋悼公三位乐师、两套钟镈、两列乐舞女伎。晋悼公把一半的乐师、乐器、舞女赏赐给魏庄子，说："当年您教寡人先与戎狄和解，然后端正华夏诸国。八年过去了，晋国九次会合中原诸侯，共同应对挑战，中原霸业像和美的音乐那样协调。寡人希望与您一同享受这欢乐。"

魏庄子推辞说："能与戎狄达成和解，这是托国家的福；八年中九次会合中原诸侯，中原诸侯没有大的罪恶，这是托君主的福，靠诸位卿大夫的努力，臣下有什么功劳呢？不过，臣下还是希望君主一方面能安享欢乐，一方面思考如何能有善终。《诗》说'君子和乐，镇抚天子家邦。君子和乐，福禄与人同享。治理好附近小国，让它们相率服从。'用和乐来安定美德，用正义来对待它，用礼制来推行它，用诚信来守护它，用仁爱来勉励它，然后能镇抚邦国、同享福禄、招来远人，这就是《诗》里所说的快乐。《书》说："处于安定局面的时候要想到危险。"想到了危险就有防备，有了防备就不会有祸患。[1]谨用这些话规劝君主。"

晋悼公说："您的教诲，我怎敢不牢记在心。然而如果没有您，寡人就不知道该怎么正确对待戎狄，也就不可能渡过河水争霸中原了。赏赐，是国家典章规定的，而国家的典章藏在府库里，是不能废除的。您还是接受吧！"

---

1 《左传·襄公十一年》："夫乐以安德，义以处之，礼以行之，信以守之，仁以厉之，而后可以殿邦国、同福禄、来远人，所谓乐也。《书》曰：'居安思危。'思则有备，有备无患。"

魏庄子从这时开始在家享有金石之乐。

晋悼公庆祝和戎、服郑成就的喜悦心情还没有冷却下来，一个足以让他"居安思危"的失败就撞进门来。正如前面提到过的，郑人的跨国诈谋将晋国的老对手秦国也拖下了水，秦大夫庶长鲍、庶长武打着救援郑国的旗号率军攻打晋国。庶长鲍先率领部分秦军攻入晋国内地，晋下军佐栾共子率军抵抗，看到秦军规模不大，于是放松了警惕，没有设置充分的守备。冬十二月五日，庶长武率领另一部分秦军也攻入晋国内地，和庶长鲍交替攻打晋军。冬十二月十二日，也就是萧鱼之会的十一天后，秦、晋在晋国的栎地交战，晋军在家门口被打得大败。这是因为先前轻视秦国的缘故。

班子调整：和谐表象后的卿族结盟和君臣博弈

到前560年夏天时，中军帅知武子、下军佐栾共子都已去世。晋悼公于是在绵上[1]举行阅兵，同时调整诸卿领导班子。班子调整会议召开前夕，晋国八卿领导班子情况如下：

晋 八 卿 表
(前560年绵上阅兵前夕)

位 次	官 职	人 名	族 属
一	中军帅	？	？

---

1 绵上（霍太山以南）见图二。

位　次	官　职	人　名	族　属
二	中军佐	范宣子	范
三	上军帅	中行献子	中行
四	上军佐	韩宣子	韩
五	下军帅	栾桓子	栾
六	下军佐	？	？
七	新军帅	赵文子	赵
八	新军佐	魏庄子	魏

这次领导班子调整会议的大致过程和初步分析如下：

第一步，任命中军帅、佐。

晋悼公先按向上递补的惯例任命中军佐范宣子担任中军帅。范宣子辞让说："伯游[1]（中行献子）比我年长。昔日我跟知伯[2]（知武子）相互熟悉，因此做了他的辅佐，并不是因为我具备担任中军佐的贤能。我请求跟在伯游的后面。"这种谦让的举动自然是晋悼公想要提倡的，于是晋悼公任命上军帅中行献子越过范宣子担任中军帅，而范宣子仍然担任中军佐。

范宣子这段关于自己为何在前566年升任中军佐的自述，与楚令尹王子贞"范宣子从上军佐升任中军佐是因为年长的上军帅中行献子主动谦让"的说法并不相符 (参见第373页)，说明王子贞并没有得到完整的情报，而是根据片面情报所作的一种解

1　中行献子字游，排行伯，故称"伯游"。
2　知武子排行伯，故称"知伯"。

读。结合王子贞和范宣子的叙述，笔者认为实际情况应该是：

知武子在还没有当上中军帅时就非常熟悉和信任范宣子，两人交情非同一般。知武子、范宣子两人交好可能是在前574年晋国内乱时开始的，当时他们两人都采取了低调避祸的策略，因而志趣相投，很可能经常会面研讨局势、商议对策。因此，知武子在前566年抓住自己升任中军帅、空出了中军佐职位的机会，建议提拔范宣子做自己的辅佐。晋悼公答应了知武子的请求，因为这符合晋悼公利用卿族之间权力博弈来压制弑君帮凶中行献子的目的。

中行献子看到知武子主动提出此项动议，而晋悼公又马上表态支持，知道自己很难翻盘，于是可能知趣地表示赞成，并且说了一些谦让的场面话。这些场面话通过楚国间谍传到楚国令尹王子贞耳朵里，就成了中行献子谦让范宣子的"先进事迹"。

了解了范宣子为何能够跨过中行献子升任中军佐之后，我们可以重构前566年之后范宣子与中行献子关系的发展历程如下：

前566年时，中军帅知武子把范宣子从上军帅中行献子的下属（上军佐）擢升为中行献子的上级（中军佐），是挑明了要压制中行献子，这对中行献子产生了不小的刺激，所以中行献子在前564年先是跳出来主动建议包围郑国、与楚国决战，后来又在盟誓现场强出头要求删改盟书，可是他屡次单打独斗"博出位"的尝试都被中军帅知武子坚决弹压了下去。

在此之后，中行献子改变了策略，他在中行桓子、范武子时期业已存在的中行—范友好关系基础上（参见第230页），想办法跟范宣子改善关系，而范宣子与知武子之间则逐渐疏远，最终中行、范形成了一个"二人帮"，其中，中行献子年龄大，而且德行才能比范宣子还高一些[1]，于是中行献子成了冲在前面的大哥，范宣子是跟在后面的小弟，所以《左传》提到这个"二人帮"时，都是职级低的中行献子在前，职级高的范宣子在后。

如同我们前面看到的那样，中行、范"二人帮"在前563年一起建议攻打偪阳，一起建议撤军，一起建议同意宋国演出《桑林》，又一起建议奔回宋国祈祷。总之，中行献子和范宣子的格局和谋略水平都远不及知武子，不过他们之间倒是志趣相投，"小弟"范宣子应该还挺佩服"大哥"中行献子，两人团结一致地跟知武子作对。

到前560年绵上阅兵时，长期压制着这个"二人帮"的中军帅知武子终于去世，中行献子、范宣子扬眉吐气的时候到了。范宣子推举中行献子的第一个理由是年长，这反映了他一直把中行献子当做兄长尊敬；范宣子又说自己的贤能也不如中行献子，这也很可能是他的真实观点。经过晋悼公

1　读者看完了中行献子当上中军帅之后展现出的高尚德行，对比范宣子的德行，会对两人德行高下有更深的体会。

的批准，中行献子、范宣子先前的非正式合作关系转变为中军帅、中军佐之间的正式帅—佐合作关系，晋国也迎来了中行献子、范宣子先后担任中军帅的时期。实际上，中行氏、范氏的和睦关系从这时起一直延续到春秋晚期，最终两家在卿族斗争中失败逃亡，一起退出了晋国卿族序列。

第二步，任命上军帅、佐。

由于上军帅中行献子已经连升两级成为中军帅，于是晋悼公先按向上递补的惯例任命上军佐韩宣子为上军帅。韩宣子推辞不受，而是请求让新军帅赵文子连升四级、超过自己直接任上军帅。晋悼公一方面尊重韩宣子让贤的美意，另一方面又觉得这样"火箭提拔"赵文子不妥，于是没有听从韩宣子的提议，而是任命韩宣子下面一位的下军帅栾桓子越过韩宣子担任上军帅。栾桓子本来是一位高调骄横的人，但是这回他也跟着谦让起来："臣下才能不如韩起（韩宣子）。韩起愿意把上位让给赵武（赵文子），君主请听从他的意见。"晋悼公于是任命赵文子为上军帅，韩宣子原位不动仍然担任上军佐。

笔者认为，韩宣子推荐赵文子连升四级、并且超过他任上军帅的原因恐怕不只是让贤那么简单。这个问题要从两方面来看：

一方面，赵文子一定是确实具有过人的德行和才能，在晋国高层贵族圈子里已经具有一定的人望。不然的话，就凭借韩宣子本身并不高的职级和并不强大的势力，这个建议提出来也立不住，很可能会遭到赵文子之上诸卿的反对。

另一方面，我们不能忘记韩宣子是韩氏崛起功臣韩献子的继承人，而韩献子年少时曾受过赵氏养育之恩，并在前581年劝晋景公立赵文子为族长、恢复赵氏，是赵氏灭而复生的大恩人。所以，韩宣子很可能是在执行由他的父亲韩献子制定的策略，那就是与前途远大的赵文子及早结盟，在日后的卿族博弈乃至暴力斗争中相互支持。

第三步，任命下军帅、佐。

由于栾桓子推辞了晋悼公升迁的提议，于是晋悼公就让栾桓子继续留任下军帅，又让屡建功勋的新军佐魏庄子上升两级任下军佐。

魏庄子能够连升两级，是因为晋悼公欣赏他的才干，而且认为他忠于国事，而其他诸卿也不能不承认他的功劳。然而，魏庄子立的功劳远大于赵文子，却不能像赵文子那样得到"火箭提拔"，主要原因还是因为他"上头没人"，没有像韩宣子这样的高阶诸卿拉他一把。

第四步，将新军并入下军。

这时新军帅赵文子升任上军帅，新军佐魏庄子升任下军佐，所以新军将帅都出缺。晋悼公认为当时卿族子弟中没有合适的新军帅、佐人选，但却并没有直接撤销新军，而是暂时让新军中级官吏率领兵众并入下军，接受下军帅、佐栾桓子、魏庄子的统一管理。晋悼公如此安排的直接后果就是建立了一支"超级下军"，这支下军的规模相当于中军和上军的总和。

绵上阅兵之后，晋国六卿领导班子情况如下：

晋 六 卿 表
（前560年绵上阅兵后）

位　次	官　职	人　名	族　属
一	中军帅	中行献子	中行
二	中军佐	范宣子	范
三	上军帅	赵文子	赵
四	上军佐	韩宣子	韩
五	下军帅	栾桓子	栾
六	下军佐	魏庄子	魏

这次以"诸卿互相谦让，国君成人之美"为主旋律的领导班子调整事件，与十四年前"诸卿互不相让，国君大臣恶斗"的内乱局面形成了非常鲜明的对比，是晋悼公在内政领域坚持贯彻中道政治原则所取得的重大成就。《左传》中的"君子"从政德角度这样称赞此次领导班子调整：

"谦让，是礼制的主心骨。[1]

"范宣子率先谦让，他下面的诸卿也都谦让，即使是栾黡（栾桓子）那样骄横的人也不敢违背。晋国政治因此平正，好几代都仰赖这次所奠定的局面，这是取法良善啊！一个人取法良善，百官族姓都得以安定和睦，能够不向这个方向努力吗？《书》说'上位者喜好良善，亿万民众得利，国家的安宁可以久长'，大概说的就是这个吧！

"周朝兴盛的时候，它的《诗》说'效法文王，万邦信任'，

---

1 《左传·襄公十三年》："让，礼之主也。"

说的就是取法良善啊。等到它衰败的时候，《诗》说'大夫分配差事不公平，唯独我干的活最多'，说的就是不谦让啊。世道清治的时候，君子崇尚贤能而谦让他的下级，小人努力工作来事奉他的上级，因此上下之间以礼相待，而谗言罪恶之人都被罢黜到远方，这都是因为不互相争斗，叫作'懿德'。到了世道混乱的时候，君子夸耀他的功劳而欺凌小人，小人称道他的技艺而欺凌君子，上下之间都不以礼相待，乱象暴行纷纷产生，这都是因为争夺良善的归属，叫作'昏德'。国家的衰败，永远是顺着这条路径。"[1]

君子的称颂自然令人陶醉，但从前面的逐条初步分析我们已经可以体会到，晋悼公这一次的领导班子调整之所以能做得如此和谐顺利，实际上是因为他迎合了各卿族之间通过"谦让"来结成政治联盟、划分势力范围的需求。然而，晋悼公在迎合各卿族的同时，又悄无声息地将自己想要引导卿族互相制衡的意图掺了进去。下面我们可以跳出《左传》叙述的框架，从一个更加贴近政治博弈实质的角度重构一下此次六卿领导班子调整的过程：

第一步，中行—范联盟占据中军帅、佐职位。

---

1 《左传·襄公十三年》："世之治也，君子尚能而让其下，小人农力以事其上，是以上下有礼，而谗慝黜远，由不争也，谓之'懿德'。及其乱也，君子称其功以加小人，小人伐其技以冯君子，是以上下无礼，乱虐并生，由争善也，谓之'昏德'。国家之敝，恒必由之。"

中军佐范宣子把中军帅位让给上军帅中行献子，是想利用这个机会把自己一直敬重、长期合作的"大哥"中行献子拉上来做自己的领导。晋悼公此时已经逐渐改变了对中行献子的看法，认为他是真心想要为国效力、将功赎罪（参见第419页），于是不再谋求压制中行献子，而是迎合了范宣子的需求，中行—范联盟于是成功占据中军帅、佐职位。

第二步，赵—韩联盟占据上军帅、佐职位。

上军佐韩宣子见状，立刻想到可以用同样的方式来实现自己父亲韩献子生前交代的"扶助赵氏，韩赵共荣"策略，于是他提出了一个更大胆的提议，把上军帅位"让"给比自己低三级、名声不错、但并没有立什么大功的新军帅赵文子。晋悼公估计已经看出来韩宣子这么做就是在打着"谦让"的幌子拉帮结派占据上军，于是出手干预，任命栾怀子为上军帅，本来是指望着骄横强势的栾桓子会接受任命，从而挫败韩宣子的谋划。然而，此时栾桓子头脑还算清醒，知道自己如果接受晋悼公的任命，会得罪韩氏、赵氏，于是赶紧表演"谦让"，让韩宣子能得偿所愿。

第三步，晋悼公使得栾桓子、魏庄子占据扩大一倍的下军。

中军、上军已经被中行—范联盟和赵—韩联盟以"谦让"名义占据之后，晋悼公决定抓住下军的最后机会，来培植可以制衡中军、上军卿族的力量。

在晋悼公看来，一位合适的候选人是他先前已经在扶植的下军帅栾桓子。栾桓子主观上政治立场并不偏向公室，也不会接受晋悼公的指令，但是他性情骄横强势，只要给他更强的刺激，比如说更高的官位，或者更大的军权，就能让他野心进一步膨胀，进而"本色出演"就足以与其他卿官发生矛盾冲突，从而达到制衡其他卿族的客观效果。比如说，前572年晋悼公出手将栾桓子擢升为下军帅之后，前563年时，栾桓子已经有与中军帅知武子直接对抗的事迹。

如上文所述，在这次领导班子调整中，晋悼公先是想用任命栾桓子为上军帅的方式来刺激栾桓子、从而达到自己的目的，无奈栾桓子谦让不从，所以晋悼公决定在栾桓子所在的下军上做文章，也就是下文所说的"建设一支超级下军"。

另一位合适的候选人是新军佐魏庄子。魏庄子在先前多次为了国事直言进谏，甚至不惜杀身明志，晋悼公非常赏识他的品德和才干，将他从大夫提拔至新军佐。因此，在晋悼公心目中，魏庄子可以说是最有可能培养成"国君本位"的卿官。

特别合适的是，栾桓子和魏庄子立场、性情都大不相同，而且栾氏是资历最老的文公卿族，而魏氏是刚刚升级的悼公卿族，他们之间没有结盟的可能性。

基于这样的考虑，首先，晋悼公将魏庄子从新军佐提拔为下军佐，提高了他的职级；然后，晋悼公在没有合适帅、佐的情况下仍然不裁撤新军，而是另辟蹊径将其并入下军，使得下军的整体规模足以跟中军、上军之和相抗衡，成为一支"超级下军"。晋悼公这样做的目的很明显，就是加强栾桓子、魏庄子的军权。这剂猛药马上起了效果，乃至超出了晋悼公的预期，那就是前559年伐秦时，晋军发生了"栾桓子率领下军直接违抗中军帅军令"的事故。

为何在晋悼公时期会发生一系列卿族结盟事件？笔者认为，前574年晋国内乱中，郤氏虽然"族中有三人为卿、五人为大夫"（参见第282页），而且内部还算团结，但是与其他卿族不和睦，最终被晋厉公的几个嬖大夫一朝杀尽，而栾氏与中行氏联手就成功杀了晋厉公，重新控制住政局，这一败一成、一死一生的对比让诸卿看到结盟对于保障卿族生存和发展能起到的作用，这可能是推动晋悼公执政时期知氏与范氏结盟（后解散）、中行氏与范氏结盟、韩氏与赵氏结盟的重要因素。

那么，为什么最先和栾武子结盟、为其他诸卿做出表率的中行献子在栾武子去世后没有与栾桓子保持结盟关系？笔者认为情形恐怕是这样：栾武子是弑晋厉公的主要谋划和组织实施者，中行献子由于也曾被晋厉公在朝堂上以死相逼而内心恐惧，因此勉强顺从了栾武子的结盟要求，两人合作杀了胥童及晋厉公。栾武子在世之时，中行献子肯定是跟在栾武子后面不敢乱说乱动。但是，中行献子一直在为参与弑君感到悔恨（参见第417页），在栾武子去世后，身居上军帅位的中行献子无需再忌惮比自己低两级的栾桓子，于是赶紧与栾氏脱钩。如上所述，与栾氏脱钩后的中行献子曾经尝试过"单飞"但是不成功，于是后来改变策略与范宣子结盟。

向地之盟：范宣子会盟逞强，姜戎子赋诗讽喻

前560年楚共王去世，吴国趁楚国国丧之时入侵，被楚国打得大败。前559年春，吴国向盟主晋国报告败绩，晋中军佐范宣子召集齐、宋、鲁、卫、郑、曹、莒、邾、滕、薛、杞、小邾等国的卿大夫及姜戎首领戎子驹支，与吴国卿大夫在向地[1]会面，商议如何对付楚国。

作为这次盟会的组织者，范宣子一开始还是非常威风的：他一方面数落吴人利用国丧讨伐楚国是不道德的错误行为，并以此为理由，拒绝组织诸侯为吴国讨伐楚国；另一方面又当场拘捕了莒国代表公子务娄，理由是晋国认为莒国在与楚国暗中勾结。笔者认为，范宣子之所以拒绝为吴人报仇，不是因为什么道德问题，而是因为晋国今年的重点工作是讨伐秦国。然而，晋国既然召集了这么多诸侯国的代表开会谋划如何对付楚国，不能一点成果也没有，于是他以莒人与楚国通好为由扣留了莒国代表公子务娄，把"抓内鬼"算作是此次会议的重大成果。据《左传》记载，莒人的确曾经在前563年、前561年两次讨伐晋国的核心盟国鲁国，这也许就是范宣子用以证明莒人与楚国勾结的证据之一。然而，从下面说到的逮捕戎子驹支一事情形来看，范宣子也未必就有什么过硬的证据。

1　向见图五。

范宣子逮捕了莒公子务娄后，想要再抓一个"内鬼"扩大成果，于是在会场当着各国代表的面数落姜戎首领戎子驹支说：

"过来！姜戎氏！昔日秦人逼迫驱逐你的祖先吾离，使他离开世代生活的瓜州[1]。你的祖先吾离披着茅草编的衣服、戴着荆棘做的帽子向东迁徙，来归顺我国先君。我国先君惠公本身土地也不宽裕，可是仍然分给你们土地，让你们能够有饭吃。如今诸侯事奉我国君主不像往昔那样积极，大概是因为机密消息泄露，应该就是你做的。明天早上的诸侯会盟，你就不要参加了！如果你敢参加，就把你抓起来！"

没想到戎子驹支毫不示弱，反驳说：

"昔日秦人仗着人多势众，贪图土地，驱逐我们诸部戎人。惠公展现出他的大德，说我们诸部戎人'是四岳神的后裔，不要剪除抛弃这些人'，赐给我们南部边境地区的土地，是狐狸出没、豺狼嚎叫的荒凉地方。我们诸部戎人清除掉荆棘，驱赶走狐狸豺狼，在那里定居下来，成为晋国先君治下不侵犯不背叛的臣民，直到今天都没有二心。

"昔日晋文公和秦人一同讨伐郑国，秦人偷偷与郑国讲和结盟，并且在郑国安置人马戍守，最终导致了殽之役。当时晋人从前面挡住秦军，我们戎人从后面攻击秦军，秦军被击溃没能回国，我们诸部戎人功不可没。如果拿捕鹿打个比方，那就是晋人在前面捉住鹿角，各部戎人在后面拖住鹿腿，和晋人一起扑倒它。戎人凭什么不能免于罪责？从那次以来，晋国的多次

1　位于秦国南部的秦岭山区，是多部戎人居地。

战役，我们诸部戎人都及时参加，服从晋国的执政大臣，和当年支援殽之役时候的心意是一样的，又怎敢违背？

"如今晋国的各级官员，恐怕是工作有些疏漏，使得诸侯离心离德，却来怪罪我们诸部戎人！我们饮食穿着与华夏不同，没有财礼往来，语言也不相通，能做什么坏事？不让我们参与会盟，也没什么值得郁闷的！"

戎子驹支说完这番话，还朗诵了《青蝇》[1]这首诗来讽喻范宣子：

> 苍蝇嗡嗡飞舞，篱笆边沿稍停。
> 平易近人君子，害人谗言莫听。
> 苍蝇嗡嗡飞舞，枣树枝上稍停。
> 恶人谗言无边，搅乱邻国安宁。
> 苍蝇嗡嗡飞舞，榛树枝上稍停。
> 恶人谗言无边，离间多年交情。

范宣子被驳斥得哑口无言，于是赶紧道歉，让戎子驹支参与第二天的会盟。从范宣子在这次向地之盟上的表现来看，他的才干和"大哥"中行献子大概都在同一个不太高的水平，这恐怕也是他们两人臭味相投的原因。

---

1 《毛诗·小雅·青蝇》："营营青蝇，止于樊。岂弟君子，无信谗言。营营青蝇，止于棘。谗人罔极，交乱四国。营营青蝇，止于榛。谗人罔极，构我二人。"

迁延之役：栾桓子欺凌主帅，晋悼公悬崖勒马

前559年夏天，晋悼公率领先前参与向地之盟的齐、宋、鲁、卫、郑、曹、莒、邾、滕、薛、杞、小邾军队一起讨伐秦国，报复前562年晋军被秦军在晋国栎地打得大败的耻辱（参见第387页）。

此次讨伐秦国，本来是晋悼公调整领导班子之后第一次率领六卿亲征，然而当军队行进到秦晋边境时，晋悼公没有继续前进，而是留在了边境客馆，同时命令上任不到一年的中军帅中行献子统率诸侯军队继续前进。这暗示晋悼公当时身体状况已经出现了不小的问题，无法支撑远征的辛劳，但是他留在边境等待的举动又说明，他对此次全体盟国大举伐秦的军事行动寄予厚望。

然而，这次伐秦行动延续了晋悼公半途"掉链子"的霉运，一直很不顺利：中原诸侯军队从春天开始就一直在外奔波非常疲惫，长途跋涉进入秦国之后，在泾水[1]边就磨磨蹭蹭不打算渡河，后来好不容易开始渡河，又遭遇秦人在上游放毒，许多士兵中毒身亡。

过了泾水之后，诸侯军队一直行进到了秦国都城附近的棫林[2]，可是秦国并没有像通常预料的那样派人出来求和，晋人于是准备带着诸侯军队同秦军决战。终于不再受知武子压制的新

1　泾水见图二。
2　棫林见图二。

任中军帅中行献子想过一把当主帅的瘾，他高调地宣布："明天鸡叫的时候套车，填塞水井推平灶台，看着我的马头方向行动！"

没想到手握重兵的下军帅栾桓子当场就翻脸了，他抗议说："晋国的军令，从来没有这样的。我的马头偏要向东！"说完就命令自己的战车掉头向东回国，早就牢骚满腹的下军士兵也开始跟着栾桓子往东走。下军左史问下军佐魏庄子说："我们真的不等待中行伯（中行献子）了吗？"魏庄子回答说："他老人家要求我们听'帅'的命令。栾伯（栾桓子），是我的帅，我将按照中行伯的要求跟着栾伯走。听从帅的命令，正是对待中行伯他老人家的正确方式。"于是栾桓子、魏庄子率领着占晋军总数一半的下军回国。

中行献子面对下军的全体撤离，并没有恼羞成怒，而是懊悔地自责说："我的命令的确是不对，后悔哪还来得及？再勉强进军只会给秦军送去俘虏。"于是命令全军掉头撤退。

就在这时，性情勇猛、担任主帅车右的栾桓子弟弟栾铖[1]说："这场战役，本来就是为了报复先前在栎地的失败。如果这次又没能建立功勋，那这就是晋国的大耻辱了。我在主帅兵车上担任车右，怎么敢不奋力雪耻呢！"于是他鼓动了范宣子的儿子范献子，两人一起驾车冲入敌阵，结果栾铖战死，范献子生还。

得知弟弟战死的情况之后，刚才"炮轰"中军帅中行献子

---

1 栾铖，姬姓，栾氏，名铖。栾武子之子。参见图22。

的栾桓子又把炮口对准了中军佐范宣子："我的弟弟本 (栾针) 来不愿意去，是你儿子 (范献子) 叫他去的。我的弟弟死了，你的儿子活着回来了，这就是你的儿子杀了我的弟弟！如果你不赶走你的儿子，我就会把他杀了！"于是范献子直接出逃到了秦国。

范献子逃入秦国都城之后，秦景公在接见他时问："晋国的卿族哪个会先灭亡？"

范献子回答说："恐怕是栾氏吧！"

秦景公说："是因为这家太骄横了吗？"

范献子回答说："是的。栾黡 (栾桓子) 骄横暴虐已经很过分了，但是还可以幸免。栾氏灭亡大概在他儿子盈 (栾怀子) 当族长的时候吧！"

秦景公问："为什么呢？"

范献子回答说："栾武子的恩德仍然留在民众心中，就像周人思念召公，因而爱护他曾经乘凉的甘棠树[1]。晋人既然思念栾武子，必然爱护与他相关的事物，何况是他的儿子呢？不过，等栾黡一死，栾盈的良善还没能惠及众人，栾武子的施恩就已经消耗殆尽了，而栾黡所造成的怨恨又彰显出来，祸难将在这个时候发生。"

秦景公认为范献子是一位很会说话的君子，大概在前558年晋悼公去世后不久就送他回国恢复了职位。

---

1 召康公为西周贤臣，曾在一棵甘棠树下听取诉讼。他去世后，周人怀念他，作诗劝人不要砍伐那棵树，此诗即《诗经·召南》之《甘棠》。

后来，晋人把这次磕磕碰碰、事故频发、徒劳无功的战役称为"迁延之役"，也就是"拖拉之战"的意思。伐秦的晋军回到国都之后，晋悼公决定裁撤新军，恢复三军建制。《左传》给出的解释是：当时知武子的儿子知庄子朔[1]死得早，孙子知悼子[2]到本年还不到八岁，而彘共子的儿子彘裘[3]年纪也还小，晋悼公实在找不到合适的新军帅、佐人选，于是决定裁撤新军。

然而，这些人事方面的状况在一年前的前560年也同样存在，为什么晋悼公在前560年不作出裁撤新军的决定，而是将其并入下军，在前559年却作出了正式决定？

如前所述，笔者认为，晋悼公在前560年不裁撤新军而是将其并入下军，本来是希望给予栾桓子、魏庄子超过常规的军权，形成一种下军与中军加上军互相制衡的政治生态。然而，前559年伐秦时发生的晋军内部分裂导致失败的严重事故，使身体状况已不大好的晋悼公嗅到了内乱将至的危险气息：

一方面，晋悼公发现，魏庄子虽然曾经是一个敢于舍身护法的忠臣，但此人在处理与栾桓子关系时却颇为精明，并不像晋悼公先前设想的那样，能够起到匡正约束栾桓子胡作非为的作用，而是顺着栾桓子的命令行事。这样一来，性情骄横强势的栾桓子就是几乎不受制约地掌控着与中军加上军人数一样多的下军，并且仗着这种权势在伐秦之战中公开违抗中军帅中行

1　知庄子朔，姬姓，知氏，出自荀氏，名朔，谥庄。知武子之子。参见图21。
2　知悼子，姬姓，知氏，出自荀氏，名盈，字凤，谥悼，排行伯。知庄子朔之子。参见图21。
3　彘裘，祁姓，彘氏，出自范氏，名裘。彘共子之子。参见图20。

献子的军令、诬陷中军佐范宣子之子，已经积累了很多怨恨。如果再不采取措施限制栾桓子的权势，栾桓子很有可能会在晋悼公还没去世之前就引爆内乱，使得晋悼公晚节不保。

另一方面，晋悼公又不愿意追究栾桓子的责任并严惩他，因为栾桓子能够对上军、中军四卿形成有效的制衡。

可能正是经过了上述利弊权衡之后，晋悼公最后做出如下决定：一方面不惩处栾桓子；另一方面通过撤销新军来削弱他的实际兵权。

孔子说，"君子遵行中庸之道，能够审时度势、随机应变，找到在每件具体事务中实践中道的最佳方法，从而能够做到时时刻刻按照中道为人处世"[1]，"君子对于天下的事，没有什么僵化不变的观点，而是怎样适宜就怎样做"[2]。晋悼公在是否裁撤新军问题上的盘算和决策，就充分体现了他恪守中道的执政理念和"君子而时中"的执政能力。

卫国内乱：晋国顺势安定局面，师旷犀利分析原因

前559年，正当诸侯在秦国磕磕碰碰地行军时，卫国执政卿孙文子发动政变，将卫献公驱逐出境。中行献子回国之后，晋悼公向他询问卫国内乱应该如何处置。中行献子对答说："不如依据现状而安定卫国局势。卫国现在另立了新的国君[3]了，这

---

1 《中庸》："君子之中庸也，君子而时中。"
2 《论语·里仁》："君子之于天下也，无适也，无莫也，义之与比。"
3 指卫殇公，卫穆公之孙。

时候再去讨伐，不会有什么成果，而只会让诸侯劳顿。史佚[1]有言道：'依据已有的稳重，而顺势加以安抚。'仲虺[2]有言道：'欺侮本该灭亡的，夺取已经混乱的。'推倒本该灭亡的、稳固可以生存的，是国家的正道。[3]君主还是安定卫国现政权，同时等待事态发展吧。"

中行献子的建议使得卫殇公当了十二年国君，应该说这一次他的判断还是很有道理的。不过最终卫殇公还是没能寿终正寝，在前547年被卫卿宁悼子所杀，卫献公再次归国执政。

前559年冬天，晋中军佐范宣子在卫国戚邑（卫卿孙文子封邑）与卫孙文子及宋、鲁、郑、莒、邾卿大夫会面，谋划如何稳定卫殇公政权。在这次会议期间，范宣子借了齐国使团旌旗上用鸟羽和牦牛尾做成的穗子，却不知为何到散会时还没有归还。齐人以霸主对盟国无礼为由，开始公开挑战晋国的霸主地位。齐国是最早称霸的中原诸侯国，虽然在齐桓公之后失去了霸主地位，却一直怀有复霸的野心，不甘心做晋国的仆从。笔者认为，齐国本来就打算趁着晋悼公去世的机会谋求重新崛起，而范宣子毫无必要的无礼行为只是在合适的时间提供了一个合适的借口而已。

前558年冬十一月九日，为晋国霸业复兴鞠躬尽瘁的晋悼公因病去世。

---

1 史佚，西周初年太史。
2 仲虺，商汤左相。
3 《左传·襄公十四年》："史佚有言曰：'因重而抚之。'仲虺有言曰：'亡者侮之，乱者取之。'推亡、固存，国之道也。"

就在前559年晋悼公向中行献子询问之前的某一天，晋国一位名叫旷的乐太师¹陪着晋悼公说话。晋悼公说："卫人把他们的君主赶跑了，这不也太过分了吗？"乐师旷回答说：

"也许是他们的君主太过分了。

"好的君主赏赐良善而惩罚淫乱，养育民众就像养育子女那样，像天那样遮护他们，像地那样包容他们。如果这样的话，民众自然尊奉他们的君主，敬爱他就像敬爱父母一样，仰慕他就像仰慕日月一样，尊敬他就像尊敬神明一样，畏惧他就像畏惧雷霆一样，怎么可能赶他出去呢？

"君主，是祭祀神灵的主持者，是民众的指望。如果君主使得民众困苦、丧失本性，使神灵匮乏、丧失祭祀；百官贵族断绝了希望，土地神 (社) 和五谷神 (稷) 没有了祭祀的主持人，那还准备留着他做什么用呢？不把他除掉还留着干什么呢？²

"上天生养民众并且为他们立了君主，目的是让君主牧养他们，不让民众丧失了他们的本性。有了君主之后，又为君主设立了陪贰之人，让这些陪贰之人来教导保育他，不让他做越出法度的事。

"其实，不仅君主是这样，社会每一阶层的'主子'都是这样。因此周天子有三公，诸侯君主有诸卿，诸卿有侧室，大夫有小宗，士人有朋友，庶人、工匠、商贾、皂、隶、牧牛人、牧马人都有亲人，都是起到辅佐的作用：做对了就宣扬，做错

1　乐太师，官职，乐师总长。
2　《左传·襄公十四年》："夫君，神之主而民之望也。若困民之性，匮神之祀，百姓绝望，社稷无主，将安用之？弗去何为？"

了就匡正，惹祸了就补救，失误了就更改。

"从周王以下的各级'主子'，都有父兄子弟来弥补和察纠他的工作；就君主（王、诸侯）而言，其实补察他政事的人也不仅仅是他的父兄子弟，还有太史通过书写史册进行辅佐，盲人乐师通过作诗，乐工通过传诵箴言谏言，大夫通过规劝教诲，士人通过大夫传话，庶人通过在民间议论，商人通过在市场上陈列各种货物，百工通过进献各种技艺。

"所以《夏书》上说：'宣令官手摇木铎在大路上巡行，官师规劝，工匠借呈献技艺进行劝谏。'说明夏代在正月孟春时，就已有官师、工匠通过宣令官向夏王进言的做法，其目的是为了劝谏各种偏离了常道的政事。

"上天是非常爱民众的，怎么可能让一个人在民众头上肆意而为，放纵他的过度行为，从而废弃天地的本性[1]？必然不会这样的。"[2]

乐师旷的这段话虽然不长，却构建了一个以天职、天祐、天诛为核心要素的君权合法性理论，大概有这样几点：

一、上天至高无上，享有最高权威。

世界由天地万物构成，其中上天具有创生能力，而且具有

1　民众的本性是由上天赋予，包含着天地的本性。暴君虐待残害民众，使民众丧失其本性，而民众的本性又包含着天地的本性，概括起来就是暴君废弃天地的本性。

2　《左传·襄公十四年》："天之爱民甚矣，岂其使一人肆于民上，以从其淫，而弃天地之性？必不然矣。"

最高权威。

二、上天生民爱民，望其保有本性。

上天在大地上创生出民众，民众的本性说到底就是天地的本性。上天爱它所创生的民众，希望他们能按照本性生活。

三、上天立君牧民，使民保有本性。

上天为民众设立君主，并且赋予他治理民众的权柄。君主治理民众的终极目标就是要让民众能够按照他们的本性生活，也就是按照天地之性生活，这就是君主的天职。

四、上天设置陪贰，助君改过履职。

上天也体恤君主牧养民众的复杂和困难，因此为君主设置了两大类陪贰来辅佐他：一类是与君主有亲缘关系的父兄子弟，这些人或者以公、卿的身份发挥辅佐作用，或者纯粹以公族成员身份发挥作用；一类是与君主不必有亲缘关系的各阶层人士，包括史、瞽、工、大夫、士、庶人、商、百工等。上天允许君主犯错，只要他能听取陪贰的劝谏改正错误，重新履行天职，就仍然是具有执政合法性的善君。

五、善君履行天职，因而承受天佑。

所谓善君，就是能履行天职的君主，他像天地养育万物、父母养育子女一样来牧养民众。这样的善君由于使得民众能保有他们的本性，所以得到民众的爱戴和敬畏，自然也得到为民立君的上天的认可。他会承受上天的福佑，亦即一直享有身为君主、治理民众的合法性。

六、恶君废弃天职，因而遭受天诛。

所谓恶君，就是自己不履行天职，还拒绝听取两类陪贰的劝谏，一意孤行地肆意妄为、残害民众，使得民众丧失他们的本性。这样的恶君自然会受到民众的厌恶和仇恨，也会受到为民立君的上天的厌弃。他会承受上天的诛戮，亦即被上天剥夺身为君主、治理民众的合法性，落得身死或流亡的后果。

乐师旷在评论大臣孙文子驱逐君主卫献公这件事时抛出这个理论，意在说明：卫献公的倒行逆施已使他遭到上天的抛弃，失去了继续为君的合法性，孙文子的所作所为是在执行天诛，虽是以下犯上，却也无可厚非。可以想见，在君权衰弱、卿大夫强势的中原各主要诸侯国，这个宣扬"君不君，则臣可以不臣""卿大夫造反有理"的理论一定非常有市场，鼓励着与"无道恶君"势不两立的卿大夫们去尝试逐君、弑君的"革命"行动。

不过，这个看起来非常危险的理论并不是乐师旷离经叛道的发明创造，而是周代王道政治哲学的固有内容，而且是最端正、最核心的内容。实际上，周人正是用这个理论，阐明了作为臣的周武王杀掉作为君的商纣王、推翻商政权的正当性。从这个角度来说，这个理论可以说是周政权合法性的基石。战国时期孟子说"民为贵，社稷次之，君为轻""得乎丘民而为天子""诸侯危社稷，则变置""闻诛一夫纣矣，未闻弑君也"，也正是得了这个理论的真传。

如果具体说到晋国，这个理论同样是晋国政治哲学的核心内容，也是当下晋君执政合法性的基石，因为从晋武公开始的晋国公族前身是分封在曲沃的晋国公族小宗，而这支小宗正是通过三代人坚持不懈的武装斗争推翻了正牌公族大宗，到曲沃武公/晋武公时才入继大统，成为新的晋国公族。根据《史记·晋世家》的记载，当晋武公的儿子晋献公回顾这个新晋国政权的创业史时，他采取的说法可不是"曲沃篡晋"，而是"当年我祖父曲沃庄伯、我父亲曲沃武公诛讨晋国的动乱"。只不过"水能载舟，亦能覆舟"，在春秋初期曲沃代晋之时，这个理论主要起到的是为新政权捧场的"载舟"作用；而到了春秋晚期晋国公室整体上走向衰败之时，这个理论主要起到的就是为卿大夫篡权壮胆的"覆舟"作用了。

七、平公时期：

六大卿族把持国政 化家为国启动

君曰不悛，以乐慆忧。公室之卑，其何日之有？

——羊舌肸

晋平公伐齐：中行献子为国尽忠，范宣子自愧不如

前557年春天，晋平公正式即位。当时羊舌肸担任太傅，张君臣担任中军司马，祁奚、韩襄[1]、栾怀子、范献子担任公族大夫，虞丘书担任乘马御。其中，羊舌肸跟晋平公的交往时间最长，在晋平公还是太子的时候，羊舌肸就是太子傅。

刚即位的晋平公意气风发，立刻换上较轻的丧服，任用官员，到曲沃宗庙祭祀，在国都布置守卫，然后就率军南下，在溴梁[2]召集宋、鲁、卫、郑、曹、莒、邾、薛、杞、小邾国君会见。在会上，晋人摆出霸主的架势，要求诸侯退回相互侵占的田地。鲁国抓住机会控诉邾国、莒国入侵，晋人判定鲁国有理，于是当场扣押了邾宣公、莒犁比公，而且宣称邾国、莒国还犯有帮助齐、楚两国往来串通的罪行。

晋平公随后与各国诸侯在温邑饮宴，出席的还有齐卿高厚。晋平公命令各国卿大夫表演乐舞，要求"唱的诗必须与跳的舞相匹配"。其他国家的卿大夫都依照晋人命令行事，而齐国代表高厚偏不照做。中行献子很愤怒，宣称"诸侯里出了有异心的人"，命令各国卿大夫与高厚结怨，逼高厚承认错误，高厚径自逃回了齐国。

齐灵公见与晋国的矛盾已经公开化，于是也不再遮掩，在

1　韩襄，姬姓，韩氏，名襄。公族穆子之子。参见图19。
2　溴梁见图五。

前557年秋天派兵入侵鲁国。齐国的盘算应该是，晋平公刚刚即位，君位还没有坐稳，不会马上出兵讨伐齐国。鲁国派卿官叔孙穆子到晋国访问，控诉齐国侵略，请求霸主出兵讨伐。齐国见晋国一时没有动静，于是在前556年秋天再次入侵鲁国。

在齐国的一再挑衅下，晋人决定动员诸侯大举讨伐齐国。此次军事行动，晋国三军六卿全部出动，六卿领导班子情况如下：

晋 六 卿 表
（前555年晋伐齐之时）

位 次	官 职	人 名	族 属
一	中军帅	中行献子	中行
二	中军佐	范宣子	范
三	上军帅	赵文子	赵
四	上军佐	韩宣子	韩
五	下军帅	魏庄子	魏
六	下军佐	栾怀子*	栾

前555年时，栾桓子已经告老或去世，他的儿子栾怀子已经代表栾氏进入六卿行列，担任下军佐。如前所述，栾桓子性情骄横强势，而晋悼公又通过超擢他为下军帅、给予他超常军权等办法刺激他"本色出演"，促使他在担任卿官期间至少与知武子、中行献子、范宣子发生过严重冲突，给栾氏带来了极大的风险。

然而，栾怀子与他父亲的为人处世风格很不一样，他颇有智谋（从下文正确揣测中行献子心意就可看出）、善待下属、好交朋友，在都城和封邑曲沃有一群非常忠心的党羽，担任下军佐之后与下军帅魏庄子的儿子魏献子又成了非常好的朋友。不幸的是，此时栾怀子已经被他父亲得罪的诸卿势力和想要清算栾武子弑君罪行的晋君势力同时盯上，栾氏的灭亡已经不可逆转。

　　就在晋军准备出发之前，中军帅中行献子有一天晚上做梦，梦到他与晋厉公诉讼。中行献子败诉，晋厉公直接操起戈砍他的头，他的头被砍断，掉在面前。中行献子跪下把头拿起来重新戴上，双手扶着脑袋跑了，见到梗阳的女巫皋。中行献子醒后，找到了女巫皋，女巫皋为他解梦，说："这个梦意味着今年您一定会死。不过，如果您在东方做大事，则可以得志。"这件事说明，中行献子前573年被栾武子胁迫参与弑晋厉公之后，一直背着沉重的思想包袱。

　　前555年秋天，晋平公率领晋军向东进发。在渡过河水之前，中军帅中行献子用朱丝系上两对玉，然后对河神祈祷说："齐环[1]（齐灵公）仗恃着泰山[2]险要，凭借着齐国人多，背弃了友好的盟誓，欺凌虐待周边邻国的民众。您的曾臣彪[3]（晋平公）将率领诸侯讨伐齐环，曾臣彪的官臣偃[4]（中行献子）前前后后地奔忙。晋军如果能告捷有功，不给您带来羞耻，官臣偃将不敢再次渡过

1　即齐灵公，齐灵公名环，这里中行献子对河神祈祷，所以直呼其名。

2　泰山见图四。

3　即晋平公。诸侯对周王称臣，周王对河神称臣，所以诸侯对河称"曾臣"。晋平公名彪，这里中行献子对河神祈祷，所以直呼其名。

4　即中行献子，名偃。

河水。请您这位大神裁断！"中行献子把玉沉到河中，然后全军就渡过了河水。

晋人此次伐齐在军事上获得了成功，但是并没能迫使齐国求和归服。前554年春，晋平公先行回国，六卿率军在后跟随。然而，在回国途中，中行献子积劳成疾得了毒疮，头上肿起一个大包。晋军向西渡过河水回到晋国境内之后，到了著雍时，中行献子病情加重，眼睛都凸了出来。跟他亲密合作的中军佐范宣子请求进见，中行献子不让他进去；范宣子通过侍者请示中行氏继承人是谁，中行献子传话出来说："郑国女子生的那个儿子(中行穆子)**1**可以。"

到了春二月十九日，中行献子已经没有了呼吸，但眼睛还睁着，而且嘴紧闭塞不进含玉。范宣子洗过手后一边抚摸中行献子的身体一边说："事奉吴(中行穆子)，怎敢不像事奉您一样！"中行献子仍然睁着眼。栾怀子说："恐怕是因为齐国的事情还没有完结吧！"于是又抚摸中行献子的身体，说："您安心去世，我们如果不继续为制服齐国努力，必遭神谴，有河水为证！"中行献子这才瞑目，牙关放松可以接受含玉。范宣子从屋子里出来后说："在大丈夫的胸怀上我看低了他**2**。"

如何理解中行献子这个人？笔者认为，中行献子本来就是

---

1 中行穆子，姬姓，中行氏，出自荀氏，名吴，谥穆，排行伯。中行献子之子。参见图21。
2 范宣子以为中行献子所忧为家事，不料其尸在得到国事将得以完成保证后方才瞑目受含，故范宣子有此惭愧之言。

受到了栾武子的恐吓和胁迫而参与弑君之事，事后一直为自己没有能够保持中立而感到悔恨，背着沉重的精神包袱（这从他在前557年梦到与晋厉公诉讼失败被砍头就可以看出来），想要立功赎罪。

然而，晋悼公即位之后，将中行献子列为弑君从犯，明里暗里加以抑制。从晋悼公的角度来看，中行献子屡次想要为国事出谋划策，就是为了"博出位"积攒政绩以谋求升迁；但是从中行献子的角度来看，他这样积极主动并不仅仅是为了自己的私利，而真的是想要立功赎罪。虽然中行献子的智计才干水平有限，几次想要立功出的都是馊主意，被知武子一一批驳，但是一次一次的失败教训，也使得中行献子在政治上逐渐变得成熟。

与此同时，晋悼公在长期考察的过程中逐渐确认了中行献子的品德，最终在前560年知武子去世后决定解除对中行献子的打压，放任范宣子上演"谦让"戏码，推举中行献子担任中军帅。前560年当上中军帅之后，中行献子得以遵从本心为晋国霸业复兴的国事而努力，他本身具备的知耻后勇、知错就改、宽宏大量的明德终于得到发挥，于是有了伐秦、伐齐事件中那些高风亮节的表现。不过我们也必须看到，中行献子的执政能力虽然通过总结失败教训而逐渐有所提高，但由于他的智计才干水平实在有限，即使是最后一次伐齐也没有能够获得全胜。

从品德这个角度来看的话，"小弟"范宣子对"大哥"中行献子长期以来的敬佩可能还真不完全是"臭味相投"，而很可能是深入了解之后的真心钦佩。不过，即便是最了解中行献子的范宣子，也没有料到中行献子在临终时最放心不下的竟然仍旧是军国大事，可见真正了解一个人是多么困难。

中行献子去世后，中军佐范宣子升任中军帅。由于在范宣子之后，赵文子、韩宣子依次担任中军帅，可以推测上军帅赵文子、上军佐韩宣子、下军帅魏庄子各向上递补一位任中军佐、上军帅、上军佐。由于栾怀子在前552年被驱逐时仍为下军佐，因此推断中行穆子代表中行氏进入六卿行列任下军帅。晋国六卿领导班子情况如下：

晋 六 卿 表
（前554年中行献子去世后）

位　次	官　职	人　名	族　属
一	中军帅	范宣子	范
二	中军佐	赵文子（？）	赵
三	上军帅	韩宣子（？）	韩
四	上军佐	魏庄子（？）	魏
五	下军帅	中行穆子（？）*	中行
六	下军佐	栾怀子	栾

驱逐栾怀子（一）：《左传》和《国语》的叙述

前552年，范献子预言的栾氏祸难降临了。《左传》记载的事件经过是这样的：

栾桓子娶了范宣子的女儿（后面称为栾祁），生了栾怀子。

范献子从秦国回来之后，和栾怀子一同担任公族大夫。因为范献子怨恨栾桓子先前诬陷自己（参见第403页），并且迁怒于栾怀子，所以范献子和同僚栾怀子的关系一直不和睦。

栾桓子去世后，守寡的栾祁和家臣总管州宾私通，把栾氏折腾得几乎要灭亡了。栾氏族长栾怀子非常忧虑这件事，一边是自己的母亲，一边是栾氏的家业，不知该如何是好。栾祁察觉到了儿子的思想动向，担心他会大义灭亲杀了自己，于是先下手为强，向自己的父亲范宣子告状说：

"我的儿子盈（栾怀子）将要作乱，他认为范氏蔑视自己死去的父亲栾桓子并且垄断晋国政权，曾经口出怨言说：'我的父亲当年驱逐范鞅（范献子），范鞅回国之后，范匄（范宣子）不对他儿子犯下的错误表示愤怒，反而宠信他，让他做公族大夫。范鞅和我同为公族大夫，行事非常专横，我父亲死后范氏更加富有。范氏蔑视我死去的父亲而在国内专权，我大不了就是死，决不顺从范氏！'我儿子的图谋大概就是这样，我担心会对父亲您有害，因此不敢不跟您说说。"

范宣子向儿子范献子询问此事，范献子也为栾祁作证。与此同时，栾怀子喜好施舍，很多士人都投奔他。范宣子认为他这样做的目的是为了聚众作乱，所以相信了栾祁的话。

当时栾怀子担任下军佐，前552年时，范宣子派他去修筑著城，在栾怀子出国都后，范宣子就驱逐了他，栾怀子于是逃往楚国。范宣子又杀了箕遗、黄渊、嘉父、司空靖、邴豫、董叔、邴师、申书、羊舌虎、叔罴，软禁了羊舌赤、羊舌肸、籍偃。

栾怀子及其亲信经过周王畿时，王畿西部边境地区有人劫掠他们的财物。栾怀子向执掌接待宾客的官员求告说："天子的陪臣盈（栾怀子），得罪了天子的守臣（晋平公），将要出逃避罪。陪臣盈在王畿郊外再次犯罪，没地方隐伏逃窜，谨敢冒死陈情：昔日陪臣书（栾武子）能够为王室出力，周王也施予恩惠给他。他的儿子黡（栾桓子）不能保全他父亲的功劳。大君（周灵王）如果不抛弃书的功劳，那么逃亡的臣子还有地方可以逃窜。如果大君抛弃了书的功劳，而总想着黡的罪过，那臣下本来就是诛戮余下的人，打算到周邦的尉氏[1]去送死，不敢再回去了。我斗胆伸展躯体，任凭大君处置。"周灵王说："我如果认为晋国有错却又效仿它[2]，那就更过分了。"于是让司徒申斥那些劫掠栾氏的人，归还劫掠的财物；又派候人把栾怀子一行送出位于周王畿南部边境的辘辕关[3]。栾怀子由此出奔到楚国。

《左传》除了记载驱逐栾怀子的前因后果之外，还详细记载了受牵连的羊舌肸如何在贤大夫祁奚的全力营救下获得释放的

1　尉氏，官职，执掌刑狱。
2　晋国驱逐栾怀子，周灵王认为有错。若周灵王放纵边鄙之人掠夺栾怀子财物，就是效仿过错。
3　辘辕见图五。

过程，而此事对于正确理解栾怀子被逐一事也非常有用。

晋平公的宠臣乐桓子见羊舌肸时说："我为您向国君请求赦免！"羊舌肸没有接话。乐桓子出去时，羊舌肸也不拜谢。他的身边人都怪罪羊舌肸。羊舌肸说："能赦免我的人一定是祁大夫（指祁奚）。"羊舌肸的家臣主管听说了之后，说："乐王鲋[1]（乐桓子）跟君主说事情，没有行不通的，他请求帮助赦免您，您不答应。祁大夫是做不到这些的，而您说一定要通过他，这是为什么呢？"羊舌肸说："乐王鲋是一味顺从君主的人，怎么能够真做得到呢？祁大夫举荐外人不舍弃仇人，举荐内部人不回避亲人，他怎么会独独丢下我呢？《诗》里说：'有正直的德行，使四方国家归顺。'[2]他老人家，就是这样正直的人。"

晋平公向乐桓子询问羊舌肸是否真的有罪。乐桓子回答说："他不跟确实有罪的亲人（指羊舌虎）划清界限，看来恐怕是有罪的。"当时祁奚告老退休在家，他听说了这件事，马上乘着快车去见范宣子，说：《诗》里说：'他赐予我们无边的恩惠，他的子孙都要得到保护。'《书》里说：'圣明的人有谋略有训诲，应当加以明白征验和安定保护。'[3]叔向（羊舌肸）就是那种谋事很少有过错、施惠训导不知疲倦的人，

1　即乐桓子，因其为乐氏，名王鲋，故称"乐王鲋"。
2　《左传·襄公二十一年》："《诗》曰：'有觉德行，四国顺之。'"
3　《左传·襄公二十一年》："《诗》曰：'惠我无疆，子孙保之。'《书》曰：'圣有谟勋，明征定保。'"

是社稷稳固的基石，这种人的十代子孙有罪尚且要宽恕，这样才能够劝勉有能力的人都做这样的臣子。如今一次涉罪就连他自己都不能赦免，如此抛弃社稷的基石，不是糊涂吗？当年鲧被诛杀而他的儿子夏禹兴盛；伊尹放逐君王商太甲三年之后又当他的相国，商太甲最终也没有怨恨的神色；管叔鲜、蔡叔度被诛戮，而他们的兄弟周公则忠心辅佐周成王。为什么要为了羊舌虎而抛弃社稷？您一心做良善的事，谁会不勤勉？多杀人有什么用呢？"范宣子心悦诚服，于是和祁奚一起乘车前往公宫，向晋平公进言赦免了羊舌肸。祁奚没有去见羊舌肸就直接回家了，而羊舌肸也没有到祁奚家去拜谢就直接上朝了。

《左传》版本的"栾怀子出奔"是一个典型的"红颜祸水"故事：寡妇栾祁耐不住寂寞跟州宾通奸，折腾得栾氏都要灭亡了。在发觉亲生儿子栾怀子不满之后，栾祁为了保命，向自己的父亲范宣子诬告栾怀子图谋作乱。执政卿范宣子听信了栾祁和范献子的谗言，于是就驱逐了栾怀子，还杀了、抓了一批他的党羽。

这个故事看起来挺通顺，但是仔细想想，有如下几个问题：

第一，栾祁和州宾私通，到底是怎么能够把栾氏折腾得快要灭亡呢？如果是因为州宾把家里的钱财拿给栾祁，那也是栾氏内部的财产转移，怎么折腾也不可能把栾氏折腾到败亡的地步。如果是因为丑事张扬出来败坏了栾氏的声誉，那最多也就是导致栾祁和州宾被处死，这反而是清理门户，同样不可能把栾氏折腾得快要灭亡。这不禁让人怀疑，栾祁和州宾的私通是不是真有那么大的破坏性，它是不是整件事情真正的起因呢？

第二，范宣子驱逐栾氏族长栾怀子，而且杀了、抓了那么多人，包括晋平公的太傅羊舌肸，不大可能是范氏出动私家武装就能做到的，而只可能是先给栾怀子定了一个足够重的罪名，然后通过国家刑狱机关来驱逐、刑杀或软禁栾怀子和他的党羽。那么，就凭范宣子自己女儿栾祁和自己儿子范献子的证词，能够给栾怀子和他的党羽定这么重的罪吗？

第三，羊舌肸被软禁之后，他的身边人都认为有能力救他的是乐桓子，而乐桓子是晋平公的宠臣，不是范宣子的宠臣。乐桓子向晋平公诬陷羊舌肸后，祁奚心急如焚，似乎晋平公的判断对于羊舌肸的生死安危非常重要。祁奚说服范宣子之后，这个刚刚杀了、抓了那么多人的范宣子竟然不能释放一个羊舌肸，而是拉上老迈的祁奚去公宫说服晋平公，最后是晋平公下令赦免了羊舌肸的罪。栾怀子向周灵王诉苦时，也说自己得罪的是晋平公。这些情况不禁让人想问，晋平公在此次事件中到底发挥了多大作用呢？

有意思的是，《国语·晋语八》也记载了驱逐栾怀子一事，然而《国语》版本与《左传》版本却大不相同：

> 晋平公六年（前552年），箕遗、黄渊、嘉父发动叛乱，没有成功就被杀了。晋平公于是驱逐了他们的同党。

叛乱平定后，晋平公对阳毕说："自从晋穆侯以来**1**，叛乱没有停止过，民心不满，祸乱不断。祸乱使民心离散而且招来外寇，恐怕要落在我身上，怎么办？"

阳毕回答说："祸乱的本根还树立在那里，枝叶越长，本根也就更加茂盛，因此祸乱难以止息。现在如果加大斧柄，砍去它的枝叶，断绝它的本根，可以稍微平息。"

晋平公说："请您设法谋划这件事。"

阳毕回答说：

"谋划能成功的关键在于有明确的训令，明确的训令能推行的关键在于有权威，而权威要掌握在国君手中。**2**国君要将那些世代在国家有官位的贤人后代扶持起来，挑出那些满足自己欲望而损害君主利益、败乱国家的人的后代予以驱逐，这样就能伸张国君的威势而长远地保持权力。民众畏惧国君的权威，而怀念国君的恩德，没有人能不服从。如果都服从的话，那民心就都可以蓄养了。蓄养他们的心志而知道他们的好恶，谁还会苟且偷生呢？如果不苟且偷生，那就没有人会想要作乱了。

"而且栾氏欺罔晋国已经很久了：栾书（栾武子）颠覆了晋国公族的大宗，杀害了晋厉公来加厚自家的权势。如果消灭了栾氏，那民众就畏惧您的权威了。如今如果我们重新起用瑕氏、原氏、韩氏、魏氏的后代，赏赐任用他们，

---

1 晋穆侯为西周晚期晋国君主，他的长子公子仇就是晋文侯，而公子仇的弟弟公子成师就是日后颠覆晋国公族大宗的曲沃国始封君。

2 《国语·晋语八》："图在明训，明训在威权，威权在君。"

那么民众就会怀念您的恩德了。权威与恩德各得其所的话，国家就安定了。君主治国有方而国家安定，想要作乱的人又有谁会拥护呢？"

晋平公说："栾书曾拥立我的先君悼公，栾盈（栾怀子）也并没有犯罪，怎样做才能够灭掉栾氏呢？"

阳毕回答说：

"端正国家的人，不能只图眼前的权威，行使权力不可以隐没在报答私恩中。[1]只图眼前的权威，百姓就得不到训导；隐没在私恩中，政事便不能推行。政事不能推行，用什么来训导人民？人民不可训导，也就等于没有国君，这样一来国君只图眼前权威和隐没于报答私恩，这反倒是祸害国家，而且还要使国君操劳。

"您好好考虑一下吧。如果喜爱栾盈，那就公开驱逐乱党，然后用国家法纪数落栾盈并把他遣送出国，严厉地规诫他，戒备他的图谋，等待最后的归宿。他如果只求快意发动叛乱报复您的话，那就没有再大的罪行了，即使灭绝了他的宗族还嫌不够；他如果不敢谋反而逃到远方，那就给他所逃往的国家赠送丰厚的礼物，劝勉该国多加关照，以报答他的恩德，这样做不也可以吗？"

晋平公听从了阳毕的建议，驱逐了所有的乱党，并派祁午、阳毕到曲沃去驱逐栾盈，栾盈出奔到楚国。晋平公于是对国人下令说："自从晋文公以来，凡是对先君有功而

---

1 《国语·晋语八》："夫正国者，不可以昵于权，行权不可以隐于私。"

他的子孙没有做官的，将授予爵位官职，能访得有功者子孙的给予奖赏。"

《国语·晋语八》还记载了栾怀子出奔之后，栾氏家臣辛俞抗拒执政卿范宣子命令，拒绝晋平公拉拢，矢志追随主子的故事：

　　栾怀子出奔时，执政卿范宣子下令栾氏家臣不许跟从，跟从栾氏出逃的人将被处以死刑并且陈尸示众。栾氏家臣辛俞试图出走跟随栾怀子，被官吏抓住了，送到晋平公那里。

　　晋平公说："国家发布了重大的法令，为什么要违犯它？"辛俞回答说："臣下顺从法令，怎么敢违犯呢？执政说'不要跟从栾氏而要跟从君主'，这是明确命令必须跟从君主啊。我听说：'三代事奉卿大夫的家臣，视卿大夫为君；两代以下的，视卿大夫为主。'事奉君不能怕死，事奉主要勤劳，这是君主的明令啊。臣下从祖辈起，因为在晋国没有大的靠山，一直在栾氏做家臣，到如今已经三代人了，所以不敢不把栾子视为君主。现在执政卿说'不跟从君主的要受大刑'，臣下怎么敢忘记死罪而背叛君主，从而劳烦司寇行刑呢？"

　　晋平公悦服，坚决挽留他，辛俞不肯，平公就用丰厚的财物笼络他。辛俞推辞说："我已经陈述了出走的理由，以内心守住志向，以言辞实行志向，依据这个原则来事奉君主。[1]如果我接受了君主的赏赐，那就是背弃了我先前的话。君主问我，我已经回答；没有退下就违背，还怎么事奉君主？"晋平公知道不可能得到他，于是就放走了他。

仔细分析起来，《国语》版本里的信息其实非常有利于解释《左传》版本里的蹊跷之处：

第一，按《国语》版本的说法，整个事情的决策者是晋平公而不是范宣子，主要推手是阳毕而不是栾祁。这样一来，《左传》版本中晋平公被各种线索暗示发挥关键作用就合理了，因为晋平公本来就是幕后真正的决策者；范宣子能给栾怀子定重罪，而且能动用国家刑狱机关驱逐、杀人、抓人，也就都合理了，因为这整件事情不仅是晋平公同意的，而且可能就是晋平公授意的。

第二，按《国语》版本，箕遗、黄渊、嘉父三人是在栾怀子被驱逐之前因为作乱被杀，而不是在栾怀子被驱逐之后作为他的党羽而被杀的。有了箕遗/黄渊/嘉父之乱在前，《左传》版本中说到的"栾祁诬告栾怀子作乱"，以及"范宣子以作乱为由驱逐栾怀子并且杀人抓人"，就都有了一个合适的政治氛围作为支撑：当时晋国正处在内乱初定、人心浮动的时期，一方面，有异志的臣子会想要抓住机会发动新的内乱；另一方面，晋国高层出于维稳考虑，敢于下重手将新的内乱隐患扼杀在摇篮之中。

---

1 《国语·晋语八》："心以守志，辞以行之，所以事君也。"

驱逐栾怀子（二）：事件可能真相的重构

上一节的分析给人这样一种感觉:《左传》版本和《国语》版本虽然很不相同，但并不是互相矛盾，而更像是互相呼应、各有侧重。在这种认识的基础上，下面我们就试图将这两个版本拼合起来，还原晋人驱逐栾怀子事件的可能真相：

> 栾武子弑晋厉公之后，栾氏就已经背负上和当年赵氏一样的悬而未决的弑君之罪，时刻要防备着来自晋国君主的复仇。栾武子恐怕也知道这一点，所以他仿效赵宣子在弑晋灵公同年就将赵氏族长之位让给赵括的做法，在弑晋厉公、拥立晋悼公的同一年就告老退位，将族长之位和世袭卿位传给了儿子栾桓子。栾武子这样做的目的应该是：尽快从晋国政坛消失，让没有参与弑君的栾桓子接班，使得晋国公族和其他政治上偏向于国君的大夫们失去直接的仇恨对象和攻击目标。
>
> 当栾武子交班给栾桓子之时，由于栾武子得到主流卿族的感恩和拥护，而且又是拥立晋悼公的首要人物，所以栾氏的前景看起来并不黯淡，也并不危险。在栾桓子看来，栾氏的弑晋厉公之罪已经随着直接责任人栾武子的退场而"翻篇"，而自己在后来又得到晋悼公"重用"（其实是"利用"），先是在前572年连升三级担任下军帅，后来在前560年绵上阅兵之后又得到一支规模足以与中军加上军相抗衡的超级

下军。晋悼公的利益输送使得栾桓子有恃无恐地顺着自己骄横强势的性情而行动，前563年伐郑期间直接违抗中军帅知武子，而前559年伐秦期间更是一举得罪了中军帅中行献子和中军佐范宣子两人。

在晋悼公看来，栾桓子是一枚优秀的棋子，根本无需调教，只要"本色出演"就能对上军、中军四卿起到很强的制衡作用，所以即使栾桓子的抗命行为导致了伐秦兵败也没有惩处他。然而在上军、中军四卿看来，栾桓子是一个无法相处的乖戾之人，决不可让他进入中军、上军四卿序列，所以栾桓子到死也没能再向上晋升一位。

根据羊舌肸在其著名的"叔向贺贫"言论中的说法，"栾武子身为执政卿，却没有一百顷的田地，他家里连宗庙的祭器都不齐备"，而"栾桓子骄傲自大，奢侈放纵，贪婪的欲望没有限度，触犯律法来践行自己的志向，放高利贷囤积财富"。也就是说，除了在参与政事时骄横强势，从而与其他卿族结怨，栾桓子在生活作风方面也远不如其父栾武子，而这必然进一步导致其他诸卿对栾桓子的鄙视和反感。

到前555年栾桓子交班给栾怀子时，栾氏在卿族群体中所面临的形势就像范献子分析的那样，"栾武子的施恩已经消耗殆尽了，而栾黡（栾桓子）所造成的怨恨又彰显出来"，可以说非常孤立。不过，栾怀子的品行与他父亲栾桓子很不相同：他善待下属，深得私邑曲沃家臣爱戴；他乐善好施，广泛结交国都里的士人，树立了很好的名声；他敬重上级，在担任下军佐之后和下军帅魏庄子相处和睦，并且进而与魏庄子的儿子魏献子建立了很好的私人关系。应该说，栾怀子是完全有可能带领栾氏重回正轨的。不过，栾怀子在担任公族大夫时与同僚范献子却怎么也合不来，这是因为范献子仇恨当年驱逐他的栾桓子，进而迁怒于栾怀子。

然而，栾怀子所面对的是想要比晋悼公更积极有为的晋平公。前552年，箕遗、黄渊、嘉父发动叛乱，事败之后三人被杀，同党被驱逐。年轻气盛的晋平公志向远大，他想要一举改变西周晚期以来晋国内乱不断、君权不断衰微的常态，于是向他所信任的大夫阳毕询问计策。阳毕提出的方案是：一方面清算栾氏弑君之罪，驱逐栾怀子，来建立君主的威势；一方面从瑕氏、原氏、韩氏、魏氏的小宗挑选新人加以重用，来培植倾向于国君的卿大夫势力。

然而，晋平公考虑到栾武子有拥立自己父亲晋悼公的功劳，而且栾怀子本身并没有参与弑君，德行也并无过错，所以不同意下手太狠。于是，阳毕建议以参与叛乱罪为名，驱逐先前叛乱余下的乱党，借此驱逐栾怀子及其亲信，然后等待栾怀子的反应：如果栾怀子从国外发动叛乱，那就可以坐实他确实就是乱党同伙，这样就可以正式用叛乱罪将栾氏彻底灭族；如果栾怀子能够忍辱负重客居他国，那么就设法让所在国厚待他，以感谢他为晋平公树立威信所受的委屈和所做出的贡献。

晋平公/阳毕定计之后，最有可能就是借执政卿范宣子之手来实施。当初，范宣子很可能是在栾武子当权时期将女儿嫁给了栾桓子，以谋求巴结当时如日中天的栾氏。前555年前栾桓子去世之后，守寡的栾祁和州宾发生通奸之事，新族长栾怀子已经知情并且表示出强烈不满。栾祁为了自保，于是回到娘家，向自己父亲范宣子诬告栾怀子谋反。栾祁的兄弟范献子怨恨栾氏，在秦国时就预言栾氏将在栾怀子时期灭亡，于是也站出来罗织栾怀子的罪状，为自己的姐妹作证。栾祁/范献子诬告栾怀子之事应该在前552年前就已经发生，在那时，范宣子对乐善好施、聚集士人的栾怀子也已有所怀疑，但并没有采取行动惩治。

前552年，晋平公接受了阳毕的建议，下决心要驱逐栾怀子。于是，晋平公告知执政卿范宣子，表示自己认为栾怀子与箕遗、黄渊、嘉父叛乱有牵连，将全力支持范宣子以国法惩治栾怀子的参与叛乱之罪，并将其驱逐以儆效尤。范宣子同意按照国君意思去操办，于是罗织了一些栾怀子与乱党勾结的罪状，其中可能包括栾祁/范献子所描述的"栾怀子早就在谋反"的情事，并且用栾怀子聚集士人的事实作为旁证，然后以国家名义杀了一批"查有实据""罪行最重"的乱党，驱逐了一批罪行稍轻的乱党，包括栾怀子及其亲信，同时关押了一批与乱党有牵连、罪行最轻的人。

那么，范宣子为什么会愿意出手？笔者认为，范宣子很可能知道栾祁在栾氏与州宾通奸的情状，也知晓范献子怨恨栾桓子、迁怒栾怀子的情状，而儿子、女儿联合起来诬告栾怀子作乱使他进一步确认，范献子和栾祁都已经和栾怀子结下了很深的仇怨。作为亲身经历了三郤灭族的卿大夫，范宣子不能眼睁睁地看着自己的女儿被栾怀子处死并披露淫乱罪行，因为这样会严重污损范氏的名誉；他也不能眼睁睁地看着范献子和栾怀子之间的矛盾逐渐演变成政治争斗，因为栾怀子颇有才干和号召力，自己的儿子还真未必是他的对手。综合这些考虑，范宣子决定先下手为强，也就是表面上服从君命具体操办驱逐"参与叛乱"的栾怀子一事，实际上是为自己的家族除掉一个抹黑者，为自己的继承人范献子除掉一个强劲对手。总而言之，晋平公和范宣子的合作，是互相利用、各取所需。

就这样，并没有参与叛乱的下军佐栾怀子被晋平公定了一个参与叛乱之罪，并被与晋平公合作的中军帅范宣子驱逐。这在表面上看是栾怀子被栽赃陷害，实际上是栾怀子在遭受三重报应的联合打击：一重是对他祖父栾武子弑君的报应，一重是对他父亲栾桓子骄横的报应，还有一重是对他本人德才出众的报应。

当时晋国贵族圈子里的人都心知肚明，此次是晋平公幕后操盘要通过驱逐栾怀子来立威，所以羊舌肸家臣认为真正能救羊舌肸的是晋平公宠臣乐桓子，祁奚得知乐桓子在晋平公面前诬陷羊舌肸后会非常焦急，范宣子被祁奚说服以后也要拉着祁奚去见晋平公，而官吏逮捕了违抗范宣子命令的栾氏家臣辛俞之后也将他送到晋平公那里去定罪。栾怀子当然也知道真正要惩治自己的人是谁，所以在对周灵王官员求告时也说自己得罪的是晋平公。

栾怀子之乱：利用齐晋矛盾，事败终致灭族

前552年栾怀子出奔后，下军佐的位置就空了出来。根据《左传·襄公二十四年》的记载，可以推知继任下军佐的是晋平公的嬖大夫程郑。也就是说，晋平公在借范宣子之手驱逐栾怀子之后，紧接着就把出身于弱势荀氏小宗程氏、全靠君主赏识才可能上位的程郑提拔进入六卿行列，希望在六卿中培养倾向于自己的势力。这说明晋平公的确是在执行阳毕建议里的第二步，虽然他并没有从阳毕推荐的瑕氏、原氏、韩氏、魏氏四家中选人。不过，程氏在程郑之后就再无人进入六卿行列，作为卿族只是昙花一现而已。

此时六卿领导班子的情况如下：

晋 六 卿 表
（前552年栾怀子出奔后）

位　次	官　职	人　名	族　属
一	中军帅	范宣子	范
二	中军佐	赵文子（？）	赵
三	上军帅	韩宣子（？）	韩
四	上军佐	魏庄子（？）	魏

位 次	官 职	人 名	族 属
五	下军帅	中行穆子（？）	中行
六	下军佐	程郑（？）*	程（荀）

前552年成功驱逐栾怀子、沉重打击栾氏之后，晋平公并没有像先前谋划的那样善待无罪被放逐的栾怀子，而是变本加厉，试图用栾怀子作为"探针"来测试哪个盟国对晋国有二心。同年冬天，晋平公召集齐、宋、鲁、卫、郑、曹、莒、邾国君在商任开会，会议的主题就是"禁锢栾怀子"，也就是要求各主要诸侯国不得接受和任用栾怀子。这一试果然有效：齐庄公在会场上对晋国的命令就公开表现出不严肃认真的态度，这说明在前555年晋人伐齐取得胜利之后，齐国并没有屈服，仍然试图挑战晋国的霸主地位。

晋平公为什么抛弃自己先前的计划，对栾怀子变本加厉？笔者认为，很重要的一个原因是，栾怀子出奔去的不是鲁国、卫国这样服从晋国的盟国，而是晋国的死敌楚国。在晋平公看来，这说明栾怀子已经有了勾结敌国发动叛乱的打算，因此自己也不再受先前谋划的约束，而是直接将栾怀子作为流亡乱党来进行打压。

栾怀子的亲信知起、中行喜、州绰、邢蒯从齐庄公在商任之会上的反应中嗅到了齐国想要在栾怀子问题上跟晋国对着干的气息，于是随后出奔到了齐国。乐桓子对范宣子说："为什么不让州绰、邢蒯回来，他们可都是勇士。"范宣子说：

"他们是栾氏的勇士，我让他们回来能得到什么好处呢？"乐桓子说："您做他们的栾氏，那么他们就能成为您的勇士啦。"不过，范宣子恐怕是从稳妥着想，并没有采纳乐桓子的这条建议。

前551年秋天，栾怀子也从楚国到了更有可能帮助他归国作乱的齐国，与他的亲信会合。同年冬天，晋平公召集齐、宋、鲁、卫、郑、曹、莒、邾、薛、杞、小邾君主在沙随开会，会议的主题还是"禁锢栾怀子"。各国都知道栾怀子在齐国，所以这次会议其实是晋平公率领其他盟国君主一起向齐庄公施压，但齐庄公仍然庇护着栾怀子。齐国贤大夫晏子说："祸难要兴起了！看来齐国将要讨伐晋国，这不能不让人害怕啊。"

前550年夏，晋平公准备嫁女儿给吴国君主，以进一步巩固晋—吴联盟。一向与晋平公有矛盾的齐庄公这次却非常主动，派出大夫析归父送陪嫁女去晋国。齐庄公如此积极主动的真正原因是，在车队的多辆藩车[1]里装着的不仅有陪嫁女和她的侍从，还有栾怀子和他的亲信。这些人就这样秘密地进入了晋国，然后潜入原来是栾怀子封邑的曲沃。

栾怀子晚上见到了老部下胥午，并告诉了他自己想要攻入都城作乱的打算。胥午对答说："不可以。上天所废弃的，谁能复兴它？您如果这样做，一定会遭遇死难。我不是怕死，

---

1 藩车，车厢四面有遮蔽的马车。

只是知道事情成不了。"栾怀子说:"话虽这么说,如果能够得到您的支持而死,我也就没有遗憾了。事情如果不成,那就是我的确不受上天保佑,您没有任何过错。"胥午答应了栾怀子。

胥午于是突然召集曲沃的栾怀子旧日部下喝酒,而栾怀子就藏在旁边的房间里。音乐响起,胥午说:"今天如果能重新得到栾孺子[1],你们会怎么做?"众人对答说:"如果能得到主子并且为他付出生命,虽死犹生!"于是大家一起慨叹,有人说着说着都哭起来了。喝过一圈酒之后,胥午又说了一遍,众人都说:"如果能得到主子,哪会有什么二心!"于是栾怀子从外面走了进来,向他的老部下一个一个下拜行礼。

此时的晋国都城里,上军佐魏庄子已经去世,魏献子代表魏氏进入六卿行列。由于在后来的六卿序列中,中行穆子一直位于魏献子之上,而程郑直到前549年时也仍然是下军佐,所以最有可能的情况是下军帅中行穆子向上升一位任上军佐,而魏献子任下军帅。由此可见,晋平公所力挺的下军佐程郑在六卿中处于弱势,即使下军帅位子空出来了也轮不上他递补,而是由已经成为主流卿族的魏氏子弟"空降"担任。此时六卿领导班子情况如下:

---

1 孺子是指诸侯或卿大夫尚未嗣位的继承人。栾怀子虽已嗣位,且曾为下卿,但旋即被驱逐,当下已无官职,所以仍然称"孺子"。

晋 六 卿 表

（前550年栾怀子作乱前）

位 次	官 职	人 名	族 属
一	中军帅	范宣子	范
二	中军佐	赵文子（？）	赵
三	上军帅	韩宣子（？）	韩
四	上军佐	中行穆子（？）	中行
五	下军帅	魏献子（？）*	魏
六	下军佐	程郑（？）	程（荀）

当时六大卿族及程郑与栾氏关系如下：

范氏：栾桓子在前559年伐秦时逼迫范献子出奔，已与范氏结怨；范宣子又是前552年驱逐栾怀子行动的直接操办人。因此范氏与栾氏是势不两立的敌对关系。

中行氏：族长中行穆子一直记着前559年讨伐秦国时栾桓子抗拒其父中行献子军令的旧事，而且中行氏又一直与范氏和睦，因此中行氏与栾氏也是敌对关系。

赵氏：族长赵文子一直记着前583年栾武子出面作证陷害赵氏的旧事，因此赵氏与栾氏也是敌对关系。

韩氏：族长韩宣子与栾氏并没有直接的仇怨，但韩氏自从前581年韩献子出手救援赵氏以来就一直与赵氏保持结盟关系，因此韩氏也绝不会帮助栾氏。

魏氏：族长魏献子是栾怀子的好朋友，因此魏氏愿意帮助栾氏。

知氏：族长知悼子年少，还没有加入六卿行列，听命于有共同祖先的中行氏族长中行穆子，因此知氏不会帮助栾氏。

程氏：程郑是靠晋平公的宠信才当上的卿官，唯晋平公马首是瞻，而晋平公正在打压栾怀子，因此程氏绝不会帮助栾氏。

在这样的形势下，夏四月，栾怀子率领着曲沃的甲士，依靠魏献子手下在城内的策应，在白天杀入晋国都城。栾怀子此举的性质是毫无疑义的武装叛乱，其目的绝不可能是恢复栾氏在晋国的地位，而只可能是抱着鱼死网破的决心，想要杀了国君晋平公和外公范宣子报仇。

当时，乐桓子正陪着范宣子聊天。有人进来告急说"栾氏到了"，范宣子一下子害怕起来。乐桓子说："您尊奉着国君逃到城防坚固的襄公之宫去，一定不会有什么祸害。况且栾氏仇家很多，而您执掌朝政；栾氏从外面冲进来，而您端坐以逸待劳，您的优势太明显了。您本身就有优势，又执掌治理民众的赏罚权柄，有什么好怕的呢？栾氏争取到的力量，恐怕只有魏氏吧，然而魏氏是可以用强力争取过来的。战胜动乱在于权柄，您不要松懈啊！"

当时晋平公的母亲晋悼夫人正在为自己去世的哥哥服丧，于是乐桓子让范宣子穿上黑丧服、黑冒巾、黑腰绖，假扮成服丧的晋悼夫人侍女[1]，和两个真的侍女一同坐着人力车到达晋平公居所，然后遵奉着晋平公进入襄公之宫。

1　依据当时礼制，女子外出时，需要遮蔽其面容。乐桓子之所以让范宣子假扮成妇人，可能就是要利用这条礼制规定，使得范宣子在路上不会被人认出。

范宣子自己在襄公之宫守护着晋平公，同时派出儿子范献子去把魏献子争取过来。范献子赶到魏氏的宅邸时，魏氏私家军的步兵已经排成行列，车兵都已上车，正准备去接应栾怀子。魏献子的图谋被范献子撞破，正在错愕之时，范献子快步跑到魏献子战车面前宣告说："栾氏率领贼人进来了，我的父亲和诸位卿大夫已经在国君那里了，让我来迎接您。我请求做您的陪乘！"话音未落，范献子就一把抓住上车拉索，纵身跃上魏献子的战车，右手按着剑，左手拉着拉索，命令驾车人赶紧驱车出门。驾车人问去哪里，范献子不由分说地回答："去国君那里！"到了襄公之宫，范宣子亲自下台阶迎接魏献子，一把拉住他的手表示亲热，并且当场许诺把栾怀子的封邑曲沃封给魏献子。就这样，栾氏唯一的后援魏氏被强行策反了。

当初，斐豹是一个因为犯罪被没入官府的奴隶，他的罪过被用红字记录在簿册上。栾怀子乱党中有一位猛士叫督戎，国都里的人都害怕他。斐豹对范宣子说："如果您能把我的犯罪记录烧了，我就去把督戎杀掉。"范宣子很高兴，当即许诺说："如果你能把督戎杀了，我不向国君请求烧掉你的犯罪记录，必遭神谴，有这白日为证！"于是把斐豹放了出去，然后就关上了大门。督戎一路追赶斐豹，斐豹越过一堵矮墙，然后在墙下埋伏等着督戎。督戎越过矮墙接着往前追，斐豹从后面击杀了督戎。

战斗最激烈的时候，栾氏乱党开始攻打襄公之宫的大门，范氏的人守在宫内的一个高台上。范宣子对儿子范献子说："箭已经射到国君的屋子了，你拼死一搏吧！"范献子抽出剑，率领步兵跟栾氏乱党近身肉搏，乱党抵挡不住开始败退，范献子又跳上战车追赶。

范献子在追赶的过程中遇到栾氏族人栾乐，挑衅说："栾乐，努力呀！如果你英勇战死，我会向上天申诉说你不是逃跑而死的！"栾乐本来在驾车逃跑，受了刺激后，放下缰绳回身射范献子，第一发没射中。准备再搭箭上弓时，车轮压上了凸出地面的槐树根而侧翻，栾乐摔到了地上。范氏的步兵用戟去钩栾乐，栾乐手肘被砍断后身亡。栾鲂也受伤了。栾怀子和没死的栾氏乱党逃回曲沃，晋人随即将其包围。

前550年秋天，齐庄公亲自率军大举讨伐卫国，随后就长驱直入讨伐晋国，最远打到了距离晋国都城不到百里的荧庭[1]，报复了前555年晋伐齐的那场战役，然后才回国。但是，齐庄公的讨伐并没有打乱晋人灭栾氏的节奏。同年冬天，晋人攻克曲沃，杀光了包括栾怀子在内的栾氏全族，只有栾鲂逃到了宋国。栾氏就这样惨烈地灭亡了。

前549年春，鲁卿叔孙穆子到晋国访问。刚剿灭栾氏、志得意满的中军帅范宣子迎接他，交谈时问道："古人有种说法叫'死而不朽'，是什么意思？"

叔孙穆子还没来得及回答，范宣子就接着说："昔日我的先祖，虞舜以上是陶唐氏，夏朝时是御龙氏，商朝时是豕韦氏，

1　荧庭见图三。

周朝时是唐杜氏，如今晋国担任华夏盟主时期是范氏，'死而不朽'说的就是这个吧！"

叔孙穆子说："就我所听闻的而言，这叫做世代享受爵禄，不能叫作不朽。鲁国有一位大夫叫臧文仲，他已经去世很久了，而他的言论仍然立在民众心中，'不朽'说的恐怕是这个吧！我听说，'最高尚的是树立美德，其次是树立功勋，其次是树立言论'，它们即使过了很久也不会被废弃，这才叫作不朽。[1]如果说到经历各个朝代一直保有姓、接受各种赐氏，守住宗庙，世世代代不断绝祭祀，这样的家族每个国家都有。这是很大的福禄，但是不可以称为不朽。"

同年冬天，郑国外交官公孙挥到晋国访问，排六卿末位的下军佐程郑在会谈时突然问他："谨敢请问如何才能降级？"公孙挥答不上来。回国之后，公孙挥把这件怪事告诉了贤大夫髀蔑，髀蔑说："这个人恐怕要死了。不然的话，就是准备逃亡了。一个人地位高贵了知道害怕，害怕之后就开始思考如何降低自己，这样才能够得到合适的方法。无非就是为人处世把自己放在别人下面而已，又何必要询问别人？[2]而且那已经登上高位而寻求降级的人，是明智的人，而程郑不是这样的人。恐怕是已经有了需要逃亡的事端了吧！不然的话，就是得了疑心病，

1　《左传·襄公二十四年》："豹闻之，'太上有立德，其次有立功，其次有立言'，虽久不废，此之谓不朽。"

2　《左传·襄公二十四年》："贵而知惧，惧而思降，乃得其阶。下人而已，又何问焉？"

为将要死了而忧愁。"

籔蔑的意思是，程郑是依靠主动博取晋平公宠信才得以升为卿官，不是有谦退知足之心的人，这种人在正常状态下是不会想到主动谋求降级的。他突然"交浅言深"向外国使节询问降级的方法，既然不是出于本心常态，那就是出于心态失常：要么是因为牵扯进了罪祸之中，想要先降级离开高层然后伺机出逃；要么就是因为健康出问题，快要死了而性情大变，开始疑神疑鬼、忧愁焦虑。一年以后，即前548年，程郑果然去世，证实籔蔑的第二种猜测是正确的。

根据程郑的身份和他死前一年的精神状态，我们可以大致猜测他的人生境遇：

> 程郑出自没落的荀氏小宗程氏，在贵族体系中地位较低，按常理是没有可能成为卿官的。然而程郑"端正而不过度，并且喜好进谏而不隐瞒"，在前573年就被晋悼公任命为乘马御（参见第351页），在晋平公即位之后成为晋平公的嬖大夫之一。前552年栾怀子被驱逐之后，晋平公环顾自己的嬖大夫，认为程郑的品德和能力是最强的，于是趁热打铁把程郑推进六卿行列，本来指望程郑成为自己在六卿体系中的"代理人"，起到制衡其他五卿的作用。
>
> 然而，任卿官之后，程郑一方面意识到自己的家族资源非常不足，一方面又受到来自主流卿族其他五卿的猜疑、防备和排挤，深感自己难以胜任卿官的工作，难以达到晋平公的期望，因而长期处在焦虑和恐惧之中，身体状况也

因此不断恶化。

前549年时，程郑的身体和心理状况已经恶化到不堪负荷的程度，而在晋国内部又找不到一个可靠、有用的亲友来倾吐心声，最终在与郑大夫公孙挥会面时被不明原因触发心理防线失守，问出了"谨敢请问如何才能降级"这样唐突而泄露心迹的话。此后，程郑的身心健康状况继续走下坡路，终于在前548年身病心病交加而死。

赵文子执政（一）：首倡晋楚弭兵，粉碎乌余匪帮，开启黄金时代

前549年春二月，郑简公前往晋国朝见，陪同郑简公的卿官公孙夏带给范宣子一封由子产起草的抗议信，信上是这么写的：

"您治理晋国，四方诸侯没有听闻您的美德，却只听闻要摊派很重的贡赋，我想不明白您为什么要这样做。

"我听说，领导诸侯国和卿大夫家的君子，不为没有财富而忧虑，而为没有好名声而犯难。[1] 从历史经验看，如果诸侯的财富聚集在本国的公室，这个诸侯国就会分裂。如果您认为这样做有利而照做，那晋国就会分裂。别的诸侯国分裂，霸主晋国就会跟着倒霉。如果晋国分裂，那么您的家族就要遭殃。您怎么想不明白呢？要那么多财富有什么用呢？

---

1 《左传·襄公二十四年》："君子长国、家者，非无贿之患，而无令名之难。"

"好的名声，是美德的载体。美德，是国家的根基。筑牢根基不让它朽坏，不是您要努力去做的吗？[1]践行美德就能和乐，和乐就能长久。《诗》上说：'君子喜乐平和，实为国家根基'，说的就是有美德啊！'天帝看着你，你不要有二心'，说的就是有好名声啊！遵行恕道，将心比心地考虑问题，就能明白美德的意义，这样让好名声承载着美德去推行它，就能使得远方的国家前来朝见，邻近的国家安居乐业。您不努力让别人说'您让我生活得更好'，却要让别人说'您靠剥削我来生活'吗？

"大象拥有名贵的牙齿而被猎人追捕，最终轰然倒地，这都是财富惹的祸啊。"[2]

范宣子心悦诚服，决定改变其执政初期制定的苛政，减轻诸侯向晋国交纳的贡赋数量。范宣子此举标志着霸主晋国的对外政策开始向体恤诸侯、宽和讲理的方向转变，成为赵文子善待诸侯（包括敌对阵营）、倡导天下停战的先声。

前549年底时，中军帅范宣子已经去世；前548年时，下军佐程郑也去世，六卿出现了两个空缺。中军、上军的四个位置，从前537年情况倒推，应该是中军佐赵文子、上军帅韩宣子、上军佐中行穆子、下军帅魏献子各向上晋升一位，分别任中军帅、中军佐、上军帅、上军佐。下军帅、下军佐这两个位

---

1 《左传·襄公二十四年》："夫令名，德之舆也。德，国家之基也。有基无坏，无亦是务乎！"
2 《左传·襄公二十四年》："象有齿以焚其身，贿也。"

置，从前537年情况倒推，应该分别是由新人范献子代表范氏、知悼子代表知氏出任。当时六卿领导班子情况如下：

晋 六 卿 表
（前548年程郑去世后）

位 次	官 职	人 名	族 属
一	中军帅	赵文子	赵
二	中军佐	韩宣子（?）	韩
三	上军帅	中行穆子（?）	中行
四	上军佐	魏献子（?）	魏
五	下军帅	范献子（?）*	范
六	下军佐	知悼子（?）*	知

前548年是晋国政治史中的一个重要节点：

首先，从这一年开始，前560年知武子去世后一直缺席的卿族知氏重新回到六卿行列，赵、魏、韩、范、中行、知六大卿族把持晋国政事的局面正式形成。六大卿族和六个卿官位置"一个萝卜一个坑"，每个卿族的族长都能确保世袭前任族长担任卿官，这个确定性很高的卿官世袭局面在一定程度上削弱了卿族互相攻灭的欲望，因而形成了一个表面上和平稳定的"六大卿族把持晋国政事"的局面，一直延续到前497年范氏、中行氏出奔之前。从前548到前497这50年，可以说是晋国卿族政治的"黄金时代"。当然，在这段"黄金时代"内，六大卿族的关系也绝不是什么和睦相处，而是逐渐分裂成为"赵—魏—韩—知"和"范—中行"两个集团，两个集团之间非暴力的明争暗斗也逐渐激烈，最终在前497年触发了暴力内战。

其次，从这一年开始，晋国进入由赵文子担任中军帅的时期，直至前541年赵文子去世。就在这一年，赵文子提出了晋楚弭兵和解的设想，两年后，晋楚在宋国都城外缔结了被称为"宋之盟"的第二次弭兵之盟[1]。宋之盟的成功缔结和长期维持，使得长期以来晋国卿族需要保持一定程度团结来应对的最大国际威胁——楚国北上争雄不复存在。这一新形势与晋国卿族政治进入"黄金时代"相叠加，使得六大卿族不约而同地把主要精力放在损公肥私扩充本族实力、全力推进"化家为国"伟业上，晋国进入一个疆域规模和经济军事实力总体量不断扩大、但内部也加速分裂的新阶段。

前548年夏五月十七日，齐国权臣崔武子杀了一直与晋国对抗的齐庄公，两天后拥立齐庄公之弟公子杵臼为君，就是齐景公。晋平公抓住机会，会合宋、鲁、卫、郑、曹、莒、邾、滕、薛、杞、小邾国君一同率军队在卫邑夷仪[2]会面，准备随后讨伐齐国，以报复前550年齐国讨伐晋国那一仗。刚行废立之事的权臣崔武子急于得到晋国支持，于是派使者到晋军营垒中解释说，之前齐国挑战晋国霸主地位的行动都是齐庄公的罪过，如今新政权请求服从晋国。为了表示诚意，齐人还向晋平公及晋国各级官员都赠送了财礼。晋平公答应了齐人的请求，并且派羊舌肸把齐人求和的消息告诉此次与会的所有诸侯。

1　第一次弭兵之盟参见第273页。
2　夷仪（夷仪1）见图三。

前548年秋八月，晋、齐及先前参与讨伐齐国的所有诸侯国君在重丘¹结盟，标志着齐国正式归服晋国，重新加入到晋联盟体系中。在这次会盟期间，新主政的赵文子延续了范宣子末年已经开始推行的宽政，大幅度减少诸侯国君臣到晋国访问时需要交纳的财礼数额，更看重来访使团是否遵守周礼。

在会见鲁国卿官叔孙穆子时，赵文子建设性地提出了天下弭兵和解的想法："从今以后，战争可以逐渐停止了。齐国崔杼（即崔武子）、庆封新近夺取政权，将会与诸侯亲善。我跟楚国令尹关系不错。如果能恭敬地依礼行事，用合适的文辞来与楚国谈判，以达到安定诸侯的目的，战争是可以停止的。"

要深入理解赵文子为什么在这个时间点提出天下弭兵倡议，我们要仔细梳理一下从前632年晋楚城濮之战后国际政治的发展变化：

从晋楚城濮之战爆发的前632年开始，到赵文子任中军帅的前548年为止，中原超级大国晋国和南方超级大国楚国已经率领着各自的同盟国在南北方向上武力争斗了将近90年。晋楚之间斗争的主要方式是争夺中间地带诸侯国的归顺。因此，无论是被晋楚定为争夺"绣球"的国家（主要是郑国），还是跟随各自所属盟主参与武力斗争的国家，都被迫遭受劳民伤财、疲于奔命甚至是生灵涂炭的痛苦，都渴望这场旷日持久又分不出胜负的斗争早日结束。

1　重丘见图三。

除了晋楚斗争这条主线之外，当时国际政治中还有三条时不时会触发战争的副线：

第一条是吴国对楚国的挑战。如前所述，吴国原本是楚国的属国，在前585年吴王寿梦即位之后开始强势崛起，与晋国结成战略合作伙伴关系，在晋国的军事技术支持下开始入侵楚国的远东地区，与楚国军队直接交战，对楚国造成越来越大的威胁。

第二条就是齐国对晋国的挑战。齐国在齐桓公时期曾经是中原霸主国，齐桓公去世后再也没能重回霸主地位，但也一直是春秋四大国之一、中原东部第一大国。在晋国成为中原霸主国之后，齐国奉行的对晋政策就是"晋国强则服从，晋国乱则挑战"。比如说，齐庄公在前553年上台之后，虽然一开始为了稳定君位而宣誓服从晋国，但三年后就以支持叛乱首领栾怀子回国的方式干预晋国内乱，随后还发动了讨伐晋国的战争。

第三条就是秦国对晋国的挑战。秦国在秦穆公时期一度试图东进中原参与争霸，在前627年秦晋殽之战惨败后争霸梦碎，但也仍然是春秋四大国之一。秦国转而与楚国结盟，与晋国长期处于一种敌对状态，曾多次出兵讨伐晋国，最近的一次是前571年。

到赵文子提出天下弭兵倡议时，上述一条主线、三条副线已经发生了如下的变化：

第一，晋楚斗争主线。晋、楚两国都希望结束分不出胜负的武力斗争，将人力物力转移到其他方向。其中，晋国政权已经旁落于六大卿族（赵、魏、韩、范、中行、知），而这六大卿族想要将人力物力转而投入各自家族"化家为国"的事业中去；楚国政权仍然牢牢掌握在楚王手中，而楚康王想要将人力物力转而投入"攻灭吴国"事业中去。此外，晋国执政卿赵文子与楚国执政卿屈建已经建立了良好的私人关系。

第二，楚吴斗争副线。前548年是楚康王十二年。楚康王在前551年亲政之后，致力于扭转楚国在吴楚斗争中的不利局面，在楚康王十二年接连取得了攻灭叛变的舒鸠国、杀死讨伐楚国的吴王诸樊两场胜利。正如上条所提到的那样，楚康王想要将原本用于晋楚斗争的大量人力物力转移到吴楚斗争中，从而在吴楚斗争中占据上风，击退吴国的侵略，甚至进而攻灭吴国。

第三，晋齐斗争副线。如上文所述，前548年夏五月，齐国卿官崔武子杀了齐庄公，拥立了齐景公。由于崔武子原本就反对齐庄公挑起齐晋战争，而且崔武子是依靠弑君夺得政权，因此崔武子在夺权成功后做的第一件事就是向晋国表示顺服，希望借此获得晋国对新政权的承认和支持。

第四，晋秦斗争副线。前549年五月，秦国、晋国再一次试图结束敌对状态，双方达成和平协定，晋国卿官韩宣子前往秦国与秦人盟誓，秦景公弟弟后子前往晋国与晋人盟誓。

因此，如果我们从晋国执政卿赵文子的角度去看的话，他的战略思考大概有这样两个层次：

第一，无论是作为有深厚仁爱之心的霸主晋国执政卿，还是作为有深厚"化家为国"使命感的赵氏族长，赵文子都有强烈欲望去推动天下弭兵和解，从而为晋国和天下苍生谋福利，为集中精力发展赵氏谋空间。

第二，天下弭兵的关键在于晋楚弭兵，因此，寻找一个对晋国最为有利的时机推进与楚国的弭兵谈判，就成为赵文子思考的聚焦点。如前分析的那样，到前548年时，长期挑战晋国霸主权威的齐国已经顺服晋国，长期与晋国敌对的秦国已经与晋国讲和，而晋楚执政卿之间又具备良好的私人关系。因此，在赵文子看来，如果晋国在此时主动提出天下弭兵的倡议，能够得到齐国、秦国的支持，以及楚国的认真考虑，为最终启动弭兵和谈奠定基础。

晋国抓住崔武子弑君的机会与齐国修好的同时，也在努力改善与秦国的关系。如上所述，前549年五月，晋国和秦国就尝试讲和，然而此次虽然达成合约但并不稳固。

到了前547年春天，秦后子来到晋国访问，谋求进一步巩固两国的友好关系。负责外事接待的羊舌肸命令下属中的子员来承担这次工作。另一位下属子朱说："我今天当职。"子朱连说了三次，羊舌肸都不回应。子朱发怒说："我和子员班次官爵相同，为什么在朝堂上不用我！"拿着剑就要刺羊舌肸。羊舌肸反驳说："秦、晋两国不和已经很久了！今天的事情，运气好能成功的话，晋国能获得大利；如果不成功，三军又要曝尸战场。子员代表晋人和秦人交涉，或者向晋人转述秦人的话，都没有私心私见，而你却常常违背原意。用奸邪来事奉国君的人，我还是能抵抗得住的！"于是一抖衣服迎了上去。在场的人赶紧把两人拉开。

在君位上看着的晋平公欣慰地说:"晋国差不多能强盛了吧!我的臣子争夺的东西很高尚啊!"在旁边侍立的乐师旷说:"这样下去公室恐怕会卑微。臣下不用心力竞争而用蛮力竞争,不致力于积累德行而争抢善功,私人的欲望已经很膨胀了,公室能不卑微吗!"[1]

赵文子担任执政卿之后,不仅降低了诸侯向晋国交纳的贡赋,还组织诸侯成功剿灭了一伙由前政府官员领导的匪帮。前549年夏,齐大夫乌余策动齐国边境城邑廪丘叛变投靠了晋国。仗着晋国对他的收容和放纵,乌余开始建立一个占据晋、卫、鲁、宋交界地带的割据政权,先后攻占了卫国的羊角邑、鲁国的高鱼[2]邑,还从宋国夺取了城邑。当时正好赶上范宣子去世、晋国六卿领导班子调整,诸侯都拿这伙躲在霸主晋国羽翼下的匪帮无可奈何。

前548年赵文子担任执政卿之后,向晋平公进言说:"晋国作为诸侯盟主,诸侯如果互相侵犯,晋国会讨伐侵略者、命令他归还土地。如今乌余夺取的城邑,都属于应该被讨伐的范畴,如果晋国贪图这些土地而放任不管,那么就没有资格再担任盟主了。请求归还这些城邑。"晋平公说:"可以。应该派谁去呢?"赵文子回答说:"胥梁带能够不用军队就做成此事。"于是晋平公派胥梁带去。胥梁带是栾怀子亲信胥午的

---

1 《左传·襄公二十六年》:"臣不心竞而力争,不务德而争善,私欲已侈,能无卑乎?"
2 廪丘、羊角、高鱼见图四。

儿子，赵文子用人不疑的格局由此可见一斑。不过，从这个任命也可以看出，赵文子并不认同范宣子罗织罪名灭栾氏的做法。

前546年春天，胥梁带告知各国丧失城邑的卿大夫，让他们带上车兵步兵准备接受他们的失地，并且要求他们务必保密；同时，胥梁带又告知乌余，让他率领车兵步兵准备接受新的封地。乌余完全没有起疑心，于是带着同伙到了约定地点。胥梁带让各国假装要把土地献给乌余作为封地，然后在现场发动突然袭击，抓了乌余，还把他的同伙一网打尽。胥梁带接下来就把乌余侵占的城邑全部还给了各诸侯国，各国因此都更加拥护晋国做他们的盟主。

赵文子执政（二）：宽容楚国挑衅，促成晋楚弭兵，造福天下苍生

前546年是天下诸侯盼望已久的"弭兵之年"。晋楚弭兵的倡议最早由晋国执政卿赵文子于前548年提出，到本年时，宋卿向戌敏锐地意识到促成两大国弭兵和解的时机已经成熟，而自己一方面与晋执政卿赵文子交好，另一方面又与楚令尹屈建交好，所以下决心在晋、楚之间斡旋成就此事，从而获得息兵安民的美名。

向戌首先到晋国，向赵文子表达了想要从中斡旋、促成晋楚弭兵的愿望。赵文子和诸位卿大夫商议。中军佐韩宣子说："战争残害民众的生命，耗费国家的财用，是小国的大灾难。如

今有人提出要促成晋楚停战，虽然我们知道战争不可能长期止息，但当下一定要答应他。我方如果不答应，楚国将会答应他，借此收买诸侯人心，这样我们就会丧失盟主地位。"于是晋人答应了向戌。

向戌带着晋国同意弭兵的信息前往楚国游说，楚人也答应了。

向戌带着晋、楚两国同意弭兵的信息前往齐国游说，齐人开始有些犹豫。齐大夫陈文子说："晋国、楚国都已经答应了，我们怎么可能挡路呢？而且别人说要'停战'，而我们却不答应，那就一定会让我们的民众离心离德，这样做有什么意义呢？"于是齐人也答应了。

向戌带着晋、楚、齐三国同意弭兵的信息前往秦国游说，秦人也答应了。

晋、楚、齐、秦是当时诸侯中的大国，四大国都已经答应，天下停战的大局也就定了。于是向戌向各小国发出通知，宣布将在宋国都城召开弭兵大会。

夏五月二十七日，晋国首席代表、晋执政卿赵文子到达宋国都城。晋国是弭兵倡议的发起国，也是第一个答应向戌的国家。

二十九日，中原主要诸侯国代表、郑卿良霄到达宋国都城。郑国是晋楚斗争中遭受战乱蹂躏最深重的国家，也是最希望晋楚停战的国家。

夏六月一日，宋人设享礼款待赵文子，羊舌肸担任赵文子的副手。

二日，鲁卿叔孙穆子、齐卿庆封、齐大夫陈文子、卫卿石悼子等中原主要诸侯国代表到达宋国都城。

八日，晋国代表、晋卿知悼子到达宋国都城。

十日，东夷小国代表、邾国君主邾悼公到达宋国都城。

十六日，楚国代表、楚大夫王子黑肱先于首席代表令尹屈建到达宋国都城，与以赵文子为首的晋方就晋楚双方盟誓言辞内容达成初步协议。

二十一日，在王子黑肱—赵文子初步协议的基础上，斡旋人向戌代表晋国前往陈国都城与楚令尹屈建会面，与以屈建为首的楚方就晋楚双方盟誓言辞内容达成进一步协议。

二十二日，中原小国代表、滕国君主滕成公到达宋国都城。同日，仍在陈国都城的屈建向斡旋人向戌提出："建议尊晋国为盟主的诸侯到楚国访问，尊楚国为盟主的诸侯到晋国访问。"

二十四日，向戌回到宋国，将屈建的建议告知赵文子。赵文子说："晋、楚、齐、秦，实际地位是相匹敌的。晋国没办法使唤名义上认晋国是盟主的齐国，就像楚国没办法使唤名义上认楚国是盟主的秦国。楚君如果能命令秦君屈尊来我们晋国访问，我国君主怎敢不坚决请求齐君到楚国访问？"

二十六日，向戌到达陈国都城，将赵文子的答复告诉屈建。屈建派信使乘快车回国请示楚康王。楚康王说："放过齐国、秦国，请让其他的国家到对方盟主国访问。"

秋七月二日，向戌回到宋国都城，将楚康王的答复告知赵文子，得到晋方的同意。当天夜里，赵文子和王子黑肱代表晋、楚双方先结盟，统一盟书措辞，约定到全体盟誓时不得再有争论。

四日，屈建到达宋国都城，陈卿孔奂、蔡卿公孙归生、曹国大夫、许国大夫等中原诸侯国代表也于同日到达。

参与弭兵大会的各国在宋国都城外用藩篱圈出本国军队的营地，不修筑带防御工事的营垒，以表示不互相猜忌。晋国代表团和楚国代表团驻扎在整个营区的两头，相距最远。知悼子对赵文子说："楚国营地的气氛很不好，怕是要出乱子。"赵文子说："如果真出事，我们转弯向左行军，直接进入宋国都城，楚国能拿我们怎么样？"

五日，全体代表参与的盟誓将在宋国都城西门外举行。屈建命令楚人违背和平盟誓的规矩，在常服里面穿上皮甲。楚太宰伯州犁（晋大夫伯宗后代）劝谏说："我们会合诸侯各国，却自己带头做不诚信的事情，恐怕是不可以的吧！诸侯们都期望楚国能讲诚信，这样他们才愿意前来服从。如果楚国不讲诚信，那就是自己抛弃了能够使诸侯顺服的东西啊！"屈建不以为然地说："晋、楚两国之间没有诚信可言已经很久了，大家只不过都在做对自己有利的事而已。只要能够在会盟时压晋国一头，哪里用得到诚信？"

赵文子得知楚人违背规矩穿皮甲，担心楚国有恶意，跟羊舌肸商量。羊舌肸说：

"有什么害处呢？普通人做一回不讲诚信的事，尚且不可以，弄不好会不得善终。如果在各国卿大夫会盟的场合做不讲诚信的事，一定不会得逞的。说话不算数的人不能真让别人困苦，这不是您需要担心的。[1]如果打着诚信的旗号召集诸侯，而最后试图以不诚信的方式来达成自己的目的，必然不会有人拥护，就凭楚人自己怎么能伤害得了我们？

"而且，我们依靠东道主、斡旋方宋国来防备意外，一旦楚人挑起事端，宋人一定能拼死抗击。我们和宋人一起拼死抗击，即使认为我们这边的力量超过楚方一倍也是可以的，您怕什么呢？

"况且又不至于到这个地步。总之，楚国号称停战来试图赢得诸侯，如果他们在会盟现场挑起流血冲突来伤害我们的话，我们随机应变建立的功劳就大了，根本不需要担心。"

到了盟誓的时候，晋、楚争夺谁先歃血，因为按照盟誓的惯例，先歃血的一方就是本次盟誓的盟主。

赵文子说："晋国一直就是诸侯的盟主，从来没有过在晋国前面歃血的。"

屈建说："您自己说过，晋、楚两国地位是相匹敌的。如果晋国一直先歃血，那就是弱化楚国。而且实际上晋、楚交替主持诸侯盟誓已经很久了，盟主之位怎么会一直属于晋国呢？"

羊舌肸劝赵文子说："诸侯归顺的是晋国的美德，而不是因为我们主持盟誓。您要致力于修德，不要致力于争先。[2]况且诸

---

1 《左传·襄公二十七年》："匹夫一为不信，犹不可，单毙其死。若合诸侯之卿，以为不信，必不捷矣。食言者不病，非子之患也。"
2 《左传·襄公二十七年》："诸侯归晋之德只，非归其尸盟也。子务德，无争先。"

侯盟誓，也经常发生小国主持盟誓的情况。您把楚国看成主持盟誓的小国，不也可以吗？"

于是赵文子同意让楚人先歃血。

六日，宋平公举行享礼款待晋楚双方的卿大夫，赵文子、屈建都在场。屈建跟赵文子说话，赵文子遇到了答不上来的尴尬状况；于是马上让副手羊舌肸助阵，羊舌肸反败为胜，让屈建也答不上来。

九日，宋平公和诸侯卿大夫再次在宋国都城东北门外盟誓。其间屈建问赵文子说："范武子的德行是怎样的？"赵文子回答说："他老人家的家事治理得井井有条**1**，在晋国朝廷上说话没有隐瞒，他的家祝、家史向鬼神陈词时以诚信为本，不说那些有愧于心的阿谀之辞。"

屈建回国后把赵文子说的话告诉了楚康王。楚康王说："真有水平啊！范武子能够让神和人都赞同欣赏他，怪不得能辅佐五任晋君，帮助晋国成为盟主啊。"屈建又对楚康王说："这回打交道下来，我觉得晋国当霸主还是有道理的啊！他们有叔向（羊舌肸）这样的贤人辅佐执政卿，楚国找不出这种水平的人，所以楚国目前不能跟晋国以强力相争。"

与春秋时期其他诸侯国盟誓相比（比如说只维系了三年的晋楚第一次弭兵之盟），这次被称为"宋之盟"的晋楚第二次弭兵之盟可以说是

1　范武子教子有方，可作为其治家有方的例证，参见第243-244页。

最"言而有信"的盟约。从本年开始，直到春秋时期结束，见于传世文献记载的晋楚冲突只有如下两次，不过都没有演变成足以破坏"宋之盟"的正面交战：

一、晋定公六年 (前506年)，晋国率诸侯联军伐楚，攻打了楚国北部边境的方城塞。不过，晋国随后就退出了伐楚行动，最终攻破楚国郢都的是吴国。

有学者认为，此次晋伐楚意味着"宋之盟"的破裂，这种看法是不符合实际情况的，证据有二：

（一）当晋人高层商议是否要继续推进此次伐楚行动时，晋国卿官中行文子劝执政卿范献子说，如果继续攻打下去，就将造成"背弃盟誓"的严重后果，中行文子说的盟誓就是指"宋之盟"。这反过来说明，晋国半途而废的伐楚行动并没有破坏"宋之盟"。

（二）晋定公二十一年楚晋发生第二次冲突 (详见下)，楚人与晋人交涉时，楚人声称"晋国、楚国曾有盟约"，说的就是这次"宋之盟"，这说明即使楚人也认为，"宋之盟"在晋定公六年的晋伐楚事件之后仍然有效。

二、晋定公二十一年 (前491年)，楚人攻打晋楚边境地区的蛮氏，蛮氏出奔到晋国阴地，楚人随即出兵威逼晋国，要求晋人交出蛮氏首领蛮子赤。不过，晋楚并没有因此展开战斗，因为晋人随后就按照楚人要求把蛮子赤交给了楚人。

总而言之，如果以"是否爆发正面交战"为标准的话，第二次弭兵之盟缔结之后，在整个春秋晚期的确都得到了晋楚双方的遵守，南北武力斗争真的就此结束了。

晋楚停止武力斗争，造成三方面的影响：

第一，给长年遭受南北战争之苦的中间地带各诸侯国民众带来了和平的福音。

第二，使得晋国六大卿族得以集中力量发展各自家族势力，推进"化家为国"事业。实际上，六大卿族共治晋国的和平局面之所以能够维持将近半个世纪之久，一方面是因为六大卿族与六卿职位一一对应（参见第447页），更重要的一方面是因为每个卿族都想要利用这个和平局面谋求发展，不到迫不得已谁也不想打破和平发动内战。

第三，使得楚国得以集中力量应对远东地区迅速崛起的吴国，推进"统一南方"的事业。

实际上，正是因为晋楚停战满足了晋国、楚国和"中间地带"各国的利益诉求，所以它才得到晋、楚双方的长期遵守。

赵文子执政（三）：举拔在野贤才，接受友邦指责，诚恳改正错误

前544年，吴国贤大夫季札到中原各诸侯国访问，宣告吴王夷末即位，同时观察各国内政状况。季札在晋国与六卿会面后，特别欣赏赵文子、韩宣子、魏献子三人，说："晋国恐怕最后会集中到赵、魏、韩这三个家族吧！"季札还非常欣赏羊舌肸，在将要离开晋国的时候，他对羊舌肸说："您努力吧！贵国君主性情自大，而卿大夫里能臣又多，都很富有，政权会转移到卿大夫家族。您为人正直，因此一定要思考如何能够避免祸

难。"**1**最终，晋国果然被赵、魏、韩三家瓜分，而羊舌氏在羊舌肸去世之后也果然被六卿所灭。

晋平公的母亲晋悼夫人是杞国人，晋平公为了彰显晋国霸业复兴，也为了讨母亲欢心，于是在前544年支持杞国将其都城从缘陵 (图四 "杞1") 迁回旧都淳于 (图四 "杞2")，随后又组织晋国和其他同盟国的庶民役夫去为杞国修筑都城淳于的城墙。

到前543年时，晋国派去的役夫已经回到晋国都城，晋悼夫人请这些役夫聚餐答谢他们。晋国都城附近的绛县有个老人，年纪很大了，因为没有儿子而被县里征发去杞国修墙，因此也接到通知去吃这顿答谢宴。现场有官吏觉得这位老人年纪太大，按规定不应该被征调，于是问他的年龄。

老人说："臣下是没文化的小人，不知道怎么记录自己的年岁。臣下只知道生下来的那一天是正月初一。从那时到今天已经过了445个甲子了，最末一个甲子到今天是60天的三分之一。"询问的官吏根本算不出来，于是跑到朝廷询问卿大夫们。乐师旷、太史赵、士文伯**2**一起努力，才把这道数学题解出来，原来这位老人已经七十三岁了，远远超出服劳役的年龄上限。

赵文子意识到这位精通历算的老人一定不是普通人，马上询问他所在县的县大夫是谁，才知道这个县大夫是自己的下属。赵文子赶紧召来这位老人，向他赔礼道歉，说："武 (赵文子) 没什么才能，勉强承担着国君的大事。因为晋国忧患很多，忙昏了

---

1 《左传·襄公二十九年》："吾子好直，必思自免于难。"
2 士文伯，祁姓，士氏，名丐，字瑕，排行伯。士庄伯之子。参见图20。

头，一直没能重用您，让您在烂泥堆里委屈生活很久了，这都是武的罪过。谨敢为我的不才向您道歉。"

赵文子于是马上提出让这位老人做官，帮助自己料理政事。老人推辞说自己年岁太大，承担不了繁重的政务。赵文子于是赏赐给他田地让他衣食无忧，然后让他在县里为国君办理免除徭役的事情，并从此做绛县的县师，而把违反制度规定征发孤老的舆尉撤职。赵文子"礼贤下士""过则勿惮改"的君子之德，在这件事上体现得非常明显。

执政卿赵文子向庶民真诚道歉并立刻改正错误的事情马上在晋国传开了。当时鲁国有使者在晋国执行公务，回到鲁国后就把这件事情告诉了卿大夫们。鲁国执政卿季武子说："绝不能轻视晋国啊。有赵孟（赵文子）担任执政卿，有士文伯做他的辅佐，有太史赵、乐师旷提供咨询，有羊舌肸、女齐担任国君的太师、太保。晋国朝廷上的贤德君子很多，怎么能够轻视呢？只有努力事奉它才可以。"

前542年夏六月，也就是鲁襄公去世的那个月，郑国执政卿子产陪同郑简公到晋国朝见晋平公。盟主晋国为表达对鲁襄公的哀悼，暂停外事接待活动，使得包括郑国在内的各国使团滞留在了晋国都城。这时，子产做了一件"胆大包天"的事：他命令郑人将郑国使团下榻的宾馆外墙全部拆掉，然后把本来停在墙外、满载着财礼的车马全部转移到宾馆之内。

晋国当局得知此事，马上派士文伯来责问郑国使团，说："我国由于政事和刑罚不修治，寇盗充斥，可是又拿前来朝见我国君主的诸侯使团没办法，所以命令有关部门修缮宾馆，加高大门，加厚墙垣，希望让客人们不再忧虑。如今您把院墙都毁坏了，即使您的随从能够戒备保证自身安全，让其他宾客怎么办？因为我国是盟主，所以修缮院子、加固围墙，来款待宾客。如果所有诸侯使团都像您一样把他们下榻的宾馆围墙给拆毁了，我们的外事接待部门还怎么供应使团的需求？我国君主让我来请求一个说法。"

子产回答说：

"因为我国疆域狭小，夹在大国中间，大国的责备和要求不时到来，我国因此不敢安宁闲居，尽力搜刮了一些财物，前来履行按时上贡的职事。正好遇到贵国执政没有空闲，因此没有见到；又没能得到通知，不知道进见的时间。我方不敢输送财礼，也不敢在宾馆外面暴露它们：如果要输送的话，这是要送到贵国君主府库里的财礼，如果没有按照礼制在贵国君主面前进献展示过，不敢就这样不明不白地送进去；如果暴露着，又担心会因为不规律的日晒雨淋而导致腐坏生虫，从而加重我国的罪过。

"我听说当年晋文公在世的时候，自己的宫殿矮小，连个像样的观景台都没有，以省下钱来扩建给诸侯使团住的宾馆。宾馆建得跟国君的寝宫一样，仓库和马厩都修得很好。司空按时平整宾馆前的道路，圬人定期粉刷宾馆宫室的墙面。诸侯宾客来了，甸人在庭院中烧起火堆照明，仆人巡视房间做好各种准备；车辆和马匹都有专门场所安置，宾客的杂役都有晋方人员代劳，巾车官为车辖上油保养。洒扫杂役、养牛人、养马人开展工作，各相关部门提供服务。君主不久留宾客，也不耽误事情；和宾客同忧同乐，有事就巡行安抚；教导宾客不知晓的情况，体谅宾客送的财礼不够丰厚。宾客到了晋国就像回家一样舒适，哪里有什么灾患；不畏惧寇盗，也不担心财礼会被日晒雨淋。

"如今铜鞮的晋君宫殿绵延数里，而诸侯的宾馆跟杂役住的差不多。大门容不下车子进出，而院墙又不能逾越；盗贼光天化日下作案，流行病也得不到防控。宾客会见的时间没有定准，什么时候会来通知也不知道。如果不毁坏院墙，就没有办法妥善收藏财礼，从而加重我国的罪过。斗胆请问贵国执政：到底准备怎么安排我国使团的日程？贵国君主悼念鲁国的丧事，我国的忧思也是一样的。如果能够早日获得进献财礼的机会，修好院墙启程回国，那就是贵国君主对我们的恩惠，又怎敢害怕修墙的辛劳？"

士文伯从国宾馆回来，向执政卿赵文子转述了子产的话。赵文子并没有恼怒，而是心悦诚服地说："是啊！我的确有失德之处，用杂役档次的宾馆来接待诸侯宾客，这是我的罪过。"又派士文伯去给郑国使团道歉。晋平公马上安排时间接见了郑简公，礼数在常规之外更加隆重，宴会上送了很多礼物，然后送郑国使团回国。之后，晋国又启动专项工程重建国宾馆。赵文子"求诸己""过则勿惮改"的君子之德，在这件事上体现得特别明显。

赵文子末年（一）：承认楚国霸权，维持和平局面

前541年春正月，晋中军帅赵文子、楚令尹王子围及齐、

宋、鲁、卫、陈、蔡、郑、许、曹国卿大夫在郑国的虢地[1]会面，以重温前546年达成的弭兵之盟，维护来之不易的和平。晋大夫祁午对赵文子说：

"宋之盟那一次，楚人实现了压制晋国的志向。如今楚国令尹王子围不讲诚信，这是诸侯都听闻了的。您这回如果不警惕的话，恐怕又会像宋之盟那次一样被楚人欺负。当年的令尹子木（屈建）为人讲诚信是得到各诸侯国称赞的，尚且欺骗晋国并凌驾其上，何况是如今王子围这样特别不讲诚信的人呢？楚国如果两次实现压制晋国的志向，这可就是晋国的耻辱了。

"您辅相晋国作为盟主，到如今已经7年了。这期间，晋国两次会合诸侯国君，三次会合诸侯国卿大夫，使得齐国、白狄顺服，使得东方华夏诸国安宁，平定秦晋之间的纷乱，修筑杞国新都城的城墙，军队不困顿，国家不疲敝，民众和诸侯都没有怨言，上天没有降下大灾，这都是您的功劳。我担心的是：您本来已经有了很好的名声，搞不好却要以耻辱收场。您不可以不警惕！"

赵文子说：

"我接受您的赐教！然而宋之盟那一次，子木有祸害他人的心，我有仁爱他人的心，这就是为什么那次楚国凌驾于晋国之上。如今我仍然是这样一颗心，楚国即使再做不诚信的事，也伤害不了我们。

1　虢（东虢）见图五。

"我秉持着诚信作为根本，遵循诚信来行动。用农夫打个比方：只要坚持除草培土，就算会有一时的饥饿，最终必能获得丰收。而且我听说，'能坚持诚信，就不会屈居在别人下面'，我还是不能完全做到诚信啊，所以才会屈居人下。《诗》说'待人以信，不害他人，很少会被作为他人效仿的准则'，说的就是诚信的重要。能够做别人模范的人，是不会屈居在别人下面的。我觉得困难的是不能坚持诚信，楚国不能造成什么祸患。"[1]

如果我们对比一下本年的赵文子和五年前晋楚弭兵大会期间的赵文子，可以非常明显地看到赵文子在这五年来的进步。五年前，赵文子面对会场上楚国一次又一次的挑衅，一开始自己并不清楚该采取什么做法来应对，在听取了羊舌肸的劝谏后才决定采用宽容忍让的做法。如今，赵文子面对祁午关于楚国会再次挑衅的提醒，在事情发生前就决定要继续采用宽容忍让的做法，而他做出这样的决定是基于自己的主张。

如祁午所料，这次楚人又再次使诈。如前所述，前546年宋之盟时，楚国先于晋国歃血。楚令尹王子围担心此次晋国会要求先歃血以扳回一局，因此抢先提出这次盟誓就用宋之盟的旧盟书，从而省去歃血的环节。然而，出乎王子围预料的是，赵文子没有跟他争斗，而是直接答应了他的要求。也就是说，晋国主动谦让，使得楚国在宋之盟后再一次成为诸侯会盟的

---

1 《左传·昭公元年》："武将信以为本，循而行之。譬如农夫：是穮是蔉，虽有饥馑，必有丰年。且吾闻之，'能信，不为人下'，吾未能也。《诗》曰'不僭不贼，鲜不为则'，信也。能为人则者，不为人下矣。吾不能是难，楚不为患。"

盟主。

就在虢之会进行之时，留守鲁国都城的鲁执政卿季武子破坏宋之盟的规定，出兵攻打莒国，夺取了郓邑¹。莒人派使者到会场控诉鲁国。楚人告诉晋人说："重温弭兵之盟的大会还没有结束，鲁国就攻打莒国，亵渎了神圣的斋戒盟誓，我们请求惩处鲁国使者以儆效尤。"

当时辅相赵文子的晋大夫乐桓子想要从鲁国使者叔孙穆子那里求取财货，交换条件是为叔孙穆子在赵文子面前求情。乐桓子派人向叔孙穆子求取衣带，叔孙穆子虽然知道他的用意，但却拒绝行贿。

叔孙穆子的家臣梁其胫问："财货就是用来保卫身家性命的，您为什么这么爱惜呢？"

叔孙穆子说："诸侯会面，目的是为了保卫社稷。我如果靠着行贿免于惩罚，那么鲁国就一定会遭到攻打。这样我就是给国家带来祸患了，哪里还谈得上保卫呢？人之所以要筑墙，是为了屏蔽罪恶。墙要是裂缝坏了，是谁的过错呢？我本来是为了保卫鲁国而来，如果反而让鲁国承受罪恶，那我的罪过比使墙裂缝还要严重。我虽然怨恨季孙（季武子），鲁国有什么罪呢？叔孙氏出使，季氏守国，是由来已久的安排，我能埋怨谁呢？不过鲋（乐桓子）这个人喜欢财货，如果一点也不给他，他就不会罢手。"

叔孙穆子于是召见乐桓子派来的使者，撕裂自己下裳的帛

1　郓（东郓）见图四。

给他，说："衣带太窄了。"叔孙穆子一方面没有答应给予衣带，表示自己不愿意用财货换取脱身；另一方面又撕下比衣带要宽的裳帛交给使者，表示自己并不是与乐桓子有私怨。

赵文子听到之后说："面临祸患不忘记国家，这是忠。想到危难而不放弃职守，这是信。为国家打算而不惜一死，这是贞。谋划事情以忠、信、贞这三者为主干，这是义[1]。叔孙有这样四种美德，怎么可以惩罚呢？"于是赵文子放下身段向王子围请求说：

"鲁国虽然有罪过，但是它的卿官不回避祸难，畏惧楚国的威严而恭敬地遵奉楚国的命令。您如果赦免了他，来劝勉您左右的官员，是很好的做法。如果您的属下官员，在国内不回避困难，在国外不逃避祸难，那还会有什么忧患呢？

"不安定执政者属下的贤能之人，那谁还会跟随执政者？请您赦免他，来安定贤能的人。您主持会盟而赦免有罪的国家，又恩赏它的贤能大夫，诸侯谁不会欣然望向楚国并且归服，把遥远的楚国视为亲近的国家？

"边境上的城邑，一会属于这边，一会属于那边，哪里有什么常态？三王、五伯[2]在位、政治风气良善的时候，端正各国疆界并设立专职官员管理，树立标识并制定章程，越境会有相应的刑罚，这样尚且不能确保列国疆界一成不变。虞朝的三苗，

---

1 《左传·昭公元年》："临患不忘国，忠也。思难不越官，信也。图国忘死，贞也。谋主三者，义也。"
2 三王，夏禹、商汤、周文王。五伯，夏昆吾、商大彭、商豕韦、周齐桓公、晋文公。

夏朝的观、扈，商朝的姺、邳，周朝的徐、奄，这些方国最后的下场都是疆界不保、国土丧失。自从没有善王管控天下之后，诸侯追逐进取，交替主持会盟，又怎么可能保持疆界一成不变呢？

"担忧篡弑灭国之类的大祸患，放过攻取边境城邑之类的小过错，足以成为诸侯盟主，哪里用得着去管这些小过错？封疆的削减，哪个国家没有？主持盟约的人，谁能管得了那么细？吴国、百濮如果有可乘之机，楚国的执政者怎么会因为顾及盟约而不去攻打它们？莒国的边境事务，楚国不要去在意，从而不劳烦诸侯出兵讨伐，不也可以吗？

"莒、鲁两国争夺郓邑已经很久了。如果对于莒国社稷没有大的危害，那么就不要去费事庇护莒国了。如果能去除诸侯烦劳、宽恕良善的人，诸侯就没有不争相劝勉为善的。您好好考虑一下吧！"

赵文子坚持请求，王子围最终答应了赵文子的请求，赦免了叔孙穆子。

这是赵文子最后一段见于传世文献记载的长篇政治言论。从文中我们可以明显地看出，此时的赵文子为了维持晋楚停战局面，采取的策略是不再将楚国贬斥为南蛮，不再强调晋国是天下唯一的霸主，而是直面楚国长期担任南方地区诸侯之长的实际情况，主动承认楚国是与晋国地位平齐的霸主，可以与晋国交替主持诸侯会盟。正因为这样，所以赵文子把晋国摆在"过来人"的地位上，依据晋国长期担任霸主的丰富经验，苦口婆心地"辅导"新转正的楚国通过抓大放小、宽恕良善来做一个好霸主。

这种公开承认"二霸并立"的政治立场在晋国前任执政卿那里是绝没有出现过的,笔者认为,赵文子之所以这样做,至少有三层原因:

第一层,是赵文子作为正牌霸主晋国的发言人公开宣扬的原因,那就是"我有仁爱他人的心",也就是说,赵文子一心要为天下苍生谋福祉,因此愿意放下晋国长期保持的正牌霸主尊严,致力于维护来之不易的停战局面。

第二层,是赵文子作为晋国六大卿族集团领袖不得不这么做的原因,那就是在晋楚停战之后,晋国虽然绝不会放弃自己的霸主地位,但是其内部六大卿族忙于发展壮大自身实力以谋求"化家为国",无心跟楚国继续竞争下去,所以只能面对现实,承认楚国也是霸主,接受"二霸并立"的安排。

第三层,是赵文子不能与他人言说的私人原因,就是自己的健康状况已经在不断恶化,没有心力在国际上再起争端、与楚国重新开始竞争。

赵文子末年(二):言行风格大变,引发各方猜测

作为晋国执政卿和晋联盟的"秘书长",赵文子的健康状况牵动着中原各国的神经。前543年冬十月,也就是赵文子去世两年前,赵文子组织诸侯在澶渊会盟,主题是共同救济遭受火灾的宋国,然而此次会盟没有取得任何实质性成果。前542年

春正月，鲁国卿官叔孙穆子从澶渊[1]回来，见到另一位鲁国卿官孟孝伯，对他说：

"赵孟（赵文子）快要死了。他说话苟且偷安，不像是个民众的主子。而且他年纪还没满五十，但说话絮絮叨叨就像八九十岁的人，恐怕是活不了多久。

"如果赵孟死了之后，晋国的执政者应该是韩子（韩宣子）吧！您为什么不跟季孙（鲁国执政卿季武子）说说，可以在赵孟去世之前提早开始与韩子建立友好关系。韩子还算是个君子。晋国君主在赵孟去世后将要失去政权了，如果不早点和韩子建立友好关系，让韩子尽早为鲁国做准备工作，等到政权落到卿大夫手中之后，韩子懦弱不能有力掌控局面，而卿大夫们都很贪婪，各种要求和欲望没有满足的时候，齐国、楚国又不足以作为靠山来亲附，鲁国就要害怕了！"

前541年夏四月，参加完虢之会的赵文子、叔孙穆子、曹大夫来到郑国，郑简公设享礼一并款待。郑国当国卿罕虎（排第一）正式告知赵文子享礼日期，告知礼完毕之时，赵文子赋了《瓠叶》[2]这首诗：

瓠叶随风翻动，采来做菜佐餐。

1　澶渊见图三。

2　《毛诗·小雅·瓠叶》："幡幡瓠叶，采之亨之。君子有酒，酌言尝之。有兔斯首，炮之燔之。君子有酒，酌言献之。有兔斯首，燔之炙之。君子有酒，酌言酢之。有兔斯首，燔之炮之。君子有酒，酌言酬之。"

君子家有佳酿，斟满请客品尝。

几头鲜活野兔，煨熟烤好下酒。

君子家有佳酿，斟满进献朋友。

几头鲜活野兔，有的烤，有的熏。

君子家有佳酿，宾客还敬主人。

几头鲜活野兔，有的烤，有的煨。

君子家有佳酿，宾主互劝干杯。

这首诗描述的是低级贵族烤野兔、采葫芦嫩叶饮酒的场景，赵文子赋这首诗的意思是告诉罕虎，享礼的规格应该从简。

罕虎接着正式告知叔孙穆子享礼日期，并跟他提起赵文子赋诗的事情。叔孙穆子分析说："赵孟[1]想要求只有一次敬酒环节的俭朴享礼，您最好是顺从他的意愿。"罕虎问："真敢这么做吗？"叔孙穆子说："他老人家自己想要这样，又有什么不敢的呢？"

到了举行享礼的时候，郑人在帷幕下仍然准备了足够五次敬酒用的配套食物。赵文子看到郑人没有按照自己的请求去做，于是推辞不接受享礼，私下跟执政卿子产（排第二）说："我已经跟首卿请示过了。"郑人明确了赵文子的意愿，于是才敢用只有一次敬酒环节的享礼。

享礼结束之后，接着就举行宴礼。鲁卿叔孙穆子朗诵《鹊巢》[2]这首诗：

1　赵文子排行孟，故称"赵孟"。
2　《毛诗·召南·鹊巢》："维鹊有巢，维鸠居之。之子于归，百两御之。维鹊有巢，维鸠方之。之子于归，百两将之。维鹊有巢，维鸠盈之。之子于归，百两成之。"

喜鹊树上作巢，八哥把它当家。这位姑娘出嫁，百辆马车接她。

　　喜鹊树上作巢，八哥把它当家。这位姑娘出嫁，百辆马车护她。

　　喜鹊树上作巢，八哥借住其中。这位姑娘出嫁，车队迎来成婚。

　　叔孙穆子取"维鹊有巢，维鸠居之"，将赵文子比作鹊，将自己比作鸠，意思是由于赵文子辛劳为自己求情，自己才得以安居，免于被楚国惩处。赵文子回答说："我承担不起这样的夸奖。"

　　叔孙穆子又朗诵了《采蘩》[1]：

　　哪里采蘩蒿？池塘。哪里用它？公侯祭祀。
　　哪里采蘩蒿？山涧。哪里用它？公侯宗庙。
　　梳妆得多么整齐，早晚参加祭礼。
　　梳妆多么秾丽，匆忙回到家里。

　　叔孙穆子朗诵完之后说："小国就是蘩蒿，大国节省爱惜地使用它，哪里敢不从命？"赵文子主动要求只有一次敬酒的享礼，是体恤爱惜郑国，所以叔孙穆子这样说。

1　《毛诗·召南·采蘩》："于以采蘩？于沼于沚。于以用之？公侯之事。于以采蘩？于涧之中。于以用之？公侯之宫。被之僮僮，夙夜在公。被之祁祁，薄言还归。"

罕虎朗诵了《野有死麕》的最后一章[1]：

轻点慢点，别动我围裙，别惹狗儿叫。

罕虎希望赵文子以道义安抚诸侯，不要行非礼之事。

赵文子朗诵了《常棣》[2]：

常棣花开明丽，花萼紧连花蒂。

试看如今世人，无人能比兄弟。

死丧威胁可怕，只有兄弟贴心。

假如山川剧变，唯有兄弟相寻。

脊令流落平原，兄弟着急救难。

反观平日好友，只送一声长叹。

兄弟在家争吵，却能齐心抗暴。

反观平日好友，有难实难依靠。

丧乱既已平定，生活恢复安稳。

此时虽有兄弟，反觉不如友人。

食器错落满桌，美酒佳肴丰盛。

兄弟都已来齐，洋溢和乐气氛。

---

1 《毛诗·召南·野有死麕》："舒而脱脱兮，无感我帨兮，无使尨也吠。"
2 《毛诗·小雅·常棣》："常棣之华，鄂不韡韡。凡今之人，莫如兄弟。死丧之威，兄弟孔怀。原隰哀矣，兄弟求矣。脊令在原，兄弟急难。每有良朋，况也永叹。兄弟阋于墙，外御其侮。每有良朋，烝也无戎。丧乱既平，既安且宁。虽有兄弟，不如友生。傧尔笾豆，饮酒之饫。兄弟既具，和乐且孺。妻子好合，如鼓瑟琴。兄弟既翕，和乐且湛。宜尔室家，乐尔妻帑。是究是图，亶其然乎？"

▼ 图11 故宫博物院藏铜鸟饰爵，春秋时期
（《薛国故城出土鸟形杯小议》，2018年）

▼ 图12 山东滕州薛国故城出土铜鸟形杯
（爵），春秋早中期（《薛国故城出土鸟形杯小
议》，2018年）

> 夫妻感情融洽，好似琴瑟和鸣。
>
> 兄弟和睦相处，心情和乐欢欣。
>
> 妥善经营家庭，妻子儿女欢乐。
>
> 认真考虑思量，此理甚为显豁。

赵文子朗诵完之后说："我们兄弟相安，就可以使狗[1]不乱叫了。"叔孙穆子、罕虎及曹大夫起身，向赵文子下拜，举起兕爵说："我们这些小国依靠着您，知道可以免于罪过了。"

这次饮酒非常欢乐。然而，当赵文子出门时，他伤感地说："我不会再经历这样的欢宴了。"

赵文子结束在郑国的访问之后，继续回国，途

---

1 狗指楚国。

经周王畿。周景王派刘定公到雒水¹入河水处的宾馆慰问赵文子。

刘定公说:"夏禹的功劳多么美好!他昭明的美德影响多么深远!如果没有夏禹,我们大概都要变成鱼了吧!我和您能穿着礼帽、礼服来治理民众、监临诸侯,都是靠着夏禹的力量。您为什么不长远地继承禹的功绩而广大地庇护天下民众呢?"

赵文子回答说:"老夫唯恐犯错得罪,哪还能忧虑长远的事呢?我等苟且度日,早上尚且不能谋划晚上的事,如何能够做长远考虑呢?"

刘定公回到周王城之后,对周景王说:"谚语说'年老了会增加智慧,不过昏聩也会跟着来',说的就是赵孟吧!赵孟作为晋国正卿来主持诸侯事务,却把自己等同于那些早上管不了晚上的奴隶。早上不谋划晚上的事,这就是抛弃神灵和民众了。神灵愤怒、民众背叛,怎么能够长久呢?赵孟不能活到明年了。神灵愤怒,就不会享受他的祭祀;民众叛变,就不会去做他们该做的事。祭祀、民事都不顺遂,又怎么能够过得了年?"

前541年夏天,秦景公的亲弟弟后子出奔到晋国。赵文子接见了后子。

赵文子问:"您什么时候回去啊?"

后子答:"我害怕被国君放逐,所以到了这里,等待嗣君即位后再找机会回去。"

赵文子问:"秦君怎么样?"

---

1 雒水见图三。

后子答："无道。"

赵文子问："秦国会灭亡吗？"

后子答："怎么会呢？一代君主无道，国家并不会灭绝。国家建立在天地之间，一定有众多支持辅助它的力量。如果不积累数代的荒淫，是不会灭亡的。"[1]

赵文子问："秦君会早死吗？"

后子答："有可能。"

赵文子问："大概还能活几年？"

后子答："我听说：'国家无道而农业收成好，这是上天在帮忙。'现在秦国就是这种情况，所以很少会不到五年。"

赵文子看着太阳的影子，突然说了这么一句："早上都等不到晚上了，谁能等五年？"

后子出来后告诉旁人说："赵孟就要死了。他作为民众的主子，一方面对年岁流逝感到习惯厌倦，另一方面又对来日无多感到急迫烦忧，还能活多久呢？"

如果像刘定公、后子这样的旁观者都已经看出赵文子命不久矣，与赵文子朝夕相处的其他五卿不可能不知情。从前548年六卿表（参见第447页）看，赵文子一旦去世，中军佐韩宣子向上递补担任中军帅应该没有什么悬念，那么排第二的中军佐会是谁？余下的四卿当中，可能性最大的当然是上军帅中行穆子和上军佐魏献子，而一场重大的军事胜利无疑能为自己争取中军

---

1 《左传·昭公元年》："国于天地，有与立焉。不数世淫，弗能毙也。"

佐职位赢得筹码。

在这样的背景下，就在秦后子见赵文子不久后，中行穆子、魏献子积极主动地率领上军在晋国北部边境的大原[1]与群狄交战。在开战之前，魏献子突然提出："他们都是步兵而我们是车兵，而两军交战的地方地形又险厄，不便于兵车通行。敌人用十个步兵对付我们一辆战车，一定能够打败我们；如果我们的战车部队困在险厄的地方，狄人就更有可能打败我们。因此，我请求我军全部改成步兵，从我开始。"

主帅中行穆子同意了魏献子的意见，于是晋军放弃战车改为步兵，每五辆战车上的车兵组成步兵的三个伍。不过，这时中行穆子的一个宠臣突然发难，拒绝被编入步兵行列，而中行穆子则态度暧昧。魏献子为了将自己的谋划推行到底，果断杀了这宠臣，在军中巡行示威。明眼人都可以看出，这其实是中行穆子怨恨魏献子突然出手抢夺此次战役头功，因而故意使绊子，不过他这个阴招没有能够挡住意志坚决的魏献子。

改编成步兵的晋军设置了五个相互连缀的小型军阵，十人在前，二十五人在后，五人在右，十五人在左，五十人为前锋，用这个小型军阵来引诱狄人。狄人看到晋军竟然只有这么点人，果然中计，一边嘲笑晋军一边冲杀过去。当狄人进入晋军主力布好的伏击圈之后，还没有来得及摆开阵势，晋军就压上去猛烈进攻，最终大败狄人。笔者猜测，这个战法应该也是出于魏

1　大原见图二。

献子的计策。这场战役里中行穆子和魏献子的表现，其实已经为后来魏献子超越中行穆子最终成为中军帅埋下了伏笔。

赵文子末年（三）：平公突然病倒，君臣微妙博弈

前541年下半年，就在赵文子身体日渐衰竭的同时，晋平公也生了一场大病。密切关注晋国高层动向的郑国执政卿子产到晋国访问，并探问晋平公的病情。羊舌肸问他："我国君主病得很重，卜人说：'是实沈、台骀在作祟。'我国的太史没人知道这两位神的。敢问这些是什么神？"子产说：

"昔日高辛氏有两个儿子，大的叫阏伯，小的叫实沈。两人居住在空旷的林地，不能和睦相处，每天拿着戈盾相互打斗。帝认为他们两个都不是善类，于是把阏伯迁到商丘，主祀辰星，后来商人因袭了阏伯的领地，因此辰星成了商朝的分星；把实沈迁到大夏，主祀参星，唐人因袭了实沈的领地，服事夏、商王室。

"商朝末年的唐国君主是唐叔虞。当时周武王的妻子邑姜正怀着太叔，梦见天帝对自己说：'我给你的儿子取名为"虞"，将给予他唐国，上应参星，并会让他的子孙繁衍昌盛。'等到孩子出生，手上有'虞'字，于是就用它来命名。等到周成王灭了唐国，就把太叔虞封在那里。太叔虞是晋国的始封君，参星也就成为晋国的分星。由此看来，实沈是参星之神。

"昔日金天氏的久远后代是昧，他是水官之长，生了允格、台骀。台骀继承父亲的官职，疏通汾水、洮水，筑堤防拦住大

泽，使民众能够在大原安居。帝因此嘉奖他，把他分封在汾水流域，之后汾河流域分为沈、姒、蓐、黄四国，都祭祀台骀。如今晋国主宰了汾水流域，把这些古国都灭掉了。由此看来，台骀是汾水之神。

"但是这两位天神，并不关涉贵国君主的身体。像台骀这样的山川之神，是在发生水灾、旱灾、流行病的时候祭祀的。像实沈这样的日月星辰之神，是在雪霜风雨发生异常的时候祭祀的。如果说到贵国君主的身体，与之相关的则是起居、饮食、情绪等方面的事。山川、星辰的神祇，跟这些又有什么关系？

"我听说，君子一天可以分为四时：早晨听取政事汇报，白天咨询商议，傍晚修治政令，夜晚安养身心。于是根据四时有节律地疏导运用体内的元气，不让它壅塞不通而导致身体虚弱，心志不明，最终造成百事节度混乱。[1]如今贵国君主恐怕是把所有的元气都用在了一处，所以就生病了。我又听说：'选取内宫嫔妃不能涉及同姓女子，否则繁衍后代会有困难。'同姓还硬要娶的女子，必是绝美女子，美貌到了极致，就容易让人生病，因此君子很厌恶这种事情。《志》上也说：'买妾不知道她的姓，就要占卜确保不是同姓。'

"按四时节律作息、不娶同姓美女，这两条原则，从古时候起就是很慎重的。男女结合要分辨姓，这是礼制的大事。如今贵国君主的内宫有四位姬姓嫔妃，生病恐怕就是因为这个吧？如果任由这两件事发展下去，那就没法挽救了。四位姬姓嫔妃

---

1 《左传·昭公元年》："君子有四时：朝以听政，昼以访问，夕以修令，夜以安身。于是乎节宣其气，勿使有所壅闭湫底以露其体，兹心不爽，而昏乱百度。"

要是能屏退还有办法，不然的话，就一定会生病的。"

羊舌肸说："好啊！我从没听说过这些。您说的很有道理。"

因为在后宫与绝美妃嫔日夜宣淫而导致卧病不起的"荒淫"君主晋平公听闻了子产的话，意味深长地说："这是位博学多知的君子啊！"在子产访问结束时，晋平公命使者送给子产很丰厚的礼物。

晋平公派人到秦国寻求名医治病，秦景公派医和为他诊治。

医和对晋平公说："您的病治不好啦。这就叫作'接近女色房事，引起的疾病如同中了蛊虫的毒。不是因为鬼神，也不是因为饮食，而是被女色迷惑丧失意志。贤良大臣即将死去，天命将不保佑这位大臣'。"

晋平公问："女色不可以接近吗？"

医和回答说：

"要有节制。

"先王的音乐，是用来节制各种事物的，所以有五声的节奏，有快有慢、从本到末一路下来，达到中和之声，然后降息。五次降息之后，全曲结束，就不应该再弹了。这时候如果再弹，就有了繁复手法和靡靡之音，使人的心志过度、听觉堵塞，忘记了平正和谐，因此君子是不听的。君子对待其他事物也像对待音乐一样，一旦过度产生了烦扰，就应该罢手，不要因此而生病。君子接近琴瑟[1]，是通过它使节度仪式化的，而不是使心

1　琴瑟，明指乐器，暗指女色，《毛诗·周南·关雎》有"窈窕淑女，琴瑟友之"，《毛诗·小雅·常棣》有"妻子好合，如鼓琴瑟"，即可为证。

志过度的。

"天有六种气，降生出五种口味，表现为五种颜色，应验为五种声音，以上种种过度会产生出六种疾病。六种气叫做阴、阳、风、雨、晦、明，分为朝、昼、夕、夜四时，而以五味、五色、五声的节度为序，过度就会产生灾祸：阴过度产生寒病，阳过度产生热病，风过度产生手脚病，雨过度产生腹病，晦过度产生迷乱病，明过度产生心病。[1]

"女人，是阳物而属于晦时[2]，过度就会产生内热蛊惑的疾病。现在您没有节制、不分昼夜地沉溺于女色，能不大病一场吗？"

医和出来后，把他跟晋平公说的话告诉了赵文子。

赵文子问："谁对应那位贤良大臣？"

医和回答说："说的就是您了。您辅佐晋国，到现在已经8年了。在这期间，晋国没有动乱，诸侯没有缺失，您可以说是贤良了。我听说，'国家的大臣，一方面光荣地享受尊崇和爵禄，一方面也要承担国家的大事。如果国内有灾祸兴起，而大臣不能有所改变，那就必然要承受这灾祸的恶果'。现在国君因为纵欲过度而生了大病，就快不能图谋社稷安危了，还有比这更大的灾祸吗？您不能禁止国君的错误行为，所以我才这样说。"

---

1 《左传·昭公元年》："天有六气，降生五味，发为五色，征为五声，淫生六疾。六气曰阴、阳、风、雨、晦、明也，分为四时，序为五节，过则为灾：阴淫寒疾，阳淫热疾，风淫末疾，雨淫腹疾，晦淫惑疾，明淫心疾。"
2 女阴激发男阳，故曰"阳物"。男女同寝在夜晚，故曰"晦时"。

赵文子问："什么叫蛊？"

医和回答说："这是沉迷惑乱所引起的。在文字里，器皿中的毒虫是蛊。谷物中的飞虫也是蛊。在《周易》中，女人迷惑男人、大风吹落山木叫作蛊。这都是同类的事物。"

赵文子说："真是好医生啊。"便赠给医和很重的礼物让他回去。

要深入理解晋平公的真正病因，我们要仔细考察一下他即位以来的心路历程：

如前所述，前557年晋平公刚即位时，是一个精力充沛、意气风发的年轻君主，想要在父亲晋悼公打造的君权回稳、霸业复兴大好局面的基础上更上一层楼，在国际政治层面致力于制服试图挑战联盟秩序的齐国，从而进一步巩固晋国的霸业；在国内政治层面致力于借助卿族之间的矛盾消灭栾氏，从而削弱卿族势力，进一步加强君主的权威。

前552年栾怀子被驱逐，从表面上看似乎是晋平公"削弱卿族"策略取得了重大胜利。然而，晋平公也明白，光灭了栾氏还不行，还得趁机扶植自己人进入六卿领导班子。于是，晋平公使出自己仅存的全部权势，强推嬖大夫程郑进入六卿班子担任下军佐。

前550年栾怀子冒险回国作乱最终被剿灭，从表面上看似乎是晋平公"削弱卿族"策略取得了最终胜利。但是，栾怀子白昼攻入都城险些弑君，范宣子"遵奉"晋平公（实与劫持无异）进入襄公之宫避难，以"事急从权"为名公开地拿曲沃这样的国家重邑来笼络魏献子，所有这些状况恐怕已经让晋平公痛苦地意识到，自己在卿族群体面前其实非常脆弱无力，身家性命完全掌握在六卿手中。

前548年赵文子上位之后，其人温和仁爱，对晋平公在台面上恐怕也是毕恭毕敬，而且同年晋国又取得了成功收服齐国的重大胜利，这使得晋平公一度产生了一种成功的幻觉，所以他会在目睹羊舌肸与子朱打斗时乐观地说"晋国差不多能强盛了吧"，然而乐师旷以"这样下去公室恐怕会卑微"开头的那段犀利分析，一下子戳破了晋平公刚刚吹起来的肥皂泡，描绘出当时晋国政局的真实状况：卿大夫群体日益强大，而国君作为卿大夫矛盾最高调停者的权力逐渐丧失，在晋国的实际政治地位进一步边缘化。同年，晋平公安插在卿官体系中的程郑在主流卿官排挤下忧惧而死，使得晋平公进一步认清了这样一个事实：自己想要模仿父亲晋悼公，通过在六卿领导班子中安插"自己人"来制衡卿权的努力，只不过是一场徒劳。

前548年程郑去世后，赵、魏、韩、范、中行、知六大卿族控制六卿领导班子的局面正式形成。一方面，六卿内部关系错综复杂，有结盟有斗争；但与此同时，他们有意识地在维护整个群体的共同利益，那就是将国家政权牢牢控制在手中，抗拒晋平公的调控和干预，希望他待在公宫中做一个"知足常乐"的傀儡。

前546年，晋、楚达成具有历史性意义的弭兵之盟，整件事情从倡议到成功，晋方的主导者都是赵文子一人，完全看不到晋平公的任何影响，就已经充分说明了晋平公的边缘化。与此形成鲜明对比的是，此次会盟，楚康王虽然也没有出席（这恐怕主要是由于晋平公不出席而采取的对等安排），但是从屈建接到赵文子回复后派特使专程回国请示楚康王就可以明确地知道，楚康王仍然是楚方谈判立场的最高决策者。

在了解了晋平公所经历的整个心路历程之后，我们就可以理解为什么晋平公从最开始的奋发有为堕落为一个一天到晚在后宫的"昏君"。绝大多数人只看到传世文献上记录的晋平公是如何荒淫无道，却没能体会他本来有远大志向和充沛精力，却眼看着大势已去、自己逐渐成为傀儡的深刻痛苦。下面我们会看到，前539年羊舌肸向齐国贤大夫晏子讲述晋国政局时就一针见血地指出，晋平公纵淫实际上是"用享乐来度过忧愁"。

实际上，晋平公的纵淫行为可能还有更深的目的。当郑国贤卿子产犀利地指出晋平公的真正病因后，晋平公称赞子产是"博学多知的君子"，并且派人给他很丰厚的赏赐。此外，他也一直任用正直敢言的羊舌肸，在治国理政方面并没有什么暴虐失德之举。这足以提示我们，晋平公内心的志向和英明并没有完全消失。笔者认为，晋平公的荒淫行为，一方面是在发泄自己逐渐被六卿群体剥夺权力的愤懑，还有一方面可能是将计就计，用"自污"行为将自己装扮成一个对六卿不会再造成威胁的昏君，以使得六卿放松对他的警惕。下面我们会看到，前

538年时，晋平公想要拒绝楚灵王的请求，重新挑起晋楚战争；前533年时，晋平公抓住知悼子去世的机会，打算突然出击废掉知氏而立自己的嬖大夫为卿，这都是晋平公一直在隐忍等待时机的明证。

接下来，我们还可以仔细分析一下赵文子与晋平公大病的关系。其实，晋平公日夜宣淫，执政卿赵文子怎么可能不知道？纵欲过度会伤身患病，一个外国的卿大夫通过侧面打探的消息都已经推测出来了，国内的六卿难道会想不到？医和把话已经说得非常清楚了：执政卿赵文子实际上就是在纵容晋平公糟践自己的身体和名誉，完全没有像他的祖先赵宣子那样尽到劝谏匡正君主的职责。赵文子之所以这样做，恐怕不仅仅是因为自己身体状况差而带来的苟且偷安，很可能还有基于卿族领袖立场的深沉盘算：晋平公纵淫糟践自己的身体、败坏公室的声誉，正好可以反衬自己的贤德，巩固六大卿族把持国政的局面，因此，放纵晋平公又有什么坏处呢？

在此基础上，我们可以重构一下医和、晋平公、赵文子之间的"内心戏"：

医和在前往晋国前很可能接到了秦景公的指令，要求他在诊治疾病之外留心政治，意图试探晋国君臣的反应，从而了解晋国政局内情。医和到晋国之后，通过间接打听和与赵文子的直接接触，已经知道赵文子气血衰竭、命不久矣。于是，医和首先在宣布自己对晋平公诊断时故意多嘴说"贤良大臣即将死去，天命将不保佑这位大臣"，以试探晋平公的反映，看他是不是在谋划抓住机会有所行动。没想到晋平公虽然大病，心志仍然清明，他知道医和是在试探自己，于是不动声色地接着请教"女色不可以接近吗"，直接岔开了话题，没有暴露自己对于赵文子的态度。

医和出来之后，又把包括"贤良大臣即将死去"在内的话告诉赵文子，想要试探赵文子的反应。没想到赵文子虽然气血衰竭、但脑子仍然清醒：他首先装傻请教"谁对应那位贤良大臣"，在医和说了一大段刺激他的话之后，仍然不反驳、不辩解，而是不动声色接着请教"什么叫蛊"这样一个博物学问题，最终说"真是好医生啊"，把一直想挑事的医和客客气气地送了回去。

同年冬十二月，赵文子似乎知道自己大限已到，他回到位于晋国南部的赵氏核心城邑——温邑，在那里祭祀了赵氏首位成为卿官的先祖赵成子，然后就去世了。

韩宣子上位：调解矛盾助赵氏，出访盟国展风采

前541年底赵文子去世后，中军佐韩宣子向上晋升一位任中军师。从前537年的情况倒推，可知赵文子之子赵景子[1]代表赵氏进入六卿体系任中军佐，而上军、下军四卿没有发生变动。

---

1 赵景子，嬴姓，赵氏，名成，谥景，排行叔。赵文子之子。参见图17。

此时六卿领导班子的情况如下：

晋 六 卿 表
（前540年赵文子去世后）

位 次	官 职	人 名	族 属
一	中军帅	韩宣子	韩
二	中军佐	赵景子（？）*	赵
三	上军帅	中行穆子（？）	中行
四	上军佐	魏献子（？）	魏
五	下军帅	范献子（？）	范
六	下军佐	知悼子（？）	知

这里要插一句的是，赵文子的长子并不是赵景子，而是赵获[1]。一方面，从下文记载来看，赵获曾仗恃赵氏强盛而劝赵文子再次加入夺取州县的竞争，被赵文子当场喝退；而另一方面，据《国语·晋语九》记载，赵景子担任赵氏族长期间，"能够加强自身修养以延续先辈的功业，在国内没人说他的坏话；能够遵循美德来督促儿子学习，选择善言来教化儿子，选择好的师保来辅相儿子"，虽然没有取得赵文子那样大的功业，但其德行比赵获应该是要强很多。因此，有学者推测，赵文子应该是像当年赵姬坚持请求赵成子立赵宣子那样，遵循了"立贤"的原则，放弃了长子赵获，而立了相对而言更有贤德的赵景子[2]，其目的是为了防止庸人赵同、赵括导致赵氏灭族的悲剧重演。

1　赵获，嬴姓，赵氏，名获。赵文子之子。参见图17。
2　参见白国红（2007年）。

先前在赵文子即将去世时攻打白狄立下军功的上军帅中行穆子为什么没能递补成为中军佐？笔者怀疑情况可能是这样：

前541年夏天太原败狄之后，在赵文子去世后的卿班调整会议上，中行穆子和魏献子之间很可能发生了比较严重的争执：中行穆子强调自己顺位递补中军佐顺理成章，而且自己是大原之战的主帅；魏献子则强调正是因为自己先后两次献计才让晋军打败了群狄，自己是"劳心"而中行穆子是"劳力"，因此自己水平远在中行穆子之上，应该依据晋国"尊贤尚功"的传统越过中行穆子担任中军佐。这就是当年乐师旷所说的"臣下不用心力竞争而用蛮力竞争，不致力于积累德行而争抢善功"。

上军帅、佐争斗不已，严重影响六卿领导班子的稳定团结，因此韩宣子担任中军帅之后扮演了个"和事佬"的角色，以褒扬赵文子为晋国做出的杰出贡献为名，将中军佐职位给了赵文子的儿子赵景子。

韩宣子这样做，从公事层面说是调解了中行穆子和魏献子之间的矛盾，褒奖了大德功臣赵文子的后代，而从私事层面上说则是加强了韩、赵联盟，确保盟友赵氏的新族长赵景子起家就是中军佐，与自己搭档占据中军帅、佐的高位。韩宣子这种善于"公事私事一起办"的权谋手段在后面智取土地时得到更加淋漓尽致的体现。

韩宣子担任执政卿后，于前540年春天前往鲁国访问。他先到太史氏去观看书籍，见到了《易》《象》和《鲁春秋》，赞叹说："周礼的典籍都在鲁国啊！我到今天才算是真正知道了周公的大德，以及周人能够成就王业的原因。"

鲁昭公设享礼招待韩宣子一行。季武子朗诵了《绵》的最后一章[1]：

> 虞、芮不再相争，文王感化它们。
>
> 我有率下亲上之臣，我有相道前后之臣，
>
> 我有喻德宣誉之臣，我有抵御侵略之臣。

季武子朗诵此章，是把晋平公比作周文王，把韩宣子比作周文王辅臣。

韩宣子朗诵《角弓》[2]：

> 角弓绷紧弦，卸弦反向弯。
>
> 兄弟与姻亲，相亲莫疏远。
>
> 你若疏远亲戚，人民都学坏样。

---

1 《毛诗·大雅·绵》："虞芮质厥成，文王蹶厥生。予曰有疏附，予曰有先后，予曰有奔奏，予曰有御侮。"

2 《毛诗·小雅·角弓》："骍骍角弓，翩其反矣。兄弟昏姻，无胥远矣。尔之远矣，民胥然矣。尔之教矣，民胥傚矣。此令兄弟，绰绰有裕。不令兄弟，交相为瘉。民之无良，相怨一方。受爵不让，至于已斯亡。老马反为驹，不顾其后。如食宜饇，如酌孔取。毋教猱升木，如涂涂附。君子有徽猷，小人与属。雨雪瀌瀌，见晛曰消。莫肯下遗，式居娄骄。雨雪浮浮，见晛曰流。如蛮如髦，我是用忧。"

你若言传身教，人民都来效仿。

兄弟关系融洽，平安宽松少闲话。

兄弟关系紧张，互相残害成仇家。

如今民众不善良，遇事只知怨对方。

接受官爵无让心，事若关己道义丧。

老马反当马驹使，后果如何你不管。

如请吃饭应饱餐，如请喝酒该斟满。

猢狲上树不须教，如同墙上涂稠泥。

君子若能行善政，民众自然来归依。

雪花纷纷飘落，太阳一出消融。

小人对下不谦虚，举止神气太骄横。

纷纷雪花飘悠悠，太阳一出化水流。

小人无知如蛮夷，为此使我心烦忧。

韩宣子取"兄弟昏姻，无胥远矣"，表示姬姓兄弟国家应该互相亲近。韩宣子故意把季武子朗诵的《绵》不理解成对他自己的称赞，而是理解成"晋、鲁都是周邦的得力臣子"，然后通过朗诵《角弓》表明，晋、鲁这两个周邦臣子之间应该加强友好。

季武子下拜，说："谨敢拜谢您弥合我国的疏漏，我国君主有指望了。"季武子接着朗诵了《节》的最后一章[1]：

家父作诗吟诵，追究王室祸殃。

----

1 《毛诗·小雅·节南山》："家父作诵，以究王讻。式讹尔心，以畜万邦。"

但愿君心回转，蓄养天下万邦。

季武子朗诵这句诗，是称赞晋国的德行可以畜养万邦。

享礼结束后，在执政卿季氏家中举行宴礼。季氏家庭院中有一株很美好的大树，韩宣子见到后连声称赞。季武子说："我怎敢不培土养护好这树，以不忘您通过朗诵《角弓》表达的美好愿望。"季武子于是朗诵了《甘棠》[1]：

> 豆梨茂密高大，不要剪它砍它，召伯曾居树下。
> 豆梨茂密高大，不要剪它毁它，召伯曾息树下。
> 豆梨茂密高大，不要剪它拔它，召伯曾歇树下。

《甘棠》这首诗的主旨是怀念西周初期名臣召公奭，因此劝人不要砍伐召公生前曾在下休息过的甘棠树。季武子宣称要好好养护韩宣子仰观称赞过的树，然后朗诵这首诗，意思是把韩宣子比作召公奭。韩宣子应答说："我可担当不起，没法跟召公相比。"

韩宣子结束在鲁国的友好访问之后，就前往齐国继续访问。晋平公当时已经定下来要娶齐国公族女子为妃嫔，所以韩宣子此行的目的之一是向齐国公室送聘礼。

---

1 《毛诗·召南·甘棠》："蔽芾甘棠，勿翦勿伐，召伯所茇。蔽芾甘棠，勿翦勿败，召伯所憩。蔽芾甘棠，勿翦勿拜，召伯所说。"

作为访问的一部分，韩宣子会见齐卿公孙灶，公孙灶召来他的儿子栾施，让他见韩宣子。韩宣子说："这不是个能保住家族的主子，因为他有不臣之相。"韩宣子又会见了另一位齐卿公孙虿，公孙虿也让自己的儿子高强来见韩宣子，韩宣子又说了一样的预言。当时在场的卿大夫们都笑着说韩宣子危言耸听，只有贤臣晏子相信韩宣子的话，他说："这位是君子。君子说话是可信的，他是有所依据而得到这个结论的。"[1]

韩宣子后来还访问了卫国。

韩宣子在鲁国聘问期间与鲁诸卿非常和睦，但是到齐国之后却直言上卿公孙灶、公孙虿嗣子非保家之主，两家前途堪忧，除了出于君子的质直之外，可能是因为韩宣子的对齐外交策略是"原则上友好，但时时加以敲打"，因为齐国是晋联盟成员国中最不安分、时刻准备挑战晋国霸主地位的国家。当然，后来发生的史事证明韩宣子看人是很准的：前532年，栾氏、高氏与陈氏、鲍氏发生内战，栾、高战败，栾施、高强出奔到鲁国。

从韩宣子担任执政卿之后的首次出访表现来看，这时期的韩宣子既有文雅之风，这从他从容赋诗应对友邦君臣可以看出来；又有质直之气，这从他直言齐卿后代命运可以看出来；还有谋算之智，这从他对待鲁国和齐国态度的微妙差别，以及对栾施和高强的准确判断可以看出来；总而言之，是一位"文质彬彬"(文雅和质直搭得刚刚好)、智计水平很高的政治家。后面我们

---

1 《左传·昭公二年》："君子有信，其有以知之矣。"

会看到，当涉及家族核心利益——私邑的争夺时，韩宣子老谋深算的一面会展现得更加充分。

绥靖外交（一）：晋齐联姻交好，羊舌肸道破真相

韩宣子担任执政卿之后，继续贯彻赵文子定下的绥靖主义外交路线，致力于与齐、楚这两个大国和睦相处，从而给六大卿族各自发展私家实力提供一个相对和平稳定的国际环境。本节讲述晋国如何通过政治联姻来与长期竞争的齐国建立友好关系，下节讲述晋国如何放下身段，与长期敌对的楚国建立友好关系。

齐国公族女子少姜在前539年嫁给晋平公作妃嫔之后，深受晋平公宠爱，然而同年冬天就因为不明原因去世了。此时的齐景公希望与晋国继续保持和睦的政治联姻关系，于是马上派晏子到晋国，请求再送一位女子给晋平公做嫔妃。同年夏天，在先前访问齐国下聘礼的基础上，韩宣子再次前往齐国，为晋平公迎娶现任齐国君主齐景公的女儿作为嫡夫人。深得齐景公宠信的卿官公孙虿因为先前送到晋国的齐庄公女儿少姜很受宠爱，竟然用自己的女儿替换了齐景公的女儿嫁到晋国，而把齐景公的女儿嫁给了别人。有人对韩宣子说："子尾（公孙虿）[1]欺骗晋国，晋国为什么要接受呢？"韩宣子说："我们想要得到齐国，如果疏远齐侯的宠臣，齐国对晋国的尊

1　公孙虿字尾，所以称他"子尾"。

崇会到来吗？"

齐晋联姻"续约"谈判结束后，晏子参加晋国为他举行的宴礼。羊舌肸也参加了这次宴礼，在席间他和晏子谈起晋国当时的政局：

> 我们晋国的公室，如今已经到了末世了：
> 国君战车的马已经不再驾车，
> 诸卿已经不再率领公室军队；
> 公室的战车部队已经没有人了，
> 公室的士卒行列已经没有长官了。
> 庶民疲惫破败，
> 而国君和诸卿的宫殿楼台却越来越奢侈；
> 路上死人一个接一个，
> 而国君和诸卿的美女财富却多得溢出来；
> 民众听到国君的命令就躲避，
> 好像逃避杀人越货的贼人一样。
> 栾、郤、胥、先、狐、续、庆、伯各个公族，
> 地位已经下降为庶民；
> 国政旁落在各大卿族家中，
> 民众除了投靠卿族，找不到别的依靠。
> 国君一天天不知悔改，只知道以享乐来度过忧愁；
> 公室卑微如此，还能有多少时光？
> 《谗鼎之铭》上说："先辈凌晨就起床，功业伟大显赫，后代尚且不能继承，日渐懈怠。"况且这样一天天不知悔

改，怎么可能长久呢？**1**

范文子在前575年讨伐郑国前曾经深刻地指出，与晋国长期武力争斗的楚国，表面上看是制造外部忧患的敌对势力，实际上对于晋国内部维持一定程度的团结起到了至关重要的作用。如今，羊舌肸的陈述表明，在韩宣子继续执行对楚"绥靖主义"外交政策的背景下，范文子当年"国外安宁必定导致国内忧患"的预言在如下三个方面变成了现实：

第一，外部威胁解除，三军日渐废弛。

前546年晋楚弭兵之后，由于不再需要保持一支强大的国家军队随时准备南下与楚国及其仆从国交战，长期以来名义上归属公室、执行国家争霸战略的三军六师迅速滑向"名存实亡"的境地，出现了"戎马不驾，卿无军行；公乘无人，卒列无长"的衰败景象。"中军帅""下军佐"等卿官军职也逐渐失去了实职意义，以至于从前533年之后，《左传》再也没有记录过晋国六卿各自所担任的军职。不过，根据《左传》记载，前497年范—中行之乱前夕仍有"上军司马"的官职，这说明在六卿时代结束之前，中、上、下三军帅、佐的名分应该仍然存在，因此接下来本书仍然用三军帅、佐作为六卿时代的诸卿官称。从此之后，晋国诸卿发起的军事行动，主要是率领私家军队单独

---

1 《左传·昭公三年》："虽吾公室，今亦季世也：戎马不驾，卿无军行；公乘无人，卒列无长。庶民罢敝，而宫室滋侈；道殣相望，而女富溢尤；民闻公命，如逃寇仇。栾、郤、胥、原、狐、续、庆、伯，降在皂隶；政在家门，民无所依。君日不悛，以乐慆忧；公室之卑，其何日之有？《谗鼎之铭》曰：'昧旦丕显，后世犹怠。'况日不悛，其能久乎？"

或合作向外开疆拓土，从而增强家族实力；偶尔会用私家军队临时拼凑起一支国家军队，继续沿用三军帅、佐的名分，扮演中原盟主的角色。

第二，卿族启动"化家为国"，国家加速分裂。

从晋楚斗争"公事"中解放出来的各大卿族将主要精力投入到"化家为国"的事业中，它们想方设法分割霸占政府职权，通过攻灭戎狄开疆拓土或者巧取豪夺已有城邑的方式扩大私家领地，使得晋国滑向"卿族加速壮大、卿族间斗争逐渐激化、公室加速衰弱、国家加速分裂"的境地。从此以后的晋国就好像一位子宫里孕育着赵、魏、韩、范、中行、知六胞胎的"高危孕妇"，一方面母体在表面上看仍在变得越来越肥壮（因为各卿族都在开疆拓土、发展经济和军事实力），而另一方面母体脏器（公室）受到越来越大的挤压，逐渐丧失机能，生命垂危。这六胞胎一方面共同汲取着母体的营养，一方面在子宫里互相展开了越来越激烈的踢斗，最终范、中行、知三家胎死腹中，而赵、魏、韩三家撑破母体成为三个独立个体，"化家为国"事业取得最终胜利，而与此同时母体晋国则气绝身亡。

第三，君权再次塌陷，国君以乐惛忧。

到前539年时，晋国君主的权力已经经历了四次塌陷：

晋国君权第一次、也是决定性的塌陷发生在前636年晋文公改革之后。由于存量公室公邑和新占领土全部分配给了卿大夫，成为他们的私邑，公室丧失了全国最大地主的地位，而国君也相应丧失了基于公室直辖土地资源、管控卿族的硬实力。

如前所述，晋文公改革的完成，标志着卿族政治在晋国启动。

君权的第二次塌陷发生在前607年赵宣子弑晋灵公之后。这是以六卿为领袖的卿大夫群体第一次以弑君的方式展示自身对于晋国政权的掌控，而事后的"重构公族"改革巩固了卿大夫弑君的成果，并为来自异姓和远支同姓的卿族作为"公族"最终分裂国家铺平了道路。如前所述，赵宣子弑君和"重构公族"改革标志着卿族政治在晋国初步成形。

君权的第三次塌陷发生在前573年栾武子弑晋厉公之后。这是以六卿为领袖的卿大夫群体第二次以弑君的方式确认自身对晋国政权的掌控，从而彻底粉碎了后任晋国君主通过暴力方式夺回君权的希望。如前所述，栾武子弑君标志着卿族政治在晋国正式确立。

在君权第一次决定性塌陷之后，国君拥有权力的合理性主要来自如下需求：以六卿为核心的卿大夫群体仍然需要保持一定程度的团结，这样才能组成一个团队，来与卿大夫听命于楚王的楚国进行武力斗争。为了达到这个目的，卿大夫群体仍然需要一个具有一定权力的国君来担任最高调停人和裁判者。正是因为如此，所以我们可以看到这样两个现象：

（一）晋文公之后的历代晋国君主都非常重视巩固和振兴晋国霸业，积极实施会盟、讨伐等霸政行动，因为他们很清楚，霸业、霸政这些国家"公"事是国君（去世后称为"晋某公"）仍然拥有一定"公"权力的事业基础。

（二）晋景公、晋厉公、晋平公等国君正是充分行使了他们手上残存的权力，同时利用卿族之间的矛盾灭了赵氏（后复兴）、栾氏，而晋悼公还充分利用晋厉公被弑后卿族对国内局势失控的恐惧，以及自身过人的贤德，实现了君权的企稳回升。

然而，前546年晋楚弭兵之后，晋楚斗争事业的终结大大削弱了卿大夫群体保持团结一致的需求，从而导致国君进一步丧失作为国家最高调停人和裁判者的权威，君权因此遭遇第四次塌陷。

在此之后，国君和公室之所以还有必要存在，主要是因为六大卿族还没有发展到可以独立建国的程度，还需要"晋国"这一母体的庇护，而国家总需要有一个国君来行使各项礼仪功能，比如接见外国使节、主持国家祭祀等。晋平公正是因为不能忍受自己在任内经历君权第四次塌陷、变成更加"纯正"的傀儡，才在前541年一度自暴自弃、日夜宣淫以泄愤。

总而言之，晋楚弭兵协议的达成，标志着卿族政治模式完全成熟之后，开始寻求突破"卿家从属于诸侯国"这一基本设定，正式进入"化家为国"的异化阶段。

前面已经说过，晋文公改革之后，公室经费的主要来源就是卿大夫群体的贡赋。由于耗费最多的公室军队实际上已被裁撤，供养公室所需的总费用已经大大缩小。有意思的是，从后面晋平公兴建虒祁宫的记载来推测，"傀儡"晋平公用来营建公室、吃喝玩乐的经费还是非常充足的，这说明当时卿大夫群体很可能达成了一种"合力富养公室"的共识。如果我们只从六大卿族的角度考虑，这个共识的达成可能有如下三方面的原因：

第一，各卿族的领地不断壮大，经济实力不断增强，而供养一个礼仪性公室所需要的总费用远远小于先前，所以即使是"富养"，也并不会给各卿族造成更沉重的经济负担。

第二，充分满足晋平公的物质欲望，有助于消磨他的斗志，增加他试图作乱时的机会成本，从而防止他变成像晋灵公、晋厉公那样具有"极端主义思想"的"作乱暴君"。如果用财货能够豢养出温顺听话、好好演戏的傀儡君主，维持住晋国这个还不能丢弃的躯壳，这些财货花得也还算是有价值。

第三，晋平公之后的君主，从小就在"富养"的环境下长大，他们从来没有尝过君权在手的滋味，也根本不知道政治理想为何物，这样的傀儡君主大概率会成为沉溺于物质享受、无才无德的"昏君"，如此不仅能够一直保证君主不会作乱，而且能够反衬出六卿把持国政的合理性，何乐而不为？

在这样的时局下，卿大夫群体中最后一股支持维护公室的力量就是一直得到晋君重用的大夫族羊舌氏和祁氏。当晏子问起羊舌氏状况时，族长羊舌肸悲观地说："我的同宗十一族，只有羊舌氏还在了。我现在还没有像样的继承人。如今公室没有法度，我如果能得到善终就是侥幸，难道还指望能够接受后人的祭祀？"前514年，羊舌氏、祁氏被六卿设计一同剿灭，羊舌肸的预言不幸应验。

绥靖外交（二）：晋平公抗争无果，楚灵王正式称霸

前539年秋七月，郑国当国卿罕虎来到晋国，庆贺晋平公

娶夫人，并且告知韩宣子说："楚人每天派使者来我国询问，为什么我国君主还不去楚国朝见新即位的楚王。我国君主如果去，害怕贵国执政会用'你本来就有外心'的想法来揣度我国君主；我国君主如果不去，那么弭兵之盟又约定说'晋国和楚国的盟国互相去朝见对方的盟主'。我国无论是进还是退，都是罪过。我国君主因此派我来向贵国执政陈情。"

韩宣子派羊舌肸对答说："贵国君主如果屈尊，心里真有我国君主，人在楚国又有什么害处，不正是为了践行弭兵之盟的约定嘛。贵国君主如果能一直想着弭兵之盟，我国君主才能知道自己免于罪过了。贵国君主如果心里没有我国君主，就算是一天到晚屈尊到我国来朝见，我国君主也是会猜疑的。贵国君主既然确实有继续事奉我国的心，又何必要屈尊来我国请命呢？放心去吧！只要心里真有我国君主，人在楚国跟在晋国是一样的。"

得到晋国允许之后，前539年冬十月，郑简公在执政卿子产的陪同下前往楚国朝见楚灵王。到了前538年春正月，许悼公也前往楚国。楚灵王留下郑简公、许悼公在云梦泽[1]打猎，同时派大夫伍举到晋，请求允许楚国会合诸侯。

楚灵王为什么要提出这样的要求？如果我们回溯一下历史，前541年虢地会盟期间，当时的晋国执政卿赵文子采取绥靖主义的对楚政策，他那段为叔孙穆子说情的言论，实际上是在承

1　云梦泽见图五。

认楚国也是霸主 (参见第469页)。参加了虢地会盟之后，令尹王子围/楚灵王已经意识到，掌握晋国实权的六卿愿意承认楚国的霸主地位。为了进一步坐实楚国的霸主地位，楚灵王决定充分利用宋之盟的关键条款"尊晋国为盟主的诸侯到楚国访问"，直接请求晋国允许楚国在其境内组织诸侯会盟。由于召集和主持诸侯会盟是霸主的标志性职责，因此，晋平公如果同意让楚灵王在楚国组织有原晋联盟成员国参加的大型诸侯会盟，就相当于正式承认楚灵王是和自己具有同等权威的霸主，也就是在赵文子的基础上进一步承认"二霸并立"。

伍举到达晋国之后，在晋国朝廷上传达楚王使命说："昔日蒙贵国君主的恩惠，在宋国赐予盟誓，说'服从晋国和楚国的诸侯国互相访问'。因为年岁不太平，我国君王愿意和服从晋国的诸位国君交好，于是派我来请示服从晋国的诸侯国何时有闲暇。君主如果没有四方边境的顾虑，那么我国希望借您的尊荣向诸侯请求到楚地会盟。"

晋平公准备不答应。大夫女齐劝阻说："不可以。楚王正是自大凌人的时候，上天或者想要让他快意，以加厚他对楚国的毒害，然后降下惩罚，是不是这么安排，我们没法知道；上天也可能真让他能得以善终，是不是这么安排，我们也没法知道。晋、楚谁能胜过谁，全看上天帮助哪一方。晋国不可以在不明确天命所指的情况下与楚国竞争。君主还是答应他，同时修明德行，以等待楚王最后的归宿。如果楚王最后也归于美德，那我国都要去事奉他，何况其他诸侯国呢？如果他归于荒淫暴虐，楚国将抛弃他，我们又和谁争斗呢？"

晋平公还不甘心，反驳说："晋国有三个立于不败之地的因素，有谁能与我们匹敌？国家地势险要，这是一；马匹多，这是二；齐国、楚国多有祸难，这是三。有这三条，往哪个方向努力会不成功？"

女齐回答说：

"仗恃地势险要和马匹多，以及指望邻国的祸难，是三个招致危险的想法。

"四岳山、三涂山、阳城山、太室山、荆山、中南山[1]，是九州的险要之处，然而这些险地从古到今并不属于某一个姓的国家所有。冀州[2]北方的土地，是出产马的地方，然而那里并没有国家兴起。仗恃险要和马匹多，不能够真正成就坚固不破的态势，自古以来就是如此。因此先王致力于修明政德以事奉神和人，没有听说致力于险要和马匹的。[3]

"邻国的祸难，是不可以指望的。有的多次发生内部祸难却巩固了国家、开辟了疆土，有的没有内部祸难却丧亡了国家、失掉了疆土，怎么能指望祸难呢？[4]齐国发生了公孙无知的祸难而得到了齐桓公，到今天齐国还靠着他当年所建立霸业的余荫；我国发生里克、丕郑的祸难而得到了文公，因此成了盟主；卫国、邢国没有祸难，敌人也还是灭亡了它们。所以邻国

---

1 中南山、三涂山见图二。太室山见图二、图三、图五。阳城山见图三、图五。荆山见图五。

2 冀州，古九州之一。晋国核心区位于冀州南部。

3 《左传·昭公四年》："特险与马，不可以为固也，从古以然。是以先王务修德音以亨神、人，不闻其务险与马也。"

4 《左传·昭公四年》："邻国之难，不可虞也。或多难以固其国，启其疆土；或无难以丧其国，失其守宇。若何虞难？"

的祸难是不能指望的。

"仗恃这三条，而不去修明政德，挽救危亡还来不及，又怎么能够成功？您还是答应他们吧。商纣荒淫暴虐，文王惠爱和善，商朝因此灭亡，周朝因此兴起，难道只是因为谁争到了诸侯？"

晋平公不再坚持己见，让羊舌肸回答伍举说："我国君主由于有国家大事在身，因此不能在春秋时节与贵国君主会见。至于诸侯，贵国君主本来就拥有它们，何必还要屈尊来请求我国发布允许的命令？"其实也就是同意了楚灵王的请求，但同时表示，晋国本身不会参与此次会盟。伍举又进一步请求晋平公将女儿嫁给楚灵王，晋平公也答应了。

晋平公和女齐这番争论所掩盖的，是晋国君主和卿大夫群体之间的政治博弈。晋平公实际上想做的是拒绝楚灵王的请求，从而挑起与楚灵王的争端，然后以"重启晋楚战争"为抓手倒逼六卿重新重视公室军队建设，进而重振晋国霸业。他提出"三个立于不败之地的因素"，其实是在为自己的"主战"尽力鼓吹，强调现在与楚开战还是具备有利条件的（多马、齐楚多难），即使不幸战败，晋国"外有河水，内有太行山"的险要地势也能保证国家本身没有危险。

女齐实际上是一位同情晋平公的大夫，正是因为如此，他不希望晋平公去做这种没有意义的尝试，因为六卿如今的工作重点是发展壮大他们各自的家族。然而，他也不想直接指责六卿而引火上身，因此强调天命不明确、三因素不可靠，总之就是在不直指六卿过失的前提下，辩称晋国现在不能与楚国斗争，告诫晋平公不要折腾，老老实实地继续"修明政德"。晋平公、女齐都有意绕开六卿说事，正说明六卿不愿支持公室重振霸业才是问题的关键。

不过，晋国毕竟在过去一百多年都是正牌霸主，虽然六卿无心再团结起来与楚国武力斗争，但也都不愿意让楚灵王完全得逞。如果楚灵王真的办成一个不仅有南方各国参与、还有中原主要诸侯国参与的诸侯大会，那么仅就参与诸侯的广度而言，楚灵王的霸业就比历代晋侯还要更伟大，因为晋国举行的诸侯大会基本没有位于南方腹地的国家参与。因此，在回答楚国使者伍举时，晋人一方面说，"至于诸侯，贵国君主本来就拥有它们，何必还要屈尊来请求我国发布允许的命令"，好像是答应了楚人的请求；但是另一方面又说"我国君主由于有国家大事在身，因此不能在春秋时节与贵国君主会见"，表示晋国将不会派代表参加这次会盟。晋人的这个答复，其实是向晋联盟各诸侯国发出了一个明确的信号，那就是：你们的老盟主虽然为了维护和平而允许楚王会合诸侯，但实际上并不认可此次会盟，你们谁要是参加，那就是楚国"本来就拥有"的国家，也就是对晋国有二心，晋国都会记下的！晋楚停战能维持多久可说不好，因此，你们是不是要参加，自己掂量着办吧！

从前538年楚灵王组织的申之会实际参会情况看，晋联盟的大多数主要诸侯国（鲁、卫、曹、邾）都以各种借口推辞没有参会，即使是参会的宋国也"缺斤短两"只派了太子前去，可见晋国"瘦死的骆驼比马大"，仍然有不小的余威。

这边，晋平公在纠结是否要答应楚人会盟称霸的要求；那边，楚灵王向陪同郑简公的子产请教晋人将会如何应对。子产断定晋人一定会答应楚国的要求，他说："晋君安于现状，志向不在经营霸业、掌控诸侯。晋国的卿大夫们都有很多的欲求，没有谁会去匡扶国君重振霸业。况且宋之盟的约定又说'晋、楚两国友好如同一家'。晋君要是不允许君王，又能怎么样？"子产说晋平公安于现状、没有经营霸业的志向，这并不符合晋平公的真实心态，但是他指出晋国君权衰弱、卿大夫致力于满足各自的欲求，这种态势无法支撑晋国继续维持霸业，却是非常有见地的看法。

前538年夏天，楚灵王在楚国申县召开诸侯会盟，摆了一回"新科霸主"的谱。不过，有国君参会的国家中，许、徐、顿、胡、沈等南方小国本来就是楚国的长期盟国，滕、小邾是无关紧要的中原小国，蔡、陈、郑是在晋楚之间长期摇摆的主要诸侯国，只有宋国是中原主要诸侯国，碍于弭兵之盟组织者的身份派了太子参加，齐、晋、秦、鲁、卫、曹等其他中原主要诸侯国的国君都没有参会。

不过，楚灵王认为上述"南方诸侯为主，中原诸侯点缀"的出席情况已经达到了他的预期，他在会盟期间用的是齐桓公的礼仪，宣示楚国是接续春秋时期首位中原霸主齐桓公的法统，因此与同样接续齐桓公霸业法统的中原霸主晋国是并列关系，而不是传承关系。会盟结束之后，楚灵王率领诸侯讨伐吴国，又灭了赖国，把赖人迁徙到鄢[1]，还想把许国人迁徙到赖，颇有

1　徐、顿、胡、赖、鄢见图五。

运筹"南方一盘棋"的架势。

绥靖外交（三）：晋国高官送女，险遭楚王羞辱

前537年春天，晋平公亲自将女儿送到晋国南部边境地区。接下来，韩宣子在羊舌肸的陪同下，将晋平公的女儿送到楚国，以缔结两国有史以来的首次政治联姻。晋国使团途经郑国时，郑卿罕虎、游吉在索氏这个地方设宴慰劳。

在宴席上，游吉对羊舌肸说："楚王非常骄横自大，您恐怕需要提高警惕。"羊舌肸说："楚王如果真的非常骄横自大，那会给他自身带来灾祸，怎么能殃及他人呢？我们要尊奉着我们的财礼，慎重地保持我们的威仪；用诚信来守护我们的使命，用正礼来履行我们的使命；严肃认真地对待一件事的开始并且思考如何能得到好结果，这样的话，好结果就没有不能重复的。只要我们顺从而不丧失仪容，恭敬而不丧失威势；用先贤教训之辞来引导，用故旧成熟之法来奉行，用先王典范来考校，用晋楚二国的形势利害来权衡，楚王就算骄横自大，能拿我们怎么样？"[1]

晋国使团到达楚国之后，楚灵王在朝堂上对他的卿大夫说："晋国，是我们的仇敌。我只要能够实现羞辱晋国的愿望，就不去管其他的了。如今从晋国来的人，是上卿、上大夫。如果我能把韩起（韩宣子）的脚砍了让他给我看守城门，把羊舌肸阉

---

1 《左传·昭公五年》："从而不失仪，敬而不失威；道之以训辞，奉之以旧法，考之以先王，度之以二国，虽汏侈，若我何？"

割了让他给我看守内宫，这就足以侮辱晋国，我也就实现愿望了。可以吗？"

在场的卿大夫们一时语塞，没人敢回应楚灵王的话。过了一会儿，蘧启强说：

"可以。只要有充分的防备，为什么不可以？

"羞辱一个普通人都不可以不防备他报复，何况是羞辱一个国家呢？因此圣明的先王致力于践行礼制，而不谋求羞辱他人。[1]因此朝见聘问用珪，享宴进见用璋；小国有述职的规定，大国有巡狩的制度；行享礼时设置几却不倚靠，爵中酒满却不饮用；行宴礼时有友好的礼品，吃饭时有增加的菜肴；入境时有郊外的慰劳，离开时有赠送的财货，这都是礼的最高形式。国家败亡时，丧失了这种常道，祸乱就会发生。

"城濮之战后，晋国得胜而没有防备楚国报复，因此在邲地吃了败仗。邲之战后，楚国得胜而没有防备晋国报复，因此在鄢地吃了败仗。自从鄢之战以来，晋国从没有丧失防备，而且对楚国礼敬有加、和睦为重，因此楚国找不到理由报复，而只能请求和亲。现在已经得到了联姻的亲善关系，又想要羞辱他们以招致仇敌，该怎么防备他们报复？谁来承担这个责任？如果有能承担责任的人，羞辱他们是可以的；如果没有，君王还是考虑一下。

"晋国事奉君王，下臣认为很可以了：君王请求会合诸侯，诸侯们就一起来到；君王求婚，晋国就送来公室女子，国君亲

---

1 《左传·昭公五年》："耻匹夫不可以无备，况耻国乎？是以圣王务行礼，不求耻人。"

自送她到边境，上卿和上大夫护送到我国。如果还要羞辱他们，君王恐怕也要有所防备。

"不防备，怎么办？韩起（韩宣子）的下面，有赵成（赵景子）、中行吴（中行穆子）、魏舒（魏献子）、范鞅（范献子）、知盈（知悼子）五卿；叔向（羊舌肸）的下面，有祁午、张趯、籍谈、女齐、梁丙、张骼、辅跞、苗贲皇八大夫，都是诸侯想要选用的优秀人才。韩襄担任公族大夫，韩须（韩贞子）[1]接受命令而出使各国；箕襄、邢带、叔禽[2]、叔椒[3]、子羽[4]等韩氏族人，都各自掌管着一个大家族。韩氏征收赋税的七处城邑，都是大的县；羊舌氏下的羊舌赤、羊舌肸、羊舌鲋、羊舌虎四族，都是强盛的家族。

"晋人如果丧失了韩起、叔向，那么五卿、八大夫一定会辅佐着韩须、杨食我[5]，依靠着他们的十一个家族、九个县，出动九百辆长车毂的重型兵车讨伐楚国；其余的四十个县，将共出动四千辆兵车留守；晋人必然勇武愤怒，以军事行动来报复韩氏和羊舌氏所受的奇耻大辱。有伯华（羊舌赤）为他们出谋划策，有中行伯（中行穆子）、魏舒（魏献子）率领他们，恐怕没有不成功的道理。

"君王将要把亲善换成怨恨，做出严重无礼的事来招致仇敌，而又没有相应的防备。这样做就等于是让群臣把自己送过去任由晋人擒拿，从而满足君王的愿望，这有什么不可以的呢？"

---

1 韩贞子，姬姓，韩氏，名须，谥贞、平。韩宣子之子。参见图19。
2 叔禽，姬姓，韩氏，字禽，排行叔。韩宣子之子。参见图19。
3 叔椒，姬姓，韩氏，字椒，排行叔。韩宣子之子。参见图19。
4 子羽，姬姓，韩氏，字羽。韩宣子之子。参见图19。
5 杨食我，杨氏，出自羊舌氏，名食我。羊舌肸之子。

楚灵王说："这是我的过错，大夫不用再说了。"于是对韩宣子厚加优礼。楚灵王想要用羊舌肸不知道的事物来傲视他，然而羊舌肸都能对答如流，于是也只得对羊舌肸厚加优礼。

根据蓪启强谏言中所透露的信息，可知当时晋国六卿领导班子情况如下：

晋 六 卿 表
(前537年晋楚联姻时)

位　次	官　职	人　名	族　属
一	中军帅	韩宣子	韩
二	中军佐	赵景子	赵
三	上军帅	中行穆子	中行
四	上军佐	魏献子	魏
五	下军帅	范献子	范
六	下军佐	知悼子	知

前537年的这段记载，也是《左传》中最后一次完整列出晋国六卿的名字和排位。这提示我们，随着赵、魏、韩、范、中行、知六家逐渐由支撑晋国的六个卿族转变为在晋国母体内发育、缠斗的六个"准诸侯国"(参见第614页)，晋国赋予每个卿族族长的官职和排位也逐渐失去了意义。对每位族长来说，他的"国君"身份变得越来越重要，而"卿官"身份变得越来越空洞，真正决定他的政治前途的，首先是他所领导的"准诸侯国"的实力，然后是他与其他"准诸侯国"的友好/敌对关系。

此处蔫启强的谏言里提供了韩氏、羊舌氏私邑的信息，而《左传》关于前514年晋国灭羊舌氏、祁氏的记载也提供了这两家私邑的信息，根据这些可以对当时晋国卿大夫家族占据私邑的情况有些定量的理解：

家　族	前537年	前514年
韩氏	七县 + 其他私邑	/
羊舌氏	二县 + 其他私邑	全部私邑分为三县
祁氏	/	全部私邑分为七县
其他家族	四十县 + 其他私邑（含祁氏）	/

单从前537年情况看，当时晋国共有四十九县，其中光韩氏一家就占据了七县，由此可以推想，六大卿族作为一个整体应该已经占据了大部分的晋国土地。而从前514年情况看，晋国另外一股占据可观土地的势力就是政治上偏向公室的大夫族，最主要的就是最终被六卿设计灭掉的祁氏、羊舌氏，他们两家的全部私邑（县+其他私邑）经重新划分之后有十县之多。

羊舌氏和祁氏都不是卿族，他们之所以能够得到如此多的私邑，应该是由于族长羊舌肸和祁奚、祁午忠于公室，得到晋悼公—晋平公赏识，因此两代国君充分利用他们残存的君权，在分配新占领土时尽力支持对这两家的封赏。

不过，令人意外的是，这两族里拥有私邑更多的，竟然不是由德高望重的羊舌肸担任族长的羊舌氏，而是由相对低调的祁奚、祁午担任族长的祁氏。这可能与两人担任的职务有关：羊舌肸在晋悼公时期担任的是太子傅，在晋平公时期担任的是太傅，一直陪伴在国君左右，也有很多机会发表政见，所以在传世文献中记载较多，然而并没有多少"硬"实权。相比之下，祁奚、祁午担任的最主要官职都是中军尉，可以说是晋国君主在三军中较为稳定的代理人，虽然留在传世文献中的言行记载不多，但却是君主最为倚重的力量，所以君主自然要赏赐更多私邑加以笼络。比如说，据《国语·晋语八》的记载（参见第432页），前552年时，晋平公派祁午、阳毕去曲沃把栾怀子赶出了晋国，那次行动应该就是祁午带军队去执行的。

韩宣子智取土地（一）：名为服务国家战略，实为争夺州县土田

前539年夏四月，郑国君主郑简公前往中原霸主晋国，朝见晋平公。在接下来的外交活动中，辅相郑简公行礼的是在郑国六卿领导班子中排第三的公孙段（第一是当国卿罕虎，第二是执政卿子产），他也是郑国卿族丰氏[1]的族长。公孙段在整个活动过程中表现得非常恭敬谦卑，辅相的礼仪没有出现任何差错。晋平公对公孙段赞赏有加，当场授予他简策，说："你的父亲子丰（公子平）昔日对晋国有功劳，我听说之后一直不能忘记。我要赐给你晋国州县[2]的土田，来答谢你先父旧日的功勋。"公孙段马上行稽首礼两次，接受赐地简策后退了出去。

这次晋平公和郑卿公孙段之间的互动看似和谐美好，仔细

1　以父亲公子平的字"丰"为氏。
2　州见图二及图八。

推敲起来却令人疑窦丛生：

第一，位于晋国南部的州县与郑国不仅不接壤，中间还隔着一条河水，晋平公为什么要把这么一块郑人根本无法实际占有、有名无实的"飞地"赐给郑卿公孙段？

第二，晋国赏赐州县的理由也非常蹊跷。且不说《左传》等传世文献对于公子平（子丰）的旧日功勋没有任何记载，就算公子平真的对晋国有什么不为人知的重大功勋，那么，既然当时的晋国先君都没有赏赐公子平，为什么作为后辈的晋平公突然这么主动地赏赐他的儿子公孙段？

要解开这些疑团，我们得从当时的国际形势说起。七年前，晋、楚停战，像郑国这样长期被晋、楚反复争夺的"中间地带"小国也迎来了和平发展的战略机遇期。不过，晋、楚之间的竞争并没有停止，只是从"武斗"变成了"文斗"，而郑国仍然是晋、楚两国争夺的"绣球"：晋国希望郑国继续坚定地跟从自己，以向世人展示自己仍然是中原霸主；楚国则希望与郑国发展更密切的关系，体现自己对晋联盟成员国的影响力，从而抬高自己的南方霸主地位。晋、楚两国都有求于郑国，又都决定不再诉诸武力来达到目的，这就使得"拉拢渗透"成为两国对郑政策的"新常态"。

要拉拢郑国，该如何下手？楚国采取的策略是在郑国六卿领导班子里寻找一个合适的"代理人"，而他们盯上的人就是公孙段。为什么呢？

第一，公孙段位高权重，足以影响郑国政局。他在六卿领导班子里排第三，仅次于执政卿子产，是郑国高层实权人物，也是下一任执政卿的当然人选。

第二，公孙段是"有缝的蛋"，容易渗透拉拢。前543年，郑国六卿领导班子有了一个空缺，当执政卿子产派太史去任命候补的公孙段为卿官时，公孙段公开推辞。然而，太史刚退下，公孙段又派人出去请求太史任命自己。就这样表演了一出"三推三就"的戏码之后，公孙段才接受任命。公孙段渴求权势而又贪慕美名的性情，通过这件事情体现得淋漓尽致。

第三，公孙段和子产之间矛盾很深，因此可以通过操纵公孙段来破坏郑国高层团结，植入楚国的政治意志。在那次"三推三就"事件之后，子产非常厌恶公孙段的为人，两人之间从此有了嫌隙。后来，在子产发动的一次高层整风运动中，子产故意将公孙段大儿子丰卷的生活作风问题闹大，迫使"一把手"罕虎出面驱逐了丰卷，这无疑使得两人间的矛盾变得更加尖锐。

于是，就在丰卷在外流亡期间，楚国令尹王子围果断出手，在前541年亲自来到郑国，迎娶了公孙段的女儿为妻。成婚之后，公孙段就成了楚国第一大权臣王子围的岳父。就在同一年，早有不臣之心的王子围杀了楚王郏敖篡位成功，成为楚灵王。也就是说，在一年之内，公孙段从楚执政卿的岳父升级成为楚王的岳父。这样一来，公孙段可以倚仗女婿的势力提升自己在郑国六卿班子里的话语权，而楚灵王可以通过公孙段来干涉郑国内政使其偏向楚国，可以说是"各取所需，皆大欢喜"。

你娶公孙段女儿，我就送公孙段土地。在楚国"先下手为强"用联姻拉拢公孙段的背景下，晋国执政卿韩宣子向晋平公进言，请求找个冠冕堂皇的借口将州县赐给公孙段，而这样做的理由自然是服务于国家争霸战略，谋求在晋、楚"文斗"中扳回一局。实际上，这次郑简公前来晋国由公孙段负责相礼，公孙段相礼时格外恭敬让旁人挑不出毛病，晋平公因此"感动"而回忆起公孙段父亲旧日功劳，为了感谢旧日功劳而将州县赐给公孙段，所有这一切都应该是源自韩宣子编制、晋平公和公孙段事先都已经熟记于心的"脚本"，而公孙段在晋国朝堂上的出色表现也使得此次战略性的贿赂行动得以顺利完成。

那么，为什么赐予公孙段的是州县这块"飞地"，而不是位于晋、郑边境的其他城邑？这是因为，州县是晋国三大卿族韩氏、范氏、赵氏争夺的一块公有地产（公邑），而韩宣子提出将州县赐予公孙段，在明面上自然是为了增进国家利益，而在私底下则是为了最终拥有州县而走的一步"迂回棋"。

州县是一块有故事的土地。它本来属于东迁的周邦，前635年周襄王为了感谢晋文公的勤王之功，将它赐给了晋国。成为晋国领土之后，州县和毗邻的温县[1]曾经被合并成为一个县，后来又分成了两个县，单列的州县先后曾经是卿族郤氏、栾氏的私邑。前550年栾氏被灭族，州县又回到晋平公手中，暂时成为公邑。

当时，晋国六卿领导班子里排第一的是执政卿范宣子，排第二的是赵文子，排第三的是韩宣子，他们都想要得到这块刚

---

[1]　温见图二及图八。

充公的地产。在晋国君权衰弱、六卿领导班子实际控制朝政的背景下，如果他们三人能就州县归属问题达成一致，晋平公也只能点头同意。

在三方谈判现场，赵文子自信满满，首先发话。他说："曾经与州县合并在一起的温县，现在是我的私邑。"值得注意的是，温县还不只是赵氏的一个普通私邑，而是赵氏的核心城邑，相当于诸侯国的首都。赵文子的言下之意是，州县就在赵氏核心城邑旁边，而且跟赵氏核心城邑原本就是一体，因此我比任何人都更有理由获得州县。

没想到，两位宣子早就针对赵文子的这条理由做过驳斥的准备，他们说："自从郤称将温县和州县划分为两个县之后，州县已经单独传过三家了。晋国将一个县分成两部分，这种情况不止州县，有谁能按划分前的情况去占有治理它？"

作为赵氏灭而复立后的第一任族长，赵文子深知当年正是因为赵宣子过于强势得罪晋国公室和其他卿族，才导致赵氏在赵括担任族长期间一度被灭族。他看到自认为很有把握的理由已经被另外两位卿官驳倒，担心继续不讲道理地争斗下去，不仅会损害自己一直在着力培育的良好声誉，还有可能再将赵氏拖入风险无上限的卿族政治斗争中。此外，此时赵文子很可能已经开始谋划转变赵氏的发展战略，从争夺州县所在的"红海"地区转为开拓"蓝海"地区（详见下文）。因此，赵文子决定悬崖勒马，宣称放弃对州县的领地诉求，以高姿态退出了这场争夺。

两位宣子没有任何正当理由来压倒对方，知道这样争下去除了撕破脸武斗不会分出胜负，于是说："我们不可以对别人义正词严，然后自己又参与争夺州县。"于是两位宣子也都表示放弃，三方谈判就这样不了了之。

前548年范宣子去世，赵文子当上了晋国执政卿。他的长子赵获说："现在您大权在握，可以争取州县了。"赵文子说："你退下！那两位说的话，是合乎正义的。违背正义，是会遭祸的。我连自己现有的县都治理不好，又再多要个州县做什么？难道是为了招揽祸患吗？君子说：'最难办的是不懂道理。'如果懂了道理却不遵循它，那就没有更大的祸难了[1]。我们家族内部谁敢再提州县，必死！"也就是说，赵文子进一步明确了赵氏在这件事上的原则立场，那就是坚决避开围绕州县的卿族争斗。

前540年，赵文子去世，韩宣子继任晋国执政卿。到这时，当年与他争夺州县的赵文子、范宣子都已去世或告老退休，赵氏的接班人赵景子、范氏的接班人范献子在新一届六卿领导班子中分别排第二和第五，都是他的下级。韩宣子作为执政卿，有了主持国政的权力，可以更方便把自己的私事"夹带"到国事中去。

在介绍完前539年晋平公赏赐州县给公孙段的相关背景知识之后，让我们回过头分析这次赏赐行动本身。当时，楚国执政卿王子围已经先下手以联姻为手段拉拢公孙段，而在韩宣子看来，这正是一个可以"公事私事一起办"的绝佳机会。原来，

---

1 《左传·襄公八年》："君子曰：'弗知实难。'知而弗从，祸莫大焉。"

当时晋国各盟国的卿官往往会在晋国卿大夫中认一个"主"，也就是今天所说的"靠山"：小国卿官到晋国访问时，没有"主"的只能住在国家宾馆里，而有"主"的可以直接住到"主"家里。这种做法倒未必是什么见不得人的潜规则，而很可能是西周时周邦为了促进各诸侯国卿大夫友好往来的礼制遗存。像公孙段这样贪图权势利益的卿官，自然是要在晋国认一个"主"的，而他认的"主"正好就是韩宣子。

由于和公孙段有这么一层私人关系，所以韩宣子想出了一个打破州县归属纠纷僵局的妙计，那就是利用自己现在是晋国执政卿、公孙段会一心一意攀附自己的"势"，以服务于国家战略、通过赐地与楚国争夺公孙段为名，先把州县从没有归属、众人觊觎的公有资产转变为有明确归属、在"自己人"手里的封邑。这一步理由完全正当，其他有争夺之心的卿官也举不出什么正当理由来反对。由于公孙段根本没有可能真正占有州县这块"飞地"，所以他在这里面所起到的作用就相当于一个"保险柜"，将州县暂时保存起来，等待韩宣子日后找到更好的机会将其真正据为己有。

韩宣子智取土地（二）：勾心斗角拿下两县，巧取豪夺扩大领土

前535年，被晋、楚争相拉拢的公孙段去世。郑国执政卿子产抓住丰氏新族长丰施（公孙段小儿子）还没有树立起政治权威的窗口期，在同年访问晋国时，"代表"丰施把州县交给韩宣子，

说："先前贵国君主认为伯石[1](公孙段) 能够履行他的职责，因而赐给他州县的土田。如今伯石不幸去世了，没机会长久享受贵国君主的恩德。他的儿子不敢拥有州县，又不敢直接告诉贵国君主，私下里先把它交给您。"

韩宣子推辞不接受。子产说："古人有话说：'父亲砍了一堆柴，儿子背都背不动。'子旗[2](丰施) 唯恐不能承担先人的俸禄官职，更何况大国的恩赐。即使您执政的时候可以平安无事，以后如果晋、郑两国不巧有了边境方面的争执，我国获了罪，到了那时，曾受晋国重赏的丰氏恐怕就要接受大的惩罚。您取回州县，是免除了我国未来可能会犯的罪，而支持了丰氏。胆敢以此请您收下。"

韩宣子于是接受了州县的土地簿册，按照常规将其交给了晋平公。晋平公又把它回赐给了韩宣子。韩宣子表示，当初他和范宣子约定过两人都不要拥有州县，这块封地他是不方便接受的。然而国君的赐命也不好违抗，正好当时宋国执政卿乐大心也接受了晋国赐予的"飞地"原县，于是韩宣子和乐大心做交换，韩宣子得到了原县，而乐大心的"飞地"从原县变成了州县。

这一连串的资产运作背后，是子产、韩宣子、晋平公、乐大心之间微妙的政治博弈：

子产为什么要将州县交给韩宣子？这是因为，子产通过这

---

1 公孙段字石，排行伯，所以称他"伯石"。
2 丰施字旗，所以称他"子旗"。

样做，在国际政治层面消除了晋郑关系的隐患，拉近了与晋国执政卿的关系；在国内政治层面成功切断了丰氏与晋国之间的"代理人"联系，巩固了自己的执政卿地位。至于交还州县是丰施主动提出，还是子产强迫丰施同意，已经无从知晓，笔者倾向于后者。子产把州县交给韩宣子而不是晋平公，理由也完全是摆到台面上说的：直接把州县退还给晋平公，恐怕会有违抗晋平公先前赐命、蔑视晋平公的嫌疑，于是交给总领晋国朝政的执政卿韩宣子，请他酌情处理。

韩宣子为什么没有将州县直接据为己有，而是秉公办事将其交还给晋平公？这是因为，如果韩宣子就这么直接占有州县，范氏族长范献子很可能会重提当年他父亲范宣子与韩宣子达成过的"君子协定"，指出韩氏并不比范氏更有理由获得州县，进而指出韩宣子这样做是破坏旧日协定、以权谋私，因为子产将州县交给韩宣子的目的是通过韩宣子将其交还给晋平公，而不是将州县赠予韩宣子。那么，韩宣子难道就不怕晋平公把州县收归公室不再封赏给卿大夫，或者赐给其他卿大夫？事实上韩宣子是因为对于下一段讲到的晋平公思路了如指掌，知道晋平公一定会把州县再赏赐给他。

晋平公在接受韩宣子交还州县之后，为什么把州县又赐给韩宣子？从前面的叙述我们可以知道，晋平公并不甘心做一位傀儡君主，他虽然没有能力彻底改变当前晋国君权旁落卿大夫的格局，却也一直在寻找机会"挑动卿官斗卿官"，通过这种方式来破坏六卿集团的内部平衡，从而增强他作为"总调停人"的权威。晋平公将州县赐予韩宣子，在台面上说起来也合情合理：州县从很早开始就是卿族私邑，公室当下只是暂时托管，肯定要重新封赏出去。既然韩氏、范氏两家都没有什么特殊理由取得州县，那么当然就按照六卿排序将其赐给排在首位的韩宣子。而晋平公这样做的实际目的，是希望通过赐州县给韩宣子来激化韩宣子和范献子之间的矛盾，总之是把事情闹大，因为事情闹得越大对他越有利。

韩宣子当然明白，就这样接受晋平公赏赐、直接占有州县很可能会引起范献子的挑战，于是他走出了关键的第二步，那就是灵活诠释晋平公的指示精神，把到手的州县理解为一个国君恩赐、不好推脱的"土地占有额度"：既然和范宣子有言在先，约定韩氏、范氏都不得占有州县，那么韩宣子就通过与宋卿乐大心进行置换，让州县重新变成赐予外国执政卿、服务国家战略的"飞地"，而自己则最终获得了一个价值相当、而范献子完全没有理由质疑的原县。

最后，对于宋国执政卿乐大心而言，反正都是有名无实的"飞地"，帮助韩宣子完成扩大领地的资产运作，可以达到讨好晋国执政卿的目的，对宋国、对自身都有益无害，何乐而不为？

韩宣子在前535年得到原县之后，暂时归属宋卿乐大心的州县命运如何呢？根据《史记·韩世家》的记载，最终州县还是归了韩宣子。考虑到州县作为宋卿飞地的不稳定地位，韩宣子长期担任执政卿（前540年一直到前514年）所积累的权势，以及韩宣子假公济私进行资产运作的高超能力，这样的结局并不令人意外。

韩宣子最终拥有州县之后，又做了一个重大决定，那就是将韩氏的核心城邑迁到州县，也就是说，在韩宣子时期，位于南阳地区的州县成为韩氏的核心城邑。韩宣子去世后，他的儿子韩贞子又将核心城邑迁到位于临汾盆地的平阳[1]。这一系列行动奠定了韩氏占据晋国中南部的基本态势，而平阳也成为三家分晋后韩国的第一个都城。无论是南阳地区，还是临汾盆地，都属于晋国人口最密集、经济最发达的核心区，所以说韩国在三家分晋时分到的是晋国母体最为肥美的一部分。

　　这里说到了韩氏在春秋晚期的核心城邑所在，也就顺带说说三家分晋的另外两家——赵氏和魏氏的情况。实际上，对于当时都想要扩大私人领地、"化家为国"的六大卿族来说，他们有两个地缘发展战略可以选择：

　　一个是"红海"战略，也就是走一条"内卷"的路，留在经济发达、人口密集的晋国中南部地区（临汾盆地、运城盆地和南阳地区），运用各种手段与其他卿族争夺该地区开发程度已经很高的城邑和农田。一直选择这个战略的除了韩氏，还有魏氏、知氏[2]。

　　一个是"蓝海"战略，也就是走一条"外翻"的路，跳出晋国中南部发达地区，在地广人稀的边境地区驱逐戎狄、开疆拓土，将新开拓的疆土变成自己的私邑，然后从头开垦新农田、建设新城邑。由于晋国西边是河水和秦国，南边是中原主要诸

1　平阳见图二及图八。
2　临汾盆地、运城盆地见图六、图八。

侯国，所以"蓝海"战略开疆拓土主要在两个方向，一个是"北上"，就是向北占据没有其他主要诸侯国控制的太原盆地、忻定盆地及其周边地区，还有一个是"东进"，就是向东占据没有其他主要诸侯国控制的长治盆地及其周边地区；再向东越过太行山脉，占据没有其他主要诸侯国控制的河北平原。选择了这个战略的有赵氏、范氏、中行氏[1]。

一、赵氏

如前所述，在地缘上最有理据拥有州县的赵文子决定退出对州县的争夺，这与赵文子想要进一步调整赵氏的地缘发展战略有密切关系。

赵氏的核心城邑原本是位于"红海"南阳地区的温县。赵氏踏上开拓"蓝海"的征程，正是在赵文子时期。前581年赵氏重新立族，"赵氏孤儿"赵文子担任整个赵氏的族长，以及赵氏大宗的宗主。当时赵氏内部最大的矛盾，就是赵氏大宗（赵成子—赵宣子支族）和赵氏小宗（赵夙支族）之间的矛盾。为了缓解这个矛盾，赵文子主动指派或是被动允许赵氏小宗离开"红海"地区，前往"蓝海"河北平原开拓自己的根据地。赵氏小宗也很争气，到前550年时，已经在河北平原上建立了邯郸邑[2]。

受到赵氏小宗成功开拓"蓝海"地区的鼓舞，赵文子担

1　太原盆地、忻定盆地、长治盆地、太行山见图六、图八。
2　邯郸见图二及图八。

任宗主的赵氏大宗也开始筹划"蓝海"战略,他盯上的地盘是临汾盆地以北的太原盆地。正是在这样的背景下,我们才可以理解,为什么前550至前540年间赵、韩、范三家就州县归属展开博弈时,赵文子发现形势不妙,马上决定高姿态退出。不过,赵文子去世前夕,赵氏的核心城邑还是南阳地区紧贴州县的温县。

到了赵文子之孙赵简子担任赵氏族长和大宗宗主的时期,赵氏大宗全面实施"蓝海"战略,赵氏的核心城邑已经向北迁徙到了太原盆地北部的晋阳,并且与位于太原盆地以北的代国[1]通婚。赵文子、赵景子、赵简子的一系列行动奠定了赵氏雄踞晋国北部的基本态势,而晋阳在三家分晋之后也成为赵国的第一个都城。

二、魏氏

与韩氏相似,魏氏选择的是"红海"战略。据《史记·魏世家》,前563年晋悼公赏赐魏庄子金石之乐后,魏庄子将核心城邑从位于平阳北部的霍迁到位于平阳西南的安邑[2],也就是从"红海"地区的北部边缘迁到了中南部腹地。这次迁徙奠定了魏氏占据晋国中南部的基本态势,而安邑在三家分晋之后也成为魏国的第一个都城。

---

1 晋阳、代见图二。晋阳又见图八。
2 霍、安邑见图二及图八。

晋平公最后四年：忧心霸业，兴作宫室，欲废知氏

晋楚联姻同年（前539年），楚灵王召集诸侯讨伐吴国。前536年，楚国又出兵讨伐吴国。前535年，楚灵王耗费大量人力物力修筑的"超级建筑"章华台落成，晋联盟长期成员国鲁国君主鲁昭公专程前去参加落成典礼。

前535年，就在楚灵王称霸南方的事业风生水起的时候，晋平公又病倒了。在他卧病在床期间，郑国执政卿子产来到晋国访问。六年前，子产对晋平公病因的精准分析已经使他深得晋国君臣的信任（参见第480页），因此这次韩宣子亲自迎接他，私下会面时向他请教道："我国君主卧病在床，到现在已经三个月了。名山大川都去祭祀过了，但是病情却只有加重而没有减轻。如今梦见黄熊进入寝宫的门，这是什么厉鬼？"子产回答说："贵国君主英明，加上您执掌大政，哪里会有什么厉鬼？昔日唐尧在羽山杀死了夏禹之父鲧，鲧的神灵化作黄熊潜入到羽山下的深渊中。鲧是夏朝郊祭天地时配享的对象，夏、商、周三代王室都祭祀他。如今晋国是盟主，大概可能是因为没有祭祀鲧的缘故吧？"韩宣子马上组织祭祀鲧。晋平公病情果真有所好转，于是把莒国的两个方鼎赐给子产。

这个事件在《国语·晋语八》里也有记载：

> 郑简公派子产来到晋国访问。晋平公患病，韩宣子帮助安排客人到宾馆住下。

客人问起君主的病情，宣子回答说："我国君主生病已经很久了，天上地下的神灵都祭祀了个遍，但病始终不见消除。如今梦见黄熊进入寝宫的门，不知道这是预示着杀人呢，还是厉鬼作祟呢？"子产说："以贵国君主的贤明，加上您主持国家大政，哪会有什么厉鬼？我听说，以前鲧违背了虞帝的命令，被杀死在羽山，化成了黄熊，进入羽山下的深渊，他的儿子禹拥有天下之后，鲧成为夏朝郊祭天地时配享的神灵，夏、商、周三代王室都举行这个祭祀。鬼神所涉及的，不是他的同族，就是与他同样地位的人，所以天子祭祀上帝，公侯祭祀有大功勋的公侯，从卿以下不过祭祀自己的亲族。如今周邦逐渐衰微，晋国实际上继承了它的地位，恐怕是因为没有祭祀夏代郊祭配享的神灵吧？"

宣子把子产的话报告给了晋平公，于是祭祀夏代郊祭配享的神灵，董伯作为祭祀的尸**1**。五天以后，平公病情好转，接见了子产，赐给他莒鼎。

晋平公病情好转真的是因为鲧的神灵得到了祭祀（食物）吗？要揭开这件事情的真相，要从理解《左传》和《国语》版本中的这句关键的话开始：

> 如今晋国是盟主，大概可能是因为没有祭祀鲧的缘故吧？（《左传》）

1　古代祭祀时，象征死者、代死者受祭祀的活人称为"尸"，一般由臣下或死者的晚辈担任。

如今周邦逐渐衰微，晋国实际上继承了它的地位，恐怕是因为没有祭祀夏代郊祭配享的神灵吧？（《国语》）

两句话读起来都有些突兀，这是因为子产真正想要传达的信息是不能明说的。如果把子产不能明说但晋平公完全能够意会的部分补足出来，大概是这个样子：

如今晋国是盟主，[而周邦逐渐衰微，晋国实际上已经取代了周邦，因此鲧期待晋国能接替周邦来祭祀他（给他食物）。君主如今被黄熊折磨，]大概可能是因为没有祭祀鲧的缘故吧？（《左传》）

如今周邦逐渐衰微，晋国实际上继承了它的地位，[因此鲧期待晋国能够接替周邦祭祀他（给他食物）。如今君主被黄熊折磨，]恐怕是因为没有祭祀夏代郊祭配享的神灵吧？

（《国语》）

可以看出，《左传》版本更加隐晦，而《国语》版本实际上是把子产的真实意思更多地表露了出来。笔者认为《左传》版本可能更接近于子产的原话，而《国语》版本是为了便于读者理解而进行了部分"剧透"。

无论哪个版本，子产想表达的意思都是很清楚的：晋国是中原诸侯实际上的共主，其地位相当于西周时的周邦，因此鲧的神灵黄熊会找上门来，通过以病痛折磨晋平公来要求晋国祭祀它（给它食物）。这看起来是在煞有介事地通过解梦来诊断晋平公的病因，实际上是在用一种非常曲折的方式吹捧晋国：虽然表面上晋国还要打着"尊奉周王"的霸主旗号来召集诸侯，但是鲧的神灵可是不受周礼约束的，它只管找和三代王室相匹敌的、真正能好好祭祀它的国家求食。也就是说，晋国接替周邦作为天下共主的政治地位，在神灵看来是毋庸置疑的，而且在当下是仍然有效的。

如果我们坚持无神论的立场，不相信晋平公生病真是因为鲧的神灵折磨他的话，那么最靠谱的解释可能是：晋平公的体病是由于心病引起的，而他的心病就是楚灵王统一南方的事业气势如虹，而晋国内政日渐分裂、霸业日渐衰颓。子产这番头头是道的"神分析"，一方面给了黄熊之梦一个"有理有据"的解释，一方面还给晋平公加油打气，告诉他虽然楚国看起来有取代晋国成为天下共主的气势，但全知全能的神灵仍然认定晋国是接替周邦的天下共主，并没有抛弃晋国而选择楚国。人在生病时特别容易相信鬼神之事（直到今天仍是如此），晋平公听到这么一套说到点子上的宽心话，心病自然得到缓解，体病好转也就是情理之中的事了。

大概从前535年夏天起，从心病中恢复过来、不折腾就难受的晋平公又把精力转移到宫室建设上来，开始在首都地区大兴土木建设虒祁宫。到前534年春天的时候，晋邑魏榆[1]的官员来都城报告说，他们那里的一块大石头说话了。晋平公问乐师

1　魏榆见图二。

旷：“石头为什么会说话？”乐师旷回答说："石头不能说话，可能是有东西依凭着它说话。不然的话，就是民众听错了。不过臣下又曾听说：'兴作大事不避农时，怨言在民众中涌动，就会有不会说话的物体说话。'如今宫殿高大奢侈，民力凋敝耗尽，怨言四起，没有人能确保自己的生活。在这种情形下，石头说话，不也是合适的吗？"

羊舌肸听到乐师旷的谏言后赞叹说："子野（乐师旷）[1]的话，是君子该说的啊！君子的话，本身合于道理，使人当时就觉得可信，而且有征验。小人的话，本身就不可信，而且没有征验。[2]《诗》说'不会说话多么伤心，话从他舌头上出来，只会劳累他自己。会说话多么美好，漂亮话好像流水，使他自己安居休息'，说的就是这个意思吧！这个宫殿建成之后，诸侯一定会背叛晋国，我国君主也一定会有灾祸，他老人家（指乐师旷）是知道的。"

前533年，下军佐知悼子到齐国去为自己迎娶夫人，回来的时候突发疾病，夏六月在卫地戏阳[3]去世。知悼子的遗体被运回晋国都城停棺待葬。

在知悼子还没下葬的某一天，晋平公在公宫喝酒奏乐。这时，膳宰屠蒯快步进入，请求辅助晋平公斟酒。晋平公答应了，

1　乐师旷字野，故羊舌肸尊称他为"子野"。
2　《左传·昭公八年》："君子之言，信而有征，故怨远于其身。小人之言，僭而无征，故怨咎及之。"
3　戏阳见图三。

于是屠蒯倒了一杯酒罚乐工喝,说:"你就像国君的耳朵,是主管耳聪的。地支为子、卯的日子,称为忌日。在这些日子国君会撤去宴席奏乐,学习音乐的人停止练习奏乐,因为是忌日的缘故。国君的卿官辅佐,就像国君的大腿、胳膊。如果在平常的忌日尚且要撤去宴席奏乐,大腿、胳膊有了亏损,有什么哀痛能比得上呢?怎么还能饮宴奏乐呢?你不让国君听到这些正确意见而为他奏乐,这是你导致国君耳不聪啊。"

屠蒯又倒了一杯酒罚嬖大夫嬖叔喝,说:"你就像国君的眼睛,是主管目明的。服饰用来表现礼仪,礼仪用来指导行事,事情有不同的类别,不同的类别有其相应的仪容要求。[1]如今国君的仪容和事情的类别不符,而你却没看见,这是你导致国君目不明啊。"

屠蒯又自罚一杯,说:"食物的滋味用来通行气,气用来充实心志,心志用来确定言语,言语用来发出命令。[2]臣下是主管滋味的,乐工和嬖大夫失职,而国君却没有发出正确的命令来制止他们,这是臣下的罪过。"

晋平公心悦诚服,于是命令撤去宴席和奏乐。

笔者认为,晋平公这次和嬖大夫嬖叔饮酒作乐跟知悼子的去世恐怕还真有直接关系,因为他想要庆祝自己终于等来了一个有可能向六卿体系"掺沙子"的机会。这是因为,按照《左传》的记载,晋平公打算趁着知悼子去世的机会突然出击,利用他还拥有的残存君权废掉在六大卿族中最弱势的知氏,然后

---

1 《左传·昭公九年》:"服以旌礼,礼以行事,事有其物,物有其容。"
2 《左传·昭公九年》:"味以行气,气以实志,志以定言,言以出令。"

任命他的嬖大夫接替知悼子担任下军佐。在这层背景下，屠蒯劝谏时强调卿官是国君的大腿、胳膊，其真实用意并不是赞美知悼子等卿官辅佐国君如何有功（因为这与六卿专横、削弱公室的实际情况完全不符），而更多的是点醒晋平公，希望他意识到知氏和其他卿族实力雄厚，国君的细胳膊是掰不过这些大腿、胳膊的，还是收起幻想、小心行事为好，不然的话很可能会重蹈晋灵公、晋厉公的覆辙。

晋平公最终决定不再挣扎，于是在秋八月任命知悼子的儿子知文子接替他父亲担任下军佐，以此来为先前的失礼行为向知氏表示歉意。晋平公的突然出击和悬崖勒马，再次证明他内心中的英明其实一直没有泯灭。此时六卿领导班子情况如下：

晋 六 卿 表
（前533年知文子继任时）

位　次	官　职	人　名	族　属
一	中军帅	韩宣子	韩
二	中军佐	赵景子（？）	赵
三	上军帅	中行穆子（？）	中行
四	上军佐	魏献子（？）	魏
五	下军帅	范献子（？）	范
六	下军佐	知文子*	知

前532年秋七月三日，放弃最后一搏、心灰意冷的晋平公去世。

八、昭顷时期：两大卿族集团形成 化家为国深化

晋政多门，贰偷之不暇，何暇讨？

——子产

幼主临朝六卿秉政，平丘之会恫吓诸侯

前531年，晋平公的儿子公子夷正式即位，就是晋昭公。由于前526年鲁国大夫子服昭伯说"晋君还很年轻"，可以推知前531年时晋昭公年纪更小，应该是一位少年。这样一来，六卿更加名正言顺地架空国君、把持国政，晋国在晋平公去世之后第一次出现"傀儡少主在位，六卿分治国政"的局面。

前530年夏，齐景公、卫灵公、郑定公到晋国朝见晋昭公。晋昭公设享礼款待各位诸侯，随后又设宴礼款待齐景公，上军帅中行穆子担任相礼。宴礼上举行投壶[1]。

晋昭公先投时，中行穆子祝愿说："有酒像淮水，有肉像高丘。我君这次投中，必能统帅诸侯！"晋昭公投中了。

齐景公举起箭，祝愿说："有酒像渑水[2]，有肉像丘陵。寡人这次投中，代替晋君盛兴！"齐景公也投中了。

晋大夫士文伯对中行穆子说："您说错话了。我们本来就是诸侯之长，为什么要在投壶中强调？难道是真把投中当作灵异的事情？齐景公会因此瞧不起我们国君，这次他回去后，不会再来朝见了！"

中行穆子争辩说："我们军队统帅强劲有力，步兵、车兵争相勉励，今天就像当年一样，齐国敢干什么呢？"

1　投壶，即投箭入壶。宾主依次以箭投入壶中，以竹筹计数，投中多者胜，胜者酌酒罚负者饮。
2　渑水见昭图四。

陪同齐景公的齐大夫公孙傁担心局势失控，快步上前说：
"天色晚了，国君累了，可以出去了！"赶紧带着齐景公出去了。

从这次不大不小的外交事故可以看出，东土大国齐国此时
又在蠢蠢欲动，想要抓住楚国霸业昌盛、晋国"幼主临朝"的
时机对晋国的霸主地位再度发起挑战。

自前546年晋楚停战以来，晋国的中原霸业一直在走下坡
路，而楚国的统一南方事业则一路高歌猛进：

前541年虢之会，晋执政卿赵文子在设法营救鲁卿叔孙穆
子时主动尊奉楚国为霸主。

前538年，晋平公无奈答应楚灵王会合诸侯及联姻的要求。
同年夏天楚灵王举行申之会，会后又率领诸侯讨伐晋国在南方
的战略合作伙伴——吴国，晋国不能救。

前537年晋国君主、高官接力将公室女子送到楚国成婚，
还差点遭受楚灵王羞辱。

前536年楚国再次出兵攻打吴国，晋国不能救。

前534年楚王子弃疾率师灭陈国（中原主要诸侯国），设立陈县，
晋国不能救。

前531年楚灵王诱杀蔡灵公，随后灭蔡国（中原主要诸侯国），设
立蔡县，晋国不能救。

前530年楚灵王率军攻打徐国，打算最终逼降或灭掉吴国。

然而，就在楚灵王马上就要灭掉吴国、统一南方之际，前
529年，楚国内部发生严重内乱，楚灵王上吊自杀，他的幼弟
王子弃疾自立为君，就是楚平王。楚平王上台之后，马上改弦

更张，允许先前被楚灵王所灭的陈、蔡、许、胡、沈、道、房、申[1]等国复国。这标志着楚国的国家战略从"进取扩张"转变为"保守维持"，不再咄咄逼人地推进"进取扩张、转型升级"的宏业。

晋国六卿虽然已不可能团结一致与楚国争霸，但也绝不会放过老对手突然主动退缩的天赐良机。此时，诸侯由于晋国大兴土木而离心离德，而鲁国又在三年前悍然入侵莒国夺取了郓地[2]，晋国想要率领诸侯讨伐鲁国。在这种形势下，羊舌肸提出"不可以不向诸侯展现我们晋国的威力"，于是晋人在前529年向所有中原盟国发出举行大会的通知，随后告知了南方的吴国。

秋天，晋昭公来到良地[3]，打算按照事先的约定与吴王夷末会面。然而，吴王夷末以水路不通畅为由推辞，晋昭公无功而返。良地距晋国远而距吴国近，而吴王夷末仍然婉拒会面，足见当时的形势已经不是中原霸主晋国支援南方新兴国家吴国开辟"第二战场"对抗楚国，而是颓势已现的晋国需要依靠发展势头迅猛的吴国来维持自己的霸主地位。

秋七月二十九日，晋人在邾国南部集结军队。随后，晋昭公召集周邦代表刘献公及宋、卫、郑、曹、莒、邾、滕、薛、杞、小邾等国君主在平丘[4]举行会盟。为了扭转晋楚停战以来晋

1 道、房见图五。蔡复国后，都城迁于新蔡，见图五"蔡2"。许复国后，都城迁于叶，见图五"许4"。
2 郓见图四。
3 良见图五。
4 平丘见图二。

国霸业衰颓的负面形象,继续震慑住中原诸侯,晋国六卿罕见地达成共识,从各卿大夫家族征调了四千辆兵车,拼凑出一支强大的"国家军队",来参加这次会盟。从前537年蓬启强的描述可知,晋国当时所有县的军队整体规模在四千九百辆兵车左右,所以这次晋人可以说是倾巢出动。

在平丘之会上,齐人提出不愿重温旧日盟约。羊舌肸说:"诸侯与晋国有嫌隙了!不可以不向诸侯示威!"秋八月四日,晋人当着诸侯的面开始操练军队,竖起军前大旗而不系飘带,表示仅为检阅。五日,晋人在大旗上系上飘带,表示将要用兵讨伐不听命的诸侯,这让诸侯代表(特别是齐国代表)非常害怕。

此后,莒人、邾人控诉鲁国欺凌他们,晋人认可了莒、邾的控诉,派羊舌肸到鲁国营地通知说,鲁昭公将没有资格参与随后举行的盟誓。当鲁方提出抗辩时,羊舌肸赤裸裸地威胁鲁国说:"我国君主有四千辆战车摆在这里,就算是推行无道的政策,也是值得畏惧的。何况我国很讲道理,谁能抵抗我国呢?牛虽然瘦了,如果扑倒在小猪身上,难道还怕小猪不死吗?"[1]鲁人害怕了,于是不再辩解。

八月七日,就在这种"以力服人"的压抑氛围中,诸侯在平丘举行盟誓,齐国表示愿意服从晋国。

晋国六卿采取这种武力恫吓的粗暴方式来对待诸侯,说明他们已经抛弃齐桓公创立的、"以德服人"作为核心原则的霸主之道,转而为明目张胆的"以力服人"。从这时起的晋国霸道,

---

1 《左传·昭公十三年》:"牛虽瘠,偾于豚上,其畏不死?"

已经很接近于我们现在所说的"横行霸道"的"霸道"。如前所述，这是因为此时晋国各大卿族真正关心的是瓜分晋国政权、壮大本族实力，已经没有"以德服人"长久维持晋国霸业的打算。正如郑卿子产在平丘之会期间对本国卿大夫所说的那样，"眼下晋国的政令出自众多卿族之门，卿族各怀鬼胎、苟且偷安都来不及，哪有闲暇团结一致来认真讨伐诸侯的罪过？"

中行穆子扫荡白狄，攻占昔阳上演闹剧

对于晋国各大卿族来说，他们在一件事情上还算是有较强的共识，那就是消灭和驱逐晋国周边的戎狄，占领他们的居地，因为这样能为各卿族提供新的土地资源。当然，在战争中起主要作用的卿族在事后瓜分土地的博弈中自然会具有比较大的话语权，比如说，接下来重点讲述的白狄居地，后来就主要成为中行氏的领地。

当下晋人开疆拓土的焦点，是晋国东北方向的白狄居地[1]，位于太行山以东的河北平原。生活在这里的白狄是从晋国以西的原居住地迁徙而来，形成了一个小的国家联盟，盟主是鲜虞国，属国包括肥国、鼓国[2]等。春秋晚期，已经占据了太行山以西土地的晋人向东越过太行山脉，计划通过战争逐步将河北平原纳入晋国疆域，或者准确点说，纳入赵氏、中行氏、范氏等卿族的领地范围。

1　白狄居地的地理形势参见图八。
2　鲜虞（鲜虞1）、肥、鼓（昔阳）见图二。肥、鼓又见图八。

前530年齐景公朝见风波后不久，中行穆子率领军队假装要与齐国军队会合，向鲜虞国借道，在进入白狄地区后，突然发起攻击，攻入鲜虞属国鼓国的都城昔阳。这已经不是晋人第一次用这种诈谋来攻打小国：春秋前期，前655年，晋献公向虞国借道以讨伐虢国[1]。在灭亡虢国之后，晋军回国路上再次途经虞国，大摇大摆地住进虞国都城里的宾馆，然后从宾馆突然起兵，没费什么力气就拿下了虞国。

前530年秋八月十日，中行穆子率领军队灭了鲜虞的另外一个属国肥国，俘虏了君主肥子绵皋回到晋国都城。

前530年平丘之会后，鲜虞人听说晋军为了这次盟会倾巢出动，认为晋人在这段时间内不会讨伐白狄，因此不在边境加强警戒，甚至不设防备。没想到晋人在平丘之会结束后，带着军队回国到了著雍时，中行穆子突然带着一支军队又北上入侵鲜虞国，一直打到了中人[2]，取得大胜。

前527年，中行穆子再次率师讨伐白狄，包围了鼓国的都城昔阳。有鼓人出城来联络晋军，请求与晋军里应外合拿下昔阳城，没想到中行穆子不答应。左右军吏说："利用鼓人叛徒能让将士们不必劳顿就可以获得城邑，为什么不做呢？"中行穆子说："我听叔向（羊舌肸）说：'喜好和厌恶都没有过错，民众知道行动的方向，政事就都能成功。'[3]如果晋国有人要拿着我们的

1　虞、虢（西虢）见图二。
2　中人见图二。
3　《左传·昭公十五年》："好恶不愆，民知所适，事无不济。"

城邑去叛变投敌，我们肯定是非常厌恶的。别人拿着城邑过来，我们为什么又喜好呢？如果奖赏我们应该厌恶的人，那对我们应该喜好的人又怎么办？如果不奖赏的话，那就是丧失诚信，又怎么庇护民众？[1]我们力量足够就前进，不够就后退，量力而行。不可以为了想要城邑而亲近奸邪，这样的话丧失的东西更多。"于是要求鼓人杀了叛徒并且修治守备。

这样包围鼓国三个月之后，有鼓人出来请求投降。中行穆子对他们说："你们的脸色并不像是断粮的样子，姑且回去继续修补你们的城墙。"军吏说："能够获得城邑却不获取，让民众劳顿、兵器折损，这还怎么事奉君主？"中行穆子说："我这样正是为了好好事奉君主。如果我获得一个城邑而因此教民众懈怠，那这个城邑有什么用？如果得到城邑而换来民众日后的懈怠，不如保持旧日的勤快。换来懈怠没有好结果，丢掉旧有的勤快不吉祥。鼓人能事奉他们的君主，我也能事奉我的君主。遵循道义没有偏差，喜好和厌恶没有过错，城邑最后仍可获得而民众知道了正义之所在，从而有了效死力的志向而没有二心，不也可以吗？"

再过了几天，鼓人报告粮食都吃完了、气力也都用尽了，中行穆子最终得到了昔阳城。晋人没有乱杀一个人，俘虏了鼓子鸢鞮后班师回国。

中行穆子围攻昔阳时的做法看起来非常"原创"，但实际上

---

1 《左传·昭公十五年》："赏所甚恶，若所好何？若其弗赏，是失信也，何以庇民？"

是在抄袭前635年晋文公围攻南阳地区原邑时用的方法。对于当时刚即位一年的晋文公来说，这片位于中条山—太行山以南，河水以北（水北为"阳"）的南阳地区是他谋求称霸中原的"前进基地"[1]，一定要迅速拿下，并且牢牢控制住。因此，一开始时，晋文公采取简单粗暴的"以力服人"策略，就是率领军队一个城邑一个城邑的围攻，在包围重点城邑阳樊[2]久攻不下时，他甚至考虑过要强攻屠城以立威。然而，阳樊守主苍葛在城头的一番喊话却点醒了晋文公，让他意识到，如果自己的目标是想要成为齐桓公那样的、让包括南阳地区在内的中原人士真心归服的霸主，就不能只依靠霸主之力，而是要充分展现霸主之德。

正是在这样的思想转变背景下，在前635年冬天晋军围攻南阳地区另外一个重点城邑原邑[3]时，画风就变成了下面这个样子：

冬天，晋文公率领军队包围原邑，事先下令围城军队只带三天粮食。三天后原邑不投降，晋文公命令军队撤离。城中间谍出来，说："原邑马上要投降了。"军吏对晋文公说："请君主再等等。"晋文公说："诚信，是国家的珍宝，民众的庇护。得到原邑而失去了诚信，还怎么庇护民众？[4]继续围城失去的更多。"晋军撤退三十里之后，原人就投

1　南阳地区的地理形势参见图八。

2　阳樊见图三。

3　原见图三。

4　《左传·僖公二十五年》："信，国之宝也，民之所庇也。得原失信，何以庇民？"

降了。

晋文公这样做，表面上的意图是在接收南阳地区的前线亲自主讲一堂实践教育课，以"放弃"原邑为代价，教育晋国民众要以诚信为本。他的实际意图是在南阳地区大局已定、拿下原邑只是时间问题的前提下，通过这场"以德服人"的表演，向南阳地区和中原各主要诸侯国表明自己决心效仿齐桓公，致力于"以德服人"，树立一个有德有力、以德为先的优秀霸主候选人形象，从而一方面赢得南阳地区民众的尊敬，为以较小代价顺利接收整个南阳地区铺平道路；另一方面赢得中原诸侯的赞誉，从而为称霸中原积累人望。

与晋文公当年面临的形势相似，在攻打昔阳城之前，中行穆子通过一系列战役，已经制服了白狄宗主国鲜虞，攻占了鲜虞属国肥国，鼓国已成"孤岛"，攻占它已经没有悬念。在这样的前提下，中行穆子决定要仿效晋文公当年的做法，把攻占昔阳打造成一场塑造个人形象的"秀"，具体说来，就是要在自己已经足够显赫的军功上再粉刷一层"重信义、尊国君"的油彩，塑造一个德才兼备、以德为先的高大个人形象，从而提高自己在国都内的声望和地位，使得自己在接下来的卿族政治博弈中占据更加有利的地位。

这里需要强调的是，虽然当时晋国的实际情况是君权衰微、六卿专权，但是"尊君"仍然是晋国都城内许多国人认同的正统思想，因为他们的职业和生计仍然与晋国公室紧密相连。实际上，在接下来的范—中行之乱期间，中行文子、范昭子就是因为不顾劝告悍然率军进攻国君，引发国人反对，最终知文子、韩简子[1]、魏襄子[2]尊奉着晋定公，在国人帮助下用武力将中行文子、范昭子赶出了国都。

晋文公对待原邑、中行穆子对待昔阳的思路，和猫玩弄一只早晚要被自己吃掉的老鼠有异曲同工之妙：反正最后肯定要吃掉，那还不如让它在死前多发挥点其他价值。对于中行穆子"崇尚美德"行为的残酷性有最深刻理解的，恐怕就是那些被围困在昔阳城中想投降而不得、被迫配合中行穆子表演"忍饥挨饿坚守孤城"戏码的白狄民众。

前526年时，鲁国大夫子服昭伯陪同鲁昭公去晋国都城朝见晋昭公。鲁昭公一行从晋国回来之后，子服昭伯对鲁国执政卿季平子说："晋国的公室，恐怕将要不可逆地衰微下去了。晋君还很年轻，六卿实力强大而且奢侈骄傲，六卿将利用晋君年轻的形势，把卿族专擅国政的局面继续延续下去成为习惯。随着时间的推移，习惯会逐渐固化为具备正当性的常态，这样一来晋国公室怎么能不衰微呢？"[3]子服昭伯对晋国内政的这段洞见，更加映衬出中行穆子那段"我这样正是为了好好事奉君主"言论的虚伪性。

---

1 韩简子，姬姓，韩氏，名不信，字音，谥简，排行伯。韩贞子之子。参见图19。
2 魏襄子，姬姓，魏氏，名曼多，谥襄。魏简子之子。参见图18。
3 《左传·昭公十六年》："君幼弱，六卿强而奢傲，将因是以习。习实为常，能无卑乎！"

中行穆子攻灭陆浑戎，魏献子升任中军佐

就在鲁卿子服昭伯访问晋国后不久，前526年秋八月二十日，晋昭公去世，在位共六年。前525年，晋昭公的儿子公子去疾正式即位，就是晋顷公。由于晋昭公去世那年仍被子服昭伯称为"很年轻"，即使他刚达到可生育的少年时期就赶紧婚配生下晋顷公，晋顷公在即位的时候年纪也应该很小，又是一位少年。也就是说，晋国在晋平公去世之后第二次出现"傀儡少主在位，六卿分治国政"的局面。

在扫平了位于晋国东北的白狄之后，前525年，上军帅中行穆子又被中军帅韩宣子任命去消灭位于晋国以南、周邦王畿地区的陆浑戎[1]。作为整个奇袭计划的一部分，晋顷公派屠蒯到周邦，请求在王畿境内的雒水和三涂山"行大事"。在春秋时期的语境里，"国之大事，在祀与戎"。按照正常的理解，这里所说的"大事"应该是祭祀雒水和三涂山。然而，周大夫苌弘看破了晋人蹊跷要求背后的真实意图，他对周邦卿士刘献公说："使者的容貌非常刚猛，应该不是祭祀。恐怕是讨伐戎人吧？陆浑氏近来跟楚国走得很近，肯定是这个原因。君王恐怕还是防备着点好！"于是周人在王畿地区加强戒备。

秋九月二十四日，中行穆子率领晋军从棘津渡过河水，派

1　陆浑戎见图二。

祭史先到雒水边杀牲祭祀。戎人完全没有察觉晋军的逼近。二十七日，晋军发动突袭，一举消灭了陆浑戎，理由是陆浑戎背弃了他们祖先与晋国的盟誓，而与楚国过从甚密。陆浑君长出奔到楚国，他的民众逃到甘鹿**1**，早有准备的周人趁机获得了大量陆浑戎的财产。

前527年晋国攻下鼓国都城昔阳后，并没有迁走在都城里的白狄民众。在举行完献俘仪式之后，晋人又让鼓子鸢鞮回到昔阳，继续作鼓国君主。由此可见，此时晋国还没有下定决心直接治理白狄地区，因此本来打算先采取一种松散的羁縻模式，就是鼓国向晋国效忠，而晋国给予鼓国高度自治权。没想到鼓国又背叛了晋国，再次投靠与它同种族的老宗主国鲜虞。晋人最终下决心灭掉鼓国，直接控制这一地区。

前520年六月，中行穆子率领军队向东行进，对外宣扬的目的是巡视包括鼓国在内的河北平原地区。晋国军人伪装成背粮食的运粮人，粮袋里面装的实际上是甲胄兵器。这样一队身着便装的运粮队伍没有引起鼓人的怀疑，他们顺利接近昔阳城，在没有关闭的城门外假装休息，然后在鼓人没防备的时候突然打开口袋换上甲胄、拿起兵器直接攻入昔阳，就这样正式灭亡了鼓国，再次抓走鼓子鸢鞮。

前520年夏六月十一日，周景王去世，周邦随即陷入大乱，

1　甘鹿见图二。

继位的周悼王和周景王庶长子王子朝背后各有一帮卿大夫支持，两派展开了你死我活的内战。冬十月十三日，晋国决定出手帮助周悼王党，籍谈、知文子率领九州之戎及焦、瑕、温、原[1]四邑的军队来到王畿，将周悼王重新送入王城。

　　既然知文子在前533年时已经是卿官，那么前520年首次在《左传》出现的、位居知文子之上的新人籍谈应该也是卿官。六卿中有籍谈加入，那么应该有人退出，这人应该就是很长时间都已经没有在《左传》中出现过的中军佐赵景子。由于到前517年时魏献子接替韩宣子担任中军帅，此时他应该是越过了上军帅中行穆子担任中军佐。中行穆子之下，上军佐应该由原下军帅范献子升任，而籍谈、知文子分别占据下军帅、下军佐两职。不过，籍谈只是一个过渡性的角色，到前517年时，六卿体系又恢复到了赵、魏、韩、范、中行、知六家的常态。

　　综合上述分析，前520年底时六卿领导班子情况如下：

晋 六 卿 表
（前520年底）

位　次	官　职	人　名	族　属
一	中军帅	韩宣子	韩
二	中军佐	魏献子（？）	魏
三	上军帅	中行穆子（？）	中行
四	上军佐	范献子（？）	范

1　焦、瑕（瑕1）、温、原见图二。

位 次	官 职	人 名	族 属
五	下军帅	籍谈（？）*	籍
六	下军佐	知文子（？）	知

其中最让人觉得蹊跷的就是中行穆子的排位。如果完全按照《左传》的记载，从前541年到前520年，上军帅中行穆子在对戎狄战争中取得了赫赫战功，似乎是六卿中功劳最高的人，理应在赵景子离开后晋升到中军帅"预备席"——中军佐。然而，韩宣子之后的中军帅却是魏献子（前514年），而中行穆子的儿子中行文子是在前513年才首次出现在《左传》中，这说明中行穆子一直就没能上升到中军佐，其职级终结于上军帅。

那么，魏献子为什么能够超越中行穆子成为中军佐？要搞清楚这个问题，让我们来重新分析一下如下几次与中行穆子有关的事件：

（一）前541年大原之战，中行穆子、魏献子率军与群狄作战，晋人因地制宜改车兵为步兵，依靠此计谋取胜。此谋出自魏献子，魏献子为实施此计谋还杀了拒不从命的中行穆子宠臣。

（二）前531年晋昭公享齐景公，中行穆子代表晋昭公说的祝词引发争议，被士文伯指出错误后仍然强词夺理，毫无智计可言。

（三）前531年，中行穆子率军假意会合齐军，通过向鲜虞借道攻入昔阳，此战晋军行为诡诈，颇有智计。

（四）前531年，平丘之会后，中行穆子率军回国后，突然转向北上入侵鲜虞，此战晋军行为诡诈，颇有智计。

（五）前527年，中行穆子包围昔阳之后，刻意折腾了三个多月以彰显自己尊君重义，不过最终也没能让自己上位。

（六）前525年，中行穆子攻打陆浑戎，先是假装祭祀雒水迷惑敌人，然后突袭歼灭陆浑戎，此战晋军行为诡诈，颇有智计。

（七）前520年，中行穆子率军攻打鼓国，派军人伪装成运粮人奇袭成功，此战晋军行为诡诈，颇有智计。

综合来看，中行穆子似乎呈现出一种"分裂"的形象：（二）（五）记录了中行穆子亲口说的话，这两个例子中的中行穆子是强硬、鲁莽、缺乏智计的，而（三）（四）（六）（七）记录了中行穆子为主帅的晋军取得的胜利，这几个例子中的晋军行为都非常诡诈有智计，似乎不大可能是（二）（五）那个中行穆子能设计得出来的。因此笔者推测，（三）（四）（六）（七）的真实情况与（一）一样，也就是说，主帅虽然是中行穆子，而实际上的谋主是他的副手魏献子。中行穆子很可能是一个勇武有余而智计不足的角色，他在屡次战役中发挥的作用可能更多的是率领将士冲锋陷阵。简单说来，魏献子是"劳心者"，中行穆子是"劳力者"。

前540年赵文子去世之后，中军帅韩宣子可能是为了平息中行穆子和魏献子之间的争端，最终没有让他们两个中的任何一个晋升为中军佐。到了前520年时，白狄居地、陆浑戎居地基本上已经被中行穆子所统率的上军占领，在接下来的政治博弈中，很有可能是诸卿在两人之间斡旋，最终功臣魏献子得到了"名"，也就是越过中行穆子成为中军佐；而中行穆子得到了"实"，也就是将白狄居地、陆浑戎居地变成了中行氏的私人领地。

赵简子主持会盟受教诲，范献子主持会盟收贿赂

前517年，赵景子的儿子赵简子已代表赵氏进入晋国六卿行列，他召集宋、鲁、卫、郑、曹、邾、滕、薛、小邾等国卿大夫在黄父会面，商议如何平定仍在发展中的周邦内乱。赵简子命令诸侯大夫们准备粮食、军队，准备明年把晋人支持的周敬王送回王城。

在这次会上，郑国执政卿游吉与赵简子会面。赵简子向游吉请教揖让、周旋之礼。游吉回答说："这是仪，不是礼。"赵简子说："敢问什么是礼？"游吉回答说：

"我从先大夫公孙侨（子产）那里听过这么一段话：'礼，是天的常理，地的大义，民众的行为准则。'[1] 天地的大道理，民众效法他们：效法天上日月星辰的光明，因循大地高下刚柔的本性，产生六气，运用五行，六气化为五味，表现为五色，彰显为五声。这些基本元素一旦过度就会昏乱，民众就会丧失本性。因此先王要制定礼制来奉养它们：

---

1 《左传·昭公二十五年》："夫礼，天之经也，地之义也，民之行也。"

"制定六畜、五牲、三牺之礼，来奉养五味；制定九文、六采、五章之礼，来奉养五色；制定九歌、八风、七音、六律之礼，来奉养五声。

"制定君臣上下之礼，来效法地有高下的大义；制定夫妇内外之礼，来效法物有阴阳的常理。

"制定父子、兄弟、姑姊、甥舅、连襟之礼，来比象天体的光明；制定君政臣事、民功治功、行教务实之礼，来顺从四时的节律。

"制定刑罚威狱之礼，使民众畏惧敬戒，来类比上天的雷电杀戮之威；制定温慈惠和之礼，来效法上天的生殖长育之恩。

"民众有爱好、厌恶、欣喜、愤怒、悲哀、欢乐六种心志，这是从六气产生出来的。因此审慎地制定礼则来调节它们：哀伤时有哭泣之礼，欢乐时有歌舞之礼，欣喜时有施舍之礼，愤怒时有战斗之礼；欣喜源于爱好，愤怒源于厌恶。因此审慎地行使可信的命令，通过祸福赏罚，来节制死生。生，是令人爱好的事物；死，是令人厌恶的事物。令人爱好的事物，产生欢乐；令人厌恶的事物，产生悲哀。无论悲哀还是欢乐都不失礼，才能够与天地的本性相协调，因此能够长久。"

赵简子说："礼的意义太宏大了！"

游吉说："礼，是上下的纲纪，天地的经纬，民众生活的依据，所以先王非常尊崇它。因此，那些能经由或曲折或直接的途径、努力奔赴礼制要求的人，可以叫做'成人'。说礼宏大，不也是很恰当的吗？"[1]

赵简子说："我将终身遵守您说的这些话。"

除了上面这段关于周礼的宏论，后来在前506年出席游吉葬礼时，赵宣子还深情回忆起游吉对他说的另一番话："当年黄父之会上，子太叔（即游吉）跟我说了九句话，'不要发动祸乱，不要依靠自身的富有，不要仗恃上级的宠信，不要违背共同的意愿，不要傲视守礼的君子，不要为自己有才能而骄傲，不要为同一件事重复愤怒，不要谋划不合美德的事，不要触犯不合正义的事。'"[2]

从后来赵简子在赵氏内部坚决维护大宗威严，在得知范氏、中行氏阴谋之后坚持不抢先作乱等种种守礼行为来看，赵简子的确是一位尊崇礼治精神、行为模式端正的君子。当然，这并不妨碍他以现实主义的态度和手段来应对春秋晚期晋国和家族内部的乱局。

从上文可知，到前517年时，赵简子已经代表赵氏进入六卿行列。又根据前516年的《左传》记载倒推，可知前516年时，知文子职级在赵简子之上。最有可能的情况就是，过渡性的籍谈在前517年时已经去世或者告老，下军佐知文子向上升一位任下军帅，而赵简子任下军佐。此时的六卿领导班子情况如下：

---

1 《左传·昭公二十五年》："礼，上下之纪，天地之经纬也，民之所以生也，是以先王尚之。故人之能自曲直以赴礼者，谓之'成人'。大，不亦宜乎？"
2 《左传·定公四年》："无始乱，无怙富，无恃宠，无违同，无敖礼，无骄能，无复怒，无谋非德，无犯非义。"

晋 六 卿 表

(前517年黄父之会时)

位　次	官　职	人　名	族　属
一	中军帅	韩宣子	韩
二	中军佐	魏献子（？）	魏
三	上军帅	中行穆子（？）	中行
四	上军佐	范献子（？）	范
五	下军帅	知文子（？）	知
六	下军佐	赵简子（？）*	赵

前517年秋九月十二日，鲁国君主鲁昭公讨伐执政卿季平子失败，被迫出奔到齐国。前515年秋天，晋上军佐范献子召集宋、卫、曹、邾、滕国卿大夫在扈地会面，主要有两个目的：一是命令各国派出军队戍守内乱刚平息的周王畿；二是商议如何把鲁昭公送回鲁国复位。

在扈之会上，宋卿乐祁犁、卫卿北宫贞子都认为把鲁昭公送回国是有利的，于是坚决请求盟主晋国拿定主意，然后带领诸侯讨伐鲁国、送回鲁昭公。然而，此时范献子已经收取了季平子的大量贿赂，于是他这样答复乐祁犁和北宫贞子说：

"季孙（季平子）并不知道自己犯了什么罪，鲁君（鲁昭公）就这样突然讨伐他。季孙请求被关押、请求流亡，都没有得到鲁君允许，后来鲁君的士兵又没有得胜，然后鲁君就自己跑出国去了。季孙怎么可能在根本没有准备的情况下赶走国君呢？

"季氏得以复位，是上天出手相救：上天平息了鲁君士兵的愤怒，而开启了叔孙氏救援季氏的心。不然的话，为什么鲁君士兵会在攻打季氏的关键时刻脱下甲胄，端着盛水的箭筒盖子一边喝水一边闲聊呢？叔孙氏害怕祸难蔓延，而自己决定要与季氏共存亡，这是符合天道的。

"鲁君出奔后守在齐国，三年了也没什么成果。季氏非常受民众的拥护，就连淮夷都帮助他，他有十年的储备，有齐国、楚国卿大夫的支援，有上天的保佑，有民众的帮助，有坚守的决心，有诸侯国君主的实权，都这样了还不敢宣扬，仍然派人去事奉鲁君，就好像他还在国内一样。

"所以我觉得这个事情很难办成。两位都是老成谋国的人，都想要把鲁君送回国，这也是我的愿望。我请求跟着两位包围鲁国，大不了不成功，一起死了罢了。"

乐祁犁、北宫贞子一听范献子这样极力为季平子辩解，而且最后还丢出"大不了不成功，一起死了罢了"这样的话，明白晋国高层无心干预此事，于是都推辞说不再谋求送鲁昭公回国。范献子于是屏退了曹、邾、滕这些也建议送鲁昭公回国的小国，并答复晋顷公说送回鲁昭公的动议得不到诸侯支持，事情没法办。

公室卿族两头踏空，祁羊二氏惨遭团灭

前514年，曾经长期忠于公室、也曾经在公室支持下获得大量私邑的祁氏、羊舌氏同时被晋顷公下令灭族（祁氏、羊舌氏与公室关系参见第512页）。根据《左传》的说法，事情的来龙去脉是这样的：

当时祁氏的族长是祁午的儿子祁盈，而羊舌氏的族长是羊舌肸的儿子杨食我。整个事情的起因跟前552年栾氏家难的起因非常相似，都是家族内部跟女色有关之事，不过这回不是寡妇跟家臣鬼混，而是祁氏的两位家臣祁胜、邬臧玩"换妻"性游戏。

年轻气盛的族长祁盈准备要捉拿祁胜、邬臧用家法治罪，先去请教有交情的大夫女游。女游劝他说："《郑书》说：'以直为恶、以正为丑，这样的人多的是。'现在无道的人得势，你这样做恐怕会无法避免祸难。《诗》说：'民众多行邪恶，你就不要再去自立法度。'姑且停手不要抓这两人，怎么样？"女游的意思是，祁胜、邬臧能攀扯上高层势力，劝祁盈不要趟这趟浑水。祁盈问女游就是为了听支持自己的话，一听他在劝阻自己，马上说："我们祁氏私下察纠家族内部的罪恶，跟国家有什么关系？"于是固执己见，派自己的亲信抓了祁胜、邬臧。

如女游所料，被逮捕的祁胜设法通过亲信贿赂了知文子，知文子替祁胜在晋顷公面前进言，晋顷公便派人逮捕了祁盈。仍然控制着祁胜、邬臧两人的祁盈亲信私下商议说："反正主子肯定会死，还不如让主子听到祁胜和邬臧的死讯，这样至少死得痛快！"于是杀了祁胜、邬臧。前514年夏六月，晋国高层罗织罪名杀了祁盈，灭了祁氏，还一同杀了杨食我，灭了羊舌氏。据公开消息说，杨食我之所以被杀是因为他是祁盈的同党，帮助祁盈作乱。

在先前仔细分析过范宣子驱逐栾氏的过程之后，我们不会再简单地相信《左传》的叙述，而是要去进一步探究事情的全部真相。《史记·晋世家》对这件事的描述虽然简短，但却道出了此事的政治实质：

> 晋国大家族祁氏族长祁盈、羊舌氏族长杨食我，都与国君关系恶劣。六卿想要进一步削弱公室，于是利用国家的法度，灭了这两个家族，然后把他们的私邑重新划分为十个县，任命自己的儿子们担任县大夫。从此之后，晋国公室更加衰弱，而六大卿族都更加强大。

无论《左传》版本还是《史记》版本都认为，祁氏到了祁盈这一代已经不再是公室的支撑力量，而是与晋顷公交恶，我们姑且可以把这个得到两部传世文献支持的说法认定为事实，并由此展开讨论。为什么祁氏会"黑化"？笔者认为，这可能与祁氏当时已经获得的私邑数量有关。

根据《左传》提供的信息，祁氏被灭时的私邑足以重新划分为七个县，而羊舌氏被灭时的私邑足以重新划分为三个县。前面我们已经讨论过，祁氏之所以会获得比羊舌氏更多的私邑，很可能与这个家族的族长祁奚、祁午一直担任军职、虽然低调但更受晋悼公、晋平公倚重有关。

令人遗憾的是，不管祁午的政治立场为何，他的儿子祁盈似乎采取的是这样一种立场：一方面他认为，晋顷公时期的晋国公室已经相当衰弱，没有可能为祁氏提供更多私邑，因此祁氏没有必要再去效忠这个高度傀儡化的空壳公室；另一方面他又认为，祁氏现在的实力跟卿族并没有多大分别，而且六卿坑位已满、互相勾心斗角，不知该投靠哪家，投靠了也未必能得到什么实际利益。基于这样一种盘算，祁盈采取的很可能是一种"既与公室脱钩、又不与卿族挂钩"的政治态度。

然而，年轻气盛的祁盈并没有能够把这种政治态度保持在一种"两边都不得罪"的良性区间，而是通过一系列的错误言行使其迅速堕落到"两边都得罪"的恶性区间：一方面，六大卿族见祁氏不来投诚，认为这意味着祁盈另有阴险盘算，所以决定设局陷害祁氏，将其除掉最为保险；另一方面，晋顷公认为祁盈的做法忘恩负义，是不可饶恕的背叛行为，所以在接到知文子的诬告之后采取了全力配合的态度，认可了杀祁盈、灭祁氏的建议。就这样，祁氏被它曾经的恩主晋国公室和它曾经的对手六大卿族联合绞杀。从这一点看，祁氏的灭亡表面上看起来像栾氏的灭亡（都是亡于女色），而实际上更类似于前574年郤氏的灭亡（都是亡于与国君反目成仇）。

那么，羊舌氏为什么也会被牵扯进去？如果我们相信《史记》的说法，那么羊舌氏的情况可能跟祁氏相似，也是由于新族长杨食我一边得罪了国君，另一边又没有投靠六卿，所以在双方联合绞杀祁氏时做了陪葬。

魏献子执政：知人善任受赞誉，贪图贿赂能悔改

祁氏、羊舌氏灭亡之后，晋国统治集团的主体架构变得更加简洁，就是由一个高度傀儡化的公室和赵、魏、韩、范、中

行、知这六个逐渐"化家为国"的卿族构成。前514年秋天，韩宣子去世，中军佐魏献子向上晋升成为中军帅。由于魏献子之后担任中军帅的是范献子，此时应是上军佐范献子越过中行穆子而成为中军佐。中行穆子仍为上军帅，而下面的三个位置最有可能如此安排：下军帅知文子、下军佐赵简子各向上晋升一位担任上军佐、下军帅，而韩宣子之子韩贞子代表韩氏进入六卿行列，担任下军佐。此时六卿领导班子情况如下：

晋 六 卿 表
(前514年魏献子任中军帅后)

位　次	官　职	人　名	族　属
一	中军帅	魏献子	魏
二	中军佐	范献子（？）	范
三	上军帅	中行穆子（？）	中行
四	上军佐	知文子（？）	知
五	下军帅	赵简子（？）	赵
六	下军佐	韩贞子（？）*	韩

从公开层面来说，此次灭祁氏、羊舌氏并不是卿大夫家族之间的相互攻灭，而是晋顷公以国法诛灭有罪卿大夫家族。因此，这两个大夫族被诛灭之后，他们的私邑就被公室收回成了公邑。在此之后，晋国君臣达成了这样一个协议：这些公邑将用"公室设县直辖"的方式进行治理，也就是说，公室不把这些公邑立即分封给卿大夫家族，而是将其划分为多个县，然后任命县大夫来直接治理。笔者认为，六卿之所以会同意这样一

种安排，正是因为卿大夫家族集团在当时还没能就如何以私邑形式瓜分这些土地达成一致。也就是说，这是一个过渡性安排，最终这些土地仍然要按照常例变成卿大夫私邑。

魏献子担任执政卿之后干的第一件大事，就是主持上述"公室设县直辖"协议的落实。首先，魏献子把祁氏私邑重新划分为七个县，把羊舌氏私邑重新划分为三个县。接下来，魏献子按照如下理由任命了这十个县的县大夫：

第一，任命贾辛、司马乌分别担任祁县（祁）、平陵县（祁）大夫，因为他们在平定周邦内乱的行动中功绩突出。

第二，任命知徐吾[1]、赵朝[2]、韩固[3]、魏戊[4]四人分别担任涂水县（祁）、平阳县（羊舌）、马首县（祁）、梗阳县（祁）大夫，因为他们是六大卿族"余子"（参见第189页）中当官不失职、德行能守住家业的优秀分子。

第三，任命司马弥牟、孟丙、乐霄、僚安四人分别担任邬县（祁）、盂县（祁）、铜鞮县（羊舌）、杨氏县（羊舌）大夫[5]，因为他们是大夫群体中贤能出众的优秀分子。这四位都是在任命之后才第一次正式见过魏献子。

魏献子问晋大夫成鱄说："我把一个县给了我的族人戊，其他人会认为我结党营私吗？"

成鱄回答说：

1　知徐吾，姬姓，知氏，出自荀氏，名徐吾。知文子之子。参见图21。
2　赵朝，嬴姓，赵氏，名朝。赵顷子曾孙。参见图17。
3　韩固，姬姓，韩氏，名固。韩贞子之子。参见图19。
4　魏戊，姬姓，魏氏，名戊。魏献子之子。参见图18。
5　祁、平陵、涂水、马首、梗阳、邬、盂、铜鞮、杨氏见图二。

"为什么呢？

"戊的为人，往远里说不忘记国君，往近里说不逼迫同僚，处在有利可图的境遇时想着不违背道义，处在困境之中时想着保持品行纯正；有恪守礼义的心志，而没有过度的行为。[1]给予他一个县，不也可以吗？

"昔日周武王攻克商朝，拥有广阔的天下，他的兄弟分封建国的有15人，他的姬姓宗亲分封建国的有40人，都是举拔亲人。举拔人才没有别的，关键是看良善的德行在谁身上，亲密疏远都是一样的。[2]

"《诗》说：'惟此文王，帝度其心，莫其德音。其德克明，克明克类，克长克君。王此大国，克顺克比。比于文王，其德靡悔。既受帝祉，施于孙子。'内心能以道义作为规制叫作'度'，德行与正义相应和叫作'莫'，光照四方叫作'明'，勤于施舍没有私心叫作'类'，教导别人不知疲倦叫作'长'，严明赏罚叫作'君'，慈祥温和得到普遍顺服叫作'顺'，选择良善的人和做法去追随叫作'比'，把天道地道作为经纬叫作'文'。这九种德行不出过错，做事情自然没有悔恨，所以能承袭上天的福禄，子子孙孙都得到好处。[3]现在您举拔人才，已经接近文德了，影响会很深远的啊！"

---

1 《左传·昭公二十八年》："戊之为人也，远不忘君，近不逼同；居利思义，在约思纯；有守心，而无淫行。"
2 《左传·昭公二十八年》："夫举无他，唯善所在，亲疏一也。"
3 《左传·昭公二十八年》："心能制义曰'度'，德正应和曰'莫'，照临四方曰'明'，勤施无私曰'类'，教诲不倦曰'长'，赏庆刑威曰'君'，慈和遍服曰'顺'，择善而从之曰'比'，经纬天地曰'文'。九德不愆，作事无悔，故袭天禄，子孙赖之。"

贾辛将要到他担任县大夫的祁县去，临行前来拜别魏献子。魏献子对贾辛说：

"你过来！

"昔日叔向（羊舌肸）到郑国去，郑大夫鬷蔑长得很丑陋，想要观看叔向的气度格局，于是跟着收拾宴席器皿的人一起去，站在堂下，说了一句话，说得很有道理。叔向正要喝酒，一听这话，说：'一定是鬷明（鬷蔑）[1]。'于是下堂来，拉着鬷蔑的手让他来到堂上，对他说：'昔日贾国一位大夫长得丑陋，娶了一位美貌的妻子，妻子三年不说话，不露笑脸。贾大夫驾车带着妻子到了如皋，射山鸡一箭命中，他的妻子才开始露出笑脸跟他说话。贾大夫说："才能真是不可缺少啊。我如果不会射箭的话，你就这么一直不说话不露笑脸了呀！"您如果不说这么一句话，我差一点错失了您这位贤人。言语表达就是这么不能缺少。'叔向、鬷蔑坐下畅谈，好像是早就认识的老朋友。

"如今你对王室有功，我因此举拔你。去吧！严肃认真干好工作！不要损毁了你已有的功劳！"

孔子听闻了魏献子这次举拔人才的事迹，认为他的做法是合于正义的，说："往近里说不失去亲人，往远里说不失去应举拔的贤人，可以说是正义了。"[2]他又听闻了魏献子任命贾辛时说的这番话，认为合于忠德："《诗》说，'隽永的话符合天命，靠自己求得多种福禄'，说的就是忠德。魏子举拔人才合于正义，

1　鬷蔑字明，羊舌肸在这里尊称他为"鬷明"。
2　《左传·昭公二十八年》："近不失亲，远不失举，可谓义矣。"

任命人才合于忠德，他的后代恐怕会在晋国长久地享有卿族地位吧！"

从上述中我们可以看出，魏献子对十位县大夫的任命包含了赏功劳、赏贤能、赏卿族三方面的考虑，兼顾了国家利益（奖励勤王功臣、优秀大夫）和卿族利益（赵、魏、韩、知四家得到县大夫职位），这在诸卿怠慢国事、各谋私利的时局下是难能可贵的，所以能够得到晋国内外的广泛赞誉。

然而，在赏卿族方面，魏献子的安排有一个很明显的突兀之处，那就是赵氏、魏氏、韩氏、知氏的族人都得到了一个县的县大夫职位，而范氏、中行氏什么都没有得到。虽说按照上述来自《左传》的说法，发生这种情况的原因应该是范氏、中行氏此时没有德才优秀的余子，然而，得到县大夫职位的四大家族与前497年发生卿族内战时西部卿族集团的四大家族完全一致，这不大可能是巧合。在此基础上，笔者对于"魏献子任命十县大夫"事件有这样两点推测：

第一，在魏献子任命县大夫之时，六大卿族已经形成了两大敌对集团，一边是范—中行集团，一边是赵—魏—韩—知集团，而前497年发生的范—中行之乱就是这两大集团的决战。

关于两大集团之间的敌对关系，这里笔者仅就魏氏与范氏、魏氏与中行氏、知氏和中行氏这三对关系试做讨论[1]：

1　参见李沁芬（2012年）。

（一）魏氏与范氏之间此时已经是敌对关系。魏、范两家开始交恶可能与范宣子没有兑现承诺将曲沃封给魏献子有关。如前所述，前550年栾怀子杀入国都时，范宣子为了拉拢魏献子，牵着他的手许诺要把曲沃封给他。然而，有学者结合《史记·魏世家》等文献的记载指出，在栾怀子之乱平息后，范宣子并没有兑现他的承诺，曲沃被魏氏占有是在战国初期三家分晋之后。[1]

（二）魏氏与中行氏之间此时已经是敌对关系。魏、中行两家交恶可能与前541年中行穆子、魏献子伐群狄一事有关。当时魏献子为了推行自己的谋划，果断杀了拒绝下车成为步兵的中行穆子宠臣 (参见第479页)。两人此后可能一直就此次战役的功劳问题有争执，导致前540年六卿领导班子调整时韩宣子让赵景子越过二人直接任中军佐 (参见第489页)。魏、中行两家可能就是从此产生了敌对关系。

（三）知氏和中行氏的关系已经不再亲密。知氏和中行氏都出自荀氏，可以说"本是同根生"。在前550年栾怀子作乱之时，两家还保持着比较亲近的关系，年少的知悼子听命于中行穆子 (参见第440页)。魏献子分配十县时将涂水县分给知徐吾，而没有分任何一个县给中行氏族人，说明此时知氏已经不再与中行氏共同进退，而是投入了赵氏—魏氏—韩氏集团的怀抱。到前497年时，知文子再次挑起事端，联合韩简子、魏襄子将范昭子、中行文子赶出都城，此时知氏和中行氏已经是"相煎何

1　参见李沁芬（2012年）。

太急"的敌对卿族了（参见第608页）。

第二，魏献子任命十位县大夫，表面上看完全是按照赏功劳、赏贤能、赏卿族的原则秉公办事，但实际上他在遴选县大夫候选人时通过巧妙的操作，确保"赏卿族"的县大夫名额全部落到自己所在的赵—魏—韩—知集团手中。接下来，在这十个县转变为卿大夫家族私邑的过程中，赵—魏—韩—知集团至少能保证每个家族得到一个县，因为这个县的县大夫原本就是由自己家族的族人担任。也就是说，魏献子这一番操作下来，实际上是让范—中行集团吃了"哑巴亏"。当然，范—中行集团也不会白白吃亏，下一节将要详细分析的"铸刑鼎"事件很可能就是范—中行集团发起的反击。

通过上述分析，我们可以感觉到，《左传》里记载的这个"魏献子知人善任"的故事有将魏献子的形象塑造得过于高尚的嫌疑，那么后面同样出自《左传》的"魏献子受贿悔改"故事（见下文）和"魏献子僭越国君"故事（参见第583页）则有助于我们进一步了解一个更加立体的魏献子。

前514年冬天，梗阳县有两个家族发生纠纷引发刑事案件，魏戊无法作出判决，于是来到晋国都城，把案件上交给魏献子审理。这两家中的一个大家族送美女乐班给魏献子作为贿赂，魏献子想要接受贿赂并且偏袒这个大家族。魏戊对魏献子的亲信阎没、女宽说："我们主子在诸侯贵族圈子里一向以不收受贿赂闻名，现今如果接受了梗阳人的贿赂，造成的恶劣影响也太过分了。你们一定要想办法劝谏主子！"两人答应了魏戊的请求。

不久后的一天，早朝退朝后，阎没、女宽先从公宫出来，到魏氏庭院里等待魏献子。魏献子进家门时自然看到了阎、女两人，因此早饭端进去之后，就邀请这两人一块吃。在侍者上菜、上餐具的时候，这两人前后叹了三次气。

魏献子觉得奇怪，于是吃完饭后让他们陪坐，问道："我听我叔伯们说，有这么一句谚语叫'只有吃饭能够让人忘记忧愁'。您二位在上菜的时候三次叹气，是为什么呀？"

两人异口同声地回答说："昨天有人请我们喝酒，我们因此没正经吃晚饭，所以到了陪您吃早饭的时候已经很饿了。刚开始上菜的时候，我们生怕不够吃，所以第一次叹气。菜上到一半的时候，我们发现完全够吃，自责说'将军招待我们吃饭怎么可能不够吃呢'，所以第二次叹气。等到菜都上齐了，我们发现菜多到根本吃不完，这时我们只希望小人们的肚子就像君子的心一样，刚刚饱足就行了，所以第三次叹气。"

魏献子听明白了两人劝告自己不要贪得无厌的真正用意，最终决定不接受梗阳大家族的贿赂。

铸刑鼎：顺应社会发展大势，预示范氏中行氏命运

前513年，中行文子首次出现在《左传》中，这意味着他的父亲中行穆子已经去世或告老。最有可能的情况是，上军佐知文子、下军帅赵简子、下军佐韩贞子向上一位，分别担任上军帅、上军佐、下军帅；而中行文子代表中行氏进入六卿行列，担任下军佐。这时晋国领导班子情况如下：

晋 六 卿 表
（前513年晋人铸刑鼎时）

位　次	官　职	人　名	族　属
一	中军帅	魏献子	魏
二	中军佐	范献子（？）	范
三	上军帅	知文子（？）	知
四	上军佐	赵简子（？）	赵
五	下军帅	韩贞子（？）	韩
六	下军佐	中行文子（？）*	中行

由于本节将要详细分析前513年"晋人铸刑鼎"这个中国法制史上的重要事件，因此先简单介绍一下春秋时期"礼治"衰败、"刑治"渐兴的历史背景。

自西周建立以来，周邦和各诸侯国治理国家主要有两种手段，一种是非暴力的"礼治"，一种是暴力的"刑治"。到了"礼崩乐坏"的春秋时期，礼治逐渐衰微，而刑治变得越来越重要。不过，西周到春秋前期的刑治与战国时期法家所推崇的"以法治国"有显著区别，其中最重要的一点就是，西周到春秋前期的"刑治"体系所用的刑律是不公开的，刑狱部门定罪量刑有很大的自由度。

随着荒地开垦、经济发展，各主要诸侯国的国内人口不断增长，私人财富不断积累，经济社会关系日趋复杂，导致刑事案件总量不断增大，新型、疑难案件不断涌现。在这种情况下，旧有的刑狱体系日益暴露出定罪量刑标准不透明，各地各级刑狱机关执行刑律做法不统一（相当于各自执行不同版本的刑律），权力干预和操纵空间大等问题，容易导致审判不公和官民纠纷等诸多弊端。

前536年，郑国执政卿子产率先尝试通过改革来化解这些问题，他的举措就是"铸刑书"，具体做法是：子产组织刑狱部门认真研习夏、商、周三代的刑律条文，并结合郑国刑狱实践的经验，编制出一套分为"郑刑"(适用于国都非农业地区)和"野刑"(适用于鄙野农业地区)两个版本、每个版本由三种刑律组成的新刑律体系，并将这套新刑律铸在一系列铜鼎上，向全社会常年公开，作为郑国断案用刑的统一标准。"铸刑书"新政让全国民众可以清楚地知道哪些行为是触犯刑律的罪行，每种罪行分别将受到怎样的惩罚，要求各级刑狱官吏依据同一部刑律断案，并允许民众援引刑律条文进行抗辩诉讼。之所以要铸造在铜鼎上，就是要让民众知道这套刑律是政府深思熟虑后公布的稳定版本，宣示政府推进"刑治"改革的决心。

子产"铸刑书"是中国法制史上一次具有里程碑意义的行动，在国内外立刻引起了轩然大波。晋国贤大夫羊舌肸就坚决反对这项改革，他写了一封长信给子产，指出这样做会引发更激烈的社会争斗，导致礼治的进一步沦丧，在信的末尾甚至发出了"国将亡，必多制"的严重警告。子产在回信中表示，自己非常认同羊舌肸的忧虑，然而新政是迫不得已的"救世"之举，还是要继续推行。

如同羊舌肸所预料的那样，刑律公布之后，郑国都城里兴起了国人学习刑律、运用刑律讼争维护自身权益的热潮，在这期间还出现了中国最早的律师——邓析。据《吕氏春秋·离谓》记载："子产治理郑国，邓析极力刁难他，跟民众中有狱讼的人约定：学习大的狱讼要送上一套长衣，学习小的狱讼要送上一套短衣。民众送衣裳学习狱讼的人不可胜数。把错的当成对的，把对的当成错的，对的错的没有标准，可以和不可以的每天都在改变。想让人胜诉就依靠诡辩让他胜诉，想让人获罪就依靠诡辩让他获罪。郑国大乱，民众吵闹喧哗。子产对此感到忧虑，于是就杀死了邓析并陈尸示众，民心才顺服，是非才确定，法律才得以推行。"

郑国铸刑书23年后，前513年冬天，晋上军佐赵简子、下军佐中行文子率领军队来到汝水[1]岸边修筑城邑，其目的应该是进一步巩固对新占陆浑戎居地的控制。这两位卿官回到国都之后，向都城地区的国人征收了480斤铁，铸造了大鼎，把赵宣子在前621年夷地阅兵时期所制定的刑律铸在上面[2]，向全社会公布，作为晋人必须遵守的常法。

晋国史官蔡墨评论说："范氏、中行氏恐怕会要逃亡吧！中行寅（中行文子）作为下卿却越级发布上卿才有资格发布的政令，擅自制作刑鼎，作为国家的法度，这是效法奸邪。还要加上范氏，这使得中行氏铸刑鼎的罪恶进一步蔓延，终将导致败亡。祸难恐怕会波及赵氏，因为赵孟（赵简子）也参与了。然而赵孟是不得已参与此事，如果能坚持修德，最终可以免于祸难。"

从上面两段基于《左传》的叙述中，我们可以作出如下两点初步推测：

1　汝水见图二。
2　《左传》"赵宣子"作"范宣子"，误，说详黄圣松（2016年）。

第一，排第六的下军佐中行文子应该是此次铸刑鼎的主要推动者，而他这样一位刚进入六卿体系的新人之所以能够做成这件事，很可能得到了排第二的中军佐范献子的大力支持。如前所述，中行氏、范氏正式结盟始于前560年绵上阅兵，而本年铸刑鼎是两家通力合作的又一例证。

第二，上军佐赵简子应该是被范献子、中行文子逼迫参与铸刑鼎一事，而范、中行两人之所以要逼迫赵简子参加，可能是因为这次铸在鼎上的刑律是赵简子的先祖赵宣子所制定；换言之，范、中行两人可能是希望用赵宣子后人来为此次铸刑鼎"背书"。

铸刑鼎不仅在晋国内部引起争议，也触动了其他国家的神经。鲁国学者孔子就发表了自己的看法：

"晋国恐怕要灭亡了！因为它已经失去了自己的法度。

"晋国应该一直遵守始封君唐叔虞从周邦接受的法度，用它来规范民众的行为。卿大夫按照尊卑次序一同来遵守这套法度，民众因此能尊敬贵族，贵族因此能够世代守住他的事业。尊贵和低贱不混乱，这就是所谓先王法度的要义。比如说，晋文公就是以唐叔虞法度为依据，设置了掌管官阶俸禄的官员，并制定了被庐之法，从而成为诸侯盟主。

"如今抛弃了这个法度，而制作刑鼎，民众去察看刑鼎就能知晓刑律了，还凭什么要尊敬贵族？贵族还能守住什么事业？尊贵和低贱的次序乱了，还凭什么去治理国家？ [1]

---

1 《左传·昭公二十九年》："今弃是度也，而为刑鼎，民在鼎矣，何以尊贵？贵何业之守？贵贱无序，何以为国？"

"而且赵宣子所作的刑律，是在夷地阅兵期间制定的，是晋国动乱时期的制度，为什么要以它作为法度的标准？"

从上面这段话我们可以看出，在铸刑鼎公布刑律这一问题上，孔子跟当年羊舌肸的基本立场是一致的，那就是坚决反对。不过，孔子反对公布刑律的侧重点有所不同，他的主要观点是：公开并执行一部定罪量刑清晰的刑律会打破官府和民众的"信息不对称"，剥夺贵族的酌情量刑权，让贵族世代保守的政治经验失效，从而破坏贵族被民众敬畏的威权基础，造成"民在鼎矣，不必尊贵""贵无业可守""贵贱无序"的恶果。维护尊卑等级是"礼治"的核心内容，也是各国贵族（国君、卿大夫）赖以安身立命的基础。因此，孔子认为，晋国的贵族绝不能为了应付短期现实需要而去铸刑鼎、推行"刑治"，因为这样做最终会反过来革了贵族自己的命。这应该说是一种很有见地的观点：到了战国时期，秦国深度变法，全面推行"以法治国"，而这场变法也摧垮了世卿世禄的旧贵族体系。

此外，孔子还认为，就算是公布刑律，也不应该采用赵宣子在晋国动乱时期制定的刑律，而应该采用晋国西周时期始封君唐叔虞统治时期或者春秋早中期始霸之君晋文公统治时期所制定的刑律，后面两个时期都是晋国历史上的所谓"黄金时期"。

归纳起来，笔者对晋国"铸刑鼎"一事有如下五点看法：

第一，晋人"铸刑鼎"是春秋时期重要改革创新行动之一。中行文子、范献子推动的"铸刑鼎"新政是春秋时期继郑国"铸刑鼎"后又一次重大的刑治改革创新行动,它意味着当时最为强大的中原盟主晋国在表面上认可了郑国改革探索的成绩,也意味着刑治公开化、透明化已经成为不可逆转的历史潮流。战国法家宣扬"法律,是编写进图籍中、设置在官府里、公布到民众中去的东西"[1],正是吸取了春秋时期郑、晋等国"铸刑鼎"公开刑律的思想精髓。

和郑卿子产一样,晋国六卿未必不清楚公开刑律将会给贵族体系造成的冲击,然而作为晋国真正的当家人,他们不可能像羊舌肸、孔子这些坐而论道的贤大夫那样奢谈重回西周"黄金时代",而是要采取立竿见影的措施回应民众需求、挽救当下时世。

第二,晋人"铸刑鼎"新政用赵宣子之法既有其合理性,也有其局限性。

中行文子(以及他背后的范献子)之所以选择了赵宣子在夷地阅兵期间所制定的刑律,一个重要原因是,这部刑律是根据内乱时期的社会现实制定的,在镇压襄灵内乱、维持社会稳定方面起到过至关重要的作用。孔子持"制度决定现实"的观点,认为"治理当代乱世应该用先代治世的正典";他相信只要能推行先代治世所遵循的法度,就能复原先代治世的社会状态。中行文子持"现实决定制度"的观点,认为"治理当代乱世应该用先代乱世的重典";他相信只有先用乱世重典拨乱反正,才有可能再造治世的社会状态。相比之下,中行文子的观点当然是更加

_____

1 《韩非子·难三》:"法者,编著之图籍、设之于官府而布之于百姓者也。"

务实、合理。

然而，从现代法治社会的角度来看，中行文子的观点也是很有问题的，因为夷之蒐内乱时期和晋国铸刑鼎的前513年之间隔了一百多年，为什么要使用一百多年前的"古董"刑律，而不是根据眼下的实际情况重新制定一套？这是因为，无论是中行文子还是孔子，他们的思想都受到了当时仍然根深蒂固的"法先王""法先君"观念的束缚，不可能像战国时期法家那样认为"圣人不打算修习古制，不效法常规，而是考察研究现世的政事要务，并据此制定相应的应对方案"[1]。当然，如上所述，中行文子选择"赵宣子之法"还有另外一个重要原因，就是要用它来胁迫赵宣子后人赵简子为此事站台。

第三，晋人"铸刑鼎"新政的影响范围可能只限于国都地区。

虽然晋人"铸刑鼎"公布刑律本身是重大改革创新，但是对于此次刑治改革在晋国内部的实际成效不应该有太高的期望。可以看到，前536年郑国"铸刑鼎"时，虽然已经形成"七穆"（源自郑穆公的七大卿族）把持国政的卿族政治局面，但这只是国家政权从国君下移到六卿领导班子，郑国本身并没有分裂，疆域内的司法系统仍然是统一的。因此，郑国"铸刑鼎"的确能促使整个国家的司法系统按照一套统一的、公开的刑律来断案，而全国民众也能根据这套公开的刑律来维护自己的利益。

然而，当前513年晋人"铸刑鼎"时，晋国虽然在名义上

---

1 《韩非子·五蠹》："是以圣人不期修古，不法常可，论世之事，因为之备。"

仍然是一个国家，但其内部其实已经分裂为赵、魏、韩、知、范、中行六个正在"化家为国"、独立性越来越大的卿族政权，甚至可以说是"准诸侯国"。根据《孙子兵法·吴问》的记载，这些政权各有自己的土地、赋税、官僚制度。在配套制度已经各不相同的情况下，很难相信这六个政权会在各自的政权领地内一致采用一套一百多年前的"赵宣子之法"。

因此，笔者认为，中行文子本年"铸刑鼎"虽然强行拉上了敌对集团的核心人物赵简子，而且选用的也是一套治乱世的重典，但这套刑律恐怕不仅不会在赵、魏、韩、知政权领地得到推行，甚至不会在范、中行政权领地得到推行，唯一一个有可能推行这套刑律的地区应该是在六卿相互博弈、国人对国家和君主还有一定忠诚度的国都地区。

第四，晋人"铸刑鼎"改革是两大卿族集团竞争的产物。

如上文所述，前514年魏献子主持分配祁氏、羊舌氏的私邑时，从国家利益层面上说奖赏了勤王功臣、优秀大夫、卿族贤良，因此得到国内外广泛赞誉；从卿族博弈层面上说又通过选择性的分配县邑，促进了赵—魏—韩—知集团的形成，当然也同时促进了敌对集团——范—中行集团的形成。很明显，范氏、中行氏在这次分地行动中受到了双重排挤：一方面他们两家在政绩上已经低人一头，另一方面他们两家没有获得任何新的领地。

因此，笔者认为，中行文子这个本来没有资格发布法令的下卿之所以要在中军帅魏献子分地一年之后就强行发起"铸刑鼎"行动，并且还要胁迫赵简子参加，很可能是要与赵—魏—

韩—知集团竞争：首先，中行文子、范献子试图顺应当时天下"礼废刑兴"的大趋势，抢在敌对集团前面，一举成为晋国刑治改革的功臣，从而在政绩方面扳回一局。其次，以推行"赵宣子之法"为理由，强迫赵简子参与此事，让赵简子为范—中行集团的行动站台，从而挑动赵—魏—韩—知集团内部的猜疑和嫌隙，并且让赵简子来分担改革引发的争议和风险。

第五，中行氏、范氏冒险改革是其灭亡的预兆。

从国家卿官的角度来说，中行文子和范献子的做法是打破常规、锐意改革；然而从卿族族长的角度来说，如太史蔡墨分析的那样，两人的做法是中行氏、范氏走向灭亡的先兆。具体说来：首先，中行文子刚进入六卿行列任下军佐，声誉名望还非常欠缺，就顺着自己年轻气盛的心志，跳出来强推一场容易在国都地区引起争议和混乱(参见子产"铸刑书"时引起的混乱)、从而引火烧身的"铸刑鼎"改革。其次，已经在卿官体系中待了三十五年的范献子作为中行氏长期盟友范氏的族长，不仅不劝阻中行文子，反而在背后支持他的行动。中行文子和范献子的做法说明，中行氏、范氏族长的政治判断力都很成问题，无怪乎太史蔡墨预测中行氏、范氏两家会率先灭亡。

另外，赵简子的确参与了此事，而这样做也的确会给赵氏带来损害，所以太史蔡墨预测赵氏未来也会有祸难。然而赵简子是被迫参与此事，而且赵简子本人的德望声誉远比中行文子和范献子要好，因此太史蔡墨预测说，如果赵简子能够一直注意依照美德行事，那么他和赵氏最终能幸免于难。

正如我们下面会看到的，前497年范—中行之乱爆发时，范昭子、中行文子驱逐了赵简子，赵简子出奔到核心城邑晋阳，也就是说，赵氏的确受到了波及。然而，随后范氏、中氏被魏、韩、知三家驱逐出国都，最终被赵简子驱逐出晋国，也就是说，范氏、中行氏最终的确灭亡了，而赵氏也最终幸免于难。

九、定公时期：
东部卿族集团覆灭
化家为国加速

我死而晋国宁，赵氏定，将焉用生？

——董安于

霸业的衰败：干预鲁乱偏袒季氏，修筑王城僭越君主

前512年夏六月二十二日，晋顷公去世。前511年，晋顷公的儿子公子午正式即位，就是晋定公。如前所述，晋顷公即位时应该是一位少年。他在位仅十四年，因此当他去世时，儿子晋定公应该又是一位少年。也就是说，晋国在晋平公去世之后第三次出现"傀儡少主在位，六卿分治国政"的局面。

如果以在位长久、寿终正寝作为衡量标准的话，那么晋定公是一位非常"优秀"的傀儡君主：他在前511年正式即位，前475年去世，在位一共37年。如果我们以周元王元年 (前476年) 作为春秋—战国的界限，那么晋定公是春秋时期最后一位晋国君主。

少年晋定公正式即位之后，一度想要有所作为，提出要出兵护送在晋地干侯[1]寄居的鲁昭公回国复位。前515年就接受过鲁国执政卿季平子贿赂的中军佐范献子说："如果召季孙 (季平子) 来晋国而季孙不来的话，那么季孙的确就是有不臣的行为了，这样之后再去讨伐他，怎么样？"晋定公认为这个提议合理，于是派人去召季平子前来晋国。范献子在晋国官方使者传达晋定公命令之前，私下派人告知季平子说："您一定要来，我保证您不会被定罪。"

1　干侯见图三。

季平子到达晋国，在晋地适历见到了上军帅知文子。知文子说："我国君主让我对您说：'为什么要逐出君主？有君主而不事奉，周代制度里有确定的刑罚。您好好考虑一下！'"季平子穿戴着练冠、麻衣，光着脚出来[1]，趴在地上对答说："事奉我国君主，是臣下想做却得不到机会去做的事，虽然是这样，臣下怎么说也是有罪，怎么敢逃避贵国君主关于刑罚的命令？我国君主如果认为臣下有罪，我请求将我囚禁在费邑[2]，以等待君主的审查，如何发落都听君主的。如果我国君主由于念及季氏先代贤臣的缘故，能够不灭绝季氏，而只是赐我一死，我就是死了鬼魂也不会朽坏[3]。如果君主既不杀臣下，也不驱逐臣下，这当然是君主的恩惠。如果臣下能够跟着君主回国，那么这本来就是臣下的心愿。臣下怎么敢有二心？"

夏四月，季平子跟着知文子来到干侯。鲁昭公流亡团队里的贤大夫子家懿伯对鲁昭公说："君主跟季孙回去吧。难道您愿意因为不能忍受一时的羞耻，而终身蒙受羞耻吗？"[4]鲁昭公说："好的。"然而流亡团队中的大多数人并不认同子家懿伯的观点，他们说："就在这一句话了，君主一定要下令驱逐季孙！"也就是说，流亡团队中大多数人都认为既然晋国出面干预此事，鲁

1　练冠、麻衣、光脚，本来都是丧礼期间的穿戴和行为，季平子如此行为，是表示自己以鲁昭公流亡为凶事，深感忧戚。

2　费见图四。费邑是季氏的核心私邑，季平子请求被囚禁在自己的老巢，这是毫无诚意的虚言。

3　所谓"我就是死了鬼魂也不会朽坏"，是当时的一种主流价值观，意思是臣下不逃避罪责，回国接受国君或家族宗主依法惩处而死，则死后其鬼魂仍然能够得到家族宗庙世代代的祭祀，这就是所谓的"不朽"。

4　《左传·昭公三十一年》："一惭之不忍，而终身惭乎？"

昭公应该抓住这个机会惩处季平子。

在会面那一天,知文子先代表晋定公慰问鲁昭公,然后说:"我国君主派跞(知文子)带着命令责问过意如(季平子),君主就是让意如去死,意如也不敢逃避。君主还是回国去吧!"

鲁昭公回答说:"贵国君主如果心怀恩惠地照顾到跟我国先君的友好关系,并且延伸到我这个流亡的人,准备让我回国洒扫宗庙来事奉贵国君主,那么我一定不能再见到那个人(季平子)。我如果再见到那个人,必遭神谴,有河水为证!"

知文子一看鲁昭公还在妄想抓住季平子在晋国的机会,让晋国出面惩处季平子,完全误判了实际掌权的晋国诸卿的意图,于是马上捂住耳朵往外跑,说:"我国君主生怕惹上罪过,怎么敢掺和鲁国的祸难?我请求这样回复我国君主。"

知文子出来之后对季平子说:"君主的愤怒还没有懈怠,您姑且回去继续主持祭祀。"[1]晋定公积极推动的鲁昭公回国复辟之事,就这样不了了之了。

如前所述,前520年周邦爆发内乱,周悼王和王子朝两派混战争夺王位。后来周悼王去世,他的亲弟弟周敬王继续与王子朝交战。最终周敬王在晋国的支持下获胜,王子朝于前516年出奔到楚国,晋国在前515年组织诸侯派出军队帮助周敬王戍守王畿。

周敬王虽然已经回到了周邦的都城王城,然而王子朝还在

1　主持国家祭祀为国君最基本的职责。知文子的意思是让季平子回国继续摄行国君之事。

楚国伺机反攻，而他的大量余党就居住在王城。周敬王忌惮城内的王子朝余党，想要寻求一个长期性的解决方案，那就是将都城迁到王城东面的成周城[1]。成周城原本是西周时期东都城邑群的一部分，其主要功能是军事防御。西周灭亡、周邦定都王城之后，成周城成为周王畿里的一个普通城邑，城墙年久失修，防御能力大大削弱，而且规模也比较狭小，不足以承担都城的重任。

在这样的背景下，前510年秋八月，周敬王派富辛和石张到晋国，请求晋国出面组织诸侯增修扩建成周城。王命如下：

"上天降祸到周邦，使我的兄弟们都有了作乱之心，从而使得伯父[2]为我忧虑。我的几个同姓宗亲、异姓甥舅诸侯不得安居，到现在已经10年了，派兵前来辛勤戍守也已经5年了。我没有一天敢忘记各位诸侯的恩德，忧愁地像农夫盼望丰年，怀着恐惧等待收割的那一天[3]。伯父如果能展现大的恩惠，重建当年晋文侯、晋文公辅弼王室的功业，解除王室的忧虑，从而求取周文王、周武王的福佑，巩固晋国的盟主地位，宣扬昭明晋国的好名声，这就是我最大的愿望。

"昔日周成王会合诸侯修筑东都，是为了尊崇文德。如今我想要从周成王那里借助福佑，增修成周城，使得诸侯戍守周王畿的人可以撤回而不再辛劳，诸侯因此得到安宁，而恶人能够被放逐到远方，而这一定要依靠晋国的力量。我希望将这个任务委托给伯父，请伯父好好考虑一下：使我不要再招来百姓的怨恨，而

1　王城见图一、二、三、五"周1"。成周见图一、二、三、五"周2"。
2　晋国是周王室的同姓宗亲封国，所以周敬王尊称晋国君主为"伯父"。
3　所谓收割的时候，就是指王室迁至成周、得到长久安宁的时候。

伯父也成就了光荣的恩惠，先王将酬谢您的功劳而保佑您。"

中军佐范献子对中军帅魏献子说："与其派兵戍守王畿，不如增修成周城。是天子自己说的要撤掉戍守而修筑成周，因此即使以后有事，晋国可以不用再参与。听从王命来缓解诸侯的辛劳，晋国也可以不再忧虑，这样的事不做，又去做什么呢？"魏献子认为有道理，于是派韩贞子之子韩简子回答周王使者说："天子下了命令，我们岂敢不持奉它奔走告知诸侯？工程进度快慢、各国工作量的等级次序，都包在我们身上！"

冬十一月，魏献子、韩简子来到王畿，在狄泉[1]会合齐、宋、鲁、卫、郑、曹、莒、薛、杞、小邾卿大夫，重温前529年的平丘之盟，并且下达明年修筑成周城的命令。

在发布命令的时候，魏献子坐北朝南，与国君位置相同。卫大夫彪傒说："魏子一定会有大祸。卿官冒犯君位来命令大事，这不是他能承担的。《诗》说'恭敬地对待上天的怒气，不敢玩忽安逸。恭敬地对待上天的变异，不敢放纵随意'[2]，何况是冒犯君位做大事呢？"

韩简子出现在《左传》记载中，说明他的父亲下军帅韩贞子已经去世或者告老。最有可能的情况是下军佐中行文子向上晋升一位任下军帅，而韩简子代表韩氏进入六卿行列任下军佐。此时六卿领导班子情况如下：

1　狄泉见图二小图。
2　《左传·昭公三十二年》：《诗》曰'敬天之怒，不敢戏豫。敬天之渝，不敢驰驱。'"

晋 六 卿 表
(前510年狄泉之会时)

位 次	官 职	人 名	族 属
一	中军帅	魏献子	魏
二	中军佐	范献子（？）	范
三	上军帅	知文子（？）	知
四	上军佐	赵简子（？）	赵
五	下军帅	中行文子（？）	中行
六	下军佐	韩简子（？）*	韩

前509年春正月，魏献子在狄泉再次会合各诸侯国卿大夫，准备按去年的计划增修成周城。魏献子莅临筑城现场指导工作时，再次坐北朝南。卫大夫彪傒再次评论说："将要为天子建设新都城，却改易自己的地位而发布政令，这是不合正义的。做大事却冒犯正义，必然会有灾祸。晋国如要不失去诸侯，魏子恐怕不能免于灾祸吧！"

魏献子把监督修城的任务交代给下军佐韩简子和大夫原寿过之后，就到晋国大陆泽放火烧山打猎，不幸被烧伤，在返回晋国都城的路上死在了宁邑[1]。中军佐范献子以魏献子还没有向国君复命就狩猎为理由，下令降低魏献子的葬礼规格，去掉了套在内棺外面的柏木外椁。在六卿各自为政、晋定公沦为傀儡的背景下，范献子以"不尊君"为由惩处去世的魏献子，当然不是为了尊崇国君，而是为了政治斗争的需要，很可能就是在报复前514年魏

1　大陆泽、宁见图三。

献子分配祁氏、羊舌氏十县时，没有将任何一个县分给范氏族人。由此事可以进一步确认范氏与魏氏之间是敌对关系。

魏献子去世后，中军佐范献子向上晋升一位任中军帅。下面五位最有可能的情况是：上军帅知文子、上军佐赵简子、下军帅中行文子、下军佐韩简子分别向上晋升一位，任中军佐、上军帅、上军佐、下军帅，而魏献子之子魏简子[1]则代表魏氏进入六卿行列任下军佐。此时六卿领导班子情况如下：

晋 六 卿 表
（前509年魏献子去世后）

位 次	官 职	人 名	族 属
一	中军帅	范献子	范
二	中军佐	知文子（？）	知
三	上军帅	赵简子（？）	赵
四	上军佐	中行文子（？）	中行
五	下军帅	韩简子（？）	韩
六	下军佐	魏简子（？）*	魏

霸业的终结：伐楚无功，虐待宋卿，联盟最终解体

前507年时，被楚令尹囊瓦无礼拘禁了三年的唐[2]成公、蔡昭公先后获释。蔡昭公离开楚国之后，马上来到晋国，以自己

---

1 魏简子，姬姓，魏氏，名取，谥简。魏献子之子。参见图18。
2 唐见图五。

的儿子和卿大夫的儿子们作为人质，请求讨伐楚国。

前506年，晋人先是与吴人联合讨伐楚国，攻打楚国北部边境防御体系——方城塞的城门。此后，晋定公会合周邦代表刘文公，宋、鲁、蔡、卫、陈、郑、许、曹、莒、邾、顿、胡、滕、薛、杞、小邾君主及齐卿国惠子，在位于楚国北部边境的召陵[1]集会，谋划讨伐楚国之事。有意思的是，此次召陵之会是晋国作为中原霸主召集的最后一次诸侯大会，而召陵正是春秋时期首位霸主齐桓公在前656年第一次率领中原诸侯讨伐楚国时与楚人会盟的地点。

在召陵之会上，下军帅中行文子向蔡昭公索取贿赂没有得逞，于是对中军帅范献子说："现在我们晋国正面临危险，诸侯对我们也是离心离德，在这样的状况下想要袭击强敌楚国，不也是太难了吗！现在南方雨季开始了，军中疾病发作，而晋国北面的白狄中山国[2]又在袭扰边境。如果率领着人心涣散、疫病频发的诸侯军队强行进攻楚国，势必抛弃晋楚弭兵之盟的誓言从而招来怨恨，对楚国不会造成什么实质性损害，还会错失攻打中山国的宝贵机会。不如推辞蔡侯的请求。我们从本年早些时候攻打方城以来，到现在还没有能够在楚地得志，再攻打下去只会白费力气。"

中行氏一直是晋国卿族中攻打戎狄的"专业户"，而位于

1　方城、召陵见图五。召陵之会时许国都城在析，见图五"许5"。召陵之会后，许迁于容城，见图五"许6"。

2　中山国是鲜虞国北迁到中人之后的新国名，前506年首次出现在《左传》记载中。不过，此后《左传》称此国时，"鲜虞""中山"混用，主要仍称"鲜虞"。中山/鲜虞2见图二。

太行山以东的白狄居地本来就是中行氏重点开拓的新领地，所以中行文子在敲诈蔡昭公失败之后，会顺势建议晋军转而去攻打白狄中山国。范氏本来就是中行氏的长期盟友，而且范献子恐怕也认为攻打楚国吃力不讨好，于是同意了中行文子的建议，推辞了蔡昭公的请求，召陵之会因此无果而终。

随后晋人率军（主帅应该就是中行文子）北上攻打中山国，而被晋国拒绝的蔡昭公投靠了吴国。前506年冬天，吴王阖庐、蔡昭公、唐成公率军继续南下讨伐楚国，五战五捷，攻入郢都。

前504年秋八月，宋卿乐祁犁对宋景公说："诸侯里面只有我国还坚定地尊奉晋国为盟主。如今我们再不派卿大夫去晋国访问，晋国恐怕要怨恨了。"乐祁犁回家后把这番话告诉了他的家臣头子陈寅。陈寅说："国君必定会让您去。"

后面几天，宋景公果然对乐祁犁说："只有寡人赞同您的话，您一定要去！"陈寅得知之后，对乐祁犁说："您立了继承人之后再走，这样的话，万一您有个三长两短，我们乐氏也不会危亡，而国君也知道我们是明知有祸难还毅然前往的。"乐祁犁于是带着儿子乐溷见了国君之后就出发了。

上军帅赵简子迎接乐祁犁，在绵上[1]招待乐祁犁饮酒。乐祁犁向赵简子进献了六十个黄杨木制作的盾牌作为礼物。事后，陈寅对乐祁犁说："昔日我们乐氏以范氏作为我们在晋国的'主'[2]。如今您把赵氏作为我们的'主'，又进献了礼物，这是用

---

1 绵上（霍太山以南）见图二。
2 诸侯卿大夫认晋国卿族为"主"之事参见第519页。

杨木盾牌招来祸患，已经没有办法了。不过，您如果死在了晋国，您的子孙一定会在宋国得到好的发展。"

不出陈寅所料，中军帅范献子对晋定公说："乐祁犁领受了宋国君主的命令大老远前来，还没有在晋国朝廷执行使命就私下饮酒，这是对两国君主不敬，不可以不治罪。"于是晋人扣留了乐祁犁。由此可以看出，范氏与赵氏也是敌对关系。

前503年，齐国、郑国、卫国结盟，公开背叛晋国另组联盟。至此，晋国的盟国体系已经坍塌了大半。在这样的背景下，前502年，上军帅赵简子对晋定公说："诸侯里面仍然坚持事奉晋国的只有宋国了。晋国好好地去迎接宋国的使者，还担心他们不来；如今却又扣留了主动前来的乐祁犁，这是要断绝诸侯和我们的关系啊。"晋定公和其他诸卿都觉得赵简子说得有理，准备要送乐祁犁回国。范献子不想让赵简子得逞，于是一面对晋定公说，"我们已经扣押乐祁犁三年了，如今无缘无故就这样送他回国，宋国必定会背叛晋国"；一面私下对乐祁犁说，"我国君主害怕不能事奉宋国君主，因此把您留了下来。您姑且让您儿子溷来代替您做人质，您自己就可以回国了"。

乐祁犁回家后告诉了陈寅。陈寅说："宋国将要背叛晋国了，您如果让溷来代替您，那就是抛弃溷了，您不如留在晋国等待，而不让儿子来代替自己。"陈寅是从乐氏的整体利益角度考虑问题，因为乐祁犁现在已经是风烛残年，而乐溷还是壮年，如果这时候乐祁犁回国，而让乐溷来接替他，乐祁犁可能在回国之后不久就会去世，届时由于名正言顺的嫡子乐溷不在，其他庶子将会争夺继承权，由此引发的争斗将会使乐氏陷入混乱。

然而，此时已是风烛残年的乐祁犁管不了那么多了，他同意了范献子提出的条件，向国内发了消息，然后启程回国，准备在晋国边境等待自己的儿子乐溷来接替自己。不幸的是，乐祁犁没有经受住车马劳顿，在过太行山[1]时就去世了。范献子说："宋国必然要背叛晋国了，反正都这样了，不如扣住他的尸体来要求一个对晋国有利的和解条件。"于是把乐祁犁的尸体扣留在了晋国南部的州县。至此，将"压制赵简子"看得比"挽救晋国霸业"重要得多的范献子，最终逼迫宋国也叛离了晋国。

前501年，齐国、卫国出兵攻打晋国的夷仪[2]。同年，曾经一度劫持鲁国政事的季氏家臣阳虎从关押他的齐国逃出，最终逃到晋国，投靠了赵简子做家臣。据《韩非子·外储说左下》的记载：

> 阳虎发议论说："君主贤明，就尽心去事奉他；君主不贤，就掩饰邪念去试探他。"阳虎在鲁国被驱逐，在齐国受怀疑，逃到赵氏，赵简子欢迎他，用他做辅相。侍从说："阳虎善于篡夺别人的国家政事，为什么还用他做辅相？"赵简子说："阳虎致力于篡夺，我致力于守护。"于是运用统治术去驾驭阳虎。阳虎不敢做坏事，很好地事奉赵简子，

1　太行山见图二。
2　夷仪（夷仪2）见图三。

使赵简子强盛起来，几乎到了称霸的地步。

据《左传》记载，阳虎加入赵氏之后，在前493年赵简子送卫太子蒯聩回国，以及与齐、郑军队交战等行动中都积极出谋划策，从鲁国季氏的乱臣转变为晋国赵氏的能臣。也就是说，所谓"乱臣"，很可能就是无法通过正常渠道施展自己的才华、并得到相应回报的能臣。

前500年，为了报复齐、卫两国，赵简子率军包围卫国都城。前499年，鲁国与郑国结盟，叛离晋国。至此，中原主要诸侯国齐、鲁、郑、卫都已经明确叛离晋国，而宋国与晋国之间的关系也已经非常冷淡，晋国的中原霸业实际上已经终结。当然，此时晋国六卿所关心的也不再是什么中原霸业，而是正在逐步逼近的卿族内战。

范—中行之乱背景（一）：六大卿族相互之间的政治关系

到前497年时，中军帅范献子、下军佐魏简子已经去世或告老，他们的儿子范昭子、魏襄子分别代表范氏、魏氏进入六卿行列。最有可能的情形是：中军佐知文子、上军帅赵简子、上军佐中行文子、下军帅韩简子分别晋升一位任中军帅、中军佐、上军帅、上军佐，而范昭子、魏襄子占据下军帅、下军佐。考虑到范昭子父亲范献子生前的最后排位远高于魏襄子的父亲魏简子，所以最有可能是范昭子任下军帅、魏襄子任下军佐。

此时六卿领导班子情况如下：

晋 六 卿 表
（前497年范—中行之乱爆发前）

位 次	官 职	人 名	族 属
一	中军帅	知文子（？）	知
二	中军佐	赵简子（？）	赵
三	上军帅	中行文子（？）	中行
四	上军佐	韩简子（？）	韩
五	下军帅	范昭子（？）*	范
六	下军佐	魏襄子（？）*	魏

前497年，晋国卿族内乱爆发。由于此次内乱起始于范昭子、中行文子驱逐赵简子，结束于赵简子彻底击败范昭子、中行文子，最终赵简子是胜利者，而范昭子、中行文子是落败的"乱臣"，所以本书将其称之为"范—中行之乱"。

在叙述此事之前，有必要先梳理一下内乱前六大卿族之间的政治关系网络。这里要特别说明一下的是，当时赵氏内部分为两支，其中大宗宗主，也就是赵氏族长，是赵简子，其核心城邑是位于太原盆地的晋阳，下面我们称之为"晋阳赵氏"；小宗宗主是赵午（也称邯郸午）[1]，其核心城邑是位于河北平原的邯郸，下面我们称之为"邯郸赵氏"。

关于范—中行之乱前夕六大卿族之间的友好/敌对关系，有

1　赵午，嬴姓，赵氏，又为邯郸氏，名午。赵顷子之子。参见图17。

两类证据可以使用：

甲类证据：《左传·定公十三年》在讲述范—中行之乱时，特别提到了部分卿族之间的合作/敌对关系以帮助读者理解内乱起因，这些叙述自然是最直接、最强的证据。

乙类证据：《左传》和其他传世文献记载了各卿族在范—中行之乱前的合作/对抗事迹，由这些事迹可以知晓当时某两个卿族之间友好还是敌对，由此可以向后推知在范—中行之乱发生前夕这两个卿族之间是什么关系（觉得下面具体论证繁琐的读者可以跳过直接看后面结论）。

一、范氏和中行氏是友好关系

甲类证据：范昭子是中行文子的姻亲。

乙类证据：范氏、中行氏在前560年前就已经是友好合作关系，前560年联手占据中军帅、佐职位。前550年栾怀子作乱时，范氏、中行氏仍然和睦。另据出土文献《孙子·吴问》（参见第643页），范氏、中行氏采用相同的土地赋税制度，被孙子预言将同时灭亡。

二、晋阳赵氏与韩氏是友好关系

乙类证据：前581年韩献子进言促使晋国复立赵氏。前560年赵文子、韩献子联手占据上军帅、佐职位。前550年栾怀子作乱时，赵氏、韩氏仍然和睦。

三、晋阳赵氏与邯郸赵氏是友好关系

甲类证据：晋阳赵氏与邯郸赵氏本是赵氏内部的大宗和小宗。在范—中行之乱前，卫国将讨好晋阳赵氏宗主赵简子的卫贡五百家安置在邯郸，而邯郸赵氏宗主赵午也按照赵简子的要求将卫贡五百家归还到晋阳。

四、中行氏与邯郸赵氏是友好关系

甲类证据：邯郸赵氏族长赵午是中行文子姊妹的儿子，这说明中行氏与邯郸赵氏在中行文子父亲中行穆子和赵午父亲赵顷子[1]一辈已经建立了联姻关系。

五、魏氏与晋阳赵氏是友好关系

乙类证据：前514年魏献子主持分配祁氏、羊舌氏十县时，将平阳县分给了赵氏族人赵朝。

六、魏氏与韩氏是友好关系

乙类证据：前514年魏献子主持分配祁氏、羊舌氏十县时，

---

1 赵顷子，嬴姓，赵氏，名胜，谥顷。赵旃之子。参见图17。

将马首县分给了韩氏族人韩固。另据《孙子·吴问》，魏氏与韩氏采用同样的土地赋税制度，被孙子预言将同时灭亡。

七、魏氏与知氏是友好关系

乙类证据：前514年魏献子主持分配祁氏、羊舌氏十县时，将涂水县分给了知氏族人知徐吾。

八、中行氏与韩氏是敌对关系

甲类证据：中行文子与韩简子相互厌恶。

九、中行氏与魏氏是敌对关系

乙类证据：前541年时，中行穆子、魏献子在伐群狄过程中结怨。前514年魏献子主持分配祁氏、羊舌氏十县时，没有将任何一县分给中行氏族人。

十、范氏与魏氏是敌对关系

甲类证据：范昭子和魏襄子相互厌恶。
乙类证据：前550年栾怀子之乱后两家可能已经结怨，因为范宣子可能没有兑现承诺将曲沃封赏给魏献子。前514年魏献子主持分配祁氏、羊舌氏十县时，没有将任何一县分给范氏族人。前509年魏献子去世后，继任的范献子减损了魏献子葬礼规格。

十一、范氏与晋阳赵氏是敌对关系

乙类证据：范献子与赵简子之间曾围绕宋卿乐祁犁激烈对抗。

根据上述分析，我们可以绘制内乱前夕六大卿族（含赵氏内部两支）敌友关系示意图如下，其中实线表示友好关系，虚线表示敌对关系。

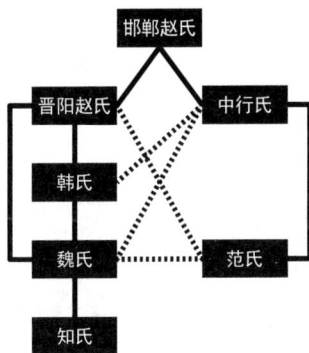

▶ 图13　六大卿族敌友关系示意图（赵氏分裂前）

从图中可以清楚地看出，当时的六大卿族内部已经形成了晋阳赵氏—魏氏—韩氏—知氏和范氏—中行氏两大敌对集团，这个状况最早在前514年魏献子分配祁氏、羊舌氏私邑时已经成形（参见第559页）。这两大集团的政治关系如下：

第一，晋阳赵—魏—韩—知集团的主干是晋阳赵氏与韩氏之间基于长期合作结成的友好关系。在这个集团中，晋阳赵氏、魏氏、韩氏存在闭环的友好关系，而知氏只是与魏氏存在明确的友好关系，因此知氏是该集团中最容易叛离的一员。

第二，范—中行集团的主干是范氏、中行氏基于长期合作结成的友好关系。

第三，两大集团之间形成敌对关系的基础是中行氏与魏氏、中行氏与韩氏、范氏与晋阳赵氏、范氏与魏氏之间的敌对关系。

夹在两大集团之间的，是邯郸赵氏。邯郸赵氏一方面是受晋阳赵—魏—韩—知集团成员晋阳赵氏统领的赵氏小宗，另一方面又与范—中行集团成员中行氏建立了联姻友好关系，成为维系两大集团之间和平的最重要纽带。

范—中行之乱背景（二）：六大卿族私家城邑的地理分布

要深入理解范—中行之乱，我们除了要了解六大卿族之间的政治关系，还要了解六大卿族私家城邑的地理分布。到春秋晚期时，六大卿族已经成为晋国最大的六个地主，他们在国都地区有私城，在国都之外的晋国疆域内有私邑。如后面两节所述，范—中行之乱分为两个阶段，第一阶段（前496年）的内战发生在国都地区，第二阶段（前495至前490年）的内战发生在广阔的晋国东部地区。从地理角度来看，第一阶段是卿族私城之间的战争，而第二阶段是卿族私邑之间的战争。

一、国都地区的卿族私城

根据晋都新田遗址的考古发掘和研究成果[1]，一般认为，到春秋晚期时，由于卿族势力膨胀，六大卿族在国都地区的据点并不是位于内城的宅邸，而是位于内城外的小城，已经发掘出的有四座，分别是呈王古城、马庄古城、北郭古城和北郭马古城 (北郭马古城没有显示在图9中)。

二、晋国境内的卿族私邑

范一中行之乱发生时，晋国六大卿族私邑按照等级可以分为两类。一类是核心城邑，相当于诸侯国的都城，核心城邑所在地区也就是这个卿族的政治核心区。一类是其他私邑。由于范一中行之乱缘起于晋阳赵氏 (大宗) 和邯郸赵氏 (小宗) 的分裂，所以我们在"赵氏私邑"条目下将这两家分开对待。

目前考证出的各卿族主要私邑如下[2] (觉得下面具体论证繁琐的读者可以跳过直接看后面的结论)。

(一) 赵氏私邑

1. 晋阳赵氏

(1) 赵。赵氏得氏之邑。在山西洪洞赵城镇附近。

(2) 耿。前661年晋献公灭耿国后，将其赐予御者赵夙为私

---

1 参见武亨伟 (2018年)。
2 详细考证参见马保春 (2007年)；刘勋 (2021年)。

邑。在山西河津东南。

（3）屏。赵括之时已为赵氏私邑。具体地望不明。

（4）楼。赵婴齐之时已为赵氏私邑。在山西永和东南。

（5）温。赵文子之时已为赵氏私邑。在河南温县招贤乡上苑村北已发现其遗址。

（6）中牟。赵文子之时已为赵氏私邑。在河南鹤壁以西。

（7）晋阳。赵简子之时已为赵氏私邑。在山西太原西南晋源区已发现其遗址。

（8）长子。赵襄子之时已为赵氏私邑，有可能可以向前推至赵简子之时。在山西长子河东村一带已发现其遗址。

2. 邯郸赵氏

（1）邯郸。赵顷子之时已为邯郸赵氏私邑。在河北邯郸已发现其遗址。

（2）寒氏。又称五氏，赵午之时已为邯郸赵氏私邑。在河北武安午汲已发现其遗址。

（3）临。赵稷[1]之时已为邯郸赵氏私邑。在河北临城南台已发现其遗址。

范—中行之乱发生时，晋阳赵氏的核心城邑是晋阳，邯郸赵氏的核心城邑是邯郸。

（二）韩氏私邑

1. 韩。韩万之时已为韩氏私邑，韩氏得氏之邑。在山西河津东北。

---

1 赵稷，嬴姓，赵氏，名稷。赵午之子。参见图17。

2. 州。韩宣子之时已为韩氏私邑。在河南温县武德镇的西张计村已发现其遗址。

3. 原。赵成子之时为赵氏私邑，前535年韩宣子用州县与宋卿乐大心交换原县，从此之后成为韩氏私邑。在河南济源庙街村、蟒河以北已发现其遗址。

4. 平阳。赵氏族人赵朝之时为赵氏私邑，韩贞子之时已为韩氏私邑。在山西临汾金殿镇以南。

5. 箕。韩氏小宗族长箕襄之时已为韩氏私邑。在山西蒲县东北。

6. 邢。韩氏小宗族长邢带之时已为韩氏私邑。在河南温县的北平皋村已发现其遗址。

范—中行之乱发生时，韩氏核心城邑是平阳。

（三）魏氏私邑

1. 魏。前661年晋献公灭魏国后，将其赐予车右毕万为私邑，魏氏得氏之邑。在山西芮城北五里已发现其遗址。

2. 霍。魏悼子[1]之时已为魏氏私邑。在山西霍州陈村。

3. 厨。魏氏小宗族长厨武子之时已为魏氏私邑。可能就是狐厨，在山西临汾金殿镇西。

4. 吕。魏氏小宗族长厨武子之时已为魏氏私邑。在山西霍州西。

5. 令狐。魏氏小宗族长魏颗之时已为魏氏私邑。在山西临猗令狐村。

6. 安邑。魏庄子之时已为魏氏私邑。在山西夏县西北。

―――――――――――

1　魏悼子，姬姓，魏氏，谥悼。魏武子之子。参见图18。

7. 梗阳。前514年，魏氏族人魏戊为梗阳大夫，从此成为魏氏私邑。在山西清徐。

范—中行之乱发生时，魏氏核心城邑是安邑。

（四）知氏私邑

1. 知。知氏得氏之邑。在山西永济北。

2. 辅氏。辅氏是知氏旁支，也是地名。在陕西大荔东。

3. 涂水。前514年，知氏族人知徐吾为涂水大夫，涂水从此成为知氏私邑。在山西晋中王郝村附近。

4. 高梁。知襄子时已为知氏私邑。在山西临汾东北十里。

范—中行之乱发生时，知氏核心城邑不明。由于涂水太过于靠近晋阳赵氏核心城邑晋阳，高梁太过于靠近韩氏核心城邑平阳，而辅氏位于河水以西的秦晋边境地区，都不适合作为核心城邑，因此笔者猜测，知氏核心城邑最有可能就是临近秦国的知。后来知氏被赵、魏、韩三家击败，知氏族人纷纷逃往秦国（参见第679页），是支持笔者猜测的一个旁证。无论如何，知氏核心城邑一定位于晋国西部。

（五）范氏私邑

1. 随。范武子时成为范氏私邑。随是范氏第一个私邑，因此在传世文献中，范氏首卿先称"随武子""随会"，受范后才称"范武子"。在山西介休东南。

2. 范。范武子时成为范氏私邑。范氏得氏之邑。可能在河南荥阳西北，巩义东北，古氾水岸边。

3. 郇、栎。范文子时成为范氏私邑。郇邑在山西临猗西南四里。栎邑可能在山西闻喜东。

4. 朝歌。范昭子之时已为范氏私邑。在河南淇县。

5. 柏人。范昭子之时已为范氏私邑。在河北隆尧双碑乡已发现其遗址。

范—中行之乱发生时，范氏核心城邑是朝歌，因此范昭子、中行文子被驱逐出国都后，都奔逃到朝歌坚守。

（六）中行氏私邑

1. 赤狄居地。前594年中行桓子率军灭赤狄潞氏，可能在此之后就接受了这片地方的一部分作为私邑。赤狄潞氏都城潞邑在山西潞城东北辛安泉镇潞河村、古城村一带。

2. 白狄居地。前530至前520年期间，中行穆子率军攻打白狄居地，灭肥国、鼓国，很可能在此之后就接受了这片地方的一部分作为私邑。肥国都城在河北石家庄藁城区城子村附近。鼓国都城在河北晋州鼓城村附近。

3. 陆浑戎居地。前525年中行穆子率军灭陆浑戎，很可能在此之后就接受了这片地方的一部分作为私邑。陆浑戎都城可能在河南嵩县田湖镇古城村附近。

范—中行之乱发生时，中行氏核心城邑应该是潞邑，中行文子的股肱之臣籍秦、高强就死在保卫潞邑的战斗中。

如果我们假设，上述卿族在获得了私邑之后不会轻易将其出让给别的卿族，那么，如果我们把这些各卿族在不同时期获得的私邑标在地图上（参见图八），每个卿族的私邑用同一种颜色来标识，就得到了范—中行之乱爆发前六大卿族的主要私邑分布图。当然，我们的这个假设是有问题的，因为其中某些较早获得的私邑有可能后来已经易主，比如平阳就从赵氏换到了韩氏，并且成为韩氏的核心城邑。

从图中我们可以清楚地看到如下三点：

第一，每个卿族的私邑集群并没有形成一个连续成片的"领土"，不同卿族的私邑之间存在着相互交错的情况。实际上，即使到了战国时期，赵、魏、韩三国的领土仍然呈现出相互嵌套的形势。

第二，如果我们只看各卿族的核心区，可以清楚地看到：

（一）范氏、中行氏及后来加入的邯郸赵氏三家的核心区都位于晋国东部，地理上相互连通，形成了一个"铁三角"态势。

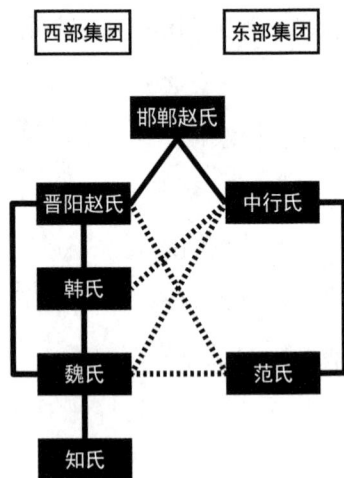

▼ 图14　六大卿族敌友关系示意图（赵氏分裂前，标记地理分布）

（二）晋阳赵氏、韩氏、魏氏、知氏四家的核心区都位于晋国西部，地理上相互连通，形成了一个"一条龙"态势。

所以，我们也可以把范—中行—邯郸赵集团称为"东部集团"，而把晋阳赵—韩—魏—知集团称为"西部集团"。这种地缘关系和政治关系精确对应的现象说明，地缘因素在两大卿族集团的形成过程中很可能起到了非常重要的作用。这样一来，图13就可以改成上图的样子。

第三，上节我们说到，邯郸赵氏一方面是晋阳赵氏统领的赵氏小宗，另一方面又与中行氏建立了联姻友好关系。从图八来看，之所以会造成这样一个微妙的局面，地理因素可能起了重要作用：

（一）赵简子为宗主的晋阳赵氏核心区位于太行山以西的太原盆地，而赵午为宗主的邯郸赵氏核心区位于太行山以东的河北平原。"山高大宗远"，地理上的阻隔使得邯郸赵氏逐渐获得较大的独立性。

（二）中行氏核心区是潞邑，与邯郸之间距离近而且通过山谷间道路相互连通；中行氏重要领地是原白狄居地（即鲜虞、肥、鼓所在地），和邯郸一样位于太行山以东的河北平原上，之间没有任何高山阻隔、直接连通。"远亲不如近邻"，地理上的接近和连通为中行氏拉拢邯郸赵氏奠定了基础，也为晋阳赵氏容忍邯郸赵氏与中行氏联姻提供了理由。

范—中行之乱过程（一）：赵氏分裂引发内战，范与中行落败出逃

各大卿族都知道，一旦爆发内战，各卿族的"建国大业"都将被打断，而且内战的最终结果很难预料。因此，在内乱发生前，晋定公与卿大夫曾经在河水边向河神起誓："引发祸乱的

人要被处死。"这个盟誓是对各大卿族的最后一道约束，因为一旦有某个卿族先行挑起祸乱，被攻击的卿族就可以援引这项盟誓作为理由来发动反击。

范—中行之乱的源头就是赵氏的分裂。前500年赵简子包围卫国都城之后，卫国想要跟赵简子建立良好关系，于是向赵氏进贡了五百户人家。因为邯郸赵氏是赵氏的"分舵"，又和卫国同在华北平原上距离较近，当时卫国就把这五百家送到了邯郸，让赵氏内部沟通接下来的处置方式。对于邯郸赵氏而言，与临近的卫国搞好关系有益无害，于是就将这五百家安置在邯郸地区，并没有解送到晋阳，而赵简子当时也没有提出明确要求。

然而到了前497年，赵简子突然对赵午说："把卫国进贡给我的五百家还给我，我想把他们安置在晋阳。"赵午觉得既然这五百家本来就是送给赵氏大族长赵简子的，也没想太多，当场答应了赵简子。

赵午回到邯郸之后，把这件事告诉了他的父兄。父兄说："不可以。卫国送来这五百家，我们邯郸因此与卫国建立了良好的关系。如果就这样把这些民户送回晋阳，那就会断绝邯郸与卫国之间友好往来的路。不如通过入侵齐国来谋划此事。"赵午父兄的计策是：邯郸人应该主动入侵齐国，齐国必然出兵报复，然后邯郸人再以"惧怕齐人对卫贡五百家造成伤害"为由将这五百家迁徙到晋阳，这样既满足了赵简子的要求，又可以使得邯郸赵氏与卫国继续保持友好关系。

赵午按照父兄的建议这样做了，也就是先在没有得到族长赵简子允许和国君晋定公正式命令的情况下，贸然以晋国名义入侵齐国，引来齐国报复，然后以确保安全为名，把卫贡五百家迁徙到了晋阳。然而，赵简子却一点也不体谅赵午的难处，而是勃然大怒，召赵午来晋阳问话。赵午一行到达宫殿外面后，赵简子命令赵午的随从解下佩剑进入宫殿，其中有一个叫涉宾的随从坚决不同意。赵简子更加愤怒，于是囚禁了赵午，并且派使者告诉邯郸人说"我私下惩治午，诸位可以按照你们的愿望另立宗主"，然后就杀了赵午。

涉宾逃回邯郸之后，就拥立赵午的儿子赵稷成为邯郸赵氏的新宗主，并且发动叛乱反对晋阳赵氏。当然，到这时候，还只是赵氏内部的家乱，没有正式成为各卿族之间的全面内战。

对比赵氏分裂前后的六大卿族关系图我们可以清楚地看到：邯郸赵氏与晋阳赵氏决裂并加入东部集团后，首先，维系着西部集团和东部集团之间的和平纽带断裂了，并且转变成为邯郸赵氏与晋阳赵氏之间的敌对关系，这使得两大集团之间的敌对态势进一步升级；其次，原本实力较为薄弱的东部集团扩容成为范—中行—邯郸赵集团，这使得东部集团更有信心与西

▶ 图15　六大卿族敌友关系示意图（赵氏分裂后，标记地理分布）

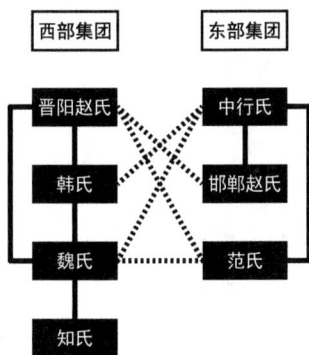

部集团开战。在这样剑拔弩张的形势下，如果再掉下一颗火星，内战的火药桶就会爆炸。

前497年夏六月时，中军佐赵简子向上军帅中行文子、下军帅范昭子都发出命令，要求他们出兵讨伐赵稷在邯郸发动的"叛乱"。也就是说，赵简子已经将赵稷叛乱不是定性为家族内乱，而是定性为国家大臣发动的叛乱，并以国家次卿名义发布命令，试图动用国家力量来镇压叛乱。

这条实际上逼迫范—中行—邯郸赵集团内部自相残杀的命令就成了引燃导火索的那颗火星，促使范昭子、中行文子开始紧急谋划反对赵简子的武装叛乱。于是，范昭子、中行文子都托词不应命，而只派了中行文子的股肱之臣上军司马籍秦带兵"出征"，以此敷衍赵简子。

赵简子贤臣董安于听闻范昭子、中行文子的叛乱图谋，告诉了赵简子，问："我们要抢先为这事做准备吗？"

赵简子说："我国君臣有盟誓，首先发动祸乱的卿大夫要被处死。我们后发制人就可以了。"

董安于说："与其让我们领地的民众受害，不如让我一个人受死。到时候如果有祸难，请把我推出去作为交代。"

赵简子不答应。

秋七月，范昭子、中行文子率领军队攻打晋阳赵氏在国都地区的私城，赵简子没有组织抵抗，就直接出奔到晋阳。范氏、中行氏随即派出军队包围了晋阳。

《国语·晋语九》记载了董安于在抵抗范氏、中行氏战争中的功劳和胜利后的言行：

在抵抗范氏、中行氏的战斗中，董安于立了大功。赵简子想要奖赏他，他却推辞不接受。赵简子一再要奖赏他，他回答说："当我年轻的时候，跟从主上做文书工作，帮助起草文告命令，被当时的人们称赞，在诸侯君臣之中树立了道义的标准，但是主上您却没有注意。到我壮年的时候，用尽全力跟随掌军法的司马治理军队，军中没有发生过暴虐邪恶的事件。到我老年的时候，穿戴着礼帽礼服宽袍大带跟从家宰处理政务，使赵氏领地的民众没有二心。现在我不过是一时发了癫狂病，参加了相互残杀的内战，您却说'一定要奖赏您'，我与其因为癫狂病受奖赏，还不如逃走！"于是他快步走出去，赵简子只好放弃了奖赏他的主意。

董安于拒绝赵简子奖赏他在内战中的军功，并不是在发泄怨恨，而是在利用拒绝奖赏作为一个进谏的由头，告诫赵简子不要只注重最有显示度的军功，而是要看到文书、军法、行政等各项工作的价值，公平地奖赏各类人员中的优秀分子，从而调动整个家臣团队的积极性。

就在范氏、中行氏重兵在外包围晋阳的同时，另外一场内乱正在国都地区酝酿：

一、范氏有个族人叫范皋夷，他得不到族长范昭子的重用，心怀怨恨，想要取代范昭子的范氏族长地位和国家卿官地位。

二、知文子下面有个受到宠信的大夫叫梁婴父，知文子想要立他为卿官。

三、韩简子与中行文子互相厌恶。

四、魏襄子与范昭子也互相厌恶。

所以知文子、韩简子、魏襄子、范皋夷、梁婴父五人密谋，准备趁范氏、中行氏大量军队在外包围晋阳之时，在国都地区发动政变，驱逐范昭子和中行文子，而分别以范皋夷、梁婴父取代他们。

谋定之后，作为六卿首席的中军帅知文子对晋定公说："君主曾经与大臣们有过盟誓，'引发祸乱的人都要处死'，盟书现在还沉在河水里呢。如今三位大臣[1]引发了这场祸乱，却只驱逐了鞅（赵简子），这刑罚也太不公平了。请求把他们全都驱逐走。"此时的晋定公在政治上早已是个傀儡，知文子向他说这番话，并不是在请求晋定公批准，而是通过这番公开的朝堂对话来为接下来攻打范氏、中行氏的军事行动"正名"：攻打范氏、中行氏不是卿族间为了私利而爆发的丑恶内战，而是为了贯彻落实先前君臣盟誓而实施的正义行动。

从知文子的提议可以看出，他想要做的是把晋阳赵氏、范氏、中行氏一网打尽。不过，韩简子、魏襄子虽然在政变之前的谋划过程中同意了知文子这个"通过将赵简子、范昭子、中

1　指范昭子、中行文子、赵简子。

行文子都列为乱党来为驱逐范氏、中行氏正名"的计策，但是他们两家私下里又在谋划新的动作。

冬十一月，知文子、韩简子、魏襄子尊奉着（实际上是挟持着）晋定公攻打范昭子、中行文子，一时没有攻下。范昭子、中行文子准备发动反击，计划先集中力量攻打自身实力最弱的晋定公，然后再挟持晋定公反攻知、韩、魏三家联军。这时，中行文子的股肱之臣、先前在齐国作乱失败逃到晋国的高强劝告范昭子、中行文子说："三次手臂骨折之后就知道怎么做一个好医生。攻打国君是绝对不可以的，民众不会赞同这种事情。[1]我就是因为攻打国君，所以出奔到了这里。知氏、韩氏、魏氏还不算特别和睦，是有可能战胜的。攻克了三家之后，国君除了范氏、中行氏，还能亲附谁？如果先攻打国君，这就会促使三家更加和睦啊！"范昭子、中行文子不听，还是去攻打国君。

不出高强所料，国都地区的国人中很多人的生计仍然与国君公室相关联，持"国君本位"的政治立场，当他们得知范氏、中行氏要攻打晋定公之后，纷纷打破中立，帮助尊奉晋定公的知氏、韩氏、魏氏。范昭子、中行文子在战斗中落败，知氏、韩氏、魏氏三家乘胜追击。冬十一月十八日，范昭子、中行文子出奔到范氏的核心城邑朝歌[2]。

---

1 《左传·定公十三年》："三折肱知为良医。唯伐君为不可，民弗与也。"
2 朝歌见图二（即原卫1）。

范—中行之乱过程（二）：韩、魏迎回赵简子，知文子逼死董安于

范昭子、中行文子出奔之后，韩简子、魏襄子突然联合起来，请求晋定公发布命令召请赵简子回国，他们的理由大概是：范昭子、中行文子才是这次内乱的发动者，而赵简子是受害者，如今发动祸乱的人已被驱逐，赵简子应该被迎回复位。前497年冬十二月十二日，赵简子进入晋国都城，在公宫盟誓。

韩简子、魏襄子请求迎回赵简子而知文子并没有参与，这进一步说明晋阳赵氏、魏氏、韩氏之间是较为稳固的联盟关系，而知氏则相对游离；知文子发起第二波内乱的目的是为了将自己的宠臣梁婴父安排进六卿行列，并且将晋阳赵氏也一并定罪。然而，在当时的情势下，支持迎回晋阳赵氏（韩氏、魏氏）和反对迎回晋阳赵氏（知氏）的力量对比是 2 : 1，因此知文子虽然反对，也无力阻止韩简子、魏襄子的行动。不过，知文子从此时应该已经开始盘算，如何能再沉重打击晋阳赵氏。

中行文子出奔之后，中行氏退出晋国卿族政治舞台。在此之后，假如真像知文子等人事先谋划的那样，那么最有可能的情况是：韩简子、魏襄子向上晋升分别担任上军帅、上军佐，而梁婴父、范皋夷进入六卿行列分别担任下军帅、下军佐，所以范氏的卿族地位由范皋夷担任宗主的小宗继承。此时六卿领导班子情况如下：

晋 六 卿 表
（前497年范昭子、中行文子出奔后）

位 次	官 职	人 名	族 属
一	中军帅	知文子（？）	知
二	中军佐	赵简子（？）	赵
三	上军帅	韩简子（？）	韩
四	上军佐	魏襄子（？）	魏
五	下军帅	梁婴父（？）*	梁
六	下军佐	范皋夷（？）*	范

上军佐韩简子最后一次在《左传》出现是在前497年。如果假设韩简子在前497年去世，他的儿子韩庄子[1]可能在前496年代表韩氏进入六卿行列。最有可能的情况是：魏襄子、梁婴父、范皋夷各向上升一位分别担任上军帅、上军佐、下军帅，而韩庄子担任下军佐。此时六卿领导班子的情况如下：

晋 六 卿 表
（前496年韩庄子进入六卿行列后）

位 次	官 职	人 名	族 属
一	中军帅	知文子（？）	知
二	中军佐	赵简子（？）	赵
三	上军帅	魏襄子（？）	魏
四	上军佐	梁婴父（？）	梁
五	下军帅	范皋夷（？）	范
六	下军佐	韩庄子（？）*	韩

1　韩庄子，姬姓，韩氏，名庚，谥庄。韩简子之子。参见图19。

到前496年时，范昭子、中行文子虽然被赶出了国都，赵简子也已经回到国都，但松散的西部集团内部又产生了祸乱的苗头。知文子宠臣、如今已是卿官的梁婴父非常厌恶品德才干胜过他的赵简子股肱之臣董安于，他得知了董安于事先提醒赵简子先下手为强的事，于是对知文子说："如果不杀了董安于，让他执掌了赵氏的政事，赵氏一定能夺取整个晋国的政权。为什么不以董安于先挑起内乱为理由，到赵氏那里去追究董安于的责任？"

　　知文子听从了梁婴父的建议，于是派人告诉赵简子说："范氏、中行氏的族长虽然的确是祸乱的主犯，但事情是董安于挑起来的。这样说来，董安于是参与了谋划祸乱的。晋国有盟誓约定，发动祸乱的人一定得死。现在范、中行的族长已经承担他们的罪过了，我们谨敢把董安于的罪过告诉您。"知文子这样说，其实是在向赵简子表明，自己不会轻易放弃先前"三位大臣引发了这场祸乱"的说法，现在给两条路让赵简子抉择：如果晋阳赵氏牺牲董安于来为赵简子顶罪，则自己可以放过赵简子，不再挑起进一步的祸难；如果晋阳赵氏不愿意牺牲董安于，那自己恐怕就要"不忘初心"公开重提"三位大臣引发了这场祸乱"的说法，宣称晋定公当初对自己这个说法的认可依然有效，然后再次尊奉晋定公驱逐赵简子。

　　赵简子一方面害怕如果不满足知文子的要求，知文子会再次发难驱逐自己；另一方面又爱惜董安于的才能，不愿意杀了他来讨好知文子，因此非常苦恼。董安于明白主子的心思，说："如果我的死能够换来晋国的安宁和赵氏的稳定，那我还要活着做什么？人谁不死，我已经死得算晚的了！"于是就上吊自杀了。赵简子把董安于陈尸在市场里，然后告诉知文子说："主子命令我们惩处罪人安于，如今他已经伏法了，谨敢告诉主子。"知文子于是与赵简子盟誓，晋阳赵氏这才安定下来。此后，晋阳赵氏在自己家庙祭祀祖先时都把董安于列为陪祭。

从这时起，赵氏和知氏之间的矛盾明朗化了，而且这个矛盾不断发展，直到前453年赵氏联合韩氏、魏氏灭掉知氏才得到彻底解决。

梁婴父一定要除掉董安于是有道理的，因为董安于的确是不可多得的治国大才。除了《左传》《国语》中记载的事迹之外，董安于的重大功绩之一是在赵氏与范氏、中行氏发生冲突之前长期治理位于晋国东北部的赵氏核心城邑晋阳。《战国策·赵策一》记载了春秋末年知、韩、魏三家进攻赵氏之前，赵襄子与谋臣张孟谈的对话，里面详细描述了董安于当年如何巧妙地将战略物资储备融入城市建设之中，将晋阳建设成一个城防硬实力超强的坚城。

范一中行之乱过程（三）：战争性质发生改变，准诸侯国展开内战

在上一节，我们沿用传统的"卿族内乱"视角，叙述了范一中行之乱的第一阶段，也就是发生在国都地区的卿族内战，这场内战以前497年范氏、中行氏出奔，晋阳赵氏、韩氏、魏氏、知氏胜利告终。

然而，与先前的晋国卿族内乱不同的是，范氏、中行氏被逐出国都地区并不意味着这两大卿族的覆灭，它们在盟友邯郸赵氏和中原各主要诸侯国的支持下，与晋阳赵氏在晋国东部地区继续交战，一直到前490年才最终放弃、出奔齐国，这构成了范—中行之乱的第二阶段。如果从持续时间和惨烈程度而言，持续不到半年的第一阶段更像是这次内乱的序幕，而长达7年的第二阶段才是这次内乱的主体。

要正确理解范—中行之乱的第二阶段，我们必须首先跳出"卿族内乱"的传统视角，准确认识当时晋国六大卿族所处的"准诸侯国"状态。准确来说，与"准诸侯国"对应的应该是"卿家"，以下为了行文简便仍然称"卿族"。

前497年范—中行之乱前，六大卿族经过长期发展，已经依托各自的私邑建成了六个与独立诸侯国没有太大区别的准国家政权。为了称述方便，我们可以把这种仍在晋国母体里的、由卿族统治的政权称为"准诸侯国"。与独立诸侯国一样，晋国内部的各准诸侯国已经具备了下列要素：

一、领土，也就是每个卿族的私邑总和

由于当初晋国公室给每个卿族分封私邑时并不遵循"相连成片"的原则，所以到春秋晚期时，各准诸侯国/卿族的领土仍然比较破碎，而且有相互"插花"、犬牙交错的情况，还不能认为形成了像独立诸侯国那样连续成片的领土（参见图八）。各准诸

侯国的全部领土可以分为三部分：

（一）位于晋国都城地区的私城，由私城家臣团队管理维护。私城是准诸侯国君主/卿族族长经常居住的地方，也是准诸侯国朝廷/卿族家朝所在。

（二）位于晋国都城地区之外的私邑，由私邑家臣团队管理维护。这部分是准诸侯国领土的主体，又可以分为两部分：

1. 核心城邑，比如赵氏的晋阳，魏氏的安邑，韩氏的平阳，这是准诸侯国君主/卿族族长巡视地方时会停驻的地方。在"化家为国"的目标驱使下，各准诸侯国围绕核心城邑已经形成了各准诸侯国的政治核心区，后来赵、魏、韩"化家为国"胜利正式建国，晋阳、安邑、平阳也就分别成为三国的第一个都城。

2. 其他私邑。

二、军队，也就是每个卿族的私家武装力量总和

每个准诸侯国所拥有的武装力量包括两部分，一部分驻扎在国都地区的私城中，可以称为"私城军"；另一部分驻扎在晋国各处私邑中，可以称为"私邑军"。受到私城规模的限制，私城军的规模是比较小的，而私邑军的规模则会随着准诸侯国领土的扩大而不断增长，到内乱前应该已经成为准诸侯国军队的主体。

因此，范一中行之乱第一阶段的内战，实质上是由六大准诸侯国的私城军在都城地区里发生的几次战斗组成，规模不大、

时间不长、死伤有限；范—中行之乱第二阶段的内战，则主要由准赵国私邑军与准范国—准中行国私邑军在晋国东部地区发生的一系列战役组成，规模大、时间长、死伤更多，与正常诸侯国之间的战争已经没有本质区别。

三、君主，也就是每个卿族的族长

春秋晚期的六大卿族族长其实拥有双重政治身份，当他们身处晋国都城内的公宫朝廷或官府中时，他们还是晋国官僚体系中的卿官；当他们身处晋国都城地区的私城或都城外的私邑时，他们就是准诸侯国的君主。

这两重身份中，卿官身份是比较不重要的，而且越来越不重要；准诸侯国君主的身份是比较重要的，而且越来越重要。所以，内乱第一阶段结束后，范昭子、中行文子不再是晋国的卿官，他们的家族也不能再被称为卿族，然而他们仍然是准范国、准中行国的君主，仍然得到领土上民众的效忠，这也就是为什么他们在出奔后还能继续长期坚持战斗。

因此，范—中行之乱第一阶段的战争，是晋定公朝廷的六大卿族在国都地区发生的内战，所以知文子、韩简子、魏襄子还需要尊奉晋定公以占据国人认同的"正义"高位，而范昭子、中行文子在攻打晋定公后遭到国人痛恨和攻击；范—中行之乱第二阶段的战争，则主要是准赵国和准范国、准中行国这三个准诸侯国之间的战争，完全不必顾忌晋定公了。

四、臣子，也就是每个卿族的家臣[1]

就与族长的地缘关系而言，晋国卿族家臣队伍可以分为两部分：一部分是与族长一起住在国都地区私城中的私城家臣，由家宰领导；一部分是管理卿族在各地私邑的私邑家臣，由各私邑的邑宰领导。比如说，赵简子特别器重的董安于就主要是私城家臣，长年供职于赵氏家朝，不过后来又被委派到核心城邑晋阳担任邑宰。

根据传世文献的记载，晋国卿族族长任用家臣，有如下几个方面的考虑：（一）任亲族，也就是任用本卿族小宗的族人；（二）任故旧，也就是任用本卿族既有家臣的后代；（三）任贤德，也就是任用品德高尚的人；（四）任才干，也就是任用才干高超的人。前面两条是周代中原诸侯国的通例，而后面两条则凸显了晋国"尊贤尚功"的小传统。

由于春秋晚期六大准诸侯国/卿族积极谋求"化家为国"，相互博弈斗争也日趋激烈，人才队伍水平直接决定家国的生死存亡，因此它们在任用家臣时都特别注重"德行"和"才干"这两个方面，尤其是"才干"，即使任用亲族故旧也会以德才作为主要标准进行选择。比如，赵氏不仅大胆起用董安于这样的本国衰微异族董氏之后，甚至敢于任用阳虎这样从别国逃来的叛乱家臣。

1　参见谢乃和（2011年）。

晋国卿族家臣的俸禄制度有两种说法，都是源于对《国语·晋语四》"官宰食加"句的解读。一种说法认为，"加"指"加田"，意思是家臣的俸禄来自卿族私邑旧界外的禄田，这种禄田面积小，没有中心城邑，而且不可世袭。另一种说法认为，"加"通"家"，意思是家臣的俸禄来自卿族之家，是用粮食计量的实物资财。无论如何，卿族族长是不会分封具备中心城池的大型私邑给家臣的。

五、制度，包括土地、赋税、官僚制度等

依照下节所引银雀山汉墓竹简《孙子·吴问》的记载，六个准诸侯国在各自领土内实行不同的土地、赋税和官僚制度，而孙武认为，正是国家治理模式和水平的差异会最终决定六个国家的前途命运。

不过，需要强调的是，这六大准诸侯国在政治体制方面与同时期的中原诸侯国是截然不同的[1]。我们知道，春秋时期各中原诸侯国普遍发生了权力的下移，但就晋国而言，这种权力下移基本上只发生在国君—卿大夫这一级，而且非常彻底，没有发生在卿大夫—家臣这一级。也就是说，一方面，六卿利用晋文公时期确立的制度，最大限度地从国君那里攫取土地和权力，到春秋晚期时已经成为拥有实际君权的准诸侯国君主；另一方面，六卿在卿族内部又继续坚持"族长集权，家臣听命"的周

1　参见王彪（2012年）；杜萌（2013年）。

代卿大夫家族权力结构，并不像国君对卿大夫所做的那样把土地进一步分封给家臣，并且容许权力跟着下移到家臣。

这样一来，遵循着老子所言"物极必反"的道理，在君臣分权达到极致、六大卿族把持国政的春秋晚期晋国，逐渐成长起来六个君主集权的准诸侯国。如果我们用描述诸侯国的称谓——国君、官员等——来描述这些准诸侯国的政治体制，那么它们的集权性质体现在如下几个方面：

第一，沿袭西周以来的卿族内部权力结构，国君高度集权，不与高级官员分享关键权力。

第二，沿袭西周以来的卿族内部土地制度，国君占有绝大多数土地，不分封包含中心城邑和庶民在内的大片土地给高级官员作为世袭私邑，只赏赐少量土地给高级官员作为非世袭食田。

第三，沿袭西周以来的卿族内部家臣任免制度，由国君全权任免高级官员，不容许形成世袭官职的官族。

第四，沿袭西周以来的卿族内部家臣收入制度，高级官员以国家发放的粮食钱财或者国家赏赐的非世袭食田收入作为俸禄，而不以世袭私邑收入作为俸禄。

晋国内部六大准诸侯国和同时期中原诸侯国的区别可以列表比较如下：

	同时期中原诸侯国	晋国内部六大准诸侯国
政权性质	君臣分权，君弱臣强	君主集权，臣下听命
土地制度	实行分封制，公室分封有中心城邑和大量民众的土地给高级官员作为私邑，公室与卿大夫家族分享国家疆土	沿用卿族不分封私邑给家臣的周礼规定，绝大多数土地由公室占有，只赏赐少量土地给高级官员作为食田

	同时期中原诸侯国	晋国内部六大准诸侯国
高级官员任命	高级官员由卿大夫家族族长或族人世袭，国君自行任免权很小	沿用卿族族长全权任命家臣的周礼规定，由君主全权任免高级官员，原则上不世袭
高级官员收入	高级官员以世袭私邑收入作为俸禄	沿用卿族家臣的收入分配制度，高级官员以实物资财或者以非世袭食田收入作为俸禄

总而言之，晋国内部的这六大准诸侯国都是集权性质的过渡型政权，向上承接西周春秋分封制中固有的集权政治单位——族长集权的卿族，向下开启战国变革期成为主流的集权政治单位——君主集权的新型军国。

为了与传世文献中的称呼保持一致，减少读者的困扰，在后面的叙述中，笔者仍然称第二阶段内战的交战各方为"赵氏""范氏""中行氏"，只不过读者心中应该将这些卿族当作准诸侯国来看待。

范—中行之乱过程（四）：齐联盟支持乱党，铁之战奠定胜局

前496年夏天，晋军（主力应该就是晋阳赵氏私邑军）包围了朝歌，想要剿灭城邑里的范昭子、中行文子党羽。先前已经叛离晋国另组联盟的齐景公、鲁定公、卫灵公在牵地[1]会面，谋划如何救

---

1 牵见图三。

援范氏、中行氏。

范氏大夫析成鲋、小王桃甲率领狄人组成的军队袭击晋国都城，攻入了城中，但最后没有成功，被赶了出去，析成鲋出奔到周邦，小王桃甲出奔到朝歌。析成鲋是范昭子族人，他出奔到周邦表明，周邦也是支持范氏的。据《左传》记载，周邦卿族刘氏与范氏世代通婚，而王室当时掌握政事的大夫苌弘是刘文公的老部下，在前506年刘文公去世后继续遵行他生前确定的政策，所以周邦一直支持范氏。

前496年秋天，齐景公和宋景公在洮地[1]会面，想要怂恿宋国加入齐、鲁、卫、郑联盟中，共同救援范氏、中行氏。不过，在经历了卿官乐祁犁被扣押事件之后，宋国虽然早已不再忠心事奉晋国，但随后也没有公开加入与晋国对抗的联盟。

前496年冬十二月，赵简子率军在中行氏的核心城邑潞邑击败了范氏和中行氏的军队，抓获了中行文子的股肱之臣籍秦、高强；又在百泉[2]击败了郑国和范氏的军队。中行文子失去了核心城邑，又失去了两位股肱之臣，从此只能依附于范氏，居住在范氏核心城邑朝歌。

知文子最后一次出现在《左传》中是在前496年。到前494年时，如果当时还有六卿的话，知文子应该已经去世或告老，中军佐赵简子已向上晋升一位担任中军帅，上军帅魏襄子向上晋升

1　洮见图三。
2　潞（潞氏）、百泉见图三。

一位担任中军佐，而知文子之子知宣子[1]已代表知氏进入六卿行列。此外，梁婴父最后一次出现在《左传》中是在前496年，他担任卿官是因为知文子的力挺，而且梁婴父还是逼死赵简子重臣董安于的主谋。在前494年知文子去世/告老之后，梁婴父应该已经被逐出卿列。知文子、梁婴父退出之后，最有可能的情况是范皋夷、韩庄子上升两位分别任上军帅、上军佐，知宣子任下军帅或下军佐，而下军另外一位卿职情况不详。总体情况大致如下：

晋 六 卿 表
（前494年知文子、梁婴父退出后）

位 次	官 职	人 名	族 属
一	中军帅	赵简子（？）	赵
二	中军佐	魏襄子（？）	魏
三	上军帅	范皋夷（？）	范
四	上军佐	韩庄子（？）	韩
五	下军帅	知宣子（？）*/？	知/？
六	下军佐		

前494年夏四月，齐景公、卫灵公出兵包围晋邑五鹿，吸引包围邯郸的赵氏军队来救，从而解救邯郸城内的赵稷党羽。

前494年秋，齐景公、卫灵公又在干侯会面，谋划如何救援范氏、中行氏。随后，齐、鲁、卫、白狄鲜虞出动军队讨伐

1　知宣子，姬姓，知氏，出自荀氏，名申，谥宣。知文子之子。参见图21。

晋国，夺取了棘蒲[1]。

前494年冬十一月，赵简子率军攻打范昭子、中行文子盘踞的范氏核心城邑朝歌。

前493年夏天，赵简子率领军队将流亡在晋国的卫太子蒯聩送回卫国戚邑，试图引发卫国内乱，从而牵制救援范氏、中行氏的中原诸侯国联盟。

前493年秋八月，齐人向朝歌运粮，由郑卿罕达、驷弘率军护送，范昭子出城接收。赵简子率领军队阻击齐、郑军队，在卫国铁邑[2]交战。赵简子战前宣誓说：

"范氏、中行氏，违背上天的昭明正道，斩杀残害百姓，想要控制晋国而灭亡国君。我国君主本想依靠郑国得到保护。如今郑国行无道之事，抛弃君主帮助臣下。诸位顺从上天的昭明，听从国君的命令，以德义作为大法，消除辱骂和羞耻，就在这一役了！

"克敌制胜的功臣，上大夫赐予县作为奖赏，下大夫赐予郡作为奖赏[3]，庶人、工匠、商人可以做官，奴隶、杂役、养马人可以免除低贱身份。

"我如果能战胜而无罪，那完全是由于国君的谋划。如果战败而有罪，我愿意接受下卿级别的惩罚：用绞刑处死，下葬用

1　棘蒲见图二。
2　铁见图三。
3　这里说的"上大夫""下大夫"应该是赵氏家臣，这里说的"接受县""接受郡""接受土田"应该不是得到县、郡、土田作为世袭私邑，而只是此人在职期间得到县、郡、土田的部分租税作为奖赏。

三寸的薄棺材板，大棺里面没有属、辟[1]，送葬只能用没有装饰的灵柩车，用没有装饰的马牵引，不能葬在本族墓地！"

赵简子整个战前动员讲话，从头到尾都唱着"为国君而战"的政治正确高调，以强调此次战役的正义性。然而真正让将士们热血沸腾的，则是他对作战有功者的土地、官职、身份赏赐承诺，这种赏赐的力度在春秋时期是非常罕见的。由此可以推知，赵简子对此次战役是极度重视的：如果战胜，将严重打击齐国为首的中原诸侯国救援范氏、中行氏的积极性，这样一来，彻底击败范氏、中行氏就有了很大把握；如果战败，则范氏、中行氏很可能会与中原诸侯国联合起来大举反扑，晋阳赵氏就岌岌可危了。

赵简子不光在战前动员时承诺了重赏，还在战斗中拼尽了全力：他被郑人砍中肩膀，倒在车中，后来又受内伤，趴在弓箭袋上吐血，但是就算这样，他也仍然坚持一直击鼓号令将士进军。在赵简子身先士卒的表率作用，以及战前誓言许诺的丰厚奖赏激励下，晋军（主力应该是赵氏私邑军）奋勇作战，大败郑军，获得了一千辆齐国的运粮车。

赵简子高兴地说："这下行了！"大夫傅傁说："虽然打败了郑国，仍然有知氏在，忧患还没有停止。"如果我们简单回顾一下，前497年知文子试图将赵氏与范氏、中行氏一网打尽不成，一年后又逼迫赵简子杀其股肱之臣董安于，从此之后，赵氏与知氏之间相互敌对。傅傁因而有此言论，预言了未来赵氏和知

1　大棺、属、辟是层层嵌套的棺材，大棺在最外，属在大棺内，辟在属棺内。

氏之间的生死斗争。

范—中行之乱过程（五）：范—中行彻底退出，分土地四族博弈

赵简子在赢得了铁之战的胜利之后，开始清算周邦长期以来支持乱党范氏的罪行。在赵简子的强大压力下，前492年六月十一日，周敬王杀了主张支持范氏的执政大臣苌弘作为交代。

前492年冬十月，赵简子率军包围朝歌。二十三日，中行文子突出重围，奔逃到他的姻亲赵稷所占据的邯郸，而范昭子则继续在朝歌坚守。

赵简子一方面率军清剿乱党，一方面开始铲除国都内的政治隐患。范皋夷虽然是前497年逐范氏、中行氏的主谋，但终究是范氏族人。前492年冬十一月，赵简子杀了范皋夷以绝后患。范皋夷被杀后，范氏彻底退出晋国卿族政治舞台。

从前492年范氏彻底退出开始，到前453年知氏被灭之前，晋国的政权由赵氏、魏氏、韩氏、知氏掌控。虽然四大卿族族长最重要的身份已经是一国之君，不过，由于四大卿族仍然有一些共同利益，比如说抵御齐国、郑国等反晋联盟诸侯国的侵扰，仍然会打着"晋国"的旗号采取一些联合军事行动，因此四卿领导班子的架构仍然存在，而四卿之间的排位也仍然存在。不过，我们已经无法确认中军帅、佐这样的军职是否仍然存在，因此在接下来的四卿表中将不再注明各卿的军职。此时晋国四卿领导班子情况如下：

晋 四 卿 表

(前492年范皋夷被杀后)

位　次	官　职	人　名	族　属
一	？	赵简子（？）	赵
二	？	魏襄子（？）	魏
三	？	韩庄子（？）	韩
四	？	知宣子（？）	知

前491年秋七月，齐大夫陈僖子、齐大夫弦施、卫大夫宁文子率军包围晋邑五鹿，试图通过吸引赵简子来解救被围困在朝歌的范昭子党羽。秋九月，赵简子包围邯郸，试图剿灭城内的中行文子和赵稷党羽。冬十一月，邯郸投降，中行文子出奔到鲜虞，赵稷出奔到临邑。十二月，齐大夫弦施迎接赵稷，然后毁坏了临邑城墙，使得赵简子占领后无法守卫。紧接着，齐卿国惠子率军讨伐晋国，夺取了邢、任、栾、鄗、逆畤、阴人、盂、壶口等邑，然后会合鲜虞人，又将中行文子送入范氏私邑柏人，当时柏人由范昭子的股肱之臣张柳朔据守[1]。

前490年春，晋军（主力应该是赵氏私邑军）包围柏人邑，张柳朔战死，中行文子、范昭子最终放弃抵抗，分别从柏人和朝歌出奔到齐国，范—中行之乱至此平息。紧接着，赵简子在前490年夏天率军讨伐卫国，在前489年春天率军讨伐鲜虞，惩处卫国和鲜虞先前支援范氏的罪行。

赵简子在前490年讨伐卫国之后，还收复了位于河北平原

1　临、邢、任、栾、鄗、逆畤、壶口、柏人见图二。

上的赵氏私邑中牟[1]。从图八可以看出，中牟与范氏核心城邑朝歌是近邻，前497年范—中行之乱爆发时，中牟的邑宰是佛肸，他与邻近的范氏往来密切，在范昭子、中行文子驱逐赵简子之后，就乘机起兵背叛了赵氏，转而依附了临近的卫国。当时赵简子忙于与范昭子、中行文子作战，中牟叛赵之事就被搁置了。等到前490年时，赵简子已经打败了范氏、中行氏，并且已经讨伐了中牟的外援卫国，于是一鼓作气收复了中牟。不过，赵简子并没有屠灭此城，还采取了非常宽大的政策，继续让佛肸担任中牟邑宰，而这就为佛肸再次叛乱埋下了伏笔[2]。

前490年范氏、中行氏彻底退出晋国政治舞台之后，一个迫切需要解决的问题就是如何处置范氏、中行氏和邯郸赵氏在晋国境内各处的私邑。据《史记·赵世家》的记载，赵、魏、韩、知四家达成了这样一个处置协议：邯郸、柏人两个城邑归赵氏所有，而其他城邑暂时归属晋国公室所有。由于邯郸本来就是赵氏小宗的城邑，回归赵氏天经地义，也就是说，此次平乱的绝对主角赵氏的净收入只有柏人这个原范氏私邑。柏人是赵简子攻占的最后一个乱党私邑，当时应该是在赵氏军队的实际控制之下。

这个处置协议很明显是赵、魏、韩、知四家复杂博弈的结果，一个可能的博弈过程是：

1　中牟见图二。
2　关于赵简子收复中牟一事，参见白国红（2007年）。

在四大卿族族长讨论如何处置乱党私邑的会议上，赵简子强调赵氏在平乱第二阶段几乎全靠自身力量击败范氏、中行氏的压倒性功绩，要求分得较多的乱党私邑。魏襄子、韩庄子、知宣子三人抱团反对赵简子的要求，他们强调韩、魏、知三家在第一阶段扭转局势、迎回赵简子的关键性功绩，要求分得更多乱党私邑。然而，韩、魏、知三家就到底每家分得哪些城邑又发生了争议，因为他们都没有参与第二阶段的战争，无法用"谁打下来的归谁"这个最有说服力的原则来决定每个城邑的归属。四方经过角力，最终达成妥协，包括三点内容：

第一，魏襄子、韩庄子、知宣子同意让赵简子取得本来就属于赵氏的邯郸，以及赵氏军队正实际控制着的柏人，算是其他三家对于赵氏第二阶段压倒性战功的认可。

第二，赵氏放弃对它在第二阶段攻下的其他乱党私邑的诉求，以换取韩、魏、知三家不联合起来抵制赵氏，甚至再开战端。

第三，由于赵、韩、魏、知四家无法就剩下的乱党私邑该如何分配达成一致，于是最后同意将剩下的乱党私邑先暂时挂靠在公室名下，等到未来时机成熟时再另行开会商议这些私邑的归属问题。

赵简子战胜原因（一）：仗势据义，老谋深算

下面三节我们将重点探讨这样一个问题：赵简子为何能够

在开局十分不利的形势下反败为胜，最终彻底战胜范氏、中行氏？对这个问题的分析可以分为三个层面：

第一是传世文献《左传》记载的晋国卿族内乱史事层面，主要分析各卿族之间的政治军事斗争，以及晋阳赵氏与中原主要诸侯国之间的政治军事斗争。

第二是多种传世文献记载的准诸侯国君臣德才层面，主要是分析赵简子、中行文子、范昭子及他们的股肱之臣的德才水平。

第三是出土文献《孙子·吴问》记载的准诸侯国内部治理层面，包括各准诸侯国内部的土地财税制度、政府规模效率和民众满意度/忠诚度。

首先，我们将从晋国内部各卿族之间的政治军事斗争、晋阳赵氏与其他诸侯国之间的政治军事斗争这个层面来分析赵简子取得胜利的原因。

一、赵简子担任宗主的晋阳赵氏在内战爆发前和爆发初期一直身处于一个比东部集团强大得多的西部集团之中，在"势"的层面处于优势地位。

从图14我们可以清楚地看到，东部集团的成员只有范氏、中行氏两家，而西部集团的成员有晋阳赵氏、魏氏、韩氏、知氏四家。假设这些家族在国都地区的私城和私城军规模都差不多，那么从粗略定量的角度看，西部集团和东部集团在国都地区的实力对比是4:2，西部集团具有明显优势。

前497年邯郸赵氏正式叛离晋阳赵氏加入东部集团之后，

由于邯郸赵氏作为赵氏小宗，在国都地区并没有独立的据点和势力，所以仅就国都地区的情况而言，西部集团和东部集团的实力对比并没有发生明显变化，仍然是4：2。即使晋阳赵氏从国都出奔之后，西部集团与东部集团在国都地区的实力对比是3：2，西部集团仍然占据优势。

概括起来说，赵简子政治军事斗争所凭借的国都地区卿族势力一直比范昭子、中行文子要强。

二、赵简子在前497年内战爆发前和爆发初期的一系列行为都合理合规，在"义"的层面处于优势地位。

赵简子作为赵氏大宗宗主，要求小宗宗主赵午将卫国进献给自己的卫贡五百家还给自己，这是物归原主，完全合理。

赵简子将赵午为了小宗利益自行"加戏"的行为认定为图谋不轨，将赵午囚禁审查；在赵午随从做出拒绝脱剑的对抗行为之后，将其主子赵午处死；在处死赵午之后，仍然承认邯郸赵氏的地位，要求他们另立新主，自己并不干涉。赵简子的上述行为都没有违背宗族政治的规矩，基本合理，虽然说杀赵午本身可能是过于严厉了。

赵简子将赵稷在邯郸起兵定性为叛乱，以中军佐的身份命令上军帅中行文子、下军帅范昭子出兵讨伐，这没有违背晋国六卿政治的规矩，完全合理。正是因为赵简子的命令本身是合理的，所以范昭子、中行文子才不得不派自己的党羽籍秦率军前去以求敷衍了事。

赵简子在预先得知了范—中行乱谋之后决定要后发制人、

不做始祸者，在遭到范氏、中行氏攻击时没有在国都地区大战，而是出奔晋阳，坚定地扮演一个"因为循义行事而受害"的角色，这是遵守盟约规矩、能得人心的举动。

三、赵简子在前497年内战爆发前和爆发初期的一系列行为都是在水平颇高的政治谋略指导下实施的，在"谋"的层面也处于优势地位。

晋阳赵氏与邯郸赵氏会最终决裂，不是一时一事的冲突，而是"冰冻三尺非一日之寒"。赵简子作为大宗晋阳赵氏宗主和整个赵氏的族长，对于小宗邯郸赵氏与大宗日渐疏远、独立意愿日渐增强、与赵氏敌对卿族中行氏日渐亲近的趋势看得非常清楚。其实赵简子根本就不缺那卫贡五百家的劳动力，他在前497年要求赵午将卫贡五百家归还到晋阳，就是在自身的"势"处在优势地位的有利时机下"引蛇出洞"，逼迫赵午在"谋求小宗独立发展"和"服从大宗统领管控"之间做出一个抉择，而赵午引入外敌入侵满足自身利益之后才归还卫贡五百家的做法，已经充分暴露了邯郸赵氏试图独立发展的倾向性。

在初步探明了邯郸赵氏的政治倾向之后，赵简子决定进一步施压，迫使邯郸赵氏露出真面目。不出赵简子所料，在扣押赵午之后，他的随从马上做出了毫无实际意义但却暴露邯郸赵氏"蔑视大宗"真实思想状况的举动，那就是拒绝按照规矩在进入宫室前脱去佩剑。如果赵午的随从在晋阳大本营尚且能做出这种忤逆的行为，他们在邯郸的叛离言行一定更加严重。

赵简子在抓到了邯郸赵氏把柄之后,一方面以谋反罪诛杀了赵午,另一方面又允许邯郸的小宗族人自行另立新主,可谓是标准的"扇一巴掌又揉三揉",其目的是引发下面两种局面中的一种:(一)如果邯郸赵氏内部团结一致要闹独立,那么宗主赵午被杀就会促使他们发动叛乱,接下来赵简子就可以用镇压边境地区大夫叛乱的名义命令邻近的范氏、中行氏出兵。(二)如果邯郸赵氏内部有"闹独立"和"效忠大宗"两派的话,那么赵简子这种只杀赵午、并不惩处邯郸赵氏的做法就很可能会引发这两派之间的争斗甚至内战,这样就能够有效削弱邯郸赵氏,而晋阳赵氏可以在两派元气大伤之后再出手收拾残局。从实际发生的情况看,邯郸赵氏是一条心要闹独立,所以他们发动了叛乱。

邯郸叛乱后,赵简子没有将其定性为"家族内部武斗",也没有动用赵氏私家军队前去讨伐,而是将其定性为"国家大臣叛乱",命令下级中行文子、范昭子率领军队以国家镇压乱党的名义前去讨伐。赵简子这样下令,就是逼迫范昭子、中行文子二选一:(一)服从赵简子的命令,那就意味着他们将要被迫与同处一个地理单元、关系亲近的邯郸赵氏自相残杀;(二)违抗赵简子的命令,那就意味着首先公开发动祸乱,从而触犯"发动祸乱的人一定得死"的国家级盟誓。

董安于得知范—中行乱谋之后,一开始并没有理解家主赵简子布下的这个陷阱,因此提议赵简子先行防备。然而当他的领导提到"发动祸乱的人一定得死"的盟誓,并表态说自己将后发制人之后，董安于已经理解了领导意图，感到这是一件很有风险但值得去做的大事，于是主动提出，在关键时刻自己可以献出生命来成全赵简子的大谋。

赵简子心里完全有准之后，看到范昭子、中行文子果然中计发动叛乱，于是依计行事，没有进行像样的抵抗就出逃到晋阳。赵简子这样做，虽然看起来是输了一个回合，而实际上是既保存了自己的实力，又让自己站上了道义的制高点，接下来就可以看自己的西部集团盟友们如何上演下一出好戏了。

四、知文子等人在赵简子布局的基础上发动了第二轮内战，继续在道义和权谋上占据上风，最终成功驱逐了范昭子、中行文子。

知文子向晋定公说的那番话，的确是有理有据：根据晋国先前君臣盟誓达成的共识，"发动祸乱的人一定得死"。既然赵简子、范昭子、中行文子都是参与发动祸乱的人，而且发布命令挑衅的赵简子都已经被驱逐，那么发动军事行动的范昭子、中行文子就更应该被驱逐。正是由于道理端正，所以知文子等人能够尊奉着晋定公来攻打范昭子、中行文子。

相比之下，范昭子、中行文子就差得太远了：他们不仅和知文子等人开战，还附送了一份"大礼"，那就是拒不听从谋臣高强的合理建议，悍然将兵锋指向了国君，从而激怒了仍然认同君臣大义的国人，促使他们加入反对自己的行列中。最终，本来实力对比就占优的魏、韩、知三家，再加上义愤填膺的国人，以压倒性的优势将范昭子、中行文子赶出了都城。

在此之后，与赵简子有友好关系的韩简子、魏襄子又及时进言请命，宣称赵简子根本就不是发动祸乱之人，将赵简子迅速迎回了都城。赵简子进入都城之后，马上组织卿大夫在公宫盟誓，其大概内容就是统一思想认识，认定范昭子、中行文子为乱党，为后续的清剿行动提供法理依据。

五、赵简子股肱之臣董安于舍身报效赵简子，而赵简子也充分利用了董安于的牺牲，将东部集团可能发生的内讧扼杀在摇篮之中。

范氏、中行氏出奔之后，身处西部集团但投机心理很重的知文子对自己在这场内乱后续发展中的关键作用有着非常清醒的认识：（一）如果知氏继续留在西部集团，即使范氏、中行氏杀回国都，西部集团和东部集团的实力对比是4：2；把邯郸赵氏也加入，西部集团与东部集团的实力对比也不过是4：3，无论如何，西部集团仍然占据上风，握有较大胜算。（二）如果知氏"反水"加入范氏、中行氏，那么西部集团和东部集团的实力对比就会变成3：3，实现势均力敌；如果邯郸赵氏也加入，西部集团与东部集团的实力对比甚至可以达到3：4，东部集团有望实现反超，握有较大胜算。

正因为如此，知文子才敢于威胁赵简子，逼迫他处死股肱之臣董安于。然而，知文子低估了董安于的谋略和勇气，这位对赵氏极端忠诚的老臣毅然自杀，替左右为难的赵简子做了正确的选择。赵简子也以大义而不是小仁对待董安于的忠诚：先将董安于扔到市场曝尸来向知文子表明自己委曲求全的诚意，然后与知文子盟誓来进一步巩固西部集团内部脆弱的团结，最后以将董安于纳入家祭的方式感念这位股肱之臣对赵氏的大恩大德。

六、从前496到前490年间，赵简子表现出超群的战略定力，坚持不懈地打击范氏、中行氏及支持乱党的各诸侯国，取得了最后胜利。

这里要特别说明的是，从上一节的叙述可以看出，范氏、中行氏出逃到他们的准诸侯国领土之后，得到了几乎所有中原主要诸侯国（齐、宋、鲁、卫、郑）的支持，甚至还得到了先前被中行氏驱逐的鲜虞国的支持。那么，这些国际势力为什么要支持范氏、中行氏？如前所述，这些诸侯国在叛晋之后已经另组了一个以齐国为首的松散联盟，笔者认为，它们支援范氏、中行氏的目的绝不是要报答范氏、中行氏的恩德，而是要不断地给晋国内战的火势扇风添柴，从而在整体上进一步削弱晋国，最好能够把晋国搞垮。因此笔者认为，假如晋阳赵氏在内战中失败出奔，这个反晋联盟也同样会支援赵简子重新杀回晋国，继续与范氏、中行氏斗争。

所以，赵简子虽然是为了赵氏的利益而去与支援范氏、中行氏的国际势力作战，但是他在客观上其实是维护了仍在晋国"孕肚"里的赵、魏、韩、知四大准诸侯国的共同利益，这恐怕就是赵简子率军在东土苦战时，为什么魏、韩、知三家（特别是知氏）没有从背后"捅刀子"的原因。

实际上，笔者认为，正是在这样的战略谋算基础上，赵简子下定决心，以一家之力与范氏、中行氏及支持它们的东部各诸侯国战斗到底，花费了7年时间，取得了最终的胜利。

赵简子战胜原因（二）：君明臣贤，远胜对手

接下来，我们来看一看传世文献是如何从准诸侯国君臣德行层面探讨赵简子为什么能取胜，以及范氏、中行氏为什么会败亡。

一、赵简子及其臣子的德行

除开前面章节讲述过的赵简子及其臣子董安于、阳虎的德行，下面几条来自《国语》的记载也很有帮助：

（一）邮无正力保仇人尹铎，赵简子从谏如流《国语·晋语九》

范—中行之乱平定之后，赵简子派尹铎接续董安于治理晋阳，说："一定要毁掉当年晋阳被围时敌人在城外构筑的围墙。我准备到晋阳去，如果看到围墙，等于是让我又看见仇人荀寅（中行文子）和范吉射（范昭子）。"

尹铎到晋阳后反而增筑了围墙。赵简子到晋阳去，看见围墙更高了，大怒说："一定要杀了尹铎我才进城！"大夫们请求赦免尹铎，赵简子不肯，说："他这么做是在显耀我的仇敌来羞辱我！"

大夫邮无正觐见，说：

"从前先大夫赵文子幼年便遭到祸难，跟随母亲姬

氏住在公宫。后来赵文子因为有孝顺的德行被推为公族大夫，有恭敬的德行又升为卿官，有勇武的德行又升为执政卿，凭着温顺的德行成就了崇高的名声。他因为家族的祸难，没有得到赵氏家传法度的熏陶，从小又没有师保的教训，但他基于自身的修养，终于能恢复先人的地位。

"到您的父亲赵景子，他也是成长在公宫，也没有受到过师保的教训就继承了族长之位。赵景子也能加强自身的修养来延续先辈的功业，在国内没人说他的坏话，能遵循美德来督促儿子学习，选择善言来教育儿子，选择好的师保来辅相儿子。

"现在您继承了先人的族长之位，有祖父赵文子的常法，有父亲赵景子的训教，再加上师保的引导，以及同宗族父兄的帮助，应该能继承发扬先辈的功业。但您先前却疏远了这些，所以遭到这场差点灭族的祸难。

"尹铎曾经说：'想到乐事高兴，想到祸事戒惧，这是人之常情。增筑围墙可以当作师保，我为什么不把它加高呢？'所以他增高了围墙，想着大概可以作为您的一面镜子而安定赵氏吧！如果惩罚他，就是惩罚善行。惩罚善行就一定会奖赏恶行，我们当臣子还有什么指望呢？"

赵简子听了心悦诚服，说："要不是您，我几乎不能做人了！"于是用免除主子危难的军功赏格奖赏尹铎。

以前，邮无正与尹铎有私人怨恨，这次尹铎便把赵简子给的奖赏送到邮无正处去,说:"您使我免于被杀,这奖赏怎敢不送给您呢!"邮无正拒绝说:"我是为主上打算,不是为你着想。你我之间的仇怨依然如故。"

(二) 少室周让贤,得到赵简子重用 (《国语·晋语九》)

少室周担任赵简子的车右,听说牛谈有勇力,于是请求与他角力比试,结果没有获胜。少室周于是主动将车右的职务让给了牛谈。赵简子同意了,不过又让少室周担任家宰,说:"知道谦让才能胜过自己的人,就可以担任家宰训导家臣了。"

(三) 赵简子问贤于壮驰兹 (《国语·晋语九》)

赵简子问壮驰兹说:"东方各国人士中谁最有德才?"壮驰兹马上下拜行礼说:"谨敢向您道贺!"赵简子说:"你还没回答我的问题,祝贺什么呢?"壮驰兹回答说:"我听说:国家将要兴盛的时候,执政的君子自认为德才不足;国家将要衰亡的时候,执政的君子自认为德才有余。[1]如今您执掌着晋国的政事,还询问我这样的小人,想要访求德才出众的人,我因此向您道贺。"

---

1 《国语·晋语九》:"国家之将兴也,君子自以为不足;其亡也,若有余。"

(四) 赵简子怀念诤臣周舍 (《史记·赵世家》)

　　赵简子有一位臣子名叫周舍，喜好直言劝谏。周舍去世以后，赵简子在朝堂上听取政事汇报的时候，经常闷闷不乐。大夫们以为自己有了过失，于是向赵简子请罪。赵简子说："你们没有罪过。我听人说'一千张羊皮，抵不上一只狐的狐腋'。诸位大夫在朝堂上，我只听到'好''好''好'，却再也听不到周舍那样的刺耳言论，我为此而感到担忧啊！"

从这些材料我们可以得知，赵简子不仅自身具备崇尚周礼 (参见第552页)、足智多谋 (参见第604页)、忍辱负重 (参见第612页)、求贤若渴 (壮驰兹事例)、从善如流 (邮无正事例)、喜好逆耳忠言 (周舍事例) 等诸多美善德行，而且他的麾下聚集了像董安于、阳虎、尹铎、邮无正、少室周、壮驰兹、周舍这样的贤良臣子，"君明臣贤"是赵简子在范—中行之乱中最后取胜的重要原因。

二、范昭子、中行文子及其臣子的德行

(一) 孔子论中行氏灭亡的原因 (《孔子家语·贤君》)

　　子路问孔子说："贤明的君主治理国家，先要做什么？"
　　孔子说："尊崇贤人而轻贱不肖之人。"
　　子路说："我听闻晋国中行氏尊崇贤人而轻贱不肖之

人，它却灭亡了，是为什么？"

孔子说："中行氏尊崇贤人而不能任用，轻贱不肖之人
而不能去除。贤人知道自己不会被任用而怨恨，不肖之人
知道自己必定被轻贱而仇恨。怨恨和仇恨并存在国内，邻
国的敌人在郊外聚集军队，中行氏想要不灭亡，能够做得
到吗？"

(二) 羊舌肸论中行氏先灭亡的原因 《新序·杂事一》

赵文子问羊舌肸说："晋国的六位将军，谁会先灭亡
呢？"羊舌肸回答说："恐怕是中行氏吧！"

赵文子问："为什么会先灭亡？"羊舌肸对答说："中行
氏处理政事，以严苛作为明察，以欺骗作为高明，以刻薄
作为忠诚，以诡计多端作为正当，以聚敛财富作为优良。
中行氏就好比是鞟革，大是很大，但却必然会开裂，所以
会先灭亡。"

(三) 中行氏太祝驳斥中行文子 《新序·杂事一》

中行文子将要逃亡前，召来他的太祝，想要归罪于
他，说："您是负责为我祝祷神灵保佑的，是牺牲不肥美，
还是斋戒不诚敬？ 如今您的祝祷却让我的国家灭亡了，
为什么啊？"祝简对答说："昔日我们的先君中行穆子只有
十辆蒙皮豪车，不忧虑豪车少，却忧虑自身的德义不足。

如今主君有一百辆蒙革豪车，不忧虑德义浅薄，只担心豪车不足。舟车装饰精美就会导致赋税繁重，赋税繁重民众就会怨恨诅咒。而且主君真的认为祝祷对国家有益处吗？如果真是这样，那么诅咒也会加速国家的灭亡。一个人在这里祝祷，一国民众在那里诅咒，一个祝祷敌不过一万个诅咒，国家灭亡不也很恰当吗？"[1]中行文子这才感到惭愧。

（四）墨子论范氏、中行氏受庸臣熏染 （《墨子·所染》）

墨子见到给丝线染色的人，感叹说："白色丝线放入青色染水中就变成青色，放入黄色染水中就变成黄色，染水变了，丝线的颜色也跟着变。将丝线五次放入不同的染水中，就会染出五种不同的颜色，所以染丝不可以不慎重啊！"

不只是染丝如此，国君同样也会受重臣的熏染。……齐桓公受管仲、鲍叔的熏染，晋文公受狐偃、郭偃的熏染，楚庄王受孙叔、沈尹的熏染，吴王阖闾受伍员、文义的熏染，越王勾践受范蠡、大夫种的熏染。这五位君主受到了恰当的熏染，所以能够成为诸侯霸主，功绩和名声传扬到后世。

范昭子受张柳朔、王生的熏染，中行文子受籍秦、高强的熏染，吴王夫差受王孙雒、太宰嚭的熏染，知伯瑶受

---

1 《新序·杂事一》："且君以为祝有益于国乎？则诅亦将为亡矣，一人祝之，一国诅之，一祝不胜万诅，国亡不亦宜乎？"

知国、张武的熏染，中山桓公受魏义、偃长的熏染，宋王偃受唐鞅、佃不礼的熏染。这六位君主受到了不恰当的熏染，所以国家残破败亡，自身遭到杀戮，宗庙破灭，断绝了后代，君臣离散，民众流亡。要列举天下贪婪暴虐严苛烦扰的人，一定会说到这六位君主。

从上述记载来看，君臣德才水平低下是中行氏、范氏败亡的重要原因之一：

首先，从君主角度来看，中行文子、范昭子二人德行低下，特别是中行文子，此人兼具严苛、欺诈、贪婪、奢靡等诸多昏德，因此中行氏理应是最先败亡的。这与《左传》所记载的情况颇能呼应：前497年中行文子、范昭子从都城出奔后，中行文子都没有回到自己的核心城邑潞邑坚守，而是直接就逃去了范氏核心城邑朝歌。前496年中行文子就失去了他的核心城邑潞邑，以及他的股肱之臣籍秦、高强。此后，中行文子先是躲在范氏的核心城邑朝歌中，前492年又逃到姻亲赵稷的城邑邯郸，前491年又被齐人送入范昭子股肱之臣张柳朔据守的柏人邑，前490年最终出奔到齐国。

其次，从臣下角度来看，中行文子、范昭子的股肱之臣张柳朔、王生、籍秦、高强等人水平低下，完全达不到以董安于、尹铎为代表的赵简子臣下的水平，他们在平时不能有效增强国家经济军事实力、匡正君主失德行为，在战时不能为君主贡献克敌制胜的奇谋良策，这也是中行氏、范氏败亡的重要原因。

赵简子战胜原因（三）：简政养民，收获人心

最后，我们将从准诸侯国内部治理这个层面来分析赵简子取得胜利的原因。赵简子之所以在前497年出奔到晋阳之后能够坚守不败，继而在前496到前490年能持续苦战最终取胜，跟晋阳赵氏国家治理模式先进、综合实力强劲有直接关系。

根据银雀山汉墓竹简《孙子·吴问》的记载，春秋晚期著名军事战略家孙武曾经对六个准诸侯国的前途命运进行过分析研判，具体内容如下[1]：

> 吴王问孙子说："晋国赵、魏、韩、知、范、中行六位将军分别占有一部分晋国疆土，谁将先灭亡？谁将稳固并最终有所成就？"
>
> 孙子说："范氏、中行氏先灭亡。"
>
> "接下来是谁？"
>
> "接下来是知氏。"
>
> "接下来是谁？"
>
> "接下来是韩氏、魏氏。赵氏如果能够不丧失它的既有制度，那么晋国最后将全部归于赵氏。"
>
> 吴王说："您这样判断的道理可以说给我听听吗？"

1　译文参见吴树平（1975年）、何兆龙（2009年）。

孙子说：

"可以。

"范氏、中行氏实行的田地制度，以八十步为畹，以一百六十步为亩，按五分抽一的税率收田税。它们制定的田亩单位面积狭小，养的士多，按五分抽一的税率收田税，使得公家富有。公家富有，养的士多，主子骄傲臣子奢侈，希望立功从而屡次发动战争，因此说它们会先灭亡。

"知氏实行的田地制度，以九十步为畹，以一百八十步为亩，按五分之一的税率收田税。它制定的田亩单位面积小，养的士多，按五分抽一的税率收田税，使得公家富有。公家富有，养的士多，主子骄傲臣子奢侈，希望立功从而屡次发动战争，但是对待民众比范氏、中行氏好一些，因此它会接着范、中行氏而灭亡。

"韩氏、魏氏实行的田地制度，以一百步为畹，以二百步为亩，而按五分抽一的税率收田税。它制定的田亩单位面积小，养的士多，按五分抽一的税率收田税，使得公家富有。公家富有，养的士多，主子骄傲臣子奢侈，希望立功从而屡次发动战争，但是对待民众比知氏好一些，因此说它们会接着智氏灭亡。

"赵氏实行的田地制度，以一百二十步为畹，以二百四十步为亩，公家不收田税。公家贫穷，养的士少，主子和臣下都收敛，来驾驭富裕的民众，所以说是稳固的国家。晋国都会归于赵氏。"

吴王说："好。王者之道，就是要厚爱他的民众。"

总而言之，孙子的逻辑是"国家治理模式决定综合实力水平，综合实力水平决定准诸侯国命运"，他从六个准诸侯国的国家治理模式入手进行分析，得出了"范氏、中行氏最先灭亡，知氏接着灭亡，韩氏、魏氏继而灭亡，而晋国最终被赵氏独吞"的结论。

　　应该看到，孙子预测晋国最后会上演与春秋早期"曲沃代晋"类似的"赵氏代晋"，这与晋国最后由赵、魏、韩三家瓜分的史实不符。然而，孙子预言的"失败"，正说明这段记载并不是战国人士根据历史结局倒编而成的"灵验故事"，而应该是有史实基础的春秋晚期史料，具有相当高的可信度。

　　在史料可靠的基础上，笔者认为，孙子的分析和预言可以说相当有见地：孙子关于范氏、中行氏、知氏命运的预言被证明是完全正确的，而孙子所看好的赵氏（晋阳赵氏）虽然并没能独吞晋国，但在赵简子、赵襄子时期也的确有非常出众的表现，首先是在赵简子时期以一家之力战胜了范氏、中行氏、邯郸赵氏及中原诸侯国干涉军；后来在赵襄子时期又以一家之力抵挡住了知、魏、韩三家的进攻，最终策反魏、韩两家灭掉知氏。

　　下面，笔者就在孙子分析的基础上来具体论说一下晋阳赵氏在国家治理模式上的三大先进之处。

　　第一，在六个准诸侯国中，晋阳赵氏的农业政策最有利于调动农民的农业生产积极性和人口增殖积极性，驱动粮食产量和人口数量强劲增长，经济军事硬实力傲视其他五国。

　　首先，晋阳赵氏的田地制度使得它治下的农户在六国之中分得最多土地。晋阳赵氏亩制是二百四十步长、一步宽，面积二百四十平方步，是六家中长度最长、面积最大的。当时各准诸侯国授予每户农民的田亩数是相近的，所以，亩制越大，则农民实际得到的田地总面积就越大。因此，在六个准诸侯国中，晋阳赵氏治下的农民每户分得的田地总面积应该是最大的。

其次，晋阳赵氏的税收制度使得它治下的农户在六国之中享受最小的田税负担。晋阳赵氏公室不向农民征收田税，而其他五国则以比周代正常税率（十分抽一）还要高一倍的税率（五分抽一）向农民征收田税。因此，在六个准诸侯国中，晋阳赵氏治下农民的田税负担是最小的。

总而言之，晋阳赵氏的农业政策在六国中独树一帜，它不把目标设定在提高从农民手中汲取资源的强度上，而是设定在调动农民的农业生产积极性和人口增殖积极性上，于私于公都产生了非常积极的效果。从农户角度考虑，因为该政策善待农民，在和平时期"干好了都是自己的"，农民在增进私家利益欲望的驱动下，会积极主动地生产更多粮食、生育更多男丁。从国家角度考虑，因为该政策有效刺激农业发展和人口增长，而增产的粮食和增殖的男丁在战争时期能迅速转化为军粮和兵员，这就是晋阳赵氏能够最终获胜的经济军事硬实力基础。

第二，在六个准诸侯国中，晋阳赵氏的政府机构行政成本最低，行政效率最高，国家治理软实力傲视其他五国。

既然晋阳赵氏不收田税，那么该国公室财政收入从哪里来呢？根据《国语·晋语九》记载，赵氏大夫尹铎经营晋阳时，有意"损其户数"以争取民心，可以推知当时晋阳赵氏是向境内各城邑居民征收户税的，这个户税收入应该就是晋阳赵氏公室财税收入的主体。然而，由于缺少了田税这个重要税源，可以想见，在六个准诸侯国中，虽然晋阳赵氏的农业发展态势是最好的，但是它的公室财政收入可能是最少的。

与最低的公室财政收入相适应的是，晋阳赵氏"公家贫穷，养的士少，主子和臣下都收敛"，也就是说，它的官僚队伍规模最小，政府机构最为精简，开销用度最为节省。由于各国政府需要承担的基本政务是大同小异的，晋阳赵氏政府规模既然是最精简的，那么它的行政效率必然是最高的。

总而言之，晋阳赵氏政府采取了一种"小政府大社会"的先进治理模式，在六国中行政成本最低，行政效率最高，这就是晋阳赵氏能够最终获胜的国家治理软实力基础。

第三，在六个准诸侯国中，晋阳赵氏治下的郊野农民和晋阳国人对政权的满意度和忠诚度最高，民心向背软实力傲视其他五国。

首先，由于晋阳赵氏公室在郊野地区实施"多分土地、免交田税"的大力度惠民政策，使得晋阳赵氏治下的郊野地区成为农民心目中的"乐土"，在这片乐土为自己过上更好生活而奋斗的农民，对于晋阳赵氏政权的满意度一定是远远超过其他五国的农民的。

其次，正如下文会详细讲述的那样，在尹铎治理晋阳之后，晋阳赵氏公室在户税征收方面对准国都晋阳和其他城邑是区别对待的：其他城邑的定位是作为"提供赋税的城"，因此户税征收力度比较大；准国都晋阳的定位是作为"提供保障的城"，因此户税征收力度比较小。这样一来，晋阳地区的国人通过与国内其他城邑民众或者其他五国城邑民众的比较，知道自己生活的晋阳也是难得的"乐土"，因此他们对于晋阳赵氏政权的满意度也一定是远远超过其他五国城邑民众的。

和平时期农民和国人对于晋阳赵氏政权的高满意度，在战争时期就会转化为农民来源士兵和国人来源士兵对于晋阳赵氏政权的高忠诚度，这就是晋阳赵氏能够最终获胜的民心向背软实力基础。

总而言之，六个准诸侯国中，晋阳赵氏的国家治理模式最先进，综合实力水平最高，这虽然没有使得晋阳赵氏最终消灭其他五国、实现"赵氏代晋"，但已经足够支持它打赢一场长达8年的内战，击退各诸侯国的武装干涉，彻底击败范氏、中行氏。

知氏极盛而后暴亡
化家为国完成

晋国有难，而无以尹铎为少，
无以晋阳为远，必以为归。

——赵简子

晋阳之战背景（一）：赵襄子嗣位，继承父志开疆拓土

到前477年赵简子去世前，魏襄子、韩庄子、知宣子都已经去世，魏桓子[1]、韩康子[2]、知襄子分别代表各自家族进入卿官体系，晋国四卿领导班子情况如下：

晋 四 卿 表
（前477年赵简子去世之前）

位　次	官　职	人　名	族　属
一	？	赵简子（？）	赵
二	？	知襄子（？）*	知
三	？	韩康子（？）*	韩
四	？	魏桓子（？）*	魏

我们知道，春秋战国之际晋国发生的一件标志性大事是晋阳之战，此战以防守方赵氏获胜、进攻方知氏惨败告终，知氏随后被消灭，晋国从此进入赵、魏、韩三家掌握政权的阶段。接下来，我们就先来看看交战双方首脑——赵襄子和知襄子的情况。

前477年，赵简子去世。他的儿子赵无恤继任赵氏族长，

1　魏桓子，姬姓，魏氏，名驹，谥桓。魏襄子之子。参见图18。
2　韩康子，姬姓，韩氏，名虎，谥康。韩庄子之子。参见图19。

就是赵襄子。先秦文献特别是《战国策》及诸子书中，都从赵简子之子赵襄子（前476年正式即位）开始对赵、魏、韩、知四大卿族以"国"相称，对其执政者以"君"相称，并将其与其他诸侯国并列，视为同等的国家。与之相符的是，司马迁在《史记·赵世家》中，从赵襄子开始不再采用晋国纪年"晋定公某某年"，而是采用赵国纪年"赵襄子某某年"。所以，我们可以说，在战国时人及汉人看来，前476年赵襄子即位时，晋国已经名存实亡，赵国、韩国、魏国、知国实际上已经成立。不过，在接下来的叙述里，我们暂且还是按照传统说法，继续认为这四个政权仍然具有"卿族之家"的性质，继续称这四家为赵氏、魏氏、韩氏、知氏。

和赵宣子、赵景子的情况一样，赵襄子并不是前任族长赵简子的嫡长子，而只是个庶子。实际上，一开始，赵简子也是依据"立嫡"的规矩，将嫡长子伯鲁[1]定为继承人。而且，赵襄子的母亲是戎狄婢女，母家毫无势力，完全不存在依靠外援得立的可能性；赵襄子本人长得还非常丑陋，完全不存在因为乖巧可爱而被立的可能性。那么，赵简子是看上了赵襄子的哪些品质呢？

据《史记·赵世家》记载：

> 有一天，赵简子把儿子们找来交谈，发现无恤最有才能。又有一天，赵简子向儿子们宣称："我把宝符藏在常

1　伯鲁，嬴姓，赵氏，字鲁，排行伯。赵文子之子。参见图17。

山（即恒山）**1**顶上，你们都去找，先找到的有赏。"其他儿子们连奔带跑地上了常山，可是什么也没找到。唯独无恤回来，声称："我找到宝符啦！"赵简子说："说说看！"无恤说："站在常山的山顶，可以俯瞰代国，代国可以被我们占有啊！"赵简子由此知道无恤确实有才能，于是废掉了太子伯鲁，而改立无恤为太子。

据《资治通鉴·周纪》记载：

赵简子的儿子，长子叫伯鲁，幼子叫无恤。赵简子想确定继承人，不知立哪位好，于是把训诫言词写在两部竹简上，分别交给两个儿子，说："好好记住！"三年后赵简子问起两个儿子，伯鲁说不出竹简上的话，再问他的竹简，已丢失了；又问无恤，背诵训词很熟练，追问竹简，便从袖子中取出献上。于是，赵简子认为无恤有贤德，便立他为继承人。

据《左传·哀公二十七年》记载：

鲁悼公四年（前464年），晋国知襄子率领军队包围郑国。将要强攻城门时，知襄子对赵襄子说："你给我冲呀！"赵襄子回答说："您是主帅，您先上！"知襄子破口大骂道：

1　恒山见图二。

"你长得这么丑，又没有勇气，你爸当年为什么立你这么个货色当继承人呀！"赵襄子回答说："大概因为我能够忍受耻辱，不会做出危害赵氏宗族的蠢事吧！"

从这些记载我们可以知道，赵襄子虽然母家无权无势、相貌还很丑陋，但是他身上至少有三个让赵简子特别欣赏的闪光点，那就是开疆拓土、振兴赵氏的志向，谨遵父命、从不懈怠的品德，以及含垢忍耻、大局为重的智慧。因此，赵简子就像当年赵成子、赵文子那样，再次将"立嫡"的周代大传统摆到一边，而遵循"立贤"的赵氏小传统立了赵襄子。

赵简子不仅为赵氏挑选了一位优秀的继承人，他还把一座城防实力傲视群雄的准国都晋阳城留给了赵襄子。晋阳城的城防实力可以分为硬实力和软实力两部分：诸如城墙、护城河、军械粮食储备之类可以算是硬实力，而城中军民对赵氏政权的忠诚度可以算是软实力。从传世文献的记载来看，晋阳城的城防实力建设经历了"夯实硬实力"和"提升软实力"两个阶段，倾注了赵简子两位股肱之臣的心血和智慧。

晋阳城防硬实力建设的功臣是董安于。根据《战国策·赵策一》的记载，晋阳之战爆发前，赵襄子听从张孟谈的建议离开晋国都城，前往晋阳坚守。通过赵襄子与张孟谈的问答，我们可以从一种"回看"的角度来了解董安于当年是如何夯实晋阳城的城防硬实力的：

于是赵襄子就派延陵生率领车骑先到晋阳，自己随后也跟了去。赵襄子到达之后，巡行城郭，察看府库，检视粮仓，召见张孟谈说："我的城郭已经很完善，府库物资足够使用，粮仓已经装满，可是没有箭怎么办？"张孟谈说："臣下听说董子治理晋阳的时候，公宫的墙都是用荻蒿苫楚这些制作箭杆的原材料修筑的，墙的高度达到一丈多，君主可以打开使用它。"于是打开一试，它们的坚挺程度就是制箭杆用的美竹也不能超过。赵襄子说："足够了，但是缺少制作兵刃用的铜怎么办？"张孟谈说："我听说董子治理晋阳的时候，公宫的房间，都是用冶炼的铜作柱质的，请打开使用它，就有多余的铜了。"赵襄子说："好。"号令已经定好，战备守御已经具备。

晋阳城防软实力建设的功臣是尹铎。董安于去世之后，赵简子派尹铎治理晋阳。据《国语·晋语九》的记载：

赵简子派尹铎去治理晋阳。尹铎请示说："是把晋阳打造成提供赋税的城呢？还是把它打造成为提供保障的城呢？"赵简子说："当然是提供保障的城！"尹铎于是减少了晋阳需要缴纳户税的民户数目。赵简子告诫儿子赵襄子说："晋国一旦有祸难，你不要因为尹铎年轻，也不要嫌晋阳路远，一定要到那里避难。"

从上文我们可以知道，赵氏对于所控制的各个城邑有不同

的战略定位，而各个城邑的长官则根据这个战略定位来制定和实施具体政策：赵氏将长子城[1]定位为提供保障的城，于是长子城的长官逼迫民众修筑高厚的城墙；赵氏又将曾经反叛的邯郸定位为提供赋税的城，于是邯郸的长官向民众征收很高额度的户税。这就是为什么尹铎一开始就问赵简子，到底是要将晋阳定位为提供赋税的城还是提供保障的城。

尹铎的高明之处就在于，在得知赵简子将晋阳定位为"提供保障的城"之后，他没有亦步亦趋地追随晋阳城前任长官董安于和长子城长官的思路，将重点放在进一步夯实晋阳的城防硬实力上，而是开始探索如何在董安于工作的基础上进一步提升晋阳的城防软实力。通过提高户税起征点，减少纳税户数，尹铎让晋阳国人中相对贫苦的那一部分人享受到了其他五家的城邑民众及赵氏其他城邑民众都享受不到的宽政，晋阳对他们来说成为《诗经·硕鼠》中所描述的乱世"乐土"，从而大大加强了晋阳贫苦国人对赵氏的忠诚度。由于这些贫苦国人在战时必然是守城士兵的主体，因此尹铎的政策说到底就是提升了晋阳城的城防软实力。

从上文所引《孙子·吴问》我们已经知道，在六家时期，晋阳赵氏实行"藏富于民"的财税政策，在六家之中税收强度最低，不收取郊野农民的田税，而只收取城邑居民的户税。也就是说，赵氏本来就是六家之中最致力于赢得民心的政权，此为赵简子能够认同并支持尹铎主张的思想基础。

1　长子见图二。

尹铎独辟蹊径的治城政策取得了巨大的成功。在下文我们可以看到，晋阳城的国人为了捍卫这块在他们所知的世界上可以说是独一无二的"乐土"，面对绝对优势的围城兵力和长期水淹带来的极度困苦，众志成城坚守不叛，为赵氏最终发动大反攻"翻盘"作出了不可磨灭的贡献，创造出了"先秦版斯大林格勒保卫战"的军事奇迹。

赵襄子即位之初做成的第一件大事，是继承赵简子的遗志，彻底解决了中牟这个私邑的叛乱问题。前477年赵简子去世之后，灵柩还没有下葬，得到消息的中牟邑宰佛肸马上再次反叛。这一回，佛肸依附了比卫国更强大的齐国。《韩诗外传》记载了赵襄子平定中牟叛乱的过程：

> 从前，赵简子去世还没下葬，中牟就发动了叛乱。赵简子下葬五天之后，赵襄子率领军队攻打中牟，包围圈还没有合拢，城墙就自己坍塌了十丈。然而，赵襄子非但没有击鼓进军，反而鸣金收兵。军吏劝谏说："君主声讨中牟的罪过而城墙自己坍塌，这是上天在帮助我们。君主为什么要下令退兵？"赵襄子说："我听叔向（羊舌肸）说过：'君子不倚仗着有利条件来凌驾于他人之上，不倚仗着险要来使他人困厄。'"于是命令中牟人修好城墙，然后再进攻。中牟人被赵襄子的正义所感动，于是请求投降。

赵襄子在围攻中牟时所用的手段与前635年晋文公包围原

邑、前527年中行穆子包围昔阳所用的手段非常类似。中牟被包围后,齐国并没有前来救援,实际上打下中牟是迟早的事。在这种情况下,像赵襄子这样做出道义上的高姿态,一方面可以树立赵氏新君的高大形象,另一方面可以感召中牟民众达到不战而屈人之兵的效果。赵襄子新君上任烧的这第一把火说明,赵简子还真是没有看错人。

赵襄子在收复中牟之后,非常重视对这个河北平原上的重要城邑的治理。他在这里设立了中牟县,任命壬登担任县令。据《韩非子·外储说左上》的记载:

> 壬登担任中牟县令的时候,向赵襄子上奏说:"中牟有两个名叫中章、胥己的读书人,他们的修养很好,学识很渊博,您为什么不提拔他们呢?"
>
> 赵襄子说:"您让他们来见我,我将任命他们为中大夫。"
>
> 他的管家规劝说:"中大夫,是赵国的重要职位。现在他们还没有功劳而您就把这官位授给他们,这不符合赵国任命大臣的一贯流程。您恐怕只是耳闻他们的名声,还没有目睹他们的实际情况吧!"
>
> 赵襄子说:"我选用壬登,既用耳朵打听过他,又用眼睛考察过他。如今壬登所选用的人,又要我去用耳朵打听,用眼睛去考察。这样的话,那么我用耳朵、眼睛去考察人就没完没了了。"
>
> 壬登在一天之内就使两个人见到赵襄子,并且使他们

当上了中大夫，授予他们土地和住宅。于是中牟人放弃农田劳作、卖掉住宅和菜园而跟着去学习研究文献典籍的人，便占了这个城邑人数的一半。

赵襄子顺应春秋战国之际打破世卿世禄制、从低级贵族甚至平民中选用贤能的大趋势，引导包括中牟人在内的赵氏领地上的民众努力向学，这对赵国政治人才的培养起到了促进作用。此外，赵襄子对于长期叛变的中牟不但没有任何歧视，还特意放宽审查流程快速重用中牟优秀人才，这无疑是作出善意姿态，笼络中牟人心，从而在根本上遏制叛乱的再次发生。中牟后来成为战国初期赵国的文化繁盛之地，最终赵献侯时迁都中牟，一个曾经两次叛乱的城邑最终升格成了赵国都城。

赵襄子在即位之初做成的第二件大事，就是继承赵简子的遗志，在前475年最终吞并了代国。代国是白狄无终部建立的政权，位于晋阳东北方向，都城在河北蔚县代王城镇。赵简子已经制定了从晋阳出发继续向北发展的战略，所以他会选择与自己有同样志向的赵襄子作为太子。《吕氏春秋·孝行览》记载了赵襄子灭代国的过程：

> 赵简子病重，召见太子（赵襄子），告诉他说："我死以后，安葬完毕，你就穿着丧服登上夏屋山[1]去观望。"太子

1　夏屋山见图二。

于是恭敬地答应了。

　　赵简子一死，刚安葬完毕，太子就穿着丧服召见大臣，告诉他们说："我想要登上夏屋山远望。"大臣都劝谏说："登上夏屋山远望，是出游啊。穿着丧服出游，不行。"赵襄子说："这是先君的命令，寡人不敢废弃。"群臣于是恭敬地答应了。赵襄子在夏屋山顶远望，看到代国的风土，他们的乐舞非常美好，于是赵襄子说："先君一定是用这个办法来教诲我啊！"

　　等到回来之后，赵襄子就考虑如何去夺取代国，于是先友好地对待代国。代君好色，赵襄子就请求把自己的姐姐嫁给代君，代君同意了。他姐姐嫁到代国之后，赵襄子又千方百计地讨好代君。

　　代地适合养马，代君把好马奉送给赵襄子，代地的马都送光了。赵襄子拜谒代君并请他到赵国喝酒，然后命令几百舞者把兵器藏到羽毛道具里，又准备了大铜斗。代君到来后，双方喝酒喝到畅快时，赵人突然把装酒的铜斗反过来击杀代君，一下子就砸中了，代君脑浆流了一地。舞者马上举起藏在羽毛道具里的兵器一拥而上，杀光了代君的随从。

　　赵襄子用代君的车去接代君的妻子（赵襄子姐姐），代君的妻子听闻了代君被杀的惨状，就把头上的笄子磨锋利了之后自杀而死。至今赵国还有磨笄山的征验，以及"反斗"的绰号。

晋阳之战背景（二）：知襄子嗣位，自恃英才专横跋扈

知文子去世之后，他的儿子知甲继位，就是知宣子。知宣子去世之后，他的儿子知瑶继位，就是知襄子。根据《国语·晋语九》的记载：

> 知宣子准备立知瑶为继承人，族人知果说："知瑶不如知宵。"知宣子说："知宵性格执拗。"知果回答说："知宵的执拗浮在表面，知瑶的执拗藏在内心。内心执拗的人当上君主之后不听劝谏是要祸败国家的，而外表执拗的人却不会造成多大的危害。知瑶在五个方面都超过其他人，只有一个方面不如其他人。他鬓发美观、身材高大超过别人，善于射箭驾车、气力强劲超过别人，各种技艺集于一身超过别人，巧思文才、聪慧善辩超过别人，刚强坚毅、果断勇敢超过别人。他有这五大长处，但为人却缺乏仁德。凭着五大长处来欺凌他人，而又用缺乏仁德的心来指导行动，有谁能宽容他呢？假如您一定要立知瑶作为继承人，知氏宗族一定会覆灭！"

知襄子第一次出现在《左传》中是在前472年，当时他作为晋国首卿率领军队讨伐齐国。知襄子乘战车靠近齐军营垒去侦查情况，马匹突然受惊，知襄子并没有惊惶失措，而是直接

驾车向齐军营垒冲去，一边冲一边向身边人解释说："齐人知道我的旗帜，如果不向前冲而撤退，齐人恐怕会认为我是因为害怕而逃跑！"知襄子一直冲到齐军营垒跟前，然后才回到晋军营垒。

在晋齐两军决战之前，晋大夫张武子请求占卜吉凶。知襄子说："我国君主已经告知了周天子，而且已经在宗庙里用国家最贵重的龟甲占卜过了，当时的结果就是吉利的。我为什么要在战前再占卜一次？而且齐人夺取了我国的英丘，我国君主命令我率军前来，不是敢于耀武扬威，而是为了解决英丘的问题。我尊奉着这个正当理由讨伐齐人的罪过就足够了，何必还要占卜！"

夏六月二十六日，晋军、齐军在犁丘[1]决战，齐军大败，知襄子亲手抓获了原本是江洋大盗的齐大夫颜涿聚。

从这次犁丘之战来看，上文知果说知襄子武艺高超、果断勇敢、聪慧善辩，还真是实事求是。应该说，初次登场的知襄子真可以说是个纯正面形象的"青年才俊"。

然而，随着时间的推移，知襄子的另一面逐渐暴露了出来。前468年，知襄子率领军队讨伐郑国，郑卿驷弘向齐国求救，齐卿陈成子率领军队救援郑国。知襄子听闻之后，马上率领军队撤退，他说："我出来之前只占卜了讨伐郑国是否吉利，可没有占卜与齐国交战是否吉利。"然后，他派使者告知陈成子说：

1　犁丘见图三。

"大夫陈子，您的祖上是从陈国逃出来的。我们晋人得到消息说，陈国社稷祭祀断绝，是郑国的罪过。所以我国君主派我来调查陈国被灭亡的内情。我认为大夫大概会体恤陈国而支持我吧！如果大夫您自己都认为您的祖国被郑国颠覆对您有利，那陈国的灭亡跟我又有什么关系？"陈成子愤怒地说："经常欺凌他人的人都不得善终，知伯这人还能飞扬跋扈多久呢？"

根据各种传世文献的可靠记载，陈国是在前478年被楚国所灭，实与郑国无关。知襄子本来是因为实力不够决定不与齐军交战，却还要编造一番言辞来污蔑陈成子以求自己心里痛快，其仗恃才智欺凌他人的情状甚为昭彰。

如果说知襄子在这里用言语攻击的是敌国卿大夫还可以理解，那么在接下来的事例中，知襄子的唇枪舌剑则直接指向和自己同朝共事的赵氏、魏氏、韩氏。前464年，知襄子率领军队包围郑国。将要强攻城门时，知襄子冲着赵襄子喊道："你给我冲呀！"赵襄子回答说："您是主帅，您先上啊！"知襄子破口大骂道："你长得这么丑，又没有勇气，你爸当年为什么立你这么个货色当继承人呀！"赵襄子回答说："大概因为我能够忍受耻辱，不会做出危害赵氏宗族的蠢事吧！"

据《国语·晋语九》的记载，这次讨伐郑国结束后，知襄子与韩康子、魏桓子在兰台饮宴。席间知襄子又出言不逊戏弄韩康子，还侮辱韩康子的家相段规。知襄子家臣知国听说此事之后，劝谏说："主公如果不防备，祸难一定会来！"知襄子说："祸难都是我发动的，我不主动发动祸难，谁敢发动祸难！"知国回答说："我的看法跟您不一样。郤氏因为激怒了晋厉公嬖大夫长鱼矫而导致灭族，赵氏因为激怒了赵庄姬而遭受祸难，栾氏因为激怒了栾祁而遭受祸难，范氏、中行氏由于激怒了范皋夷而遭受祸难，这些都是您知道的。《夏书》里说：'一个人多次犯错，结下的仇怨难道会在明处？隐藏在人心中还看不到的时候就要及早考虑。'《周书》里说：'仇怨不一定来自大事，也不一定来自小事。'君子能花时间精力对待小事，因此才不会遭受大祸。[1] 如今您一次宴会就侮辱了人家的主君和辅相，又不作任何戒备，还扬言说'他们不敢发难'，这恐怕不可以吧！从人情上说，谁不能使人高兴，谁又不能让人害怕呢？蚊子、蚂蚁、蜜蜂、蝎子这些小虫都能伤害人，何况是堂堂主君和辅相呢！"知襄子不听。

综合考察上文和后文所描述的知襄子的言行举止，可以看出知襄子为人处世秉持的是这样一种价值观：一方面对自己的出色才能高度自觉和自信，因此认为自己是天之骄子，得到上天恩宠，可以为所欲为；另一方面认为被自己欺凌的人 (比如陈文子、赵襄子、韩康子)，由于才能远不如自己，即使发起反击也不能把自己怎么样。

不过，知襄子与赵襄子之间的仇怨，不仅仅是性格和价值观冲突这么简单。知氏和赵氏的敌对关系，最早可以追溯到范—中行之乱的第一阶段。当时知文子最初想要把赵氏和范氏、

1　《国语·晋语九》："《夏书》有之曰：'一人三失，怨岂在明？不见是图。'《周书》有之曰：'怨不在大，亦不在小。'夫君子能勤小物，故无大患。"

中行氏绑定在一起一网打尽；在韩氏、魏氏迎回赵简子之后，知文子又逼迫赵简子杀死了股肱之臣董安于。因此，前493年赵简子取得铁之战胜利志得意满之时，他的家臣傅傁就提醒他，赵氏真正的敌人是知氏。下面两节讲述的晋阳之战，其实就是四家中位置最北的赵氏和最南的知氏之间的决战(四家核心城邑地理位置参见图八)，而夹在中间的韩氏、魏氏则根据形势发展来决定自己是跟随知氏还是赵氏。

晋阳之战前奏：知氏强盛，无故索地，挑起战端

前477年赵简子去世、赵襄子继位之后，晋国四卿领导班子情况如下，从这时起，知襄子就是首卿：

晋 四 卿 表
(前477年赵简子去世之后)

位　次	官　职	人　名	族　属
一	？	知襄子（？）	知
二	？	韩康子（？）	韩
三	？	魏桓子（？）	魏
四	？	赵襄子（？）	赵

从前490年范氏、中行氏被彻底驱逐出境开始，到前454年晋阳之战爆发前，晋国政权和土地由赵、魏、韩、知四家把持，各准诸侯国专注于发展自身实力，整体上处于一种相对和平的制衡态。然而，到前458年时，这种制衡态开始崩塌，而崩塌

的起点就是长期悬而不决的乱党私邑归属问题。

如前所述，前490年范氏、中行氏被彻底驱逐出境之后，由于赵、魏、韩、知四大准诸侯国无法就乱党私邑的归属达成一致，于是最终四家达成协议，除了赵氏得到邯郸、柏人之外，绝大多数乱党私邑"奉还"公室，重新成为公邑。四家的本意是把公室当做这些城邑的"寄存处"，等到未来时机成熟时再商议或者争夺它们的归属。

前458年 (赵襄子十八年) 时，首卿知襄子认为时机已到，于是召集赵襄子、魏桓子、韩康子开会，准备瓜分一直挂靠在公室名下的乱党私邑。让四卿没有料到的是，傀儡君主晋出公竟然"假戏真做"，不能容忍四家强夺已经属于公室三十多年的"公邑"，派使者去齐国、鲁国告状，准备引入外国军队来讨伐四家。四家得知消息之后，知襄子马上组织四家联合起来出兵攻打晋出公，晋出公出奔齐国，死在了路上。知襄子随后立了晋昭公的曾孙为新君，就是晋哀公 (一说为晋懿公)。**1**

在悍然驱逐晋出公、立晋哀公之后，首卿知襄子完全控制了晋国政事，然后趁势强推完成了在赵、魏、韩、知四家范围内重新分配乱党私邑的工作。所谓"分配"是一个很不准确的词，因为实际情况是，知氏几乎霸占了全部的乱党私邑，知氏也因此成为四家中账面实力最强的一家。

到了晋阳之战爆发前几年，知襄子开始做一件表面上看来

1　参见高长宇等（2017年）。

让人匪夷所思的事，那就是"无缘无故"地向赵、魏、韩三家索取土地。

据《战国策·赵策一》的记载，知襄子首先派使者向韩氏索取土地。韩康子想不给，他的辅相段规说："不可以。知伯的为人，贪财好利又凶狠暴戾，他派人来索取土地而我们不给，一定会将兵祸加在我们头上。君主不如给他。我们给了他土地，他会习以为常，然后又去别的国家索取土地。别的国家不给，他一定会带着军队冲向那个国家，这样我们韩氏就可以免于祸患，而等待事情起变化了。"韩康子说："有道理。"于是派使者把一个有万户居民的城邑送给知襄子。

知襄子接下来又派使者向魏氏索求土地。魏桓子不想给，家臣赵葭劝谏说："此人向韩氏索取土地，韩氏已经给了他。如今又向魏氏索取土地，魏氏如果不给，那就是魏氏自以为强大，而对外惹怒知伯了。这样一来，知伯恐怕就要对魏氏动武了！不如给他。"魏桓子说："好的。"于是就派使者把一个有万户居民的城邑送给知襄子。

知襄子向魏国索地的情况，《战国策·魏策一》的记载有所不同：

> 知襄子向魏桓子索要土地，魏桓子不给。魏氏家臣任章问："为什么不给呢？"魏桓子说："无缘无故来要土地，所以不给。"任章说："无缘无故索取土地，邻国（指赵氏、韩氏）必然会恐惧；欲望加重无法满足，天下人必然会恐惧。君主给予他土地，知伯一定会骄傲。知伯骄傲就会轻敌，

邻国恐惧就会相互亲善。用相互亲善的军队来对付轻敌的国家，知氏的命运一定不会长久了。《周书》说：'想要打败他，必须姑且辅助他。想要夺取他，必须姑且给予他。'[1] 主公不如给他土地，从而让知伯骄傲。君主为何要放弃依靠天下人去图谋知氏的正确做法，而唯独要把我国变成听任知伯这把刀砍剁的椹质[2]呢？"魏桓子说："对。"于是送给知襄子一个有万户人家的城邑。

知襄子成功地从韩氏、魏氏那里索取来土地之后，就派人到赵氏去索取土地。不过，这回知襄子提出了很明确的要求，不是什么城邑都可以，而是一定要赵氏给他蔺、皋狼这两个城邑。知襄子先前夺取的仇由国位于赵氏核心城邑晋阳以东，而这回知襄子索取的蔺、皋狼[3]位于晋阳以西。如果赵氏真的把蔺、皋狼给了知氏，那么知氏对赵氏的政治核心区就形成了左右夹击之势，这当然是赵氏不可能接受的，于是赵襄子拒绝了知襄子的要求。

知襄子在被赵襄子拒绝之后，就暗中与韩康子、魏桓子结盟，准备联合起来攻打赵氏。由于晋阳之战爆发在前454年，知襄子向赵氏索地大概在前455年。

实际上，知氏和赵氏之间的争斗在知襄子向赵襄子索地之前就已经激化：

---

1 《战国策·魏策一》："将欲败之，必姑辅之。将欲取之，必姑与之。"
2 椹质，行刑用的木垫。
3 蔺、皋狼、仇由见图二。

一方面，赵襄子即位之后，继承先君赵简子的遗志，积极推进北进、东进战略。除了上节所说的攻取代国之外，据《国语·晋语九》的记载，大概在前457年时，赵襄子曾派遣大夫新稚穆子讨伐白狄鲜虞部建立的中山国，夺取了中人、左人**1**两个城邑，其中，中人是中山国北迁后的新都城。

另一方面，根据《战国策·西周策》的记载，知襄子曾经设计攻取了中山国的属国仇由国；又根据《古本竹书纪年》的记载，晋出公十六年 (前495年)，知襄子曾经讨伐中山国，夺取了穷鱼之丘。

也就是说，在晋阳之战爆发前，知氏和赵氏围绕着中山国归属问题已经产生了非常尖锐的矛盾，两家诉诸武力是迟早的事。

如果仔细分析一下，我们会意识到，知襄子向韩、魏、赵三家索取土地的做法，其实并没有乍一看那样匪夷所思，而是步步为营、颇有水平的谋略。知襄子的思维过程大致如下：

> 知襄子很清楚，知氏要进一步发展壮大，肯定是要把体量与知氏在同一数量级的赵、魏、韩三家一步一步地吞并掉。而当下应该走的第一步，就是联合其中两家来对付第三家，这样的话，在力量对比上能对第三家造成3∶1的压倒性优势。
>
> 那么，知襄子为什么在赵、魏、韩三家中选择了赵氏

1　中人、左人见图二。

作为首个攻击目标呢?

（一）从既有关系来看，知氏与赵氏原本就是敌对关系。在前497年范—中行之乱期间，知文子一开始就打算把赵简子和范昭子、中行文子"打包"驱逐出晋国。后来韩简子、魏襄子另组联盟迎回了赵简子，知文子又向赵简子施压逼死了赵氏股肱之臣董安于。从这以后，赵氏和知氏就是互相敌对的关系，前493年赵简子铁之战取胜后傅傻的提醒就是明证。

（二）从地缘形势来看，魏氏、韩氏与知氏的核心区都位于由临汾盆地和运城盆地构成的晋国中南部地区，而赵氏核心区位于晋国北部太原盆地的北端 (参见图八)。因此，知氏联合/胁迫临近的韩、魏两家，消灭/驱逐北方的赵氏，也是一个非常自然的选择。

知襄子可能很早就确定了先灭赵氏的整体战略，上节提到的与赵氏争夺中山国就是这个战略的第一阶段，而本节叙述的联合/胁迫韩、魏灭赵氏则是这个战略的第二阶段。

本年知襄子走的第一步棋，就是先向韩氏索取土地。这一步看起来是耍无赖贪求财富，实际上是在通过"极限施压"的方式试探韩氏的底线。如果韩氏献出土地，那说明韩氏是可以被联合/胁迫的：无缘无故要求韩氏献出土地它都愿意，叫上韩氏一起去灭了赵氏、瓜分赵氏土地，它怎么可能不愿意？如果韩氏拒绝献出土地，那么知氏就可能转而联合/胁迫最邻近的魏氏去攻打韩氏。结果正如知襄子所料，韩康子献上了土地表示顺服。

知襄子搞定了韩氏之后，就走了第二步棋，那就是向魏氏索取土地。从图八可以很清楚地看到，位于运城盆地的知氏和位于临汾盆地的韩氏一旦联合起来，对位于运城盆地的魏氏就形成了南北夹击之势。知襄子先利用这样的地缘形势来对魏氏施加压力，然后通过索取土地的方式逼迫魏氏表态。结果再次如知襄子所料，魏桓子顶不住压力，也献上了土地表示顺服。

当知襄子在执行上述第一、第二步的时候，他表面上对赵襄子一直保持着亲和的态度，以最大限度地防止过早惊动赵氏。然而，由于知氏和赵氏在中山国归属问题上已经陷入针锋相对的局面，所以赵襄子完全明白知襄子对他的亲和是在麻痹他。

知襄子搞定了韩氏、魏氏之后，再开始走第三步棋，那就是向赵氏索取土地。知襄子向韩氏、魏氏索取土地是为了迫使韩氏、魏氏表态，所以知襄子并不介意对方献上的到底是哪座城邑；而他向赵氏索取土地是为了挑起战端，所以故意提出要赵氏献上具有战略意义的皋狼和蔺。知襄子应该是预判赵襄子不会给他这两个城邑，而这正是他想要的结果：赵襄子不给土地，就是要跟知襄子对着干，然后知襄子就可以联合/胁迫顺服他的韩氏、魏氏去攻打不顺服的赵氏。

晋阳之战过程：赵氏坚守，局势反转，知氏灭亡

晋阳之战的过程，以《战国策·赵策一》的记载最为完整。

《战国策》是战国时期游说之士所作，其中必然有许多夸大、编造的成分。不过，晋阳之战以知、韩、魏三家围攻赵氏开始，而以赵、魏、韩三家攻灭知氏结束，其中也一定经历了复杂的权谋、游说和博弈，而《战国策》版本可以说是对这个过程最好的重构。下面笔者就以《战国策》版本为主干，辅以其他传世文献的异说，来叙述这场最终导致知氏灭亡的关键性战役。

大概就在知氏派使者以索取土地为名试探韩氏、魏氏时，身处国都地区赵氏私城里的赵襄子召来谋臣张孟谈，告诉他说："知伯的为人，表面上和我亲近而内心里疏远。他三次派人去韩、魏，寡人都没有参与，他要移兵攻打寡人是一定的了。现在我驻扎在什么地方为好？"张孟谈说："董安于，是先主简子的有才之臣，一辈子治理晋阳，而且尹铎也遵循他的方法，他们的政教遗存仍在，君主还是定居晋阳吧。"赵襄子说："好。"

赵襄子避居晋阳的决策过程，《国语·晋语九》的记载有所不同：

赵襄子走出门，说："我往哪里跑呢？"跟从的人说："长子城距离近，而且城墙高厚完整。"赵襄子说："逼迫民众劳累不堪地修缮城墙，现在又要让他们拼死守城，谁会肯为我卖命？"跟从的人又建议说："邯郸城仓库物资充实。"赵襄子说："榨取民脂民膏来充实仓库，现在又要让他们去拼杀，谁会肯为我卖命？还是晋阳吧！那是先主嘱咐过的地方，有尹铎治理时施行的宽厚政策，民众会与我们同心勠力的。"于是逃到晋阳。

前454年，知襄子在胁迫韩氏、魏氏成为自己盟友之后，率领知、韩、魏三家的军队杀向赵襄子所在的晋阳城。本来知襄子认为，3∶1的绝对兵力优势意味着灭亡赵氏只是时间问题，然而，三家联军用常规战法攻打晋阳三个月，还是没能攻克这座坚城。于是联军展开军队包围了晋阳城，掘开晋水堤岸，试图用水淹的方法逼晋阳守军迅速投降。

晋阳之围持续大半年之后[1]，城中的情况已经非常困苦：城墙没被淹没的高度只有二丈四尺，被水淹没的石臼和灶坑里钻出了蛤蟆；守城军民退到城中还没被水淹没的高处，像鸟一样搭巢居住，悬挂着锅做饭；物资粮食将要耗尽，士兵生病身体瘦弱。然而，晋阳城的守城军民仍然没有背叛赵氏弃城投降。在这样的"至暗时刻"，支撑这些守城军民继续坚持的已经不是城墙、军械、粮食这些硬物件，而是尹铎多年宽政培育出来的忠于赵氏、守卫"乐土"的坚定信念。这一幕让人不禁想起《论语·颜渊》篇记载的那段著名的对话：

子贡问治理国家的关键要素。孔子说："充足的粮食，充足的军备，以及民众信任统治者。"子贡说："如果迫不得已必须去掉一项，在这三项中先去掉哪个？"孔子说：

---

1 《战国策》说围城三年应属夸张，先秦城墙为夯土质地，不可能承受三年浸泡而不倒塌，城中粮草也不可能坚持三年，实际围城时间应该在一年以内。

"去掉军备。"子贡说:"如果迫不得已必须再去掉一项,在
这两项中先去掉哪个?"孔子说:"去掉粮食。自古以来谁
都有死的那一天,但是民众如果对统治者没有信心的话,
国家就立不起来。"

另一个很容易让人联想到的就是《礼记·檀弓下》记载的
这个故事:

> 孔子路过泰山旁边,有个妇人在坟墓旁哭得非常悲伤。
> 孔子停车扶着车前的横木认真地听,然后派子路问她说:
> "听你这样哭,好像有很重的悲伤啊。"妇人说:"是啊。以
> 前我公公被老虎咬死,我丈夫也被老虎咬死,现在我儿子
> 又被老虎咬死了。"孔子说:"那你为什么不离开这里呢?"
> 妇女回答说:"因为这里没有繁重的赋税和劳役。"孔子说:
> "年轻人要记住啊!繁重的赋税劳役比老虎还要凶猛!"

鲁国的妇人即使在丧失了三位亲人之后也不愿意离开泰山
附近的"乐土",这有助于我们更加真切地理解为什么晋阳的守
城将士会如此不计生死地守卫他们的城池。

晋阳的普通军民虽然在继续坚守,统治者却已经开始动摇
了。赵襄子对张孟谈说:"现在粮食缺乏,财力将尽,士大夫
生病,我不能坚守了。我想要率领城中的人马投降,怎么样?"
张孟谈说:"臣下听说这样的话:国家灭亡之时智谋之士如果不

能使它复存，国家危难之时智谋之士如果不能使它安定，那么就不用看重智谋之士了。请您放弃这个计划，不要再提了。臣下请求觐见韩氏、魏氏的君主。"赵襄子说："好的。"

张孟谈于是暗中觐见韩康子、魏桓子，对他们说："臣下听说，如果嘴唇没有了，门牙就要受寒。现在知伯率领两位君主进攻赵氏，赵氏将要灭亡了。赵氏如果灭亡了，那么两位君主的国家也要依次跟着灭亡。"两位君主说："我们知道是这样的。但是知伯的为人，内心严厉而很少亲近别人，我们的计谋要是没有成功就被他知道了，那么知伯带兵攻打的祸难就一定会到来，对这种可能性该怎么办？"张孟谈说："计谋从两位君主的口里说出，进入臣下的耳朵，没有别人知道。"两位君主于是就与张孟谈私下约定三军共同行动反攻知氏的计划，定好了日期，夜晚便把他送回晋阳城。张孟谈把情况报告给赵襄子，赵襄子再次拜谢了他。

《战国策》只记载了张孟谈的游说，似乎仅凭张孟谈的几句分析就让韩、魏君主下决心"反水"，但是常识告诉我们，事情绝没有这么简单。笔者认为，真正促使韩、魏君主下决心"反水"与赵氏联合的背景因素应该是如下四条：

第一，韩氏、魏氏在前497年范—中行之乱时与赵氏是盟友关系，后来也一直没有发生像赵氏对知氏那样不可调和的冲突。因此，从韩、魏的地缘政治形势来看，联合知氏消灭赵氏，或者联合赵氏消灭知氏，都是可行的选择。

第二，韩康子、魏桓子跟随知襄子围攻晋阳期间亲眼见识到了赵氏军民异乎寻常的忠诚度，从而切身体会到了赵襄子政权远超其他三家的爱民仁德。也就是说，他们从心底里就佩服赵襄子。

第三，韩康子、魏桓子及其谋臣都亲身经历过知襄子的侮辱和胁迫，此次跟随知襄子前来攻打赵氏主要是因为恐惧。也就是说，他们从心底里就厌恶知襄子。

第四，考虑到先前知襄子几乎独吞范—中行乱党私邑的"前科"，假设三家最后真的攻破晋阳拿下赵氏，韩、魏是否真能如事前约定的那样和知氏平分赵氏私邑是完全没有把握的。

基于以上四点考虑，在围攻晋阳一年多之后，韩康子、魏桓子反而更加倾向于与赵襄子合兵，出其不意反杀知襄子。从赵、魏、韩三家最终三分晋国的结局来看，应该说韩、魏君主的决定是正确的。

大概在张孟谈与韩氏、魏氏君主约定反攻知氏之后，知襄子的谋臣郤疵对知襄子说："韩、魏的君主一定会反叛。"知襄子说："你怎么知道的呢？"郤疵说："从人事常理可知。韩氏、魏氏的军队跟您一起攻打赵氏，赵氏灭亡后，亡国之祸接下来一定会轮到韩氏、魏氏。根据现在的约定，战胜赵氏之后，三国将平分赵氏的土地，按理说是对韩氏、魏氏非常有利的条件。如今晋阳城二丈四尺以下的地方没有不被淹没的，石臼和灶坑里钻出了蛤蟆，人们只得杀战马食用，晋阳投降在即，可是韩氏、魏氏的君主没有喜悦的心情，反而有忧虑的神色，这不是反叛的征兆是什么呢？"

第二天，知襄子告诉韩氏、魏氏的君主说："郤疵说两位君主将要背叛我。"韩氏、魏氏的君主回道："我们约好战胜赵氏以后三家分割它的土地，晋阳城现在就要被我们攻陷了。我们两家就算是愚蠢，也不会抛弃摆在面前的丰厚利益，违背诚信盟誓的约定，而去干那危险艰难而不可能成功的事情，这形势是显而易见的。这是郄疵在为赵氏谋划，使君主怀疑我们两国的忠心，从而松懈对赵氏的进攻。现在君主听信了谗臣的言论，而疏离了与我们两国的交情，我们为君主感到惋惜。"说完就快步退了出去。

郄疵从外面进来，对知襄子说："君主为什么要把我说的话告诉韩氏、魏氏的君主呢？"知襄子说："你怎么知道这件事的呢？"郄疵说："韩氏、魏氏的君主在外面和我遇见，他们很认真地看了我一眼，然后赶紧离开了[1]。"

郄疵知道知襄子不相信他的劝谏，而且也清楚地看到知襄子是为了掩护自己可以很轻易地牺牲臣下的无德君主，于是请求到齐国出使，知襄子就派他去了。

张孟谈后来又去朝见知襄子以探查虚实，出门时，在辕门外遇见了知果。知果觐见知襄子，说："那两位君主恐怕会有变数。"知襄子说："为什么？"知果说："臣下在辕门之外遇到张孟谈，看见他神情很得意，走路脚抬得很高。"知襄子说："不会的。我已经和两位君主庄重地订立过盟约了，约定攻破赵氏之后三家平分他的土地，这是我亲自参与的，他们一定不会

---

1 韩氏、魏氏君主认真打量郄疵，是畏惧他；赶紧离开，是害怕郄疵拉着他们两个与知襄子对质。

欺骗我。请您放弃不应该有的想法，这种话不要再从您嘴里说出来。"

知果于是出来拜见了韩、魏的君主，又进去劝说知襄子说："两位君主神色有异动，心意有改变，一定会背叛君主，不如现在就杀了他们。"知襄子说："联军包围晋阳很久了，很快就能占领晋阳并享受利益，怎能在这时有了别的心思？您千万不要再说什么了。"

知果退一步建议说："如果不杀他们，那么就要亲近他们。"知襄子说："怎样亲近他们？"知果说："魏君的关键谋臣叫赵葭，韩君的关键谋臣叫段规，这都是能改变各自君主决定的人。君主还是跟这两位约定，攻破赵氏后封给这两位一人一个万家的县，如果这样韩、魏君主的心意就不会改变，而君主也可以得到您想要的土地了。"知襄子说："攻破赵氏后，三家本来就要平分它的土地，如果又封给他们两位一人一个万家的县，那么我们所得到的土地就更少了，不能这样做。"

知果见知襄子不能用他的计谋，不听他的话，出来以后，就把他的姓改为辅氏，从此离开。

张孟谈得知了知果进谏知襄子的一些情况，于是赶紧去见赵襄子，说："臣下在辕门之外遇到知果，他看我的样子，是对臣下有怀疑；他进去拜见知伯之后，出来之后更改了自己的姓氏。今夜如果不赶紧攻打知伯，知伯一定后悔，事情就来不及了。"赵襄子说："好。"

于是赵襄子派张孟谈去见韩氏、魏氏的君主，约定就在当晚杀死把守堤岸的军士，并掘开晋水的堤岸淹没知襄子的军队。果然，知襄子的军队因为洪水而大乱，韩氏、魏氏的军队像张开的翅膀一样左右夹击，赵襄子率领赵氏军队从正面进攻，把知襄子的军队打得大败并活捉了知襄子。

如果我们假设晋阳之围持续了不到一年的话，那么晋阳之战结束的时间应该是在前453年。晋阳之战后，知氏的败亡经历了一个过程。根据《史记·六国年表》的记载，秦厉共公二十五年（前452年），知氏族人知开率领私邑民众出奔到邻近的秦国。秦厉共公二十九年（前448年），知氏族人知宽率领私邑民众出奔到秦国。也就是说，赵、魏、韩三家对知氏私邑的侵夺在知襄子前453年战败之后就已经展开，至少持续到了前448年。在这个过程中，知氏私邑被三家陆续瓜分。

三家分晋终结卿族政治，文侯改革建立集权军国

知氏灭亡之后，"三家分晋"形势已成，赵、魏、韩三家与正式国家之间的距离可以用"一步之遥"来形容。到晋哀公之子晋幽公之时，晋国公室所拥有的只有晋国都城和宗邑曲沃，其他所有土地都已经被赵、魏、韩三家瓜分。

前403年，周威烈王正式任命赵、魏、韩三家君主为诸侯，也就是赵烈侯、魏文侯、韩景侯，这标志着赵、魏、韩三家的"化家为国"事业取得了最终胜利，也标志着卿族政治在晋国的彻底终结。

前448年三家分晋形势正式确立之时，三家中发展态势最好的，当然是以一敌三、大获全胜的赵氏。然而，在三家列为诸侯之后，首先崛起的却是魏文侯领导的魏国。一般认为，魏文侯之所以能在战国初期独领风骚，是因为在他的领导下，魏国实施了以"加强君主集权、全力富国强兵"为宗旨的综合改革，实现了国家的转型，开始建立一种被称为"新军国""集权政体"或"新型国家"的国家形态。这种集权军国有如下两个基本特征：

　　第一，政治权力集中在君主领导的公室手中，而不像春秋时期晋、郑、鲁等诸侯国那样被卿族集团所把持，甚至也不像其他中原诸侯国那样由公室和卿族集团所分享。

　　第二，高级官员是由国君任免、领取财货俸禄的官僚，而不再像春秋时期中原各诸侯国那样是享受世袭高官资格、家族拥有世袭私邑的卿官。

　　正因为如此，表面上看，从春秋时期的晋国到战国时期的魏国，似乎发生了从"分权"到"集权"的剧烈变革。然而，正如我们详细分析过的那样，真实情况是，春秋时期的卿族原本就是周代诸侯国内部所固有的集权政治单位，卿族族长原本就是掌握绝对权力的最高领导人，卿族家臣原本就是领取财货俸禄和非世袭禄田收入的官僚。

　　也就是说，其实魏文侯改革并不是建立全新的政治体制，而只是在正式"化家为国"之后，一方面继续坚持和加强君主集权，坚决不走西周春秋时期君臣分权的老路；另一方面大力推进富国强兵，为成为独立国家后与其他诸侯国直接争霸做准备。

　　总而言之，从春秋前期晋文公改革创造出一批集权族长领导的、拥有土地和民众的卿族后，这些集权政权一天天发展起来，经过长期潜行，最终在春秋战国之际得到承认，成为理直气壮的集权军国，实现了本书最开头所说的从"豹"到"虎"的转变。后来，位于魏国以西的秦国，一方面坚持和发展自己固有的集权传统，另一方面重用来自卫国的专家商鞅推行富国强兵的综合改革，最终建立了高度集权专制的秦朝，实现了从"虎"到"龙"的转变。

十一、大族兴亡：晋国十大卿族演化简史

晋国其萃于三族乎！

——季札

十大卿族概况

如果将晋国卿族政治史比喻成一根粗麻绳的话，那么国君率领的公族的历史，以及卿官率领的各个卿族的历史，就是拧成这根粗麻绳的一缕缕麻线。在本书的主体部分，笔者沿着时间线索描述了晋国卿族政治史这根粗麻绳，接下来，笔者将把粗麻绳拆成一缕一缕的麻线，来梳理一下晋国重要卿族的演化简史。

简单说来，卿族就是"有成员在朝廷担任卿官的家族"，这个"成员"主要是族长，有时候也可能是其他族人。如果我们略去晋文公之前记载不完备的时期，从前633年首届六卿领导班子成立算起，到前403年周王室正式任命赵、魏、韩三卿族为诸侯为止，晋国政坛上出现过的卿族基本情况如下表所示，其中"入局年份"以文献记载或本书推知的该家族成员首次进入卿官行列的年份为准，"出局年份"以该家族不可逆地退出卿族行列的年份为准。

晋 君	卿族名称	卿族性质	入局年份	最高职位	出局年份	延续时间
晋文公	郤氏	远支公族	前633年	中军帅	前574年	59年
	狐氏	远支公族	前633年	中军帅	前621年	12年

晋 君	卿族名称	卿族性质	入局年份	最高职位	出局年份	延续时间
晋文公	栾氏	远支公族	前633年	中军帅	前552年	81年
	先氏	远支公族	前633年	中军帅	前596年	37年
	胥氏	远支公族	前632年	下军佐	前601年	31年
	赵氏	嬴姓非公族	前629年	中军帅	/	226年
	箕氏	/	前629年	上军帅	前618年	11年
晋襄公	中行氏	姬姓非公族	前621年（最晚）	中军帅	前497年	124年
晋灵公	士氏	祁姓非公族	前620年	散位卿	前六618年	2年
	臾氏	/	前615年（最晚）	上军佐	前608年（最晚）	7年
	范氏	祁姓非公族	前608年	中军帅	前492年	116年
晋成公	/	/	/	/	/	/
晋景公	知氏	姬姓非公族	前596年	中军帅	前453年	143年
	韩氏	远支公族	前588年	中军帅	/	185年
	巩氏	姬姓非公族	前588年	新中军帅	前578年（最晚）	10年
	荀氏	姬姓非公族	前588年	新上军帅	前578年（最晚）	10年
晋厉公	/	/	/	/	/	/
晋悼公	吕氏	姬姓非公族	前573年	下军帅	前572年	1年
	彘氏	祁姓非公族	前573年	下军佐	前560年（最晚）	13年
	令狐氏	姬姓非公族	前573年	新军帅	前570年（最晚）	3年
	魏氏	姬姓非公族	前570年	中军帅	/	167年
晋平公	程氏	姬姓非公族	前552年	下军佐	前548年	4年
晋顷公	籍氏	远支公族	前520年（最晚）	下军帅	前517年（最晚）	3年
晋定公	梁氏	嬴姓非公族	前497年	上军佐	前494年	3年

如果将上表用示意图来展现，就是图16这个样子。

在所有这些卿族之中，赵、魏、韩、范、中行、知、栾、郤、狐、先十个卿族有成员担任过中军帅/执政卿，这十个卿族是晋国卿族政治的"主力队员"。它们又可以分为两组：栾、郤、狐、先是春秋早期拥立晋文公的四大"内主旧族"，也是第一批文公卿族；赵、魏、韩、范、中行、知是春秋中晚期稳定控制晋国、走向"化家为国"的六大卿族。

接下来，笔者将逐一梳理这十个卿族的演化简史。对于赵、魏、韩这三个成功"化家为国"的卿族而言，笔者将要讲述的是它们在春秋时期的发展简史，因为它们的故事在战国晚期才最终结束；而对于其他七个在春秋时期先后崛起又最终灭族的卿族而言，笔者将要讲述的就是它们在春秋时期的兴亡简史。

赵氏发展简史

赵氏既是晋文公改革期间建立的第一批晋国卿族之一，又是春秋晚期投身于"化家为国"事业的六大卿族之一，还是战国初期成功"化家为国"的三大卿族之一。在"十大卿族存续时间排行榜"中，赵氏作为晋国卿族存续的时间排名第一（226年且未完待续）。

实际上，在春秋时期晋国所有卿族之中，赵氏是最为成功的一个。支持这个判断的证据至少有如下四个：

第一，赵氏是资格最老的卿族之一。

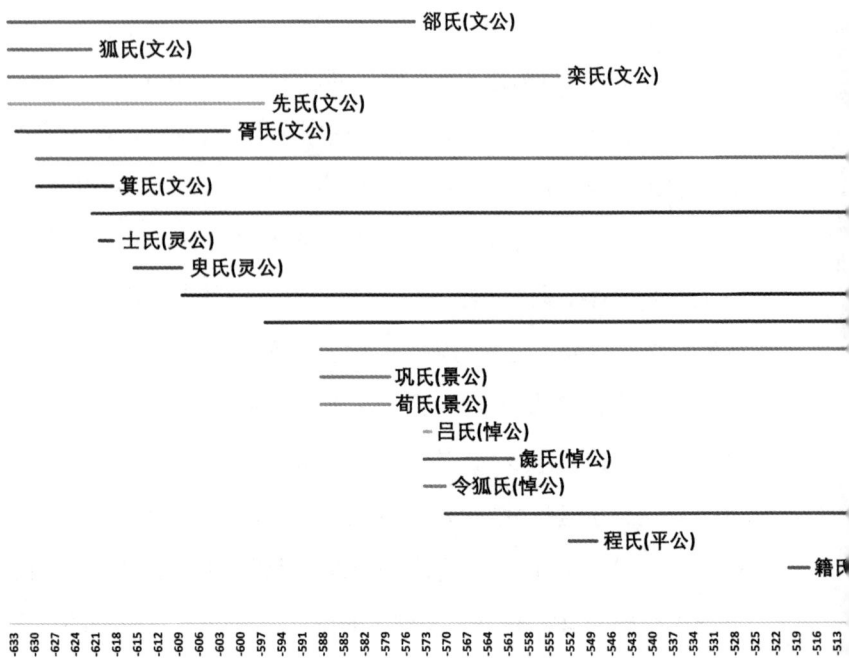

郤氏(文公)
狐氏(文公)
栾氏(文公)
先氏(文公)
胥氏(文公)
箕氏(文公)
士氏(灵公)
夷氏(灵公)
巩氏(景公)
荀氏(景公)
吕氏(悼公)
魏氏(悼公)
令狐氏(悼公)
程氏(平公)
籍氏

-633 -630 -627 -624 -621 -618 -615 -612 -609 -606 -603 -600 -597 -594 -591 -588 -585 -582 -579 -576 -573 -570 -567 -564 -561 -558 -555 -552 -549 -546 -543 -540 -537 -534 -531 -528 -525 -522 -519 -516 -513

▼ 图16　晋国卿族存续时长示意图

　　晋国卿族政治的起点是晋文公建立卿族。赵氏虽然不是前633年被庐阅兵期间建立的第一批卿族，但也在晋文公在位期间（前629年）成功升为卿族，是晋国资格最老的文公卿族之一。

　　第二，赵氏是生命力最强的卿族。

　　首先，如前所述，赵氏是存续时间最长的晋国卿族，也是唯一一个经历了晋国卿族政治全过程的卿族。其次，通观春秋晋国史，其他卿族都是在遭遇了灭族祸难之后退出历史舞台（虽然先氏、胥氏、栾氏、范氏曾有回光返照），但赵氏在晋景公时期经历了灭族祸乱之后，却奇迹般地起死回生重回卿

赵氏(文公)

中行氏(襄公)

范氏(灵公)

知氏(景公)

韩氏(景公)

魏氏(悼公)

顷公)

梁氏(定公)

-507 -504 -501 -498 -495 -492 -489 -486 -483 -480 -477 -474 -471 -468 -465 -462 -459 -456 -453 -450 -447 -444 -441 -438 -435 -432 -429 -426 -423 -420 -417 -414 -411 -408 -405 （年）

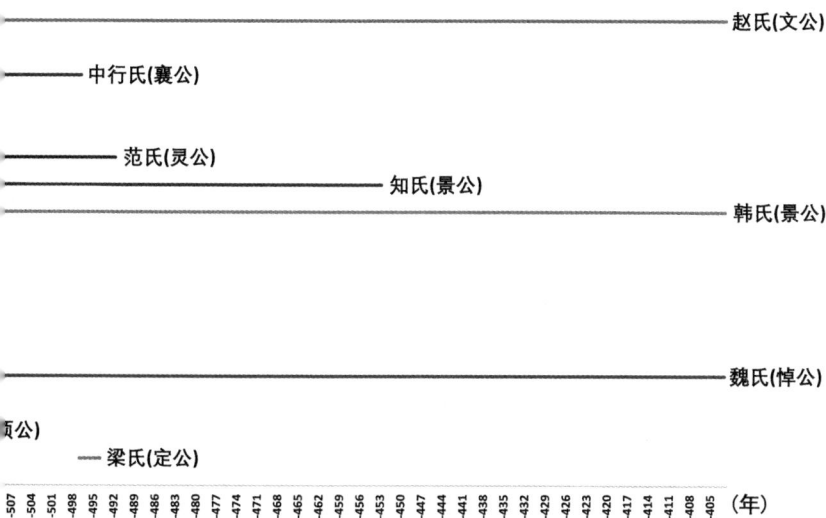

族行列，并且发展得比祸难之前还要好。

第三，赵氏是结局最好的卿族之一。

赵氏在春秋末期曾被战略家孙子预言能够消灭其他所有卿族统一晋国。虽然赵氏后来没能达到孙子的乐观预期，也仍然是六大卿族中最成功的一个，最终成功"化家为国"，成为战国七雄之一的赵国。

第四，赵氏是对晋国卿族政治影响最大的卿族。

赵氏家族史上的四位杰出族长——赵宣子、赵文子、赵简子、赵襄子，分别主导了晋国卿族政治发展史中的四个关键事件。实际上，除了没有参与弑晋厉公之外，晋国卿族政治发展史中所有的关键事件都是由赵氏族长主导的：

飞廉
造父
叔带
公明

赵夙　　赵成子(衰)

共孟　　赵宣子(盾)　赵同　赵括　赵婴齐

赵穿　　赵庄子(朔)

赵旃　　赵文子(武)

赵顷子(胜)　赵景子(成)　　赵获

赵午　　赵简子(鞅)

赵稷　　赵襄子(无恤)　伯鲁　赵罗

赵朝

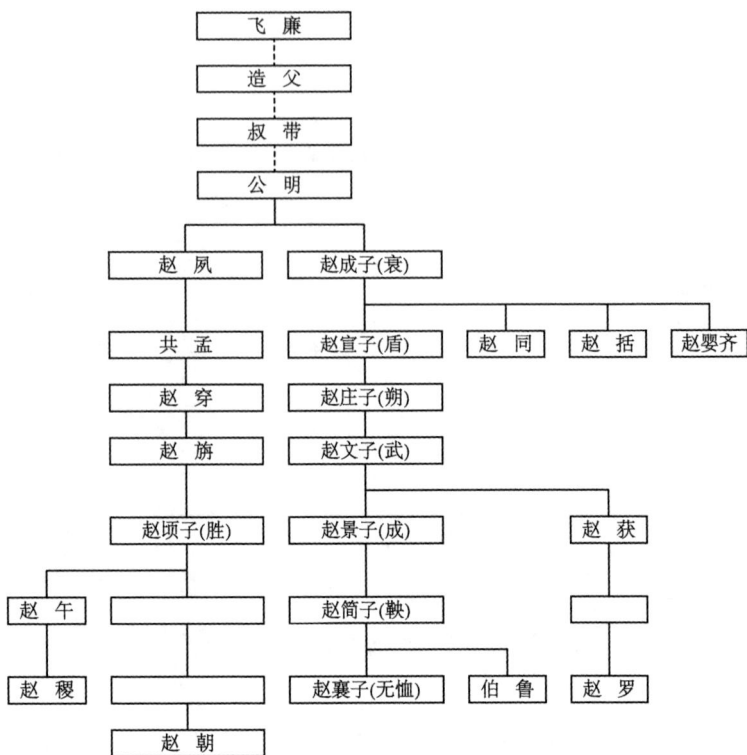

（一）赵宣子弑晋灵公，并随即实施"新公族"改革，确立了"君弱臣强"的君臣关系格局，导致了晋国卿族政治模式的成形；

（二）赵文子主导了晋楚弭兵，结束了将近一百年的晋楚斗争，使得六大卿族不必再保持团结以与君主集权的楚国相抗衡，导致晋国卿族政治进入六大卿族各自努力"化家为国"的阶段；

（三）赵简子引发并主导了晋国东西卿族集团的决战，最终迫使范氏、中行氏退出晋国政治舞

图17　赵氏世系图

台，导致晋国卿族政治从"六家共治"阶段演进到"四家共治"阶段；

（四）赵襄子是四大卿族内战的关键一方，最终率领赵氏逆袭攻灭知氏，导致晋国卿族政治从"四家共治"阶段演进到"三家分晋"终局。

综合以上四点，笔者认为，"晋国政治看卿族，卿族政治看赵氏"，应该是对赵氏在晋国卿族政治发展史中关键地位的恰当描述。

叔带至赵夙时期是赵氏发展史中的"蓄势期"。

赵氏是嬴姓非公族，与最终统一天下的秦国公族同源，他们尊奉的最后一位共同祖先是商朝末年的嬴姓部族首领飞廉。西周时期，赵氏先祖造父担任周穆王御者立了大功，周穆王"赐造父以赵城，由此为赵氏"。也就是说，赵氏在西周时就已经是有私邑的王室大夫族。

西周末年，赵氏族长叔带审时度势，做出了事后看来非常正确的抉择，那就是抛弃即将倾覆的周邦，投靠位于赵城以南的晋国，叔带也因此成为晋国赵氏的始祖。不过，当时的晋国也很不太平：从西周末年到春秋初年，晋国公族大宗和曲沃小宗之间进行了一场长达67年的暴力斗争，最终曲沃小宗消灭大宗，曲沃武公成为晋武公。

春秋时期，第一位见于传世文献记载的赵氏族长是公明。我们对公明的功业可以说一无所知，但是我们知道他至少有两个优秀的儿子，一个是哥哥赵夙，另一个是排行"季"（最小）的赵成子。他们两人的事业发展路径很不相同：

一方面，长子赵凤作为族长继承人，继承始祖造父的职业，担任晋献公的御者，在晋献公灭周边小国的战争中立了军功，得到了被攻灭的耿国旧地作为私邑。

另一方面，幼子赵成子原本无缘继承族长之位，因此具有比较大的职业自由度。据《史记·赵世家》记载，赵成子当时占卜事奉晋献公和其他公子都不吉利，但是占卜事奉公子重耳则吉利，于是他选择加入公子重耳的辅臣队伍。前656年晋献公听信骊姬谗言，逼迫公子重耳和公子夷吾出逃时，赵成子做出了事后看来非常正确的抉择，那就是不离不弃，作为从亡诸臣陪伴重耳在天下流亡。

笔者认为，在公明去世、晋文公即位之前，留在国都内的赵氏族长应该就是赵凤。在公明—赵凤时期，赵氏在国都内的势力并不大，并不是晋文公初年认定的十一个"国中旧族"之一。

赵成子时期是赵氏发展史中的"崛起期"。

在公子重耳的从亡辅臣之中，赵成子和狐偃、贾佗并称"三材"，是整个团队的核心人物。在这三材之中，赵成子不仅因其文才成为重耳的老师，还因为其亲和力成为重耳的连襟。前636年重耳夺权成功之后，赵成子不仅继续担任晋文公的心腹重臣，还娶了晋文公的女儿，与晋文公结成"连襟＋翁婿"的双重亲戚关系。

然而，虽然大多数从亡功臣都争先恐后地谋求把功劳兑换成高官厚禄，赵成子却反其道而行之，在首届领导班子任命过程中将卿官位置让给了郤、狐、栾、先四家的成员，后来又两次将卿官职位谦让给他人。在"三让卿位"积累了足够的德望之后，前629年，赵成子终于修成正果，在晋文公的全力支持和其他诸卿的一致认可下进入卿官行列担任新上军帅。此后，赵成子在前627年升任上军帅，前625年已升任中军佐，前622年前去世。赵成子担任卿官约7年。

在国事方面，赵成子的重大功勋基本是在他成为卿官之前建立的，而且是与另外一位杰出人物——狐偃牢牢绑定的，也就是先克所说的"狐、赵之勋"。从前655年公子重耳出居蒲邑开始，赵成子和狐偃一直都是重耳/晋文公的股肱之臣，他们性格互补，各有所长，精诚合作，辅佐重耳在天下流亡19年最终归国夺得政权，1年后就成功平定周邦内乱，4年后就在城濮之战中击败楚国，成为继齐桓公之后第二位获得周王室正式任命的中原霸主。前629年赵成子担任卿官后不久，他的老搭档狐偃就告老/去世了。此后晋国又取得了秦晋殽之战的胜利，不过当时赵成子应该已经年老体衰，做出了多大贡献已不可确知。

在家事方面，如前所述，在赵成子担任族长期间，赵氏从一个并不显赫的大夫族升级成为晋国卿族集团中资格最老的文公卿族之一，与栾、郤、狐、先、胥等由"国中旧族"演变来的文公卿族并列。

赵夙去世之后，赵氏第一次违背了宗法制的规定，没有让前任族长赵夙的嫡长子继任族长，而是让功劳大、德望高的赵成子继任族长。因此，在赵成子之后，赵氏大宗转移到赵成子一支，而赵夙一支则成为小宗。

不过，"立贤不立嫡"终究是违背了当时仍具有很强公信力的宗法制，不可能不引起被罢黜者的怨恨，也不可能不给赵氏留下隐患。赵夙一支被黜为小宗之后，虽然不得不接受赵成子大宗统领，但是赵夙小宗的成员经常成为损害赵氏声誉、甚至危及赵氏生存的肇事者，比如在河曲之战中胡作非为的赵穿，又比如在邲之战中挑衅楚军的赵旃，当然还有春秋晚期与赵简子反目成仇的邯郸赵氏宗主赵稷。

赵宣子时期是赵氏发展史中的第一个"兴盛期"。

赵宣子出生在白狄居地，他的母亲是赤狄女子叔隗。前644年，他的父亲赵成子跟随重耳离开白狄居地前往齐国，将叔隗和赵宣子留在狄地。前636年赵成子回到晋国，又迎娶了晋文公之女赵姬为嫡妻，生下嫡子赵同、赵括、赵婴齐。从赵成子回国后的私生活来看，他已经决定抛弃仍留在狄地的叔隗和赵宣子，就像当年返城知识青年为了在城市开始新生活，纷纷抛弃农村的老婆孩子一样。

然而，接下来发生的事完全超出常人想象：赵姬先是坚决请求将赵宣子和叔隗从狄地接回晋国，在意识到赵宣子比自己生的三个儿子更贤能之后，又坚决请求将赵宣子立为嫡子，也就是将来的家族继承人，而将自己的三个儿子黜为庶子。总而言之，在选择现任族长赵成子继任者的问题上，由于赵姬的强力干预，使得现任族长赵成子第二次违背宗法制的规定，没有让他本来的嫡长子赵同继任族长，而是将更贤能的儿子赵宣子立为嫡子，从而在自己去世后继任族长。

赵成子去世之后，赵宣子在前621年夷地阅兵后代表赵氏进入卿官行列任中军佐，同年董地阅兵后与狐射姑换位任中军帅，一直到前601年前告老或去世。赵宣子担任卿官约20年，担任执政卿约20年，是第一位担任执政卿的赵氏族长。

从国事角度来说，在赵宣子担任执政卿期间，内政方面的标志性政绩有这样四件：

第一，全力推行被后世称为"赵宣子之法"的一整套礼法制度。

第二，强势主导晋襄公去世后的君主废立，最终拥立襁褓中的太子夷皋为君，就是晋灵公。

第三，铁腕镇压因晋襄公任命卿官举措失当引发的高层恶斗，杀了四卿、二大夫，重新稳定了政局。

第四，与晋灵公关系破裂后悍然弑君，并独辟蹊径将卿族改造成"新公族"以巩固弑君成果。

总而言之，赵宣子的所作所为，对晋国内政从"君臣分权，君强臣弱"的周代传统模式转变为"卿族专权，君弱臣强"的卿族政治模式起到了决定性的作用。然而，内政方面非常强势的赵宣子在经营晋国霸业方面的政绩差强人意，在他执政期间，晋国的中原霸主地位受到楚国、秦国的严峻挑战。

从家事角度来说，赵宣子的政治事功，使得赵氏达到其势力的第一个高峰，成为当时最强大的卿族。但赵宣子弑君使得赵氏成为国君仇恨的对象，赵氏的强大也引来其他卿族的忌惮和敌视，这为前583年赵氏遭遇劫难埋下伏笔。

赵括时期是赵氏发展史中的"中衰期"。

在前607年弑君之后，赵宣子为了保全家族、缓和大宗内部赵宣子支族和赵姬三子支族的矛盾，在确定族长继任者的问题上，第三次违背宗法制的规定，没有让自己的嫡长子继任族长，而是立赵姬次子赵括为嫡子，从而在自己去世后继任族长。

赵宣子让嫡之后，原本均由赵氏族长掌握的卿权和族权发生了分离：赵姬三子支族的老二赵括作为重新认定的嫡子长期担任赵氏族长，而赵氏在六卿体系中的卿官位置先后由赵宣子支族的赵庄子和赵姬三子支族的老大赵同占据。无论是赵庄子还是赵同，他们在六卿体系中的日子都不好过：赵庄子起家下军佐，最高只做到了下军帅；赵同起家下军佐，直到前583年赵氏家难发生时也没往上再晋升一位。

笔者认为，造成这种衰弱局面的外部原因，很可能是在赵宣子时期受到赵宣子强势压制的其他卿族，以及想要为晋灵公报仇的晋国公室，在压制赵氏问题上达成了一种相互利用的合作关系。当晋国君臣每次讨论六卿体系递补升迁问题的时候，晋侯和其他诸卿都以各种理由推举其他卿族成员，而把赵氏成员压制在下军。赵括、赵婴齐的境遇就更糟糕，赵括直到前588年建立六军时才当上新中军佐，而最有智计的赵婴齐直到被驱逐时也只是个大夫，被打压得最惨。如果考虑得再深入一些，晋侯和其他诸卿先让赵姬三子中的大哥赵同进入六卿体系，后让赵姬三子中的二弟、但同时又是赵氏族长的赵括进入职级较低的新军体系，表面上的理由可能是因为赵同比赵括年长，而实际上很可能是想要挑拨赵同和赵括之间的关系。

在晋君和其他诸卿的合力打压下，赵姬三子内部发生了分裂。赵同、赵括谋略水平比较低，他们想要通过在战争中建功立业来突破束缚，因此在邲之战前他们都积极鼓吹要与楚军决战，成为导致晋军惨败的罪臣；赵婴齐智计水平比较高，他在邲之战中虽然没有公开反对自己的两位亲哥哥，但是用实际行动证明了自己的避战立场，而且在此之后成功地与中军帅栾武子建立了友好关系。这样看来，赵同、赵括在前586年春天驱逐赵婴齐，表面上看是两位哥哥"清理门户"驱逐一个与侄媳通奸的弟弟，其实也是赵同、赵括与赵婴齐长期政见不合的总爆发。

因此，到前583年家难爆发前，赵氏在表面上看是"一门三卿"，即大宗成员赵同担任下军佐，赵氏族长、大宗宗主赵括担任新中军佐，小宗宗主赵旃担任新下军佐，然而实际上已经是危机重重：

第一，偌大的家族中推举不出一位杰出人物能够团结宗族、扭转局面。

第二，赵成子支族和赵夙支族不和，从赵同、赵括被灭之后，赵旃不受影响反而晋升新上军佐可知。

第三，赵成子支族内部，赵宣子支族与赵姬三子支族不合，从赵同、赵括被灭而赵文子终被复立可知。

第四，赵姬三子支族内部又已经爆发内讧，最有智计的赵婴齐被赶走，剩下了较为平庸的赵同、赵括。

在晋景公和与赵氏有宿怨的其他诸卿看来，收网的时机已到，而赵婴齐情人赵庄姬的诬告成为最为合适的借口。于是，前583年时，晋景公在得到栾武子、郤锜作伪证支持后，以谋反罪杀了赵同、赵括，赵氏遭遇灭族祸难。

不过，在这场灭族家难中，虽然赵氏族长被杀，私邑被转赠给祁奚，但是赵宣子支族的独苗赵文子活了下来，在赵氏恢复之后成为族长。从积极的角度来看，这次家难倒真是一次"震荡疗法"，起到了"重启赵氏"的功效：

第一，这次家难勾销了赵氏长期积累的政治仇怨。

赵宣子担任族长期间，由于赵宣子悍然弑君，与继任国君结下深仇；长期专擅朝政，行事风格强势严厉，与其他卿族成员结下仇怨。在赵括担任族长期间，由于赵同、赵括德才平庸，行事风格激进鲁莽，又与其他卿族成员结下新的仇怨。因此，这次家难相当于是将赵宣子与国君和其他卿族的仇怨、赵同赵括与其他卿族的仇怨等问题进行了一次性的清算和勾销，使得赵氏在此后一段时期内下降为卿族中的"弱势群体"，因此也不再是晋侯和其他卿族的重点打击对象。

第二，这次家难解决了赵氏内部的一部分结构性问题。

赵姬三子被清除后，赵氏大宗内只剩下赵宣子支族，卿权（如果赵文子能重新进入六卿体系的话）和族权不再分离，族长和卿官之间容易引发纷争的结构性问题得到彻底解决，内部支系太多容易引发纷争的结构性问题也得到显著缓解。在此之后，赵氏内部还剩下的结构性问题，就是大宗赵成子支族和小宗赵夙支族之间的矛盾，这个矛盾要到范—中行之乱时才得到最终解决。

第三，这次家难造就了赵文子这位优秀的族长。

赵成子有辅佐公子重耳在天下流亡的坎坷经历，而赵宣子有被父亲"抛弃"在狄地与母亲艰难度日的坎坷经历，这些坎坷经历磨炼了他们的心性，锻炼了他们的才能，锤炼了他们的品德，使得他们成为晋文公、襄公、灵公时期晋国卿大夫中的佼佼者：赵成子将赵氏带入了卿族行列，而赵宣子将赵氏带入了兴盛期。

在正常情况下，和其他卿族一样，赵宣子之后的赵氏族长应该是在养尊处优的环境下长大，依靠世袭制获得卿官职位，"一代不如一代"是大概率事件。当低水平的族长和长期积累的政治仇怨叠加，再遇上合适的触发性事件，就很有可能导致赵氏的覆灭，而这也正是在赵括时期真实发生的情况。

按照上述卿族兴亡的一般规律，赵氏在前683年已经走到了覆灭的阶段，如果没有特殊情况，就将从此退出卿族行列，正如其他文公卿族栾氏、郤氏、狐氏、先氏、胥氏经历的那样。可是，上天眷顾赵氏，开启了赵庄姬的善念，留下了赵文子这根独苗。赵文子本身天资过人，又得到这场家难的磨炼，就如同他的祖先赵成子、赵宣子受到的磨炼一样，为他在成年后稳步晋升至中军帅位、复兴赵氏奠定了坚实的基础。

总而言之，赵氏家难造成的客观效果是：在确定现任族长赵括继任者的问题上，赵氏第四次违背了宗法制的规定，没有让前任族长赵括的嫡长子继任族长，而是由更贤能的赵文子继任族长。

赵文子—赵景子时期是赵氏发展史中的"复兴期"。

"赵氏孤儿"赵文子早年经历赵氏灭族劫难，跟随母亲赵庄姬在公宫中寄居，前581年赵氏恢复后成为族长。成年后，赵文子先是担任公族大夫，前572年吕宣子去世后进入卿官行列任新军佐，前570年令狐文子告老或去世后升任新军帅，前560年绵上阅兵后连升四级任上军帅，前554年中行献子去世后升任中军佐，前549年底范宣子去世后升任中军帅，前541年十二月去世。赵文子担任卿官约31年，担任执政卿约8年，是第二位担任执政卿的赵氏族长。

从国事角度来说，赵文子最为标志性的政绩，就是首倡、促成并维护了晋楚之间的长期停战。为了维护晋楚宋之盟后的和平局面，赵文子在外交层面实行绥靖主义政策，对楚灵王的进取和挑衅不惜一再妥协退让。赵文子的这些作为，在国际上得到渴望和平稳定国际环境的各诸侯国的拥护，在晋国内部也得到希望专注于发展家族势力的各卿族的拥护，唯一对他心怀不满甚至怨恨的，恐怕就是君权再次塌陷、复兴霸业志向受挫的晋平公。

从家事角度来说，赵文子将赵氏从灭亡的边缘拉了回来，进入以稳定、发展、兴盛为关键词的复兴期。这期间发生了一件影响深远的事件，那就是赵文子启动了赵氏地缘战略的重大调整。赵氏的核心城邑本来是位于南阳地区的温县 (参见图八)。笔者认为，赵文子退出争夺原来与温县在同一个县的州县，绝不仅仅是为了保持道德上的高姿态，而是表明赵文子已经决定不再浪费时间精力与其他卿族在晋国中南部"红海"地区明争暗斗，而是转向晋国北部和东部的"蓝海"地区，走"广阔天地，大有作为"的新路。不过，直到赵文子去世时，赵氏的核心城邑仍然是温县。

赵文子去世之前，很可能是吸取了平庸族长导致灭族家难的教训，在确定族长继任者的问题上，第五次违背了宗法制的规定，没有让自己的嫡长子赵获继任族长，而是让更贤能的次子赵景子继任族长。

赵景子在前540年已经进入六卿体系担任中军佐，在前520年已经告老或去世。赵景子延续了赵文子"稳中求进"的发展路线，最终将卿权和族权平稳交接给了将赵氏带入第二个兴盛期的强势族长——赵简子。

在赵文子—赵景子时期，赵氏应该在稳步推进这样两件大事：

第一，在晋国核心区以北、太行山以西的太原盆地积极开疆拓土，建设新的赵氏私邑，其中最重要的就是晋阳 (参见图八)。

第二，将长期与赵成子大宗不甚和睦的赵凤小宗派到太行山以东、河水以北的河北平原去开拓新领地。比如说，据《左传》记载，前550年 (当时赵文子还是中军佐)，赵凤小宗宗主赵项子曾率领"东阳[1]之师"追击讨伐晋国后败逃的齐军。"东阳"是指太行山以东、河水以北 (水北为阳) 的地区，属于河北平原的一部分，区域内的主要城邑之一就是邯郸。因此，这个记载说明，赵凤小宗在赵文子时期已经在河北平原建立了根据地，其核心城邑应该就是邯郸 (参见图八)。

这些战略行动为赵氏在赵简子时期正式将核心城邑迁至晋

---

1 "东阳"的地理形势参见图八。

阳、雄踞北方、走向兴盛打下了坚实的基础，也为春秋晚期晋阳赵氏与邯郸赵氏的分裂埋下了伏笔。

赵简子时期是赵氏发展史中的第二个"兴盛期"。

赵景子之后，他的儿子赵简子继任族长。赵简子在前517年已经进入卿官行列任下军佐，前514年韩宣子去世后升任下军帅，前513年已升任上军佐，前509年魏献子去世后升任上军帅，前497年范—中行之乱爆发前已升任中军佐，前494年已升任中军帅，前475年去世。赵简子担任卿官约42年，任执政卿约19年，是第三位担任执政卿的赵氏族长。

从国事角度来说，赵简子担任卿官期间的标志性政绩，就是分两阶段平定了范—中行之乱：

第一阶段，可以说是"借力打力"。前497年，赵简子先是精心设局迫使范昭子、中行文子首先发动叛乱，然后在自己完全不在场的情况下，依靠盟友韩简子、魏襄子、知文子将范氏、中行氏驱逐出了国都地区，最后又依靠韩简子、魏襄子回到了国都。

第二阶段，可以说是"自主发力"。从前496年到前490年，赵简子率领赵氏私邑军与范氏、中行氏私邑军及中原诸侯干涉军作战，最终大获全胜，将范氏、中行氏彻底赶出晋国，晋国从此进入赵、魏、韩、知四大卿族共治的时代。

当然，正如我们已经详细讨论过的那样，此时晋国已经没有什么正经的"国事"，所谓的范—中行之乱，实质上就是两个敌对的卿族/准诸侯国集团之间爆发的一场争权夺利的战争。

从家事角度来说，赵简子是第三位担任执政卿的赵氏族长，他做了三件大事：

第一，用"逼蛇出洞"的方式迫使逐渐疏离的邯郸赵氏发动叛乱，通过多年苦战最终将这个长期与大宗不合的小宗彻底消灭，并且实际控制了邯郸赵氏的核心城邑邯郸。邯郸后来成为赵国的第三个都城。

第二，以牺牲股肱之臣董安于为代价，暂时稳住了试图趁乱将赵氏和中行氏、范氏一起驱逐出国都的知氏，同时也明确了这样一点：知氏就是赵氏接下来要对付的死敌。

第三，在赵文子、赵景子前期开拓工作的基础上，将赵氏核心城邑正式从位于晋国南部"红海"地区的温县北迁到晋国北部"蓝海"地区的晋阳（参见图八），并且重用贤臣董安于、尹铎建设和经营晋阳，将晋阳城变成了一座具备强大城防硬实力和民心软实力的坚城。因此，当范昭子、中行文子联合向赵简子发难时，赵简子即刻决定逃往晋阳，并且在那里一直坚守到韩、魏、知三家发动政变将范、中行两家驱逐出国都。从这时开始一直到"三家分晋"，赵氏一直以晋阳为中心建设它的政治核心区，晋阳也成为赵国的第一个都城。

赵襄子时期是赵氏发展史中的"化家为国期"。

赵简子去世之前，在确定族长继任者的问题上，第六次违背了宗法制的规定，没有让嫡长子伯鲁继任族长，而是让更贤能的庶子赵襄子继任族长。

前477年赵襄子继位之后，将全部精力都放在淮赵国的发展壮大上，这既是他的家事，也是他的国事，而晋国的卿官职位只是一个还不能扔掉的摆设罢了。在晋阳之战爆发前，赵襄子彻底收复了中牟邑，吞并了代国，并出兵讨伐中山国，与同样想要夺取中山国领土的知氏发生直接冲突。

前474年，知襄子联合韩康子、魏桓子率领数量占绝对优势的军队进攻赵氏，将赵襄子围在晋阳城中。然而，具备超强城防实力的晋阳城经受住了三家的进攻和长期围困，粉碎了知襄子迅速消灭赵氏的战略设想。在此基础上，赵襄子成功策反韩康子、魏桓子，最终赵、魏、韩三家联合反攻知襄子，灭亡知氏，瓜分了晋国。到赵襄子去世时，赵氏"化家为国"的事业已经取得了实质性的胜利。

魏氏发展简史

魏氏是春秋晚期投身于"化家为国"事业的六大卿族之一，也是战国初期成功"化家为国"的三大卿族之一。在"十大卿族存续时间排行榜"中，魏氏作为晋国卿族存续的时间排名第三（167年且未完待续）。

与第一批成为卿族的赵氏形成鲜明对比的是，魏氏是十大卿族中最后一个从大夫族升级为卿族的。魏氏抓住了晋悼公积极培育新卿族的机遇，搭上了"卿族专车"，并且与"上车"之后不久就掉下去的吕氏、麃氏、令狐氏不同，他在六卿的前排座位上稳定了下来，并且一直坚持到了"化家为国"的终点站。

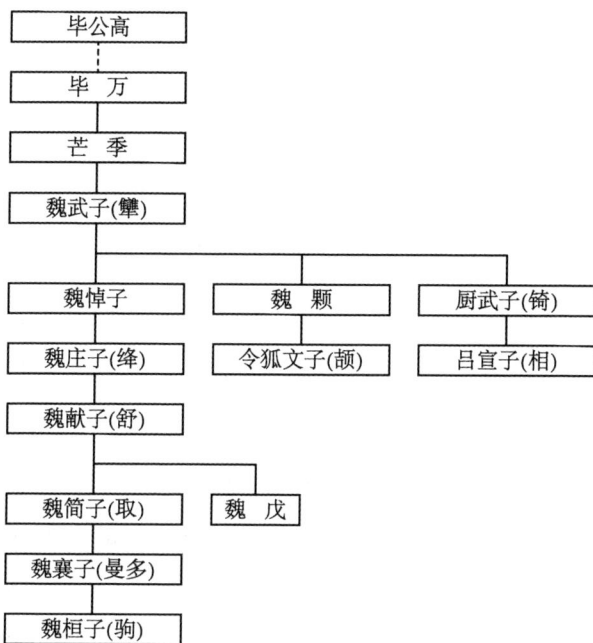

图18 魏氏世系图

毕万至魏悼子时期是魏氏发展史中的"蓄势期"。

与赵氏类似，魏氏也是到晋国创业的"外来户"。魏氏是姬姓非公族，远祖是周王室宗亲、毕国始封君毕公高。毕国后来绝封，毕公高后人的一支前往周邦，可能成了周邦的大夫。

春秋初年，毕公高后人毕万离开周邦，来到晋国谋求发展，成为晋献公的车右。毕万在晋献公灭周边小国的战争中立了军功，得到了被攻灭的魏国旧地作为私邑，后来他的家族被称为"魏氏"，毕万也就成为晋国魏氏的始祖。不过，魏氏在晋献公时期实力并不强，与赵氏一样，并不是晋文公初年认定的十一个"国中旧族"之一。

其实，在公子重耳出逃之时，毕万的孙子魏武子是从亡团队的核心人物"五贤士"之一，与后来成为卿官的狐偃、赵成子、贾佗、胥臣并列，起点并不算低。不过，传世文献没有留下任何魏武子在流亡期间的显著事功；在城濮之战前，魏武子也只得到了一个中军帅车右的职位。车右的职责是持戈盾与敌人搏斗，以及在战车陷入泥中时下来推车，由此可见，魏武子很可能是一个勇武突出而谋略相对逊色的人。

前632年晋军攻下曹国都城之后，魏武子由于愤恨而火烧晋文公恩人僖负羁的房舍，这让我们更加看清了他意气用事的性情缺陷，也更加能够理解，为什么他当年身为"五贤士"之一，却没有像其他四位那样在晋文公政权里升迁到高位。不过，当晋文公使者前来探望伤情时，已经不被极端情绪操控的魏武子敏锐地感觉到了晋文公的意图，冒着伤口崩裂的危险通过了考验，挽救了自己，也挽救了魏氏。不过，魏武子虽然免除了死罪，但是他的鲁莽行为使得魏氏彻底失去了在他担任族长期间成为卿族的可能性。

魏武子去世后，他的儿子魏悼子继任族长。值得注意的是，此人谥号为"悼"。总结春秋时期谥号为"悼"的贵族生平可知，魏悼子很可能具备两个特点：第一，此人德行才干颇为出众；第二，此人寿命不长，或者死于非命。两点加在一起，因此会让族人哀悼叹念。有学者认为，这位魏悼子就是在前614

年用奇计救回范武子的魏寿余[1]，其人名寿余，谥号悼。这位魏寿余在传世文献中也就出现了这么一次，倒是与魏悼子英年早逝的人设颇为符合。总而言之，魏悼子年轻时就去世了，在国事层面没能建立什么显著的功业，因此魏氏仍然处于蛰伏的状态。

不过，魏悼子在家事层面倒是有一个大动作：他将魏氏的核心城邑从位于中条山南麓的魏邑北迁到位于临汾盆地最北端的霍邑（参见图八）。魏悼子这样做的目的，传世文献没有明确记载，但是从地理形势来看，一方面，魏邑被中条山挡在了晋国核心区（临汾盆地+运城盆地）之外，发展潜力小；而且，魏邑位于秦晋交战的前线，安全性比较差。这样看来，魏邑作为家族核心城邑的确不大合适。另一方面，霍邑位于晋国核心区的北端，发展潜力大；而且，霍邑远离秦晋交战的前线，安全性要好得多。这样看来，霍邑作为家族核心城邑的确更加合适。笔者认为，魏悼子将核心城邑从魏邑北迁到霍邑，是希望先在晋国核心区的边缘占上一个坑位，之后再谋求进一步发展。

魏庄子时期是魏氏发展史中的"崛起期"。

魏悼子去世后，他的儿子魏庄子继位。魏庄子在前573年进入大夫行列担任中军司马，前570年进入卿官行列担任新军佐，前560年绵上阅兵后升任下军佐，前555年晋国伐齐时已升任下军帅，前554年中行献子去世后升任上军佐，前550年已去

1　参见黄圣松（2021年）。

世。魏庄子担任卿官约20年，是第一位担任卿官的魏氏族长。

在魏悼子后期至魏庄子前期，魏氏虽然没有纵向升级成为卿族，但却横向分出了几个分支，一支是以吕为私邑的吕氏，一支是以令狐为私邑的令狐氏。广义上的魏氏人丁兴旺，同时有魏氏族长魏庄子、吕氏族长吕宣子、令狐氏族长令狐文子三位年资合适的族长可以作为潜在的卿官候选人，这就为魏氏的崛起奠定了基础。

前573年即位之后，晋悼公深刻吸取晋厉公试图用暴力消灭卿族而终被卿族反噬的教训，准备采用培育新卿族的温和办法来增加卿族间博弈关系的复杂性，从而增强国君作为最高仲裁者的权威。就魏氏（广义）而言，晋悼公最开始并没有选择父亲功德浅薄的魏庄子，而是按照"爵不逾德"的端正思路，任命了父亲有显著功德的吕宣子、令狐文子分别担任下军帅和新军佐（卿职），而魏庄子只担任了中军司马（大夫职）。

然而，"师傅引进门，修行在个人"。吕宣子、令狐文子这两位纯靠父辈"恩荫"上位的卿官年纪已经比较大，在卿官任上也没有做出什么成绩，到前570年时已经先后告老/去世，而吕氏、令狐氏当时又推不出合适的继任者，从此退出卿族行列。

与吕氏、令狐氏形成鲜明对比的是，魏氏（狭义）族长魏庄子在国事方面做得风生水起。魏庄子首先通过"严格执法杀扬干"这步险棋获得了晋悼公的器重，从而被任命为新军佐进入卿官体系。之后，魏庄子又通过在戎狄政策、晋楚斗争等军国大事上提出事后被证明完全正确的建议，不仅进一步得到晋悼公的赏识，也得到了其他主流卿族出身的卿官的认同。在这些政绩的基础上，前560年绵上阅兵时，魏庄子顺利挤进由主流卿族占据的六卿体系，并且稳步升迁至上军佐，为魏氏随后的兴盛奠定了基础。

在家事方面，魏庄子不仅将魏氏从大夫族升级成为卿族，还将魏氏核心城邑从位于临汾盆地北端的霍邑，南迁到了位于运城盆地东北部的安邑（参见图八）。从这时开始一直到"三家分晋"，魏氏一直以安邑为中心建设它的政治核心区，安邑也成为后来魏国的第一个都城。

魏献子—魏简子—魏襄子时期是魏氏发展史中的"兴盛期"。

魏庄子之后，他的儿子魏献子继任魏氏族长。魏献子在前550年已代表魏氏进入卿官行列任下军帅，前549年底范宣子去世后已升任上军佐，前520年已升任中军佐，前514年秋韩宣子去世后升任中军帅，前509年初去世。魏献子担任卿官约41年，担任执政卿约5年，是第一位担任执政卿的魏氏族长。

从国事角度来说，魏献子标志性的政绩有三件：

第一件就是在中行穆子为上军帅、魏献子为上军佐期间，魏献子屡出奇谋，指导晋军在对戎狄战争中取得多次胜利。因为这些其他诸卿都心知肚明的功绩，使得魏献子最终得以超越中行穆子成为中军佐。

第二件就是前514年担任执政卿后主持了瓜分祁氏、羊舌氏私邑的行动，一方面奖赏了勤王功臣、优秀大夫、卿族贤良，得到了广泛赞誉；另一方面又使赵、魏、韩、知四家得到了新领地，服务了魏氏和盟友的私家利益。

第三件就是前510年，魏献子率领诸侯帮助内战后的周邦修筑成周城作为新的都城。不过，在这期间魏献子两次坐北朝南主持会议，有僭越君位之嫌，受到诸侯诟病，自己也在不久后去世。

从家事角度来说，魏献子的政治事功使得魏氏这个新卿族进入兴盛期。只不过到这时，晋国内部六大卿族各自为政、两大敌对集团逐渐形成，中军帅/执政卿这个职位的"含金量"已经大不如前了。魏献子在早年曾经想要帮助叛乱的栾怀子却被范宣子"截胡"，不过后来魏氏也没有与范氏形成联盟，而是与赵、韩、知氏逐渐亲近，并且通过主持分地进一步促进了赵—魏—韩—知集团的形成。当然，在分地行动中受到排挤的范氏、中行氏也不甘示弱，第二年就主导了"铸刑鼎"行动进行反制，使得两大集团之间的矛盾进一步加深。

魏简子、魏襄子时期，魏氏像其他五大卿族一样，全力发展本族实力，加速推进"化家为国"的事业。在范—中行之乱期间，魏襄子领导魏氏做了事后被证明是正确的选择，那就是先与韩简子、知文子联合将范昭子、中行文子驱逐出国都，然后又与韩简子联合将赵简子迎回了国都。在平定范—中行之乱后，魏氏成为赵、魏、韩、知四大卿族之一。

魏桓子时期是魏氏发展史中的"化家为国期"。

魏襄子之后，他的儿子魏桓子继任族长。在知襄子与赵襄子的斗争中，魏桓子一开始认为知襄子与自己毗邻，实力最强，不能得罪，于是同意奉上土地，并率军协助知襄子包围赵氏核心城邑晋阳城。然而，赵氏军民众志成城、晋阳城久攻不下的"黑天鹅"级事实震醒了魏桓子，他和韩康子接受了赵襄子谋臣的策反，反过来联合赵氏灭了知氏，然后三家瓜分晋国。到魏桓子去世时，魏氏"化家为国"的事业已经取得了实质性的成功。

韩氏发展简史

韩氏是春秋晚期投身于"化家为国"事业的六大卿族之一，也是战国初期成功"化家为国"的三大卿族之一。在"十大卿族存续时间排行榜"中，韩氏作为晋国卿族存续的时间排名第二（185年且未完待续）。

与赵氏、魏氏不同，韩氏是姬姓远支公族，也就是说，它不是"外来户"，而是晋国君主的后代。韩氏在晋景公时期升为卿族，与它同一批晋升的还有春秋晚期晋国六大卿族中的知氏。

韩武子—韩赇伯—韩定伯—子舆时期是韩氏发展史中的"蓄势期"。

韩氏始祖韩武子本来应该叫作公子万，是春秋初年晋国内部"国中国"曲沃国第一任君主曲沃桓叔的儿子。后来，公子万在曲沃国担任大夫，接受了韩邑作为私邑。公子万从此以韩为氏，按谥号称呼就是韩武子。

韩武子见于文献记载的军功，就是前709年为曲沃武公驾驭战车，在汾隰之战中抓获了大宗晋哀侯。《史记·晋世家》记载，晋哀侯被抓后，晋国都城里的晋人立了晋哀侯的儿子为晋小子侯。晋小子侯元年，曲沃武公命令韩武子杀了被俘虏的晋哀侯。曲沃武公此举意图非常明显，就是考验韩武子是否对他绝对忠诚。

前669年，晋献公在股肱之臣士荮的帮助下杀光了对他形成威逼的桓族、庄族群公子，也就是曲沃桓叔和曲沃庄伯的儿子们。然而，身为曲

▼ 图19　韩氏世系图

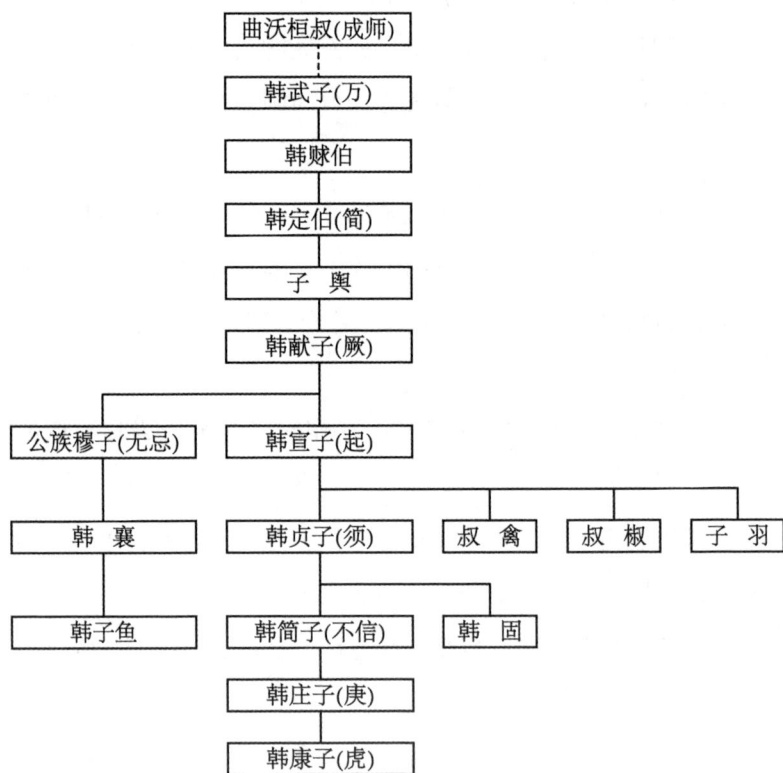

```
                    曲沃桓叔(成师)
                          ┊
                     韩武子(万)
                          │
                      韩赇伯
                          │
                     韩定伯(简)
                          │
                       子 舆
                          │
                     韩献子(厥)
          ┌───────────────┤
    公族穆子(无忌)      韩宣子(起)
          │         ┌──────┬──────┬──────┐
      韩 襄      韩贞子(须)  叔 禽  叔 椒  子 羽
          │         ┌──────┤
     韩子鱼      韩简子(不信)  韩 固
                     韩庄子(庚)
                     韩康子(虎)
```

沃桓叔之子的韩武子应该在这场劫难中幸存了下来，这也许是因为他担任晋献公父亲晋武公御者时立有军功而且忠心承受住了考验，与其他威逼君主的群公子不同。然而即便如此，韩氏接下来的发展也并不好：韩武子的儿子韩赇伯没有成为卿官，传世文献也没有记载他的任何功绩。

到了韩赇伯的儿子韩定伯时，韩氏迎来了宝贵的发展机遇。前645年，秦穆公率军讨伐晋惠公，秦晋两军在晋国境内的韩原交战，而韩原正好就是韩氏的私邑。韩定伯很可能是因为熟悉当地情况，因此在战前得到了在晋惠公身边陪侍参谋的机会，在战斗中还差一点俘虏了秦穆公。然而，晋军在韩原遭遇大败，晋惠公被秦穆公抓获带回秦国。韩定伯在此时做出了正确的抉择，那就是一路追随晋惠公到秦国，一直陪侍在晋惠公身边，从而进一步得到了晋惠公的赏识和信任。同年底晋惠公回国之后，韩定伯可能已经被委以重任，韩氏在晋惠公晚期和晋怀公时期已经成为十一个"国中旧族"之一。

在晋文公、晋襄公时期，韩氏的发展呈现出一种"高开低走"的趋势。晋文公即位之后"昭明旧族"，让包括韩氏族长在内的"国中旧族"族长担任"近官"，这时的韩氏族长应该是韩定伯。然而，传世文献没有记载韩定伯在这一时期的任何功绩，而他的儿子子舆甚至没有留下一个带谥号的名字。子舆的儿子韩献子回忆他的童年生活时说"我小时候寄居在赵氏"，这说明韩氏在子舆时期不仅仅是官运不亨通而已，而是遭遇了很大的变故，本族可能已经灭亡，只剩韩献子一根独苗。

韩献子时期是韩氏发展史中的"崛起期"。

韩献子在年少时由于家族变故，曾经寄居在赵氏家中，从此韩氏与赵氏结下不解之缘。在前615年河曲之战时，韩献子已成年，赵氏族长赵宣子赏识他的才能，推荐他担任司马。前588年晋国建立六军时，韩献子进入卿官行列任新中军帅，前583年赵同被杀后升任下军佐，前578年伐秦之时已升任下军帅，前574年闰月胥童被杀后升任中军佐，前573年栾武子告老或去世后升任中军帅，前566年告老。韩献子担任卿官约22年，任执政卿约7年，是第一位担任卿官的韩氏族长，也是第一位担任执政卿的韩氏族长。

韩献子进入官场之后，经历了一个漫长的学习成长历程：

首先，韩献子虽然在赵宣子的力捧下当上了司马，但是在赵宣子专政期间却并没能进一步升为卿官，说明他实在是没有做出什么能让赵宣子进一步提拔他的业绩。

第二，前597年晋楚邲之战期间，韩献子是主战派，他从个人利益角度立论，说服中军帅中行桓子放弃避战初心，渡河与楚军决战，最后晋军大败，中行桓子差点被杀。可以想见，在此之后，中行桓子肯定不会再器重和提拔韩献子。

第三，前589年晋楚鞍之战期间，韩献子先是想要严明执法立功却杀错了人，不仅没有赢得中军帅郤献子的赏识，反而得靠郤献子冲过来帮他分担错误；然后想要通过抓获齐顷公来立功却又抓错了人，让郤献子气得差点杀了被错抓的逢丑父。可以想见，在此之后，郤献子也肯定不会再器重和提拔韩献子。

总而言之，在长达28年的大夫生涯中，韩献子不是没有努力"博出位",但是这些努力都是以失败告终,没有让他"一炮而红"。然而,也正是这些失败的尝试及事后的复盘反思,使得韩献子在政治上逐渐成熟起来,这为他在担任卿官期间崭露头角奠定了坚实的基础。

在前588年由于晋军大扩容终于当上卿官新中军帅之后,韩献子在国事和家事方面都开始屡建功勋。从国事角度来看,前585年,担任新中军帅的韩献子积极进言,促使晋人作出了迁都新田的重大决策,这个决策事后被证明是非常正确的。在担任执政卿期间,韩献子积极贯彻晋悼公复兴晋国霸业的总体战略,首倡主动出击救援宋国,在制服郑国、胁迫齐国等方面取得显著进展。

从家事角度来看,韩献子成功使得长期蛰伏的韩氏一举跻身于晋国卿族行列,并且通过前581年劝谏晋景公恢复赵氏、前560年请求晋悼公破格提拔赵文子等果断行动,回报了赵氏对他的收容和养育之恩,奠定了韩氏与赵氏长期合作共赢的基本格局。韩—赵联盟构成了后来的赵—魏—韩—知联盟的核心。

韩宣子至韩庄子时期是韩氏发展史中的"兴盛期"。

韩氏族长之位从韩献子到韩宣子的传承故事可谓是卿族族长代际传承的正面典型。前566年韩献子告老时,本来准备按照宗法常规将族长之位传给身患顽疾的长子韩无忌(公族穆子)。韩无忌一方面考虑到自己的身体状况无法承担带兵征战的重任,一方面考虑到自己当年没能冒死保卫君主而留下的名誉污点,于是坚决推辞,并提议父亲将族长之位传给身体健全、德才兼备的弟弟韩宣子。在族长之位这样的重大利益面前，韩无忌能够完全从家族长远利益角度来考虑问题，主动倡议让最合适的人去承担这份责任，这就为韩氏的兴盛开了一个好头。

由于有韩献子打下的基础，韩宣子在前566年一进入卿官体系，就担任了六卿中排第四的上军佐，前554年中行献子去世后升任上军帅，前549年底范宣子去世后升任中军佐，前540年赵文子去世后升任中军帅，前514年秋去世。韩宣子担任卿官约52年，担任执政卿约26年，是第二位担任执政卿的韩氏族长。

从国事角度来说，在韩宣子担任执政卿期间，发生了这样几件大事：

第一，韩宣子继续执行赵文子确立的绥靖主义外交政策，一方面进一步巩固晋齐联姻，另一方面亲自将晋平公女儿送到楚国，实现了晋楚联姻。

第二，前529年楚国爆发内乱，晋人抓住机会召开平丘之会，向诸侯炫耀晋国军事实力，宣示晋国霸主地位。

第三，前520年周邦爆发内战，晋人履行霸主职责，出兵支持周悼王—周敬王一派，为平息内战起到了关键性作用。

第四，前514年，六卿利用祁氏家乱的机会，一举灭掉了祁氏、羊舌氏，完全掌控了晋国政局。

总体而言，此时晋国公室三军逐渐废弛，六卿分割政权各行其是，中军帅/执政卿的统御能力大大下降，韩宣子在执政26年间竟然没有一次作为主帅领兵出征的经历，反倒是中行穆子—魏献子团队北击白狄、南灭陆浑戎占尽了风头。也就是说，上面提到的那些大事，除了继续维护弭兵之盟外，都不能直接算作韩宣子的事功，而是六卿领导班子博弈妥协的结果。因此鲁国卿官叔孙穆子评价韩宣子"儒弱"，《左传》作者评价韩宣子"不能图诸侯"。笔者认为，将韩宣子在执政卿这个角色上的表现定性为"随波逐流、但求无过"，可能是比较准确的。

从家事角度来说，和当时的其他诸卿一样，韩氏族长才是韩宣子内心最为重视的角色。根据《国语·晋语八》的记载，羊舌肸见韩宣子，刚成为韩氏族长不久的韩宣子为韩氏贫穷而忧愁。所谓"贫穷"，主要是说韩氏得到的私邑不如其他老资格卿族多。虽然羊舌肸发表了一大篇"忧德不忧贫"的高论，韩宣子当场也表示赞同，但从韩宣子后来的实际行动看，他仍然把"脱贫致富"，也就是尽力扩张韩氏领地、增强家族实力作为自己的第一要务。

前537年，也就是韩宣子担任韩氏族长到第29年时，楚大夫蓬启强向楚灵王描述说"韩襄担任公族大夫，韩须接受命令而出使各国；箕襄、邢带、叔禽、叔椒、子羽等韩氏族人，都各自掌管着一个大家族。韩氏征收赋税的七处城邑，都是大县"，这段描述说明，此时的韩氏已经非常强大。然而韩宣子并不满足，他在前539到前535年间步步为营取得了原县，后来又取得了州县这个最初的争夺目标，并且将韩氏的核心城邑迁到州县 (参见图八)。韩宣子确立州县为核心城邑，说明韩氏曾经一度考虑在南阳地区谋求发展。

韩宣子之后，韩贞子、韩简子、韩庄子历任韩氏族长。在这期间，韩氏像其他五大卿族一样，全力发展本族实力，加速推进"化家为国"的事业。值得一提的是，在韩贞子时期，韩氏将韩氏核心城邑从南阳地区的州县北迁到了临汾盆地中北部的平阳 (参见图八)。

无论是州县还是平阳，都属于开发很早、经济发达的"红海"地区，不过州县位于无山险可守的河北平原上，而平阳位于群山环绕的临汾盆地，后者在安全性方面肯定是要优于前者的。从这时开始一直到"三家分晋"，韩氏一直以平阳为中心建设它的政治核心区，平阳也成为韩国的第一个都城。

在范—中行之乱期间，韩简子领导韩氏做了事后被证明是正确的选择，那就是先与魏襄子、知文子联合将范昭子、中行文子驱逐出国都，然后又与魏襄子联合将赵简子迎回了国都。在平定范—中行之乱之后，韩氏成为赵、魏、韩、知四大卿族之一。

韩康子时期是韩氏发展史中的"化家为国期"。

韩康子继位之后，在知襄子与赵襄子的斗争中，韩康子一开始认为知襄子与自己同在晋国南部核心区，实力又最强，不能得罪，于是同意奉上土地，并率军协助知襄子包围赵氏核心城邑晋阳城。然而，韩康子也被赵氏军民众志成城、晋阳城久攻不下的"黑天鹅"级事实震醒，和魏桓子接受了赵襄子谋臣的策反，反过来联合赵氏灭了知氏，然后三家瓜分晋国。到韩康子去世时，韩氏"化家为国"的事业已经取得了实质性的胜利。

范氏兴亡简史

范氏是春秋晚期投身于"化家为国"事业的六大卿族之一，但它没能坚持到成功"化家为国"的那一天。在"十大卿族存续时间排行榜"中，范氏作为晋国卿族存续的时间排名第六 (116年)。

范氏是祁姓非公族士氏的一个分支。按照范宣子自己的说法，范氏的族源最远可以追溯到上古的陶唐氏，到夏朝时是御龙氏，到商朝时是豕韦氏。商朝末年时，豕韦氏统治的方国是唐国，其地域就是春秋晋国的核心区所在。西周初年唐国发

图20 范氏世系图

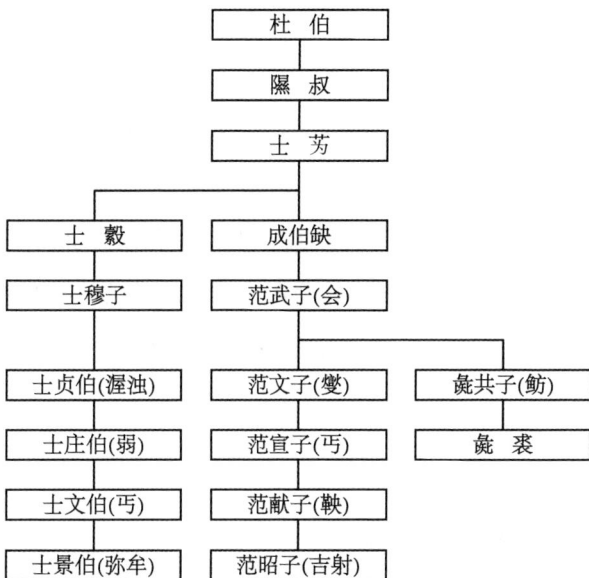

杜 伯
│
隰 叔
│
士 芴
│
┌──────────┴──────────┐
士 縠   成伯缺
│   │
士穆子   范武子(会)
│   │
│   ┌────────┴────────┐
士贞伯(渥浊)   范文子(燮)   彘共子(鲂)
│   │   │
士庄伯(弱)   范宣子(匄)   彘 裘
│   │
士文伯(匄)   范献子(鞅)
│   │
士景伯(弥牟)   范昭子(吉射)

动叛乱，周成王灭唐国之后，把唐国公族迁到宗周王畿的杜地，这支古族于是被周人称为"唐杜氏"，他们的君长叫杜伯。

隰叔[1]—士蒍—成伯缺[2]时期是范氏兴亡史中的"蓄势期"。

西周晚期时，周宣王杀死了劝谏他的大夫杜伯[3]，他的儿子隰叔为了躲避周王室的迫害，出奔到晋国谋求发展，因此成为晋国士氏的始祖。

隰叔的一生可谓默默无闻，不过他的儿子士蒍却在晋国历史上留下了浓墨重彩的一笔。前671至前668年间，士蒍孤身打入威逼晋献公的桓族、庄族群公子内部，极尽挑拨离间之能事，为最终彻底铲除群公子做出了不可替代的贡献，成为晋献公最为倚重的卿大夫。不过，士蒍去世后，士氏一度衰微，未能跻身于晋文公初年认定的十一个"国中旧族"之一，而士蒍的儿子成伯缺在传世文献中也没有留下任何记载。

范武子时期是范氏兴亡史中的"崛起期"。

成伯缺之后，他的儿子范武子担任族长。范武子第一次出现在文献记载中，是在前632年城濮之战期间。当时中军帅的车右舟之侨不守军纪擅自提前回国，范武子被临时任命为车右。然而，在接下来的晋文公晚期及晋襄公时期，都没有关于范武子的任何记载。

1　隰叔，祁姓，排行叔。杜伯之子。参见图20。
2　成伯缺，祁姓，名缺，谥成，排行伯，士蒍之子。参见图20。
3　杜伯，祁姓，排行伯。西周晚期杜国君长。参见图20。

范武子再次出现在文献中是在前620年，这一年他被上司先蔑连累，率领家族出奔到秦国。一般来说，卿大夫获罪出奔之后，他在本国的政治生命从此终结，他的家族也从此没落。然而，范武子却不信这个邪：他一方面通过坚决与先蔑划清界限，向晋国发出"我想回国"的信号；另一方面通过积极为秦康公出谋划策，向晋国发出"如果不让我回国，晋国会有大麻烦"的信号，最终在前614年与假装叛逃秦国的晋大夫魏寿余完美配合，成功回到晋国，随后还设计害死了唯一一个识破他计谋的秦国大夫绕朝。从范武子这一番高超的政治运作，我们已经可以窥见他和他的家族在晋国将会拥有的远大前程。

回到晋国之后，范武子在前608年已进入卿官行列任上军佐，在前601年已升任上军帅，前596年先縠被杀后升任中军佐，前593年升任中军帅，前592年告老致仕。范武子担任卿官约16年，担任执政卿约1年，是第一位担任卿官的范氏族长，也是第一位担任执政卿的范氏族长。

从国事角度来说，在担任执政卿之前，范武子在前597年邲之战期间曾有出色表现：他作为上军帅，先是坚决反对与楚军开战，意见不被采纳之后又暗中早做准备，使得他所率领的上军在晋军溃败时得以从容撤退，损失最小。后来，在前593年，他又率军剿灭了赤狄甲氏、留吁、铎辰诸部，使得晋人对赤狄战争获得全面胜利。在担任执政卿期间，范武子显著改善了晋国的社会治安状况，修治了晋国的礼法制度，被后人称为"范武子之法"。范武子的美德和政绩为他赢得了国际声誉：在他告老46年后的晋楚宋之盟期间，楚令尹屈建还专门向晋执政卿赵文子请教范武子的德行。

从家事角度来说，范武子（士会）本是士氏支族族长，由于他的政治事功，他所率领的士氏支族成为晋国卿族之一。根据《国语·晋语八》的记载，范武子时期，范氏先后得到了随和范作为私邑，其中随邑位于太原盆地南部，范邑位于河水以南，与南阳地区隔河相望（参见图八）。这个家族曾一度以随邑命名为"随氏"，不过最终以范邑命名为"范氏"，并沿用至灭亡。

范文子—范宣子—范献子时期是范氏兴亡史中的"兴盛期"。

范武子之后，他的儿子范文子继任族长。范文子在前592年进入卿官行列担任上军佐，前578年知庄子首告老或去世后已升任上军帅，前575年中行宣子告老或去世后已升任中军佐，前574年去世。范文子担任卿官约18年。

从国事角度来说，前582年时，范文子劝晋景公派战俘钟仪回楚国开启沟通和谈之事，为促成晋楚第一次弭兵之盟做出了重要贡献，然而第一次弭兵之盟仅仅延续了三年就宣告破裂；前575年时，作为二把手的范文子坚决反对晋军与楚军决战，然而晋楚两军还是在鄢陵展开了大战，而战胜后的晋国也如范文子所预料的那样迅速陷入内乱。可以说，范文子在幕后谋划、预判形势方面有过人的才能，但是由于各种原因没能将这种才能转化为标志性的功绩。

从家事角度来说，范文子预料到鄢陵之战胜利后晋国将很快爆发内乱，为了能让范氏不卷入乱局之中，竟然要求家中祝史咒自己快死，而他那时机把握得刚刚好的死亡也的确使得新族长范宣子能够以为父守丧为借口而在内乱中保持中立。根据《国语·晋语八》的记载，范文子时期，范氏先后得到了郇和栎作为私邑，这两个城邑都位于运城盆地 (参见图八)。

范宣子在前574年内乱之后进入卿官行列担任上军佐，前566年韩献子告老之后升任中军佐，前554年中行献子去世后升任中军帅，前549年底去世。范宣子担任卿官约25年，担任执政卿约5年，是第二位担任执政卿的范氏族长。

从国事角度来说，范宣子担任卿官后，在多次外交和军事行动中承担任务，不过，《左传》里详细记载的多是其粗疏鲁莽的行为，比如多次与中行献子联手"博出位"，却被知武子断然拒绝；比如在向之会上想要惩处姜戎立威，却被姜戎首领反驳得无话可说；又比如在戚之会上借齐人旌旗毛穗不还，造成齐人叛离晋国的把柄。担任执政卿期间，范宣子的标志性事功有两件：第一件就是"灭栾氏"：在晋平公的幕后指使和支持下，范宣子先利用栾氏家乱驱逐了栾怀子，然后又在栾怀子杀回国都时果断击退乱党，最终灭了栾氏。第二件就是"轻贡赋"：在执政最后一年，范宣子接受了郑卿子产的批评，大幅度减少了诸侯向霸主晋国交纳的贡赋数量。

从家事角度来说，范宣子在前574年厉公之乱后曾经与同样选择中立避祸的知武子交好，并且因此在前566年借知武子之力，越过上军帅中行献子成为中军佐。但是，范氏和知氏的友好关系没有持续太久：中军佐范宣子与才能远胜于自己的中军帅知武子逐渐疏远，却转而与才能与自己大致在一个水平的上军帅中行献子结成联盟，两人志趣相投，一唱一和，最终在前560年携手占据了中军帅、佐的位置。从此之后，范氏和中行氏结成了稳固的联盟关系。不过，与赵氏、韩氏结盟后互相支持最终携手"化家为国"截然相反的是，范氏和中行氏的结盟最终导致这两家抱团走向覆灭。

范宣子之后，他的儿子范献子继任族长。范献子在前559年遭到栾桓子逼迫出奔秦国，前557年前回到晋国。归国之后，范献子最开始任公族大夫，前549年底父亲去世后已进入卿官行列任下军帅，前520年已升任上军佐，前514年秋韩宣子去世后升任中军佐，前509年魏献子去世后升任中军帅，前497年前去世。范献子担任卿官约51年，担任执政卿约12年，是第三位担任执政卿的范氏族长。

范献子虽然也有被迫出奔到他国流亡的宝贵经历，但是这段短暂的磨炼并没有使得范献子成为像他先祖范武子那样的杰出人才。从国事角度来说，范献子的政治作为有个一以贯之的特点，就是露骨地、不计后果地以权谋私。前519年，范献子向鲁卿叔孙昭子索取贿赂被拒绝，于是他就将叔孙昭子扣押了一年多才释放。前515年，晋人召开扈之会商讨如何将鲁昭公送回国，范献子收受了逐君者季平子的贿赂，于是就在会上为季氏辩护，回绝了态度积极的诸侯国代表。前509年，刚当上中军帅的范献子为了打击魏氏，以刚去世的前任中军帅魏献子对晋定公不敬为由，降低了魏献子的丧葬规格。前506年，晋人出兵讨伐楚国，然后在召陵举行诸侯大会商议进一步进攻的方案。然而，此次大会期间，范献子听信中行文子的意见，决定停止伐楚，转而去攻打对于范—中行集团更加实惠的白狄中山国。前504年时，范献子为了打击赵氏，不顾宋国是最后一个忠于晋国的主要诸侯国的形势，说服晋定公下令扣押抛弃范氏转投赵氏的宋卿乐祁犂。

这一系列以权谋私的行为产生了两个后果：首先，中原诸侯因此加速离心离德、纷纷抛弃晋国，前503年齐、卫、郑三国叛晋另组联盟，到前499年时鲁国也加入其中，晋国霸业彻底终结。其次，被范献子打击的魏氏、赵氏与范氏的敌对关系进一步加深。

从家事角度说，在范献子担任族长期间，范氏与中行氏的联盟关系进一步加强，与魏氏、赵氏等敌对集团成员的矛盾进一步加深，这就为前497年范—中行之乱的爆发埋下了伏笔。

范氏、中行氏在范献子时期最重要的协同行动，恐怕就是抢占太行山以东的河北平原。我们知道在范—中行之乱爆发时，范氏核心城邑是朝歌，也就是说，春秋晚期范氏核心区位于太行山以东的河北平原 (参见图八)。我们也知道，先前范武子、范文子获得的私邑都位于太行山以西或以南地区，当时的范氏核心区也应该位于这些区域范围内。那么，范氏核心区是什么时候迁移到太行山以东去的？

笔者猜测，范氏将核心城邑东迁到朝歌，与中行氏攻占白狄居地应该是同步发生的，是这两个家族在赵氏抢先开拓河北平原之后，为了迎头赶上而采取的协同行动。如同前面所说，赵氏在赵文子时期就已经开始了"东进"行动；前550年前，赵夙小宗已经率先越过太行山，在河北平原上建立了以邯郸为核心的根据地。笔者认为，正是赵氏这一大胆的开拓举动强烈刺激了范氏、中行氏。随后，中行穆子发挥中行氏的"治戎"特长，从前530到前520年主动进攻白狄，灭了肥国、鼓国，制服了鲜虞国，从而在邯郸赵氏以北的河北平原建立了中行氏的新领地（参见图八）；范献子在同一时期也从自己位于河水以南的范邑出击，占据了卫国旧地朝歌并将其定为核心城邑，从而在邯郸赵氏以南的河北平原建立了范氏的新核心区。

范氏和中行氏分别占据了河北平原的北部和南部之后，就开始拉拢夹在他们之间的邯郸赵氏。邯郸赵氏的逐步叛离引起了赵简子的警觉，最终赵简子逼迫邯郸赵氏反叛，范—中行之乱由此爆发。

范昭子—范皋夷时期是范氏的覆灭期。

范献子之后，他的儿子范昭子继任族长。前497年，范昭子在赵简子要求自己率军攻打邯郸赵氏的命令逼迫下做出了错误的选择，与中行文子一起抢先起兵攻击赵简子。同年冬天，韩简子、魏襄子、知文子以诛讨"始乱者"为名，将范昭子、中行文子驱逐出国都地区，两人出奔到范氏核心城邑朝歌，并与邯郸赵氏联合起来继续与赵简子作战，内战进入第二阶段。

前497年之后，一方面，在国都地区，背叛族长的范氏族人范皋夷如愿当上了卿官。当然，背叛者不会有什么好下场，前492年，赵简子最终杀了范皋夷以绝后患，范氏在垂死挣扎五年之后正式退出晋国卿族行列。另一方面，在周邦和齐国为首的反晋联盟支持下，范氏、中行氏、邯郸赵氏的私邑军与晋阳赵氏的私邑军在晋国东部展开了长达7年的内战，最终东部集团兵败，前490年范昭子从朝歌出奔齐国，范氏彻底退出晋国政坛。

中行氏兴亡简史

中行氏是春秋晚期投身于"化家为国"事业的六大卿族之一，但它没能坚持到成功"化家为国"的那一天。在"十大卿族存续时间排行榜"中，中行氏作为晋国卿族存续的时间排名第五（124年）。

► 图21 中行氏/知氏世系图

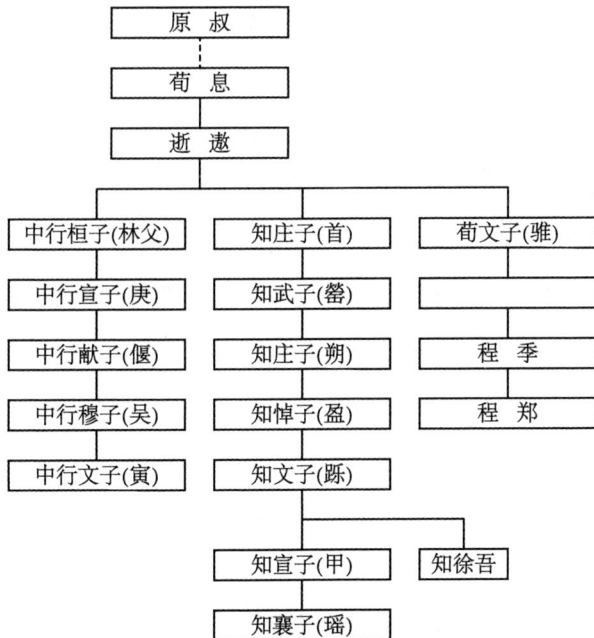

```
            ┌─────────┐
            │  原  叔  │
            └─────────┘
                 ┆
            ┌─────────┐
            │  荀  息  │
            └─────────┘
            ┌─────────┐
            │  逝  遨  │
            └─────────┘
   ┌──────────────┼──────────────┐
┌──────────┐  ┌──────────┐  ┌──────────┐
│中行桓子(林父)│  │ 知庄子(首) │  │ 荀文子(骓) │
└──────────┘  └──────────┘  └──────────┘
┌──────────┐  ┌──────────┐
│中行宣子(庚) │  │ 知武子(罃) │
└──────────┘  └──────────┘
┌──────────┐  ┌──────────┐  ┌──────────┐
│中行献子(偃) │  │ 知庄子(朔) │  │  程  季  │
└──────────┘  └──────────┘  └──────────┘
┌──────────┐  ┌──────────┐  ┌──────────┐
│中行穆子(吴) │  │ 知悼子(盈) │  │  程  郑  │
└──────────┘  └──────────┘  └──────────┘
┌──────────┐  ┌──────────┐
│中行文子(寅) │  │ 知文子(跞) │
└──────────┘  └──────────┘
              ┌──────────┬──────────┐
           ┌──────────┐  ┌──────────┐
           │ 知宣子(甲) │  │  知徐吾  │
           └──────────┘  └──────────┘
           ┌──────────┐
           │ 知襄子(瑶) │
           └──────────┘
```

中行氏是姬姓非公族，和知氏一样，都是荀氏的分支。中行氏和知氏的族源最早可以追溯到晋献公时期的名臣荀息，他是周文王之子原叔的后代，不知何时他的祖先或是他离开周邦来到晋国谋求发展。前651年晋献公去世后，荀息死守对晋献公的承诺，力保骊姬的儿子公子奚齐及她妹妹的儿子公子卓，最终公子奚齐和公子卓都被敌对派系杀死，而荀息也自杀殉节。

中行氏始祖中行桓子（荀林父）及知氏始祖知庄子首共同的父亲，是一位叫逝遨的人，而逝遨是荀息的后代。由于荀息在前651年自杀，而中行桓子第一次出现在《左传》记载中是在前633年，中间只隔了18年，因此荀息和逝遨之间最有可能就是父子关系。下面我们分别叙述中行氏和知氏的兴亡简史。

中行桓子时期是中行氏的"崛起期"。

中行桓子在前633年被庐阅兵期间被任命为中军帅的御者。前632年晋文公称霸之后，组建中、右、左三行以"抵御戎狄的侵害"，任命中行桓子为中行帅，也就是三行主帅。中行桓子担任中行帅后，率领三行奋力攻打戎狄，不仅使得晋国免受戎狄侵害，还攻占了不少戎狄居地。在中行桓子超预期完成任务的基础上，晋文公决定将他所统领的三行将士改编成用于在中原作战的战车部队，作为经营中原霸业的武装力量，于是在前529年清原阅兵期间撤销三行建立五军。为了掩人耳目，晋文公对外声称建立五军的目的是"抵御戎狄的侵害"，于是中行桓子就为了国家利益而背上"抵御戎狄不给力"的黑锅，自然也就与新二军帅佐的官位无缘。这是中行桓子在其职业生涯中遭受的第一次重大挫折。

晋文公去世之后，中行桓子的功劳终于得到承认，他在晋襄公时期进入卿官行列，最初任下军佐，前621年夷地阅兵后升任上军佐，前615年河曲之战时已升任中军佐，前597年邲之战时已任中军帅，前593年前告老或去世。中行桓子担任卿官28年以上，担任执政卿约4年，是第一位担任卿官的中行氏族长，也是第一位担任执政卿的中行氏族长。

在这看似平顺的升迁履历中，隐含着中行桓子在其职业生涯中遭受的第二次重大挫折。实际上，在前602年中军帅赵宣子去世之后，中军佐中行桓子就应该向上递补成为中军帅。但是，由于中行桓子坚持自己的政治立场，一直与中军帅赵宣子作对——比如说善待被赵宣子驱逐的先蔑，后来又主张召回赵宣子嫌恶的狐射姑，招致赵宣子的反感，因此赵宣子安排上军帅郤成子越过中行桓子担任中军帅，导致中行桓子直到前597年郤成子告老/去世后才最终升任中军帅。

从国事角度来说，在担任执政卿之前，中行桓子作为卿官没有取得什么标志性的功绩。前597年，新上任的执政卿中行桓子听信了韩献子的建议，没有坚持自己的初心，最终导致晋军在晋楚邲之战中遭遇惨败，使得晋国在晋楚斗争中屈居下风。不过，中行桓子在战后主动向晋景公请求以死谢罪，说明此人真是舍生取义之人；而士贞伯指出中行桓子"进思尽忠，退思补过"，劝住了晋景公，说明此人真是公忠体国之人。邲之战后，中行桓子知耻而后勇，政事方面渐入佳境，先是在前597年讨伐郑国，成功地稳定住了晋国的中原霸主地位；然后在前594年率领晋军攻灭晋东赤狄，为晋国霸业复兴扫除了后顾之忧。

从家事角度来说，中行桓子（荀林父）本是荀氏支族族长，由于他进入卿官行列并最终做到执政卿，他所率领的荀氏支族成为晋国卿族之一。后来该支族后代另立氏族时，决定用始祖荀林父官职"中行"作为氏名，因为荀林父在中行帅任上功绩卓著却因为顾全大局而被埋没，而且他的这段经历决定了中行氏的"治戎"属性。在击败赤狄潞氏之后，中行氏得到了赤狄居地的一部分作为私邑，而位于长治盆地的潞邑就成为中行氏的核心城邑（参见图八），一直沿用到中行氏灭亡。

中行桓子—范武子时期还是范氏、中行氏之间友好关系的起点。在前597年邲之战前，上军帅范武子第一个站出来赞同中行桓子的避战设想；在邲之战中，范武子率领的上军坚持到了最后。中行桓子很可能在邲之战后就已经与范武子建立了良好的关系，在此基础上，到了前594年至前593年，中军帅中行桓子和中军佐范武子"接力"成就了消灭赤狄、占领长治盆地的重大军事胜利。

中行宣子—中行献子时期是中行氏兴亡史中的"发展期"。

中行穆子之后，他的儿子中行宣子继任族长。中行宣子在前591年已进入卿官行列担任上军佐，前592年范武子告老之后向上晋升担任上军帅，前578年知庄子首告老或去世之后向上晋升担任中军佐，前575年前告老或去世。中行宣子担任卿官约16年，没有取得什么见于文献记载的标志性政绩，家族处于稳定中发展的状态。

中行宣子之后，他的儿子中行献子继任族长。中行献子在前575年鄢陵之战前已进入卿官行列任上军佐，前574年闰月胥童被杀后升任上军帅，前560年绵上阅兵后升任中军帅，前554年去世。中行献子担任卿官约21年，担任执政卿约6年，是第二位担任执政卿的中行氏族长。

中行献子刚当上卿官不久，就遇到改变他今后人生走向的横祸：他和中军帅栾武子在朝堂上被晋厉公党羽劫持，差点丢了性命。这一记险些致命的重拳让政治上还很不成熟的中行献子乱了阵脚，他没有像韩献子、范宣子、知武子那样选择中立避祸，而是在恐惧的支配下接受了栾武子的引诱/胁迫，与栾武子结成攻守联盟，成为栾武子弑君的从犯。

晋悼公即位之后，采取了"扶持温和卿族、压抑弑君卿族"的策略，本来处于中行献子之下的知武子、范宣子先后超过中行献子成为他的上级，而中行献子在上军帅位置上14年没能升迁。随着时间的推移，中行献子想要立功升迁摆脱"雪藏"现状的愿望越来越强烈。从中行献子余生事迹反观的话，笔者认为驱动他产生"搏出位"想法的心理因素，既有渴望权力和地位的私欲，也有为振兴晋国霸业做贡献的公心。

在决定要"搏出位"之后，中行献子先是想靠自己单打独斗，在前564年伐郑之时两次试图"搏出位"立功，但是都被中军帅知武子给压制了下去。然后他成功地与中军佐范宣子结成了联盟关系，在前563年，两人先是一同主张攻灭偪阳，攻打不下来又一同主张退兵，后来又一同建议接受宋国《桑林》

舞，吓病晋悼公之后又一同主张到宋国祈祷消灾，可以说是步步失策。

虽然中行献子和范宣子的智计才能水平都不高，但是他们互相之间却非常欣赏，在一起出错惹祸的过程中结成了一对"难兄难弟"。在前560年六卿领导班子调整时，一直凭实力压制两人的中军帅知武子已经去世，"小弟"范宣子想要把"大哥"中行献子拽到中军帅的位置，而此时晋悼公也通过长期观察决定放弃对中行献子的打压，最终中行献子、范宣子如愿控制中军，而这也可以被看作范氏、中行氏公开结盟的标志性事件。

中行献子刚当上中军帅几个月，就于前559年率领诸侯联军讨伐秦国。此次战役在进军途中就跌跌撞撞很不顺利，后来又遭遇率领"超级下军"的下军帅栾桓子的正面挑战，最终导致诸侯联军无功而返，晋国霸主声誉受到严重损害。此次战役被戏称为"迁延之役"。

然而，迁延之役似乎成了中行献子人生的转折点。就在此次战役中，在遭到栾桓子蛮横挑战之后，中行献子大度地承认自己的错误，展现出"求诸己"的君子之德。同年卫国发生内乱之后，中行献子向晋悼公提出了合理的处理意见。前557年，中行献子敏锐地抓住了齐国使者高厚的骄横行为，发动了讨伐齐国的军事行动，取得了阶段性胜利，而且在临终之时挂念的仍然是制服齐国的国事。

总结起来，从国事角度来说，中行献子在思想上一直想要为振兴晋国霸业作贡献，在行动上由于水平有限，虽然屡次想要立功但没有取得好的效果，直到当上中军帅之后才逐渐找到感觉，最终取得了安定卫国局势、讨伐齐国取胜的功绩。

从家事角度来说，在中行献子和范宣子担任各自家族族长期间，中行氏和范氏在先前中行桓子—范武子时期既有的友好关系基础上，正式结成了稳固的联盟关系。

中行穆子时期是中行氏兴亡史中的"兴盛期"。

中行献子之后，他的儿子中行穆子继任族长。中行穆子在前554年父亲去世后进入卿官行列担任下军帅，前552年栾怀子出奔之后升任上军佐，前548年程郑去世后升任上军帅，前513年已经告老或去世。中行穆子担任卿官约41年。

国事方面，中行穆子标志性的功绩就是在他担任上军帅期间，率领上军在对戎狄的战争中取得一系列胜利，包括前541年在大原击败群狄；前530年攻入白狄鲜虞属国鼓国都城昔阳，灭肥国，并入侵鲜虞；前527年再次攻陷昔阳；前525年消灭了陆浑戎；前520年彻底灭了鼓国。不过我们已经知道，制定这些战役计策的"劳心者"应该是他的副手魏献子，而中行穆子主要是一个率领将士成功实现计策的"劳力者"。

家事方面，中行穆子时期是中行氏私邑扩张最快的时期。中行穆子大肆攻伐戎狄的时期（前530至前520年），正是前546年晋楚停战后各大卿族全力扩充实力"化家为国"的时期。而中行氏扩充本族私邑的方式，就是依靠本族的"治戎"特长，采取"人弃我取"策略，抢占其他人不重视的戎狄居地作为自己的私邑。在中行穆子时期，中行氏一方面占据了位于河北平原北部的白狄居地，与在河北平原南部建立新核心区的范氏遥相呼应；一方面占据了位于南阳地区以南的陆浑戎居地，与在同一地区拥有范邑的范氏相互支持。地缘战略上的协同一致，使得范—中行的联盟关系更加牢固。

此外，中行穆子还把女儿嫁给了当时已在河北平原中部建立根据地的邯郸赵氏族长赵顷子，生下的儿子赵午后来成为邯郸赵氏的下一任族长。中行氏与邯郸赵氏的联姻，使得邯郸赵氏与晋阳赵氏更加疏离，而与范—中行联盟更加亲近，这就为后来范—中行之乱的爆发埋下了伏笔。

然而，如果我们仔细探究中行穆子时期中行氏新占土地的类型，就可以感觉到，在"开疆拓土"的表面兴盛之下，蕴含着未来将要爆发的家族生存危机。中行穆子新占领土地的面积可能不小，但是这些土地要么是白狄居地，要么是陆浑戎居地。实际上，就现有的文献记载而言（参见图八），中行氏没有一处私邑位于晋国的发达地区（临汾盆地+运城盆地+南阳地区），甚至没有一处私邑位于晋国的次发达地区（太原盆地），而是全都位于戎狄居地。戎狄居地与发达地区的差距主要体现在如下两个方面：

第一，戎狄居地的农业发展水平远远低于发达地区，因此能够支撑的军队规模和装备水平必然也要低于发达地区。

第二，戎狄居地也有城邑，比如潞、昔阳等，但是其城邑数量、规模、城防水平绝不可能跟发达地区相比。

与中行氏形成鲜明对比的是，从图八可以看出，赵、魏、韩、知、范五家的私邑主要位于晋国的发达地区和次发达地区，或者是其他中原传统发达地区。以中行氏的"好兄弟"范氏为例：范氏早期核心城邑范位于晋国占领的东周王畿旧地，而东周王畿从西周时期起就是发达地区；晚期核心城邑朝歌位于晋国新占领的卫国旧地，最早是商纣王的陪都，在商朝时就是发达地区，西周到春秋前期又曾是卫国都城；郇邑、栎邑位于晋国发达地区运城盆地；随邑位于晋国次发达地区太原盆地。因此，从私邑类型的角度推测，中行氏是六大卿族中经济军事实力最弱的一家，应该是没有疑问的。

中行文子时期是中行氏兴亡史中的"灭亡期"。

中行穆子之后，他的儿子中行文子继任族长。中行文子在前513年铸刑鼎时已进入卿官体系任下军佐，前510年狄泉之会时已升任下军帅，前509年魏献子去世后升任上军佐，前497年内乱爆发前已升任上军帅。

前497年，中行文子做出了错误的选择，与范昭子一起首先发动武装叛乱驱逐赵简子，同年遭到韩简子、魏襄子、知文子的联合反击，被逐出国都。此后，中行文子没有回到自己的核心城邑潞邑，而是直接出奔到范氏核心城邑朝歌，可见潞邑城防实力低下到了连自己的族长都不信任的地步。

在第二阶段与赵简子的内战中，中行文子继续败退：前496年丧失了自己的核心城邑潞邑和股肱之臣籍秦、高强（此时中行文子在朝歌），前492年从朝歌逃到自己的姻亲邯郸赵氏的核心城邑邯郸，前491年逃到中行氏曾经打败过的鲜虞/中山，又逃到范氏私邑柏人，最终在前490年从柏人出奔到齐国。

总而言之，中行氏在前497年就退出了晋国卿族行列，在前490年彻底退出晋国政坛。

知氏兴亡简史

知氏是春秋晚期投身于"化家为国"事业的六大卿族之一，但它没能坚持到成功"化家为国"的那一天。在"十大卿族存续时间排行榜"中，知氏作为晋国卿族存续的时间排名第四(143年)。

知氏的族源及早期简史已经在"中行氏兴亡简史"中做了介绍，因此下面直接从中行氏、知氏分叉的知庄子首开始论述。

知庄子首时期是知氏兴亡史中的"崛起期"。

知庄子首在前597年 (晋景公三年) 邲之战前已经是下军大夫。他之所以能够得到这个职位，可能跟两个因素有关：一个因素是，知庄子首是"成公之孽"，也就是说，知庄子首在晋成公时期就受到晋侯的赏识宠信，很可能在晋景公时期也是如此；另一个因素是，知庄子首的哥哥中行桓子现在已经是中军帅，能够给予弟弟一定的支持。

邲之战期间，知庄子首作为"避战派"的一员，抓住了战前会议的机会，以《周易》筮例立论，预言晋军必败、先縠必不得善终，后来都得到应验。知庄子首的这番言论既展现了他的经典修养，又展现了他的政治洞察力，而这些优异才干很可能成为他哥哥中行桓子建议提拔他的有力理由。因此，在前596年中军佐先縠被杀后，知庄子首就被选入六卿领导班子，而且起家就超越了赵庄子、栾武子，直接担任了上军佐。

前593年中行桓子去世之后，知庄子首升任上军帅。前592年范武子告老之后，知庄子首升任中军佐。然而，由于中军帅郤献子与下军帅栾武子结成联盟，在前587年郤献子告老或去世之后，栾武子连升四级，超越知庄子首成为中军帅。知庄子首因此一直在中军佐位置上，直至前578年前去世。知庄子首担任卿官约18年，是第一位担任卿官的知氏族长。

从国事角度来说，除了前585年与范文子、韩献子一同劝谏中军帅栾武子出战之外，知庄子首在担任卿官期间没有做出什么见于文献记载的标志性政绩，他就是正常地做好本职工作，平顺地向上升迁至中军佐。

从家事角度来说，知庄子首本是荀氏支族族长，由于他的政治事功，使得他所率领的荀氏支族成为晋国卿族之一。在此期间，知庄子首接受了位于运城盆地西南角的知邑作为私邑（参见图八），他的家族后来也因此被称为"知氏"。

知武子时期是知氏兴亡史中的"兴盛期"。

前597年邲之战期间，知庄子首的儿子知武子被楚人抓获。知庄子首下决心要把儿子救回来，他虏获了楚大夫连尹襄老（尸体）和楚大夫王子谷臣（活人）作为人质，最终在前588年时抓住晋楚关系缓和的时机，用手中的一死一活两个人质换回了儿子。知庄子首这样执着地要救回自己的儿子，一方面可以让我们推知，少年知武子一定已经展现出过人的资质禀赋，是他父亲绝对不能放弃的家族继承人；另一方面也让我们感受到，知庄子首似乎是相信一种"我命由我不由天"的价值观。这种强调个人努力和智计权谋的价值观似乎成为知氏的家风，在知武子、知文子身上都有所体现，而它的极端形式——也就是迷信努力和权谋，蔑视天命和德誉——在知襄子身上得到了淋漓尽致的体现。

我们已经无法知道，知武子在楚国的9年里都经历了些什么。但是，当知武子在前588年从楚国出发回国时，从他与楚共王在临别前的对话，以及他对待郑国商人的态度来看，他已经像当年流亡19年的公子重耳（也就是后来的晋文公）那样经受了一般卿族继承人没有机会体验的磨炼，成为一位温和而坚定的成熟政治家。

回到晋国之后，知武子在前578年已经接替知庄子首进入卿官行列任下军佐。前574年厉公之乱期间，知武子率领知氏保持中立，以至于传世文献没有留下任何关于他在动乱期间的言论和行动。前573年晋悼公即位后，很可能将知武子这样的高水平温和派卿官定为重点扶持对象，因此在同年栾武子告老或去世、韩献子递补成为中军帅后，果断出手支持知武子连升四级任中军佐，成为韩献子的副手。前566年韩献子告老后，知武子升任中军帅，前560年已去世。知武子担任卿官约18年，担任执政卿约6年，是第一位担任执政卿的知氏族长。

从国事角度来看，在担任执政卿期间，知武子率领诸卿贯彻晋悼公复兴霸业的总体战略，以高度的政治智慧明辨局势，以强硬的手腕约束住中行献子、范宣子、栾桓子这种想博出位但又总是出昏招的卿官。知武子所取得的标志性政绩，就是迫使郑国结束了在晋楚之间的长期摇摆，在前562年正式告别楚国，稳定地加入晋联盟体系。

从家事角度来看，知武子的成就使得知氏在实力和声望方面得到显著提升，进入到家族兴亡史中的"兴盛期"。

知庄子朔—知悼子时期是知氏兴亡史中的"中衰期"。

知武子去世之后，知氏陷入一段将近30年的中衰期。事情的起因是，知武子的儿子知庄子朔在生下了孙子知悼子之后，先于知武子去世，导致知武子在前560年前去世时，继承知氏族长之位的不是儿子知庄子朔，而是年仅六岁的孙子知悼子。由于知悼子年纪太小，不仅不能代表知氏担任卿官，也不能担任大夫积累经验，也就是说，知氏出现了"朝中无人"的状况。让情况更糟糕的是，前560年晋悼公撤销了新军帅、佐建制，回到六卿体系，六位卿官分别由中行、范、赵、韩、栾、魏六家族长担任，如果这六家传承顺利的话，知氏也就失去了再进入六卿体系的可能性。

前552年时，知氏迎来了一个重新进入六卿体系的机会：这一年栾怀子出奔楚国，空出了一个卿官位置。不过，那年知悼子只有14岁，还没有达到卿官的最低年龄。晋平公抓住这个机会，将自己宠信的外嬖大夫程郑推入六卿体系，也就是说，刚为知氏打开的上位之门又关上了。

不过幸运的是，前548年时，程郑突然去世，这时知悼子也已经十八岁，终于得以代表知氏进入卿官体系任下军佐。前546年时，知悼子代表晋国去楚国结盟，已经作为卿官开始执行公务。

知氏能够挺过这段"朝中无人"的困难时期，很重要的原因是得到了同为荀氏分支的中行氏的支持和护佑。据《左传·襄公二十三年》记载，知悼子年幼时，听命于中行氏族长中行献子、中行穆子。也就是说，处于中衰期的知氏可以说是"挂靠"在中行氏之下以求生存。知悼子能在前548年重新代表知氏进入卿官体系，上军帅中行穆子的力荐应该起到了重要作用。

知悼子虽然成为卿官，但知氏的危机仍然没有结束。知悼子担任卿官共15年，其间也取得了代表晋国前往楚国缔结盟誓、代表晋国组织诸侯修筑杞国都城等政绩，但是一直留在下军佐没能晋升，这说明知氏在当时仍然是较为弱势的卿族。前533年知悼子去世后，已经隐忍多年的晋平公想要抓住这个机会再次立自己宠信的大夫为卿官，将知氏逼出卿族行列。不过最终晋平公听取了膳宰屠蒯的建议，同意年龄合适的知悼子之子知文子代表知氏进入六卿体系担任下军佐。至此，知氏的中衰期才宣告结束。

后来知文子在卿族政治斗争中表现得特别进取而且唯利是图，而知襄子则在知文子的基础上变本加厉达到暴虐的程度，可能都与知氏从这段漫长而卑微的中衰期中得到的经验教训有关：知氏的后任族长可能认为，天命对知氏并不友好，因此，只有发扬先祖知庄子首的"我命由我不由天"精神，在攫取权力和资源方面无所不用其极，才能够保障家族的生存与发展。

知文子—知宣子时期是知氏兴亡史中的"复兴期"。

知文子在前533年知悼子去世后进入卿官行列任下军佐，前517年黄父之会时已任下军帅，前514年韩宣子去世后升任上军佐，前513年铸刑鼎时已升任上军帅，前509年魏献子去世后升任中军佐，前497年范—中行之乱爆发前已升任中军帅，前494年前已去世。知文子担任卿官约39年，任执政卿约3年，是第二位担任执政卿的知氏族长。

从国事角度来说，在担任卿官期间，知文子在国际国内事务中均有建树：在国际方面，前520年，知文子曾率晋军参与平定周邦内乱；在国内方面，前514年，知文子抓住祁氏内乱的机会，挑唆晋顷公逮捕祁盈，最终导致祁氏、羊舌氏被灭族。在担任所谓"执政卿"期间，前497年范昭子、中行文子作乱驱逐赵简子之后，知文子抓住时机，宣称范昭子、中行文子是和赵简子一样违背盟誓的乱党，联合魏襄子、韩简子及支持国君的国人，将范昭子、中行文子逐出国都。一年后，知文子又逼迫回到国都的赵简子处死了他的股肱之臣董安于。一时间，知文子成为诸卿中最有权势的人物。

从家事角度来说，前533年知文子接任知氏族长之时，知氏还处在中衰期，其世袭卿位险些被晋平公剥夺。不过，前548年后，晋国进入"六大卿族把持晋国政事"的相对稳定局面；前546年晋楚停止武力争霸，六大卿族开始集中精力"化家为国"。知文子充分利用了上述有利局面，一方面发展自身实力，一方面与赵、魏、韩结成松散联盟，又在范—中行之乱第一阶段一战成名，使得知氏在他去世时已经成为与赵、魏、韩并驾齐驱的四大卿族之一。然而，知文子逼死赵氏股肱之臣董安于之后，赵氏和知氏开始互相视对方为死敌，这又为知氏的最终灭亡埋下了伏笔。

知宣子在494年已成为知氏族长，并担任卿官，前477年前已去世。知宣子没有留下任何见于传世文献的记载，可见其才智能力应属平庸。然而"没有记载"本身也传达出这样的信息，那就是知氏在知宣子这个中人之主的领导下保持了稳定中继续发展的态势。

知襄子时期是知氏兴亡史中的"盛极暴亡期"。

知宣子之后，他的儿子知襄子继任族长。知襄子在前494年赵简子去世前已位列第二，赵简子去世后成为首卿。知襄子一方面积极夺取更多私邑，一方面加强对自己领地内民众的剥削，使得知氏的军事实力迅速膨胀起来。前473至前454年晋阳之战前，知襄子废立晋君、霸占绝大多数范—中行乱党私邑、完全控制晋国政事，使得知氏盛极一时，成为四大卿族中账面实力最强的一家。

取得了账面实力优势的知襄子趁热打铁，打算开始实施吞并其他卿族的计划，而他采取的战略是"远攻近交"，想要首先灭掉距离最远、仇怨最大的赵氏。知襄子先是用"无故索地"的极限施压手段迫使韩氏、魏氏成为自己的盟友，并且迫使赵襄子与自己公开对立，然后以3:1的绝对优势兵力包围了赵氏核心城邑晋阳。

然而，让知襄子完全没有料到的"黑天鹅"事件发生了：赵

襄子凭借董安于治理晋阳期间奠定的城防
硬实力，以及尹铎治理晋阳期间培育出的
城防软实力，竟然抵挡住了三家的猛烈进
攻和长时间水淹围城。随后，赵氏谋臣成
功策反韩氏、魏氏，最终赵氏率韩氏、魏
氏反杀攻灭知氏，奠定了"三家分晋"的
终局。

栾氏兴亡简史

栾氏是支持晋文公夺权事业的四
大"内主旧族"之一，也是晋文公改革
期间建立的第一批晋国卿族之一，然
而它在走上"化家为国"道路之前就灭
亡了。在"十大卿族存续时间排行榜"
中，栾氏作为晋国卿族存续的时间排名
第七 (81年)。

从栾宾[1]到栾共叔[2]是栾氏兴亡史上
的"蓄势期"。

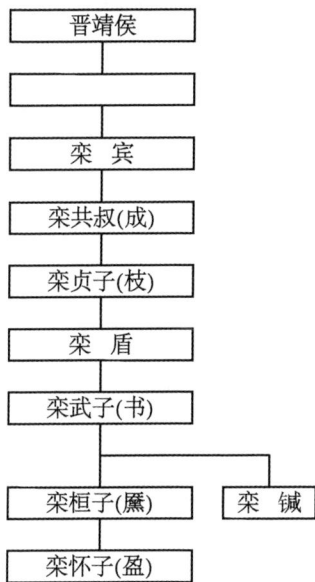

图22 栾氏世系图

---

1 栾宾，姬姓，栾氏，字宾。晋靖侯之孙。参见
图22。
2 栾共叔，姬姓，栾氏，谥共，排行叔。栾宾之
子。参见图22。

栾氏是姬姓远支公族，是晋靖侯的后代。

栾氏始祖栾宾是晋靖侯[1]的孙子，最初应该叫公孙宾。前745年，晋昭侯被迫将他叔叔公子成师分封到曲沃成立曲沃国，公子成师也就是曲沃国始封君曲沃桓叔。据《左传·桓公二年》的记载，公孙宾成为曲沃桓叔的大夫。公孙宾应该是辅佐曲沃桓叔有功，因此得到栾作为私邑，于是就以"栾"为氏。

然而，不知是什么缘故，栾宾的儿子栾共叔却成了曲沃小宗要消灭的晋哀侯的大夫。前709年，曲沃武公讨伐晋国都城，杀了晋哀侯，然后以卿官职位为条件劝栾共叔投诚。栾共叔以"事君不能有二心"为由，义正词严地拒绝了曲沃武公，然后奋战而死。栾共叔之后，他的儿子栾贞子继任族长。

前678年，曲沃小宗代晋成功，曲沃武公成为晋武公。此后的晋君，比如说晋献公、晋惠公、晋怀公，都是出自曲沃小宗。在晋献公至晋怀公时期，栾贞子领导的栾氏境遇如何呢？根据文献记载，栾氏是十一个"国中旧族"之一；在公子重耳（晋文公）流亡期间，栾氏是为公子重耳通风报信的"内主"之一；公子重耳在秦国时，栾氏、郤氏为立功主动做出邀请重耳归国的姿态；前636年重耳归国夺权时，栾氏、郤氏在高梁杀死了晋怀公。

这些事迹提示我们，栾氏在曲沃小宗夺权后的晋国是一个能得到内线情报、有地位邀请流亡公子回国、有实力弑君的实权家族。笔者认为，栾共叔"不事二君"的忠烈事迹并没有让

1　晋靖侯、姬姓，名宜臼，谥靖。晋厉侯之子。参见图22。

栾氏被打入冷宫，反而与栾宾辅佐曲沃桓叔的功劳相叠加，成为栾氏在曲沃代晋后得到晋君重用的因素。

栾贞子时期是栾氏兴亡史中的"崛起期"。

晋文公即位之后，栾氏成为新政权重用的四大"内主旧族"之一（栾、郤、狐、先）。栾贞子在前 633 年成为首届六卿领导班子成员，担任下军帅。前 622 年时已去世。栾贞子担任卿官约 11 年，是第 1 位担任卿官的栾氏族长。

国事方面，在前 632 年城濮之战中，栾贞子在战前回复楚军请战有礼有节，在作战时能圆满执行中军帅先轸制定的战术方案，为晋军最终取胜作出重要贡献。前 627 年，栾贞子反对中军帅先轸讨伐秦军的策略，认为这是忘恩负义的表现。总体说来，栾贞子在政务方面没有特别抢眼的表现，可谓中规中矩，和赵成子对他的评价"忠贞谨慎"颇为相合。

家事方面，在栾贞子担任族长期间，栾氏成为晋国卿族集团中资格最老的文公卿族之一。

栾贞子去世后至栾武子担任卿官前，是栾氏兴亡史中的"中衰期"。

前 622 年前栾贞子去世之后，至少到前 618 年四卿二大夫被杀时，晋国六卿领导班子里都没有出现栾氏的身影。前 615 年时，栾贞子的儿子栾盾作为栾氏族长已经进入六卿体系，担任下军帅。然而，到前 608 年时，栾盾又已经去世，至少到前 601 年时，晋国六卿领导班子里都没有出现栾氏的身影。前 597 年时，栾盾的儿子栾武子作为栾氏族长已经进入六卿体系，担任下军佐。

总而言之，从栾贞子去世之后，到栾武子担任卿官之前，栾氏出现了一段最长可能有25年的中衰期。造成这个局面的原因很可能是：栾贞子去世时，栾盾的年龄和资历还没有达到担任卿官的标准，而栾盾担任卿官之后又早死，他的儿子栾武子的年龄和资历再一次没有达到卿官的标准。这使得栾氏在与其他卿族竞争卿官空缺时处于劣势。

栾武子时期是栾氏兴亡史中的"兴盛期"。

栾武子在前597年已进入卿官行列担任下军佐，前589年已升任下军帅，前587年郤献子告老或去世后连升四级任中军帅，前573年告老或去世。栾武子担任卿官约24年，担任执政卿约14年，是第一位担任执政卿的栾氏族长。

如前所述，在中军帅郤献子告老或去世前，郤氏与栾氏应该是进行了一场政治交易：郤献子在卸任之前力挺栾武子连升四级任直接任中军帅，而当上中军帅的栾武子支持郤献子长子郤锜担任栾武子升迁后空出的下军帅位。

从国事角度来说，在前597年邲之战期间，担任下军佐的栾武子敢于亮明自己的避战观点，陈述有理有据，已经展现出过人的政治才能。在担任执政卿期间，栾武子干了四件大事：

第一，秉承晋景公旨意，与郤锜联手证成赵同、赵括谋反之罪，几乎灭掉赵氏。

第二，作为中军帅，率领晋军在鄢陵之战中击败楚军，扭转了邲之战失败之后晋国在晋楚争霸中所处的劣势。

第三，作为主谋发动政变弑晋厉公，在赵宣子弑晋灵公之后再次用暴力确认了晋国政治中卿族掌控政权的基本态势。

第四，拥立秉持中道、德才过人的晋悼公，使得晋国在内乱后迅速恢复稳定，并开启了晋国霸业中兴的新局面。

从家事角度来说，栾武子的政治事功使得栾氏一度成为最强盛的卿族。然而，栾武子的儿子栾桓子强势骄横、贪婪奢侈，完全没有继承父亲节俭朴素、沉勇有谋的品德。此外，灭赵氏一事使得栾氏成为赵氏仇恨的对象，而弑晋厉公一事也使得栾氏成为后任晋君仇恨的对象，这些栾武子造的"业"都为栾氏后来的灭亡埋下了伏笔。

栾桓子时期是栾氏兴亡史中的"渐衰期"。

栾武子之后，他的儿子栾桓子继任族长。栾桓子在前575年（晋厉公六年）时已是散位卿。前573年晋悼公即位后，栾桓子曾短暂地从卿官降为大夫，不过同年韩献子执政后，栾桓子又进入卿官体系任新军佐，前572年吕宣子去世之后升任下军帅，前555年前告老或去世。栾桓子任卿官约18年。

栾桓子初次进入官场是在前575年，也就是晋厉公之乱的前一年。当时他的父亲栾武子已经担任了12年的执政卿，可能是为了进一步扩大栾氏的权力，为即将到来的政治斗争做准备，栾武子设法让儿子栾桓子当上了散位卿，并且承担了代表晋国到鲁国请求出兵伐郑的外交使命。

前573年栾武子弑晋厉公之后，栾氏得到其他卿族的感恩和拥护，在晋国卿族里的威势应该是达到了无人匹敌的地步。不过，栾武子却没有顺势成为大权臣，而是迅速从中军帅的位子上退了下来，而且也没有为自己的儿子谋求高位：栾桓子一度降为大夫，虽然在同年重新担任卿官，起家也只是新军佐。笔者认为，作为当年灭赵氏的关键人物之一，栾武子希望栾氏不要重蹈赵氏弑君之后被灭族的覆辙，因此不仅自己赶紧退位，而且让儿子完全按规矩从卿官体系中最低的新军佐做起，以此达到两个目的：第一，让想要清算弑君罪行的政治势力失去直接的仇恨对象和攻击目标；第二，表明自己弑君完全是不得已而为之，并不是为自己或儿子攫取权力。

栾武子在世时，他能够节制儿子栾桓子的行为，发挥他性格中的积极因素，引导他塑造一个"果断勇敢"的正面形象。然而，当栾桓子独立在朝为官之后，他性格中的消极因素"骄横强势"被晋悼公盯上，迅速地沦为晋悼公用来制衡其他卿族的"棋子"：

第一，前573年，晋悼公任命栾桓子为教训卿族子弟的公族大夫，给他的工作任务就是最得罪人的"使果断勇敢的人告诫他们"。

第二，前572年，晋悼公支持栾桓子连升三级任下军帅，前563年时就收到了伐郑期间栾桓子直接对抗中军帅知武子的初步效果。

第三，前560年，晋悼公本想要让栾怀子再连升两级任上军帅没有成功，于是转而将下军规模扩充到与上军、中军之和相当，让栾怀子率领一支"超级下军"，在前599年就收到了伐秦期间栾桓子直接对抗中军帅中行献子和中军佐范宣子的强劲效果。

总而言之，到栾桓子去世时，从族长最高官位角度看，栾桓子只做到下军帅，与栾武子的最高官位中军帅相差甚远；从家族声望来看，栾氏已经从"众人拥戴"跌落至"众矢之的"。等到栾桓子之子栾怀子继任族长之时，栾氏像一座危楼，已经积累了巨大的风险，随时有垮塌的可能。

栾怀子时期是栾氏的灭亡期。

栾怀子对于父亲栾桓子留给他的这个烂摊子有非常清醒的认识，而他也尽了全力想要挽救甚至复兴栾氏。从传世文献记载来看，他至少在四个方面做了努力：

第一，善待家臣。这从私邑曲沃家臣对他的爱戴和效忠可见一斑。

第二，肃清家乱。栾怀子准备"大义灭亲"惩治自己生母栾祁与家宰州宾通奸之事。

第三，敬重上级。栾怀子在担任下军佐之后，和下军帅魏庄子相处和睦。

第四，广交朋友。栾怀子乐善好施，广泛结交国都里的士人，并且与魏庄子的儿子魏献子有很深的私交。不过，栾怀子与范宣子之子范献子的关系一直恶劣。

然而，栾氏灭亡的趋势已不可逆转，栾武子弑晋厉公和参与灭赵氏、栾桓子欺凌诸卿造成的仇怨，集中地报应在了栾怀子身上。一方面，晋平公想要通过清算栾氏弑君之罪来重建君主的威势，因而决定驱逐本身无罪的栾怀子；另一方面，范宣子要维护自己的儿子范献子和女儿栾祁，保障范氏的利益，因而决定配合晋平公具体操办驱逐栾怀子之事。前552年，栾怀子出奔到楚国，栾氏从此退出晋国卿族序列。晋平公随即召集中原诸侯开会，要求各国不得收留和任用栾怀子，但齐国表现出反对态度，栾怀子随后逃到齐国。

前550年，齐庄公利用送媵妾的机会，将栾怀子及其亲信秘密送回晋国。四月，栾怀子率领他的党羽在白昼杀入晋国都城，想要杀晋平公和范宣子报仇，最终兵败被杀，栾氏彻底灭亡。

由此可见，栾怀子的品行从表面上看与他的父亲栾桓子非常不同，但实际上却继承了栾桓子的对抗性人格，因而重蹈了他父亲的覆辙：栾桓子由于无法自控的骄横强势而被晋悼公利用，成为晋悼公用来制衡其他卿族的一颗"棋子"，其自身行为导致了栾氏的衰弱；栾怀子由于无法自控的复仇欲望而被齐庄公利用，成为齐庄公用来搅乱晋国的一颗"棋子"，其自身行为导致了栾氏的彻底灭亡。

郤氏兴亡简史

郤氏是支持晋文公夺权事业的四大"内主旧族"之一，也是晋文公改革期间建立的第一批晋国卿族之一，然而它在走上"化家为国"道路之前就灭亡了。在"十大卿族存续时间排行榜"中，郤氏作为晋国卿族存续的时间排名第八 (59年)。

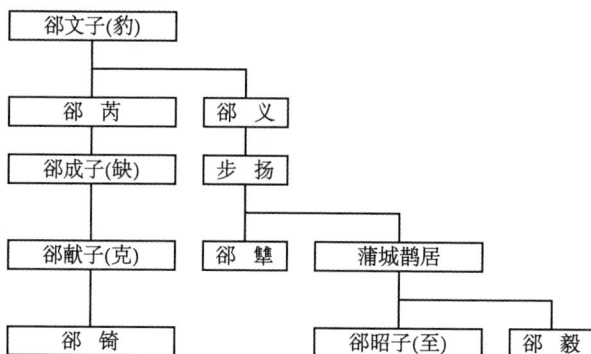

图23 郤氏世系图

郤文子时期是郤氏兴亡史中的"蓄势期"。

郤氏是姬姓远支公族，是某位晋侯的后代。

郤文子是传世文献中记载的第一位郤氏族长。据《国语·晋语一》的记载，郤文子善于揣测君主心意，能谋善断，在战场上又能身先士卒，是晋献公时期的第二梯队重臣（第一梯队是士蒍、荀息、里克、丕郑）。这时的郤氏应该是重要的大夫族。

郤芮—郤縠/郤溱时期，是郤氏兴亡史中的第一个"兴盛期"。

郤氏在郤芮时期达到兴盛。前654年公子夷吾被骊姬诬陷出奔梁国时，郤芮就在从亡队伍里，是公子夷吾的股肱之臣，其地位与狐偃、赵成子在公子重耳从亡队伍里的地位相当。前650年公子夷吾回国即位，就是晋惠公。作为流亡时期的头号功臣，郤芮在晋惠公、晋怀公朝应该都是正卿级别的重臣。这一时期是郤氏的兴盛期：郤氏是十一个"国中旧族"之一，在朝为官的郤氏族人，见于传世文献记载的就有郤芮、郤乞、郤称三人。前636年公子重耳回国夺权之后，郤芮和吕甥先是假装投诚，然后密谋放火烧死晋文公，事情败露被杀，可见郤芮对晋惠公和他儿子晋怀公的忠诚。

然而，这一时期的郤氏内部并不团结，实际上分为了两派，郤芮、郤称、郤乞是受到晋惠公、晋怀公重用的当权派，而郤縠、郤溱是支持公子重耳的造反派。公子重耳流亡期间，郤氏造反派一直在给重耳通风报信；重耳到秦国后，郤氏造反派积极邀请重耳回国；重耳回国夺权之时，郤氏造反派与栾氏一起杀了晋怀公。

在晋文公时期，郤氏从整体上说是得到重用的四大"内主旧族"之一，但是族内两派的命运非常不同。昔日当权派的领袖郤芮被杀，他的儿子郤成子被贬为庶人，放逐到郤芮原私邑冀的郊外务农；昔日造反派的领袖郤縠则飞黄腾达，在前633年担任首届六卿领导班子中排第一的中军帅，郤溱担任排第二的中军佐。前632年郤縠去世之后，郤溱继续担任中军佐，参与了城濮之战，圆满执行了中军帅先轸事先部署好的战术，为战役胜利作出重要贡献。郤溱在前627年时应该仍在中军佐位置上，前625年前已经去世。从客观结果来看，郤氏可以说是"两边下注"，这保证了郤氏在经历晋怀公—晋文公政权更迭之后能继续保持兴盛，并且成为晋国卿族集团中资格最老的文公卿族之一。

不过，从我们前文的分析可知，郤縠、郤溱之所以会被任命为中军帅、佐，并不是因为他们的德行和才能最为出众，而是狐偃、赵成子为了在城濮之战前团结国都内政治势力而做的刻意安排。然而，"德不配位"终究是不可持续的，郤縠、郤溱去世之后，他们所领导的郤氏支族应该是走向了衰微，以至于传世文献都没有记载他们两人在郤氏世系中的准确位置。可以说，郤氏在郤縠—郤溱时期在表面上是占据卿官高位的兴盛卿族，但实际上缺乏优秀的领袖人物，蕴含着不小的衰弱风险。

郤成子时期是郤氏兴亡史中的第二个"兴盛期"。

在被下放务农后不久，郤成子的命运就迎来了触底反弹。前627年前，郤成子在田间地头与他的妻子相敬如宾时，"恰好"被出使路过的下军佐胥臣发现。胥臣将郤成子带回晋国都城，说服晋文公任命郤成子担任了下军大夫。从此之后，郤氏中的郤芮一支死灰复燃，成为此后郤氏的大宗。

郤成子重新进入晋国卿大夫体系之后，前627年在箕之战中立了头等军功，随后升任散位卿。前620年先蔑出奔后升任下军佐，前615年河曲之战时已升任上军帅，前601年已任中军帅，前597年邲之战前已告老或去世。郤成子担任卿官约30年，担任执政卿约4年，是第二位担任执政卿的郤氏族长。

国事方面，郤成子担任卿官的时期与赵宣子强势专政时期重合，担任执政卿又只有不到4年的时间，他根据职责要求参与诸侯会盟和战争，但没有做出什么标志性的政绩。他最大的成功之处，在于运用自己的聪明才智，积极地为赵宣子建言献策，得到赵宣子的赏识，于是在赵宣子的强力提携下，先是连升三级从下军佐升任上军帅，然后在赵宣子退位时跨越中军佐中行桓子成为中军帅。

郤成子做的另外一件值得一说的事，就是在前601年成为中军帅之后，同年秋天以下军佐胥克精神分裂为由罢免了他，但却没有让胥克的儿子胥童顶替，而是让赵宣子的儿子赵庄子接任，这个操作很可能是郤成子与赵宣子政治交易的一部分：赵宣子力挺郤成子继任中军帅，郤成子则确保赵宣子之子无缝衔接进入卿官体系。从郤成子在官场的这些作为来看，当年胥臣途经冀邑"偶遇"郤成子与妻子的感人一幕，恐怕也不是什么偶遇，而是郤成子设法知晓胥臣行程后的刻意安排。

家事方面，郤成子的政治事功，使得郤氏继续保持兴盛。然而，郤成子牺牲旧恩主胥臣家族利益来讨好新恩主赵宣子的行为，也为后来胥童参与团灭三郤埋下了伏笔。

郤献子时期是郤氏的第三个"兴盛期"。

郤成子之后，他的儿子郤献子继任族长。郤献子在前597年邲之战时已进入卿官行列任上军佐，前596年先縠被杀后升任上军帅，前593年范武子升任中军帅时升任中军佐，前592年范武子告老后升任中军帅，前587年已告老或去世。郤献子担任卿官约10年，担任执政卿约5年，是第三位担任执政卿的郤氏族长。

从国事角度来说，在前597年邲之战期间，担任上军佐的郤献子提出要为战败早做准备，与上军帅范武子一起使得上军没有溃败。前592年，担任中军佐的郤献子访问齐国时因为生理缺陷而受到齐顷公侮辱，然后就死咬住此事不放，故意扩大事端、激化矛盾，为接下来晋国讨伐齐国做了很好的铺垫。在担任执政卿期间，郤献子在前589年率领晋军在鞌之战中击败齐国，开启了晋国霸业复兴的历程。

从家事角度来说，郤献子的政治事功，使得郤氏继续保持兴盛。当郤献子卸任中军帅时，他也尽力为郤氏的未来发展做了特别安排，那就是强力支持下军帅栾武子连升四级直接担任中军帅。这个人事安排使得郤氏成为未来中军帅的恩主，为栾氏、郤氏的合作奠定了基础。栾武子当上中军帅之后，也的确将郤氏视为恩主，马上做出了回报的举动，那就是让继任郤氏族长的郤锜越过下军佐赵同，直接担任了下军帅。如果有人在郤献子去世时预言说，郤氏这个从晋惠公时期开始一直兴盛的卿族会在13年后惨遭灭族，恐怕是没有人会相信的。

郤锜时期是郤氏的"衰亡期"。

在郤锜时期，郤氏在表面上呈现出的是"一门三卿"的盛况。一方面，族长郤锜从前587年起在六卿体系中升迁，在三郤被杀之前官至上军帅；另一方面，族人郤犨、郤昭子从前583年开始在新军卿官序列中升迁，在三郤被杀之前分别担任新军帅、新军佐。

"一门三卿"盛况所掩盖的，是郤氏内部的分裂。以前574年郤氏家族会议上所持的立场来区分的话，三郤可以分为两派：

第一，郤锜是"卿族本位派"。郤锜的才干在三人中垫底，主要因为宗法血缘关系（郤献子之子）得到族长之位。作为郤氏族长，郤锜一方面遵守卿族政治的游戏规则，比如说妥善维护父亲郤献子构建的郤氏—栾氏合作关系（包括在前583年与栾武子合作促成赵氏灭族），因而在六卿体系中得以平稳升迁；一方面认真履行族长的责任，以赵氏内部不团结而被灭为戒，着力弥合与郤犨、郤昭子的政见分歧，在公开场合维护"三郤"的团结形象。

第二，郤犨、郤昭子是"国君本位派"。郤犨、郤昭子是郤氏小宗成员，主要因为德行才干得到晋厉公赏识，成为晋厉公着力扶植的"国君本位"卿官。由于晋厉公仅对新军帅、佐任命有发言权，因此两人虽然在晋厉公的支持下做出了许多有显示度的工作，却一直待在新军，无法打入被各大主流卿族所控制的六卿体系。郤犨、郤昭子因此与其他诸卿形成了一种对立敌视的关系。

前574年三郤被杀、郤氏灭族，基本过程如下：

第一步：前575年六月，晋厉公支持新军佐郤昭子的战术建议，取得了鄢陵之战的胜利，同年底就打算逼迫中军帅栾武子告老，而将郤昭子连升七级，直接推上中军帅宝座。同年冬天郤昭子出使周邦时，已经在为自己上位做舆论准备。

第二步：栾武子确认晋厉公的图谋之后，决定要发起反击。他成功实施跨国诈谋，使得晋厉公对郤昭子态度从力捧转变为猜疑怨恨，而郤昭子却并不知情。

第三步：栾武子试图策反郤犨从而进一步孤立晋厉公，但是没有成功。于是他决定不再区分三郤，成功地让晋厉公相信三郤将一起作乱，这也非常符合郤锜一直致力于营造的"三郤一体"形象。

第四步：晋厉公认为自己在新军培养亲国君势力的努力已经彻底失败，他开始丧失理智，决定要学习晋献公杀尽群公子的做法，直接杀尽全部现有卿官，然后换上由自己赏识提拔的外嬖，建立一个君主集权、根据德才标准任免官僚的新体制。晋厉公外嬖赞同晋厉公的主意，并提出三郤是最合适的第一批屠杀对象。

第五步：晋厉公决定杀三郤的决定被三郤侦知后，三郤开会商议对策，立场与栾武子一致的"卿族本位派"郤锜提出要先下手发动叛乱除掉晋厉公，而立场与晋厉公一致的"国君本位派"郤犨、郤昭子都表态宁死也不背叛晋厉公。

第六步：前574年十二月，正当三郤还在纠结如何应灭族威胁之时，晋厉公外嬖突然闯入，一举杀死三郤，郤氏在晋国被灭族，郤犨的部分族人逃到楚国。

狐氏兴亡简史

狐氏是支持晋文公夺权事业的四大"内主旧族"之一，也是晋文公改革期间建立的第一批晋国卿族之一，然而它在走上"化家为国"道路之前就早早灭亡了。在"十大卿族存续时间排行榜"中，狐氏作为晋国卿族存续的时间排名第十 (12年)。

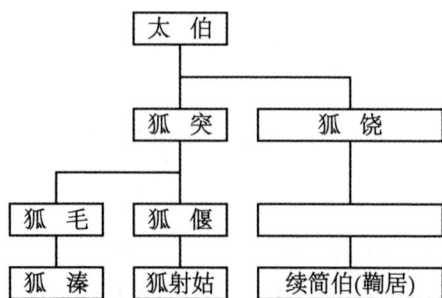

▼ 图24 狐氏世系图

狐突时期是狐氏兴亡史中的"蓄势期"。

狐氏是姬姓远支公族，晋国始封君唐叔虞的后代。大概在西周时期，这个晋国公室的支族流落到晋国周边的戎狄地区，成为"大戎"的一支，其活动地域在今山西交城一带。

狐氏重新回到晋国大概就是在狐突担任族长的时候。晋献公娶了狐突的女儿大戎狐姬，生了公子重耳，也就是后来的晋文公。狐突很可能是由于这层与晋侯的姻亲关系进入晋国朝廷为官，曾经担任太子申生的御者。

在晋献公、惠公、怀公时期，狐氏族长一直是狐突，而狐氏也是十一个"国中旧族"之一。前656年太子申生被逼自杀后，狐突留在国都内统领狐氏，而他的两个儿子狐毛、狐偃则在前655年跟随公子重耳出奔白狄。在公子重耳流亡期间，狐突所统领的狐氏为流亡团队通风报信，并且通过炮制"申生显灵"灵异事件等方式煽动社会舆论抹黑晋惠公**1**，想方设法为公子重耳回国添砖加瓦。

前637年公子重耳在秦国之时，晋怀公命令国中各卿大夫家族族长召回在外流亡之人，狐突坚决拒绝召回狐毛、狐偃，还发表了一通抹黑晋怀公的慷慨陈词，最终求仁得仁，被晋怀公下令处死。狐毛、狐偃的从亡之功，加上狐突的内应之功，奠定了公子重耳夺权成功之后，狐氏在晋国卿大夫家族中的崇高地位。

狐偃时期是狐氏兴亡史中的"兴盛期"。

在公子重耳的从亡辅臣之中，狐偃、赵成子、贾佗并称"三材"，是整个团队的核心人物。在这三材之中，狐偃又是绝对的灵魂人物，因为他既是公子重耳当作父亲事奉的亲舅舅，又是整个从亡辅臣团队的领袖。前636年公子重耳夺权成功之后，狐偃继续担任晋文公的股肱重臣直至去世。

从狐偃之子狐射姑代表狐氏担任卿官倒推，在狐突去世之后，继任狐氏族长的应该是狐偃，而不是他的哥哥狐毛。这说明，在确定现任族长狐突继任者的问题上，狐氏违背了宗法制的规定，没有让狐突两个儿子中的哥哥狐毛继任族长，而是让功劳大、德望高的弟弟狐偃继任族长。

在晋文公时期，狐氏是得到重用的四大"内主旧族"之一。在前633年成立首届六卿领导班子时，为了顾全大局，狐偃听从了老搭档赵成子的建议，自己只担任了上军佐，而谦让哥哥

1　狐突参与炮制"申生显灵"事件的详情参见刘勋（2019）。

狐毛担任上军帅。从这时起，到前628年之前狐偃去世，狐偃一直待在上军佐位置上，没有再向上晋升。当然，狐偃的官职排位并不影响他在卿官体系中的尊贵地位，比如说，前632年城濮之战胜利之后，晋文公在颁行赏赐时，仍然定上军佐狐偃为头功，而不是中军帅先轸。

在国事方面，正如前面在"赵氏发展简史"里说过的那样，狐偃的标志性政绩，就是和赵成子长期合作，将公子重耳从出居边邑的幼年公子一步步推到了中原霸主的顶峰，成就了后人传颂的"狐、赵之勋"。

在家事方面，在狐偃担任族长期间，狐氏成为晋国卿族集团中资格最老的文公卿族之一，并且在卿族群体中享有崇高地位，这为他的儿子狐射姑一度成为中军帅奠定了基础。

狐射姑时期是狐氏兴亡史中的"灭亡期"。

狐射姑在进入卿官体系之后，升迁还是比较顺利的。他在前628年已担任新下军佐，前627年已升任上军佐，前625年已升任上军帅。

前621年夷地阅兵期间，在中军帅、佐人选问题上，晋襄公听从了先克的劝告，最终选择了父亲有大功却没有得到应有高位的狐射姑、赵宣子。由于狐射姑进入卿官体系比赵宣子早，而且他的父亲狐偃功劳比赵宣子的父亲赵成子大，因此晋襄公按常理任命狐射姑为中军帅，赵宣子为中军佐。

然而，让狐射姑万万没想到的是，半路会杀出来太傅阳处父这个不按常理出牌的妄人。阳处父竟然宣称晋襄公的任命无效，然后在董地重开了一次班子调整会议，无视任职资历、父辈功绩这两大因素，而只强调候选人本身的才干能力，并且据此将赵宣子升为中军帅，而将狐射姑贬为中军佐。阳处父的做法可谓强横至极，严重侮辱了狐射姑和他所统领的狐氏。

赵宣子执政之后，马上开始推行综合改革，坐稳了中军帅/执政卿的位子，让狐射姑意识到再想翻盘已经非常困难，而这无疑进一步加剧了狐射姑对赵宣子和阳处父的仇恨。

同年八月晋襄公暴毙之后，围绕嗣君人选这个重大而敏感的议题，中军帅赵宣子和中军佐狐射姑之间发生激烈冲突，赵宣子率先出手杀了狐射姑支持的候选人公子乐，这使得两人之间的政治斗争演进到暴力阶段。狐射姑意识到自己恐怕不是强悍的赵宣子的对手，于是他将反击的矛头对准了跋扈而孤立的阳处父，指使族人续简伯将其刺杀。

然而，续简伯在行凶之后被赵宣子抓获，而赵宣子随后毫不留情地依照国法处决了续简伯。狐射姑意识到赵宣子将彻查此事，最终用国法惩处自己，于是出奔到狄地避祸。

狐射姑出奔狄地之后，一直与国内保持联系，想要等待时机再回到晋国。前614年时，中行桓子也的确为狐射姑争取过，但是没有得到赵宣子的支持，狐射姑最终没能回到晋国。也就是说，狐氏从前621年就已经不可逆地退出了晋国卿族行列。

先氏兴亡简史

先氏是支持晋文公夺权事业的四大"内主旧族"之一，也是晋文公改革期间建立的第一批晋国卿族之一，然而它在走上"化家为国"道路之前就早早灭亡了。在"十大卿族存续时间排行榜"中，先氏作为晋国卿族存续的时间排名第九 (37年)。

晋献公、惠公、怀公时期是先氏兴亡史中的"蓄势期"。

先氏是姬姓远支公族，是某位晋侯之后。

先氏最早见于传世文献记载是在晋献公时期。前660年共太子申生出征东山皋落氏之时，先友担任上军帅太子申生的车右，而先丹木担任下军帅罕夷的车右。这说明先氏在晋献公时期就已经是有一定地位的大夫族。

晋惠公、怀公时期，先氏是十一个"国内旧族"之一，在公子重耳流亡期间应该发挥了通风报信的作用，在公子重耳归国时有可能也发挥了内应的作用。因此，在晋文公即位之后，先氏成为得到重用的四大"内主旧族"之一。不过，先氏所立功劳不如栾、郤、狐三族大，而这也影响了这个家族在晋文公政权中的最初地位。

先轸—先且居时期是先氏兴亡史中的"兴盛期"。

先氏第一位世系清楚的族长是先轸。先轸在

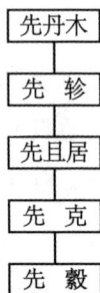

▶ 图25　先氏世系图

先丹木
先轸
先且居
先克
先毂

前633年首届六卿领导班子成立时担任下军佐，前632年郤縠去世后连升五级担任中军帅，前627年在箕之战中陷阵而死。先轸担任卿官约6年，担任执政卿约5年，是第一位担任卿官的先氏族长，也是第一位担任执政卿的先氏族长。

在国事方面，先轸的名字是与奠定晋国霸业的两场战争——晋楚城濮之战和晋秦殽之战牢牢绑定在一起的。前633年，还是大夫的先轸首倡晋国应该寻求与楚国决战；前632年，晋人采用先轸的计谋，先后成功地夺取五鹿，拉拢了齐国秦国，挫败了成得臣的反制谋划，并最终取得城濮之战的决定性胜利，而先轸也因此坐稳了中军帅位。前627年，中军帅先轸首倡晋国应该阻击秦国，并作为主帅率领晋军取得了殽之战的胜利。

在家事方面，先轸的政治事功，不仅使得先氏成为晋国卿族集团中资格最老的文公卿族之一，还直接将先氏带到了兴盛期：前629年时，先轸任中军帅，先且居任上军帅，先都任新下军佐，先氏出现了"一门三卿"的盛况。

然而，前627年殽之战胜利后，先轸得知晋襄公听信文嬴谗言放走三帅后情绪失控，痛斥晋襄公糊涂，还当面吐唾沫以泄愤，一个恃功而骄、威逼君主的权臣形象呼之欲出。可是，先轸随后做出的补救行动让人真正体会到先轸的过人勇气和智慧：同年八月的箕之战中，先轸先当众宣告自己要自我惩罚，然后摘下头盔冲入敌阵，血战而死。先轸豁出性命的举动粉碎了"恃功逼主"的负面传言，将自己定格为一个尽忠报国、有血性但绝无谋逆之心的正面形象，从而使得先氏在他去世之后继续保持兴盛。

先轸壮烈牺牲之后，他的儿子先且居继任族长，并直接继任中军帅，前622年前去世。先且居担任卿官约7年，担任执政卿约5年，是第二位担任执政卿的先氏族长。

从国事角度说，先且居担任中军帅后，曾率军讨伐不朝见晋君的卫国，又多次参与抵御和讨伐秦人的战役，虽然不及其父先轸那样功勋卓著，但也算是恪尽职守。

从家事角度来说，先且居紧接先轸任中军帅，像这样父子蝉联中军帅的情况是晋国历史上的孤例，也是先氏获得的最高尊荣。在先且居担任族长期间，先且居担任中军帅，先都担任新下军帅，仍然保持着"一氏二卿"的兴盛局面。

先克时期是先氏兴亡史中的"中衰期"。

先且居之后，他的儿子先克继任族长。先克在前621年中军佐狐射姑出奔之后直接"空降"担任中军佐，一直到前618年被乱党所杀。先克担任卿官约3年。

先克之所以能够得到"空降"待遇，是因为他在前621年夷地阅兵期间力劝晋襄公不要任命自己宠信的大夫士縠、梁益耳为中军帅、佐，而应该任命功臣后代狐射姑、赵宣子为中军帅、佐。赵宣子当上中军帅、逼走狐射姑之后，马上"投桃报李"，将当年建言献策的先克立为中军佐。当时先氏族长先克为中军佐，族人先蔑为下军帅，先都为下军佐，先氏再次呈现"一门三卿"的盛况。然而，接下来先氏遭遇的就是一个接一个的打击。

首先是先蔑出奔秦国。前621年，先蔑不听中行桓子劝告，代表晋国去秦国迎接公子雍回国即位，在公子雍回国之前先行回到晋国都城。让先蔑没有料到的是，赵宣子偏偏就在先蔑出国执行任务期间反悔，决定要立襁褓中的太子夷皋为君，而将先蔑请来的公子雍和护送他的秦人当作侵略军来打击。当时被迫参与攻打秦军的先蔑害怕赵宣子将来会栽赃陷害他，于是出奔到秦国。与他那位智计过人的下属范武子不同的是，先蔑至死也没能再回到晋国。

然后是先克、先都被杀。前621年，晋襄公听从先克建议，任命狐射姑、赵宣子为中军帅、佐，这个最终决定使得两拨人的"中军帅佐梦"破灭：一拨是晋襄公宠信的士縠、梁益耳，另一拨是老资格卿官箕郑、先都。先克同年被任命为中军佐激化了矛盾，促使士縠、梁益耳、箕郑、先都还有与先克有土地纠纷的蒯得结成乱党，在前618年春正月二日杀了先克。让乱党没有预料到的是，赵宣子以"零容忍"态度彻查了此案，查实一批杀一批，在春正月十八日就杀了先都、梁益耳，在春三月二十八日又杀了箕郑、士縠、蒯得。

先蔑出奔，先克、先都被杀之后，先氏从"一门三卿"滑落至"朝中无人"，衰弱到了极点。

先縠时期是先氏兴亡史中的"复兴—灭亡期"。

在经历了十七年"朝中无人"之后，到前601年时，先克的儿子先縠又出现在了卿官体系中，担任下军帅或上军佐。

前597年晋军出动南下讨伐郑国之时，先縠已经是中军佐，不可不说先氏有复兴的势头。然而，在其他五卿都主张避战的情况下，立功心切的先縠成功地挟持了晋国三军南下与楚军决战，最终晋军大败而归。

回国之后，本应该承担责任的中军帅中行桓子在士贞伯营救下逃过一劫，引发败局的中军佐先縠意识到自己将要承担全部罪责。在试图巩固晋联盟立功失败之后，先縠狗急跳墙，试图引入赤狄发动政变。前596年冬天，晋人清算邲之战失败和赤狄伐晋的责任，将罪过全部归于先縠，不仅杀了他，还灭了先氏本族，先氏从此退出晋国卿族行列。

结语：

晋国卿族政治发展简史

在存在卿族政治现象的春秋各诸侯国中，晋国这个案例是包含发展阶段最完整的一个，从卿族的产生到最终"化家为国"一应俱全。在本书前文详细论述的基础上，笔者在本节打算引入两个用来具体分析治权的新概念——"领土统治权"和"政事决策权"，并且用"政事决策权和领土统治权的下移"作为基本线索来总结晋国卿族政治的发展简史。

周王室、诸侯公室或卿族的治权，可以分为"政事决策权"和"领土统治权"两大块，以诸侯公室作为主体的话：

"政事决策权"可以细分为"内事决策权"和"外事决策权"，是指君臣在决策国家内政外交事务时，诸侯公室有多大的决策权。

"领土统治权"可以细分为"领土直接治权"和"领土间接治权"，其中"领土直接治权"是指诸侯公室可以直接派遣官吏治理某片领土的权力，而"领土间接治权"是指诸侯公室将某片领土分封给卿族建立高度自治的私邑后，通过管控卿族间接治理某片领土的权力。由于"领土直接治权"的力度远远强于"领土间接治权"，而且"领土直接治权"的力量对比会决定诸侯公室能在多大强度上对卿族实施"领土间接治权"，为了简明起见，本节分析时忽略"领土间接治权"，说到的"领土统治权"约等于"领土直接治权"。

领土统治权和政事决策权之间的基本关系是：在一个不受外部因素干扰的政治实体内部，某个政治集团领土统治权的大小，能决定这个集团政事决策权的大小。以诸侯国为例，诸侯国的政事决策团队由国君和诸卿组成，国君是公室的首领，而诸卿是卿族的首领。在国君和诸卿在商议国事时各有多大的政事决策权，说到底是由公室和卿族各自直接统治多大比例的领土决定的，也就是由各自拥有多大的领土统治权决定的。晋国卿族政治的发展史，就是证明这个基本关系的一个经典案例。

一、卿族政治的启动（晋文公时期）

如前所述，晋文公归国夺权成功之后，把内地原有公邑和边境新占领土都拿出来封赏有功诸卿，也就是主动将领土统治权让渡给卿族，建立了"君极弱而臣极强"的领土统治权分配格局。这里要指出的是，晋文公也曾经在南阳地区试点"设县直辖"，但这次改革试点没有成功。

由于领土统治权对政事决策权的支配作用，从这时开始，各卿族作为一个整体在国家内政外交实践中主动夺取公室的政事决策权，使得整个国家的政治格局开始向"卿族政治"的方向发展。所谓"卿族政治"，就是卿族掌握国家领土统治权和政事决策权的主体，公室在很大程度上被架空，国君只拥有非常有限的权力。

二、卿族政治的成型和确立（晋襄公至晋厉公时期）

在此期间，与卿族有关的政治进程主要有这样两个：

（一）每个卿族作为以增进私家利益为奋斗目标的个体，

它们的兴起和衰落此起彼伏，卿族群体的成员组成和各自实力不断变化。具体说来，有些卿族一方面致力于在内政外交中建功立业，同时扩大自己的私邑、加强自己的经济军事实力，从而走向兴盛；另一些卿族由于自身不能持续推出优秀卿大夫人选而滑落到大夫族，或者由于在政治斗争中落败而被彻底灭族。

（二）卿族集团作为一个有共同利益的整体，以领土统治权的绝对优势为基础，抓住晋灵公"婴孩幼主继位，诸卿长期摄政"这样的机会，持续夺取公室的政事决策权，直至取得绝对优势。这个"政事决策权从公室旁落至卿族"的过程有两个标志性事件：第一个是前607年执政卿赵宣子杀死试图夺回权力的晋灵公，第二个是前573年执政卿栾武子杀死试图夺回权力的晋厉公。这两次执政卿弑君事件之后，公室再也没有试图用暴力手段夺回权力，卿族政治格局完全确立。

三、卿族开始结盟，"六大卿族共治"局面形成（晋悼公至晋平公前期）

在此期间，卿族政治出现两个发展动向：第一是卿族集团开始形成，第二是"六大卿族共治晋国"局面形成并长期保持。

（一）两大分立的卿族集团开始形成。最迟到前560年晋悼公调整八卿领导班子时，范氏已经与中行氏结成同盟，而赵氏也已经与韩氏结盟，日后范氏—中行氏—邯郸赵氏联盟和日后的晋阳赵氏—魏氏—韩氏—知氏联盟的内核已经形成。

（二）"六大卿族共治晋国"局面形成并长期保持。从前548年开始，赵、魏、韩、知、范、中行六大卿族把持晋国政事的局面正式形成。六大卿族和六个卿官位置"一个萝卜一个坑"，每个卿族的族长都能确保世袭前任族长担任卿官，在此基础上形成了一个表面上和平稳定的"六大卿族共治晋国"局面，一直延续到前497年范氏、中行氏出奔之前。

四、六大卿家"化家为国"，赵、魏、韩修成正果

（晋平公中后期至战国初期）

在这期间，六大卿族变得越来越像独立的诸侯国，与此同时继续斗争和整合，最终赵、魏、韩三家最终取得"化家为国"的胜利。主要政治事件包括：

（一）晋楚弭兵，六家开启"化家为国"

前546年晋国、楚国在宋国都城外盟誓讲和，正式停止了将近一个世纪的晋楚斗争。六大卿族不再需要团结一致与楚国斗争，从此将主要精力投入到"化家为国"的事业之中，一方面积极开疆拓土增强本家族的经济军事实力，另一方面寻找机会削弱敌对卿族的实力。

（二）六大卿族内战，六家整合为四家

前497年内战爆发前，六大卿族已经分裂成晋阳赵氏—魏氏—韩氏—知氏集团和范氏—中行氏—邯郸赵氏集团这两个敌对集团，这两个敌对集团之间的矛盾不断集聚，最终在前497年导致内战。这场内战一直持续到前490年才宣告结束，最终

范氏、中行氏在晋国境内的势力被铲除，晋国进入赵、魏、韩、知"四大卿族共治"的时代。

此次内战爆发之前，这六个卿族其实已经建成了六个与独立诸侯国没有多大区别的准国家政权，虽然它们还没有拿到正式头衔，名义上还是"卿族"。

（三）四大卿族内战，四家整合为三家

四大卿族内战（晋阳之战）于前454年爆发，大概持续不到一年，最终知氏在晋国境内的势力被铲除，晋国进入赵、魏、韩"三大卿族共治"的时代。

此次内战爆发之前，在战国时人和汉人看来，赵、魏、韩、知这四家已经是和其他诸侯国同一档次的国家，虽然它们还没有拿到正式头衔，名义上还是"卿族"。

（四）周王室册命三家，"化家为国"最终胜利

前403年，周王室册命赵、魏、韩三家族长为诸侯，这三家的"化家为国"事业取得了最终胜利，晋国的卿族政治也宣告彻底终结。

参考文献

1. 古籍整理：

沈玉成译：《左传译文》，中华书局，1981年

方诗铭、王修龄辑证：《古本竹书纪年辑证》，上海古籍出版社，
   1981年

唐满先译注：《孙子兵法今译》，江西人民出版社，1985年

刘俊田、林松、禹克坤译注：《四书全译》，贵州人民出版社，
   1992年

王守谦等译注：《战国策全译》，贵州人民出版社，1992年

张觉译注：《韩非子全译》，贵州人民出版社，1992年

黄永堂译注：《国语全译》，贵州人民出版社，1995年

徐子宏译注：《周易全译》，贵州人民出版社，1995年

杨天宇译注：《礼记译注》，上海古籍出版社，2004年

[宋] 司马光编撰，沈志华、张宏儒主编：《资治通鉴》，中华书
   局，2009年

韩兆琦编著：《史记笺证》，江苏人民出版社，2009年

杨伯峻编著：《春秋左传注》，中华书局，2009年

杨伯峻译注：《论语译注》，中华书局，2009年

刘尚慈译注：《春秋公羊传译注》，中华书局，2010年

苏建洲、吴雯雯、赖怡璇：《清华二〈系年〉集解》，万卷楼图
   书公司，2013年

刘勋编著:《春秋左传精读》,新世界出版社,2014年

马世年译注:《新序》,中华书局,2014年

张永祥、肖霞译注:《墨子译注》,上海古籍出版社,2015年

王国轩、王秀梅译注:《孔子家语》,中华书局,2016年

季旭升、高佑仁主编:《上海博物馆藏战国楚竹书（九）读本》,
  万卷楼图书公司,2017年

2.研究论著:

山西省考古研究所侯马工作站编:《晋都新田》,山西人民出版
  社,1996年

白国红:《晋国赵氏研究》,中华书局,2007年

马保春:《晋国历史地理研究》,文物出版社,2007年

刘勋:《称霸:春秋国际新秩序的建立》,中华书局,2019年

刘勋:《救世:子产的为政之道》,中华书局,2021年

3.学位论文:

王泽文:《春秋时期的纪年铜器铭文与〈左传〉的对照研究》,
  中国社会科学院研究生院2002年博士学位论文

赵晓斌:《春秋官制研究——以宗法礼治社会为背景》,浙江大
  学2009年博士学位论文

李沁芬:《晋国六卿研究》,吉林大学2012年博士学位论文

王彪:《论晋国内部政治体系的变迁与特点》,西北大学2012年
  硕士学位论文

杜萌:《春秋时期晋国的卿族政治》,北京大学2013年硕士学位

论文

雷鹄宇:《西周国家结构研究》,天津师范大学2014年博士学位
　　论文

屈会涛:《春秋时代的卿族政治》,华东师范大学2014年博士学位
　　论文

武亨伟:《汾涑河流域历史城市地理研究》,陕西师范大学2018
　　年博士学位论文

周鑫:《东周赋税新政与社会变迁——以鲁国"用田赋"为切入
　　点的考察》,东北师范大学2020年硕士学位论文

4. 研究论文:

吴树平:《从临沂汉墓竹简〈吴问〉看孙武的法家思想》,《文
　　物》1975年第4期

邹昌林:《晋文公的大分封和晋国中期贵族土地所有制的变化》,
　　《中国社会科学院研究生院学报》1986年第4期

吕文郁:《春秋时代晋国的县制》,《山西师大学报(社会科学
　　版)》1992年第4期

彭邦本:《"执秩之法"与春秋中期晋国的霸业》,《河南大学学
　　报(社会科学版)》1992年第1期

何兆龙:《〈孙子兵法·吴问〉中的财税思想》,《经济研究参考》
　　2009年第68期

赵晓龙:《子犯编钟铭文补释》,《文物世界》2009年第1期

谢乃和:《春秋时期晋国家臣制考述》,《史学月刊》2011年第
　　10期

黄圣松:《清·顾栋高〈春秋大事表春秋晋中军表〉证补》,《"第七届'国际'暨第十二届'全国'清代学术研讨会"论文集》,2012年

景红艳:《论晋国历史上的土地赏赐》,《宝鸡文理学院学报(社会科学版)》2013年第4期

张宁:《由春秋时期晋文公分封看晋国土地私有制的发展》,《农业考古》2014年第4期

黄圣松:《〈左传〉"著范宣子所为刑书"考》,《厦大中文学报》2016年第3辑

高长宇、陶道强:《晋出公出奔事件研究新证——论〈史记〉相关记载的可信性》,《海南师范大学学报(社会科学版)》2017年第1期

李世佳:《"赵婴奔齐"事件解析——兼论晋国赵氏早期的族权、卿权之争》,《史学集刊》2019年第1期

黄圣松:《〈左传〉人物名号献疑四则》,《经学研究集刊》第30期,2021年